湖南革命老区 上

湖南省革命老根据地经济开发促进会
湖南省民政厅 编著

人民日报出版社

图书在版编目（CIP）数据

湖南革命老区 / 湖南省民政厅，湖南省革命老根据地经济开发促进会编著 . —北京：人民日报出版社，2023.9

ISBN 978-7-5115-7755-9

Ⅰ . ①湖… Ⅱ . ①湖… ②湖… Ⅲ . ①地方史－湖南 Ⅳ . ① K296.4

中国国家版本馆 CIP 数据核字（2023）第 061986 号

书　　　名：**湖南革命老区**
　　　　　　HUNAN GEMING LAOQU
作　　　者：湖南省革命老根据地经济开发促进会　湖南省民政厅

出 版 人：刘华新
责任编辑：曹　腾　杨　校

出版发行：人民日报出版社
社　　　址：北京金台西路2号
邮政编码：100733
发行热线：（010）65369509　65369527　65369846　65369512
邮购热线：（010）65369530　65363527
编辑热线：（010）65369528
网　　　址：www.peopledailypress.com经销：新华书店
印　　　刷：长沙鸿发印务实业有限公司
法律顾问：北京科宇律师事务所　　（010）83622312

开　　　本：710mmx1000mm　1/16
字　　　数：620 千字
印　　　张：47.75
版次印次：2023年9月第1版　　2023年9月第1次印刷

书　　　号：ISBN 978-7-5115-7755-9
定　　　价：188.00元

编委会名单

编纂委员会：王克英　曹忠平　张自银　夏远生

陈清林　戴安林

编写组：戴安林　王学强　廖剑波　朱　维

李晓云　伍建成　莫金莲　李云华

目录

弘扬老区精神
全面建设社会主义现代化新湖南

（代序）

　　革命老区是土地革命战争时期和抗日战争时期在中国共产党领导下创建的革命根据地。习近平同志指出：革命老区是党和人民军队的根，我们永远不能忘记我们是从哪里来的，永远都要从革命的历史中汲取智慧和力量。在全党全国各族人民迈上全面建设社会主义现代化国家新征程、向第二个百年奋斗目标进军的重要时刻，湖南省革命老根据地经济开发促进会、省民政厅组织编写出版了《湖南革命老区》一书，记录湖南老区的光辉历史和辉煌成就，传承红色基因，弘扬老区精神，是功在当代、利及千秋的一件大事。

　　湖南是中国共产党建党、建军、建政的重要策源地，是中国共产党初心的重要萌发地，中国革命的重要战略转折地，中国共产党精神的重要锻造地，党的实事求是思想路线的策源地，也是"精准扶贫"的首倡地。百年来，湖南以其砥柱之坚、开创之功、牺牲之众、贡献之大奠定了在中国共产党革命史上的历史地位。2020年9月，习近平同志考察湖南，赞誉湖南"十步之内，必有芳草""寸土千滴红军血，一步一尊英雄躯"，高度评价了湖南人民的革命历史地位。在革命战争年代，三湘儿女在党的领导下，前仆后继，百折不挠，坚持艰苦卓绝的革命斗争，为中国革命胜利作出了彪炳史册的贡献。党的一大召开前，湖南人参与海内外 8 个早期共产党组织中 6 个早期组织的创建，中共最早的 50 名党员中湘籍有 20 位，他们为马克思主义的传播、建党学说的形成和早期党组织的建立与发展作出了重大贡献；大革命时期，湖南工农运动风起云涌，是全国五个罢工的重点区域之一，是全国农民运动最发达的地区，湖湘大地上如火如荼的工农运动，为革命的燎原之势锻造了一大批领导人才、打下了坚实的群众基础；土地革命时期，湖南共产党人发动了湘赣边秋收起义、湘南起义、桑植起义和平江起义四大武装起义，开辟了井冈山、湘赣、湘鄂赣、湘鄂西、湘鄂川黔五大根据地，建立发展了红一、红二、红三、红六军团等人民军队，率先开展连队建党、工农兵民主政权建设、军队建设、土地改革等革命实践，成为全国最重要的红色苏区省份，成功开辟了中国革命的正确道路；抗日战争时期，全国正面战场 22 次大规模会战中有 6 次发生在湖南，平均每 15 个湖南人有 1 人参军参战，湖南党组织建立抗日民族统一战线，迅速掀起抗日救亡运动新高潮，并在部分日占区建立抗日根据地，成立抗日民主政权；解放战争时期，湖南人民在党的领导下，积极推动长沙实现和平解放，衡宝战役消灭了白崇禧集团主力，解放了全省大部分县，加速了全国解放进程，为夺取新民主主义革命的胜利作出重大贡献。

湖南是伟人故里、将帅之乡。湖南境内遍布毛泽东早期革命足迹，记载着刘少奇、任弼时、彭德怀、贺龙、罗荣桓、林伯渠、李富春、陶铸、胡耀邦等老一辈革命家的成长历程。在血与火的革命斗争洗礼中，一大批湘籍革命家、军事家群体从这里走上历史舞台，可谓灿若群星、辉映神州。出席党的一大 13 名代表中，湘籍占 4 名，党的七大选举产生的中央书记处"五大书记"湖南有 3 位，"延安五老"有 3 位来自湖南，共和国 1614 位开国将帅中,湘籍就有 202 人,其中,新中国首批授衔的 10 大元帅中湘籍有 3 位,10 名大将中湘籍有 6 位,57 名上将中湖南亦占 19 名,中央军委认定的 36 位军事家中湘籍达 15 位。抗美援朝五任司令员全部为湘籍将帅。至于湘籍著名革命英烈更是举不胜举。

湖南是典型的革命老区省。在湖南革命的各个阶段,特别是在土地革命战争和抗日战争时期,湖南许多县(市)分别隶属于当时的井冈山、湘赣、湘鄂赣、湘鄂西、湘鄂川黔等根据地范围。党领导的武装力量、革命根据地和红色政权之所以从小到大、由弱变强,不断走向稳固强大,逐渐发展成推动中国历史进程的重要力量,归根结底在于老区源源不断地提供了坚持长期武装斗争所必需的人力、物力和财力,归根结底在于老区人民的热诚拥护、坚定支持、倾力援助和无惧牺牲。及至今日,湖南老区有 104 个县(市、区)和 6 个管理区,覆盖全省 14 个市州,占全省人口和土地面积的 80% 以上,其中有 50 个苏区县。据不完全统计,1927—1949 年,全国有名可查的革命烈士有 370 多万人。其中湖南牺牲的革命烈士有 20 多万人,其中有名可查的有 15 万多人。抗美援朝战争中志愿军牺牲 197653 人,其中有湖南儿女 11541 人。毛泽东一家有 6 人为革命献出生命;"革命的长工"何长工家族中包括妻儿在内的 30 多名亲属惨遭杀害;开国元帅贺龙的贺氏宗亲中有名有姓的烈士达 2050 位。湖南共产党人把人民的利益放在个人利益之上,舍家纾难,前仆后继,不惜牺牲个人利益包括宝贵的生命。从建党到湖南解放,有郭亮、彭公达、王一飞、杨福涛、任作民等 10 位省委书记和杨开慧、陈觉、赵云霄、王绍坤等数以百计的省委机关干部为革命英勇牺牲。最为悲壮的是,平江一个当时人口不足 50 万人的县城,从 1921 年至 1949 年,全县先后有 23 万多人为革命牺牲,其中登记在册的烈士有 21000 多名。2018 年,中央主流媒体集中报道了 793 位(组)英烈人物,湖南占 1/8。2019 年,中央有关部门推出了微记录片《见证初心和使命的"十一书"》，其中5封是"湖南家书"。

三湘四水激荡英雄壮歌，锦绣潇湘厚植红色基因。"心忧天下，敢为人先"自古就是湖湘大地的精神禀赋。正是怀着对国家民族前途命运的深重忧患，一大批湘籍无产阶级革命家坚定地走上了革命道路。从青年毛泽东"问苍茫大地谁主沉浮"的时代之问到蔡和森"匡复有吾在，与人撑巨艰"的勇毅担当，再到向警予"呜呼，我中华之前途，我卓尔之诸君不自负之，其孰负之？"的痛心疾首，植入血脉的是深厚爱国情怀和救国救民的强烈抱负。

湖南的革命先烈，无论遭遇怎样的生死抉择，理想信念始终坚如磐石。无论是夏明翰烈士的"砍头不要紧，只要主义真"，还是邓中夏就义时说的"把骨头烧成灰，我还是共产党员！"……一大批湘籍革命家、军事家正是抱定这样坚贞、笃定的理想信念，始终坚定信仰共产主义，用热血和生命写就了矢志不移的革命精神。

"为有牺牲多壮志，敢教日月换新天"。革命时代，湖南人展示的是赴汤蹈火、前仆后继的精神和"尽掷头颅不足痛"的豪情。无论是民歌"要吃辣子不怕辣，要当红军不怕杀……"还是湖南革命先烈的遗诗"越杀胆越大，杀绝也不怕""雪耻需倾洞庭水，爱国岂能怕挂头""多少头颅多少血，续成民主自由诗""重负在肩何所惧，岂经事变惜头颅"无不让人感叹的精神奇观。

敢为人先的文化性格沁润着湖湘儿女。自20世纪初，以毛泽东、蔡和森为代表的先进群体推动马克思主义建党实践，到大革命失败后，毛泽东等湘籍无产阶级革命家最早提出武装反抗国民党的主张，在攻打中心城市道路行不通的情况下及时转向农村，建立了第一块农村革命根据地，"枪杆子里出政权""农村包围城市""支部建在连上"，直至之后的革命斗争实践中，以毛泽东同志为主要代表的中国共产党人坚持把马克思主义普遍真理与中国具体实际相结合创立了毛泽东思想。这些开创性的探索，将中国革命引向胜利之路。

中华人民共和国成立以来，老区精神成为红色三湘的精神底色。特别是党的十八大以来，在党中央的亲切关怀下，在各级党委和政府领导支持下，湖南老区人民发扬"为有牺牲多壮志，敢教日月换新天"的精神，自力更生，发愤图强，解放思想、锐意进取，自信自强、守正创新，积极投身社会主义革命、建设和改革的伟大洪流中，老区面貌发生了翻天覆地的变化，人民生活水平不断提高，书写了从贫穷走向富裕、从落后走向进步、从封闭走向开放的新的历史篇章，迎来了从站起来到富起来，再到强起来的伟大飞跃。

党中央、国务院始终记挂老区发展和老区人民。几代中央领导集体都饱含对老区的特殊感情，倾情关注和支持老区工作。为有效保障老区发展，国家制定实施了老区专项支持政策，长期在交通、水利、电力、能源、科技、教育、扶贫开发、财政、税收优惠等方面给予老区特殊的关怀和支持，老区的面貌发生了深刻变化，取得了巨大的成就。党的十八大以来，中国特色社会主义进入新时代，老区发展也迈入了一个崭新阶段。作为"精准扶贫"的首倡地，在中国脱贫攻坚的伟大历程中，老区大省湖南不断探索创新，创造多个"全国第一"，为全国精准扶贫提供了"湖南样本"。据统计，到2020年底，湖南51个老区贫困县全部摘帽、6920个贫困村全部出列、682万建档立卡贫困人口全部脱贫，绝对贫困和区域性整体贫困全面消除。

历届湖南省委、省政府都十分关心和重视老区建设发展，早在1952年就成立了"湖南省老根据地建设委员会"，1984年在全国率先成立"湖南省革命老根据地经济开发促进会"，在老区实行优惠优待政策。近年来，省委、省政府按照中央部署要求，坚持把加快老区发展纳入富民强省总体战略，摆在区域协调发展的重要位置，进一步加大对老区建设发展的支持力度，先后于2007、2008年、2016年、2022年出台了《关于加强老区建设工作的意见》《湖南省扶持革命老区发展条例》《关于加大脱贫攻坚力度支持革命老区开发建设的实施意见》《"十四五"支持革命老区振兴发展实施方案》，有力促进了老区经济社会发展。在全省人民的共同努力下，2020年湖南包括老区实现了全面建成小康社会的宏伟奋斗目标。中国特色社会主义进入新时代，全省各级党委、政府进一步增强以人民为中心，坚持人民至上的责任感和使命感，带着深厚的情感，加大老区振兴的工作力度，广泛动员全社会力量参与支持老区开发建设，推动老区经济社会又好又快发展，加快全面建设社会主义现代化新湖南的进程。

省老促会、省民政厅组织编著的《湖南革命老区》一书，真实记录了湖南老区人民波澜壮阔的光荣革命斗争史，是一部开展革命传统教育和乡土爱国主义教育的生动教材，对于弘扬伟大建党精神，加强社会各界对老区的了解，增进对老区人民的感情，宣传和弘扬老区精神，支持和促进老区发展，大有裨益。我们深信，在以习近平同志为核心的党中央坚强领导和亲切关怀下，全省上下以习近平新时代中国特色社会主义思想为指导，贯彻落实习近平同志对湖南工作的重要讲话和重要指示批示精神，牢记嘱托、不负使命，干在实处、走在前列，全面落实"三高四新"战略定位和使命任务，大力弘扬老区精神，齐心协力、锐意进取，坚持不懈地推动老区建设和发展，湖南老区的明天一定会更加美好。

二〇二二年十二月

装点此关山，今朝更好看

——湖南老区发展概况

　　中国革命老根据地简称革命老区或老区，是指土地革命战争时期和抗日战争时期，在中国共产党领导下创建的革命根据地。在战争年代，老区人民在中国共产党的领导下，提供了坚持长期斗争所需要的人力物力财力，为壮大革命力量、取得最后胜利，付出了巨大牺牲，作出了重大贡献。湖南富有光荣的革命传统，是中国共产党建党、建军、建政的主要策源地之一。在新民主主义革命时期，三湘大地风雷激荡，革命浪潮汹涌澎湃，英雄的三湘儿女在党的领导下，前仆后继、浴血奋战，不畏艰险、百折不挠，坚持了艰苦卓绝而又震古烁今的革命斗争，谱写了一阕阕气壮山河的豪迈史诗。新中国成立后，湖南认定为老区的有104个县市区、6个管理区，覆盖全省14个市州，占全省人口和土地面积的80%以上。在党中央坚强领导下，历届湖南省委团结带领老区人民，艰苦创业，励精图治，攻坚克难，守正创新，取得了社会主义革命、建设、改革开放和新时代中国特色社会主义一个又一个重大胜利。今天的三湘大地，正焕发出前所未有的勃勃生机，展现出前所未有的光明前景。

一、浴血奋战：敢教日月换新天

1840 年中英鸦片战争以后，中国社会开始了半殖民地半封建社会的苦难历程。湖南也同全国一样，随势而变。辛亥革命失败后，北洋军阀与各地方军阀长期进行争夺和混战，而湖南地处江南腹地，军事要冲，成为南北军阀长期拉锯烽火连天的战场，当政者频繁更替，祸乱不断，社会动荡，人民颠沛流离、水深火热，苦不堪言。

（一）发出建党先声、创建中国共产党

1918 年 4 月 14 日，以"改造中国与世界"为宗旨的新民学会在长沙成立，会员们立志于探寻一条救国救民的道路，成为湖南反帝反封建革命运动的核心。新民学会一共有 70 多名会员，其主要成员有毛泽东、蔡和森、萧子昇、罗章龙、李维汉、何叔衡、彭璜、向警予（女）、蔡畅（女）、刘清扬（女）、夏曦、谢觉哉、郭亮、萧子暲、易礼容、张昆弟、罗学瓒、罗宗翰等人。新民学会会员的活动主要分为两支：一支在国内，在毛泽东的领导下主要在湖南开展革命活动；另一支在国外，主要在法国，以蔡和森为核心一边勤工俭学一边进行革命活动。

1. 学习和传播马克思主义，为中国共产党的创立作出文化贡献

新民学会的领导人毛泽东开始接触学习马克思主义是在五四运动前后，两次到北京期间。第一次是 1918 年 8 月为了赴法勤工俭学一事。毛泽东来北京后，在李大钊任主任的北京大学图书馆当助理员。李大钊的言论给了他巨大的影响。当时，马克思主义、社会主义思潮作为一种新的学说已经开始在中国广泛传播。李大钊热情地讴歌俄国十月社会主义革命，积极宣传马克思主义。11 月，毛泽东在天安门亲耳听了李大钊《庶民的胜利》的演讲，不久又阅读了李大钊的另一篇文章《布尔什维

克主义的胜利》，从而使他开始了解俄国十月社会主义革命和马克思主义。在李大钊的帮助下，毛泽东开始"朝着马克思主义的方向发展"。1919年12月，毛泽东第二次来到北京，他与李大钊接触更加频繁。据毛泽东后来谈到李大钊时说："在他的帮助下，我才成为一个马列主义者。"由于李大钊的影响，毛泽东很注意报刊上发表的介绍马克思主义的文章，特别留心搜寻阅读了那时能够找到的为数不多的中文版马克思主义书籍。5月，毛泽东离开北京抵达上海。他与陈独秀多次会晤。毛泽东后来回忆说，这次在上海"我再次看见了陈独秀"，"他对我的影响也许超过其他任何人"。我"和陈独秀讨论我读过的马克思主义书籍"，"陈独秀谈他自己的信仰的那些话，在我的一生中可能是关键性的这个时期，对我产生了深刻的印象"。在毛泽东的带领和影响下，一些新民学会的先进分子，如何叔衡、彭璜、谢觉哉、易礼容等人通过认真学习马克思主义，思想也发生了深刻的变化走上革命道路。毛泽东等新民学会会员还积极广泛地宣传马克思主义，主要开展了以下一些活动。

一是主编《湘江评论》。《湘江评论》是湖南学生联合会的机关刊物，学联会会长彭璜邀请毛泽东任主编。《湘江评论》是以宣传最新思潮为宗旨。连续几期集中宣传反帝反封建的思想，歌颂十月社会主义革命的伟大胜利。毛泽东在《民众大联合》中写道："去年俄罗斯以民众的大联合，和贵族大联合资本家大联合相抗，收了'社会改革'的胜利"，"俄罗斯打倒贵族，驱逐富人，劳农两界合立了委办政府"，实现了人民当家作主。各国人民要得到解放，唯有步俄国的后尘，实行社会主义革命。俄国十月革命像奔腾的潮流席卷全球，"必将普及于全世界"。

二是创办文化书社。文化书社是毛泽东、何叔衡、易礼容等人发起创办的，由易礼容任经理，毛泽东任"特别交涉员"，聘请李大钊、陈独秀、恽代英等为"信用介绍"。各种马克思主义书籍和新文化书刊通过文化书社得以及时地、源源不断地传入湖南。据1921年3月统计,有《共产党宣言》《马克思资本论入门》《科学的社会主义》《唯物史观解说》《阶级争斗》《社会主义史》《新俄国之研究》《劳农政府与中国》《新青年》《劳动界》等。销书164种,杂志50种,日报4种,其中《劳动界》发行5000本,《新青年》2000本,《马克思资本论入门》200本。

三是组织湖南俄罗斯研究会。毛泽东、彭璜在1920年2月就有赴俄勤工俭学的志向。毛泽东给陶毅的信中说:"彭璜君和我,都不想往法,安顿往俄。何叔衡想留法,我劝他不必留法,不如留俄""这桩事(留俄),我正和李大钊君等商量"。8月22日,毛泽东、彭璜、何叔衡等发起组织俄罗斯研究会,确定"以研究俄罗斯一切事情为宗旨"。

四是办《通俗报》。《通俗报》是湖南通俗教育馆主办的报纸,何叔衡担任馆长以后,改组了《通俗报》编委会,邀请谢觉哉任主编,毛泽东也参加了编委会。该报刊载了马克思主义关于劳动问题、殖民地问题、苏俄情况介绍。1921年5月,《通俗报》报道了长沙工人"五一"纪念活动,出了"五一"纪念专刊。

五是积极撰写文章宣传马克思主义。毛泽东、何叔衡、彭璜等在报刊上发表了许多文章,宣传马克思主义的唯物史观、阶级斗争、无产阶级专政,阐述变革腐朽的社会制度是历史发展是必然性,阐明人民群众,特别是工人阶级是废除封建军阀专制,实现民主政治的主要力量。彭璜在《对于发起俄罗斯研究的感言》中,认为俄国十月革命"是马克思经济学说的产物","劳农的政府,是俄人革命不能避免的手段,也恐怕是全世界革命必经过的阶段"。毛泽东总结十月革命经验:"有主义(布尔失委克斯姆),有时机(俄国战败),有预备,有真正可靠的党众,一呼而起,下令于流水之源,不崇朝而占全国人数十分之八九的劳农阶级,如斯响应。俄国革命的成功,全在这些处所。"

2. 寻找"真同志"，投身革命实践运动，为中国共产党的创立做出组织贡献和实践创造

一是驱张运动。毛泽东率领新民学会会员组织和领导了驱张运动。1917 年至 1918 年间，直皖联军与湘桂联军之间军阀混战，皖系军阀张敬尧趁机于 1918 年 3 月进入湖南担任总督。张敬尧入湘以后，刮削民脂民膏，草菅人命，作恶多端，罪行累累，罄竹难书。新民学会成立以后，毛泽东就以其为核心，以学生联合会为基础，联络教育、新闻及各界人士，策商驱张办法。1919 年 12 月 3 日，毛泽东在周南女校召集新民学会会员大会。他分析了驱张的有利条件，阐明了驱张的意义。这次会议决定立即发动全省学校总罢课。在酝酿罢课斗争的同时，毛泽东又召集新民学会会员和学生联合会的骨干及教育界的部分人士开会，决定以新民学会会员为主体组成驱张代表团，分赴北京、上海、广州、衡阳、郴州、常德等地请愿，公开揭露张敬尧的罪恶，发动驱张运动，争取全国舆论的支持。毛泽东和代表们奔走呼号，联络湖南在京的学生、议员、名流学者和绅士，向他们宣传驱张的意义。在湖南人民的愤怒声讨中，张敬尧身败名裂，加上直系军阀吴佩孚开始北撤，湘军谭延闿、赵恒惕以武力相威逼，张敬尧犹如一条丧家之犬，惶惶不可终日，于 6 月 20 日滚出湖南，驱张运动取得了胜利。驱张运动为中国共产党的早期组织和社会主义青年团在湖南的创建准备了干部条件。据统计，参加驱张运动的新民学会会员 58 人，后来参加共产党组织和社会主义青年团的就有 46 人，其中中共党员有 21 人。

二是湖南自治运动。毛泽东率领新民学会会员组织和领导了湖南自治运动。湖南自治运动是毛泽东、彭璜等人发起，希望通过人民制宪，实行湖南人民自决自治的一次尝试。张敬尧被赶走了，湘军头目谭延闿、赵恒惕打着"湘省自治"和"湘人自治"的招牌进入长沙。下一步怎么办？

毛泽东及时发表了《湖南人民的自决》一文。文章指出，于今张敬尧走了，但那种有妨于湖南人民自决的非张敬尧往后还会有不少。这种人不是湖南人，也可能是湖南人，但"不论是湖南人，或非湖南人，凡是主意妨害湖南全体人民自决的，自然都是湖南的仇敌"。"湖南者，现在及将来住在湖南地域营正当职业之人之湖南也。湖南的事，应由全体湖南人民自决之。"由于谭延闿、赵恒惕只是为借"自治"招牌来巩固加强自己的统治地位，所以，当人民群众的自治运动如火如荼开展起来后，他们立刻撕下"自治"伪装，采取一系列措施来反对和破坏自治运动，导致湖南自治运动未能取得具体成果就夭折了，而新民学会的先进分子毛泽东、何叔衡、彭璜等从中获得经验教训，得到重要启示。

3. 探讨建党理论，贯彻马列主义建党学说，为中国共产党的创立作出理论贡献

新民学会先进分子在中国共产党建党理论方面的突出贡献体现在1920年8月至1921年1月间毛泽东与蔡和森的通信之中。

一是实现无产阶级革命和无产阶级专政，首先必须在中国建立无产阶级政党。蔡和森指出："从事社会改造，我以为先要组织共产党，因为他是革命运动的发动者、宣传者、先锋队、作战部，以中国现在的情形看来，须先组织他，然后工团、合作社、才能发生有力的组织。革命运动，劳动运动才有神经中枢。""我将拟一种明确的提议书，注重'无产阶级专政'与'国际色彩'两点"，"拟在此方旗帜鲜明成立一个共产党"。毛泽东回蔡和森信："见地极当，我没有一个字不赞成。"

二是按照列宁的建党原则、条件、步骤在中国建立无产阶级政党。蔡和森指出，苏联共产党入党条件"极严格"，入党条件如下，（1）必须有二人介绍于地方支部；（2）入党的实习所受训练三月，作为后补入党之期；（3）实习所的指导员一步一步引导他们到共产主义的生活上来，并令他在共产主义的学校去听讲；（4）不能确信主义及遵守的除名；（5）指导员认为训练未成熟，须再受训练三月；（6）党员必须写志愿书三份，必须遵守党的铁的纪律。党的组织为极权的组织，党的纪律为铁的纪律，只有如此才能养成少数极觉悟极有组织的分子，适应战争时代及担负偌大的改造事业。

三是以马克思主义作为中国共产党的指导思想。毛泽东指出："主义譬如一面旗子，旗子立起了，大家才有所指望才知所趋赴。"蔡和森明确指出："我们今日研究学问，宜先把唯理观与唯物观分个清楚，才不至堕入迷阵。"应该"肯定唯物观否定唯理观"。"马克思的唯物史观，显然是无产阶级的思想。"毛泽东也鲜明地表示："唯物史观是吾党哲学的根据，这是事实，不象唯理观之不能证实而容易被人动摇。"毛泽东和蔡和森都旗帜鲜明地提出中国共产党的指导思想必须是马克思主义的唯物史观。

（二）建立湖南党组织和开展工农运动

1921 年 7 月中共一大的召开，庄严宣告中国共产党的诞生。从此，在中国出现了一个完全新式的，以实现社会主义、共产主义为其奋斗目标，以马克思主义为行动指南，统一的工人阶级政党。正如毛泽东所说，"中国产生了共产党，这是开天辟地的大事变"，"自从有了中国共产党，中国革命的面貌就焕然一新了"。

1. 成立中共湖南支部

毛泽东、何叔衡参加党的一大后回到长沙，把积极、慎重地发展党组织，筹建中共湖南支部放在首位。1921 年 10 月，中国共产党湖南支部在长沙城外协操坪成立，这是全国最早建立的省级党支部之一。支部成员有毛泽东、何叔衡、易礼容、陈子博、彭平之等人，毛泽东任支部书记。湖南支部建立后，开始谨慎吸收学生和工人中的先进分子入党，在湖南自修大学、湖南第一师范学校、岳云中学、甲种工业学校等学校中发展了一批党员，在长沙第一纱厂、电灯公司、长沙的粤汉铁路工人及泥木、缝纫、印刷等行业工人中也发展了党员。到1922年5月，中国共产党在湖南已建立3个支部（中共湖南自修大学支部、中共安源支部和省立第一师范支部）、2个党小组（衡阳三师党小组、岳阳铁路工人党小组），有30余名秘密党员，5个共青团的地方执行委员会，领导着2个产业工会，另有几个手工业行会，还有独具特色的湖南自修大学及附设补习学校。

2. 建立中共湘区执行委员会和地方党组织

经中共中央批准，1922年5月，在中共湖南支部基础上建立了中共湘区执行委员会，这是全国第一个由支部改为地方执行委员会的省份，毛泽东任书记，委员有何叔衡、易礼容、李立三、郭亮等。到1923年，湘区有7个县和地方建立了共产党的组织。

3. 开展工农运动

中共湘区执行委员会在毛泽东的领导下，开展了轰轰烈烈的工人运动、学生运动、反帝爱国运动、平民教育运动和农民运动。1922年下半年至1923年4月，中共湘区执行委员会先后组织了粤汉铁路、安源路矿、长沙泥木、水口山铅锌矿等10次工人大罢工斗争，掀起了湘区工人斗争高潮。

中国是一个农业大国，农民占全国人口绝大多数，农民问题是中国革命的首要问题。因此，毛泽东历来十分重视农民问题。1923年4月，湖南水口山矿区工人罢工胜利后，毛泽东就派工会领导成员，共产党员刘东轩、谢怀德回到他们的家乡衡山县岳北白果乡开辟农运工作。白果乡农民在水口山做工的很多，那里有较好工作基础。他们经过一段时间发动，在 9 月中旬成立了湖南第一个农会——岳北农工会，会员很快发展到万余人。在中共湖南党组织领导下，还建立了湖南农村两个早期党支部。1924 年 6 月，夏曦、欧阳笛渔、袁铸仁等在益阳兰溪乡发展党员，成立中共益阳兰溪乡金家堤支部，欧阳笛渔任支部书记。9 月，中共湘潭县八叠乡支部成立，支部书记为易春庭。在湘潭、株洲工人运动影响下，八叠乡农民发动向土豪劣绅开展平粜阻禁斗争，掀起湘东地区最早的农民运动，展示了农民革命力量。毛泽东得知八叠乡农民平粜阻禁的消息后，派出共产党员贺尔康到株洲、朱亭、淦田一带秘密从事农民运动，帮助八叠乡组织秘密农会，公开成立了八叠乡农民协会。1925 年 2 月 6 日，毛泽东回韶山冲，他以毛福轩等为骨干秘密组织农民协会，发展会员。在这基础上，他亲自发展了韶山第一批中共党员，成立中共韶山支部，由毛福轩任支部书记。这是毛泽东在农村创建的第一个党的基层组织。陈独秀表扬"只有湖南的同志可以说工作得很好"。

1926 年 7 月，北伐战争胜利进军，推动了全国农民运动蓬勃发展。在北伐军进入湖南后，湖南农村掀起了一场迅猛异常的革命大风暴，攻击矛头直指土豪劣绅、贪官污吏，旁及各种宗法思想和制度。许多地区的地方政权、地主武装被打得落花流水。在那些打倒了地主政权的地方，农民协会成为乡村唯一的权力机关，做到"一切权力归农会"。在展开政治斗争的同时，他们又从经济上打击地主，开展减租减息减押的斗争。农民还对宗法思想和制度进行了猛烈冲击，他们禁止迷信活动，没收祠堂庙宇，推翻族长的族权和城隍土地菩萨的神权。农村革命也冲击了束缚妇女的夫权，各级农协设立了妇女部，不少妇女拿起梭镖同男子并肩作战，使农村出现一派崭新的气象。

1926 年 10 月 1 日至 13 日，中共湖南区委召开第六次代表大会，讨论农民运动各种政策问题，提出了农民最低限度的政治、经济和教育要求。政治要求包括农民有集会、结社、言论、出版、抗租自由，有武装自己的权利，制定农民保护法，铲除贪官污吏、土豪劣绅，县政府改委员制、由人民选举等12条。经济要求包括减轻租额，绝对禁止重利盘剥，改良雇农待遇，不预征钱粮等24条；教育要求包括普及义务教育，由县政府拨款办理农民补习教育两条。这些要求，实际上成为湖南农民运动高潮时期的斗争纲领。

1926年12月1日至28日，湖南省第一次农民代表大会在长沙举行，标志着湖南农民运动进入全盛时期。170名农民代表出席盛会，代表全省136万农协会员。工农群众20多万人参加开幕典礼，全省各地举行庆祝大会。12月17日，毛泽东应邀回湘出席大会。他在大会上发表的《工农商学联合的问题》演说时强调，"国民革命的中心问题，就是农民问题，一切都要靠农民问题的解决"。至1926年11月底，湖南全省已有54个县建立农民协会，会员从北伐前的40万上升为130万。到1927年1月，会员又激增至200万，参加革命斗争的农民达1000万以上。湖南成为北伐战争时期全国农民运动中心。

农民运动的蓬勃发展，遭到国民党右派和封建地主豪绅的诋毁和破坏，也遭到党内右倾错误领导人的怀疑和责难。为了回击和驳斥党内外对农民运动的各种责难，1927年1月4日到2月5日，中共中央农民运动委员会书记毛泽东，回到湖南考察农民运动。在32天里，毛泽东步行700多公里，实地考察了湘乡、湘潭、衡山、醴陵、长沙五县的农民运动情况。他广泛地接触和访问广大群众，召集农民和农民运动干部，召开各种类型的调查会，获得了大量的第一手资料。1927年2月5日，毛泽东结束考察回到长沙，在中共湖南区委几次作了关于农民问题的报告。2月12日，他回到中央农民运动委员会驻地武昌，在武昌都府堤41号住所的卧室内，撰写了《湖南农民运动考察报告》这篇光辉的马列主义文献。在文中，毛泽东热烈赞颂了大革命中的农民群众推翻乡村封建统治势力的革命行动和历史功绩，尖锐批评了党内外责难农民运动的各种谬论，阐明了农民斗争同中国革命成败的密切关系。他说："很短的时间内，将有几万万农民从中国中部、南部和北部各省起来，其势如暴风骤雨，迅猛异常，无论什么大的力量都将压抑不住。他们将冲决一切束缚他们的罗网，朝着解放的路上迅跑，一切帝国主义、军阀、贪官污吏、土豪劣绅，都将被他们葬入坟墓。""孙中山先生致力国民革命凡四十年，所要做而没有做到的事，农民在几个月内做到了。这是四十年乃至几千年未曾成就过的奇勋。这是好得很！""国民革命需要一个大的农村变动，辛亥革命没有这个变动，所以失败了。现在有了这个变动，乃是革命完成的重要因素。"他明确提出，一切革命的党派和同志，都应当站在农民的前头领导他们前进，而不是站在他们的后头指手画脚地批评他们，更不是站在他们的对面反对他们。他强调，必须依靠广大贫农作"革命先锋"，团结中农和其他可以争取的力量，把农民组织起来，政治上打击地主，摧毁封建武装，重组农村政权。

《湖南农民运动考察报告》的发表，在历史的紧要关头，为革命进一步指明了方向，推动了农村大革命运动继续深入发展。在湖南，广大农民群众从掌管乡政权发展为要求掌管县政权，从减租减息发展为要求没收地主土地和公平分配土地，农民群众夺取地主武装、扩大农民武装的斗争也进一步开展起来。正是因为有了这样的基础，中国共产党才能够领导工农群众，从1927年大革命的失败中成功地转向土地革命战争的兴起。

（三）秋收起义和湘南起义、桑植起义、平江起义

由于国民党右派叛变革命和党内陈独秀右倾机会主义的危害，导致

轰轰烈烈的大革命失败了。为了总结经验教训，挽救革命，1927年8月7日，中共中央在汉口召开紧急会议。会议纠正了陈独秀右倾机会主义错误，确定了实行土地革命和武装反抗国民党反动派屠杀政策的总方针。毛泽东出席了会议。他在发言中就国共合作、农民问题、军事问题和党的组织等四个方面深刻批判了陈独秀右倾错误，并着重指出，秋收暴动非有军事不可，党要非常注意军事问题，"须知政权是由枪杆子中取得的"。会后，中共中央委派毛泽东为中央特派员，到湖南负责传达会议精神，改组中共湖南省委，组织和领导湘赣边界秋收起义。

1. 秋收起义

1927年8月12日，毛泽东由武汉抵达长沙，16日改组中共湖南省委，18日出席在长沙市郊沈家大屋召开的省委会议，讨论如何贯彻执行八七会议确定的新策略。在讨论秋收起义时，毛泽东提出，秋收暴动的发展是要夺取政权，解决农民的土地问题。而要发动暴动和夺取政权，没有军事武装单靠农民力量是不行的，"我们党从前的错误，就是忽略了军事，现在应以百分之六十的精力注意军事运动，实行在枪杆上夺取政权，建设政权"。毛泽东还坚持实事求是，从实际出发，从领导力量和物质条件出发，主张缩小暴动范围，只能发动以长沙为中心的湘中各县暴动。他认为，必须公开打出共产党的旗帜，"我们应该立刻坚决的树起红旗"。30日召开的省委常委会议决定成立暴动领导机关，由各军事负责人组成的前敌委员会，以毛泽东为书记，作为武装起义军事指挥机关；由各暴动地区党的负责人组成行动委员会，以易礼容为书记，负责地方工作。

9月初，毛泽东以中共中央特派员和秋收起义前敌委员会书记身份，到达安源张家湾村，召开湘赣边界秋收起义会议。会议决定成立工农革命军第一军第一师，下辖3个团，一共5000余人。会议还部署了具体起义计划，确定起义日期、进军路线等。9月9日，震撼全国的湘赣边界秋收起义爆发了，毛泽东曾赋诗一首《西江月·秋收起义》："军叫工农革命，旗号镰刀斧头。匡庐一带不停留，要向潇湘直进。地主重重压迫，农民个个同仇。秋收时节暮云愁，霹雳一声暴动。"起义部队分为三路从修水、安源、铜鼓向平江、浏阳、萍乡推进，直逼长沙。但是，由于当时全国革命形势处于低潮，反动派军事力量远远超过革命力量，而且人民群众也尚未充分发动组织起来，加上本来就十分薄弱的兵力又分散使用，各自为战，行动不统一，进攻目标是敌人武装力量占明显优势的中心城市——长沙市。因此，当起义部队占领醴陵、浏阳等县城和一些重镇以后，很快就遭到远比自己强大的国民党军队疯狂反扑，加上起义部队指挥员指挥失当，新收编的第4团邱国轩部临阵叛变，使起义部队遭受严重损失。毛泽东当机立断，命令各路起义部队向浏阳文家市会合。9月19日，起义部队第一、三团及第二团的余部汇集文家市。这时的部队已由5000余人锐减到1500人。晚上，毛泽东在里仁学校主持召开前敌委员会会议，讨论工农革命军今后的行动方向问题。他分析了客观形势后认为秋收起义没有形成巨大声势，单靠工农革命军现有力量不可能攻占国民党军队强固设防的长沙，湖南省委原来计划已无法实现。他坚决主张放弃进攻长沙的计划，转向敌人统治力量薄弱的农村山区，寻找落脚点，以保存实力，再图发展。会议通过了毛泽东的主张，"议决退往湘南"。

9月20日清晨，毛泽东在文家市里仁学校操场上向工农革命军第一军第一师全体指战员发表讲话。他指出："中国革命没有枪杆子不行，这次秋收起义，虽然受了挫折，但算不了什么！胜败乃兵家常事。我们的武装斗争刚刚开始，万事开头难，干革命就不要怕困难。我们有千千万万的工人和农民群众的支持，只要我们团结一致，继续勇敢战斗，胜利是一定属于我们的。我们现在力量很小，好比是一块小石头，蒋介石好比是一口大水缸，总有一天，我们这块小石头，要打破蒋介石那口大水缸。大城市现在不是我们要去的地方，我们要到敌人统治比较薄弱的农村去，发动农民群众，实行土地革命。"当日，毛泽东率领秋收起义部队由文家市出发，沿罗霄山脉南下，向江西萍乡、莲花前进，开始向敌人统治力量薄弱的农村山区进军。

9月29日，毛泽东率领秋收起义部队到达江西永新县三湾村，决定对起义部队进行整顿和改编，把原来的工农革命军第一军第一师缩编为一个团，下辖2个营10个连，称为工农革命军第一军第一师第一团。建立党的各级组织和党代表制度，支部建立在连上，班排建立党小组，连上有党代表；营、团以上建立党委，全军由毛泽东为书记的前敌委员会统一领导，从而确立了"党指挥枪"的原则。"支部建在连上"的根本原则，为实现党对军队的绝对领导奠定了重要的组织基础，保证了军队的无产阶级性质，使之成为一支新型的人民军队。

10月3日，毛泽东率领秋收起义部队到达宁冈古城，7日，到达井冈山茅坪，27日到达井冈山茨坪，创建了第一块革命根据地。

2. 湘南起义

朱德、陈毅率领南昌起义保存下来的部队，于1928年1月中旬从粤北转移到党和群众基础较好的湘南地区，在当地党组织的帮助下，发动了宜章年关暴动（又称"宜章起义"），并于1月22日顺利占领了宜章县城，揭开了湘南起义的序幕，同时遵照广东省委的指示，部队改编为中国工农革命军第一师。不久工农革命军和宜章农民武装，在宜章南部和坪石地区，击溃了前来进犯的国民党许克祥部的独立第三师，取得了重大胜利，湘南地区的革命武装不断扩大。在工农革命军第一师的支援下，特别是在朱德、陈毅同湘南特委取得联系以后，湘南地区的宜章、郴县、资兴、永兴、耒阳、汝城、安仁等县，相继发动了大规模的农民武装起义。革命烈火迅速蔓延到湘粤边界的广大地区，参加起义的群众达几十万人。趁李宗仁与唐生智的战争正向湖南发展，湘南敌人兵力较少之机，工农革命军和起义群众在不到一个月的时间里，占领了郴县、耒阳、永兴、资兴等县城，并在这些县城和宜章建立了苏维埃政府，到3月中旬，在永兴太平寺成立了湘南工农兵苏维埃政府。各县的农民武装也迅速建立和发展起来。宜章组成了工农革命军第3师，耒阳组成工农革命军第4师，郴县组成工农革命军第7师，永兴和资兴分别组成两个独立团。

1928年3月底，湖南、广东的敌人调集7个师的兵力，从南北西三面向湘南地区进攻，由于革命形势敌强我弱，起义部队和农军被迫撤离湘南地区，向井冈山革命根据地转移，毛泽东率部队接应。4月下旬，朱德、陈毅率领起义部队到达宁冈砻市。两军会师以后，合编为工农革命军第四军。毛泽东任军委书记和党代表，朱德任军长，全军编为3个师，共计1万余人。

3. 桑植起义

1928年3月上旬，中共湘西北特委领导人周逸群、贺龙等10余人，根据中共中央的指示，由鄂西石首地区到达湘西北桑植县洪家关。湘西北特委决定由贺龙出面组织革命武装。至3月下旬，贺龙集合了亲族和旧部土著武装10数支，共3000余人。湘西特委决定正式成立工农革命军，贺龙任军长，贺锦斋任师长，下辖两个团。此外，还编了几个支队。工农革命军的组建，为桑植武装起义做好了组织准备。

4月2日，桑植起义爆发。工农革命军从洪家关出发，分三路进攻桑植县城。贺龙率中路军经文家垭、蔡家峪、八斗溪直插县城北门；贺锦斋带领左路军由岩岗塔、风门垭、柏家冲直逼县城东门；李云卿统领右路军绕道南岔、汪家坪进至县城西门。从11时开始，工农革命军不到 1 小时就攻克了桑植县城。次日，成立了中共桑植县委，并着手建立革命政权，发动群众，改编部队。

4 月上旬，国民党军独立第十九师两个团、国民党军第四十三军第三师第五旅和桑植地主武装，向桑植地区展开进攻。新组成的工农革命军未及整顿和改造，在国民党军优势兵力进攻下，经洪家关、梨树垭、苦竹坪等战斗，大部失散。周逸群与特委失去联系，转往洪湖地区组织武装斗争。到 5 月初，贺龙收集失散的部队三四百人，在桑植、鹤峰两县交界地区坚持游击战争。6 月，工农革命军乘国民党军第四十三军西撤之机返回桑植地区，部队又发展到 1500 余人。

桑植起义为之后建立工农红军第四军和创建湘鄂边苏区奠定了基础。

4. 平江起义

1928 年 6 月国民党军独立第五师被派到平江换防。共产党员彭德怀时任该师一团团长。由于彭德怀的努力和党组织的工作，共产党员邓萍、黄公略、贺国中、黄纯一、李灿等，不仅控制了一团主要营、连的兵权，还掌握了三团三营的兵权，从思想上组织上为平江起义创造了条件。

7 月 17 日，湘鄂赣边界特委书记滕代远，奉湖南省委指示到达平江，并与一团党组织取得联系。7 月 19 日，正在三营巡视的彭德怀，从友人的来信中获悉南华安特委被破坏，黄公略等人的共产党员身份暴露，反动派准备下手抓人，迅即返回县城。当晚，一团党组织举行紧急会议，决定立即发动起义。7 月 22 日上午 11 时，独立第五师第一团 800 勇士，全副武装，颈系红带，精神振奋，集合在平江县城东门外一营驻地——天岳书院操场上誓师起义。下午 1 时，平江县城内军警官兵午睡正酣，800 勇士越过浮桥，向县城发动进攻，以迅雷不及掩耳之势，一举解除了城内反动军警 2000 多人的武装，缴获步枪 1000 余支、子弹 100 万发。

起义部队占领了县城。

平江起义胜利后，7月24日宣布建立县工农兵苏维埃政府，成立工农红军第五军，彭德怀任军长兼十三师师长，滕代远任军党代表，邓萍任参谋长。全军共2500余人。不久，平江起义遭到湘鄂赣国民党军队的联合进攻，红五军主动撤出平江，转战于湘鄂赣边界地区。1928年11月，根据中共湖南省委的指示，红五军主力由彭德怀、滕代远率领转向井冈山，12月到达江西宁冈新城，与毛泽东、朱德领导的红四军会师，改编为红四军第十三团。原红五军一部由黄公略率领继续在湘鄂赣边界地区坚持斗争。

（四）井冈山和湘赣、湘鄂赣、湘鄂西、湘鄂川黔等革命根据地建立

井冈山和湘赣、湘鄂赣、湘鄂西、湘鄂川黔等革命根据地的相继建立，点燃了"工农武装割据"的星星之火，实现了中国革命的中心工作从城市到农村的伟大战略转移，开辟了具有鲜明中国特色的农村包围城市，武装夺取政权新的革命道路。

1. 井冈山革命根据地

井冈山地区位于罗霄山脉中段，包括江西的莲花、永新、宁冈（今井冈山市）、遂川和湖南的酃县（今炎陵）、茶陵等县。这个地区在大革命时期建立过共产党的组织和农民协会，并有一支由共产党员袁文才和旧式农民武装首领王佐领导的农民自卫军。1927年10月，毛泽东率湘赣边界秋收起义的工农革命军到达井冈山北麓的宁冈县茅坪，随即在周围各县恢复和建立共产党组织，并建立了中共县委或特别区委。同时，把袁文才、王佐领导的农民自卫军编入工农革命军。1928年2月，工农革命军打破江西国民党军队第一次"进剿"，占领宁冈全县，成立了宁

冈县革命委员会。至此，井冈山革命根据地初步形成。

1928 年 4 月 28 日，毛泽东与朱德在十都镇万寿宫首次见面，随即，朱德、陈毅率领南昌起义军余部和湘南农军到达宁冈县砻市，与毛泽东部会师，使井冈山革命根据地的武装力量由 2000 余人增至 1 万余人，合编为工农革命军第四军（6 月改称红军第四军），朱德任军长，毛泽东任党代表，下辖 3 个师。4 月中旬至 5 月中旬，红四军先后取得五斗江、草市坳等战斗的胜利，先后打破江西国民党军队第二、第三次“进剿”，根据地向北发展到永新县的西部和西南部。

5 月下旬，中共湘赣边界第一次代表大会在宁冈县茅坪召开，建立以毛泽东为书记的中共湘赣边界特别委员会。接着，成立以袁文才为主席的湘赣边界工农兵苏维埃政府，各区、乡也开始建立苏维埃政权，逐步开始进行分田斗争。边界各县普遍建立了赤卫队，各区、乡建有工农暴动队，配合红军作战，保卫苏维埃政权。

6 月下旬，红四军取得龙源口大捷，打破江西国民党军队第四次“进剿”。井冈山根据地发展到宁冈、永新、莲花三县全境和遂川、酃县、吉安、安福等县各一部。

7 月上旬，湘赣两省国民党军队联合对井冈山根据地和红军发动第一次“会剿”。红四军军部率第二十八、二十九团袭击酃县，以迫使湖南“会剿”军队回援后方，但是任务完成后部队未按计划返回永新协同内线部队对付江西“会剿”军队。随军行动的湖南省委代表迎合第二十九团官兵思乡情绪，率领部队冒进湘南，结果在郴县（今郴州）战斗中失利，第二十九团失散。国民党军队乘机将井冈山根据地大部占领，造成井冈山斗争中的“八月失败”。8 月下旬，毛泽东率 1 个营前往湘南迎回第二十八团。湘赣两省国民党军队又乘机进攻井冈山，发起第二次“会剿”。红四军守山部队凭险抗击，挫败国民党军队企图。9 月上旬，红四军主力回到井冈山，中旬开展反攻作战，经遂川、宁冈和龙源口等数次战斗，将占领根据地的国民党军队击退，恢复井冈山根据地。

10月上旬，中共湘赣边界特委召开第二次代表大会，毛泽东总结了井冈山斗争经验，阐明了实行"工农武装割据"的意义和经验。11月，红四军组成以毛泽东为书记的前敌委员会，统一领导红军和地方工作，同时召开中共红四军第六次代表大会，选举朱德为新的军委书记。井冈山根据地的建设全面恢复，区、乡苏维埃政权重新建立，中共党员发展到2000余人。

12月，彭德怀、滕代远率领由平江起义部队组成的红军第五军主力700余人，由平江、浏阳地区转战到井冈山根据地与红四军会合，编为红四军第30团，使井冈山根据地武装力量进一步增强。

1929年1月上旬，湘赣两省国民党军队联合对井冈山根据地发动第三次"会剿"。红四军前委决定第三十、三十二团留守井冈山，主力出击赣南，以求打破国民党军队之经济封锁，解决经济困难，并在其"会剿"开始后，以外线作战配合内线红军打破"会剿"。14日，毛泽东、朱德、陈毅等率军部和第二十八、三十一团及特务营离开井冈山向赣南挺进。26日，国民党军队对井冈山发起进攻。彭德怀与滕代远指挥守山红军在给国民党军队重大杀伤后，率第三十团主力向赣南突围，于4月1日与红四军主力会合于赣南瑞金。红四军前委决定红四军主力在赣南、闽西创建苏区，第三十团主力改编为红四军第五纵队，返回井冈山与第三十二团坚持井冈山斗争。2月底，蒋桂两派军阀战争开始，"会剿"红军的湘赣两省国民党军队退出井冈山地区。中共湘赣边界特委领导红四军第三十二团和赤卫队恢复根据地。5月上旬，彭德怀和滕代远率领红四军第五纵队回到井冈山。此后，井冈山根据地基本区域转向永新、安福一带，发展为湘赣革命根据地。

2. 湘赣革命根据地

湘赣革命根据地是在井冈山、赣西南、湘东南地区革命斗争基础上，于 1930 年 2 月至 1934 年 8 月建立和发展起来的。

1929 年 1 月，红军第四军主力向赣南、闽西挺进后，留在井冈山革命根据地的部分红军和各县赤卫队，在中共湘赣边特别委员会领导下，经过两年的斗争，扩大了根据地。1931 年 7 月，中共湘东南、湘南两特委和西路、南路、北路 3 个分委根据中共苏区中央局决定，将所辖的赣江以西地区合并为湘赣省。8 月 1 日，中共湘赣临时省委在永新成立，王首道任省委书记。10 月，中共湘赣省第一次代表大会和湘赣省第一次工农兵代表大会在莲花县花塘村召开，正式成立中共湘赣省委和省苏维埃政府，王首道、任弼时先后任省委书记，袁德生、谭余保先后任省苏维埃政府主席。省委、省苏维埃政府及省直机关均驻永新县城。至此，以永新为中心的湘赣革命根据地正式形成。它包括赣江以西、袁水以南、粤汉铁路以东、大余以北的广大地区，有湖南的茶陵、攸县、酃县、醴陵、耒阳、资兴、郴县、桂阳、宜章 9 个县；江西的永新、宁冈、莲花、安福、遂川、吉安、萍乡、新余、宜春、峡江、分宜、上犹、崇文、万安、信丰、大余等 16 个县，共计 25 个县，总面积约 1000 平方公里人口 100 余万。

湘赣省委和省苏维埃政府领导红军和游击队发动群众，进行土地革命，开展游击战争，建立了永新、宁冈、莲花、上犹、崇义等十几个县苏维埃政府。1932 年 2 月，湘赣革命根据地红军独立第一、三师合编为红军第八军，由李天柱代军长，王震代政委。1933 年 6 月，任弼时任湘赣省委书记。同时，以由红八军改编的红十七师和由湘鄂赣革命根据地调来的红十八师在永新组成红六军团。1934 年 8 月，任弼时任军政委员会主席，萧克任军团长，王震任军团政委。随后红六军团根据中共中央指示，在军政委员会主席任弼时、军团长萧克、政治委员王震的率领下，撤离湘赣革命根据地向湘中转移，留下部分红军在湘赣地区坚持游击战争。

湘赣革命根据地有力促进了中央革命根据地的巩固和发展，成为中央革命根据地可靠的西部屏障和巩固的战略侧翼，同时也是沟通中央革命根据地与湘鄂赣革命根据地的主要桥梁。

3. 湘鄂赣革命根据地

1927年9月，湘鄂赣边界地区十余县部分农民和农民自卫军，在中国共产党的领导下举行武装起义，组成数支游击队，开展游击活动。1928年7月，中共湘东特委成立，滕代远任书记。同月，彭德怀、滕代远、黄公略等领导平江起义，成立红军第五军和平江县苏维埃政府。9月，中共湘鄂赣边特委成立，滕代远任书记。11月，军长彭德怀、政治委员滕代远率红五军主力转入井冈山地区后，王首道任中共湘鄂赣边特委书记，黄公略率红五军一部在湘鄂赣边地区坚持游击战争，1929年4月，改称红军湘鄂赣边境支队，黄公略任支队长，张启龙任政治委员。红军支队和当地游击队经过艰苦斗争，在平江、浏阳、大冶、阳新、修水、铜鼓等县境内，开辟数块根据地。8月，彭德怀、滕代远率红五军主力返回湘鄂赣，于9月与红军支队合编重新组建红五军。10月，湘鄂赣革命委员会成立。此后，红五军乘蒋冯阎战争期间驻湘鄂赣地区国民党军队兵力薄弱之机，分兵展开活动，并组建湘鄂赣苏区红军独立师。至1930年6月，湘东北的平江、浏阳，鄂东南的大冶、阳新、通山、崇阳、通城和赣西的修水、铜鼓、万载等地都成为苏区。同时，红军第三军团组成，彭德怀任前委书记兼总指挥，滕代远任政治委员，辖第五、八军。随后，红军独立师扩编为红军第十六军，归红三军团建制。8月，红三军团编入红军第一方面军。9月，红一方面军从湘东地区转向赣西南地区，红十六军留在湘鄂赣苏区。湘鄂赣苏区在反对国民党军队"清剿""围剿"的斗争中得到巩固和发展。

1931年7月，中共湘鄂赣省委组成，李宗白任书记（后林瑞笙）。同时，湘鄂赣省红军总指挥部成立，孔荷宠（后叛变）任总指挥，黄志竞任政治委员。10月，湘鄂赣省苏维埃政府成立，赖汝樵任主席（后王亚德）。在省委和省苏维埃政府领导下，建立了20多个县的党组织和17个县苏维埃政府，以及各级共青团、工会、妇女会、互济会等群众组织，发展工业、军工和农业生产，建立教育、文化、卫生等机构，苏区建设得到全面发展。1934年1月，陈寿昌任中共湘鄂赣省委书记，徐彦刚任湘鄂赣军区司令员。

从1933年9月开始，在国民党军队的反复激烈的围攻下，湘鄂赣苏区红军和地方武装遭受严重损失，到1934年8月，湘鄂赣苏区变成了游击区。

4. 湘鄂西革命根据地

1927年底，贺龙、周逸群等奉中共中央指示前往湘鄂西发动武装起义。1928年初，贺龙、周逸群等与监利县贺锦斋、吴仙洲等领导的游击队会合，打起了工农革命旗帜，随后相继领导了监利、石首、华容、南县等地的年关暴动和桑植起义。

1928年4月，贺龙率一部武装力量进入湘鄂山区开展游击战争。7月初，根据中共湖南省委指示成立了以贺龙为书记的湘西前敌委员会，当地工农武装正式整编为红四军。1928年底至1929年春，红四军相继攻克建始、鹤峰、桑植等县城，开辟了湘鄂边根据地。与此同时，周逸群转至洪湖地区，组织中共鄂西特委，在监利、华容、石首、江陵、沔阳等地领导武装斗争，并建立了分别由段德昌、段玉林领导的两支较大的游击队，1929年这两支游击队编为鄂西游击总队，1930年春又改编为红六军。红六军成立后，先后攻占沔阳、潜江、石首、汉川、华容、公安等地，开辟了洪湖根据地。1930年夏，贺龙率红四军东下洪湖地区，7月初，与红六军会师公安城。随后，红四军改称红二军，两军组成红二军团，贺龙任总指挥，周逸群任政委。湘鄂边、洪湖两个根据地随之连成一片。

1931年3月，中共湘鄂西中央分局成立，红二军团改编为红三军，湘鄂西根据地扩展到汉水以北的鄂中地区。5月，红军在鄂西北开辟均（县）房（县）革命根据地。同年底，中共中央把襄枣宜革命根据地划归湘鄂西中央分局管辖。到1932年夏，湘鄂西根据地发展包括洪湖、湘鄂边、襄枣宜、巴兴归根据地，以及鄂西北的均县、房县、谷城、保康等20多个县，红军和地方武装发展到3万余人。

1932年秋，由于王明"左"倾冒险主义的错误领导，红军未能粉碎国民党军队对湘鄂西根据地的"围剿"，被迫撤离湘鄂西，转至黔东地区继续坚持斗争。

5. 湘鄂川黔革命根据地

红三军退出湘鄂西根据地后，转战于湘鄂川边区。1933年12月，中共湘鄂西中央分局在湖北咸丰县大村举行会议，提出创建湘鄂川黔新苏区口号。1934年，在向黔东进军途中成立由夏曦、关向应、贺龙、卢冬生组成的中华苏维埃共和国湘鄂川黔边革命军事委员会。1934年5月至7月间，红三军进入黔东，开辟包括贵州的沿河、印江、德江、松桃和四川的酉阳（今属重庆市）在内的黔东特区根据地。8月，湘鄂西分局决定红三军一方面巩固和发展黔东特区根据地，另一方面东出湘西，在湘鄂川边恢复老根据地，发展新根据地，逐步形成湘鄂川黔根据地。

1934年夏，湘赣根据地红军的反"围剿"作战处于困难境地。7月23日，中共中央和中革军委命令红六军团离开湘赣根据地，转移到湖南中部开展游击战争。8月7日，由任弼时、萧克、王震组成的军政委员会率红六军团 9700 多人开始战略转移，10 月 24 日与红三军主力在贵州省印江县的木黄会师，10 月 26 日在四川酉阳县南腰界举行庆祝会师大会。两支部队会师后即进行整编，统一调配干部。红三军恢复红二军团的番号，贺龙任军团长，任弼时任政治委员，关向应任副政治委员，萧克、王震任红六军团军团长、政治委员。红二军团军团部兼总指挥部，统一指挥两军团的行动。红二、六军团会师后，在任弼时、贺龙、关向应等领导下统一行动，向湘西的永顺、保靖、龙山、桑植、大庸等地挺进。11 月 7 日，红军占领湘西永顺县城，在永顺县城以北的龙家寨打垮湘西军阀陈渠珍 3 个旅，俘敌 2000 余人，缴获大批军用物资。这一胜利是红三军离开湘鄂西根据地和红六军团西征以来，扭转困难局面的一个重要转折点，为巩固和发展湘鄂川黔根据地创造了有利条件。

11 月 26 日，遵照中共中央电示在大庸建立以任弼时为书记的中共湘鄂川黔临时省委，成立以贺龙为司令员、任弼时为政治委员的湘鄂川黔省军区。同时，成立中华苏维埃共和国湘鄂川黔省革命委员会，由贺龙任主席，夏曦、朱长清任副主席。蒋介石闻讯后，气急败坏，调集了湘鄂两省国民党军队 8 个师另加 4 个旅共 40 多个团约 11 万兵力的部队，编成 6 个纵队，在地方保安团的配合下，对湘鄂川黔根据地发动了疯狂的"围剿"。1935 年 5 月 6 日，湘鄂川黔省委、省军区、省革委会迁龙山县茨岩塘，5 月 9 日至 10 日，召开了茨岩塘会议。会议传达了遵义会议精神，在党中央"积极防御，且在原地区争取胜利"的指示下，制定了红军休整，扩红和建立地方党政群组织正确的政策方针。茨岩塘会议后，红二、六军团发动了一系列著名战役：5 月 15 日，取得忠堡大捷，活捉敌师长张振汉，全歼纵队指挥部和三个团；6 月 18 至 7 月 27 日对龙山县城首善镇实施包围战，取得招头寨大捷；8 月 3 日，取得板栗园大捷，击毙敌师长谢斌，全歼敌四十八师；8月8日，取得芭蕉坨大捷。红二、六军团发动的一系列重大战役和取得的胜利，不仅粉碎了国民党军队的"围剿"，而且牵制了30余万国民党军队，有力策应中央红军的长征。

11月19日，红二、六军团主力开始长征，红六军团十八师奉命驻守茨岩塘，策应红二、六军团长征。12月23日，湘鄂川黔省直机关最后随红六军团十八师从茨岩塘撤离长征，于1936年1月9日与红六军团在贵州江口磨湾会师。

红军主力相继长征战略转移后，留在湘赣边、湘鄂赣边、湘南的一部分红军和游击队，在党的坚强领导下，紧紧依靠群众，开展了不屈不挠、英勇顽强的三年游击斗争，在战略上配合了红军主力的长征，保存了革命的种子。抗日战争爆发后，保存下来的红军和游击队改编成新四军，成为抗日前线一支重要的武装力量。

（五）湘江战役和通道转兵

由于王明"左"倾教条主义的错误，中央红军第五次反"围剿"损失惨重，被迫于1934年10月撤出中央苏区，实行战略大转移，开始长征。

1. 湘江战役

1934年11月中旬，从中央苏区向西进行战略转移的中央红军突破了国民党军队的第三道封锁线，继续西行，向湘桂边境前进。蒋介石则在湘江一线拼凑起第四道封锁线，企图将中央红军一举消灭于湘江以东。湘江战役是长征路上中央红军从江西苏区突围后最惨烈最关键一仗。红军和优势之敌苦战，付出惨重代价，终于撕开了敌人重兵设防的封锁线，粉碎了蒋介石围歼红军于湘江以东的企图。湘江战役主要是三次阻击战。

一是新圩阻击战。新圩位于广西灌阳县西北部，南距县城15公里，北距红军西进路线最近点大桥村古岭头5公里，距湘江渡口三四十公里，一条从灌阳通往全州的公路从这里经过，新圩以北5公里的古岭头是红军前往渡口的必经之地。新圩以北一直到湘江岸边都是一马平川，无险可守。新圩往南至马渡桥长约10公里的公路两侧丘陵连绵，草木丛生，可以建立阻击阵地。为了防止灌阳县城方向桂军北上切断红军西进通道，中革军委命令红三军团五师从新圩南下占领马渡桥，将桂军阻挡在新圩以南。在国民党方面，桂军部署于新圩方向有7个团，以第十五军军长夏威为指挥官，十五军四十四师为主攻部队，十五军四十五师一三四团为四十四师预备队，以第七军师为十五军预备队。11月27日至12月1日，双方在新圩激战五天，红军损失惨重。

二是界首阻击战。界首是一座古圩，位于广西兴安县城以北15公里的湘江西岸，是中央红军过湘江时最重要的渡河点。11月27日晚，红三军团四师先头部队到达界首，为了方便军委纵队和后续部队过江，发动当地的民众在江面上搭建浮桥。距离界首渡口不到100米的地方，有一座古老的祠堂，叫"三官堂"。红军架设的渡河浮桥主道，就是从三官堂门前经过。湘江战役时，红三军团军团长彭德怀的指挥所设在"三官堂"。朱德、周恩来等中央领导人也曾进入三官堂指挥部队渡江。国民党方面的桂军在兴安驻有十五军四十三师一二八团，发现界首渡口被红军占领，急忙从平乐调一个师的兵力，十五军四十五师的一三三团、一三五团，十五军四十三师一二七团，赶往兴安，进攻界首渡口。11月29日至12月1日，双方在界首渡口激战三天，中央红军主力大部渡过湘江，战斗结束。

三是脚山铺阻击战。脚山铺阻击战是湘江战役中双方投入兵力最多的一场战斗。国民党方面，是第一路"追剿"司令刘建绪指挥的湘军部队，包括十六师、六十二师、六十三师和第十九师1个旅、4个补充团、

3个保安团。还有薛岳的5个师，蒋介石派驻衡阳的飞行大队，配合湘军的地面进攻。湘军的编制，每个师10000至12000人，湘军的总兵力达到六七万人。红军方面是林彪指挥的红一军团。红一军团有3个师，即红一师、红二师、红十五师（少共国际师），一共19880人。在脚山铺战斗的第一天，红一军团投入了红二师的3个团和红一师的1个团。第二天便投入了红一师、红二师的全部6个团。脚山铺一战，红一军团2个师，与湘军鏖战3天，伤亡惨重。军团政委聂荣臻负伤，4团政委杨成武、五团团长钟学高负伤，五团政委易荡平牺牲。两个师共损失近4000人。

湘江战役期间，陈树湘师长指挥的红五军团三十四师奉命前往灌阳枫树脚阻击北上的桂军夏威部。由于中革军委的失误，红三十四师接到命令时枫树脚已经失守，红三十四师因地形不熟陷入崇山峻岭之中，在羊肠小道中艰难跋涉，未能按时接替红六师十八团阻击桂军，反而使自身陷入了孤军奋战的险恶境地，导致全军覆没。

湘江战役使中央红军损失达3万人以上，加上前三道封锁线的损失，人数从长征出发时86000余人，锐减至3万余人。但是从战略上看，湘江战役，中央红军经过英勇奋战，突破了国民党军第四道封锁线，挫败了蒋介石企图歼灭红军于湘江以东的计划。同时，湘江战役失利也加速了"左"倾路线的崩溃和毛泽东的复出，为后来的中央红军胜利结束长征奠定了组织基础。

2. 通道转兵

当中央红军前进到湘黔边界的通道县，敌情发生重大变化，蒋介石得知中央红军将去湘西与红二、六军团会合的意图，调集了五六倍于红军的强大兵力集结在黔阳、洪江、靖县一带，设置了四道防线，形成一个大口袋等待着红军钻进去。12月12日，中共中央在通道县城召开紧急会议，会议的中心议题是研究解决处于危机情况下的红军行进路线和战略方针问题。

面对严峻的军事形势，毛泽东挺身而出，力主放弃和红二、六军团会合的原定计划，改为向敌军兵力薄弱的贵州前进，避实击虚，寻求机动，争取主动，挽救危局。

毛泽东西进贵州的主张，得到大多数与会同志的赞同，中央迫于形势接受了这一正确建议。通道会议是从红军第五次反"围剿"开始以来，毛泽东第一次在中央会议上有了发言权，也是他的意见第一次得到了中央多数领导人的赞同。13日，中革军委命令中央红军迅速西入贵州，寻求机动，以便转移北上。这样，中央红军转兵贵州，使蒋介石企图围歼红军于去湘西途中的计划彻底破产，在危机关头挽救了红军。

通道会议成为中国革命历史上遵义会议伟大历史转折的开端。

（六）湖南省党组织和抗日战争

抗日战争爆发后，中国共产党高举抗日民族统一战线的旗帜，紧密团结全国各阶级各阶层广大人民群众，是抗日战争的中流砥柱，是夺取抗战胜利的决定性力量。同样，在湖南抗战的历史上，中共湖南省党组织也发挥了举足轻重的作用。

1. 推动湖南抗日民族统一战线的形成

为了促进中共湖南省党组织系统的恢复和发展，加强对湖南抗日统一战线的领导，推动全省抗日救亡运动的深入发展，1937年12月下旬，中共中央决定派高文华、郭光洲、帅孟奇从延安来湘工作。1938年1月16日，在长沙秘密建立了中共湖南省工作委员会，高文华为书记，任作民为宣传部长，郭光洲为组织部长，帅孟奇为秘书。5月，中共中央长江局派聂洪钧来湘工作，调整了省工委，除高文华，帅孟奇仍任原职，任作民改任统战部长兼长沙市委书记，聂洪钧为组织兼军事部长，谭丕模为宣传部长，郭光洲改任民运部长。7月，中共湖南省工作委员会改称中共湖南省委。从此，领导湖南抗日统一战线和开展抗日救亡运动的核心力量正式确立。

通过中共湖南省党组织和八路军驻湘通讯处的共同努力和深入细致的思想工作，国民党湖南省政府主席张治中接受了联共抗日的主张。1938年10月，湖南国共两党组成了湖南民众抗战统一委员会，张治中任主任，八路军驻湘代表徐特立任常委，中共湖南省委负责人任作民任委员。湖南民众抗战统一委员会的成立，标志着国共两党合作的湖南抗日统一战线正式形成。

2. 掀起湖南抗日救亡运动的高潮

湖南抗日统一战线正式形成，为湖南人民抗日斗争创造了良好条件。中共湖南省委利用湖南民众抗战统一委员会的组织形式，广泛宣传党的政策主张，深入开展群众运动，并积极而有步骤地进行各级党组织建立工作，大量吸收先进分子入党。至1938年底，中共湖南党的组织由原来2个区委，24个支部发展到27个县委和县工委，5个特区委，党员也由200多人发展到5000多人。在中共湖南省委统一领导下，全省范围抗日救亡运动轰轰烈烈开展起来，掀起高潮。

中共湖南省委成立后，一方面加强对已成立的抗日团体的领导和影响；另一方面又利用湖南民众抗战统一委员会组织形式，采取自上而下和自下而上相结合的方式，组织、领导和影响爱国人士组织救亡团体，先后成立湖南职工抗敌后援会、长沙职业青年战时工作团、青年外交促进会、长沙市新闻记者抗敌后援会、湖南新生活运动促进会、妇女工作委员会、湘邮救国十人团、清明读书会、长沙职业界抗敌后援会、世界语学会、战地服务团、一致剧社、南国文艺社、湖南大学"明日社"、抗敌儿童剧团、民族解放先锋队等 40 多个抗日救亡团体。这些团体有力推动了湖南抗日救亡运动蓬蓬勃勃向前发展。

从 1938 年 1 月起，中共湖南省党的各级组织和各阶层爱国进步人士所创办的报纸、刊物、壁报如雨后春笋，大量涌现。自 1938 年 1 月 25 日和 28 日先后创办《观察日报》和《抗战日报》之后，一大批进步刊物便在全省各地创刊。仅在长沙就有《中苏》半月刊、《大众日报》、《妇女周刊》、《湖南妇女》月刊、《妇女三日刊》、《抗战工人》、《湖南工人》、《联合旬刊》、《新湖南刊》、《农村工作周刊》、《动员》、《杀敌旬刊》、《抗战晚报》、《农友报》、《时事动态半月刊》等 30 多种报纸和期刊出版。这些报刊旗帜鲜明宣传中国共产党的抗日民族统一战线政策，始终坚持团结抗战，坚持民主进步办刊宗旨，具有强烈的战斗性和生动活泼的文风，深受广大人民群众的欢迎。

中共湖南省党的各级组织在全省各地设立书店和推销处，推销进步书刊。长沙有"战时书报供应所湖南分所""新路书店"，衡阳有"五五书店""生活书店""读者书店""新知书店"，平江有"大东书店"，郴县有"牖智书店"，邵阳有"民众书店"，常德有"金城书店""大上海书店""自力书店"，湘乡有"抗敌书报社"，在衡山、耒阳、南县、华容、岳阳、沅江、汉寿、宜章、溆浦、新化、沅陵等 30 多个县有"大众书店"和"战时书报供应所"。通过这些书店和其他渠道，使大批救亡书籍涌入湖南，在宣传中国共产党的全面抗战路线和持久抗战路线，鼓舞和团结人民群众抗日方面起到了重要的桥梁作用。

中共湖南省党组织还组织各民众团体开展声势浩大的遍及三湘四水的群众性演唱抗日救亡歌曲运动。全省各地中共党组织成立的剧团和歌咏队多达 300 多个，6000 多人，遍及 30 多个县。其中影响最大的有长沙的"育英儿童剧团""周南歌咏队""电信救亡剧团""长沙职业界歌咏队"，衡阳的"孩子剧团""抗日歌咏队"，衡山、汉寿的"战时青年服务队"，湘潭蓝田的"抗日宣传基站"，新化、澧县的"妇女宣传队"，汝城的"农民剧团"，沅江的"时时乡村宣传团"，常德的"抗日救亡歌剧社"，南县的"抗敌剧社"，临澧的"战时青年工作队"，湘乡的"战时工作团"，益阳的"蔚南女中歌咏队"等。由于全省各地数千人壮怀激烈，引吭高歌，常使行人驻足，道为之阻塞，听众随悲壮歌声而哭泣落泪，随激昂歌声而精神振奋，从而使救亡歌曲家喻户晓，深入人心。

3. 为坚持长期抗战提供有力的保障

中国的抗日战争是持久战，由于敌强我弱，只有实行持久抗战，才能使敌我力量发生根本性改变，从而最终打败日本侵略者。为了贯彻落实中共中央持久抗战正确战略方针，中共湖南省党的各级组织做了大量的工作，从干部、人力资源、物资等方面，为坚持长期抗战提供了有力的保障。

一是举办各种类型的训练班，培养大批抗日骨干，为坚持长期抗战提供组织上的保障。随着全省范围党的组织的普遍建立和党员的大量发展，为了适应坚持长期抗战的需要，中共湖南省党的各级组织都设立了党员训练班，游击干部训练班，或者其他干部训练学校，用以提高增强党员干部马克思主义理论水平和开展武装斗争群众运动的能力。除了举办各种类型的训练班外，中共湖南省委还于1938年9月在武冈县塘田镇创办了一所以统一战线形式出现的专门培训基层抗战干部学校——塘田战时讲学院。讲学院培训干部250多人，被誉为"南方的抗大"。从塘田战时讲学院毕业的学员分布在湖南全省各地，成为抗日救亡和抗日游击战争的骨干，并涌现出了郑奎田、谢国安等一批为国捐躯的热血青年。

二是号召广大民众积极报名参军参战，为坚持长期抗战提供人力资源上的保障。1938 年 4 月 16—22 日，各抗日团体积极响应中共湖南省委的号召，举办全省兵役宣传周活动。在动员大会上，社会各界代表纷纷发言表示：广泛动员与支持青年人参军参战，义不容辞，国家兴亡，匹夫有责。各抗日团体还出动宣传队深入全省各地，演出《木兰从军》《班超投笔》《八百壮士》等戏剧、歌曲，发动各界青年踊跃参军。在这强大的政治宣传动员工作的基础上，广大民众，妻送夫，母送子，踊跃报名参军，抗击日寇，保家卫国，涌现出许许多多感人肺腑，动人心弦的画面。抗战期间，湖南征募兵员 210 多万人。仅次于四川，居全国第 2 位。

4. 组织抗日武装队伍开展游击战争

1939 年 1 月，国民党召开五届五中全会。会议制定了"溶共、防共、限共、反共"八字方针，并颁布了《限制异党活动的办法》，成立防共委员会。从这时开始，国民党放弃了比较积极的抗战政策，推行消极抗日，积极反共的反动政策。在这一历史背景下，反共顽固派薛岳继任湖南省政府主席。薛岳主持湘政以后，实施一系列反动措施，制造了包括震惊中外的平江惨案等一连串反共事件，使湖南抗日救亡运动的大好局面遭到破坏。

面对湖南抗日形势的逆转，一方面，中共湖南省党组织沉着冷静，从容应对，与国民党顽固派进行有理有利有节的斗争；另一方面，随着湖南大半壁江山沦陷于日寇铁蹄之下，中共湖南省党组织工作的重心转移到领导沦陷区人民群众组织抗日武装队伍，开展游击战争，打击日本侵略者。

中共湘潭县工委坚决贯彻中共湖南省委关于在敌后开展游击战争的指示精神，积极争取和领导了张鹏飞、马扬德两支抗日队伍，开展抗日游击战争，1944 年冬，中共湖南省委派遣何大群、王来苏、朱汉樵等人赴湘南，恢复和发展党组织，成立了湘南人民抗日游击队。宜章、耒阳、郴县、桂阳、资兴、安仁等地也相继建立了抗日武装，开展游击战争。

抗日战争时期，湖南党组织和边境地区的新四军、八路军三五九旅南下支队，在部分日占区建立了桃花山根据地和湘北、湘阴等抗日根据地，成立了平江、岳阳等抗日民主政权，为中华民族的解放事业作出了重要贡献。

（七）湖南（长沙）和平解放

解放战争时期，湖南人民在中国共产党的领导下形成第二条战线，与国民党反动派进行了各种坚决的斗争，有力地配合了解放区战场，沉重地打击了国民党反动统治，推动了湖南实现和平解放，为夺取新民主主义革命的胜利作出了重大贡献。

1. 毛泽东十分关注家乡湖南

毛泽东十分关注家乡湖南能否用和平的方式获得解放。1949年2月，毛泽东在河北省西柏坡会见湘籍民主人士章士钊时，就曾表示期望时任国民党湖南省政府主席程潜走和平道路，并说："对于程潜过去一度参与内战既往不咎，只要投向人民，必当礼遇。"5月，毛泽东和离湘来北平的李达教授谈话，听及程潜、陈明仁有和平起义的愿望时，十分高兴，高度重视，在给中共湖南省工委的指示中，要求做好他们的工作，促成此事。毛泽东运筹帷幄，审时度势，为了避免三湘大地继续遭受战火的摧残蹂躏，人民群众遭受更多的流血牺牲，财产损失，在发给中共湖南省工委的指示信中，明确做出了"极力争取程潜、陈明仁，用和平方法解决湖南问题"的英明决策，并及时制定实施了争取程潜、陈明仁的一系列正确的方针政策，保证湖南和平解放的胜利实现。

2. 人民解放军大军压境

"钟山风雨起苍黄，百万雄师过大江。"1949年4月21日，人民解放军突破国民党军队防线，胜利横渡长江天险。6月中下旬，人民解放军分东、西、中三路向湖南挺进。东路大军由第四野战军十五兵团四十三、四十四、四十八军和两广纵队会同第二野战军四兵团发起湘赣战役，于19日解放浏阳，25日解放醴陵，迂回至长沙东南；西路大军由第四野战军十三兵团三十八、三十九、四十七军、四十九军发起鄂西战役，胜利后入湘于22日解放安乡，29日解放常德，迂回至长沙西北；中路大军由第四野战军十二兵团四十、四十五、四十六军沿着粤汉铁路线推进，16日解放临湘、18日解放平江、20日解放岳阳，正面向长沙进攻。三路大军摧枯拉朽，势如破竹，对地处湘江之滨长沙形成了钳形合围之势。三湘四水已经显露出黎明的灿烂曙光。

3. 中共湖南省工委卓有成效的工作

中共湖南省工委抓住人民解放军大军压境的大好形势，根据中共中央有关文件精神和毛泽东关于"加强瓦解国民党军队的工作"和"在国民党军队中，应争取一切可能反对内战的人，孤立好战分子"的指示，分析了程潜的历史和现实表现后认为，程潜是一位爱国将领，因长期与蒋介石政见不合，受到蒋介石的防范和猜忌，所以，我们应该把程潜争取过来，促使他坚定走和平道路的决心，为和平解放湖南作贡献。于是，中共湖南省工委决定加强统一战线工作，成立专门工作小组，在省工委书记周里直接领导下，由小组负责人余志宏专门做以程潜为主的上层统战工作。余志宏接受任务后采取了几项措施：一是深入接触程潜的关系圈，影响程潜身边军政人员，使他们逐步向人民靠拢；二是请来与地下党有密切联系的程潜族弟程星龄来长沙做程潜的工作；三是让思想进步的程潜长子程博洪回长沙劝说父亲下定决心同国民党决裂。

4. 程潜、陈明仁为湖南的和平解放发挥了重要作用

1948 年 12 月 31 日，程潜委托程星龄代表他正式与中共地下党取得联系，表示了走和平道路意向。由于程潜实际上没有掌握兵权，难以控制湖南的局势。为此，中共湖南省工委给程潜出主意，提出想办法把华中军政长官公署副长官兼第一兵团司令陈明仁调来长沙，让陈明仁协助程潜掌握军队。1949 年 2 月，陈明仁率部第一兵团 5 万余人移驻湖南，兼任长沙绥靖公署副主任。陈明仁到长沙以后，立即以晚辈身份见了程潜，表示愿意在程潜领导下走和平道路。

经过中共湖南省工委大量卓有成效的工作，使得国民党湖南省军政首脑程潜和陈明仁与共产党合作，走和平道路的意愿越来越坚定和明朗化。

1949 年 6 月下旬，程潜慎重地将致中共中央和毛泽东主席的《备忘录》书写在一幅白绫上，明确表示，为"避免战祸""减少人民痛苦""保持本省元气""爱本反蒋、反桂系、反战、反假和平之一贯态度，决定根据贵方公布和谈八条二十四款的原则，谋取湖南局部和平"。强调"一俟时机成熟，潜当立即揭明主张，正式通电全国"。他请中共湖南省工委迅速把《备忘录》密送中共中央和毛泽东主席。

6 月底，毛泽东接到程潜和平起义备忘录后，指示人民解放军第四野战军和中共华中局加紧做湖南和平解放工作，并于 7 月 4 日给程潜复电："颂云先生勋鉴：备忘录诵悉。先生决心采取反蒋反桂及和平解决湖南问题之方针，极为佩慰。"并提出："只要先生决心站在人民方面，反美反蒋反桂，先生权宜处置，敝方均能谅解。"程潜拿到毛泽东复电，反复看了几遍，兴奋地说："有了这封重要的信件，真是湖南人的喜讯，喜讯啊。"从此，程潜义无反顾，进一步坚定了和平起义的决心。

为了加快湖南和平解放步伐，7 月 4 日，毛泽东还为中央军委起草

了给人民解放军第四野战军司令员林彪和第二政治委员邓子恢等人的电报，强调，"我们认为程潜态度是好的，应极力争取程潜用和平方法解决湖南问题"。7月中旬，人民解放军第四野战军派出以金明为首席代表，唐天际、袁任远、解沛然、李明灏为成员的五人和平谈判代表团与程潜、陈明仁联系，积极进行起义的各项准备工作。至此，湖南和平解放已是水到渠成，瓜熟蒂落。三湘四水终于迎来了走向和平与光明的历史拐点。

　　1949年8月3日，人民解放军第四野战军十二兵团司令员萧劲光等领导在长沙县春华山会见陈明仁派来的代表，就和平接管长沙具体事宜进行洽谈，对程潜、陈明仁愿意和平起义表示欢迎，同时又希望程潜、陈明仁尽快发出起义通电，公开表明政治态度，并商谈确定人民解放军入城时间和驻防地点。8月4日下午，由国民党湖南军政首脑程潜与陈明仁领衔，37位国民党军政要员联署的起义通电，郑重宣布："爰率领全湘军民，根据中共提示之八条二十四款，为取得和平之基础，贯彻和平主张，正式脱离广州政府。今后当依人民立场，加入中共领导之人民民主政权。"毛泽东、朱德收到程潜、陈明仁起义通电后，于8月16日复电程潜、陈明仁暨全体起义将士："诸公率三湘健儿，脱离反动阵营，参加人民革命，义声昭著，全国欢迎。"

　　湖南省级政权和平接管，长沙、湘潭和平解放，通过衡宝战役，湖南全省39个县得到解放；通过剿匪，湘西地区22县解放。为湖南人民长期以来在中国共产党领导下前赴后继、浴血奋战的新民主主义革命斗争画上了圆满的句号，同时也更为新中国成立后湖南人民社会主义革命和建设事业开启了一幅绚烂多彩的壮丽画卷。从此，它把三湘四水带入到一个劳动人民当家作主，创造幸福美好生活的社会里。

二、奠基定制：遍地英雄下夕烟

新中国成立以后，湖南省委、省政府带领全省人民，坚决荡涤旧社会污泥浊水，迅速恢复国民经济，基本完成社会主义改造，开展有计划的大规模经济建设，奠定了社会主义政治和经济制度。一个美好新湖南的宏伟蓝图框架，呼之欲出。由于湖南是中国共产党建党、建军、建政的主要策源地之一，在新民主主义革命时期的各个阶段，特别是土地革命战争中付出了巨大牺牲，作出了重大贡献，建国后，开始了老区认定工作，并建立专门机构，开展老区的扶贫工作，湖南老区贫穷落后的经济社会面貌逐步发生变化，老区群众的生活也逐步得到改善。

（一）建立湖南地方党政组织

1949 年 3 月，中共中央决定组建中共湖南省委员会，并从各解放区抽调大批干部分别组成接管湖南各地、市、县工作班子，随军南下。6 月，省委班子正式建立，8 月 20 日，经中共中央批准，南下省委与长期坚持湖南地下斗争的中共湖南省工作委员会合并，组成新的中共湖南省委员会。黄克诚、王首道、萧劲光、金明、高文华、周里、袁任远、谭余保、唐天际、刘型、曹瑛、周小舟、武光、乔晓光、徐启文、宋新怀为省委委员，黄克诚、王首道、萧劲光、金明、高文华、周里为省委常委，黄克诚任省委书记，王首道、金明、高文华任省委副书记。省委下设组织部、宣传部、社会部、统战部。

随后，各地、市、县的党组织也相继建立起来。全省划分为 2 个直辖市（长沙市、衡阳市）和 10 个专区，党的组织设立 2 个市委和 10 个地委，77 个县委。

中共湖南新省委的成立和各地、市、县、区的党组织相继建立，既标志着中国共产党开始在湖南执政，开启了湖南历史的新纪元，同时也为彻底改变湖南老区长期贫穷落后的经济社会面貌，奠定了坚实的政治组织基础。各级政府组织也相应建立起来。

（二）土地改革运动

湖南的经济比较落后，是一个传统的农业大省，因此，开展土地改革运动，改变农村的生产关系，对于解放老区的生产力，促进老区经济社会的进步发展，改善老区群众的生活产生深远影响。

解放前，湖南全省5100多万亩土地，有一半以上集中到只占农村常住人口4%的地主手中，而占常住人口60%的中农和贫农，只有31%的土地，占常住人口10%的雇农，几乎完全没有土地。1950年5月，湖南省委决定成立省土地改革委员会，省委副书记金明任主任委员。1950年6月，中央人民政府颁布《中华人民共和国土地改革法》，湖南召开全省第一届农民代表会议，成立湖南省农民协会。10月，湖南首届各界人民代表会议通过《中华人民共和国土地改革法湖南实施细则》。各专区、县成立土改委员会，全省先后抽调4.7万多名干部组成土改工作队（组），深入农村，发动土改。

全省土地改革分3期进行，第一期：1950年10月至1951年4月，占全省总乡数41.95%的5479个乡进行土改。第二期：1951年6月至9月，占全省总乡数16.14%的2108个乡进行土改。第三期：1951年10月至1952年4月，占全省总乡数37.46%的4892个乡进行土改。三期土改完成后，全省剩下581个乡的土改于1952年冬至1953年春季全部完成。

经过土地改革，湖南老区农村的贫穷落后面貌，发生了翻天覆地的变化。全省没收、征收土地2487万余亩，耕牛28万余头，农具209万余件，房屋451万间，粮食9.19亿多公斤。分得土改果实的农民约占农村人口的 65%，全省约有 1890 万无地少地农民分得 2610 万亩土地和大批生产生活资料，翻身成为土地主人。土地改革的胜利完成标志着地主阶级封建剥削土地所有制被彻底消灭，极大地激发了湖南农民的政治热情和生产积极性，农村人民政权更加巩固，全省粮食产量 1952 年比 1950 年增产 38%。

（三）剿除严重匪患

解放之初，湖南匪患严重，湘西匪患尤烈。鄂、渝、黔、桂交界的湘西地区，武陵、雪峰两大山脉纵贯，峰峦起伏，沟壑纵横，溪河密布，洞穴幽深。解放前夕，国民党反动派妄图利用湘鄂川黔边缘区的地理条件，在湘西建立反共根据地。他们勾结扶持地方股匪，组建了 3 个暂编军 12 个暂编师，还有"湘鄂川黔反共救国军"等成建制的 10 多股反动武装，总数达 10 多万之众。

1949 年 8 月湖南和平解放，长沙等城市回到人民手中，但在湘西，广袤的山区和许多县城依然被土匪占领。因此，剿除湖南的匪患，让人民群众能够安居乐业成为当务之急。

湖南省委决定由湖南军区及所辖 10 个军分区担负剿匪任务。同时，中央军委决定留人民解放军第四十六、四十七军在湖南担负剿匪任务。全省建立湘南、湘西、湘东北 3 个剿匪指挥部，担负所辖区域剿匪任务。经过 1949 年初步进剿，1950 年全面进剿、重点清剿，边缘地区会剿等大规模的军事进剿，以及随后开展肃清残余匪特的斗争，至 1952 年夏，消灭土匪 20 余万名，缴获各种枪支 15 万余支、炮 400 余门、弹药 452 万余发及其他大批军用物品。至此，终于彻底消灭了全省境内的土匪武装，根除了长期祸害湖南的匪患，彻底搬除了压迫在人民群众头上的一座沉重大山。

（四）中央政府访问团慰问湖南老区

湖南为中国共产党的发展，人民军队的壮大，中国革命的胜利，付出了巨大的牺牲，作出了不可磨灭的贡献。因此，新中国刚成立不久，中央人民政府为了体现对老根据地人民的关怀，褒扬革命老根据地在历次革命战争中所做出的丰功伟绩，经政务院总理周恩来提议，1951年决定派出以内务部部长谢觉哉为总团长的中央人民政府南方老根据地访问团，设几个分团，代表中共中央奔赴各个根据地进行慰问。中央人民政府南方老根据地访问团分赴湘、鄂、川、闽、粤、赣、琼等南方老苏区走访慰问烈属、军属，传达党中央、中央人民政府对老根据地人民的亲切关怀。

1951年7月28日，湖南省委、省政府成立"湖南省老红色区访问团"，王首道任团长，谭余保、陈再励任副团长。下设三个分团：第一分团访问湘鄂赣区，分团长陈再励任，副分团长罗其南任；第二团访问湘赣区，分团长谭余保任，副分团长谷子元任；第三分团访问湘鄂西区，分团长晏福生任。另由常德专署和衡阳专署分别组织访问小组访问华容区和湘南区。安排访问经费5.96亿元（折合新人民币5.96万元）。8月3日，中央人民政府南方老根据地访问团20余人由副团长邮电部长朱学范、中央军委武装部副部长傅秋涛带领到达长沙。中央南方老根据地访问团下设湘鄂赣、湘赣两个分团，从8月9日至9月12日进行慰问。湖南分团在访问过程中主要采取以下几种形式：

1. 采取召开群众会议、代表会议与个别拜访相结合的方式

访问团在访问过程中，召开大小型代表会议、座谈会、调查会，普遍而深入地传达毛主席对老区人民的深切关怀，认真听取群众意见，讨论老区人民的要求。就如何具体执行毛主席对老区人民"发扬革命传统，争取更大光荣"的指示，召开大小会议348次，参加群众3.8万人。访

问团还采取个别访问烈军属、残疾军人，乃至一般群众的方式，进行询问乡情、访贫问苦、征求意见、搜集材料，逐户访问烈军属1065户。

2. 配合访问团活动，开展文艺演出、医疗救济，进一步扩大政治影响

访问团每至一个重点地区，就召开群众大会放映电影，或由文工团演出节目，表示热情慰问。文工团和电影队每到一处都受到群众的热烈欢迎，放映电影、演出节目294次（场），观众达25.6万人，访问团还开展活跃的医疗诊治工作，尽量为群众免费诊病。医疗队与文工团和电影队一样，也深受群众欢迎，收到很好的政治效果，获得群众极好评价。群众纷纷说"毛主席派来的访问团救了我们的命""政府派来的人神仙难比"等。访问团还发放紧急救济款，解决了一部分群众急需解决的生产生活困难。访问团共发放急救金11000万元，急救金及米所发放的对象是贫苦烈军属和贫苦群众，共计39万户98万人。

3. 提高了烈属的革命光荣感

访问团在进行发放纪念品与评审烈士中，严肃认真进行赠发工作，通过召开比较庄严隆重的会议形式颁发纪念品，把纪念品颁发过程当作提高烈属地位与教育群众的过程，大大提高了烈属的革命光荣感。共颁发了一级毛主席像，二级金章、毛主席题词，三级瓷章等60万份。

访问团所到之处，受到当地群众的热烈欢迎。访问团每到一处，群众敲锣打鼓放鞭炮，男女老幼列队迎接，甚至有的远出一二十里路前来迎接访问团。他们以争取访问团能先到他们村里为光荣。例如，访问团去郴州市资兴县，从县城到布田要过一个渡口，群众自发动手搭好一座浮桥，让访问团通过。群众欢迎访问团的真情实意，还表现在对访问团成员日常生活的关心爱护。妇女组织洗衣组，民兵夜间巡逻放哨，无微不至。说明老区人民是多么热爱共产党，拥护中央人民政府。

（五）老区认定和扶贫工作

"十步之内，必有芳草"。湖南这块红色的热土为取得新民主主义革命的胜利付出了巨大牺牲，作出了重大贡献。因此，湖南省委、省政府高度重视老区的认定和老区的扶贫工作。

1. 成立老建委，健全机构

1952年10月，根据政务院要求，湖南省委、省政府成立了省老根据地建设委员会（简称省老建委），省老建委由省政府有关部门负责人15人组成。主任委员由省政府副主席谭余保担任；副主任委员由省民政厅厅长晏福生，省财政厅厅长夏如爱担任。并在省民政厅设立老区建设科，负责日常工作。相关的专区和县也相继成立了老根据地建设委员会。

1953年2月5日，省政府制定《湖南省老根据地建设委员会暂行条例（草案）》。改选湖南省老根据地建设委员会，由省委、省政府有关部门负责人组成20人的委员会。包括省委1人，省政府副主席1人，省军区政治部主任、省府秘书长、民政厅厅长、人事厅厅长、财政厅厅长、农林厅厅长、教育厅厅长、工业厅厅长、交通厅厅长、商业厅厅长、水利局局长、林业局局长、卫生处处长、合作管理局局长、省人民银行经理、优抚处处长等。省政府副主席为主任委员，并由委员会推选副主任委员2人主持会务。省老根据地建设委员会设办公室，由民政厅厅长兼任主任，优抚处处长兼副主任，另设专职干部秘书1人，干部4人处理经常性业务工作。9月6日，省政府印发《关于老根据地建设委员会设置专职干部问题》。通知明确老根据地建设委员会工作，主要由民政部门邀请有关部门组成，具体工作由民政部门负责办理。

2. 开展老区的认定工作

自省老建委成立后，为了充分肯定老区人民的历史功绩，让老区人民充分享受到党和政府的温暖，创造条件改变贫穷落后的状况，开始了老区的认定工作。

1953年2月1日至5日，省第一次老根据地建设工作会议在长沙市召开，平江、浏阳、醴陵、茶陵、攸县、桑植、龙山、大庸、永顺、酃县、临湘、岳阳、安仁、耒阳、永兴、资兴、郴县、宜章、汝城、桂东、慈利、湘阴、华容、石门等24个老区县和省级有关部门86名代表参会。会议通过《湖南省老根据地工作会议总结及1953年老根据地重点建设规划》。同年10月召开的座谈会上，确认24个老区县中有老根据地的区169个，其中涵盖老根据地乡1240个、游击区乡758个。

至1994年底，湖南认定为老区县市区有68个，其中重点老区县市区28个，它们是：平江县、浏阳市、桑植县、茶陵县、炎陵县、攸县、醴陵市、桂东县、汝城县、耒阳市、安仁县、宜章县、苏仙区、永兴县、资兴市、岳阳县、临湘市、汨罗市、华容县、石门县、慈利县、永定区、永顺县、保靖县、龙山县、湘潭县、韶山市、武陵源区。

2007年至2018年，又增加认定了42个县市区。现在，湖南革命老区有104个县市区和6个管理区，常住人口占全省比重约80%。

3. 持续推进老区的扶贫工作

省委、省政府十分关怀老区的人民，湖南省对老区的扶贫工作从建国之初就已经开始了。为了促进老区建设，1950—1952年，省民政部门拨发老区优抚救济粮470余万公斤，救济资金182万元（折新币），以50%左右重点解决贫苦烈军属和个别老根据地群众缺乏生产资料的困难。农业部门帮助老区人民成立临时或长期的互助组进行田土代耕，发放贷款，组织兴修水利。供销合作部门除在老区的区一级设立基层供销社外，还在平江等5县的老区内建立固定供销网171个。文教卫生部门在2/3的老区乡成立初级小学校，以区为单位设立卫生所和妇幼保健站。

1953年2月，省政府确定重点扶持建设的老区乡376个。1953—

1957年，政府先后拨发优抚救济资金560万元，教育建设资金19.4万元，水利建设专项资金67万元，减免医疗费31.97万元，农业贷款2740万元；在老区的县一级设立医院25所，防疫、妇幼保健站66所，麻疯村4个，卫生和联合诊所1094个；建设公路或简易公路569公里，修整县级道路25条；建立供销社317个，门市部和流动购销点499处。1966年省民政厅、财政厅还在湘潭、邵阳专区下拨老区扶持资金90万元。

上述扶贫工作的持续开展，为帮助老区人民群众恢复发展生产、建设家园、改善经济生活状况，发挥了积极作用，产生了深刻影响。

（六）社会主义改造运动

经过三年努力，到1952年底，我国经济恢复任务基本完成。党中央从中国的实际情况出发，提出了过渡时期的总路线："从中华人民共和国成立，到社会主义改造基本完成，这是一个过渡时期，党在这个过渡时期的总路线和总任务，是要在一个相当长的时期内，逐步实现国家的社会主义工业化，并逐步实现国家对农业、对手工业和对资本主义工商业的社会主义改造。"省委从湖南的实际出发，有计划有步骤地领导全省人民进行了农业、手工业和资本主义工商业的社会主义改造。

1. 对农业社会主义改造运动

把小农经济逐步改造成为社会主义集体经济，是中国共产党过渡时期总路线的重要组成部分。在完成土地改革后，我国农村经济关系中开始出现了贫富两极分化的现象，在湖南老区也出现了进行土地买卖、发放高利贷、土地集中在少数人手中和贫困农民被雇工剥削等现象。有少数的农户上升为富裕中农，有的甚至发家致富成为了新富农。而条件比较差的农民家庭由于无法抵御天灾人祸的打击，被迫出卖自己的土地，甚至出卖自己的儿女，家破人亡。为此，必须通过开展农业合作化运动，根据农业的特点和农民的习惯，采取互助组、初级社、高级社这样由低级到高级的步骤和形式，把农民发动组织起来，逐步消灭农村私有制，建立起社会主义公有制，从而避免了贫富两极分化，为实现全体人民的共同富裕奠定坚实的所有制基础。

1955年7月31日，毛泽东在全国省、市、自治区党委书记会议上作了关于《关于农业合作化问题》的报告。同年10月中共七届六中全会根据这个报告通过了《关于农业合作化问题的决议》。随后，全国掀起了农业合作化运动高潮。湖南省委于1955年8月间召开全省区委书记会议，专门就如何把农业社办得更多更好的问题做了研究和部署。会后，湖南的农业合作化运动迅速发展，特别是老区的乡村发生了天翻地覆的变化。到1956年秋，全省建立了46335个高级农业合作社，入户农户780.87万户，占全省总农户的97.79%，基本上实现农业合作化。

对农业社会主义的改造运动，使湖南老区3000万个体农民走上了社会主义道路，这一场生产关系的深刻变革，从制度上有力地保障了老区农业长期稳定发展的局面。

2. 对手工业社会主义改造运动

湖南老区的手工业在国民经济中占有重要地位，在满足城乡居民需要以及供应出口贸易等方面发挥着十分重要的作用。手工业个体经济由于是建立在生产资料私有制和个体劳动基础上，规模狭小，经营分散，技术落后，阻碍生产力水平的提高。因此，有必要把它们组织起来，使之变为社会主义集体经济，以适应社会主义建设和人民生活水平不断提高的要求。

省委根据党的过渡时期总路线的要求，对手工业的改造贯彻自愿互利的原则，采取"积极领导、稳步前进"的方针。针对手工业行业多、产品信息强的特点，确立"从供销入手实行生产改造，由小到大，由低级到高级"的改造步骤，先在流通领域组织手工业供销小组或供销合作社，进而过渡到生产领域，组织手工业生产合作社。

到1955年，全省各类手工业合作组织发展到3033个，参加合作组织的手工业者达85849人，占全省手工业者总人数的20.77%，产值5974万元，占手工业总产值的17.94%。1955年底以后，湖南城乡手工业社会主义改革在农业合作化和资本主义工商业实行全行业公私合营的推动下出现高潮。短短一个多月的时间，有18.2万名个体手工业者参加合作组织，全省有手工业合作社、组6181个，成员24.16万人。到1956年底，个体手工业者仅剩下2.69万人。至此，对手工业的社会主义改造基本完成。

湖南手工业社会主义改造基本上是成功的，把老区的手工业者组织起来后，在提高产品质量，增加生产，降低成本，提高技术，承接大批量生产任务方面显示了优越性。1957年，湖南手工业总产值达到了42451万元，比1952年增长了40%，有力地支援了工业和农业建设。

3. 对资本主义工商业社会主义改造运动

湖南老区的私营工商业不甚发达，在经济中所占的比例就更低了，呈现出"三多三少"的特点：个体手工业多、小型企业多、摊贩小商多，资本主义工商业少、大型企业少，而且各地分布也很不平衡。湖南省委从实际出发，因地制宜，对私营工商业的初步改造，首先是通过加工订货、统购包销、代购代销、经销、批购零销等低级国家资本主义方式，使私营工商业同国营经济联系紧密。然后再对私营工商业进行改造的高级形式，由政府或国营企业以投资入股的方式与私营企业在产权层面上进行结合，即通过公私合营来实现的。

根据中央财经委提出的《关于有步骤地将十个工人以上的资本主义工业基本改造成为公私合营企业的意见》，省委结合实际，规划1954

年到 1955 年公私合营企业 48 家。1954 年 4 月，省委、省政府批准复华、民众、长湘、湘津 4 个轮船公司合并组成公私合营湖南省湘江轮船运输股份有限公司。12 月，公司合营的湖南省汽车运输股份有限公司成立。1955 年 11 月，中央召开资本主义工商业改造会议，确定在较大私营企业实行公私合营的基础上，把对私营工商业的社会主义改造从个别企业的公私合营推进到全行业公私合营。按照中央部署，湖南省委成立了领导小组，统筹全省资本主义工商业社会主义改造。1956 年 1 月 10 日，省委发出《关于当前改造私营工商业工作的指示》。4 天后，省委再一次发出指示，提出加速完成改造任务。随后，湖南各地进行广泛宣传发动，掀起私营工商业改造的高潮。公私合营企业从主要行业扩大到一般行业，从大型企业延伸到中小型企业，私营工商业者纷纷写申请书，敲锣打鼓向当地政府申请公私合营。

到 1956 年 3 月中旬，湖南资本主义工商业社会主义改造基本完成。据统计，全省公私合营的工商业者共计 54673 人，定股资金 2838 万元。长沙内燃机总厂、长沙电机厂、建湘瓷厂、衡阳化工总厂、建湘柴油机厂等一批公私合营的企业，后来发展成为省内著名工业企业，为湖南经济建设作出了重要贡献。

社会主义三大改造基本完成，农业、手工业个体所有制转变为劳动群众集体所有制，资本主义私有制转变为全民所有的公有制，标志着社会主义经济制度在湖南建立，这为彻底改变湖南老区经济社会落后面貌，促进以社会主义工业化为主体的经济建设发展创造了良好的条件。

（七）"一五"计划取得巨大成就

从 1953 年起，我国开始执行发展国民经济第一个五年计划。根据国家的要求和湖南的实际情况，湖南省财政经济委员会制定了《湖南省发展国民经济第一个五年计划纲要》，由湖南省委第七次代表会议和省人大一届三次会议先后审议通过。到 1957 年第一个五年计划提前超额完成，湖南的国民经济和社会事业发展取得前所未有的辉煌成就。

1. **工业有很大的发展**

按照 1952 年的不变价格计算，1957 年全省工业总产值达到 18.19 亿元。超过了"一五"计划的 16.83%，比 1952 年增长了 136.23%，比 1949 年增长了 4.7 倍，年均递增 18.8%。

2. **国内外贸易有较大的突破**

"一五"期间，在国内贸易方面：湖南省重点放在扩大和巩固国营商业的批发阵地上，改进批发业务，保证社会主义国营商业的领导作用和对市场的控制力。从省到县先后建立了工业品的二级采购站，在市、县相应设置了三级专业批发商店，在全省形成一整套国营商业批发网络。

"一五"期间，在国外贸易方面：针对以美国为首的资本主义国家的封锁，湖南省一方面利用香港、澳门发展进出口贸易；另一方面大力发展对苏联和其他社会主义国家的贸易。同时，还千方百计与印度、马来西亚、锡兰、印度尼西亚、缅甸、柬埔寨等东南亚国家发展贸易，并且也组织商品远销欧洲和非洲的一些国家。通过对外贸易，争取到难得的外汇，有力支援了国内省内的经济建设。

3. **文化教育卫生体育事业初步繁荣**

"一五"期间，在文化事业方面，湖南省从 1952 年起，各市、县普遍建立群众文化馆（站），图书馆也不断增加。文艺工作者抢救了一批面临失传的剧目，特别是 1953 年湖南省花鼓剧团和湘剧团的成立，促进了湖南地方戏剧的繁荣，一批优秀传统剧目搬上了舞台，受到了各方面的好评。

"一五"期间，在教育事业方面，以普及小学教育为重点，促进整个教育事业的发展。到 1957 年底，全省小学发展到 35873 所，其中民办小学 3313 所，在校学生达到 385 万人，适龄儿童入学率达到 70%。普通中学达到 285 所，在校学生达到 23 万人。根据国家统一部署，1953 年初对高等院校进行调整，全省一共有高等院校 5 所，1957 年在校学生达到 13557 人，5 年内培养各类人才 9193 人。

"一五"期间，在卫生事业方面，坚持以"预防为主，防治结合"的方针，以爱国卫生运动为动力，推动全省卫生事业发展。全省开展宣传卫生常识、预防细菌传播、讲究卫生、移风易俗为主要内容的爱国卫生运动，从而推动除害灭病及其防疫工作的开展。1957 年，全省卫生机构达到 8079 个，其中医院有 330 家，床位 1.62 万张，卫生技术人员 5.53 人。

"一五"期间，在体育事业方面，全省人民响应毛泽东"发展体育运动，增强人民体质"的号召，积极参加体育活动。1952 年成立了湖南省体育运动委员会，组织全省人民开展体育运动，提高了人民群众的体质。

4. 人民群众的生活水平得到提高

"一五"期间，随着工业化、城市化的发展，全省职工人数由 1952 年 69.25 万人增加到 1957 年 130 多万人。职工年平均工资由 1952 年 312 元增加到 1957 年 505 元，增长 62.63%。1957 年全省农民人均纯收入比 1952 年增长 10.56%。人民群众生活质量也有明显提高，人民群众购买力也有很大增长。

第一个五年计划提前超额完成，使湖南老区经济社会落后的面貌发生了深刻的变化，在实现工业化的道路上迈开了十分重要的步伐，为后来进行更大规模经济建设奠定坚实的物质技术基础。

历史将永远记住这一个十分重要的起步。

（八）调整国民经济

"一五"计划的胜利完成，为湖南老区继续推进全面社会主义建设奠定了良好基础。1956年召开的党的八大明确指出，我们党和全国各族人民当前的主要任务，就是要集中力量解决人民对于经济文化迅速发展的需要同当前经济文化不能满足人民需要状况之间的矛盾，把我国尽快地从落后的农业国转变成为先进的工业国。

正当湖南老区人民意气风发，斗志昂扬，全面进行社会主义建设的时候，由于湖南省委在指导思想上开始出现急于求成的冒进倾向，从而轻率地在全省发动了一场"大跃进"和人民公社化运动。

经历了"大跃进"运动和人民公社化运动的风风雨雨进入20世纪60年代，我国国民经济遭遇到前所未有的困难。挫折教训了人们，人们也在教训中逐步清醒过来。1961年1月，中共中央召开八届九中全会，决定对国民经济要"适当地缩小基本建设的规模，调整发展的速度""采取巩固、充实和提高的方针"。省委坚决贯彻执行中共中央的指示精神，从1961年至1965年，开始对国民经济进行大刀阔斧的调整。国民经济调整大致分为两个阶段。

1. 全面调整的阶段

在这一阶段里，1961—1962年，省委侧重于对国民经济的调整与巩固方面的工作。湖南国民经济的调整工作首先是从农村开始的。根据中共中央《农村人民公社工作条例（草案）》（《六十条》）的精神，省委采取了一系列措施调整农村生产关系。

一是制定恢复农业生产的十大政策。十大政策的主要内容是：稳定现行公社体制至少七年不变；生产队是组织生产的基层单位，必须承认和保证生产队的"三权"（因地种植权、制定技术措施权，安排各种农活权）；生产队实行"四固定"（劳力、土地、耕牛、农具固定）；"三包一奖"（包产、包工、包成本、超产奖励）保证兑现；高度集中劳动力，加强农业第一线；实行粮食定产、定购、定销，奖励大队超产；坚持劳逸结合，实行劳动保护；坚持按劳分配，实行少扣多分，分配兑现；坚持劳逸结合，保护社员体质；在大集体前提下实行小自由；合理利用土地，多种高产多收；放手发动群众，整党整风整社；等等。上述政策的实施，对于转变和稳定湖南农村形势及争取国民经济的好转产生了积极作用，农民称之为"救命"政策，非常拥护。这些措施的贯彻实施，取得了明显成效，农村遭受严重破坏的生产力得到了迅速的恢复和发展。如 1961 年春，老区浏阳县有 58 个公社、380 个大队、1739 个生产队自发地实行了多种形式的包产到户，调动了广大社员的生产积极性，粮食产量得到明显提高。

二是调整人民公社体制，实行以生产队为基本核算单位。当时，全省包括老区的农村都是实行以生产大队为基本核算单位。个别地方还进行了向基本社有制过渡试点。这种体制带来了公社、大队对生产队管理太多、太死、经营管理制度不健全的问题。为了将人民公社的管理体制从以大队为基本核算单位改为以生产队为基本核算单位，以克服分配中的平均主义，经过试点，省委在 1961 年 1 月 12 日发出了《关于改变我省农村人民公社基本核算单位规模问题的通知》，部署改变基本核算单位的工作。到 1962 年春，全省近 5 万个大队，除 66 个仍以大队为基本核算单位外，其余的都改为以生产队为基本核算单位，并且保持长年不变。

三是解散公共食堂，允许社员经营少量的自留地和小规模的家庭副业。从 1958 年到 1960 年，全省共有 43 万多个农村公共食堂，占农村常住人口的 98% 以上。1961 年 5 月中央工作会议制定的《农村人民公社工作条例（修正草案）》，要求取消公共食堂。省委在 6 月召开了三级干部会议贯彻落实，全省范围内的公共食堂陆续停办。老区的农民普遍反映，停办食堂是给他们"松了绑、去了一块心病"。公共食堂停办后，各地区按照政策普遍划给社员自留地、鼓励发展家庭副业。允许社员在房前屋后种树，开小量荒地。这些做法对于农业生产的恢复和发展起了积极的作用。

四是纠正"一平二调"错误，抓好经济退赔工作。1961年2月7日，省委发出《关于处理一平二调若干问题的具体规定》。《规定》强调指出，所有的平调账，都必须认真清理，坚决退赔，谁平调的谁退赔；从哪里平调的退赔到哪里；要用退赔来巩固以队为基层的三级所有制，以教育干部、群众，使大家真正懂得马克思主义关于不能剥夺农民的原则和社会主义的等价交换，按劳分配的原则。《规定》对处理土地、房屋、山林、劳动力、耕牛、农具、自留地等18个方面问题分别提出了相应的要求。4月，刘少奇来湖南进行调查研究。他在老区长沙县广福公社天华生产大队就纠正拆毁社员房屋的退赔问题，专门写了一封信给湖南省委，推荐中央调查组《关于广福公社天华大队房屋情况调查和处理意见》。省委转发了这个调查报告，并且多次发文，敦促各地尽快做好经济退赔工作。全省平调农民各种物资折价款总额为18亿左右，平调款酌情分批退还的，仅1961年就突击退赔5.84亿元，其中社队支付退赔款2.6亿元，县以上政府3.24亿元。此外，为减轻农民负担，省委还决定将农业税由1960年占粮食总产量的16%降为10%，使农民得以休养生息。

这一系列政策贯彻实施，使湖南老区农村干部群众的积极性很快得到发挥。1962年，全省农业生产开始回升。当年粮食总产量204.9亿斤，比1961年增加44亿斤。农业总产值比1961年增长19%。

在重点农业调整并很快见到效果的同时，省委着手调整工业内部的关系，采取的主要措施：

一是压缩建设投资。压缩是按照"关、停、并、缩、退、保"的原则分别进行处理，并本着"少搞不搞新建、逐步做到填平补齐、成龙配套、分批建设、抓紧投产"的方针进行安排。1961年10月，省委扩大会议明确提出，当前必须把工业生产的指标降到确实可靠的水平上。1961年基本建设投资压缩到3.93亿元，比1960年减少近10亿元。施工项目由1960年的4064个大幅度地减到1961年的1515个，而在实际执行中又停建了700多个项目。1962年，基本建设投资又进一步减少为2.03亿元。同年4月，省委又发出《关于严禁进行计划外工程的紧急通知》，并督促检查，保证了压缩任务基本上按计划完成。

二是降低高指标。工业的调整主要是将高指标降下来，特别是缩短了重工业战线，力保必需的生产项目。1961年10月，省委扩大会议决定，1961年全省钢产量由1960年的20.08万吨降为3.71万吨；生铁产量由78.98万吨降到13.7万吨，重工业产值由1960年的29.86亿元降为10.9亿元。

三是做到两个"力保"。即在降低重工业生产指标的同时，对人民群众生活所必需的手工业产品和日用品工业则尽全力地"保"，力求大量供应市场满足人民群众日常需求；对支农工业也必须尽力地"保"，在地方机械工业保留的企业中，有70%以上是直接为农业服务的。

四是精简职工，压缩城镇人口，减轻对农村的压力。省委专门成立了精简领导小组。从1961年到1963年上半年，基本完成了精简职工和压缩城镇人口的任务，全省职工人数减少62万余人，城镇人口减少120万人，吃商品粮人口减少135万人。此外，还压缩了大约50万在校学生和近200万农村人民公社内部非直接从事农业生产的人员。同时，决定撤销冷水江、安江、岳阳、娄底、冷水滩5个市和20个镇的建制。

2. 继续调整国民经济阶段

1963—1965 年，省委决定在前两年国民经济调整工作取得初步成效基础上，对国民经济继续进行调整。对农业的充实和提高，主要采取了以下几项措施：

一是抓水利工程的整修和配套，以增加农田受益面积。"大跃进"运动期间全省兴建的大量水利工程，多数没有配套成龙，不能充分发挥效益。在三年继续调整期间，全省水利建设主要是对原来工程进行整修配套，构建灌溉网络。到 1963 年底，全省有效灌溉面积比 1957 年增加了 14%。从 1964 年春开始，省委又决定发动群众，建设旱涝保收、稳产高产农田，为此组织进行了以湖区电力排灌、山丘水库配套和采用水轮泵为中心的三大战役。为了搞好湖区电排建设，省委、省政府还专门成立了指挥所。1965 年全省机灌面积由 1957 年的 1.85 万亩增加到 406.7 万亩，增加 219 倍。对老区的 9 座大型水库、71 座中型水库、6032 座小型水库和 200 多万处塘坝进行了续建配套，整修加固，新建了双牌灌区、黄石灌区、青山垄灌区、大圳灌区等五大灌区和一大批中型骨干工程，新建水轮泵站 6100 多处，装机 8944 台。初步形成了以大中型为骨干、小型为基础、大中小和蓄引相结合的山丘区灌溉网。1965 年全省旱涝保收农田面积达到 1849 万亩，比 1957 年的 945 万亩增加近 1 倍。1965 年春，湖南兴建韶山灌溉区工程，到 1966 年 6 月，灌溉区主要工程基本完成，使老区湘乡、湘潭、宁乡、双峰、长沙等县市 100 万亩农田得到灌溉。除了灌溉外，该工程还兼有航运、防洪、养殖等功能。

二是治山造田，改善农业生产条件。1963 年至 1965 年，省委规划进行治土、治山，重点是改造低产田，植树造林，防风固沙，保持水土。到 1965 年，全省造林面积达到 403 万亩，治理水土流失面积近 4000 平方公里。同时改造了 200 亩低产田。

三是大力繁育推广良种。1964 年 4 月，省委、省政府联合发出《关于种子工作指示》，强调选育和推广良种，逐步实现良种化、纯种化，要求五年内使粮食作物良种面积达到 80% 左右，棉花基本实现良种化，同时努力推广其他经济作物良种。同年 5 月，省委又发出通知，向全省，重点是向老区推荐水稻、小麦、棉花、油菜等 10 类农作物的 36 个优良品种。省委对推广良种这项工作一直抓的很紧，省、地、县三级都成立了推广良种指挥部。繁育推广良种，重点是水稻。50 年代以来，湖南已经普遍栽培双季稻，但是，使用的大多是高杆品种。由于高杆稻不耐肥，不抗风，产量底，科研部门从 1960 年便开始引进矮杆早稻良种"矮脚南特号"，矮杆中稻良种"珍珠矮"和"农垦 58"。经过这些工作，全省普遍推广了优良水稻品种，使粮食生产登上了新的台阶。

1963 年 9 月，省委召开全省工业交通会议，确定工业调整的重点放在充实、提高方面，以加强薄弱环节和进一步调整比例关系。在三年继续调整期间，对工业的充实与提高，主要做了以下几个方面的工作。

一是提高质量，增加品种，降低成本。这是三年继续调整时期企业工作的中心。经过综合治理，全省企业技术经济指标逐渐好转。老区湘潭电线厂产品质量综合合格率达到 99.4%，超过了居全国先进水平的哈尔滨电线厂。湖南搪瓷热水瓶厂一等品由 30% 提高到 60%。湖南橡胶厂坚持勤俭办企业的方针，由厂长亲自抓经济核算和财务管理，全厂人人讲核算，处处讲效果，想方设法节约每一两胶、每一寸布、每一滴油。仅 1963 年上半年，该厂即为国家节约了生胶 460 吨、棉布 3.59 万米、汽油 2 万公斤，成为全国五个勤俭办企业的五个先进企业之一。1963 年，全省 90% 以上的主要工业产品质量都比上一年提高。其中钢材、焦炭、水泥、过磷酸钙等 10 多种超过湖南历史上最好水平。

二是恢复和发展商业。1962 年，全省凭票证供应的商品曾经达到

140 多种，随着工农业生产的好转，到 1964 年除了粮食、食油、棉布、针棉织品等少数商品外，都已经敞开供应。全省社会零售物价总水平比 1962 年下降了 37.2%。到 1965 年除了粮、油外，集市价格都已经回落到接近计划价格的水平。在此期间，商业部门对农副产品的收购，贯彻"先留后购"的政策，生产队完成统购、派购任务后，产品可以自行出售，对不属于统购派购的产品，允许自由进入集市贸易。并规定对某些一二类农产品，实行奖励价、加价或议价收购。这些措施的实行，进一步促进了商业的发展。

从 1960 年秋冬到 1965 年，湖南老区曾经严重失调的国民经济，重新进入协调发展的正确轨道，国民经济调整取得巨大成绩，主要表现在以下几个方面：

一是农、轻、重的比例趋于合理。湖南老区作为一个农业大省，发展国民经济应该以农业为中心，可是，在"大跃进"运动中，却极大地偏离了这个中心，致使工业急剧发展，农业迅速萎缩，其中粮食产量由 1958 年的 245.52 亿斤，下降到 1959 年的 221.75 亿斤，再下降到 1960 年的 160.48 亿斤。同期生猪年内出栏数由 601 万头，下降到 370 万头，再下降到 241.7 万头。同时，在工业内部，重工业在工业总产值中所占的比重由 1957 年的 39.9% 猛升到 1960 年的 61.2%，导致了许多轻工业产品严重短缺。经过五年国民经济的调整，到 1965 年，全省农业的总产值由 1960 年的 29.24 亿元增加到 32.51 亿元。农业总产值比 1960 年增长 13%，同 1960 年比，粮食总产量由 160 亿斤上升到 220 亿斤，接近 1957 年的水平，在主要经济作物中，棉花、油料、烤烟产量超过了历史最高年产量，生猪年底出栏头数达到 765 万头，比 1962 年增长 72%，比 1957 年增长 24%。同期，农业在社会总产值和工农业总产值中所占的比重分别由 29.6% 和 40.6% 上升到 46.4% 和 56.3%。工业总产值则由 1960

年的 48.77 亿元下降到 37.63 亿元。这表明农业在调整中得到全面恢复和发展，为湖南省社会主义建设事业以后的大发展奠定了坚实的基础。

二是积累与消费的比例趋于合理。为了追求不切实际的高速度，在"大跃进"运动中，片面强调积累，强调生产，忽略人民群众的生活，湖南省 1958 年至 1960 年的平均积累高达 36.5%，其增长速度大大超过了国民收入的增长速度。积累结构也很不合理。三年间累计生产性积累占总额的 94%，而非生产性积累仅占 6%。高积累导致基本建设恶性膨胀。1960 年的基本建设投资总额比 1957 年增长 4 倍，但是投资效益却大幅度下降。而经过五年的国民经济调整，到 1965 年，全省积累与消费的比例趋于合理。其中积累在国民收入中的比重由 1960 年的 36% 下降为 21.2%，消费的比重则由 64% 增至 78.8%。在积累中，生产性积累下降，非生产性积累增加，基本建设规模大为缩小，为湖南省社会主义建设事业以后协调健康发展创造了重要条件。

三是商品供应充足，市场物价大幅度下降，人民群众生活明显改善。"大跃进"运动造成的一个恶果就是社会购买力与商品供应总量之间的比例严重失调，湖南老区各种物资日益紧缺，农副产品和日用工业品供求矛盾非常尖锐，市场供应全面紧张。经过五年的国民经济调整，随着工农业生产的恢复和发展，到 1965 年，全省主要商品的库存量逐步增加，市场货源充足，物价大幅度下降。1965 年，全省社会商品零售总额达到 26.34 亿元。全省全民所有制各部门职工的年平均工资由 1960 年的 436 元增加到 1965 年的 559 元。1965 年全省居民平均消费水平比 1961 年提高了 26.4，其中农民提高 23.4，全省农民人平均口粮 1965 年已经达到 470 斤，人民群众的生活得到明显的改善。

1965 年 7 月召开的中共湖南第二届代表大会第三次会议对国民经济调整工作作了总结。会议认为全省经济情况已经全面好转，农业生产已完成恢复任务，若干项目还有发展，工业完成调整任务，获得新的发展。整个经济工作已转移到以农业为基础的轨道上来，摆在面前的任务是要充分利用有利形势，组织掀起社会主义建设的新高潮。

喜看稻菽千重浪，遍地英雄下夕烟。社会主义三大改造完成后，省委、省政府带领湖南老区人民掀起了全面建设社会主义的热潮，在曲折中探索社会主义建设道路，即使是在 10 年"文革"期间，湖南的各级党组织在困难的条件下，顶着"四人帮""唯生产力论"的压力，抓生产，抓基本建设，开展大规模的"三线"建设和群众性的工业学大庆、农业学大寨运动，并特别重视农田水利和研究推广良种，在一些老区兴建了韶山灌区工程、欧阳海灌区工程和柘溪、黄材、官庄、王家厂、水府庙、黄石、酒埠江、双牌等大中型水库，以及杂交水稻研究取得突破性进展和大面积推广种植，为发展农业生产，保障粮食和其他农作物产量增产丰收创造了重要条件。在那令人难忘、热血沸腾的火红年代里，湖南老区人民自力更生，发愤图强，以逢山开路、遇水架桥的智慧和勇气开拓进取，砥砺前行，使国民经济和社会事业发展取得了巨大的成就。

三、改革开放：长岛人歌动地诗

1978 年，党的十一届三中全会召开，开启了改革开放新时期。湖南省委领导全省人民，解放思想，锐意进取，大踏步跨入新时期，开创了社会主义现代化建设和市场经济建设新局面，取得了辉煌的成就。湖南老区沐浴改革开放的阳光雨露，焕发出前所未有的蓬勃生机，老区扶贫工作取得明显进展，老区经济社会面貌发生巨大变化，老区人民群众的生活开始摆脱贫困，实现温饱，奔向小康社会。

（一）改革从老区农村兴起

湖南的改革首先是从老区农村开始的。1958 年在我国乡村建立的人民公社体制，由于其"大、公、平、统"的弊病，使农民的生产积极性受到压制，农村经济发展十分缓慢。到 1978 年，湖南全省农民人均总收入仅有 144.2 元，社员分配收入人均只有 81.2 元。改革农村经济体制成为发展农业生产力的迫切需要。

1. 实行家庭联产承包责任制

家庭联产承包责任制是农民的伟大创造。1979 年贯彻中共中央关于农业问题两个文件后，安徽省等地农村出现农民自发形成包产到户的生产组织形式。在其影响下，湖南各地农村自发地突破旧体制，探索实行了各种形式的联产承包责任制。1979 年 3 月，老区湘乡县月山公社羚羊大队薰叶冲生产队队长带领农民，瞒着公社、大队，把全队分成 4 个组，实行包产到户，超产全部归己。当年生产队粮食增产 9241 公斤，交清了国家的征购粮任务 3164 公斤，农民手里还握有余粮 6000 公斤。此后，全省暗地里分组分队的逐渐多了起来，据统计，仅邵阳地区未经批准自发分组的队就有 2944 个。田土全部包产到户、旱土包到户、分出一部分口粮田到户等形式的联产承包责任制纷纷涌现，显示出强大的生命力。以对老区平江、华容、岳阳 3 县中 4 个公社的调查为例，1980 年同样是受灾，实行联产到劳的 12 个队，队队增产，且增产幅度超过历史最高年份；而没有实行包产到户的 51 个队中有 42 个减产，其余也仅平产或略微增产。经过比较，老区农民普遍认为："有责任制比没有责任制好，联产责任制比不联产责任制好，联产到劳、到户比联产到组好。"特别是对大包干这种形式，农民最为欢迎，认为"除去上交的，留足集体的，剩下都是自己的"，既计算简便，又责权利明确。

1980 年 9 月，中共中央下发《关于印发进一步完善农业生产责任制问题的几个问题的通知》后，全省老区各地的干部群众，从自己的实际出发，大胆探索，创造和建立各种形式的生产责任制。1981 年 3 月，中顾委常委王首道到老区桃源县等地考察，在《湖南日报》发表调研文章，充分肯定"责任制给广大农村带来了蓬勃生机"。省委第一书记毛致用、第二书记万达随后分别考察老区华容、沅江两县实行农业生产责任制的情况，10 月，湖南省委在老区华容、沅江两县召开全省农村工作现场会，号召全省推广华容、沅江两县实行的"统、专、包"和"几统一"下的包产到户的经验。会后，以大包干为主要形式的家庭联产承包责任制迅速推广，到 1982 年下半年，全省 51.5 万个生产队中，包产到户的有 90.18%，到 1983 年底，全省实行包产到户的生产队已占总队数的 99.8%，农村改革形成高潮。

1983 年到 1984 年，根据中央一号文件精神，湖南老区完善农、林、牧、副、渔业等多种经营方面的责任制。联产承包责任制基本稳定，使广大农民吃了定心丸。老区永兴县城郊乡合塘村农民满怀热情地在家门口贴上一副对联："英雄能大显身手，致富无后顾之忧"，横批是"安定人心"。

2. 推进农业产业化

1985—1989 年，湖南老区进行农村第二步改革。其主要内容是大力调整农村产业结构，改革农产品购销体制，提高农产品商品率和农业产值。

随着农村改革取得突破深入发展，湖南老区农业产业化开始初显雏形。20 世纪 80 年代中后期，在老区益阳等地创造了闻名全国的"一村一品"经营模式，后又逐步扩大到"一乡一品"模式。1996 年 11 月，省委发出《关于加快推进农业产业化的意见》，明确了推进农业产业化的工作重点,政策措施,使老区农业产业化经营得到较快发展。到2002年,优化农业区域布局成为发展重点。湘北老区突出"湖"字特色,重点发展优质稻米、油菜、棉麻和水产养殖产业带;湘南老区利用"天然温室"优势,重点发展蔬菜、瓜果、油茶、烤烟等名特优农产品生产和加工;湘西老区突出"山"字特色,重点发展竹木、水果、茶叶、中药材等;湘东、湘中老区重点发展生猪产业带与花卉苗木等;大中城市郊区重点发展休闲农业。全省老区逐渐形成各具特色的主导产业,到2004年底,老区农业产业化程度达到26%。

在主导产业的带动下,全省老区农产品加工园区和板块发展迅速。2007年发展到60多个,入园企业超过5000家。涌现出了隆平农业高科技园、浏阳生物医药园、桃江开发区竹产业园等一批高水平专业园区。龙头企业产业化程度明显提高。2007年全省规模以上农产品加工企业发展到2373家,其中国家级龙头企业35家,省级龙头企业185家。年产值过30亿元的企业2家,过10亿元的8家,过亿元的达228家。龙头企业的销售收入2006年达558亿元,占到全省农产品加工企业销售收入的四成。在龙头企业的带动下,各地老区创造出了"公司+基地+农户""公司+公司+农户""公司+协会+农户"等多种利益联结模式。龙头企业与基地农户的利益日趋紧密。到2007年,全省在最具优势的集中产地建设了100多个优质农产品基地县和200多个重点生产基地,使优质大米、柑橘、优质绿茶、外销生猪、加工出口淡水产品等10个按区域化布局的优势农业产业带建设初见成效,全省主要农产品良种覆盖率超过95%。

湖南老区快速发展的农业产业化,展示了旺盛的生命力和广阔的发展前景。2009年全省农产品加工企业4.8万家,实现销售收入2560亿元。出口额达到4.2亿美元,贸易市场扩大到日本、美国、俄罗斯、南非等

60多个国家和地区。杂交水稻还成为湖南的一张"经济外交王牌"，在加强与亚非拉国家和地区互利合作过程中发挥了独特的重要作用。

（二）深入推进老区扶贫工作

"文化大革命"期间，湖南省老区建设工作委员会（简称省老建委）被迫撤销，设在省民政厅的日常办事机构——老区建设科亦被迫停止了工作。党的十一届三中全会后，拨乱反正，实现党和国家工作中心战略转移，老区建设事业重新提上省委、省政府的重要议事日程，对老区的扶贫工作进入新的历史发展阶段。

1. 恢复慰问老区和开展老区扶贫工作

1983年春节期间，省委、省政府、省军区和湘潭、岳阳、郴州、常德、湘西自治州等地的党政军机关，结合开展拥军优属活动，组织几个老区慰问团，慰问一部分老区的县（市）。由省委常委、省政府副省长张文光、省军区顾问于学海带队，慰问老区慈利、大庸、桑植、永顺等县。由省委常委、省总工会主席刘玉娥，省军区顾问马奇带队，慰问老区浏阳、茶陵、酃县、醴陵等县。由省军区副司令员李梓斌、省计划委员会副主任林梦非带队，慰问老区华容、平江、岳阳等县。由省军区顾问陈新、省司法厅厅长陈书谏带队，慰问老区郴州地区各县。

10月，省委、省政府委托省民政厅在郴州召开全省老区工作座谈会。出席会议的有岳阳、郴州和自治州等部分地市和平江、浏阳、醴陵、攸县、茶陵、酃县（今炎陵县）、桑植、永顺、龙山、大庸（今永定区）、临湘、岳阳、安仁、耒阳、永兴、资兴、郴县（今苏仙区）、宜章、汝城、桂东、慈利、石门、华容、汨罗（因考虑到湘阴的重点老区乡镇主要集中在已划分出来的汨罗，汨罗替代了湘阴）26个建国初期确认的老区县，以及新确认的保靖、湘潭（含韶山）2个老区县的民政局领导。会议就改革开放新时期如何开展老区扶贫工作进行了认真深入的讨论研究。

2. 成立省革命老根据地经济开发促进会

1984 年 12 月 26 日，省委、省政府批准成立省革命老根据地经济开发促进会（简称老促会），周里任理事长，罗其南、陈芸田任副理事长，许岳松任秘书长。1985 年 2 月 14—16 日，省老促会在长沙召开了一届一次常务理事会议。省领导毛致用、熊清泉、陈邦柱和理事长周里参加会议并发表讲话。1985 年 2 月 8 日，省编委会批准设立省老促会下设日常工作机构——省革命老根据地经济开发促进会办公室（简称省老区办），并明确为正处级单位，核定编制 6 名，后增补至 9 名，2003 年起实行参照公务员管理，办公地点设省民政厅。

省老促会后来经三次调整。省老促会顾问：中共中央顾问委员会委员周里（1993.5—2003.7），省人大原主任万达（1998.3—2003.7），省政府原省长孙国治（1998.3—2003.7）。省老促会名誉理事长：省委副书记胡彪（1998.3—2003.7），省政协原主席刘正（1998.3—2003.7），省政府副省长庞道沐（1998.3—2003.12），省人大原副主任黄道奇（1998.3—2003.7），省委副书记、省政府代省长周伯华（2003.7—2003.12），省政府副省长杨泰波（2003.7—2003.12），省委常委、常务副省长于来山（2007.12—2013.1），省政府副省长盛茂林（2014.6—2015.8），省政府副省长蔡振红（2015.6—2016.11）。省老促会理事长：周里（1984.12—1998.3），省委组织部原副部长宋廷同（1995.8—2003.3），省政协原主席王克英（2003.7—至今）。

根据省委、省政府指示精神，为了加强老区工作的领导，全省各市州和县市区也相继成立了老区工作办公室，办公地点设在同级民政局。

3. 开展老区扶贫开发工作

老区的扶贫开发工作体现了党和政府对老区人民群众的特殊关爱，

根据"政治上赋予光荣，经济上给予优待"的总体方针，省老促会在省委、省政府的领导下，为帮助老区人民改善生产生活条件和脱贫致富，进行了持续不断、行之有效的扶贫开发工作。

一是加大对老区政策扶持的力度。1979年7月，省民政局和财政局下发《关于免征革命老根据地社队企业工商所得税的通知》，对全省老根据地县社队1978年社员年人均收入在50元以内的，从1979年起免征其社队企业工商所得税5年。同年，省财政厅下拨永顺、桑植等9个老区县（区）补贴资金2263万元，并免征农业税；对平江等5县的19个贫困乡减半征收农业税。1985年2月13日，省长办公会议决定对全省人均收入120元以下的贫困老根据地乡实行农业税减半。1986—1988年，省财政对全省老区贫困乡免征农业税3年。2007年8月，省委、省政府出台了《关于加强老区建设工作的意见》；2008年11月28日，省十一届人大常委会第五次会议表决通过了《湖南省扶持革命老区发展条例》，并于2009年1月正式颁布实施，从而有力地促进了全省老区经济和社会的快速发展。此外，还采取了许多具体、切实可行的措施，如从2004年开始，连续开展新春送暖活动，因地适宜安排扶贫资金帮扶老区；1986年省老促会创办公开发行的《老区建设报》（1990年，中国老促会与湖南省联合主办，更名为《中国老区报》），1994年编撰出版《湖南老区》，1996—2003年创办《老区工作简报》并出版59期。1998年5月5日至6月25日，省老促会和省委宣传部组织湖南卫视、《湖南日报》和《中国老区报》等省内外9家新闻媒体共同主办了首届"三湘老区行"大型采访活动，共刊（播）文字稿56篇6万余字，播出专题电视片21集，发掘和宣传了一批老区扶贫攻坚的先进典型等。这些举措对促进湖南老区的扶贫开发工作起到了十分积极的作用。

二是持续加强对老区的资金和物资支持。1986—2003年，省级每年单列的老区专项资金 700 万元，财政贴息扶贫贷款 300 万元以上，共扶持老区扶贫项目 3000 多个。1986—2003 年，全省老区系统共安排科技培训费 600 万元，举办各种培训班 1000 余期。1997—2000 年，省老促会先后为刘少奇希望小学募集资金 80 万元；为彭德怀故乡乌石中心小学募集资金 62 万元；为贺龙希望小学募集资金 21 万元；为华容县均和小学募集资金 10 万元；为胡耀邦希望中学、小学募集资金 120 万元；为张家界灾区募集价值 100 万元的药品。宜章县还争取资金 1180 万元修建"湘南暴动纪念馆"，修建老区群众生活用水和碛石灌溉饮水工程。至 2003 年，全省争取社会各界在老区创办和维修希望小学 30 所，救助贫困学生 12000 多人，捐赠图书 40000 余册（套），新建或维修乡镇卫生院（所）148 所，送药 120 余万元。

在省委、省政府的亲切关怀下，老区的扶贫开发工作取得了巨大的成就。

一是老区贫困人口不断减少。改革开放以来，特别是国家"八七"扶贫攻坚计划和"十五"计划如期实现后，湖南全省老区贫困面貌明显改变，贫困人口不断减少。1994 年，老区未解决温饱的农村人口 435 万人，农村贫困发生率为 8.37%，到 2000 年，分别下降为 130 万人、2.4%。2000 年，全省老区贫困人口 210 万人，农民人均纯收入 1594 元，到2003 年，老区贫困人口下降至 174.64 万人，人均收入增至 2011 元，未解决温饱的农村人口降至 94 万人。浏阳等县在 20 世纪 90 年代还是国家扶贫重点县，现在不但摘掉了国贫县的帽子，其综合实力早已名列全国百强县（市）之列。

二是贫困老区基础设施不断完善。据扶贫部门统计，《八七扶贫攻坚计划》期间，共为全省贫困老区县修建县、乡、村公路 2.33 万公里，解决了 200 万人的行路难问题；修建人畜饮水工程 2.5 万处，解决了

240万人的吃水难问题；架设输电线路解决了43万户、170万人用电问题；建设高产、稳产农田100多万亩，贫困老区人均有效耕地由过去的0.26亩增加到0.42亩，大部分贫困老区村解决了粮食自给问题；建设希望小学、中学850所，救助失学儿童18万人，适龄儿童入学率达98%，成年人每万文盲下降到367人；实现了乡乡有卫生院，60%的村有卫生室。

三是贫困老区的"造血功能"不断增强。改革开放以来，湖南省先后在老区贫困县建立了1000多万亩的种植生产基地，扶持了100多万农户发展养殖业。全省老区建成了药材、猕猴桃、茶叶、蚕桑、畜禽等六大扶贫支柱产业，建成万亩以上基地6个，覆盖老区90多个乡镇，受益人口达60多万户。革命老区产业化扶贫呈现出新局面，老区群众的"造血功能"不断增强。

进入改革开放新时期，省委、省政府高度重视老区的扶贫开发工作，制定了一些切实可行的政策，采取了一系列卓有成效的举措，促使老区的经济社会面貌发生了深刻的变化，老区群众的生活状况得到了明显改善，开始由解决温饱向实现小康的美好目标迈进。

4. 开展申苏工作

苏区是土地革命战争时期中国共产党创建的革命根据地，毛泽东、朱德、彭德怀、贺龙、任弼时等老一辈无产阶级革命家在湖南及周边数省边区领导创建的井冈山、湘鄂赣、湘鄂西、湘赣、湘鄂川黔五大苏区，率先探索和开辟了工农武装割据、农村包围城市、武装夺取政权的革命道路，实际上成为创建中央苏区、缔造中华苏维埃共和国的重要源头和坚实基础，为中国革命作出了重大贡献和巨大牺牲。由于战争创伤的影响，以及自然地理等多种原因，苏区经济发展仍然滞后，民生问题仍然突出，贫困落后面貌仍然没有得到根本改变。一些红军和革命烈士后代生活依然困窘，基础设施薄弱、产业结构单一、生态环境脆弱等制约当地经济社会发展的问题仍然比较突出。振兴发展苏区，是一项重大的经济任务，更是一项重大的政治任务。

2010年7月起，在省委、省政府的领导下，由省委党史研究室、省革命老根据地经济开发促进会、省民政厅联合开展了湖南苏区县历史研究与确认工作并取得初步成果，12月向中央党史研究室提交了《湖南土地革命战争时期苏区历史研究报告》和分县史料依据，提出了全省属于五块革命根据地的苏区县建议名单。

2011年8月9日，中央党史研究室在北京召开湖南省苏区县认定工作汇报会，确定把湖南作为全国苏区县认定工作的试点省。8月26日，省委下发《关于开展全省苏区县认定工作的通知》，部署全省苏区县认定工作。之后省委批准成立湖南省苏区县认定工作领导小组，由省政协原主席、省革命老根据地经济开发促进会理事长王克英任顾问，省委常委、秘书长杨泰波任组长，省委办公厅、省民政厅、省委党史研究室负责人任副组长，领导小组办事机构设在省委党史研究室，由省委党史研究室征研处会同省民政厅老区办，担负日常联络、组织、审查、指导工作。按照"以县为主，分县进行"的原则，有40多个县市区相应成立了苏区县认定工作领导小组，组成得力工作班子，按照苏区县认定的基本条件，扎实做好申报材料准备工作。10月18日，全省苏区县认定工作会议在长沙召开，全面推进全省苏区史料征集研究和认定工作。

2012年6月28日《国务院关于支持赣南等原中央苏区振兴发展的若干意见》公布后，省委副书记、省长徐守盛作出重要批示。根据领导指示精神，省苏区县认定工作领导小组向中央党史研究室作了汇报，建议把与中央苏区联系紧密的湖南十余个县市区列入赣南等原中央苏区振兴发展的实施范围。

2013 年 7 月，中央党史研究室下发《关于原中央苏区范围认定的有关情况》（中史字〔2013〕51 号），对土地革命战争时期原中央苏区和中央苏区范围的县市区给予了确认。湖南省有 8 个县市比照享受有关中央苏区县政策，这些县市是株洲市的茶陵县、炎陵县、攸县、醴陵市、株洲县，以及长沙市的浏阳市、岳阳市的平江县和郴州市的汝城县。2013 年国务院扶贫办、国家发改委印发《罗霄山片区区域发展与扶贫攻坚规划》，对横跨湖南、江西两省集中连片困难地区的 24 个县进行扶贫攻坚，其中大部分县属原井冈山革命根据地和中央苏区范围。湖南省株洲市的炎陵县、茶陵县和郴州市的桂东县、汝城县、宜章县、安仁县纳入了罗霄山片区扶贫攻坚试点。

2014 年 1 月，省苏区县认定工作领导小组到北京向中央党史研究室汇报湖南苏区范围认定工作。3 月全国两会期间，中央政治局常委、国务院副总理张高丽来到湖南代表团同代表一起审议政府工作报告。省委书记在汇报中建议将湖南省 18 个县市区纳入赣南等原中央苏区振兴发展规划范围，帮助湖南加快发展步伐，实现更好更快发展。3 月 20 日，经国务院同意，国家发改委印发《赣闽粤原中央苏区振兴发展规划》（发改地区〔2014〕480 号），第九章第三节"促进与周边地区联动发展"明确指出："支持与湖南平江、浏阳、醴陵、攸县、茶陵、炎陵、安仁、永兴、资兴、桂东、汝城、北湖、苏仙、宜章、桂阳、嘉禾、耒阳、临武等县联动发展，研究支持湖南原苏区发展的有关政策措施，研究设立湘赣经贸合作试验区。"规划的出台为湖南 18 个老区县市区的发展带来重大机遇。

经过前期深入细致的调查，在对收集的大量珍贵苏区史料进行研究考证基础上，2014 年 12 月，省苏区县认定工作领导小组初步认定了湖南省属于井冈山、湘鄂赣、湘鄂西、湘赣、湘鄂川黔五大苏区的 50 个苏区县，包括平江县、浏阳市、醴陵市、株洲县（今渌口区）、攸县、茶陵县、炎陵县、安仁县、永兴县、资兴市、桂东县、汝城县、北湖区、苏仙区、宜章县、桂阳县、嘉禾县、耒阳市、临武县、长沙县、岳阳县、君山区、岳阳楼区、临湘市、云溪区、湘阴县、汨罗市、桑植县、永定区、武陵源、龙山县、永顺县、保靖县、沅陵县、慈利县、石门县、桃源县、安乡县、鼎城区、武陵区、汉寿县、澧县、津市、临澧县、华容县、南县、沅江市、赫山区、资阳区、桃江县。此外，还有韶山市、湘潭县等20余个县市区被初步认定为湖南本地的苏区县。苏区历史研究认定工作为省委、省政府向国家争取苏区政策，推动革命老区开发建设，提供了重要史料支撑和参考依据。

（三）推进城市经济体制改革

在老区农村农业改革的影响推动下，湖南城市国有企业改革从 1979 年开始起步，大致经历承包经营责任制和建立完善现代企业制度两个阶段。这些改革主要是围绕调整政府与企业的关系展开，即政府对企业实行放权松绑，抓大放小，让企业逐步自主两步利改税，走向市场。

1. 推行承包经营责任制

1979 年 4 月，省政府制定《关于扩大企业经营自主权的几点意见》，把涟源钢铁厂、株洲冶炼厂等 60 个企业作为首批实行利润留成试点单位。这 60 个企业当年完成工业产值 29.7724 亿元，比 1978 年增长 14%，高于全省工业企业平均增长水平。1980 年，扩权试点扩大到 193 个工业企业，大部分企业实现了增产增收。

1983 年 5 月，省政府要求全省学习老区农村农业改革的经验，打开城门，让"包字上街，包字进城，包字进厂，包字进店"，首先在固定资产原值在 200 万元以下，年利润在 20 万元以下的小型国营工业企业中，推行承包经营责任制，实行"全民所有，集体经营，国家征税，自负盈亏"，让企业独立经营，自谋发展。1985年1月，省政府决定在全省预算内国营工业企业中逐步推行承包经营责任制。1986年4月19日，在前两年试点的基础上，省政府作出《关于增强大中型国营工业企业活力若干问题的规定》，在大中型企业实行厂长（经理）负责制和任期目标管理，划小企业内部核算单位，实行分级分权管理。企业有权决定自己的技术发展方向，鼓励企业一业为主，多种经营。改进物资和产品销售，缩小指令计划，多渠道筹集资金。到1986年底，全省实行厂长负责制的全民工业企业达到2090个，占全民工业企业总数的64.7%。

1987年5月13日，省委、省政府批转关于涟源钢铁厂、岳阳起重电磁铁厂等7个国营企业实行承包经营责任制的调查报告，指出，实行承包经营责任制是深化企业改革、调动企业和职工积极性、挖掘企业内部潜力、推动增产节约的有效办法，各地要认真总结经验，把在国营企业中实行多种形式的承包经营责任制积极地、有步骤地推向前进。这一年，全省国营企业实行多种形式的承包，小型企业全部实行承包或租赁。承包企业的经济效益普遍提高，全省预算内工业企业总产值、实现利润、上缴税收分别比上年上升14.9%、10.93%和7.07%。

1988年3月，省政府召开深化企业改革工作会议，随后，发布了《关于全民所有制工业企业配套、完善、深化、发展承包经营责任制的若干规定》，重点是强化企业经营自主权，深化企业内部改革，进一步完善承包经营责任制，全面提高企业素质和经济效益。

2. 建立现代企业制度

1993年11月，党的十四届三中全会通过的《关于建立社会主义市场经济体制若干问题的决定》明确提出国有企业改革的方向是建立现代企业制度。1994年3月，省委印发的《贯彻〈中共中央关于建立社会主义市场经济体制若干问题的决定＞实施意见》，从湖南实际出发提出国有企业改革要"抓两头，促中间"和"调高、调优、调大"，扶优扶强的发展思路，决定采取股份制改造、联合兼并、资产重组、产权整体转让等形式，进一步搞好搞活国有企业，妥善处理历史包袱，逐步向现代企业制度过渡。

1994 年，老区株洲市作为全国 18 个"优化资本结构，增强企业实力"综合配套改革试点城市之一开始改革。1995 年 3 月，全省 55 家国有大中型企业开始试点。到 2000 年，全省增资减债工作取得显著成效，转股 90 多亿元，破产项目 106 个，核销债务 107.85 亿元。通过国有资产授权经营、公司制改造、兼并、联合参股等途径和方式，一批大公司和企业集团迅速成长壮大。到 2002 年，全省 241 户中型以上地方国有大中型骨干企业全部进行了公司制改革。

2005 年国有企业改革全面启动，到 2008 年 6 月底，省属国企改革阶段性目标任务基本完成。被定为转制搞活的 144 户企业，累计基本完成 94 户，占总数的 65.28%。一批企业通过引进社会资本参与改制，盘活了存量，转换了机制，重新焕发生机。通过深化改革，推动了资源配置进一步优化，企业国有产权实现了有序流转，企业产权关系和职工劳动关系得到理顺。通过改制，整合、聚集效应进一步显现，优势企业竞争力进一步提升。株洲电力机车厂自 2000 年开始进行现代企业制度改革后，销售收入五年内翻了一番以上，成为中国电力机车主要研制生产基地和国家城轨交通设备国产化定点企业。常德卷烟厂自 1998 年进行现代企业制度改革后，始终保持两位数的速度增长，2003 年、2004 年连续两年进入全国纳税 10 强。

3. 宏观管理体制改革

在工业企业改革拉开了城市经济体制改革大幕的同时，湖南开始进行计划、投资、财税、金融、物价等方面的宏观管理体制改革。计划体制改革逐步实现从指令性计划向以市场配置资源为主的方向转变，到1998年，凡是可以由市场调节的资源，基本进入市场。投资管理体制改革打破了无偿使用国家财政的"大锅饭"体制，实行"拨改贷"，下放投资项目审批权限，到2002年底，全省基本形成了投资主体多元化、筹资渠道多极化的投资体制。财税管理体制改革先后采取了分税制财政体制改革、所得税收入分享、部门预算等多项重大措施，经过试点，2002年在全省全面推广。金融体制改革主要是改革金融组织体系和运行机制，到2008年全省基本形成人民银行长沙中心支行为央行分支机构，湖南银监局、湖南证监局、湖南保监局为金融监管部门，政策性银行、商业银行、外资银行、合作金融机构、证券机构、信托机构、企业集团财务机构、保险机构等分工协作、门类齐全的金融体系。物价改革构建政府调控市场价格的基本框架，发挥价格杠杆的调节作用，促进了经济结构的调整和优化。此外，湖南在流通、外贸、社会保障、住房制度等方面也进行改革，成为建立社会主义市场经济体制的重要组成部分。

（四）发展非公有制经济

党的十一届三中全会以来，湖南老区的非公有制经济经历了一个从个体经济"异军突起"到民营经济"半壁江山"迅速发展的历史过程。

1. 扶持个体经济

在"文化大革命"期间，湖南老区的个体经济与全国其他地方一样几乎绝迹。1979年，随着在一些老区农村实行家庭联产承包，个体经济重新萌芽，一些农业大户开始自己跑运输；在城市，大批返城知青急需解决就业问题，个体经营者开始出现。当年全省实际从事个体经营的工商个体户有七八千人，登记个体工商户315人。1980年，全省登记发照的个体工商户从业人数发展到24890人、22561户。1981年,全省登记发照的个体工商户发展到6.3万多人,比上一年增加3.8万人,增长1.55倍。

1982年9月,党的十二大明确指出,在农村和城市,都要鼓励劳动者个体经济在国家规定的范围内和工商行政管理下适当发展,作为公有制经济的必要的、有益的补充。1984年通过的《关于经济体制改革的决定》指出,个体经济应该大力发展。此后,湖南老区的个体经济"异军突起",队伍不断扩大,经营领域逐步拓宽,进入大发展时期。到1988年,全省个体工商户从1979年的1315个发展到80.4万户,从业人数达118万人。私营企业也开始出现,从无到有,1988年,私营企业登记户数为178户,从业人员5600人。1989年私营企业出现超常规发展,达到3396户,从业人员57462人,注册资金31985万元,产值50076万元,销售额达27954万元。

1992年,在邓小平南方谈话、党的十四大召开这两股强劲东风的推动下,湖南老区个体私营经济步入快速发展阶段。1996年底,全省个体户达到173.33万户,从业人员385.93万人,总产值180.28亿元;私营企业2.38万户,从业人员41.38万人,总产值157.72亿元。注册资金500万元以上的企业148家。1996年,在私营企业中,独资企业9498户,合伙企业7809户,有限责任公司6462户。

2. 发展民营经济

1998年10月,按照党的十五大精神,省委、省政府明确提出要大力扶持民营经济发展,民营经济的发展由此步入了壮大发展期。在湖南老区涌现出一大批在国内外具有较大知名度和影响力的企业和品牌。例如,位于长沙市经济技术开发区的三一集团,打造了业内知名的"三一"品牌,坐拥全球工程机械制造商50强、福布斯"中国顶尖企业"、中国最具竞争力品牌、亚洲品牌500强等美誉,2003年7月以"中国股权分置改革第一家"成功上市，市值居中国工程机械上市公司之首。2007 年，三一集团实现销售收入 135 亿元，超过上年 65%，海外销售收入突破 2 亿美元，成为新中国建立以来湖南省首家销售过百亿的民营企业。长沙市的远大集团是全球规模最大、技术水平最高的吸收式空调制造企业，产品销往 30 个国家，在中、美、德、西、法等国市场占有率为同行业之首。长沙市的大汉控股集团是省民营企业前 3 强，并跻身全国民营企业 500 强。长沙市的隆平高科，迅速成为世界排名第一的杂交水稻种子公司，年销售总额近 20 亿元。

到 2006 年底，湖南民营经济实现增加值 4070.88 亿元，占全省国内生产总值比重达 53.8%；实际完成投资额 1785.66 亿元，占全省投资总额 58.8%；二、三产业民营经济从业人员 1718.06 万人，占全省二、三产业全部从业人员的 83.7%；实缴税金 298.21 亿元，占全省税收收入总额的 42.1%。2009 年底，全省非公有制经济增加值达 7099 亿元，占工农业生产总值的比重为 54.9%。

湖南省进行了要素市场改革（劳力、资金、技术、住房、商品、金融）、社会保障体制改革（新农合、养老保险）。并于 1992 年取消粮票，解决温饱问题。2006 年取消农业税，关怀老区农民。

（五）扩大对外开放

党的十一届三中全会以后，湖南老区在对内不断深化改革的同时，积极进行外经贸体制改革，扩大对外开放。

1. 提出"三促"方针

1990 年 10 月，在中国共产党湖南省第六次代表大会上，省委正式提出了湖南省对外开放的第一个总方针，即"以引进促改造、以外经促外贸、以开放促开发"的"三促"方针。这"三促"方针就是通过扩大对外开放，大力引进国外资金，先进的设备、技术和管理经验，对湖南丰富资源进行深度、系列开发；对全省传统工业、农业进行高起点的技术改造，促进结构的优化和产品的升级换代；并通过招商引资，大力发展外向型经济，以外经的大突破促进外贸的大发展。这一指导方针的提出，对于湖南老区干部群众进一步增强开放意识，促进外经外贸跃上新台阶有着极大的意义。

2. 举办"三节三会"

省委、省政府认真分析了湖南老区在发展外经贸方面有着很大的资源优势，认为存在三个有利条件：一是老区汨罗市的世界文化名人效益，2000 多年前的中国爱国诗人屈原在老区汨罗市汨罗江自沉，后人为了纪念他举行龙舟赛，已经形成传统。二是老区浏阳市的烟花举世闻名，从清代以来就是湖南出口货物中的重要商品，1986 年在摩纳哥参加第 21 届国际烟花大赛获得金奖。三是老区张家界连同附近的天子山、索溪峪组成的武陵源风景区，这里峰奇水秀，景险谷幽，1988 年批准为国家级著名风景名胜区，又成立张家界国家森林公园。于是，省委、省政府决定于 1991 年举办中国湖南汨罗江国际龙舟节，中国湖南国际烟花节，中国湖南国际森林保护节，并在长沙、深圳、荷兰阿姆斯特丹分别举办经贸洽谈会。为了办好这"三节三会"，湖南在省内外、国内外进行了大量的宣传工作，作了充分的准备，并响亮地提出"让世界了解湖南，让湖南走向世界"的口号，通过举办这些活动提高了湖南老区在国内外的知名度，为湖南老区的改革开放和经济社会发展带来了巨大效应。

1991 年 6 月 13 日至 18 日，中国湖南汨罗江国际龙舟节在岳阳举行，同时举办屈原国际学术研讨会和商品交易会，龙舟赛上境内外 27 支队伍竞争角逐，交易会上来自 10 多个国家和地区以及国内的 5000 多名客商汇集洽谈，成交额 8.28 亿元。

9月8日至14日，中国湖南国际烟花节和湖南第三届对外贸易洽谈会同时在长沙举行，老区浏阳、醴陵出产的烟花在长沙夜空争奇斗艳，来自56个国家和地区的1700多名海外客商和湖南签订2.08亿美元的进出口合同，还签订利用外资合同金额1.4亿美元。

11月4日至11日，中国湖南国际森林保护节在张家界举行，来自16个国家和地区的800多名外宾参加。国内有1200名来宾参加。这是一次融旅游、科技、经贸、文化、环保于一体的盛会。节前还进行了经贸洽谈，总成交额3.6亿元。同年，在深圳举办的湖南省100家大中型企业利用外资洽谈会和在荷兰阿姆斯特丹举行的湖南出口商品展销会都办的成功，分别签订利用外资合同金额8500万美元和成交出口商品金额2834万美元。

3. 开放城陵矶口岸

1997年5月，湖南老区第一个对外开放港口——岳阳市城陵矶口岸正式对外国籍船舶开放。2009年12月，城陵矶新港区成立，形成"一区一港四口岸"的格局，成为中部地区唯一拥有6个国家级开放平台的开发区，成为湖南开放崛起的"桥头堡"、创新引领的"最前沿"、长江经济带建设的主阵地。

省委、省政府坚持把对外开放作为促进老区经济上新台阶的一项战略措施，提出并实施"呼应两东、开放带动、科教先导、兴工强农"的开放带动战略，湖南老区逐步形成全方位、多层次、宽领域的对外开放格局。

（六）贯彻"一化三基"战略

2006年11月8日，中国共产党湖南省第九次代表大会召开。会议确立了"一化三基"富民强省的发展战略（加快推进新型工业化，以新型工业化带动新型城市化和农业产业化；加强基础产业、基础设施和基础工作）。

为了推行"一化三基"的战略发展，省委成立了加速推进新型工业化领导小组，制定了《关于加快推进新型工业化进程的若干意见》和《新型工业化考核奖励办法》。全省上下深入贯彻科学发展观，把新型工业化作为富民强省的第一推动力，聚精会神谋工业，全力以赴抓工业，推动经济加速、提质、转型、增效，推动着老区经济的发展。2006年以来，湖南老区经济建设成绩斐然。一批交通、电力、能源、水利、城建、环保、科技、文化等建设项目加速推进。比如，高速公路建设，省委、省政府以打造"中部交通枢纽"的气魄编就了"五纵七横"的高速公路建设规划，将一批重大项目提前到"十一五"实施。到2010年10月，全省高速公路通车里程达2262公里，在建里程达3860公里，在建里程居全国第一。大道似砥在三湘大地蜿蜒，形成立体交通大格局。钢铁、食品加工、有色金属、石化、文化、轻工、旅游等势头强劲，迅速发展成为千亿元产业集群。工程机械、电工电器、汽车、轨道交通四大优势产业在全国同行业的地位稳步上升，使美丽的芙蓉国更具影响与魅力。

（七）推进"两型社会"建设

省委、省政府认为，新型工业化之新，表现为产业集群与城市集群的群起群飞，意味着资源节约型、环境友好型"两型社会"的同步构建，因此，必须坚持在保护环境中推进工业化。2007年12月，国务院正式批准长株潭城市群为全国资源节约型和环境友好型"两型社会"建设综合配套改革试验区。长株潭两型试验区走出了一条有别于传统模式的新型工业化、城市化发展新路，圆满完成了试验区的目标任务。

1. 构建起两型社会建设创新体系

长株潭两型试验区建设围绕"什么是两型、怎么建两型",编制了60多个标准、规范、指南,在全国率先建立两型标准体系。把清洁低碳技术作为解决资源环境问题的关键支撑,推广新能源发电、重金属污染治理、脱硫脱硝、绿色建筑等十大清洁低碳技术,推进重点项目800多个,总投资800多亿元。颁布实施长株潭区域规划条例、湘江保护条例、长株潭生态绿心保护条例和公共建筑节能、绿色建筑标识等20多项法规规章,推动两型社会建设进机关、进企业、进农村、进社区、进学校、进家庭,打造两型示范创建单位和项目1000多个。

2. 加速推动产业结构优化升级

长株潭两型试验区建设围绕发展两型产业,突出抓产业准入退出提升机制建设,让产业结构变"轻"、发展模式变"绿"、经济质量变"优"。具体做到了:一是严格产业准入门槛。加强新上项目前置审核,出台产业环境准入政策,严格执行投资项目用地、节能、环保等准入门槛,要求凡新上项目必须达到"两符三有"(符合国家产业政策、节能减排要求,有市场、规模、效益)标准。二是加快退出落后产能。推进供给侧结构性改革,加快淘汰高污染、高能耗、高排放产业项目。全省先后对19个工业行业700多户企业的落后产能进行淘汰,其中淘汰炼钢154.2万吨、水泥3675.6万吨。长沙坪塘、湘潭竹埠港全部关停退出重化工企业,株洲清水塘已关停、搬迁企业81家。改造提升传统产业。发挥政策引导作用,倒逼企业加强技术改造和自主创新,加快传统产业转型升级。在全国首创政府两型采购,覆盖171家企业、793个产品。先进装备制造、节能环保、文化创意等七大战略性新兴产业年均增长17%以上。

3. 建设起具有国际品质的现代化生态型城市群

长株潭两型试验区建设摒弃"摊大饼"式的城市群发展路径,积极探索生态型、集约式、现代化城市群发展的模式。长沙率先探索绿色发展新模式，获评"全球绿色城市"等多项绿色荣誉。株洲突出转型升级发展，实现由"全国十大空气污染城市"到"全国文明城市"的蝶变。湘潭大力推进节能减排，荣获"全国污染减排与协同效应示范城市"等称号。主动对接国家战略，长株潭自主创新示范区、湘江新区、"宽带中国"长株潭示范城市群等成功获批。在实施"新五同"（交通同网、能源同体、信息同享、生态同建、环境同治）的基础上，强力推进"三通四化"、特色产业园、轨道交通、湘江风光带等重大项目建设，打造长株潭一体化的"升级版"。

随着长株潭两型试验区建设的不断推进，长株潭经济总量不断壮大，年均增长 11.8%，固定资产投资年均增长 21.4%，连续五年湖南入围"全国百强"的县（市）均集中在长株潭地区，引领和带动了全省快速发展。全面小康总实现程度达到 95.9%，长沙成为全省首个全面建成小康社会达标市。居民收入以及医疗、教育、卫生、文化等公共服务水平大幅提升，群众共享发展成果，幸福指数明显提升。

从"一化三基"到"四化两型"，湖南老区发展建设步伐不断加快，每年以两位数速度递增，2008 年全省国内生产总值总量进入"万亿元俱乐部"；2009 年全省国内生产总值再涨 13.6%，全省国内生产总值总量和增速均列全国前 10 位；2010 年湖南实现国内生产总值 12583.27 亿元，同比增长 14.8%。

（八）加强党组织建设

社会主义事业的成败关键在党，关键在党要管党。"打铁必须自身硬"，湖南老区实现经济发展，社会进步，关键是必须把各级党组织建设好。因此，省委始终高度重视老区党的政治、思想、组织、作风、纪律建设，努力把各级党组织建设成为坚强的战斗堡垒和领导核心。

1. 实施"先导工程"

随着改革开放的不断深入，省委深刻分析面临的新形势新任务，针对湖南老区干部党员作为内陆地区思想观念比较封闭落后的实际情况，以强烈的时代紧迫感和历史感提出从1996年起在全省全面实施"先导工程"，在干部党员中进行一次解放思想、转变观念的再动员、再教育。至1998年底，全面实施"先导工程"取得明显成效，集中解决了县级以上领导干部适应和驾驭、干部群众理解和支持社会主义市场经济问题，对于推进湖南改革开放和现代化建设产生了积极作用。

2. 开展"三讲"教育

1998年11月21日，中共中央印发《关于在县级以上党政领导班子、领导干部中深入开展以"讲学习、讲政治、讲正气"为主要内容的党性党风教育的意见》，并对深入开展"三讲"教育进行动员部署。按照中央统一要求，省委安排从1999年4月开始，在全省党政机关从上到下，分期分批开展"三讲"教育。据统计，全省参加"三讲"教育县处级以上党政领导干部有2万多人，其中省级领导干部27人，市州厅局级领导干部1265人，县处级领导干部21467人。

通过"三讲"教育，全省各级领导班子和领导成员受到了一次深刻的马克思主义自我教育，提高了"讲学习、讲政治、讲正气"的自觉性，基本上找准抓住党性党风方面存在的突出问题，促进了领导班子和领导干部整体素质的提高，恢复和发扬了党的批评与自我批评的优良传统，增强了领导班子和领导干部个人解决自身问题的能力。

3. 学习实践科学发展观活动

2008年10月7日，省委深入学习实践科学发展观活动动员大会暨地厅级主要领导干部专题研讨班在长沙举行。按照中共中央要求和部署，省委决定利用一年半的时间，在全省分三批进行学习实践活动。第一批2008年9月至2009年2月，参加的单位是省级党政、人大、政协机关，人民法院、人民检察院和人民团体机关，省直机关和省直事业单位；第二批2009年3月至8月，参加的单位是市州县区党政、人大、政协机关，人民法院、人民检察院和人民团体机关，直属机关和直属企事业单位，省管企业和高校；第三批2009年9月至2010年2月，参加的单位是乡镇、街道及所辖单位，村、社区，未参加第二批活动的单位和团体。

这一次深入学习实践科学发展观活动密切联系湖南老区的实际情况，认认真真、扎扎实实推进各项工作，不做表面文章，不搞形式主义，着力解决突出问题，取得显著成效，赢得人民的满意，2009年2月，对省委学习实践活动进行满意度测评，满意率为99.9%，各单位群众评议的满意率平均在99%以上。

洞庭波涌连天雪，长岛人歌动地诗。在改革开放新时期，湖南老区人民解放思想、锐意进取，焕发出前所未有的蓬勃生机，老区的社会经济面貌也发生了翻天覆地、日新月异的变化，实现了从摆脱贫困，解决温饱，到总体小康、奔向全面小康的历史性跨越，为实现中华民族伟大复兴中国梦提供了充满新的活力的体制保证和快速发展的物质条件。

四、复兴伟业：芙蓉国里尽朝晖

党的十八大以来，以习近平同志为核心的党中央以巨大的政治勇气和强烈的责任担当，提出新时代一系列新理念新思想新战略，出台一系列重大方针政策，推出一系列重大举措，推进一系列重大工作，推动党和国家事业发生历史性变革，取得历史性成就，标志着中国特色社会主义进入新时代。湖南老区人民在习近平新时代中国特色社会主义思想指引下，认真贯彻落实习近平同志对湖南工作的重要讲话和重要指示批示精神，统筹推进"五位一体"总体布局，协调推进"四个全面"战略布局，深入贯彻落实新发展理念，坚定不移推进改革开放，守正创新攻坚克难，持之以恒改善民生，实现了全面建成小康社会的宏伟蓝图。

（一）吹响全面建成小康社会号角

2012年11月召开的党的十八大，吹响全面建成小康社会号角，明确在2020年实现全面建成小康社会宏伟目标，中国特色社会主义进入新时代。

1. 湖南老区全面建成小康社会面临的形势和任务

全面建成小康社会是全党的奋斗目标，也是湖南老区人民的殷切期盼。按照国家统计局监测全面小康6大类23项指标测算，2012年湖南全面小康实现程度虽然达到了85.9%，但发展很不平衡。一方面，全面小康内部各大指标实现程度不平衡，社会和谐、民主法治等指标实现程度较高，分别达到96.7%、96.6%；经济发展指标实现程度只有71.3%，发展不充分、不全面、不持续的问题突出，与全国差距较大。全省国内生产总值、固定资产投资、社会消费品零售总额、财政收入的人均水平，分别只相当于全国的87.1%、81.5%、76.2%和47.3%；城镇化率比全国低5.9个百分点；城乡居民收入分别比全国低3264元、477元；财政收入占国内生产总值比重、税收占财政收入比重偏低，都排中部倒数第2位；万元国内生产总值能耗高于全国平均水平。另一方面，省内区域实现程度不平衡，长株潭地区达到了93.3%，大湘西地区只有74.1%，还有近40个贫困县不到70%，全省最低的新化县只有61.3%；城乡居民收入相差2.9倍，人均国内生产总值最高的长沙市是最低的邵阳市的6.2倍。虽然总体实现程度较高，但质量和水平并不高。

2. 分类指导全面建成小康社会

2013 年 7 月 15 日至 18 日，湖南省委十届七次全体（扩大）会议在长沙举行。会议审议通过《关于分类指导加快推进全面建成小康社会的意见》。《意见》指出必须从湖南实际出发，从三个方面进行指导，全面建成小康社会。

一是区域分类。针对湖南省区域经济发展、区域功能定位和区域全面小康进程等实际，将全省全面小康建设划分为长株潭地区、洞庭湖地区、湘南地区、大湘西地区四大区域板块。据初步测算，四大区域板块 2012 年全面小康实现程度分别为：长株潭地区 93.3%，包括长沙市、株洲市、湘潭市；洞庭湖地区 83.1%，包括岳阳市、常德市、益阳市；湘南地区 78.9%，包括衡阳市、郴州市、永州市；大湘西地区 74.1%，包括邵阳市、娄底市、怀化市、张家界市、湘西自治州。

二是区域发展目标和重点。坚持把推进全面建成小康社会与实施区域发展战略、促进经济社会持续健康较快发展结合起来，进一步明确四大区域板块发展目标和战略重点。长株潭地区，重点以两型社会试验区建设为引领，构建现代产业体系，推进城市群建设，提高城市化和城乡一体化水平，到 2017 年率先实现全面小康，到 2020 年率先向基本现代化迈进，率先建成全国两型社会建设示范区。洞庭湖地区，紧扣洞庭湖生态经济区规划，大力推进现代农业建设和湖区生态建设，培育壮大特色优势产业，提高工业化和城镇化水平，加快融入长江经济走廊，到 2017 年全面建成小康社会，到 2020 年建成全国农业现代化和生态文明建设示范区。湘南地区，以国家级承接产业转移示范区为平台，大力促进开放开发，积极承接产业转移，推动经济转型发展，加快建成连接粤港澳和东盟的新的经济增长极，到 2017 年全面小康实现程度达到 90% 以上，到 2020 年确保实现全面小康。大湘西地区，以武陵山片区区域发展与扶贫攻坚试点为契机，全面落实国家扶贫开发战略和政策措施，加大集中连片扶贫攻坚力度，促进贫困地区经济社会加快发展，到2017年全面小康实现程度达到85％以上，到2020年基本消除绝对贫困现象，基本实现全面小康目标。

三是分区域指导工作。根据四大区域板块全面小康建设进程和各自发展特点，要加强对区域的分类指导，把推动区域经济社会协调发展与全面小康建设统一起来，把实施国家战略与各区域全面小康建设统一起来，把对区域和市州的指导与市州对县市区的管理统一起来，使推进全面建成小康社会的各项政策措施和责任更好地对接区域板块、对接各市州，更好地调动市州的积极性，更好地发挥市州对县市区的行政领导、组织指导作用。要把组织领导与具体指导结合起来，省里分四大区域板块成立四个指导小组，分块指导各责任区的全面小康建设。

《意见》还明确了湖南全面建成小康社会的基本原则和提出强化分类指导加快推进全面建成小康社会的保障措施以及要求建立完善以县市区为主体分类的考评指标体系等。

（二）开创老区脱贫攻坚工作新局面

小康不小康，关键看老乡，更要看贫困老区老乡的生活状况。为实现全面建成小康社会的宏伟目标，省委、省政府十分重视抓好湖南老区的脱贫攻坚工作。

1. 习近平同志考察十八洞村

2013年11月3日，习近平同志来到老区湘西花垣县十八洞村考察。十八洞村是武陵山区腹地一个苗族聚居村，因村里有18个天然溶洞而得名。这里虽然山奇水秀，景色宜人，但因为交通闭塞，处于集中连片特困地区，群众生活长期徘徊在贫困线以下。2013年，全村225户939人，人均可支配收入只有 1668 元，贫困发生率高达 57%。习近平同志来到这里考察调研，与村民促膝交谈并作出了重要指示，首次提出"精准扶贫"概念，指出："扶贫要实事求是，因地制宜。要精准扶贫，切记喊口号，也不要定好高骛远的目标。"

习近平同志考察十八洞村，提出的精准扶贫思想为湖南老区人民摆脱贫困，实现全面建成小康社会的目标指明了正确的前进方向。

2. 推进精细化扶贫工作

湖南老区全面建成小康社会的难点在贫困老区。省委、省政府通过推进精细化扶贫，做到一家一户一本台账、一个脱贫计划、一套帮扶措施，推动水、电、路、气、房和环境整治"六到户"取得明显成效，2012 年全省贫困人口比 2010 年减少了 230 多万。但是，全省仍然还有 767 万贫困人口，占全国扶贫对象的 7.7%，而且这些贫困人口大都是在老区。因此，湖南要如期在剩下的 7 年时间顺利地实现全面建成小康社会的奋斗目标，依然是困难重重，任重道远。

2014 年 10 月 17 日是我国实行的首个"扶贫日"。这一天，习近平同志作出重要批示："各级党委、政府和领导干部对贫困地区和贫困群众要格外关注、格外关爱，加大扶持力度，善于因地制宜，注重精准发力，充分发挥贫困地区广大干部群众能动作用，扎扎实实做好新形势下扶贫开发工作，推动贫困地区和贫困群众加快脱贫致富步伐。"2015 年 6 月 18 日，习近平同志在贵州召开部分省区市党委主要负责同志座谈会，强调确保贫困人口到 2020 年如期脱贫。

2015 年 6 月 19 日，省委召开常委会议，研究部署贯彻落实习近平同志重要指示批示精神。7 月 20 日，省委十届十三次全会审议通过《关于实施精准扶贫加快推进扶贫开发工作的决议》，全面部署和推动精细化扶贫开发工作。

3. 坚决打赢脱贫攻坚战

2015年2月，中共中央办公厅、国务院办公厅印发了《关于加大脱贫攻坚力度支持革命老区开发建设的指导意见》（以下简称《指导意见》），并发出通知要求各地区各部门结合实际认真贯彻执行。《指导意见》指出，老区是党和人民军队的根，老区和老区人民为中国革命胜利和社会主义建设作出了重大牺牲和重要贡献。新中国成立60多年特别是改革开放30多年来，在党中央、国务院关心支持下，老区面貌发生深刻变化，老区人民生活水平显著改善，但由于自然、历史等多重因素影响，一些老区发展相对滞后、基础设施薄弱、人民生活水平不高的矛盾仍然比较突出，脱贫攻坚任务相当艰巨。为此，《指导意见》要求进一步加大扶持力度，加快老区开发建设步伐，不断开创老区振兴发展新局面，让老区人民过上更加幸福美好生活。

2016年4月8日，《湖南省"十三五"脱贫攻坚规划》（以下简称《规划》）出台。《规划》明确提出，力争2019年、确保到2020年40个国家扶贫开发工作重点县（片区县）和11个省扶贫开发工作重点县全部摘帽，全省6924个贫困村分批全部退出；同期稳定实现贫困人口"两不愁、三保障"（不愁吃、不愁穿，义务教育、基本医疗和住房安全得到保障）。

2016年9月，湖南省委办公厅、省政府办公厅印发《关于加大脱贫攻坚力度支持革命老区开发建设的实施意见》（以下简称《实施意见》），从总体要求、主要任务、政策措施、工作保障4个方面，对中办《指导意见》进行了细化、具体化、湖南化。《实施意见》提出：到2020年，所有老区县市区均可在30分钟内上高速公路，铁路覆盖面进一步扩大；一二三产业结构逐步调整优化，服务业增加值占国内生产总值比重进一步提升；主要污染物排放量减少10%—15%，万元国内生产总值能耗、工业增加值用水量分别下降 16％和 31％；基本养老保险参保率达到 90％以上，新增城镇就业人口 300 万人；农村居民人均可支配收入达到 10000 元，消除武陵山、罗霄山集中连片老区的区域性贫困现象。

为了打赢老区脱贫攻坚战，省委、省政府"牵住牛鼻子"，重点抓了以下几项工作。

一是抓重点地区。脱贫攻坚进入了决战期，剩下的都是难啃的硬骨头。省委、省政府确定深度贫困地区以武陵山片区为主体区域，突出老区湘西这个主战场，综合考虑贫困发生率、自然条件和经济发展水平等因素，确定保靖、泸溪、古丈、花垣、永顺、凤凰、龙山、桑植、麻阳、通道、城步等 11 个深度贫困县，同时，省委、省政府根据贫困发生率在 20％以上并综合考虑经济发展水平、基础设施、公共服务能力以及村级集体经济发展水平等因素，确定了 549 个深度贫困村。在全面排查和整改扶贫领域存在的突出问题的基础上，精确动态调整贫困人口、农村低保对象和兜底保障对象，全面实施脱贫攻坚"七大行动"（包括发展特色产业增收脱贫、引导劳务输出脱贫、实施易地搬迁脱贫、结合生态保护脱贫、着力加强教育脱贫、开展医疗保险和救助脱贫、实行保障兜底脱贫等 7 个方面），集中力量推动深度贫困地区脱贫。

二是抓重大举措。深度贫困地区之所以脱贫难，在于当地自然条件恶劣、产业发展落后、人口素质偏低、基础设施薄弱。为此，省委、省政府从十个方面加大对深度贫困地区的支持力度，打出一系列脱贫帮扶"组合拳"：加大财政支持力度，2013 年至 2017 年，省财政每年新增一定投入，用于深度贫困地区脱贫攻坚；加大金融支持力度，针对深度贫困地区制定差异化信贷支持政策；加大项目布局倾斜力度，公益性基础设施、社会事业领域重大工程建设项目以及能源、交通等重大投资项目优先安排深度贫困地区；加大土地政策支持力度，新增建设用地指标优先保障深度贫困县发展用地需要；加大易地扶贫搬迁实施力度，重点考虑深度贫困地区的易地扶贫搬迁工作；加大扶贫产业培育力度，坚持"四跟四走"产业扶贫路子；加大生态扶贫支持力度，每年新增生态护林员指标的1/3安排到深度贫困县；加大干部人才支持力度，鼓励和引导各方面人才向深度贫困县基层一线流动；加大驻村帮扶和结对帮扶力度，新一轮省市驻村帮扶工作队的安排要向深度贫困村倾斜；加大省内经济发达7个市对口帮扶自治州7个县的力度，新增长沙市雨花区、芙蓉区、天心区、开福区分别与桑植、麻阳、通道、城步开展携手奔小康行动。组织安排经济实力好、带动能力强的企业对口帮扶深度贫困村，实行全覆盖。

三是抓重点项目。众所周知，基础设施薄弱制约深度贫困地区发展，也增加了脱贫难度。为了推动深度贫困地区切实脱贫，省委、省政府抓好一批重点项目，推动贫困地区永久、持续脱贫。比如，抓危房改造。2016年实施差异化补助政策，确保完成15万户以上农村4类重点对象危房改造任务，18个计划脱贫摘帽县全部完成危房改造任务。又比如，抓基础设施建设。2017年完成120万名建档立卡贫困人口的安全饮水提升工程任务，在2000个左右有条件的贫困村建设光伏发电站，11个深度贫困县的建制村和549个深度贫困村光纤网络通达率超过98%、4G网络有效覆盖率超过99%等。

四是激发脱贫攻坚内生动力。扶贫先扶志。贫困人口脱贫，关键在自身。自己不努力，天上掉馅饼也没用。为了激发湖南省贫困地区脱贫的内生动力，省委、省政府一方面加强贫困地区干部队伍建设，突出贫困村"两委"班子建设，组织开展"头雁培训计划"，集中排查整顿软弱涣散村级党组织，关心关爱脱贫攻坚一线干部。另一方面加强政策引导和教育引导，总结推广自主脱贫典型，推动移风易俗，发挥村规民约作用，加快补齐贫困群众"精神短板"；加大贫困村创业致富带头人培育工作力度，强化能人带动；加大贫困家庭劳动力技能培训、实用技术和转移就业服务力度，提高贫困群众自我发展能力。

五是加大脱贫攻坚帮扶力度。帮助贫困地区和贫困人口脱贫，是社会各界义不容辞的责任。为了形成脱贫攻坚的合力，省委、省政府做好三种"帮扶"：第一，做好对口帮扶。重点是做好济南市对口帮扶自治州协调服务工作；继续组织省内对口帮扶和"携手奔小康"活动，确保帮扶实效；支持中直单位在湘定点扶贫。第二，做好驻村帮扶。为此，湖南省、市、县三级实施为期 3 年的驻村帮扶，其中 225 支省派工作队全部派往脱贫攻坚难度大的贫困村。突出抓好特色产业发展、落实帮扶举措、改善基础设施、倡导乡风文明、抓好基层党建等重点工作。第三，做好社会帮扶。为此，省委、省政府深化了"互联网＋社会扶贫"，加大"中国社会扶贫网"上线工作力度，建设省、县社会扶贫地方门户平台，建立健全捐赠荣誉机制，广泛动员民营企业、社会组织、公民个人参与，在实效和可持续上下功夫，提升社会影响力和公信度。

省委、省政府采取的上述几项打赢脱贫攻坚战的有力举措，为湖南老区 2020 年如期实现消灭贫困地区，贫困人口，全面建成小康社会，注入了强大的活力，产生了深远影响。

（三）继续推进国有企业改革

国有企业改革是深化经济体制改革的一项重要内容。党的十八大以来，按照省委、省政府的决策部署，全面深化改革，促进转型升级，国企提质增效，全省国有资产规模实力不断壮大，国有经济布局结构不断优化，国有企业的活力、竞争力、影响力不断增强，具体表现在三个方面。

1. 国有企业改革顶层设计基本完成，国有资本布局不断优化

党的十八大以来，湖南省各项改革举措陆续推出，改革的系统性、整体性、协同性不断增强。2014年省委出台《关于进一步深化国有企业改革的意见》，随后出台了36个配套政策文件，形成国企改革的"1+N"政策体系。国企改革重大举措相继落地，在推进国有资本布局结构调整与企业重组整合、加快供给侧结构性改革、完善现代企业制度、推动"三供一业"分离移交、完成政企分开政资分开、深化国资监管体制改革、加强国有企业党的建设等方面取得新突破、新进展。

2. 提质增效稳增长，国有企业活力不断增强

党的十八大以来，面对经济下行和转型升级的双重压力，省属监管企业不等不靠，主动出击，向市场要效益，向改革转型要效益，向管理要效益，企业生产经营效益持续向好。省属企业主动服从党委政府的中心工作和重大决策，服务地方经济社会发展能力不断提高。围绕提质增效稳增长这个目标，省国资委指导督促企业专注主业发展，狠抓降本增效，推动科技创新，振兴实体经济。通过不断努力，省属监管企业呈现了经营实力不断增强、经济效益大幅增加、税收贡献明显提升的良好发展态势。省属国企通过扎实推进供给侧结构性改革，切实降本增效，促进国企转型发展，省政府还制定了《优化省属国有资产与债务结构实施方案》，指导督促企业采取盘活资产、重组整合、置换债务、资本运作、资产证券化等举措，有效降低资产负债率，减少有息负债和财务费用。

（四）不断深化农业体制改革

随着经济体制改革的深入发展，为了加大湖南老区农业体制改革创新的力度，加快农业现代化建设的步伐，省委、省政府采取了一系列的措施。

1. 调整优化农业结构

省委、省政府坚持把稳定发展粮食生产、保障农产品有效供给放在突出位置，稳步提高粮食等大宗农产品产能。认真组织实施国家新增粮食产能规划，重点抓好53个老区新增粮食产能建设，稳定粮食播种面积。深入推进粮食高产创建、绿色增产模式攻关和湘米产业工程，加大超级杂交稻推广力度，努力提高单产，力争全省粮食年产稳定在600亿斤左右。进一步强化粮食生产、流通和储备责任，确保粮食安全。推动种植结构由粮食、经济作物二元结构向粮食、饲草料、经济作物三元结构转变。大力发展规模化、集约化、标准化健康养殖，完善动物疫病防控政策，促进生猪产业稳量提质，加快牛羊等草食畜牧业发展。着力提升蔬菜产业发展水平，保障蔬菜稳定均衡供应。引导棉区调整种植结构，科学安排替代作物种植。重点扶持油料、旱杂粮、柑橘、茶叶等特色经济作物。大力发展林下经济。

2. 积极实施农业产业化经营

省委、省政府以两大"百千万"工程为纽带，推进农业区域化布局、标准化生产，实行种养加、农工商、科工贸一体化经营。重点打造粮食、畜禽水产、果蔬、林产、茶叶等千亿产业，积极发展油茶、南竹、生物制药等特色产业。深入推进特色县域经济农产品加工重点县、"135工程"等重大项目建设，支持县域特色产业集群发展，培育一批规模大、带动能力强、支撑作用明显的龙头企业。加速实施区域品牌战略，支持龙头企业打造高知名度商标和国家地理标志产品，引导龙头企业建立标准化生产基地。重点选择10个优势特色农产品，开展现代农业示范园创建活动。着力培育农业新型业态，组织实施乡村旅游质量提升与休闲农业示范创建行动，加快发展生态休闲旅游观光农业和科技示范农业。

3. 深入推进新农村建设

省委、省政府以"百城千镇万村"新农村建设工程为抓手，全面改善农村人居环境，着力打造美丽乡村。重点对老区4000个左右行政村进行人居环境综合整治，选择建设300个左右的美丽乡村。加强传统村落和传统民居的保护发展，在老区湘西打造50个少数民族特色村寨。以硬化、净化、绿化、亮化、美化为重点，改善村容村貌；科学规划、合理布局、严格监管，推进农村和农垦危房改造以及避灾搬迁，规范农民住房建设，保护乡村元素；加强农村道路、电力、通信和饮水安全、清洁能源等基础设施建设，大力实施农村电网改造升级工程，重点支持集中连片特困地区农村公路建设，实现所有具备条件的建制村通水泥（沥青）路；重点整治农村垃圾和生活污水，全面启动以县市区为主体的农村环境综合整治工作，实现农村环境整治全覆盖。以农村人居环境综合整治和美丽乡村建设为平台，整合相关资源、项目和资金，形成整治、建设合力，整体发力。

党的十八大以来，湖南老区农业粮食连年丰收，农民持续增收，农业现代化水平大幅提高，农村新产业新业态蓬勃发展，广袤田野迸发出前所未有的活力。"三农"新实践、新探索、新成绩、新经验，弥足珍贵，令人振奋。

（五）全面从严治党向纵深发展

十八大以来，省委高度重视党的建设，推进全面从严治党向纵深发展，始终保持了党组织的先进性和纯洁性。这就为湖南老区打赢扶贫攻坚，彻底消灭贫困地区、贫困人口，到2020年如期实现全面建成小康社会，奠定了坚实的思想政治组织基础。

1. 深化党的思想建设改革，党员干部思想政治教育取得新成效

省委制定了《进一步加强和改进党性教育的实施意见》，把抓思想建设摆在首位，推动广大党员干部牢固树立"四个意识"，坚决维护以习近平同志为核心的党中央权威和集中统一领导，扎实推进党内集中学习教育工作。认真组织在全省各级党组织开展党的群众路线教育实践活动、"三严三实"专题教育、"两学一做"学习教育、"不忘初心、牢记使命"主题教育和党史学习教育活动，着力加强思想作风建设、严格党内组织生活、完善管党治党机制，整改"四风"不严不实、党组织和党员"不合格"问题，推出支部主题党日、党支部"三会一课"纪实管理、党员积分管理、党支部书记"双述双评"等4项制度成果，组织全省17万多个基层党组织开展支部主题党日活动，有力推动党内教育从"关键少数"向广大党员拓展、从集中性教育向经常性教育延伸。

2. 深化干部人事制度改革，领导班子和干部队伍建设迈上新台阶

省委制定了《全面贯彻好干部标准，强化正确用人导向的决定》，把党的政治建设摆在首位，紧紧围绕着全省的工作大局抓领导班子建设，着力打造一支忠诚干净担当的执政骨干队伍。

3. 完善干部管理监督

省委先后出台加强干部选拔任用纪实工作、对省管干部进行提醒函询诚勉、规范干部监督举报查核等制度文件，完善落实"凡提四必"要求的操作办法，严格执行领导干部个人有关事项报告"两项法规"，集中开展"带病提拔"倒查工作，对领导干部配偶、子女及配偶经商办企业问题进行严肃认真的调查清理。

（六）文化、社会、生态文明体制改革全面推进

全面建成小康社会不仅仅是指经济建设，而且包括文化建设、社会

建设、生态文明建设等。十八大以来，省委、省政府贯彻落实习近平同志提出的湖南新发展理念，以新发展理念引领全面推进湖南老区的文化、社会、生态文明体制改革。

1. 文化体制改革

2014年9月5日，省委全面深化改革领导小组文化体制改革专项小组第二次会议在长沙召开，会议主要学习贯彻中央全面深化改革领导小组第四次会议精神，贯彻落实《湖南省深化文化体制改革实施方案》，部署全省文化体制改革工作。

一是积极推动文化资源的整合。以湖南日报报业集团、湖南广播影视集团、湖南出版投资控股集团三大优势企业为龙头，积极推动文化资源整合；成立了全国第一家省管教育报刊集团——湖南教育报刊集团，湖南日报社（湖南日报报业集团有限公司）和湖南广播电视台（湖南广播影视集团有限公司）分别实行"一个党委、两个机构、一体化运行"的管理体制；建立两个效益相统一的国有文化企业综合效益考核体系，加大社会效益考核权重；大力推进文化与旅游、金融、农业、工业、体育、城市建设等相关产业融合发展；组建省新闻出版广电局，整合新闻出版和广播电影电视管理职能。

二是创新国有文化资产管理体制。成立湖南省国有文化资产监督管理委员会，履行省属国有文化企业出资人职责，省文资委下设办公室，承担省文资委的日常工作，推动和出台《湖南省省管国有文化企业"双效"业绩考核及负责人薪酬管理实施办法》《省国有文化资产监督管理委员会工作规则（试行）》《湖南省省管国有文化企业监督管理办法（试行）》等一系列文件，基本覆盖了省管文化企业生产经营、资产管理、投资并购、薪酬分配各个方面，特别是在绩效考核及薪酬管理中，明确国有文化企业社会效益考核权重占55%，使社会效益考核成为硬约束、硬杠杆。

2. 社会体制改革

面对复杂的宏观经济环境，省委、省政府稳中求进、改革创新、攻坚克难，在推进创新创业、健全覆盖湖南老区城乡的社会保障体系方面取得了明显成效。

一是积极推进社会保障制度改革。党的十八大以来，湖南省合并实施城乡居民养老保险，实施机关事业单位养老保险制度改革，修订完善了《湖南省实施〈工伤保险条例〉办法》，社会保险政策进一步完善，社会保险覆盖面持续扩大，待遇水平大幅度提高。工资收入分配制度逐步完善。健全完善符合机关、事业单位和企业不同特点的工资收入分配制度，逐步缩小不合理工资收入差距，形成合理有序的工资收入分配格局。贯彻"提低、扩中、调高、治欠"原则，深入推进企业工资收入分配改革，完善工资支付保障制度。

二是改革财政支出比例，重点用于民生领域。党的十八大以来，湖南省财政支出的七成以上用于民生重点领域，支持办好了一批群众要求强烈、感受明显的民生实事，让群众得到了更多看得见、摸得着的实惠。教育方面，完善教育经费保障机制，统筹提高了各个教育阶段的经费拨款水平；农村基层教育人才津贴政策和农村义务教育学生营养改善实现贫困县全覆盖。社保方面，建设保障性住房和改造各类棚户区 220.56万套，改造农村危房 18.43 万户，企业退休人员养老金保持迎"十八连涨"。医疗卫生方面，城乡居民基本医保政府补助标准从 2012 年的240 元／人提高到 2020 年的 550 元／人。基本公共卫生服务财政补助标准从 2012 年的 25 元／人提高到 2021 年的 88 元／人。文体事业方面，累计投入 479 亿元，支持公共体育文化场馆实行免费或低费开放。

三是困难群众基本生活得到有效保障。2020 年，湖南省出台《关于改革完善社会救助制度的实施意见》，建立主动发现预警机制，持续提高救助水平。2021 年，41.41 万城市低保对象低保平均标准达到590 元 / 月，146.4 万农村低保对象低保平均标准达 5228 元 / 年。1.67 万名城市特困人员基本生活标准达到 9382 元 / 年，35.54 万名农村特困人员基本生活标准达 6715 元 / 年。残疾人"两项补贴"实现"跨省通办"，困难残疾人生活补贴和重度残疾人护理补贴月人均补助 80.6 元和 74.8 元。

四是养老服务体系逐步完善。党的十八大以来，湖南民政部门积极开展应对人口老龄化行动，完善顶层设计，加强养老服务体系建设，加快医养结合发展。截至 2021 年 11 月，全省共有养老服务床位 42.3 万张，其中机构床位 26.2 万张，社区养老服务床位 16.1 万张。全省建成养老机构 2403 所，城市和农村养老服务设施有 3338 个和 1.6 万个。

五是儿童福利水平持续提高。建立起孤儿等困境儿童基本生活保障制度。2016 年，省政府出台了《关于加强困境儿童保障工作的实施意见》，明确将困境儿童按照孤儿、低保、特困人员、残疾等分类予以保障基本生活。在儿童福利基础设施建设方面，到 2021 年底，全省共有儿童福利机构 51 家，儿童养育床位 3000 余张，在全国率先开展儿童福利机构转型发展，为孤残儿童提供良好的成长环境、科学系统的医疗康复和特殊教育等服务，儿童福利机构实现养育、治疗、康复及教育多功能型转变。

3. 生态文明体制改革

党的十八大以来，湖南老区在生态文明体制改革方面也取得了明显进展。2015 年 1 月出台《湖南省环境保护工作责任规定（试行）》和《湖南省重大环境问题（事件）责任追究办法（试行）》。2015 年 4 月，省委、省政府出台《湖南省生态文明体制改革实施（2014—2020）》，2016 年 7 月以来，又陆续出台了《湖南省环境保护督察方案（试行）》《湖南省党政领导干部生态环境损害责任追究办法实施细则（试行）》《湖南省开展领导干部自然资源资产离任审计试点实施方案》等文件。全省各级、各部门，齐抓共管的生态文明建设和环保工作格局基本形成。

近年来，湖南老区生态文明体制改革取得明显成效，圆满完成湘江保护和治理"一号重点工程"第一个三年行动计划，节能减排目标全面实现。启动实施洞庭湖水环境综合治理五大专项行动和十大重点工程，洞庭湖水环境持续恶化的趋势得到有效遏制，水质状况出现明显改善。强力推进河长制落实、城市黑臭水体整治、重金属污染治理、农村环境综合整治、排污口治理等工作并取得重要进展。新增 19 个县区进入国家级重点生态功能区，武陵山片区、湘江源头区域、衡阳市、宁乡县纳入国家生态文明先行示范区。湖南森林覆盖率稳定在 57% 以上，主要江河III类以上水质达 98.2%。耕地和基本农田得到严格保护，耕地保有量维持在 6200 万亩以上。

（七）夺取新冠疫情防控的胜利

2017 年 10 月召开的党的十九大发出了决胜全面建成小康社会，夺取新时代中国特色社会主义伟大胜利的号召。

正在湖南老区人民为实现全面建成小康社会宏伟蓝图的关键时刻，2020 年 1 月，一场突如其来的新冠疫情来势凶猛，席卷神州大地。

面临严峻的新冠疫情，2020 年 1 月 21 日，省委召开紧急会议，第一时间传达学习贯彻习近平同志的重要指示批示精神，专题研究部署疫情防控工作。同一天，湖南报告首例确诊病例。随后，疫情曲线一路上升，1 月 28 日单日新增 78 例，达到峰值。打响疫情防控阻击战，刻不容缓！1 月 23 日，湖南启动重大突发公共卫生事件一级响应。湖南是首个启动一级响应的环鄂省份和全国最早启动一级响应的 3 个省份之一。

与时间赛跑、跟病毒较量。湖南老区各条战线、各个单位全面动员、紧急行动，迅速从过年休假模式变为战斗模式，"五级书记打头阵"，

14 个市州展开地毯式排查，村（社区）防控工作全面启动，把各项防控措施落实每一个网格、每一个家庭，以最快的速度控制疫情，以最专业的力量救治患者。实施"集中患者、集中专家、集中资源、集中救治"的举措，健全中西结合、医防结合、精准救治的医疗救护机制，打响与病毒搏斗的生死之战。所有确诊患者及时转至省、市两级 17 家定点医院。集中最优秀团队、最先进设备、最全面保障，筑起了一道生命救护坚实屏障。至 2020 年 3 月 14 日，全省 1014 例在院病例全部治愈出院，湖南确诊病例全部清零。

省委、省政府坚决落实习近平同志一系列重要讲话批示精神，做到因势而谋，以变应变。2020 年 2 月初，湖南在全国率先打响了复工复产"保卫战"，一手抓疫情防控，一手抓改革发展、脱贫攻坚，逐步恢复正常生产生活秩序。省委、省政府先后制定出台 100 条"真金白银"扶企稳企的"干货"政策，从税费优惠、融资贷款、就业用工、财政奖补等领域为企业开工复工提供强有力的政策支持。至 2020 年 3 月底，3841 个省市重点项目全部满岗复工，投资增速位居全国前列，湖南老区稳住了经济发展的基本面，稳定了社会人心安宁。

回望这场惊心动魄的战斗，湖南老区交出了一份亮眼的经济"成绩单"。2020 年上半年，湖南国内生产总值增长 1.3%、增量 546.3 亿元，增速、增量在全国经济总量排名前十的"第一梯队"中均位居首位，主要经济指标均"由负转正"，复工复产进度、转正指标个数、经济回升幅度均居全国前列。

（八）全面建成小康社会

2021 年 7 月 1 日，在隆重庆祝中国共产党成立 100 周年大会上，习近平同志庄严宣告，经过全党全国各族人民持续奋斗，我们实现了第一个百年奋斗目标，在中华大地上全面建成了小康社会，历史性地解决了绝对贫困问题。省委、省政府以习近平同志重要讲话和重要指示批示精神为指引，坚持一张好的蓝图干到底，加快实现了湖南老区全面建成小康社会的历史进程。

为了加强全面建成小康社会的领导，湖南专门成立了全面建成小康社会推进工作领导小组，省委书记任组长，省委副书记、省长任第一副组长。按照全面建成小康社会考评指标体系，对市（州）、县（市区）进行年度考评，压紧、压实责任。

在全面建成小康社会征程中，省委、省政府根据省情分类指导，分区域布局、分类别考核、分梯次推进三个层面，正视县情市情区情差异，突出不同目标要求，实行不同政策支持；按照中心城市城区、城乡复合发展县市区、扶贫开发县市区三类，对全省县市区分类考评。针对区域经济发展、区域功能定位和区域全面小康进程等实际情况，湖南将全面小康社会建设划分为长株潭地区、洞庭湖地区、湘南地区、大湘西地区四大区域板块，明确四大区域板块发展目标和战略重点。省委从实际出发，要求长株潭地区要构建起现代产业体系，在全省率先实现全面小康；要求大湘西区域必须加大脱贫攻坚力度，促进经济社会加快发展，确保全省如期实现全面建成小康社会的奋斗目标。

衡量全面小康社会建成与否，既要看量化指标，更要看人民群众的获得感幸福感安全感。为此，省委、省政府坚持每年梳理一批就业、教育、医疗等重点民生实事，持续扩大基本公共服务供给，大力引进优质教育、医疗、养老资源，更好地满足人民群众对美好生活的需求。从2019年开始，湖南开展全面建成小康社会补短板、强弱项行动，把人民群众"急难愁盼"作为全面建成小康社会的重心所在。既抓好"学位、床位、车位、厕位"等群众关注的微建设微服务，又统筹推进普惠性、基础性、兜底性民生建设。实事办得更好更实，办到了群众的心坎上。全省乡镇公办幼儿园实现全覆盖，不让一个孩子因贫失学；全省县域内住院就诊率达到90%以上，实现了行政村卫生室、乡镇卫生院全科医生、县级二甲公立医院"三个全覆盖"；依法执政、依法行政水平不断提高，人民群众的法治意识不断增强。全省先后公布227件"一件事一次办"事项，办理环节平均压缩70%、申报材料平均减少60%、办理时间平均缩减80%，政务服务事项"一件事一次办"基本实现全覆盖。

装点此关山，今朝更好看。20世纪80年代初，湖南省不少贫困老区的农民吃不饱肚子，没有解决温饱问题。1984年，省委对老区湘西做了为期20天的调查。调查报告显示，有六分之一的农村群众没有解决温饱问题，处于贫困生活之中。这一年，全省完成工农业总产值仅426.32亿元。2014年2月，新华社内参第486期发表《湖南部分贫困老区发展乏力有待政策扶持》，引起中央高层领导重视。弹指一挥间，旧貌换新颜。到2020年，全省地区生产总值达到了41781.49亿元。老区花垣县十八洞村成为全国脱贫典型。全省51个贫困县、6920个贫困村全部脱贫摘帽，682万农村建档立卡贫困人口全部脱贫。湖南老区人民谱写了一曲摆脱贫困、逐梦小康的壮丽篇章。

五、开创未来：而今迈步从头越

方向决定道路，战略引领未来。2021年11月25日，中共湖南省第十二次代表大会在省会长沙隆重召开。这次省党代会是一次承前启后，继往开来的大会，它吹响了全面建设社会主义现代化新湖南的伟大号角。

省委书记向大会作的报告回顾了过去五年湖南老区取得的辉煌成就，发生的历史性变化。他指出，过去五年举全省之力脱贫攻坚，走出了一条精准、有特色、可持续的脱贫路子，历史性地解决了绝对贫困问题，贫困人口和贫困地区同全省一道进入全面小康社会，脱贫群众精神面貌和脱贫地区发展面貌焕然一新。

省委书记的报告指明了湖南老区今后五年工作总体要求：高举中国特色社会主义伟大旗帜，坚持以习近平新时代中国特色社会主义思想为指导，深入贯彻习近平同志对湖南重要讲话和重要指示批示精神，统筹推进"五位一体"总体布局，协调推进"四个全面"战略布局，立足新发展阶段，完整准确全面贯彻新发展理念，构建新发展格局，坚持稳中求进工作总基调，以推动高质量发展为主题，以深化供给侧结构性改革为主线，以改革创新为动力，以满足人民日益增长的美好生活需要为目的，统筹发展和安全，推进治理体系和治理能力现代化，着力打造国家重要先进制造业、具有核心竞争力的科技创新、内陆地区改革开放的高地，在推动高质量发展上闯出新路子，在构建新发展格局中展现新作为，在推动中部地区崛起和长江经济带发展中彰显新担当，奋力谱写新时代坚持和发展中国特色社会主义的湖南新篇章，全面建设富强民主文明和谐美丽的社会主义现代化的新湖南。

雄关漫道真如铁，而今迈步从头越。一百年来，中国共产党团结带领全国人民，书写了中华民族几千年历史上最恢宏的史诗。湖南老区作为中国共产党、人民军队、中国革命重要策源地之一，发出"建党先声"成为"建军摇篮"开创"建政先河"，走出了以毛泽东同志为主要代表的一大批无产阶级革命家，弘扬了"敢教日月换新天"的奋斗精神，掀起了"遍地英雄下夕烟"的建设热潮，闯出了"长岛人歌动地诗"的改革之路，绘就了"芙蓉国里尽朝晖"的新时代壮美画卷。我们坚信在以中国式现代化全面推进中华民族伟大复兴新征程上，老区人民必将创造新的历史辉煌、铸就新的历史伟业，奋力谱写新时代坚持和发展中国特色社会主义湖南新篇章！

长沙市

　　长沙市，湖南省省会，地处湖南省东部偏北。长沙市总面积11816.14 平方公里，下辖 6 个市辖区、1 个县，代管 2 个县级市，常住人口 1004.79 万。长沙市是一块红色的热土。1918 年，当时全国影响最大的革命团体——新民学会在长沙诞生，蔡和森第一个提出"明目张胆正式成立一个中国共产党"的主张，毛泽东第一个提出"唯物史观是吾党哲学的根据"的建党思想。1927 年 9 月，毛泽东领导的秋收起义在浏阳文家市会师转兵，是"农村包围城市"革命道路的光辉起点。1930 年 7 月，红军第一次攻占长沙，毛泽东、朱德率红一军团与红三军团在浏阳胜利会师，成立中国工农红军第一方面军。长沙市为中国共产党的创建、人民军队的建立和发展、新中国的诞生作出了重大贡献。

望 城 区

  望城区，隶属于长沙市，地处湘江中东部，跨湘江下游两岸，东与长沙县和长沙市开福、岳麓、天心区毗连，南邻湘潭县，西及西南接宁乡市，西北交益阳市赫山区，北连岳阳市湘阴县，东北一隅界汨罗市。民国时期直到 1951 年 5 月前一直为长沙县一部分。望城区是伟大的共产主义战士——雷锋的故乡。全区总面积 951.02 平方公里，下辖 10 个街道、5 个镇，常住人口 89.02 万。1990 年 6 月，望城区被湖南省人民政府认定为革命老区。

一

  望城区具有光荣的革命斗争传统。1922 年冬，铜官陶瓷工人奋起抗纳"窑门捐""窑货税"，选派谭海清等 8 名代表赴长沙找到郭亮与毛泽东，毛泽东当即拟写呈文，郭亮带代表与长沙县知事周瀛干交涉，经严词辩论，迫使周瀛在呈文上批示："励行自治，应予照准。"取得抗纳捐税斗争的胜利。1923 年 1 月，中共湘区委员会派郭亮、刘汉之到铜官开展工人运动，创办工人夜校，组建社会主义青年团铜官地方组织。1 月底，郭亮陪同毛泽东来铜官，召开座谈会，向工人宣传"团结起来，就能取得胜利"的道理，引导工人进行革命斗争。在郭亮、刘汉之的组织和发动下，1700 多名陶业工人加入工会。3 月 3 日，在东山寺召开有

3000多工人参加的铜官陶业工会成立大会，郭亮被选为工会名誉委员长，中共湘区委员会派夏曦、易礼容到会祝贺。不久，成立铜官工人纠察队，创办工人夜校。通过这些活动，涌现一批先进工人，谭海清、袁海清等经郭亮批准发展成为共产党员，并建立中共铜官陶业工人支部，直属湘区委员会领导，为境内第一个中共支部，全省最早建立的基层党组织之一。

　　1925年9月、12月，郭屏藩、易子义先后从广州农民运动讲习所归来，回乡组建了境内第一个农村党支部——古塘湾支部。1926年成立中共长沙县地方委员会，翌年5月改称中共长沙县委。当时，全县农民运动蓬勃发展，至长沙马日事变前夕，境内5个区建立农民协会，有农民协会会员和农民纠察队员8万人、支部20多个、发展党员200余人。

　　1926年6月，中共湖南区委派杜修经到铜官工作，奉区委指示，将铜官特支改为铜官地方委员会，由杜修经任书记。12月，滕代远在橘子洲建立中共靳江区委，领导炭塘子至湳湾镇地区的革命斗争。

二

　　建党伊始，望城地区的党组织工作已经取得了出色成绩，自1921年冬起，郭亮经毛泽东介绍加入中国共产党成为境内第一名共产党员，至1927年5月马日事变前夕，长沙县内有党员979人，境内仅河西有党员200余人。马日事

中共湖南省委旧址（靖港）

变后，苏启勋、胡绩熙、郭屏藩等一批共产党员、农会骨干惨遭敌人杀害，一些党员被迫出走他乡，更多的党员仍在白色恐怖中浴血奋战。1927年秋，长沙县有地下党员866人。1928年1月17日，长沙县委书记殷美琮被捕后，至7月，先后有朱友富、仇寿松等领导人被捕牺牲。县委虽中止活动，但幸存的地下党员仍在前仆后继顽强战斗。1930年7月，中共湖南省委迁至境内杨桥，中共长沙县委恢复，下辖榔梨、铜官2个区委，有党员170余人。在国民党反动派的反复"清剿"镇压下，一批批共产党员壮烈牺牲，但望城境内铜官、坪山、梅溪滩一带的党组织、共产党员仍未停止过战斗。1949年7月24日，中国人民解放军抵达长沙金井时，长沙县有党员2208人，境内为1385人。

望城地区的党组织一经成立，就开始协助创办各种群众团体，在毛泽东和郭亮等人的协助下，铜官陶业工会于1923年成立，工会成立后创办了东山寺和庆云宫两所小学（兼办工人夜校），由共产党员刘汉之等任教，以李六如编写的《平民读本》为主要教本，同时结合政治时事灌输革命道理。马日事变中，铜官陶业工会遭到国民党反动派严重破坏，工会骨干被迫转入地下斗争。

1926年4月，长沙县农民协会第二次代表大会召开，到会代表100余人，主席团主持大会。大会根据湖南省农民代表大会决议精神，通过《地租问题》《农民自卫军问题》《乡村建设问题等决议案》。至此全县各区乡农协会普遍建立，会员逾20万人，望城境内约8万人。马日事变后，境内轰轰烈烈的农民革命运动，被国民党反动派镇压下去，农民协会组织被迫解散。

1927年5月，长沙发生马日事变后，国民党反动派大肆屠杀共产党人和革命群众。当晚，中共长沙近郊区委书记滕代远，率部分人员突围，在第十区齐天庙（今友仁乡）召开紧急会议应变。5月底，第十区农协委员长易子义,组织3000多名农民自卫军,与浏阳、湘潭农民自卫军配合,拟围攻长沙,在城郊集结待令时,因奉上级"退回原地自卫"命令,未果。6月,共产党员叶魁组建复仇大队,10月,改称工农革命军长沙独立1团,先后袭击青天寨、麓山镇等地团防队,击毙团兵多名,缴获部分武器弹药。当时北京《晨报》惊呼"长沙对河麓山镇地方有共产党武装数百人,势不可敌",号称"河西之叶营"。1928年8月,为集中革命力量,叶魁召集原工农革命军骨干在宜家坡开会,重新组建长潭宁益工农革命军独立团,叶魁任团长,张义任副团长,易顺鼎任政委。叶营恢复重建后,矛头直指在清乡剿共中的土豪劣绅,但由于反动势力的强大,叶营陷入艰难的境地,被迫撤退,坚持武装游击斗争两年零九个月,直至1930年3月26日,叶魁等英勇就义于长沙识字岭。

1930年,中共铜官区委(原称临湘镇区委)恢复,中共湖南省委于同年7月迁至杨桥,铜官区委由省委直接领导。1931年9月,中共湖南省工委在铜官成立,领导境内地下斗争。同年冬,中共南安县委迁铜官,改由南安县委领导。1935年5月,隶属中共湘江特委领导。

三

抗日战争爆发后,望城区党组织重新建立和发展,1939年4月,望岳乡妇女抗日工作团在望城坡成立,广泛开展救亡活动。1943年10月,"湘北人民抗日军"在铜官成立。1945年1月,中共湖南省委派员到河西建立抗日突击队,牵制日军兵力。同年7月,地下党组织和群众掩护王震、王首道率领的八路军南下支队,在丁字湾至铜官一带,西渡湘江,继续南征。1946年恢复古塘湾支部后,1947年相继恢复了大坝、甘冲、南台寺、梅子桥等5个支部,1948年,在上述6个支部基础上,建立中共梅溪区委和中共靳江区委。

1949年5月至8月，地下党组织保护设在境内桥头驿洪家冲的秘密电台，收发毛泽东、程潜有关和平解放湖南的来往电文，并在境内积极组建农民翻身会，策反国民党地方武装，维护当地治安，保护铁路桥梁，保护生产，迎接解放工作。

湖南和平解放秘密电台旧址

望城区人民为中国革命事业作出过重大贡献，同时亦付出了巨大牺牲。1950年，望城县对境内在新中国成立前牺牲的革命军人、革命工作人员进行调查核实，先后追认革命烈士99人，其中包括著名英烈郭亮、周以栗、叶魁。望城区红色纪念旧（遗）址有郭亮墓、郭亮烈士纪念亭、周以栗故居、捞刀河抗日纪念陵园等。

长 沙 县

长沙县，隶属于长沙市，位于湖南省东部偏北，湘江下游东岸，东、西、北三面环山。全县地貌以岗地、平原为主，土地颇肥沃，物产富饶。在 1933 年 8 月建立长沙市之前，长沙县地域范围包括今长沙县、长沙市六区（芙蓉、天心、岳麓、开福、雨花、望城）及今属株洲市的龙头铺，总面积 4400 平方公里。建市后的长沙市区即原长沙县城。由于地处省会之近郊，扼华中华南之冲要，历为兵家必争之地。长沙县总面积 1755.56 平方公里，下辖 5 个街道、3 个镇，常住人口 137.45 万。1990 年 6 月，长沙县被湖南省人民政府认定为革命老区。

一

长沙县具有悠久的光辉革命斗争历史，大革命失败后至苏区形成初期红军两次攻打长沙前，党曾领导人民在这里进行了多次武装斗争，彰显了长沙县人民为革命献身的大无畏精神，以毛泽东为首的前敌委员会在这里作出了秋收起义的重大决策，揭开了中国革命历史上工农武装割据、创建苏区的序幕。

（一）长沙革命种子的孕育

五四运动前后，毛泽东、蔡和森、彭璜、何叔衡、易礼容等先进知识分子在长沙先后建立新民学会、俄罗斯研究会等革命团体和文化书社。

为湖南共产党早期组织的建立打下了基础。在中国共产党第一次全国代表大会结束后，毛泽东、何叔衡回长沙积极发展党组织。1921年10月10日在长沙建起全国最早的省支部——中共湖南支部。中共组织在长沙的成立，推动了长沙工人运动、学生运动向前发展，培养了许多积极分子。

建党初期，长沙是全省党组织中党员人数最多的地区。1923年夏和1925年春，长沙县第一个工人党支部和农村党支部——铜官支部和清泰支部先后成立。1926年10月，中共长沙县委成立后，全县基层建党工作进入了一个新的阶段。次年5月，全县大部分乡镇都建立了区委或支部，党员发展到979人。在党的领导下，长沙的工农革命斗争风起云涌，在全国产生了广泛的影响，尤其是农民运动声威远播。1926年4月，长沙县农民协会成立。当年冬，全县已经建立区农民协会18个、乡农民协会900多个，会员发展到20余万人，是全省建立区农民协会最多、会员人数最多的县之一。1926年8月下旬至年底，长沙县农民协会还一度代理省农民协会职权。1927年5月马日事变后，长沙县工农自卫武装1万多人，参加了中共湖南省委领导的10万工农武装进攻长沙的斗争，把大革命时期长沙县工农革命运动推向了顶峰。

1927年5月，马日事变后，农民协会遭到破坏，农民自卫军遭到围攻，数千名中共党员和工农群众惨遭杀害，长沙县处于白色恐怖之中。在革命处于低潮之时，大批共产党人和革命群众转入地下，开展秘密活动。其中最具代表性的是杨开慧，她毅然留在板仓，坚持斗争，传递革命信息，被捕入狱后，宁死不屈，浩然之气，与日月同辉。马日事变后，柳直荀制订攻打长沙计划。朱友富、吴金运领导的长沙县北乡数万

杨开慧故居

农民军，集结于捞刀河檀木岭；易子义领导的西乡纠察队，则待命于岳麓山望城坡。省农民协会代理委员长滕代远在长沙县河西谷山龙王庙召开长沙县18镇乡党员干部和农民纠察队负责人会议，传达上级党组织精神，要求各地以农民纠察队为基础，成立以共产党员和农协负责人为骨干的农民复仇队，打击国民党反动派的反革命气焰。

（二）中共湖南省委决定发动秋收起义

八七会议后，中国革命开始了由大革命失败到土地革命战争兴起的历史转折。1927年8月18日，毛泽东出席了在长沙县城北门外沈家大屋召开的改组后的中共湖南省委第一次会议，主要讨论秋收起义问题，初步拟定土地纲领。之后，省委又多次在此地开会研究有关起义的事项。起义区域以长沙即长沙县城为中心，宁乡、浏阳、湘潭、株洲、醴陵、平江、衡阳、安源等地同时暴动。会议还批准成立工农革命军第一军第一师，并成立以毛泽东为书记的前敌委员会和以易礼容为书记的省行动委员会，作为起义的领导机构。在长沙县域内召开的这些会议，作出湖南及湘赣边界秋收起义的重大决策，率先提出比较完整的土地纲领，揭开了中国革命历史上工农武装割据、创建苏区的序幕。

1927年9月9日，湘赣边秋收起义爆发，长沙60多名铁路工人在近郊农民武装的配合下，开始破坏长沙至岳阳、长沙至株洲的铁路。11日后长沙各地根据上级指示开始向长沙靠拢。接到省委停止16日暴动的命令后，才各自返回家乡坚持革命武装斗争。但由于命令传达阻滞，仍有九峰镇农民自卫武装举行了暴动，后因寡不敌众而失败。同年12月10日，在国民党军警戒备的长沙，又爆发了以工人为主体的城市工人暴动，这场在国民党反动中心的暴动虽然失败了，但它极大撼动了国民党在湖南的反动统治势力。

（三）湖南省工农兵苏维埃政府的成立

1930年7月27日晚，红三军团攻占长沙。8月5日，在何键的大举反攻下，红三军团主动撤离长沙。8月24日，红一方面军根据中共中央命令从浏阳的永和出发，兵分三路向长沙运动，第二次攻打长沙，8月30日开始向长沙发起攻击。因久攻不克，加之敌人援军不断集中，形势对红军极为不利，毛泽东、朱德遂果断决策，9月12日率红军主动从长沙撤围，后转兵开辟湘东、赣南农村革命根据地。

红军攻占长沙，是土地革命战争时期红军攻占的第一座也是唯一的省会城市。7月30日，全国第一个省苏维埃政府——湖南省工农兵苏维埃政府在长沙即长沙县城宣告成立。8月3日，长沙市工农兵苏维埃政府也在长沙成立。红一方面军第二次攻打长沙时，也在与敌相持阶段，派部队深入驻地农村发动群众，打土豪，分田地，摧毁敌人的乡村政权。这一切，都受到了长沙县人民群众的拥护，有力地推进了长沙县域内的苏维埃运动。红三军团撤离长沙后，湖南省工农兵苏维埃政府撤到湖南边界地区坚持活动了一年多时间，后改为湘鄂赣省苏维埃政府，成为湘鄂赣苏区的领导机构。

二

长沙县苏区党组织发展、红色政权建设和革命武装斗争的基本情况。

（一）苏区党组织的发展

中国共产党自成立之日起就十分重视长沙党组织的建设和发展，经过毛泽东等人的努力，在1927年4—5月间，当地党员已经发展到979名。面对中共党组织的迅速壮大，反动势力十分恐慌。5月21日晚，反动军官许克祥在长沙发动马日事变，大批共产党员和革命群众遭到杀害。为应付这一剧变，县委对领导成员及所属基层组织作了调整。调整后，全县中共基层党组织有铜官、霞凝、锦绣、万寿、龙喜、清泰、淳化、大贤、明道9个区委和伏龙、嵩山、五美、尊阳4个特支以及58个支部，有党员866人。1928年春之后，随着以何键为代表的新军阀在湖南统治的确立，长沙县委连续4次遭到国民党反动派的破坏，多任县委书记被捕被杀害。1928年8月，孔福生等中共明道区委成员，历尽艰辛，前往浏阳山区与湘鄂赣边特委接上关系，随后回到县域内恢复发展党的组织，成立明道临时区委，继续坚持斗争。1929年8月，湘鄂赣边特委书记王首道在长沙县近郊一带活动，派张正、彭道生到明道一带整顿党的组织，正式恢复明道区委，后又更名为明道中心区委，恢复重建了一批党的支部，成立党的联络站，为1930年中共长沙县委在椰梨市恢复重建和长沙县苏维埃政府在该地成立，并组织动员群众支援红军作战打下了基础。

第二次国共合作后，在中共湖南省委的领导下，长沙县各级党组织得到恢复和发展。至1939年底，全县已恢复重建7个区委、34个支部，党员发展到800多人。在领导抗日救亡运动，特别是在组织宣传、军事、民训、农运中发挥了不可替代的重要作用。

（二）苏区红色政权建设

1930年7月27日，彭德怀率领的红三军团攻占国民党在湖南的统治中心——长沙，国民党湖南省政府主席何键逃往沅江。7月30日，湖南省工农兵苏维埃政府成立，主席李立三因此时不在湖南，由王首道代理，副主席杨幼麟，彭德怀、李宗白等13人为委员。颁发了《湖南省工农兵苏维埃政府暂行劳动法》《湖南省工农兵苏维埃政府暂行土地法》，创办《红军日报》，宣传苏维埃政府的政策，同时成立肃反总司令部，镇压叛徒和反革命分子；召集近郊农民代表研究分田。1930年8月2日，在教育会坪举行八一南昌起义三周年和庆祝省苏维埃成立大会。参加者有湖南省总工会、粤汉铁路总工会等80余团体，共10多万人。会后举行了声势浩大的游行示威。8月5日，国民党军队在帝国主义军舰掩护下向长沙反扑，红三军团退出长沙。湖南省苏维埃政府机关也随军移驻平江长寿街。

影珠山抗战遗址公园抗日阵亡将士墓

虽然此次建政以失败告终，但其意义是巨大的。长沙是红军在土地革命战争中唯一攻克过的省会城市，湖南省工农兵苏维埃政府是中国共产党在土地革命时期建立的第一个省级苏维埃政权。此次建政沉重打击了国民党的反动统治，扩大了共产党和红军的政治影响，成为震惊全国的重大事件。

1930年9月1日，在红一方面军向长沙发起攻击之际，长沙县南乡苏维埃临时政府在长沙县城南郊洞井桃阳宣布成立。南乡苏维埃临时政府的管辖和活动范围东抵浏阳河，西临湘江，南达浏阳、株洲、湘潭三县县界，北到长沙县城外，包括当时长沙县域内的洞井、黎托、大托、雨花亭、南托石门、团然、跳马及株洲市郊的龙头铺、马安、蝶平等地，面积约600平方公里，人口约10万，与东乡的长沙县苏维埃政府相呼应，形成长沙县城郊一片红的局面。南乡苏维埃临时政府成立后，全力以赴组织群众支援红军作战，还成立纠察队、民运大队等。纠察队员纷纷参军，后成立红军政治部省会近郊第一纵队第一大队。9月12日，红一方面军主动从长沙撤围，南乡苏维埃临时政府转入地下斗争。

（三）苏区革命武装斗争

1927年6月23日，滕代远召集18镇乡中共组织和农民纠察队负责人会议，建立农民复仇大队，叶魁任大队长。不久即发展为一支200余人的队伍。先后袭击了河西镇团防队、靳江厘金局、麓山镇团防局、三叉矶厘金局，歼灭了平浏清乡大队邹名鼎支队。10月，改名"工农革命军独立一团"。坚持斗争达两年零九个月。

1928年初，中共党员吴本德、吴文炳在尊阳乡组织40余人成立湘鄂赣边区长沙第一赤卫大队。1930年7月，红军攻打长沙，路过金井，农民赤卫队动员数百农民加入红军。1929年，中共党员赵德辉在龙喜乡组织农民30余人成立农民赤卫队，袭击挨户团，夺取枪支，扩大队伍。1930年7月，红军攻打长沙时，将其改编为游击大队，隶红五军指挥，在战斗中起到重要作用。9月，当红军攻打长沙失利后，中共平（江）浏（阳）长（沙）县委书记罗碧珊又在尊阳乡组织400余人的农民赤卫大队，战斗在平、浏、长边境，坚持数年之久。

1930年7月22日，红三军团和工农武装数万人在平江天岳书院举行攻打长沙的誓师大会。25日，开始向长沙进攻，一路势如破竹。27日晚9时许，攻克长沙城。何键只身逃往沅江。红军占领长沙后，何键一面调集军队，一面勾结帝国主义在湘江中的水军，于8月5日进行反扑。红军为保存实力，于当日主动撤离长沙，转移浏阳。红三军团进抵浏阳后，与来自江西由毛泽东率领的红一军团会合，组成红一方面军。红一方面军刚成立，"左"倾路线统治的中共中央即令其再次进攻长沙。红一方面军总部在浏阳永和镇发布进攻长沙的命令，兵分三路向长沙推进。8月30日，开始向城中守敌进攻。因敌在城厢内外筑有众多坚固的防御工事，一时不易攻破。战斗中敌人伤亡6000余人，但红军在进攻中亦损员不少，弹药给养短缺。而敌人援兵日增，围城半月后，红军改变夺取长沙计划，主动撤围转向江西。

抗日战争时期，日军侵占广州、武汉后，于1939年9月—1944年6月先后4次进攻长沙。长沙军民为抗击侵略军，进行了坚决的斗争。

据有关资料记载：在这一时期，长沙县被日军打死打伤者 145239 人（不包括部队伤亡），占当时常住人口的 16%，其中死亡 33359 人，占常住人口的 3.6%；财物损失折合当时法币共 6050.5 亿元，是 1946 全县财政收入 12.1 亿元的 30.4 倍，等于全县 50 年的财政收入。

抗日战争胜利后，为适应斗争形势需要，1945 年 11 月恢复重建后的中共长沙县委认真执行中央"隐蔽精干，长期埋伏，积蓄力量，以待时机"的方针，同时把武装斗争的重点转移到开展统战工作，策反国民党地方武装上，深入开展抗粮、抗兵、抗税斗争，宣传人民解放战争的大好形势，护桥、护路，维护社会秩序，为配合和平解放湖南作出了重要贡献。

三

长沙县人民为中国革命事业付出了巨大牺牲，作出了重大贡献。在腥风血雨的革命战争年代，无数革命先烈与其他革命前辈、仁人志士一道，积极投身于革命洪流，奋斗终身，直至献出宝贵生命。仅 1927 年秋至 1931 年期间，全县的各级党组织负责人、工农革命运动骨干和革命群众有上千人惨遭杀害。其英雄壮举可歌可泣，其革命精神永励后人，其丰功伟绩永载史册。

在新民主主义革命时期，杨开慧、柳直荀、杨福涛、蒋长卿、涂正楚、朱友富、仇寿松、缪伯英、陈树湘等长沙县人民的优秀儿女，献出了宝贵的生命；李维汉、李富春、徐特立、许光达、杨立山、何德全、吴彪等后来成长为党和国家、人民军队的重要领导人。

长沙县尚存革命纪念旧（遗）址主要有：杨开慧烈士纪念园、徐特立故居、许光达故居、李维汉故居、田汉故居、陈树湘故居、影珠山抗战遗址公园、长沙县烈士陵园、长沙会战春华山中央抗日阵亡将士纪念园等。

宁乡市

　　宁乡市，省辖县级市，由长沙市代管，地处湖南东部偏北，湘江下游西侧和洞庭湖南缘，东依省会长沙，受长沙、株洲、湘潭强烈辐射；北托洞庭，毗连常德、益阳，与滨湖区物流畅通；南接娄底、湘潭，商贸往来频繁；西为省会通往湘西之门户，直达武陵源名胜区。境内地势西高东低，南陡北缓，全境以丘陵为主，兼有山地、岗地和平原，土壤肥沃。原为宁乡县，2017年4月，撤县设市。全市总面积2912.09平方公里，下辖4个街道、21个镇、4个乡，常住人口126.33万。1989年1月，宁乡市被湖南省人民政府认定为革命老区。

一

　　宁乡是刘少奇的家乡。宁乡市有着光荣的革命斗争传统。宁乡是湖南最早有共产党员和最早建立党组织的县之一。早在建党初期，县籍共产党员即有何叔衡、刘少奇、许抱凡、姜梦周等人。尤其是何叔衡，与毛泽东一道出席了中国共产党一大，为中国共产党的创始人之一。1925年初，宁乡县内正式建立党的组织——宁觉支部。不久，又建立了中共宁乡县委，有党员700多人，为当时省内发展党员较多的县之一。宁乡党组织的建立，标志着宁乡人民的革命斗争进入新的历史阶段。同时，宁乡也是大革命时期湖南农民运动组织得最好的9个县之一。这期间宁乡发展农会会员 30 余万人。毛泽东在著名的《湖南农民运动考察报告》一文中曾对宁乡农民运动所取得的成绩及对当时革命发展所产生的积极影响作了充分的肯定。

中共宁乡县工委（第一女校）旧址

马日事变后，共产党员胡辉等 50 余人被国民党反动派杀害，在敌人的威逼利诱下，有 200 余名党员变节投敌。1928 年冬，县内党员仅剩 90 余人。同时宁乡县委机关屡遭破坏。为了继续维持党组织运转，1929 年春，严岳乔、钟杰、欧朗生等 13 人秘密成立中共宁乡县地下工作委员会，由钟杰负责。1930 年 9 月，红二师成立，钟杰负责军事，许智生任县工委书记。1932 年 6 月，随着县工委解体，党员人数陆续减少。1938 年 2 月，中共湖南省工委书记高文华来县，指导重建中共宁乡县工作委员会，书记李品珍，工委机关设县第一女校，并在学校中发展党员。1939 年 4 月，县工委归湘宁中心县委领导。8 月，反共高潮波及宁乡，李品珍奉命离县，何荫南接任工委书记，次年 4 月，县工委再次解体。1945 年 9 月，中共湖南省工委决定，在韶山成立中共潭湘宁边区县工委，领导湘潭、湘乡、宁乡三县毗邻地区党组织活动。1949 年 5 月，湖南省工委批准潭湘宁边区县工委改称中共宁乡县工委，书记周政，据统计，此时宁乡的党员人数为 520 人。

二

大革命时期，1925 年 6 月，在中共宁觉支部的发动下，宁乡县城成立县雇工联合会，后相继成立县店员、窑业、缝纫、帽业等工会和船业协会。县雇工联合会成立后，争取工人权利的斗争取得了重大胜利。6

月 24 日在县城火宫庙成立县总工会筹备会。10 月 23 日，举行全县第一次工人代表会，县总工会成立，选举执行委员 10 人，姜凤韶为委员长，唐雪梅为副委员长。当北伐军进入宁乡时，工会发动工人担负运输任务，为北伐的推进提供了物质保障。1927 年 4 月举行第二次工人代表会，李拔群当选为委员长，唐雪梅继任副委员长，下辖两个镇工会，两个煤矿工会及 15 个行业基层工会。在产业及手工业工人约 1 万人中，有工会会员 2811 人，马日事变后，总工会解散，工会骨干大都参加武装斗争，有力支援了土地革命的发展。

红二师训练旧址

1925 年，在中国共产党的领导下，农民协会秘密成立，翌年 6 月，北伐军进驻县城，县农民协会成立，农民运动蓬勃发展，至 1927 年全县成立区农会 21 个，乡农会 560 个，入会会员 30 多万人。马日事变后，农民运动遭到国民党反动派的血腥镇压，所有农会解体。许多农民参加红军，成为革命力量的重要组成部分。

1925 年 2 月，共产主义青年团宁乡县支部成立。中共宁觉支部书记胡辉兼任团支部书记。1926 年 5 月，改称共产主义青年团宁乡县地方委员会。5 月，共青团县委联合地方学生在万寿宫出演新剧《五卅血》《六一惨案》，印发传单 2700 份。10 月，组织团员参与 2000 余名民众的请愿活动，到县署要求处决土豪劣绅杨致泽。马日事变后，县共青团的领导干部和团员有的被杀害，有的转入武装斗争，有的隐蔽外地或自首，团组织解体，转入武装斗争中的团干部有的成为日后红军干部中的生力军。

宁乡又是革命武装斗争兴起最早，坚持时间较长，并且对解放湖南作出过较大贡献的县之一。大革命失败后，革命处于低潮，宁乡党组织组织农民自卫军及工人纠察队 400 余人，在共产党员谢南岭等的带领下，于 1927 年 7 月在沩山举行武装起义，这是我党历史上发动得最早的武装斗争之一。1930 年，根据中共湖南省委的指示，又先后创建湘中游击队，红二师开展游击战争。

解放战争时期，李品珍、徐上达、尹泽南、姜亚勋、李石锹、陈仲怡等发动了震惊全省的黄（材）唐（市）起义，建立并在斗争中发展了一万多人的革命武装，有力牵制和打击了负隅顽抗的白崇禧部，为促进湖南和平解放起了重要作用。

三

新民主主义革命时期，宁乡人民为反帝反封建付出了巨大牺牲，作出了重大贡献。宁乡有几千名革命烈士的鲜血洒在中华大地上。他们中有对中国人民解放事业无限忠诚，在革命危急关头实践了"为苏维埃流尽最后一滴血"誓言的无产阶级革命家何叔衡；有在敌人法庭上坚贞不屈、在刑场上高呼"中国共产党万岁"的中共早期党员姜梦周；有 3 次入狱、6 年铁窗、积劳成疾的党的优秀教育家王凌波；有受尽敌人 30 多种刑罚、始终不吐一词的红二师交通站站长刘石三嫂；有父子三人为党赴难的共产党员李九华、李凤阳、李凤朝；有喋血异域、献身缅甸的抗日名将齐学启；有被敌人身砍 9 刀后，倒置活埋的学生领袖高继青等。

与此同时，在血与火的斗争中产生了刘少奇、谢觉哉、甘泗淇等一批党的优秀领导人。

宁乡尚存的革命纪念旧（遗）址主要有：刘少奇故居、何叔衡故居、谢觉哉故居、"红色记忆"宁乡陈列馆等。

刘少奇同志故居

浏阳市

　　浏阳市，省辖县级市，由长沙市代管，位于湘赣边境，湖南省东部偏北，罗霄山脉西侧，省会长沙市的正东方，东邻江西省宜春市铜鼓县、万载县；南接江西省萍乡市和醴陵市、株洲市，西倚长沙市，北靠平江县。原为浏阳县，1993年1月，撤县设市。总面积4997.52平方公里，下辖4个街道、27个镇、1个乡，常住人口142.94万。1952年，浏阳市被湖南省人民政府认定为革命老区。

—

　　浏阳，十大将军县之一，胡耀邦的家乡。浏阳富有光荣的革命斗争传统，建党前就已经涌现出一大批革命先驱，建党后，中国共产党积极建设基层党支部，为革命的发展奠定了坚实的组织基础。同时，在党的领导下，浏阳地区的农民运动风起云涌，为日后苏区红军的发展壮大提供了大量干部和兵力。

（一）具有坚实的思想基础和组织基础

　　浏阳是革命老根据地，是中国共产党早期活动地之一，具有深厚的革命基础。1918年起，就有10余名浏籍进步青年先后在长沙参加了新民学会。1920—1921年，浏阳罗章龙、李梅羹在北京组建马克思学说研究会，陈绍休、傅昌钰、彭道良、熊瑾玎（女）、陈昌等在长沙先后参加了新民学会。他们利用各种机会，向家乡传播马列主义，为浏阳建党奠定了思想基础。1921年10月，中共湖南支部成立后，陈昌、潘心元、田波扬、欧阳晖、陈作为等一批浏籍青年学生，相继在长沙加入共产党，他们奉组织派遣，在浏阳发展党员，创建党的地方组织。

1925年4月，夏明翰、潘心元、田波扬等在北区毛公桥创建中共浏阳特别支部。随后，通过潘心元等的积极活动，蕉溪、沙市等地相继建立地方党组织。第一次国共合作期间，浏阳党组织得到迅速发展，1926年10月成立了中共浏阳县首届地方执行委员会（县委）。县委在国共合作的条件下，积极组织各种革命团体，发展农民运动，组成广泛的统一战线，工青妇团运动也同步得到发展。1926年夏，北伐军进入浏阳，促进了浏阳工农运动的深入开展，农民协会从秘密走向公开。1927年3月，浏阳县组建特别法庭，审判处决了县警备队长唐秉忠等土豪劣绅近百名，还驱逐了反动县长萧骧，成立了以共产党员邵振维（女）为主席的县政务委员会。浏阳县委在全县展开公共事业建设，全面实现工农教育和小学免费教育，全县农民协会会员共发展到30余万人，建立了从县到乡各级农协领导机构。广大农村形成了一切权力归农会的局面。全体农民在农会的组织和领导下，开展了减租减息、改革租佃旧规、废除苛捐杂税、清算公产等运动，少数地方还开展了分田运动。各级工会和妇女联合会也纷纷建立。工会组织手工业工人开展了以减少工时、增加工资为主要内容的经济斗争，还配合农民以武装保卫大革命。妇女联合会发动广大妇女积极参加工农运动，同时大力伸张女权，提倡男女平等，婚姻自由，兴办女子学校，开展剪发放足运动等，使妇女地位空前提高。

1925年秋至1926年7月，各地组织秘密农民协会的同时，相应成立了秘密自卫武装——农民自卫队，它的主要任务是发动和组织农民打土豪、分田地。1926年10月，浏阳县工人纠察队建立。为解决工农武装的武器问题，1927年，浏阳县委经与国民党县党部协商，以县党部的名义收缴了县警备队和各大团的枪支，县工人纠察队与县农民自卫队合编为工农义勇队，县委书记潘心元为党代表，苏先骏为总队长，罗纳川为参谋长，大队共有枪700余支。县委还举办工农义勇队干部训练班，培训武装骨干。为加强武器装备，县委又筹集专款，派出县总工会赴汉阳采购枪支弹药，1927年4月，潘心元到武汉出席党的第五次代表大会，会上他拥护毛泽东关于加强农村武装力量的提议，特地写信给县委，提出要将原工农义勇队扩建成一个师。农民武装在保卫农民运动、镇压破坏农民运动的坏分子中发挥了重要作用。

（二）参加秋收起义，跟随毛泽东上井冈山

马日事变后，中共浏阳县委书记潘心元率浏阳工农义勇队于7月往平江长寿街集结，赶赴南昌参加起义，因故迟到，遂撤至江西铜鼓。8月，潘心元往江西安源会见毛泽东。9月，与毛泽东同返铜鼓，行至张家坊遇险。为掩护毛泽东，潘心元被捕解县，幸中途巧计逃脱，毛泽东到铜鼓后，传达前敌委员会军事会议和省委指示精神，决定在湘赣边境发动秋收起义。浏阳工农义勇队被编入工农革命第一军第一师第三团，由前敌委员会书记毛泽东率领，从铜鼓向浏阳东乡进军，于9月11日攻克白沙，12日血战东门，遇挫后撤退，经东乡打到南乡，于19日到达文家市，与一、二团会师。

潘心元脱险后，潜入县城。当工农革命军第一军第一师第二团于9月16日由醴陵向浏阳进军时，潘心元组织一批党员周密接应，使二团一举攻克县城。潘心元建议二团迅速南进与一、三团会师。此时二团已连克两城，团长王新亚骄傲轻敌，未接受潘心元建议。结果遭敌人三面反扑，只剩百余人枪向岩前方向败退。最后，王新亚拖枪出走，只剩少数战士赶到文家市会师。文家市会师后，宋任穷、寻淮洲、欧阳晖等大批进步青年继续跟随毛泽东上井冈山创建革命根据地。

二

浏阳苏区党组织发展、红色政权建设和革命武装斗争的基本情况。

（一）苏区党组织的发展

马日事变后，浏阳地区的党员秘密活动，积极恢复党组织。1927年10月初，中共湖南省委派夏明翰赴浏阳，召集潘心元等30余名党员在北乡砰山开会，宣布恢复浏阳县委，仍以潘心元为书记，重建地方武装。1928年5月28日，中共中央发布《关于在白色恐怖下党组织的整顿、发展和秘密工作的报告》。6月5日，中共浏阳县委在七宝山召开扩大会议，并坚决纠正孔荷宠（后叛变）率领的平江游击队采用烧屋的办法逼迫党员"弃家革命"的"左"倾错误，使浏阳党组织得到迅速恢复和发展。1930年，县苏维埃划全县为24个区，县委相应建立了24个区党委，分乡建立支部。当时，党组织均隐蔽活动，联系均用代号。党的代号为"大学"或"CP"，各级党组织的代号均取人名，如中共浏阳县第三区委员会称"刘大兴"。在艰苦的三年游击战争中，全县基层组织遭到了严重破坏。

据记载，1924年底浏阳有党员23人。1927年5月，全县有党员1760余人。大革命失败后，大批党员牺牲、转入地下，部分脱党，党员人数减少。1928年12月，只有党员1200余人。在土地革命斗争中发展的党员绝大部分是贫雇农、手工业工人及其他劳苦群众，且随时应召参加红军和游击队，不断有人入伍或牺牲。1931年全县党员3700余人。三年游击战争中党员牺牲惨重，1937年仅存150余人。

（二）苏区红色政权建设

随着土地革命的展开，全县苏维埃运动蓬勃发展。1928年11月20

浏阳县工农兵代表大会旧址

日，浏阳县委在东乡仁和洞召开第一区工农兵代表大会，成立第一区苏维埃政府。1929年秋天，第一区苏维埃以下属的大光洞乡为试点，率先开展查田分田，重新分配土地，以乡为单位，没收地主、富农土地，按人口进行统一分配，取缔一切苛捐杂税，以统一累进税作为政府开支。1930年4月12日至17日，在东乡狮子山召开了浏阳县第一届工农兵代表大会，成立了县苏维埃政府，选举张启龙为主席。1930年，全县共设24个区苏维埃，300多个乡苏维埃。此后，分别在1930年12月、1932年7月、1933年3月、1934年12月、1935年12月、1936年9月召开了第二至第七次全县工农兵代表大会，先后选举产生了第二至第七届县苏维埃政府。浏阳苏维埃存续期间，全县绝大多数区乡建立了苏维埃政权，境内80%以上成为苏区。

浏阳县苏维埃政府成立后，成立了土地改革委员会，领导苏区人民陆续进行土地改革。全县有6个区苏下属的123个乡，共计40多万人口进行了土地分配。至1930年9月，在占全县3/4的苏区、覆盖40多万人口的地域进行了土地分配。与此同时，全面开展了政治、经济、军事、文化教育等各方面建设，取得了显著成绩。

在苏区，各级都建立了工会、农会、共青团、妇女联合会和共产主义儿童团等组织。这些组织在各级党和苏维埃政府的领导下，带动全体工农群众开展抗租、抗粮、分配土地和肃清反革命等运动，向反动势力和剥削阶级展开了全面斗争。同时建立各种合作社和互助组织，发展工农业生产，还将苏区范围内所有国民党办的学校改办为列宁高小、赤色初小、赤色女校和女子半日校，并在这些学校中附设农民夜校。苏区人民在政治、经济、文化等方面的地位都得到空前提高。为扩充工农红军力量，苏区还坚持开展了"扩红"运动。除工农武装集体调入红军外，还动员优秀青年积极参军。当时少年先锋队便是正规红军的后备队，有大批队员参加了红军。

1932—1935 年，在国民党的不断"围剿"下，全县苏区陆续被破坏。县苏维埃政府被迫于 1935 年转移到东乡、南乡交界的龙王排一带山区，坚持游击战争。直到抗日战争爆发，为团结抗日，苏维埃工作才宣告结束。

（三）苏区革命武装斗争

1927 年 5 月 21 日，长沙发生马日事变。29 日，中共湖南省委通过省农协秘书长柳直荀在湘潭发出指示，要浏阳紧急动员，于 5 月 31 日会攻长沙，讨伐许克祥。中共浏阳县委立即动员区、乡农民武装，到永安市集合。30 日，浏阳工农大军数万人汇集永安市。主力有浏阳工农义勇队 900 人枪，其余都是持梭镖、大刀的农民自卫军。并有砰山 200 多名妇女组成的女民兵营。当晚，大军在中共浏阳县委书记潘心元的领导下，从永安市出发，兵分两路，进攻长沙。31日上午 12 时，两路大军分向小吴门、南门口进攻，并占据小吴门、韭菜园。后

秋收起义文家市会师旧址纪念馆

浏阳红一方面军活动旧址

因陈独秀右倾机会主义干扰，各县农军被阻，浏阳孤军对敌，在得知中央已作出和平解决马日事变的决定后，遂撤出战斗，退回浏阳。

1927年7月下旬，浏阳工农义勇队奉命开往平江，与平江工农义勇队合编为国民革命军第二十军独立团，开赴南昌参加起义。因合编迟延过久，到达涂家埠时，得悉起义部队已撤离南昌，遂与平江工农义勇队分开行动，自江西高安经宜丰开抵铜鼓整休。

1927年9月9日，湘赣边界秋收起义爆发。10日，前敌委员会书记毛泽东来到铜鼓，将浏阳工农义勇队编入工农革命军第一军第一师第三团。次日清晨，在毛泽东指挥下，三团进攻浏阳白沙，毙敌连长以下20余人，俘虏敌军100多人，在白沙处决了大恶霸帅尚奎和两名反革命分子。12日下午，乘胜攻克东门市，处决了团总赖南秋、反革命分子赖宴初。14日上午，敌周倬营向东门市反扑，激战6小时，第三团战斗失利。三营营长汤采芝冲锋陷阵，腹部中弹，仍盘肠大战，壮烈牺牲。第三团突出重围后于9月19日到达文家市。第一团9月11日在平江金坪战斗失利后，由总指挥卢德铭，师长余洒度率领退向平浏边界，接到毛泽东的指示后，也于19日到达文家市。9月19日晚，毛泽东在里仁学校主持召开前敌委员会，决定放弃攻打长沙计划，退到湘赣边境坚持斗争。9月20日晨，工农革命军1500余人集合于里仁学校操坪，举行会师大会。会后，在毛泽东率领下，队伍沿湘赣边界南进。

1930年7月，彭德怀领导的红三军团在平江击败国民党军新七师危宿钟部，乘胜追击。浏阳赤卫军第六师、浏阳第一支队、浏阳游击总队部数万人在师长徐洪、副师长周基德、支队长张正坤等领导下，配合红三军团于27日攻克长沙。浏阳赤卫军第六师第一团选送精壮战士600人参加红三军团。

1930年7月27日，红三军团一举攻占湖南省会长沙。毛泽东、朱德闻讯立即率红一军团入湘支援，并取得了著名的文家市大捷。8月23日，乘胜进至浏阳永和的红一军团，与从长沙撤往平江的红三军团在浏阳永和会师。两军团前委联席会议决定成立红军第一方面军和中共红军第一方面军总前委，毛泽东任红一方面军总政治委员和总前委书记，朱德任总司令，彭德怀任副总司令，滕代远任副总政治委员。下辖两个军团，近4万人，是全国红军中最大的主力部队。朱毛红军从秋收起义和井冈山根据地开始建军，在斗争中发展壮大为红一方面军，为中央红军和中央苏区的建立和发展，创造了条件，奠定了基础。

1930年8月25日，毛泽东、朱德、彭德怀、滕代远率领红一方面军从浏阳永和出发，经西乡再次进攻长沙。浏阳地方革命武装积极配合，仅永和农民赤卫队就有2000余人参加。26日，红军占领县城，30日攻长沙不克，9月15日撤退。

1930年12月，县苏维埃政府在永和石江李家大屋召开第二次工农兵代表大会，动员苏区军民开展反"围剿"斗争。在反"围剿"斗争期间，湘鄂赣独立师孔荷宠部与徐洪部会合，于 1931 年 5 月 5 日攻打北乡玉皇殿，消灭"铲共义勇队"60 余人，缴获步枪 58 支。浏阳赤卫军第六师特务营和浏东各地游击队配合湘鄂赣独立师孔荷宠部两个团，于同年 7 月在官渡河口奇袭国民党军 32 师陈光中部，击毙敌营长一名，缴获机枪 4 挺、步枪 428 支、手枪 28 支。1932 年 6 月，湘鄂赣独立第一师师长兼政委徐洪率部 800 人枪从江西万载出发，深入敌后水安市，全歼国民党军十六师彭位仁部一个营，并派一支部队到东屯渡朝对河长沙方向鸣枪示威。然后从大道返回苏区。1933 年 2 月，湘鄂赣独立一、二师在小河合编为红十八军，并与红十六军一道在株木桥全歼国民党军一个团。同年 3 月，又在浏、万边区高庄港口全歼国民党军七十七师一个团，缴获机枪 22 挺、步枪 1500 余支。

1934 年，县苏维埃政府和驻浏湘鄂赣省苏维埃政府号召苏区军民开展攻打碉堡竞赛。平浏长县苏维埃独立团于同年 8 月 20 日，配合古港游击队，烧毁国民党军十九师某部驻守宝盖洞包袱岭碉堡，毙敌 20 名，俘 20 名，缴获机枪、步枪 70 余支。

1935 年，国民党军第四师、十九师、六十三师、七十七师和省保安部队等向被划为湘鄂赣边第一"清剿"区的浏阳等四县实行"清剿""围剿""进剿""驻剿"。浏阳县只有东乡游击队、北乡游击队和县苏维埃保卫队等革命武装，共千余人枪，灵活机动袭击敌人，炸毁碉堡。三年游击战争时期，苏区经济被封锁，军民生活极端困难。中共浏阳县委派干部深入白区，建立秘密外围支点；开辟红色秘密交通线，传递情报和报纸、文件；依靠反帝大同盟、拥红会、互济会等组织，秘密输入粮食、药品、食盐等物资。1937 年，国共合作抗日后，浏阳游击队全部编入红十六师。7 月，改称"湘鄂赣人民抗日游击支队"。1938 年 1 月 4 日，改称"新四军第一支队第一团"。2月12日，由傅秋涛、张正坤率领，自平江嘉义经浏阳开赴江南抗日前线。

三

浏阳人民为中国革命事业付出了巨大的牺牲，作出了重大贡献，已记录在册的烈士近2万人，是全省烈士最多的县份之一。还有数以万计支持革命的群众也不幸遇难，到浏阳解放时人口已经减少20余万。浏阳县第一区的大光、仁和两个小乡，1929年有人口3760人，解放时只剩下560人，大围山区1927年有人口45000人，到1949年只剩下17000人。

在浏阳市这块红色的土地上留下了党和人民军队的重要领导人毛泽东、朱德、何叔衡、夏明翰、林伯渠、叶挺、彭德怀、黄公略、罗荣桓、谭震林等人的革命足迹。潘心元、田波扬、陈昌、陈清河、张正坤、罗梓铭、何绍坤、邵振维、寻淮洲、刘建中、徐洪、陈作为、郭陆顺、叶良运、赵自选等一大批浏阳籍的党的优秀干部为革命事业献出了宝贵的生命；浏阳老区还为党和军队输送了一大批才能卓越的领导干部，有新中国成立后曾担任过党的总书记职务的胡耀邦；还有担任过党和国家领导人的王震、宋任穷、王首道、彭珮云；1955年被授予上将军衔的有王震、李志民、杨勇、宋任穷、唐亮；被授予中将军衔的有孔石泉、汤平、张藩、张翼翔、饶子健；被授予少将军衔的有20人。

浏阳市尚存的革命纪念旧（遗）址主要有：湖南省苏维埃政府旧址（锦绶堂）、秋收起义文家市会师纪念馆、王震故居、浏北烈士陵园、浏阳红一方面军活动旧址、浏阳县苏维埃第一次工农兵代表大会旧址、浏阳烈士陵园、红一方面军成立旧址（李家大屋）等。

株洲市

　　株洲市，位于湖南省东部，湘江下游，东接江西省萍乡市、莲花县、永新县及井冈山市；南连省内衡阳、郴州二市；西接湘潭市；北与长沙市毗邻。全市总面积 11247.56 平方公里，下辖 5 个市辖区、3 个县，代管 1 个县级市，常住人口 390.27 万。在波澜壮阔的革命征程中，株洲英雄儿女在党的领导下，为了民族的独立解放和人民的幸福生活，坚定共产主义理想，积极投身革命事业，进行开天辟地、艰苦卓绝的革命斗争，抛头颅、洒热血，付出了巨大牺牲，作出了巨大贡献，谱写了惊天地、泣鬼神的壮丽篇章，奠定了株洲在中共党史上的重要地位。

渌 口 区

渌口区，一般指株洲县，隶属于株洲市，位于湘江中游偏东，"渌水东来，湘江北去"，故雅称渌湘。其城关镇为渌口镇，因渌江自东向西流入与湘江交汇于此，故名渌口。由于株洲县域特殊的地理位置和便利的水陆交通优势，历为湘东"船运之窗口"，人称"小南京"。原为株洲县，2018年6月，撤县设区。全区总面积1053.5平方公里，下辖8个镇，常住人口26.05万。1952年，渌口区被湖南省人民政府认定为革命老区。

一

渌口区是一块被烈士鲜血浸红的土地，处处充满激情和悲壮。1924年冬，安源地委书记汪泽楷来到醴陵（株洲县大部区域原属醴陵），发展党的组织，点燃农民运动的星星之火。县域原属湘潭部分也在著名革命烈士罗学瓒的带领下成立农协。到1926年8月，醴陵、湘潭相继成立县农会，各区乡农协相继挂牌成立，会员达17.8万人。现株洲县域8个区所属各乡全部建立农会组织。一场空前伟大的农村大革命在湘渌大地风起云涌，从政治上灭土豪劣绅的威风，长农民群众的志气；在经济上打击不法地主，实行二五减租或三七五限租；打倒神权、族权、夫权，推翻封建统治，一切权力归农会；建立农民武装，沉重打击了农村反革命的嚣张气焰。毛泽东在后来的《湖南农民运动考察报告》中高度赞扬了渌口伏波庙、龙凤庵、马家河的农民运动。

1927年8月9日，中共决定派毛泽东为特派员，与彭公达一起到湖南，改组省委，领导秋收起义。8月30日，湖南省委会议决定，"实行以长沙为中心，包括醴陵、湘潭、宁乡、浏阳、平江、岳阳、安源等七个县镇的起义"。同时成立以毛泽东为书记的中共前敌委员会，作为秋收起义的领导机构。8月31日晨，毛泽东乘火车去安源部署武装起义。途经株洲时，会见中共株洲镇委宣传委员朱少连、湘潭县东一区区委书记陈永清等，指示：株洲是个重要地方，要把这个地方的工作抓紧恢复起来。首先要解决团防局，同时破坏白石港的铁路桥。

9月初，毛泽东在安源张家湾召开军事会议，具体部署秋收起义。醴陵县委书记邓乾元，委员罗启厚、周不论参加会议后连夜赶回醴陵，进行起义的部署。为加强秋收暴动的领导，湘潭县委书记罗学瓒将株洲部委改组为株洲区委，陈永清任书记，朱少连、蒋长卿、涂正楚、汪起凤为委员；涂、汪二人负责组织八叠、白关乡的农民武装；陈、朱二人负责组织工人武装和破坏白石港铁桥事宜。

9月3日，毛泽东从安源派涂正楚到达株洲，传达毛泽东"要尽快组织起义队伍，起义时间要和安源、醴陵同时进行"的指示。中共株洲区委书记陈永清立即召开区委扩大会议，研究和部署株洲起义。株洲区委组织了400多人的工农武装，100多支枪及大量鸟铳、梭镖、大刀、土炸弹等待命出发。省委、省起义行动委员会接到株洲区委的报告后，立即研究，复电同意株洲区委的行动计划。9月7日，定编株洲工农武装为湖南工农革命军第一师第四团，任命朱少连为团长。

9月11日夜幕降临，按照中共株洲区委分工，涂正楚、袁德生率株洲县域内白关、残梅、八叠农军和朱少连指挥的100多名纠察队员潜伏在易家祠后的山林中，准备攻打团防局；陈永清、蒋长卿率领的工人队伍也各就各位，准备破坏铁路、炸毁白石港铁桥。12时，农军准时向团防局发动攻击，自制炸弹一响，团防局长集合团丁直奔湘江乘船逃遁。暴动队伍攻进团防局，缴获步枪12支、刺刀20把；陈永清听到枪响，指挥纠察队占领火车站，贴标语，发传单，宣布武装起义。9月16日，《湖南马（也尔）同志报告》中称，"株洲是到南方铁路的主要地方，在进攻长沙上有重要的军事意义，被只有60支枪的农民所占据！在株洲城内有一营兵都逃走了。13日长沙起恐慌"。与此同时，9月10日中秋夜，醴陵全县开展"一夜光"行动，四乡暴动群众镇压了罪大恶极的反动土豪劣绅。经过激烈巷战，共毙敌数十人，俘敌100余人，缴枪80多支；并从监狱中救出被判死刑尚未执行的原地执委员刘绍基和党员、农协干部300多名，胜利地占领了醴陵县城。

二

苏区党组织的建立与发展。中国共产党成立后就把株洲县域及粤汉、株萍铁路沿线作为发展党组织和开展工农运动的重点。1923年12月23日，株洲建立了第一个中共党组织——中共株洲转运局支部，1924年9月，株洲成立了第一个农村支部——中共湘潭县东一区八叠支部。至1927年春，株洲县域内一共建立了9个中共区（部）委员会，31个支部，有党员500多名。

1928年2月上旬，中共湖南省委为巩固和扩大以醴陵为中心的湘东工农武装割据局面，省委委员滕代远在醴陵南四区贺家桥召开醴陵、浏阳、萍乡、株洲、安源等地负责人会议，正式宣布成立中共湘东特委，滕代远任书记，会议根据湖南省委指示，部署继续组织革命武装暴动，建立苏维埃政府，开展土地革命，特别强调醴陵继续组织攻城暴动；中

毛泽东考察湖南农民运动旧址——渌口伏波庙

共株洲区委根据省委和毛泽东的要求，组织一批共产党员和工农骨干支援井冈山工农革命军。

1930年3月，醴陵县委委员罗启厚、胡攸、张可等回到株洲县域的醴陵西北乡发展党的组织，先后建立了漂沙井、关王庙等10多个党支部，发展党员200多人，成立以胡攸任书记的西二区区委和张可任书记的北二区区委。基本上控制渌江下游两岸，在株洲县域形成一片红色游击区。

1930年8月1日，湖南省委决定重建湘东特委，书记张启龙。管辖原属湘鄂赣特委领导的浏阳、万载、宜春，原属西路行委领导的莲花、茶陵、攸县、酃县，安源特区领导的醴陵、萍乡、株洲等地。

1930年9月17日，毛泽东、周以栗、张启龙从安源返回醴陵，在醴陵召开湘东特委会议，听取情况汇报后明确指示："攸县、株洲这两个地方都对发展湘东革命十分重要，应从干部力量较强的地方，选派干部去开展工作；湘东游击队、赤卫队可以组建湘东独立师，缺少干部，可以从红一军团选派人来当师长；加强武装斗争，防止敌人反扑破坏，要采取有效措施,尽快地发展湘东红色区域,和赣西连成一片。"株洲镇、八叠、河西天台等地相继恢复了 10 多个党的支部,成立了中共株洲特别区委。

苏区红色政权建设。1931 年 8 月 1 日,根据中央临时政治局指示,中共湘赣临时省委、省苏维埃政府在江西永新正式成立,标志湘赣革命根据地正式形成并进入全盛时期。10 月 26 日,《中共湘赣省委工作报告》明确记载:"湘赣苏区整个的管理区域是:赣西各县——永新、安福、吉安、宁冈、遂川;湘东击各县——茶陵、攸县、萍乡、莲花、醴陵、酃县;江西之北路各县……以上现有苏区及工作区域共有二十五县,均可打通交通。"同日,《中共湘赣苏区省委综合工作报告》称"省委直接管辖北路、南路、湘东南三个特委……株洲直属区委一个"。10 月 8 日,中共湘赣省委第一次代表大会在江西莲花县花塘召开,通过《政治决议案》等,10 月 17 日,湘赣省苏维埃第一次代表大会举行,通过了各种决议案;选举产生了以袁德生(株洲县明照乡人)为主席,张启龙、彭德怀为副主席的湘赣省苏维埃政府。之后,醴陵、株洲成为湘赣苏区的重要组成部分。

建立地下交通站。由于渌口区域特殊的地理位置和便利的水陆交通优势,1930 年 3 月,醴陵县委委员罗启厚、胡攸为与驻北乡潭塘的醴陵县委、驻黎家洞的湖南省委巡视员夏尺冰联系,分别在彬仙店、早禾冲(渌口区南阳桥乡)建立地下交通站,使各地交通连成一线。湘赣省委成立后,这条交通线为湘赣省委直接管辖。在 3 年多的时间里,先后多次护送中央特派员黄火青及党代表、苏维埃代表等进出湘赣苏区;两次运输黄金从渌口下河送达武汉转送上海党中央;30 多次运输药品、食盐、医疗器材等紧缺物资进入湘赣苏区;并协助醴陵北二区党组织处决双牌铺、沙仙店、关王庙的 4 个"清乡"主任和"铲共"队长。受到湘赣省委、省苏维埃政府和省军区的多次表扬。

三

　　渌口区人民为中国革命事业付出了巨大牺牲，作出了重大贡献。在土地革命战争时期，渌口区为井冈山苏区、湘赣苏区的创建锻炼出了一批优秀的党政军领导人和红军指战员，也奉献了无数的革命英烈。荣登《中国共产党革命英烈大典》的人物中，株洲市共30人，渌口区占11人。在历次革命战争中，渌口区有5000多优秀儿女为国英勇捐躯，现登记在册的革命烈士有415名，抗日阵亡将士125名，还有很多的无名烈士。同时在残酷的革命斗争中，还锻炼了杨得志、杨梅生、晏福生、刘先胜、唐子安等开国将领。

　　渌口区尚存的红色纪念旧（遗）址主要有：杨得志故居、渌口伏波庙（毛泽东考察湖南农民运动旧址）。

攸 县

攸县，隶属于株洲市，位于湖南省东南部，罗霄山脉中段武功山西端。东邻江西萍乡市、莲花县，西连株洲县、衡东县；南达茶陵县、安仁县，北接醴陵市。境内交通便利，素有"衡之径庭、潭之门户"之称。全县总面积2648.65平方公里，下辖4个街道、13个镇，常住人口63.04万。1952年，攸县被湖南省人民政府认定为革命老区。

一

攸县有着光荣的革命斗争历史。早在中国共产党创建时期，为了传播马列主义，开展工农运动，培养革命骨干，1922年春，毛泽东从湖南自修大学选派了浏阳籍共产党员潘昌江来到攸县乙种师范讲习所任教。潘昌江来到攸县后，进步学生蔡天培、周允怀、陈向民等10多人成立了"竞进读书社"，积极参与社会斗争，"竞进读书社"的成员大部分都走上了革命道路，成为攸县大革命时期的领导骨干，周允怀、陈向民等在土地革命时期还先后担任过县苏维埃政府主席。

1925年10月，中共湘区委员会（11月改为中共湖南区委）派共产党员潘鹏举来攸县发展党员，建立党组织，1926年1月，先后吸收了余来、谭志道等人入党，成立了攸县最早的党组织——中共攸县支部委员会，书记余来。6月5日，北伐先遣队叶挺独立团攻克攸县县城后，在独立团党组织的大力支持下，攸县党组织得到了蓬勃发展，14日，中共攸县支部委员会改建成中共攸县地方执行委员会，下辖7个党支部，发展党员60多名。

1926年6月，北伐军先遣部队叶挺独立团在攸县境内的渌田镇取得了北伐战争的首场胜利，史称"渌田战役"。此后克泗汾、攻醴陵，所向披靡。北伐战争的节节胜利，极大地鼓舞了工农大众。在中共攸县地执委的领导下，攸县的工农革命运动风起云涌。国民党攸县党部成立后，拥有党员520多人，是当时全省27个正式县党部之一，工、青、妇等革命群众组织相继成立并不断壮大，农民协会更是发展迅速，全县农会会员10万多人。攸县人民自卫军的成立，使工农运动得到了武装保护。

土地革命战争时期，攸县苏区东与江西莲花县，南与茶陵县、北与醴陵市区连成一片，西与安仁相连，是井冈山、湘赣苏区的重要组成部分。攸县苏区（革命根据地）是由毛泽东、朱德、彭德怀等领导的红军帮助支持下创立和发展壮大的一块红色革命根据地。朱德、彭德怀、滕代远、张云逸、罗炳辉、谭震林、谭政、王首道、蔡会文、萧克、李天柱、王震、谭余保、谭家述、刘沛云、谭思聪等一大批老领导、老红军曾在攸县战斗和工作过，留下了光辉的足迹，中央红军和湘赣红军很长时间在攸县境内战斗。攸县苏区全盛时期，苏区面积占全县土地面积的65%以上，苏区人口占常住人口的65.2%。在很长的时间内，有党的组织，有苏维埃政权及武装，进行了推翻国民党反动政权的武装斗争和轰轰烈烈的打土豪分田地运动，是个完整的苏区县。

二

攸县苏区党组织发展、红色政权建设和革命武装斗争的基本情况。

（一）苏区党组织的发展

1925 年 10 月，中共湘区委员会（11 月改称为中共湖南区委）派共产党员潘鹏举来攸县发展党员，建立党组织，1926 年 1 月，攸县最早的党组织——中共攸县支部委员成立后，党组织蓬勃发展，6 月 14 日，中共攸县支部委员会改建成中共攸县地方执行委员会。

马日事变后，攸县党组织负责人壮烈牺牲，党组织遭破坏。根据 1927 年 7 月 23 日《中共湖南省委给润之并转给中央的信》中记载，7 月，中共湖南省委派员来湘东恢复党组织，建立了包括攸县、茶陵、酃县、安仁四县的中共茶陵特委，书记谭天民。委派李炳云到攸县组建县委，后特委书记谭天民被捕牺牲，李炳云在县城安下联络点后，下落不明，县委组建工作暂被停止。年底，毛泽东领导的工农革命军攻占茶陵，攸县共产党员王者、李贞元等赴茶陵与工农红军取得联系，并与机枪连党代表蔡会文（攸县人）洽商筹建中共攸县县委，开展武装斗争等事宜。

1928 年 2 月，中共湘东特委为加强湘东地区领导，先后派胡畏、张克球等来攸县进一步发展党组织，在排山、苦竹垅、高枧、网岭、万新桥等地建立了一批党支部。5 月，攸县党组织已划归湘赣边界特委管辖。6 月 19 日，中共攸县委员会在司空山（现莲塘坳境内）成立。7 月，县委遭敌破坏。10 月，湘赣边界各县《党第二次代表大会决议案》指示攸县应马上重建县委，会后并派陈进竞进入攸县与凤塔党组织取得联系，建立了秘密支部。

攸县苏维埃东冲兵工厂旧址——漕泊新联程氏祠堂

1929 年初，中共莲花四区区委帮助组织隐匿在该区潘塘的攸县籍党员，成立了中共攸县潘塘支部。4 月，攸县成立了党政合一的领导机构——攸县工农委员会。赖文德任苏维埃政府主席。此后，在彭德怀、滕代远所率红五军的大力支持下，成立了中共攸县特别支部，下辖 5 个党支部。根据 1929 年 9 月 6 日湘赣边界特委在《湘赣边界目前工作任务决议案》的决议，中共湘东办事处又派周啸遨到黄丰桥一带活动，与黄丰桥党支部取得联系，发展一批煤矿工人入党，组建了万新桥支部。

1930 年 2 月 7 日，毛泽东在江西省吉安县陂头主持召开红四军前委、红四军军委、红五军军委和湘赣边特委、赣西、赣南特委联席会议，决定将湘赣边、赣西、赣南特委合并为中共赣西南特委。攸县党组织随湘赣边特委隶属赣西南特委西路行委（8 月后划归湘东特委）管辖。

1930 年 8 月，红一方面军总前委兼前委书记毛泽东率部第二次围攻长沙，在久攻不克的情况下，果断决定撤长沙之围。9 月 13 日，在株洲召开总前委扩大会议，决定东进赣西，攻打吉安。命令黄公略率左路红军经醴陵去江西萍乡，罗炳辉、谭震林、谭政率右路红十二军经攸县、茶陵至江西莲花，让湘东与赣西连成一片，建立根据地。16 日，毛泽东从萍乡返回醴陵县城，在状元洲召开湘东特委会议，研究防范敌人反扑和发展湘东革命斗争的措施。在听取特委书记张启龙、苏维埃主席袁德生的汇报时，得知攸县还没有恢复县委、建立县苏政府，毛泽东认为攸县为湘东腹地，战略位置十分重要，也是敌人争夺的重点。指示特委调派得力干部，尽快恢复攸县县委和建立县苏政府。会后特委研究决定派醴陵南三区区委书记曾毅之、浏阳县苏区政府执行委员杨中尧到攸县组建县委、县苏政府。

1930 年 9 月 19 日，罗炳辉、谭震林、谭政率红十二军攻占攸县城，召集网岭、新市和县城附近的党员召开军民联席会议，成立了攸县革命委员会（谭润身任主席）和赤色游击队。月底，攸县革命委员会和攸县工农委员会举行联席会议，会议决定将两委员会合并为党政合一的攸县工农革命委员会，杨中尧任主席。10月上旬，中共攸县第一次代表大会在漕泊东冲召开，正式成立了中共攸县委员会，曾毅之任书记。自1931年10月，中共湘赣省委正式成立后，至1935年1月，中共攸县县委一直隶属湘赣省委直接管辖。

（二）苏区红色政权建设

为响应湘东暴动号召，攸县党组织于1927年10月至1928年4月领导攸县人民举行了一系列武装暴动。1927年12月，贺筱凤、杨凤楼领导的大桥农军，一举占领了大桥团防局等反动军政机关，建立了攸县第一个革命政权——攸县第六十三乡苏维埃政府，割据地迅速扩展到江桥、槚山等地，乃至整个攸县北乡。对于攸县农民暴动，中共中央和湖南省委给予了高度的关注，并决定把含攸县在内的湘东苏区和赣西南苏区连成片。

1929年4月，攸县成立党政合一的攸县工农革命委员会，赖文德任苏维埃政府主席，隶属湘赣边界苏维埃政府领导。1930年2月，赣西南特委成立后，攸县工农革命委员会随湘赣边界苏区隶属赣西南苏区政府管辖。9月19日，罗炳辉、谭震林、谭政率红十二军攻克攸县城，帮助攸县成立党政合一的攸县革命委员会，谭润身任主席，9月底，攸县革命委员会和攸县工农委员会举行联席会议，决定将两委员会合并为党政合一的攸县工农革命委员会，主席杨中尧。10月中旬，攸县第一次工农兵苏维埃代表大会在漕泊东冲召开，建立了攸县工农兵苏维埃县政府，选举产生了县政府委员25名，周允怀任主席，同时还任命了一至六区区苏维埃政府主席。

1931年8月，湘赣临时省委成立，10月17日召开湘赣省第一次苏维埃代表大会，湘赣苏维埃政府正式成立后，至 1935 年攸县苏维埃政府一直隶属湘赣省苏区政府管辖。在此时期内，攸县先后召开了第二次和第三次苏维埃代表大会。选举谭继岳等 5 名代表出席湘赣省第一次苏代会。10 月 7 日，湘赣省第一次苏维埃代表大会在江西莲花县桂花塘村召开，攸县代表陈向民被选为省苏维埃政府执行委员，攸县一区政府主席谭继岳当选出席中华全国苏维埃第一次代表大会成员，并于 11 月出席在江西瑞金召开的会议。根据中华人民苏维埃政府《土地法》等精神，进行了两次分田地运动和一次查田运动。为粉碎敌人对苏区的封锁，先后创办了兵工厂、炼铁厂、硝盐厂、织布厂、土纸加工厂以及各种生产合作社；创办了多所列宁小学，开设了列宁室。总之，在苏区除进行武装斗争外，还进行了一系列的经济文化建设。

（三）苏区革命武装斗争

自 1927 年 10 月，刘迪生、贺延年率领攸北千余暴动农军，攻占皇图岭团防局开始，攸县就有了自己的革命武装力量。

1927 年秋至 1928 年春，攸县党组织组织了多次农民暴动，成立多个农民暴动队；1929 年 4 月，在彭德怀所率红五军的大力支持下，成立了攸县游击队。1930 年 9 月，罗炳辉、谭震林、谭政率红十二军攻占攸县城，帮助建立了攸县赤色游击队。

朱德、彭德怀、滕代远，罗炳辉、谭震林、谭政等老一辈革命家、红军将领率中央红军多次转战攸县，帮助发展壮大攸县地方革命武装。

湘赣省成立后，攸县地方武装是湘赣苏区武装部队的组成部分，并在其领导下，为粉碎国民党军对苏区的"围剿"和封锁，保卫苏区，巩固和发展革命政权，进行了一系列不屈不挠的武装斗争。1930 年 10 月，攸县游击队和攸县赤色游击队合并为攸县游击大队。1931 年上半年，攸县游击大队扩升为攸县红军独立团，队伍人数 500 余人，长短枪 400 余支。

1932 年 6 月，攸县独立团改编为攸县独立营。1934 年 5 月，攸县独立营改编为攸县游击大队。为了适应斗争形势，冲破敌人封锁，牵制和扰乱敌人，开辟敌后游击区，配合主力红军行动，攸县各地先后还组织建立挺进队、攸衡潭醴边区武装交通队和茶攸游击大队等武装。

三

1944 年 3 月，侵华日军为了打通从中国东北到越南的大陆交通线，发动了豫湘桂战役。6 月 2 日，日军第 68 联队从醴陵向攸县进犯，24 日占领攸县县城。至 1945 年 8 月 22 日日军投降止，其入侵攸县一年零二个月。

日军所到之处，疯狂地实施杀光、烧光、抢光、强奸、掳掠等惨绝人寰的法西斯暴行，致使十室九空。战后的攸县县城一片废墟。据湖南省政府统计室编《湖南抗战损失统计》载："攸县沦陷期间，总共死、伤 36647 人，各种经济损失 1672.4 亿元（法币，按 1945 年 8 月物价折算）。"

面对日寇惨绝人寰的杀戮，穷凶极恶的暴行，攸县人民同仇敌忾，在全力支持国民革命军抗战的同时，以各自不同的方式给日寇以沉重打击，演绎了一曲"民族之魂"的壮丽乐章，为抗战的最终胜利作出了自己的贡献。

1944 年 6—7 月间，国民革命军一六一师代师长李侬率四八一团、四八二团，一五〇师师长赵璧光率四四八团、四五〇团先后在大同桥的勒马山、沙陵陂的高岗脑、雷公仙与日寇第三团主力部队及野战联队主力正面交锋。战斗期间，当地群众为国民革命军运送弹药，还用木桶挑着稀饭，慰劳将士。帮助清理打扫战场，掩埋牺牲的战士。许多青年参加别动队开展游击活动，捕杀、诱杀零散日军，给国民革命军极大鼓舞。

解放战争时期，攸县人民在党的领导下，为华中南解放作出了重大贡献。1949 年 8 月 10 日，中国人民解放军四野四十六军一三六师在六十分与国民党白崇禧四十八军一三八师进行了激烈的战斗，牺牲 63 人。这是攸县解放前的最后一战。8 月 13 日，四〇八团乘胜追击，14 日晨，解放攸县县城。

在轰轰烈烈的革命中，攸县人民为中华民族解放事业付出巨大牺牲，作出了重大贡献，据 1951 年中央人民政府南方老革命根据地访问团来攸考察时初步统计，仅有姓名可查的烈士就达 1427 人，分布在全县 29 个乡镇。同时也造就了一批优秀的党、政军领导干部。如蔡会文、谭震林、蔡兰（南）阶、谭龙、颜德明、贺东生、肖友明等。

攸县尚存的革命纪念旧（遗）址主要有：中共攸县地方执行委员会旧址暨谭震林生平业绩陈列馆、红军东冲兵工厂、中共攸县第一次代表会议、第一次苏维埃代表会议旧址等。

茶 陵 县

　　茶陵县，隶属于株洲市，东与江西省的莲花、永新、宁冈三县接壤，西与安仁县毗邻，南靠炎陵县，北接攸县，因居"茶山之阴"，陵谷多生茶茗而称"茶乡"，后因"炎帝神农氏崩葬于茶乡之尾"而得名"茶陵"。处在贯通赣湘粤交通线上的要津，系"军重控扼"之地，有"三路襟喉"之称。全县总面积2496.24平方公里，下辖4个街道、10个镇、2个乡，常住人口49.18万。1952年，茶陵县被湖南省人民政府认定为革命老区。

一

　　秋收起义在遭受最初挫折以后，起义部队离开文家市，向罗霄山脉中段进军，以井冈山做落脚点，从此，中国共产党开始了农村包围城市的伟大革命实践。经考察，毛泽东把目光投向了井冈山西麓的茶陵县，决定"经营茶陵"建立根据地，以巩固井冈山大本营。

　　茶陵有着深厚的革命斗争基础。1926年7月中共茶陵支部成立。1926年8月，经中共湖南区委批准，中共茶陵特别支部成立，受中共湖南区委领导。茶陵特别支部组织党员和革命知识分子下乡开展农运工作，惩罚土豪劣绅，建立农民协会，组建农民自卫军。至1927年4月，全县124个乡建立了农民协会，全县28万人中有25万余人加入农民协会，占全县常住人口的90%。农民自卫军有枪300余支，是井冈山边界县枪支数量与人数最多的一支农民武装。此外，还建立了工会、共青团、妇女会、学生会等群众组织。马日事变后，农民运动被镇压，大批共产党员、农会、工会群众被屠杀，农民自卫军被打散，茶陵党组织被迫转入地下。面对大革命失败后的形势，中共茶陵党组织将原农民武装改组成立茶陵游击队，开始武装斗争的道路，直至跟随工农革命军上井冈山，为井冈山革命根据地的建立做好了组织准备。

　　攻占茶陵有利于解决部队的经济和兵源问题。秋收起义部队转兵上井冈山后，生活艰苦，给养困难，这些限制着革命力量的发展壮大。而茶陵在井冈山根据地六县中是最大的县，人口多，地域宽，物产丰，经济实力强。攻占茶陵，打土豪、筹款子，既可以得到物资补充，解决部队供养，还可以巩固井冈山根据地。

二

　　土地革命战争时期，1927年11月17日，前委委员、团党代表宛希先率工农革命军一营第二连、三连经安仁攻打茶陵。18日，工农革命军进驻茶陵，占领了县署衙门，这是工农革命军进军井冈山之后占领的第一座县城。11月28日，根据毛泽东的指示，在党代表宛希先的主持下，井冈山革命根据地第一个县级工农兵政权，也是湖南省第一个县级红色政权——茶陵县工农兵政府成立大会在县城郊外的洣江书院操坪举行。公布了由谭震林、李炳荣、陈士榘等三名工农兵代表共同签署的《茶陵县

茶陵县工农兵政府

工农兵政府布告》，号召全县人民行动起来搞革命，恢复工会、农会，建立基层政权，惩治土豪劣绅。工农兵政府设立了民政、财经、青工、妇女等部门，任命知识分子杨绍震、罗尚德、罗青山、陈叔同分别担任民政、财经、青工、妇女等部门的领导职务，并要求自即日起就职履新，着手工农兵政府事务。会后，县城各界人士和士兵以及进城来参加大会的农民，举行了盛大的庆祝游行。游行队伍来到县工农兵政府驻地，只见旧衙门气象一新，大门横匾上书写着"茶陵县工农兵政府"几个大字，大门两边还贴着一副对联："工农兵政府，苏维埃精神"。

　　茶陵县工农兵政府成立后不久，毛泽东指示宛希先送给茶陵县工农兵政府5支枪，建立和发展茶陵地方武装。县工农兵政府立即成立了一支纠察队，负责联络和维护县城秩序。在县工农兵政府驻地，谭震林与各方商定后，派出了多名由政府工作人员、工会、农会骨干、士兵等方面组成的工作队，深入到乡村，帮助群众恢复农民协会，建立区、乡工农兵政府，宣传、发动群众清算土豪劣绅的罪恶，"打土豪，筹款子"，同时将浮财分给群众。遇有土豪劣绅反抗，群众便将其扭送到县工农兵政府，县工农兵政府立即将其判刑，打入牢狱。县工农兵政府利用革命政权为群众撑腰，使广大群众认识到工农兵政府是他们自己的政府，从而真心实意地拥护和支持。在惩治清算土豪劣绅的同时，茶陵县工农兵政府还抓紧各级地方革命武装的恢复和发展。各地普遍建立了纠察队、赤卫队或暴动队，平时站岗放哨，负责维护城乡革命秩序，为工农革命军分担保卫政权的责任，战时则支援工农革命军作战。

　　此后，茶陵在党的建设、发展苏区、扩大红军、妇女工作以及改善群众生活等方面都作出了出色的成绩，成千上万的茶陵儿女投身革命大潮，前赴后继，矢志不渝。被誉为湘赣边区的"模范县"。

三

1928 年 4 月毛泽东与朱德会师后，正式决定建立井冈山革命根据地。1936 年毛泽东在同埃德加·斯诺的谈话中指出："1928 年 4 月，朱德来到井冈山，我们的队伍会了师。我们一同制订了一个计划，要建立一个包括 6 个县的苏区，逐步地稳定并巩固湘赣粤边区的共产党政权，并以此为根据地，向更广大的地区发展。"作为中央苏区核心区域之一，茶陵为井冈山革命根据地的建立和发展，为中央苏区的发展和巩固，中央红军主力长征后坚持游击战争以及抗日战争都作出了重要贡献。

苏区党组织发展。1928 年 5 月中共湘赣边界特委成立后，一直受湖南、江西两省委领导。1929 年 9 月 25 日，中共中央致信湘赣边界特委，决定将特委由前委和江西、湖南两省委共同领导改为江西省委领导，并派出中央巡视员彭清泉指导边界工作。至此，茶陵县的党、政组织隶属于江西党、政组织领导。

随着茶陵党组织不断扩大，红色区域不断发展，1930 年 4 月，茶陵小田寨下坪召开了"中共茶陵县第一次代表大会"。同年 5 月 18 日，中共赣西南特委发出《列字第九号——目前组织上的中心任务》指出，"西路行委以永新为中心，向湘东发展，与湘鄂赣边特取得联系"，这里的"湘东"就是指茶陵。1931 年 9 月，根据中共中央苏区中央局决定，以湘东南革命根据地和西路革命根据地为基础，将湘东南、湘南两特委和赣西南的西路、北路、南路三个分委所管辖的区域合并成立湘赣省，成立中共湘赣省委、省苏维埃政府，统一领导这个地区的革命斗争。湘东南独立师改为中国工农红军湘赣独立第一师，师长李天柱，政委谭思聪。由此，茶陵苏区划归湘赣省管辖。同年 10 月 26 日，《中共湘赣省委工作报告》指出，"湘赣苏区由消沉腐败的状态转变为新的斗争局面，已经走巩固和向前发展的形势，它发展的趋势是走向南与中央苏区、北与湘鄂赣苏区打成一片"，"目前湘赣苏区主要任务急便与中央苏区及湘鄂赣省区打成一片，争取湘赣省革命的首先胜利"。湘赣苏区成为中央苏区的重要战略一翼，既是拱卫中央苏区的屏障，又是中央苏区与湘鄂赣苏区联系的桥梁和纽带。1935年，中共茶（陵）攸（县）莲（茶）县委成立，并逐步恢复茶陵的党组织。

苏区红色政权建设。毛泽东通过宛希先的汇报详细了解工农革命军在茶陵的实践活动，在宁冈砻市总结茶陵战斗的大会上，代表前委在宁冈砻市宣布了工农革命军的"三大任务"：第一，打仗消灭敌人；第二，打土豪筹款子；第三，宣传群众、组织群众、武装群众，帮助群众建立革命政权。"三大任务"的颁布，明确了军队政治与军事的关系，为人民军队的建设和发展指明了方向，是政治建军的重要组成部分。"三大任务"的制定实施对井冈山革命根据地巩固和发展起了十分重要作用。

茶陵建政，是井冈山革命根据地建立革命政权的尝试，也是毛泽东关于"农村包围城市，武装夺取政权"思想的伟大实践，是中国共产党执政方式和土地革命斗争方针政策形成的重要开端。茶陵县工农兵政府的成立，第一次明确了以人民为中心的建政性质，明确了红色政权的人民属性，明确了党组织和政府的关系。随后，毛泽东在总结了建设茶陵红色政权的经验后，又相继在湘赣边界的遂川、宁冈、永新、鄘县（炎陵）、莲花等地建立了工农兵政府，星星之火迅速向周围500里范围的20多个县蔓延。由于借鉴茶陵的经验，将武装斗争、政权建设和土地革命三者有机结合，把革命引向深入，使井冈山革命根据地日益巩固和扩大。

随着茶陵建政经验的总结和推广，革命政权建设蓬勃发展。1930年6月，召开了茶陵县第一次工农兵代表大会，成立了县苏维埃政府。县苏维埃政府成立后将全县划分为 9 个苏区（全县 3/4 地区为红色区域），先后建立区苏维埃政府 9 个，乡苏维埃政府 137 个。茶陵县苏区成为赣西南苏区重要组成部分之一。1930 年 10 月，中共中央决定以赣西南苏区和湘鄂赣苏区为基础建立中央苏维埃区域。茶陵县随赣西南苏区一起，成为中央苏区的重要组成部分之一。

对于茶陵建政的经验，第一任茶陵工农兵政府主席谭震林回忆说：在茶陵，我们取得打碎旧政权，建立新政权的经验：没有正规部队和广大地方武装的配合，就不能战胜敌人，则土地革命便无法开展，农民群众也不能充分动员起来支持革命，已经占领的地方保不住，到头来即使建立了红色政权，也站不住脚。而没有巩固的根据地，武装斗争也就失去了可靠的后方和依托。所以，后来我们攻占遂川、宁冈、永新等县，建议工农兵民主政府后，就着手抓土地革命，满足农民的土地要求；抓成立县、区、乡各级地方武装；抓建立健全各级党组织和政权；抓发展生产，开办学校；帮助群众战胜国民党的经济封锁，解决生活上的困难。

苏区革命武装斗争。茶陵是井冈山工农武装割据的重要组成部分，毛泽东在湘赣边界组建的第一支游击队——茶陵游击队以及红八军茶陵独立团在茶陵革命根据地的军事斗争，有力地策应了中央苏区粉碎蒋介石的反革命"围剿"。茶陵游击队为主力红军输送了成千上万的军事骨干，是后来中国工农红军第六军团的种子部队。

1927 年 12 月 28 日，毛泽东得到赤卫队的情报，得知窃取工农革命军团长要职的陈皓率部往湘南方向叛变投敌的消息后，带着毛泽覃、陈伯钧等人，从江西宁冈赶到茶陵湖口墟，逮捕了陈皓及同伙，率部回师井冈山，并召开了工农革命军全体指战员会议，宣布将 200 多名报名入伍的茶陵赤卫队员、纠察队员、游击队员，编入工农革命军第一团第二营。在极端危急的关头，挽救了年幼的工农革命军，为井冈山革命根据地的发展与壮大保存了实力。按照毛泽东的指示于 1928 年 2 月组建由谭家述任队长的茶陵游击队，为井冈山革命根据地建设发挥了重大作用。1928 年 4 月，朱德、陈毅率领南昌起义部分部队到达茶安边界，茶陵游击队导引朱德部合力攻克茶陵城，并促成朱德赴宁冈与毛泽东部会师。在茶陵高陇战斗中，茶陵游击队配合红二十八团和红三十一团作战，击溃湘敌吴尚一个团，为开辟和建立九陇山军事根据地打下基础。5 月，中共茶陵县委、县政府和茶陵游击队移驻介于茶陵、永新、宁冈、莲花四县之交的九陇山安营扎寨，与永新、莲花、宁冈的赤卫队并肩作战，苦心经营 7 月余，使九陇山成为井冈山革命根据地第二个军事根据地。

1929 年 1 月，当湘赣两省敌军第三次"会剿"井冈山革命根据地时，茶陵游击队与永新、宁冈三县游击队积极配合主力红军，与敌人展开游击战，有力地配合、支援了井冈山的反"围剿"斗争。当敌军围困九陇山时，茶陵党组织和游击队率先突围，打破了敌人对九陇山的"会剿"，使"会剿"军在九陇山扑了个空。这对于掩护红四军主力转战赣南和坚持井冈山的斗争起了重要作用。正如谭家述所说："我们这支游击队就在艰难残酷的斗争中锻炼成长起来，由几十人、几百队、几千人，一直发展成为红军二方面军第六军团。"

1929 年冬后，在赣西南党组织的指导下，茶陵与红军开辟赣西南、湘赣革命根据地的斗争融为一体。这期间，茶陵源源不断地向红军输送兵员入伍，为红军开辟壮大、建立中央苏区提供了强有力的支持。如1930 年 9 月，红十二军进入茶陵，茶陵县委派员补入红十二军，仅二、三区就有一个营，约 400 人。

1930 年 10 月，根据中共赣西南特委西路行委指示，茶陵地方革命武装编入红三军三纵队，徐彦刚任纵队司令，刘作述任纵队政委。茶陵游击队与莲花、萍乡等游击队组成湘东独立师，留下少数骨干重新编组，

毛泽东湖口挽澜遗址

仍保留"茶陵游击队"组织。

1931年4月，湘东南独立师、红七军五十八团与红二十军一七五团在永新会合，成立河西前委和河西红军临时总指挥部，统一领导和指挥红七军、红二十军、湘东南独立师和地方党和武装。6月9日，湘东南独立师和红七军在茶陵游击队配合下，在茶陵歼灭"九县联防"保安团，占领茶陵城。

中央苏区第一次反"围剿"战争期间，茶陵游击队随湘东独立师一同前往莲花、永新，奉命担负迟滞国民党十九路军的行动。

1932年5月至8月，中央军委两次派红八军茶陵独立团充当先锋，代军长李天柱率红八军从永新出动，与在赣南的红三军协同从两翼攻击西线国民党湘军，击溃国民党陈光中部。

1933年5月6日，国民党军六十三师为补充军需，派出4个营一个骑兵连，通过九渡冲前往茶陵城接运物资，谭家述领导的红八军茶陵独立团获此情报后，与六十三师激战于此，战斗到7日才结束，共毙敌

500 人，俘敌千余人，缴获机、步枪 1000 余支，受到中共中央军委的嘉奖。通过这次战斗，红八军补充了军需，战斗力大大增加，有力地策应了中央苏区粉碎蒋介石第四次反革命"围剿"，对于保卫中央苏区边境安全提供了有力支援。

主力红军突围长征后，留下的游击队转战在武功山、九陇山一带和茶陵、安仁、炎陵、永兴等地进行长期的游击战争，茶陵成为湘赣边三年游击战争的核心区域。1935 年，茶陵独立团、茶陵难民游击队与攸县游击队合并为茶陵游击队，在茶陵、攸县边界地区活动。1936 年 4 月，湘粤赣特委负责人周里与茶安酃永边委书记陈美连会师。5 月 27 日，两个特委召开了联席会议，会议决定撤销湘粤赣特委，合并成立湘南军政委员会及湘南特委。此后，茶陵成为湘赣边红军游击队主要游击根据地之一，直到全面抗日战争爆发。

茶陵人民在抗日战争和解放战争中屡建战功。1944—1945 年，日军侵占茶陵 8 个月，县内民众或组织抗日武装，或乡自为战、村自为战、人自为战，或与国民革命军协同作战，提供侦察、带路、运输、补给、抬伤员、修机场，或采取坚壁清野、夜袭、游击等机智灵活的方式杀敌，在公路和交通要道挖掘陷阱，设置障碍，破坏敌军运输线……直接打击侵略者，没有一人屈膝投敌、充当汉奸。在日军面前，不仅筑起了一道累摧不垮、不可逾越的军事防线，也筑起了一道宁死不屈、不可征服的精神防线，捍卫了民族尊严，彰显了茶陵人民的血性。侵茶日军乌泽义夫在作战日记《第二访问中国纪录》中写到："在茶陵警备的五个月中，开始两个月，中国军队在茶陵的一支人数众多而有力量的部队就分布在周围，并反复从正面向联队发起攻击。与地上的中国军队相呼应，空军飞机频繁地进行突袭，联队中多数战死者是被飞机炸死的。""联队在茶陵的战死者、病死者共三百四十二名。"

茶陵人民为中国革命事业付出了牺牲，作出了重大贡献。据不完全统计，新民主主义革命时期，全家被杀光绝户的近 2000 户，3000 多户人家房屋被焚毁。茶陵籍共产党员、共青团员、其他爱国志士和人民群众 3 万多人牺牲，追认在册的革命烈士 5301 名，数量之多在湖南各县（市）中位列第三。新中国成立后健在的茶陵籍老红军 100 多位，先后被授予将军衔的有 25 位，其中中将 5 位，少将 20 位。

茶陵红色纪念旧（遗）址有：茶陵县工农兵政府、中共茶陵县委、茶陵县苏维埃政府旧址、列宁学校旧址等近 100 处，毛泽东湖口挽澜遗址、九渡冲战斗遗址等重要遗址 7 处。

炎 陵 县

炎陵县，原名酃县，1994年，经国务院批准易名为炎陵县。隶属于株洲市，位于湖南省东南边界，与江西省井冈山市、遂川县和湖南省桂东县、资兴市、茶陵县接壤。炎陵县史称"长沙茶乡之尾"。因"邑有圣陵"——炎帝陵得名，全县总面积2029.77平方公里，下辖5个镇、4个乡（含1个民族乡），常住人口16.03万。1952年，炎陵县被湖南省人民政府认定为革命老区。

一

炎陵县具有光荣的革命斗争传统。1920年10月，在北京求学的酃县籍青年何孟雄，在李大钊的指引下，参加了北京共产党的早期组织。他任北京地委书记期间，曾先后吸收酃县在北京求学的进步青年李却非、贾纡青、孟湘鉴、张秉仁等为共产党员。

1926年春，共产党员何国安、戴寿凯、谭文等先后从长沙、衡阳回县组建基层农民协会。7月，李却非受中共湖南区委派遣，从安源回县筹建党的组织。8月，在县城炎帝祠秘密成立中共酃县特别支部，李却非任书记，时有党员10余人。在特支的领导下，共产党员深入基层，秘密串联，发动建立农民协会、工会、商民协会和妇女联合会等革命群众组织，组建农民自卫军和审判土豪劣绅的特别法庭。至1927年4月，全县 4 个区 48 个乡均建立了农民协会，会员 4 万余人。

　　正当农民运动蓬勃发展之时，5 月，许克祥在长沙发动马日事变，并急令湘东"清乡"司令罗定带兵占领酃县县城，与卷土重来的县团防局一道，疯狂向革命人民反扑。省农民运动特派员朱子和、原县农会主任周介甫、商会会长谭文等百余名共产党员、农民运动骨干和革命群众被逮捕、被屠杀，部分党员被迫转移隐蔽。

　　1927 年 9 月下旬，毛泽东率领秋收起义部队往湘赣边界农村转移，到达永新三湾时进行了著名的"三湾改编"，并确定了把党的支部建在连上的原则。三湾改编半个月后，起义部队来到了炎陵县的水口镇，在这里进行了一个多星期的休整。面对改编后 700 多人的队伍，如何才能建设能担当革命大任的军队，如何才能把斗争之火引向全国，成为当时我们党面临的亟须解决的问题。

　　毛泽东带着一个警卫排住在水口镇的桥头江家，团部设在镇上的朱家祠堂。其间，毛泽东和党内几位同志经常深入连队的士兵中间，找他

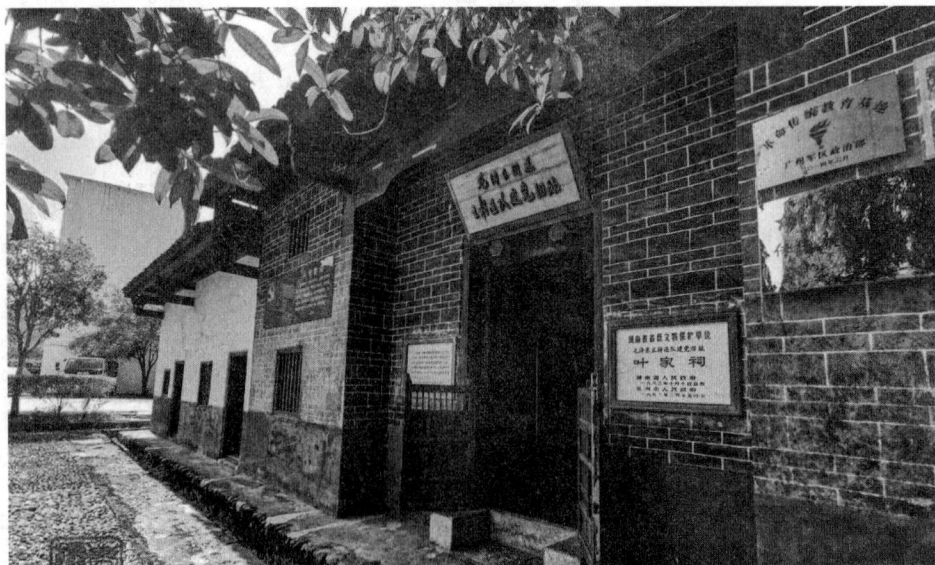

毛泽东水口连队建党旧址——炎陵县叶家祠（李茂春摄）

们谈心交流，了解其思想动向、家庭状况、入伍后的表现和对党的认识等，同时积极宣传党的纲领和路线，着手发展新党员。1927年10月15日，毛泽东在水口叶家祠堂主持了人民军队历史上的首次连队建党活动，陈士榘、赖毅、李恒、欧阳健、鄢辉和刘炎6名士兵宣誓入党，成了首批战士中的共产党员。赖毅曾回忆："部队到达水口的第二天下午，党代表就秘密地通知我晚上跟他一路去团部开会。"开会的房间里摆着几条长板凳，一张小方桌，桌上挂着两张长方形红纸，一张写着中国共产党的英文缩写"CCP"，另一张写着"牺牲个人，努力革命，阶级斗争，服从组织，严守秘密，永不叛党"，这可以说是中国共产党最早使用的入党誓词。宣誓仪式开始后，各连的党代表分别介绍本连入党士兵的情况。毛泽东逐个询问他们的入党动机，紧接着，大家在毛泽东的带领下，郑重地举起右拳，庄严宣誓。毛泽东在宣誓结束后讲话："从现在起，你们都是光荣的共产党员，今后要团结群众，多做宣传，多做群众工作；要严格组织生活，每星期开一次小组会；要严守党的秘密。"毛泽东对各连党代表叮嘱道："回去之后各连成立支部，抓紧发展工作，以后要像今天这样，分批举行新党员入党仪式。"他还说："一个人活着要有心脏，党支部就是连队的心脏，把连队党支部建好，让连队的心脏坚强地跳动起来，才能使党的血液流贯我们这支部队的全身。"水口连队建党成为真正把"支部建在连上"付诸实践的开端。

土地革命战争时期，境内相继建立酃县工农兵政府、酃县苏维埃政府，存在时间长达五年零五个月；全县有12个乡镇建立过基层苏维埃政府。1927年10月，毛泽东率秋收起义部队上井冈山，开辟第一个农村革命根据地，朱毛第一次会面就是在十都镇万寿宫。酃县是井冈山革命根据地的核心县之一。酃县工农兵政府管辖3个区，115个自然村，红色区域面积占全县总面积的68.22%。在井冈山苏区时期，毛泽东、朱德、陈毅、罗荣桓等老一辈无产阶级革命家，在酃县进行第一次连队建党（水口镇叶家祠）、第一次插牌分田（中村乡）、第一次给部队集中上政治课（中村乡八担丘）等一系列党的建设、军队建设、政权建设和土地革命的首创性革命实践，为中央苏区的建立奠定基础并创造了宝贵经验。1930年2月初，酃县随井冈山苏区并入赣西南苏区。1930年8月，酃县划入湘东特委管辖，融入随后创建的湘赣苏区，并成为湘赣苏区的重要组成部分。至1938年2月游击队改编，在中共酃县县委的领导下，广大人民群众坚持武装斗争达8年之久，积极参与了创建、捍卫井冈山、湘赣和中央苏区的伟大斗争，为发展巩固红色政权、为中国革命的胜利作出了重大贡献和巨大牺牲。

二

炎陵县苏区党组织的发展、红色政权建设和革命武装斗争的基本情况。

（一）苏区党组织的发展

1927年10月上旬，工农革命军来到酃县后，毛泽东在水口接见酃县党组织代表周里、何健础等，指示要大力发展党员，扩大农会，建立农民武装。11月，中共湘南特委应毛泽东的要求，派特委委员、耒阳县委书记刘寅生回县工作。至1928年1月，全县建立西区、石洲、水口等10余个党支部，有党员100余人。2月，毛泽东在井冈山黄坳批准酃县特别支部升为特别区委，隶秋收起义前委领导，刘寅生任书记。3月中旬，毛泽东率工农革命军第一师第一、二团入酃。在中村，批准酃县特别区委升为县委，刘寅生任书记。5月中旬，县委机关遭敌袭击，刘寅生等在突围时牺牲。毛泽东随即指派在特委和红四军任职的李却非、黎育教等回县工作。6月上旬重建县委，李却非任书记，下辖青石冈、石洲、大院 3 个区委。

1929 年 1 月底，井冈山失守。酃县赤卫大队在掩护红五军突围时被打散，大部分牺牲。2 月初，县委、县工农兵政府机关遭受破坏，徐鼎燕等被敌杀害。下旬，黎育教联系打散的中共党员，成立临时县委，黎育教任书记。4 月，湘赣边第二届特委恢复工作，黎育教调特委工作，周里接任临时县委书记。7 月，重建酃县赤卫队。在红五军的帮助下，赤卫队很快得到发展，并主动出击反动民团和惩处叛徒，苏区逐步恢复。9 月，根据中央来信指示，湘赣边特委及所属酃县等七县党组织，改属江西省委领导。

1930 年 2 月，中共酃县临时县委改为酃县县委，张平化任书记，隶赣西南特委所属西路行委。1931 年 2 月后，改属湘东南行委、湘东南特委领导。1931 年 10 月，中共湘赣省委、湘赣省苏维埃政府成立，酃县为直属县之一。

1932 年 11 月，江西上犹、崇义苏区在敌军第四次"围剿"中沦陷，中共河西道委转移到遂川县上七区，并改为临时道委，下辖上犹、崇义、南雄、遂川、酃县、赣县、万泰等县党组织。1933 年冬，河西临时道委复改为河西道委（兼遂川县委），下辖酃县县委和遂川五斗江、黄坳、上七、七岭、大汾等区委。1934 年春，遂川县失陷，河西道委退往永兴，遂川县委、县苏府退至酃县。2 月，成立中共酃遂中心县委、中心县苏维埃政府，辖遂川的上下烟、大坊背两个乡以及酃县的十石区 6 个乡，黄坂区 3 个乡。中心县委、县苏府机关设酃县十都中洞山（后迁至藤棚山、桃源洞、石禾坪）。

1934 年 10 月，敌王东原 15 师一部"围剿"酃遂中心县委和县苏维埃政府所在地石禾坪，县委机关溃散。10 月，中共茶酃安永边委成立，酃县为第三区，酃遂中心县委停止活动。

（二）苏区红色政权建设

1928 年 3 月，井冈山工农革命军进入酃县中村，成立了中村区工农兵政府，并在中村地区开展根据地首次分田运动，接着工农革命军在农村开展"插牌分田"，为后来制定《井冈山土地法》《兴国土地法》提供了依据。此后，青石冈、大院等区工农兵政府相继成立。6 月，在大院区召开全县第一次工农兵代表大会，选举成立酃县工农兵政府，机关驻大院区匡神宫，主席徐鼎燕。1929 年 1 月，第三次反"会剿"失败，徐鼎燕牺牲，机关解体。1929 年 5 月，红五军返回井冈山，酃县区、

毛泽东、朱德第一次会面旧址——十都万寿宫

乡苏维埃政府恢复成立，成立县苏维埃政府筹委会。1930 年 1 月，在石洲板召开全县工农兵代表大会，成立酃县苏维埃政府，主席刘清远，下设土地、经济财政、粮食、文化、军事、肃反裁判、邮政等机构。2 月陂头会议后，中共酃县临时县委改为酃县县委，张平化任书记，隶赣西南特委所属西路行委。酃县苏区按照"二七"会议确定的土地法，重新分配土地，4 个区、34 个乡的 1.86 万农民分得土地 4.64 万亩。

（三）苏区革命武装斗争

1928 年 3 月上旬，酃县特别区委按照前委的部署，组织了 8 支、1000 余人的（东南乡）暴动队和 1600 人的"西乡游击总队"，举行武装暴动。为声援酃县暴动和策应朱德、陈毅领导的湘南起义，中旬，毛

泽东率工农革命军第一师第一、二团入酃。4月中旬，朱德、陈毅率南昌起义余部及湘南农军经茶陵到达酃县沔渡，4月21日，毛泽东率部从资兴龙溪洞撤回酃县县城，24日，在酃县十都墟万寿宫实现了与朱德首次会面。朱毛会面后，于5月4日在宁冈召开两军会师大会并宣布成立工农红军第四军。朱毛会面和两军会师，推动了井冈山革命根据地的壮大和发展。县赤卫大队发展到3个中队，200余人。除担任守卫双马石、九曲水哨口（八面山副哨）以及为红军转运军需物资等任务外，配合红军部队，参加第四次反"进剿"，一、二、三次反"会剿"战斗和黄洋界保卫战。

1929年1月底，井冈山失守。酃县赤卫大队在掩护红五军突围时被打散，大部分牺牲。7月，酃县赤卫队重建。在红五军的帮助下，赤卫队很快得到发展，并主动出击反动民团和惩处叛徒，苏区逐步恢复。

在反"围剿"斗争中，酃县党组织、苏维埃政府及地方武装配合红五军、红七军、红独一师、河西教导队、红六军团第十七、十八师等，6次攻占县城；执行"截扰由湘至赣之敌"，打通湘赣苏区与中央苏区和湘南党组织联系等任务。酃县地方武装队伍先后改、扩编为警卫连、警卫营、湘赣红军独立第九营。1932年6月，湘赣省军区第二军分区指挥部成立（设酃县），指挥酃、宁、遂三县红军独立营。酃县红九营单独或联合作战，在酃县与周边县击溃国民党军队和反动地主武装进攻20余次。

1933年8月，成立湘赣红军独立第四团，酃县独立第九营300余人编为红独四团第一营。随后，县委将4个区赤卫队合编成立酃县独立（新）九营。1934年2月后，酃县新九营与遂川游击队合编为酃遂独立团，同时成立酃遂游击队。红独四团和酃遂独立团、酃遂游击队，主要活动在崇义、上犹、桂东、资兴、遂川、酃县等地区，执行恢复赣南苏区，打通湘赣苏区与中央苏区联系，以及为红六军团西征开路等任务。进行大小战斗 100 余次，伤亡 1000 余人。

1934 年县委、县政府遭到敌人围剿，酃遂游击队政委兼队长周里接任酃遂中心县委书记，收集溃散人员，在酃遂桂边界坚持斗争。1935 年 5 月，蔡会文按项英、陈毅主持召开的长岭会议决定，在湖南桂东、汝城一带开辟游击区，并成立湘粤赣边特委和游击支队。7 月，周里接蔡会文命令，率酃遂游击队转移到桂东东边山，编入湘粤赣游击队直属队。随后支队副司令游世雄来到酃县十都收集失散游击队，组建湘南游击队，在酃遂边境游击。

1936 年春，湘粤赣游击支队遭粤敌袭击，蔡会文牺牲。周里突围后，率余部来酃与游世雄会合。游世雄代理支队司令，周里任湘粤赣特委书记兼支队政委。5 月，湘粤赣特委与湘南特委在酃县与安仁交界的潭湾会合，成立新的湘南特委。湘赣游击支队改称湘南游击队，与茶安酃永游击队活动在茶、安、酃边界与湘南一带，直至 1938 年 2 月红军游击队下山，奉命改编为新四军。

抗日战争时期，酃县是湖南省未沦陷的 26 个县之一，成为后方，这一时期，仅 9 万余人口的酃县共征集兵员 5989 人，征派民夫 29.3 万人次，酃县人民为中华民族抵御外侮承受了巨大的牺牲。

解放战争时期，酃县人民浴血奋战，为中国革命、中华人民共和国建设作出重要贡献。周里担任湖南省工委书记 6 年多，为湖南和平解放作出重要贡献。

三

炎陵县人民为中国革命事业付出了巨大牺牲，作出了重大贡献。从 1927 年人民军队史上第一个连队党支部的诞生，到新中国的成立，有 3

万多英勇的炎陵儿女在党的领导下为革命事业英勇奋斗、浴血牺牲。

土地革命战争时期，炎陵县处在井冈山苏区、湘赣苏区和中央苏区对敌斗争的西南前沿，与敌占区犬牙交错，在国民党军队和反动地方武装的"进剿""会剿""围剿""清剿"中首当其冲，承受了巨大的牺牲。全县为革命牺牲 2 万余人，其中党政领导、地方武装队伍指战员、群团骨干及其家属达 3000 余人。留下姓名的革命烈士 1404 人。历任炎陵县县委书记 9 人，牺牲 5 人；县苏维埃政府主席 9 人，牺牲 7 人。在炎陵县土地革命时期革命烈士中有中共县委常委、县苏府部长以上领导 57 人；区乡中共书记、苏维埃政府主席 79 人（不含委员）。在红军和地方武装队伍中牺牲的有师团领导 4 人，红军营连排长 162 人；暴动队、游击队、赤卫队、手枪队、暗杀队、挺进队、交通队队长，少共书记（队长）、儿童团团长、宣传队长等 62 人；红军医院医护人员 10 人。

土地革命战争时期担任过炎陵县县委书记的张平化在回忆录中写道："酃县的革命斗争坚持了 11 年之久。在当时不满 10 万人口的酃县，为革命牺牲的烈士就达两万人，超过了常住人口的 20%，其中被国民党反动派杀绝全家的就有 965 人，就拿我家来说，一共 11 口人，其中就有 7 人为革命献身。"

炎陵县尚存革命纪念旧（遗）址主要有：红军标语博物馆、洣泉书院（中国工农红军革命活动纪念馆）、毛泽东水口连队建党旧址、中村军民诉苦大会旧址、工农革命军第一军第一师师部旧址（周家祠）、桥头江家——毛泽东水口旧居、何孟雄故居、工农革命军第一军第一师第一团驻酃县水口团部旧址（朱家祠）、红军标语楼——江家试馆、八担丘（毛泽东给部队上政治课旧址）、炎陵烈士陵园、毛泽东、朱德第一次会面旧址——十都万寿宫、红四军军委扩大会议旧址——张家祠、接龙桥战斗旧址、红军医院——廖家祠、大院匡神宫等。

醴 陵 市

醴陵市，省辖县级市，由株洲市代管，位于湖南东部、罗霄山脉北段西沿，东与江西萍乡接壤，西通重要交通枢纽株洲，北连浏阳市和江西上栗市，南邻兄弟县攸县。自古有"荆楚咽喉、湘东门户"之称。醴陵市素有"花炮之乡"和中国"瓷城"之称。原为醴陵县，1985年5月，撤县设市。全市总面积2156.5平方公里，下辖5个街道、19个镇，常住人口88.6万。1952年，醴陵市被湖南省人民政府认定为革命老区。

一

醴陵市具有光荣的革命斗争传统。早在1919年五四运动前后，醴陵赴法勤工俭学的有15人，赴长沙、北京、上海、广州等地求学的数百人。1922年春，在安源领导工人运动的李立三回到母校县立中学，向师生传播马克思主义。受其影响，县中学生陈觉、左权、蔡升熙、宋时轮等数十人，在进步教师的支持下，组成"社会问题研究社"，创办《前进周刊》，宣传进步思潮，鞭挞时弊。1922年9月，安源工人大罢工胜利后，许多醴陵籍的党员和工人又纷纷回乡进行革命宣传活动。

1924年秋，汪泽楷由苏联回国任中共安源地方执行委员会书记，回乡发展党团组织和筹建工会，并于11月建立起醴陵第一个党的组织——中共醴陵县特别支部。1925年春，醴陵城乡发展了一批党员，先后建立了工人党支部、贺家桥档梓山党支部、东富寺党支部、南二区嘉树党支部、南三区三星里党支部、西乡栗山坝党支部、北乡关王庙党支部。是年冬，中共醴陵特支改建为中共醴陵县地方执行委员会。

从建立党的特支、地委到长沙马日事变前夕，醴陵进步人士在党组织的领导下，主要做了以下工作：一是实行国共合作，建立反帝反封建的统一战线。二是发动和组织反帝爱国运动，支援北伐战争。三是掀起反帝反封建的革命大风暴——工农运动。1926年7月前，醴陵农村共建立秘密农会组织40多个，拥有会员17000多人。北伐军进占醴陵以后，县总工会、农民协会、妇女联合会、商民协会、学生联合会等群众组织，都公开挂牌成立。党的创建和大革命时期，中国共产党在醴陵已有1800多名党员，建立110个支部，15个区委。党领导的工农革命声势浩大，席卷全县。

醴陵县是大革命时期全省农民运动开展得比较好的地区之一。1927年1月27日至2月4日，毛泽东来醴陵考察指导农民运动，指示要保卫农民运动的成果必须建立农民武装，按照毛泽东的指示，中共醴陵地方执行委员会于1927年3月成立了醴陵县农民自卫军总队。全县区、乡相继成立了农民自卫军和梭镖队。毛泽东考察醴陵农运后，农协会员迅速发展到20万人。

长沙马日事变发生后，中共醴陵地方执委根据中共湖南省委的命令，组织醴陵两万多工农义勇军参加进攻长沙战斗。行动失利后，醴陵各级

李立三故居——芋园

党组织和农民协会遭受严重损失，被杀害的共产党员和农协骨干1000多人。为适应斗争的需要，1927年7月23日，中共湖南省委将中共醴陵地方执委升为中共醴陵县委。1927年9月初，毛泽东在安源张家湾召开会议，部署秋收起义，醴陵县委书记邓乾元参加。醴陵县委随后对醴陵的秋收暴动进行安排部署。

9月9日，毛泽东领导的湘赣秋收起义正式爆发，当晚醴陵县委组织农民武装处决醴陵"清乡"司令彭承美、拉开了秋收起义的序幕。9月10日中秋夜，全县东南、西、北四乡农军，全面开展"一夜光"行动，镇压各地反攻倒算的土豪劣绅，"清乡"反动分子，围攻团防武装和反动驻军。9月12日，东、南、西、北四乡农军在取得农村战斗胜利的基础上，纷纷向县城进攻，配合工农革命军第二团攻占了醴陵县城。12日晚，工农革命军第一团领导和县委负责人连夜召开会议，决议建立工农革命政权，成立"中国革命委员会湖南醴陵分会"，9月13日上午，在县城东门文庙坪召开军民联防大会，宣布"中国革命委员会湖南醴陵分会"正式成立。9月14日下午，工农革命军第二团和醴陵起义军共3000多人从醴陵出发，分两路进攻浏阳，很快夺取浏阳县城。但是，由于革命形势敌强我弱，在国民党反动军队的疯狂反扑下，秋收起义受挫。

二

土地革命战争时期，醴陵人民在中国共产党领导下，积极参加毛泽东发动领导的湘赣边界秋收起义，创建武装割据区域，建立苏维埃政权，创造了"湖南有苏维埃之组织，实由醴陵开始"的光辉历史。醴陵是井冈山、湘鄂赣、湘赣苏区县，属中央苏区范围。

秋收起义受挫后，中共醴陵县委及时将革命重心转移至广大农村，在农村发展党的组织，建立工农武装，广泛开展游击战争。至1927年底，在南四、二、三区，西一区建立了有 10 多万人口，数百平方公里连成一片的武装割据根据地，西二、北二、南一、东三区等地也形成一些赤色区域。同时，党的组织得到迅速发展壮大，全县 15 个区委得到恢复，拥有 200 多个支部，4200 多名党员。

1928 年 12 月，在醴陵建立的中共湘东特委遭破坏后，转移北乡山区的部分特委委员和党员，重建中共醴陵县委，隶湘鄂赣边区特委领导，在官庄、桃花、瓦子坪、阳坑一带开展地下活动，党的组织和武装游击斗争又逐渐得到恢复和发展。1929 年 2 月，中共醴陵县委建立醴陵县游击总队部有 200 多人枪。1929 年冬，化名刘文辉的中共醴陵县委负责人文星福，潜回大障、贺家桥一带，恢复和建立 6 个支部。1930 年春，县委委员罗启厚与胡攸等在西乡、北乡秘密建立 9 个支部，并在渌口和早禾冲两处设立交通联络站。

1931 年 11 月，醴陵县委机关在漕泊遭攸县团防武装袭击，后转移至江西莲花县。1932 年 11 月，县委成员刘文辉、杨奇等人潜回醴陵农村，恢复和发展党的组织，建立交通联络站。1934 年 2 月 13 日（除夕）夜，县委书记杨奇去沈潭镇压恶霸时腿部受伤。3 月，杨奇由三星里转移萍乡治伤途中被捕后叛变，导致 6 个支部被破坏，20 多名党员、干部被杀害，党组织一度停止活动。1935 年 5 月，成立中共浏（阳）醴（陵）湘（潭）善（化）中心县委，驻瓦子坪。1936 年 10 月，成立中共攸醴萍县委，县委机关设攸县鸾山荷树下，建立秘密活动据点。1937 年 10 月，中共代表与国民党醴陵地方组织代表谈判，两党再次合作，开展抗日活动。11 月，中共攸醴萍县委改为中心县委，县委机关迁醴陵清水江轧塘。

建立政权，发展苏区。1928 年初，中共醴陵县委根据中共中央发布的《中国共产党为广东工农兵暴动建立苏维埃告民众书》的指示要求在西乡长水召开区委书记会议，专门研究建立工农兵苏维埃政府和土地革

南四区工农兵苏维埃革命纪念馆

命问题。会议根据建立苏维埃要有巩固的革命根据地与革命武装等条件，确定南四区先行一步，做出示范，摸索经验后全面铺开。1928年1月中旬，在南四区的6个乡建立苏维埃政府。1月30日，南四区工农兵苏维埃政府成立。

1928年2月6日，湖南省委主要负责人伍桐在《关于湖南状况的报告》中指出："现在全省最先进最激烈的地方要算是醴陵，醴陵全县的农民都起来了都做到杀豪绅夺取武装分豪绅财产土地等工作，尤其是醴陵南乡已经建立苏维埃政权肃清了一切封建基础，其他各乡正在仿效去做。醴陵农民的前进，是全省的模范。"这是湖南省委对醴陵苏维埃运动的极大肯定！从1928年1月至3月，全县有8个区、178个乡建立了工农兵苏维埃政权。1928年4月11日，中共醴陵县委工作报告指出，醴陵的南、西二乡已无土劣踪迹，东、北二乡之大土劣未杀的都已逃潜县城或省城了。田地契据已烧了，田地由各区大多数的农民决定，有的实行分耕，如南四、五及西乡各区每人分一斗至一斗二升，有的实行共同耕种，如南一、三区，实行土地革命的耕地面积24万余亩，人口达到23万，苏区的范围面积达到了60%以上。醴陵在土地革命中实行"分耕制"和"共耕制"两种方法，得到中共湖南省委的肯定。在《中共湖南省委致湘赣边特委及四军军委信——扩大根据地，红军建设及土地分配问题》中明确指出：醴陵的共同生产共同消费的经验，应在农民中普遍宣传，真正实现了"耕地农有""耕者有其田"的目的。

醴陵苏维埃政权建设一直得到中共湖南省委的高度重视，1929 年 5 月，湖南省委派巡视员石青来醴指导建立县苏维埃政权，石青指派骆有生任县苏维埃筹备处主任。1930 年 9 月 17 日，毛泽东在醴陵召开湘东特委会议，对醴陵区乡红色政权，给予了很高的评价，指出醴陵人民不怕牺牲，敢于斗争，斗出了一个"南四国"很有名气。醴陵区乡苏维埃政权建设有良好的基础，具备建立县苏维埃政府的条件。1930 年 9 月 21 日，按照毛泽东的指示和湘东特委的安排召开醴陵县苏维埃代表大会，选举产生醴陵县工农兵苏维埃政府。醴陵苏维埃政权建立，组建工农革命队伍，开展武装斗争。秋收起义失利后，中共醴陵县委将工作重心转向广大农村，在省委和湘东特委领导下，组建工农革命军和地方游击队、赤卫队、自卫队、暴动队。1927 年 11 月 17 日，中共湖南省委发布《湖南省委暴动政纲》与《湖南省委暴动计划》，中共醴陵县委根据省委的要求，加紧武装力量的扩充，于 12 月建立工农革命军第一团。一团刚组建，就同郭天保"清乡"队、罗定独立团连打两仗，皆获全胜。为适应武装割据区域不断扩大的需要，县委于 1928 年初又建立了醴陵工农革命军第三团。

1927 年 12 月，中共湖南省委根据醴陵党组织健全，有战斗力，且武装力量不断扩大，武装割据区域不断巩固增强，是全省武装暴动条件最好的地方，便将醴陵列为湘东暴动的重点，派省委委员林蔚任醴陵县委书记，派省委代理军事部长陈恭来醴工作。醴陵县委根据省委的要求，立即着手部署年关暴动——攻打醴陵县城。当时，醴陵革命武装有工农革命军两个团 5 个营共 2000 多人，500 多条枪，还有数十支游击队、赤卫队，共 4 万多人。1928 年 1 月 27 日，发起攻城暴动。暴动由林蔚、陈恭任正副总指挥。凌晨 6 时许，总指挥部下达举火攻城命令，战斗持续到上午 9 时，终因武器太差，敌人凭借渌江河、渌江桥和强大的机枪火力，我方无法攻克县城，总指挥下令攻城队伍有序撤退，坚持农村武装斗争，开展区、乡苏维埃政权建设。

1928 年 2 月，中共湘东特委在醴陵成立后，特委书记滕代远根据中共湖南省委的指示，部署了继续组织革命武装，发展暴动，建立苏维埃政府，开展土地革命等工作，并于 2 月 27 日组织了第二次攻打县城，因敌人凭借有利城防工事和优势火力，攻城受挫。但醴陵农村武装割据斗争越演越烈据。

从 1927 年 10 月至 1928 年 3 月的半年时间内，醴陵工农革命武装先后进行了 110 次大小战斗，歼敌 700 多人，缴枪 500 多支，其中泗汾、南四区、北二区、罗家岭和攸湘萍交界等 5 大战役与两次年关暴动，震惊全省。1928 年 3 月底，湖南新军阀召开"两湖善后会议"，决定派 2 万多人的重兵"会剿"醴陵苏区。醴陵县委领导工农革命武装进行了艰苦卓绝的反"会剿"斗争。从 4 月 11 日至 8 月，不到 5 个月时间，醴陵有 1 万多革命人民被屠杀，县委、区委领导 100 多人牺牲。在敌人"围剿"中幸存下来的"萍醴游击营"转战莲花，党代表刘型率游击队员上了井冈山。

1930 年红三军团攻打长沙期间，醴陵党组织和工农武装进行了有力配合。7 月 28 日，中共醴陵县委根据《中共湖南省委通告（第十七号）》指示，发动四乡群众数万人齐起暴动，攻打县城，醴陵游击总队部在暴动农民的助威配合下，打垮了"团防队""守望队""清乡队""铲共队"等反动武装，攻占县城后砸开监狱，救出了易湘苏等 171 名共产党员与革命群众。四乡暴动农民，在进城途中捕杀土豪劣绅与反动分子 30 多人。1930 年 7 月 29 日至 8 月 3 日《红军日报》连续多次报道醴陵暴动情况。其中 8 月 3 日《红军日报》一周大事记报道："毛泽东由南昌占驻萍乡。贺龙攻下岳州。茶陵安源一带的组织，全系醴陵的援助。所以说湘东的总暴动，工农兵十余万参加这回的总暴动，全以醴陵为主力军。醴陵全县数万群众，整个的大暴动一次，已将挨户匪枪，完全缴械，此刻正在分解土地问题。"醴陵暴动牵制了敌人兵力，有力配合和支援了毛泽东、彭德怀等率领的红一方面军攻打长沙行动。

1930年9月，湘东特委重建和湘东苏维埃政府建立后，醴陵县委输送了200多名赤卫队员、近百条枪参与组建湘东独立师。1930年10月，在湘东南特委领导下，参加湘东南总暴动，总暴动持续3个月，直至1931年1月，打垮了聚集在皇图岭的攸县、醴陵、衡山保安团与皇图岭守望队，歼敌700多人，毙敌200多人，使湘东南苏区得到迅速发展壮大，醴陵总队部由100多人发展到300多人，武装交通队的不断扩大，保障了湘赣苏区领导人员和重要物资往来的畅通。1932年11月，中共醴陵县委、县苏维埃政府按照《中共湘赣省委军事训令》关于战争紧急动员彻底粉碎敌人四次"围剿"的指示，领导组织醴陵游击队在萍、攸、醴边境开展游击战争，牵制湘敌入赣。在湘赣省委、湘赣省苏维埃政府和湘赣军区的领导指挥下，醴陵的武装斗争一直开展得有声有色。"各县独立营的战斗力，一般的增强了，枪支都有增加……萍、莲、攸、茶、醴成立了一个独立师"。

1934年，中共醴陵党组织遭到严重破坏，醴陵革命活动再次陷入低潮。

三

1937年7月，全面抗战爆发后，中共醴陵党组织恢复和发展，积极开展抗日宣传动员，并一度组建抗日武装自卫队。地方抗日武装配合国军在县境抗击日军，大小战斗近300次，毙伤日军千余人。此时，中共攸（县）醴（陵）萍（乡）县委改中共攸（县）醴（陵）萍（乡）中心县委，活动中心转到交通便利的醴陵，秘密发展组织，掌握敌情，与国民党进行有理、有利、有节的斗争，不断巩固和发展抗日民族统一战线。到1939年冬，中心县委在醴陵建有4个区委，50多个支部，发展党员400多人。

1946年初，醴陵建立了解放战争时期第一个地下党支部——宏夏桥支部，同时发展了一批烈属、贫苦知识分子和农民入党，先后发展党员近200人，建立了19个支部。1948年4月，醴陵组建武装游击队，有人枪30多。游击队成立后神出鬼没，英勇善战。同时，组织了醴北游击队、东堡游击队、盘石武工队、江南地下军湘东大队等地下武装。1949年7月25日，醴陵和平解放。

在长期的革命斗争中，醴陵人民在党的领导下，浴血奋战，为创建发展井冈山、湘鄂赣、湘赣和中央苏区为抗击日军侵略、醴陵和平解放作出了重大贡献，付出了巨大的牺牲。其中仅从1927年至1937年土地革命战争中参加工农革命军和红军达5000多人，牺牲的共产党员3000多人，被杀害的人民群众4万余人，烧毁房屋2813栋，抢走耕牛2890多头。同时，在长期的革命斗争中，醴陵苏区也涌现了李立三、左权、蔡升熙、耿飚、宋时轮等一批无产阶级革命家、政治家、军事家，为党的建设、军队建设、政权建设作出了重要贡献。

醴陵市尚存的红色纪念旧（遗）址主要有：芋园文化旅游景区（李立三故居）、醴陵先农坛（毛泽东考察湖南农民运动旧址）、醴陵烈士陵园、左权将军纪念碑、南四区苏维埃革命纪念馆等。

湘潭市

湘潭市，位于湖南中部，湘江中游，与长沙、株洲各相距约 40 公里，下辖 2 个市辖区、1 个县，代管 2 个县级市，总面积 5005.79 平方公里，常住人口 272.62 万。湘潭是"红太阳升起的地方"，孕育了伟大领袖毛泽东，诞生了开国元勋彭德怀。老一辈无产阶级革命家罗亦农、黄公略、陈赓、谭政、周小舟等从这里走出去。他们带着信念如磐的革命精神，实现了建党、建军、建国伟业，在中国革命史册上创下了丰功伟绩。在新民主主义革命时期，湘潭地方党组织领导湘潭人民长期艰苦斗争，浴血奋战，为夺取新民主主义革命的胜利，实现创建新中国的建功伟业，谱写了辉煌篇章。

湘潭县

　　湘潭县，隶属于湘潭市，地处湖南省中部偏东，湘江下游西岸，东与醴陵市、衡山县交界，北与长沙县、宁乡市接壤，西与湘乡市相连。湘潭县是中国湘莲之乡、湖湘文化发祥地，有"湘中明珠"之美誉。全县总面积2139.99平方公里，下辖14个镇、3个乡，常住人口79.28万。1983年，湘潭县被湖南省人民政府认定为革命老区。

一

　　湘潭县是伟大领袖毛泽东和开国元帅彭德怀的家乡。湘潭县富有光荣的革命斗争历史。早在1923年至1926年，湘潭县就创建了13个中共党支部和1个区委。这些党支部是在毛泽东亲自关怀和中共湘区委员会、中共安源地方执行委员会的直接领导下建立和发展起来的。其中中共南三区党支部（射埠一带）直接隶属中共湖南区委（1925年

湘潭城区第一个中共支部旧址——关圣殿
（北五省会馆）

11月由中共湘区委员会改称）领导。1925年，家住湘潭县晓霞山左家冲的共产党员徐若飞从安源煤矿回到铁江坝、射埠一带从事农民运动和党建工作。不久，党组织又派林桂生协助徐若飞的工作。他们通过办平民夜校的方式，培养和发展党员60多名，建立6个党支部。在此基础上，组建了中共铁江坝区委。

1926年初，中共湘潭地方执行委员会成立，统一领导湘潭县境内的党组织。同年，县内党组织迅速发展，党的支部和区委遍布全县城乡，全县共有15个区部委和1个特别区委，共有党员1500余名。

1927年5月马日事变爆发，国民党反动派疯狂屠杀共产党人和革命群众，湘潭县内160余名共产党员壮烈牺牲，活着的或逃往异乡或转入秘密工作，党的组织尽遭破坏。8月下旬，成仲清到株洲发展党的组织，建立中共东一区委员会，下辖7个支部、50余名党员。10月，成仲清重建中共南二区委员会，下辖3个支部、30余名党员。同月，张忠廉建立中共南三区委员会。年底，全县约有党员400名。由于国民党反动派"清剿"加剧，肖晃、周湘润、何景贤、罗哲、张碧池、张觅相继牺牲，党的组织又遭破坏，停止活动。此后10年，县内只有从县外接通组织关系而建立的基层组织，其中有：1927年12月茶恩寺黄岳奇与中共衡山县委建立的（湘）潭衡（山）党团联合支部（后改潭衡区委），1928年7月建立的中共湘东特委，1929年8月省委特派员陶尧夫在天台、凿石建立的中共株洲区委，1930年10月中共湘东特委建立的中共株洲特别区委（后改中共株洲直属区委）、中共长（沙）湘（潭）区委，1933年1月中共湘赣省委建立的中共攸（县）衡（山）（湘）潭醴（陵）边区区委，1935年5月中共湘鄂赣省委建立的中共浏（阳）醴（陵）湘（潭）善（化）县委。这些党组织因叛徒出卖先后遭破坏。

二

湘潭县革命武装斗争和民众运动发展。1927年9月初，根据中共湖南省委前敌委员会和湘潭县委的指示，中共湘潭东一区区委决定在株洲举行秋收起义。9月12日夜，区委委员朱少连率领起义军400余人枪攻打株洲团防局，占领株洲火车站，缴枪12支，子弹10箱。队伍命名为湖南工农革命军第一师第四团。中共湖南省委制定以长沙为中心的秋收起义计划之后，相继派罗学瓒、肖晃等到湘潭县，发动和组织东四区农民武装起义，以策应会攻长沙的行动。农民自卫军联合衡山农民武装，在肖晃、肖光海等率领下，先后3次攻打王十万和坪上文家祠堂2个团防局，毙伤敌数名，缴枪50余支，农民自卫军发展到100多人枪。不久，起义军遭敌重兵"围剿"，伤亡较大，被迫分散转入隐蔽斗争。

1928年1月，根据中共湖南省委关于发动年关暴动的指示，中共湘潭县委分别到易俗河、株洲、朱亭、三门、郭家桥、花石等地组织和发动，先后在东一区、南二区、南三区、东四区、东六区、东三区、南一区等地组织武装暴动，围攻团防局武装，处决一批大劣绅、大土豪。9月，县委机关遭破坏，县内武装暴动停止。

抗日战争爆发后，1938年3月，中共湘潭县工委书记章蕴和委员萧卡（即萧克材）联络进步人士，组成湖南文化界抗敌后援会湘潭工作团，在城区组织读书会、时事座谈会、宣传队，开展抗日宣传，发动募捐、做军鞋、给前方将士写慰问信。4月，彭金华在乌石组织中华民族解放先锋队，宣传团结抗日。7月，开展抗日周年献金活动，支援前线。同月，由共产党员王锡光策动南国文艺社办农民夜校、流动图书馆，印发《抗日画报》，发动各界人士集资，在县城学坪建立"抗日阵亡将士纪念碑"。

1939年2月，县委利用国民政府军事委员会政治部第三厅宣传站湘潭基站作为抗日宣传阵地，促成国民党县党部在县城学坪召开湘潭各界民众抗日宣传动员大会，发表讨汪讲话，通过讨汪通电。组织歌咏队，演唱《三江好》《打回东北去》《保家乡》等抗日救亡戏剧与歌曲，编写墙报，发表抗日救亡的文章。举办图书阅览室，陈列抗日救亡的书刊、画报，广泛宣传共产党的抗日主张。7月7日，秘密策动各界民众举行抗战两周年纪念活动，在学坪组织千人大合唱，高歌《义勇军进行曲》。晚上，全城民众举行火炬游行，高呼"坚持抗战，反对投降"等口号。1940年，由于白色恐怖加剧，中共湘潭县委领导的抗日救亡活动被迫中止。

据不完全统计，日本侵略湘潭时，日军空袭整个湘潭县（包括今市区）931架次，投弹2771枚，炸死1303人、伤1254人，炸毁房屋2732栋。

湘潭军民进行了殊死抵抗，日军在向衡山进军途中，中国军队一〇〇军十九师（师长唐伯寅，湘潭人）及七十四军的五十八师率部在茶恩寺、护湘关、白果一带阻击日军。日军一三三联队在侵犯湘乡县途中，于涟水右岸为中国军队三十二师阻击。湘潭沦陷后，七十三师虽驻防湘乡，仍派出兵力组成小分队，以奋勇总队名义深入潭衡、潭宝公路和潭花大道一带打击日寇。别动第四纵队以"正义军"为代号，开始敌后游击战争。第九战区还组织了多支游击队伏击日军。

此外，湘潭县政府将警察、乡兵、地方武装组织成自卫队，在乡军人和滴水埠膏盐矿矿工也组织自卫队自发抗击日军侵略。

抗日战争胜利后，湘潭县党组织得到恢复，并迅速发展。1945年8月，中共湖南省工委将中共湘潭县工委改设为中共湘潭特区工作委员会。特区工委机关设射埠铁江坝杉山。1948年2月，根据省工委的指示，特区工委改为中共湘潭县工作委员会，隶属省工委领导。县工委机关设荷塘左家坳。到1949年3月，湘潭县工委辖9个区委，有党员1937人。

1945年9月，根据省工委的决定，建立由张忠廉任书记的中共潭（湘潭）湘（湘乡）宁（宁乡）边区县工委，隶属湖南省工委。边区县工委机关设石坝桥纸厂，以韶山为基地，领导潭湘宁边界人民的革命斗争。到1949年6月，边区县工委共建立和管辖韶山、银田、湘西、凤音、南薰、弦歌、高露、石潭8个区工委，94个党支部，共有党员1930多人。

湘潭人民在地方党组织的领导下，与国民党当局进行了多种形式的斗争，形成与人民解放军相配合的反蒋的第二条战线。在所控制的范围内广泛开展"二五减租"合法斗争。并秘密组建党的外围组织，通过地下工作或公开身份，发动农民开展扩佃和反对征兵、征粮、征税的"三抗"斗争，领导人民群众开展各种反对国民党黑暗统治的斗争，终于迎来了湘潭的解放。

三

湘潭县为中国革命事业付出了巨大牺牲，作出了重大贡献，革命先辈留给后人的精神财富极其丰富而宝贵，其中最突出的是为人民的事业勇于牺牲和无私奉献的精神。仅1925—1937年，湘潭县的优秀儿女为争取民主自由无私无畏，视死如归，有3600多名共产党员和革命人士献出了宝贵的生命。被人民政府批准为革命烈士的就有364名。他们当中包括在苏区开创初期，分别在上海、井冈山、长沙被害的罗亦农、毛泽覃、杨开慧等3名"全国百名为建立新中国作出重大贡献的人物"，也包括一大批在县境从事革命活动和武装斗争的共产党人和工农骨干。

湘潭县革命纪念旧（遗）址有：彭德怀同志故居、湘潭城区第一个中共支部旧址——关圣殿（北五省会馆）、青年毛泽东郊游借宿的昭山昭阳寺等。

湘 乡 市

湘乡市，隶属于湘潭市，地处湘中偏东，东临韶山市和湘潭县，南接双峰县，西与娄底市毗邻，北界宁乡市。是全国粮猪生产百强县（市）。原为湘乡县，1986年9月，撤县设市。全市总面积1966.21平方公里，下辖4个街道、15个镇、3个乡，常住人口73.01万。1986年9月12日国务院批准撤县建市。1990年6月，湘乡市被湖南省人民政府认定为革命老区。

一

湘乡市有着光荣的革命斗争历史。早在中国共产党创建时期，毛泽东为传播马克思主义创办了新民学会，其成员中就有蔡和森、萧子升、彭璜、陈子博、易礼容等11名湘乡籍人士，随后一大批湘乡籍优秀青年相继加入中国共产党。1923年中共湘区委员会派遣王箬回湘乡开展革命活动，1924年2月，经中共湘区委员会批准，中共湘区第三特别支部在湘乡正式成立，王箬（又名则鸣）担任支部书记。根据湘乡党史资料记载，从毛泽东在长沙创立湖南党的早期组织到大革命失败前夕，湘乡地下党组织迅猛发展壮大，全县共有共产党员219人，党支部33个。在党的领导下，全县工农革命运动高涨，各级工会、农民协会、女界联合会、"公法团联席会"等革命群众组织相继建立，工农革命运动势如

湘乡文庙

破竹，蓬勃发展。随着北伐战争的胜利，湘乡的工人运动日益高涨，1926年1月，中共湖南区委员会派遣农运特派员到湘乡组织和开展农运，7月17日，根据农协"三三制"组织原则，湘乡县农民协会在县城文庙正式成立，11月，湘乡县总工会工人纠察队成立，工人纠察队拥有队员96人，其中女队员20人，并按行业建立基层工会24个。经党组织研究决定，由谭天民、谢敏、曾策、邹祖培、邹子英等组成湘乡县农民协会筹备小组，负责发动农民加入农会，举办农民运动讲习所。是年底，全县成立区农民协会69个，乡农民协会489个，发展会员30余万。在农会的组织领导下，湘乡妇女解放运动空前高涨，湘乡女界积极参与社会政治，打破旧的风俗，为北伐军做鞋、运粮、救护伤病员。1927年1月，毛泽东来湘乡考察农民运动时，对湘乡的农民运动给予了充分的肯定。

1927年，上海四一二反革命政变、长沙马日事变后，中共湘乡地方执行委员会召开紧急会议，决定成立以柳宗陶、聂昭良为首的湘乡县军事委员会，同时还成立了以钟林为首的救济委员会。翌日，军事委员会即将部分民众武装、工人纠察队、县政府常备队共400多人枪和以梭镖大刀为武器的农民自卫大队300余人组编为"湘乡县工农义勇军"。工农义勇军下辖两个中队，人枪近千，后来迅速发展壮大到1.1万余人枪。工农义勇军刚刚组建，就奉令开赴与湘潭交界的城前铺、新研铺和湘潭境内的云湖桥等地阻击许克祥叛军，但因仓促上阵，兵力悬殊，终失败。

马日事变后，全县处于"清乡剿共"的血雨腥风之中，不久叛军进驻湘乡，湘乡的土豪劣绅大肆反攻倒算，他们对共产党员，工会、农会干部和进步人士施以刀劈、剜心、棍绞、分尸、烧烤、沉潭、活埋、枪决等惨无人道的酷刑。湘乡共有 3000 多名共产党员，工会、农会干部和其他革命人士惨遭杀害，壮烈牺牲，其中革命运动的中坚骨干 300 余人，全县的工会、农会和其他群众组织全部遭到破坏。湘乡市革命形势陷于低潮。

二

八七会议后，湘乡的共产党人和革命群众，为了保存革命力量，根据上级党组织的指示，将幸存的革命力量化整为零，重建革命武装。1927 年秋，李鲁受党的派遣回湘恢复建立党的组织。

1931 年，九一八事变爆发后，县城各界人士举行抗日示威大会，要求与日本经济绝交，禁买仇货，并通电全国，主张对日宣战，呼吁各方停止内争，共御外侮。青树坪农民 2000 余人集会反日，县城爱国青年发起组织抗日救国十人团、青年铁血救国团。女师、湘中、春元、乙农、横塘、第一女校、攸叙、东山、陶龛、双峰等 43 校学生代表集会，成立湘乡学生反日救国会，陶龛小学罗辀重带领师生徒步至县城、永丰等地，宣传抗日救国。

抗日战争全面爆发后，国共两党第二次合作，建立了抗日民族解放先锋队和抗敌后援会等抗日救亡组织，面对国民党的倒行逆施，湘乡人民在共产党领导下，开展了以武装暴动为中心的革命斗争。

解放战争时期，1949 年 3 月聂昭良在桥头河组织农民武装暴动，成立中国人民解放军毛泽东纵队第五支队（后命名湘安支队），基本控制谷水、娄底、杨家滩一带 14 个乡的一大片地方。4 月初，湖南保安第一旅第三团代团长蒋麒生，经中共中原局武汉区军事特派员戴剑虹及江南地下第四军唐岱策动，率其一部进驻谷水、涧山一带，成立中国人民解放军湖南野战军第一纵队。4月下旬，县工委书记刘资生以天门薛家渡为中心，收缴望春、宣风、德田、梓门等几个乡自卫队武器，成立中国人民解放军湖南湘乡分区司令部（后改为湖南人民解放总队湘乡地方兵团）。同时，湘西、南薰、凤音、弦歌等区工委及浒洲、大田等支部亦相继成立地下武装，活动于潭湘宁边境。8月10日，中国人民解放军138师进入湘乡，13日，与经过改编后的中共地下游击武装——湖南人民解放总队第一支队第五团在县城会师，县城万余军民集会欢庆湘乡解放。

三

湘乡为中国革命事业付出了巨大牺牲，作出了重大贡献。在腥风血雨的革命战争年代，前辈们投身于革命洪流，奋斗终身，直至献出宝贵生命。就单1944年日军进攻湖南，各地抗日自卫队和民众自发组合的抗日武装力量配合正规军，打击小股日军，大小战斗就有300余次，歼敌372人，伤敌541人，使驻城日军不敢轻易四处骚扰。此外，湘乡人民在战斗中表现了高度的爱国主义精神和崇高的民族气节，有的赤手搏敌与敌同归于尽，有的不甘凌辱以身殉道，有的拒绝为虎作伥斥敌受害。至1947年3月底，全县请恤核准有案的死难人员2310名，其中受政府明令褒扬的有吴剑学、杨让德、陈金式、黄继政（女）等。湘乡人民为中华民族的解放和中国革命的胜利前仆后继，英勇奋斗，涌现了谭政、陈赓两位大将和许多革命先烈。

湘乡尚存的革命纪念旧（遗）址主要有：毛泽东母校——湘乡东山学校旧址、黄公略故居、陈赓及谭政大将故居等。

韶　山　市

韶山市，省辖县级市，由湘潭市代管，位于湖南省中部偏东的湘中丘陵区，处于湘潭市市区以西，北、东与宁乡毗邻，东南与湘潭县接界，西、南与湘乡市接壤。韶山，因舜帝南巡至此，命奏韶乐而得名。韶山是中国共产党、中国人民解放军、中华人民共和国的缔造者毛泽东的家乡，也是他青少年时期生活、学习、劳动和从事革命活动的地方，素有"中国革命圣地""红太阳升起的地方"之美誉。原为湘潭市韶山区，1990年12月，撤区设市。韶山市总面积247.22平方公里，下辖2个镇、2个乡，常住人口10.34万。1983年，韶山市被湖南省人民政府认定为革命老区。

一

韶山市富有光荣的革命斗争历史。早在1920年冬，长沙党的早期组织成立，其主要创始人毛泽东是韶山籍最早的共产党员。在毛泽东的教育和影响下，韶山一批进步青年分别在长沙、安源、水口山等地加入中国共产党。至1923年底，韶山籍人士先后在外地入党的还有毛泽民、毛泽覃、毛泽建、毛福轩、彭公达、林蔚、赵先桂。

1925年2月，毛泽东以养病为名，偕夫人杨开慧、大弟毛泽民回韶山开展农民运动，并准备在韶山建党。毛泽东回乡以后，开展大量的调查走访，倾听农友乡亲的想法和要求，了解韶山农村生活现状，广泛接

毛泽东同志故居

触乡间的各界人物，并组建了秘密农协。3月，毛泽东委派毛福轩等人为骨干，秘密组织农民协会，不久秘密农协发展到20多个，人数达千余。毛泽东意识到，这一支农民革命的力量必须有一个坚强的组织——中国共产党的领导。6月上旬的一个深夜，他在自家阁楼上主持了钟志申、庞叔侃、李耿侯、毛新梅4人的入党仪式，成立了中共韶山特别支部，由毛福轩任支部书记。中共韶山特别支部是毛泽东亲手创建的第一个农村支部，也是全国最早的农村党支部之一。到1925年10月，党员发展到110多人，建立了7个支部。当年12月，韶山特支升格为中共韶山总支，隶属中共湖南区执委领导，党员增加到230多人。

中共韶山特别支部成立不久（同年6月下旬），下七都也建立了中共党的支部——银田特别支部。自此，韶山地区以两个特支为中心，向邻县边境扩展（当时，没有建立党的区委、县委机构）。1925年10月底，在韶山、湘潭云湖周边设乡边境的秀士乡、高露乡、石潭乡、湘乡境内的城前铺、玄歌乡桥（今湘乡金石镇）等地建立了15个党支部（宁乡5个、湘乡2个、银田特支8个），党员达130多人。至此，韶山的两个特支共建立党支部22个，党员达360余人。

毛泽东的早期革命历程是一个不断探索和实践的过程,他曾经领导过学生运动及工人运动,在革命的实践过程中,深感只靠工人阶级的孤军奋战是不够的,应该争取一切可靠的同盟军——农民,来进行革命实践。1925年2月,毛泽东回到家乡韶山,进行农民革命实践。

1926年1月,韶山党组织在总支的基础上成立中共湘潭(韶山)特别区委员会,隶属中共湖南区委领导,庞叔侃任区委书记。当时,毛福轩是中共湖南区委特派员又是湖南农运特派员,他与韶山党组织共同领导潭、湘、宁三县边境党的工作和农运工作。1926年2月,农运组织由秘密转为公开。当年,韶山普遍实行了"东佃各半""二五减租";废除了苛捐杂税,同时对土豪劣绅进行清算和罚款,勒令捐款,土豪劣绅威风扫地。韶山农民协会如雨后春笋般不断涌现,上七都特别区有乡农协41处,会员11700余人,下七都有乡农协30处,会员达8200余人。各乡办起了农民消费合作社,农民还自办织布厂和女子职业学校,建立了声势浩大的农民自卫队。韶山的党组织按照毛泽东指示,1926年2月,将"湘潭西二区上七都雪耻会"更名为"西二区农民协会"。下七都银田寺白庙成立湘潭第一区农民协会。8月,上、下七都按省农协颁布的简章进行改组,定期举行升旗仪式。

1927年1月6日,毛泽东再次回韶山考察。通过调查了解,事实证明了农民革命的作用非常巨大,农民运动"好得很"!至马日事变前,韶山境内有2个区农协,71个乡农协组织,会员由2万多人增加到4万多人。同时,儿童团、教职员联合会、学生联合会、妇女联合会、手工业联合会和商民协会等组织也相继在上、下七都成立。随着农运的兴起,韶山党组织还深入潭、湘、宁三县组织指导农运的开展,成为全省农民运动发展最快的地区之一。

马日事变后,许克祥公开"围剿"共产党、农民自卫军和农民运动领导人，声言："宁可错杀三千，不可漏掉一个。"韶山境内 13 人被杀害。1928 年 12 月，国民党在境内各乡成立挨户团，搜捕共产党员，"围剿"农民武装。次年 1 月，湘潭县党部查封毛泽东故居上屋场，先后三次派人挖毛泽东的祖坟，韶山党组织遭到巨大破坏和打压。1937 年 12 月，邹祖培与毛特夫、王南秋（省工委代表）等在韶山着手恢复中共组织，次年 1 月在青山坳重建中共湘潭（韶山）特别支部。

1939 年 6 月发生平江惨案后，10 月，国民党在韶山设"湘宁边区防共指挥部"，秘密建立调查通讯网和特种汇报室，侦察共产党员的行踪，加紧防共反共。1940 年秋，中共湘宁中心县委组织部部长张春林向韶山地方党组织传达中共中央针对国民党顽固派发动的反共高潮作出的《关于湖南工作的指示》和中共湖南省委会议精神，指示党组织长期埋伏、积蓄力量、以待时机。此后中共地方组织转入秘密活动。

二

韶山市的红色政权建设和革命武装斗争。1927 年 4 月，中共湘区委指派曾任中共宁乡县地方执行委员会书记的严岳乔（宁乡县人，1925 年于韶山入党）来到韶山筹备建立苏维埃政府。经过韶山党组织的考察，推选严岳乔、钟杰、徐尚达、杨正山为苏维埃政府的主要负责人。机关设立在韶山郭家祠堂，即毛泽东亲手挂牌的"湘潭西二区上七都雪耻会"会址所在地。随后，时任中共韶山特别区委书记庞叔侃主持召开了第一次苏维埃政府常务会议，重点研究了农民武装问题，讨论了打土豪分田地的有关政策，作出了《苏维埃与农村斗争决议案》，讨论了《韶山苏维埃政府暂行土地法》等。

新生的韶山苏维埃政权刚刚建立，长沙发生马日事变。许克祥叛军把韶山作为重点"清剿"地区。韶山党组织和新生的苏维埃政权机构遭到严重破坏，韶山的苏维埃机关多次转移，1930年撤至位于潭、湘、宁边境的韶山杨林乡云源村塘堪上（罗仙寨南麓）。

1927年5月，长沙发生马日事变。6月，许克祥部进犯韶山，韶山处于白色恐怖中。党员毛新梅、庞叔侃、钟志申、蒋梯空惨遭杀害。部分党员离开韶山，有的参加毛泽东在湘赣边界举行的秋收起义，有的去外地从事党的秘密工作。21日，游击队开拔宁乡沩山，决定实行"沩山暴动"，暴动总队在沩山坚持斗争三个多月，同反动势力开展政治、经济和军事的斗争。通过这次武装起义，游击队确立了军事指挥体制，明确了工农义勇军不再是农民自卫军，而是一支军队，并且获得了月山铺战役的胜利，击退了偷袭官山之敌，缴获步枪数十支，子弹数千发，挫伤了反动派的锐气，鼓舞了队员斗志。潭、湘、宁边区军事委员会所领导的沩山暴动虽遭失败，但起义的影响非常深远。在党组织遭严重破坏的情况下，毛月秋等仍在韶山坚持秘密活动。李耿侯带领农民自卫军200人转战宁乡西冲山一带，后又遭到"围剿"，被迫化整为零，转入秘密斗争。1930年5月，宁乡县一支游击队在韶山附近的石潭乡攻打团防局，韶山党员彭卓夫、钟树林等人参战。

三

1937年7月，抗日战争全面爆发。次年1月，中共湘潭（韶山）特别支部重建，11月，韶山成立了毛朗明领导的抗日民族解放先锋队，在日军侵略时期领导人民开展抗日斗争。

1944年5月下旬，日军占领长沙。6月20日日军从宁乡侵入韶山。8月16日，又一股日军沿湘宁大道，经韶山侵入湘乡。日军在10个多月里，盘踞在银田寺、狮子山一带，烧杀抢掠，无恶不作，杀死500多人。

抗日战争胜利结束后，1945年9月，中共潭湘宁边区县工委在韶山成立；1949 年 5 月，更名为中共宁乡县工委，韶山党组织隶属关系随之改变。8 月 9 日，湘潭和平解放。

韶山人民为中国革命事业付出了巨大牺牲，作出了重大贡献。毛泽东 1925 年回韶山培养的一批农民积极分子为创建红色政权、开辟中央苏区作出了重大贡献。据统计，1925 年到 1937 年，从韶山派往全省和全国各地的党员骨干达 300 人。自建立韶山特支始，直至抗日战争、解放战争时期，韶山从来没有停止过革命斗争。在革命年代，韶山有 1700 多位仁人志士先后献出了宝贵的生命，其中，包括毛福轩、李耿侯、庞叔侃、钟志申、毛新梅 "韶山五杰" 等 149 位被正式追认为烈士。

韶山尚存的革命纪念旧（遗）址有毛泽东同志故居、毛泽东纪念馆、毛氏宗祠等。

衡阳市

衡阳市，地处南岳衡山之南，因山南水北为"阳"得名。衡阳总面积15299.18 平方公里，下辖 5 个市辖区、5 个县，代管 2 个县级市，常住人口 664.52 万。是湖南省第二大城市，也是湖湘文化发源地之一。作为中国共产党组成部分的中共衡阳地方党组织，自 1921 年毛泽东亲自来衡阳组建以来，就领导着衡阳人民进行了可歌可泣的斗争。衡阳这块革命热土诞生了高歌"砍头不要紧，只要主义真"的著名英烈夏明翰，走出了共和国元帅罗荣桓……一大批优秀共产党员为了国家的独立、民族的解放，献出了宝贵生命。

南 岳 区

　　南岳区，隶属于衡阳市，位于湖南省中部偏东南，地处湘江西北，以南岳古镇为中心，北、东、南三面被衡山县环绕，西面与衡阳县界牌镇毗邻。南岳古为衡州之域，1952 年设湖南省南岳管理局，后改称南岳县。1966 年南岳县与衡山县湘江以西地区合并为衡山县。1982 年恢复省属南岳管理局。1984 年 5 月设立县级南岳区，因五岳名山南岳衡山而得名。南岳区是首批国家重点风景名胜区、全国首批 AAAAA 级旅游景区、国家级自然保护区、全国文明风景旅游区、国家全域旅游示范区。全区总面积 179.28 平方公里，下辖 1 个街道、1 个镇、1 个乡，常住人口 7.04 万。1990 年 6 月，南岳区被湖南省人民政府认定为革命老区。

一

　　南岳区有着光荣的革命斗争传统。早在中国共产党成立之初，党组织就派人前往传播革命思想，开展革命运动。1922 年 8 月，戴晓云受团中央的派遣，回衡山、南岳从事革命活动，创建了社会主义青年团衡山地方执行委员会。次年春，中共湘区委派遣刘东轩、谢怀德等共产党员，创建了湖南的第一个工农联盟组织——岳北农工会。1926 年 9 月，向钧受中共湖南区委的派遣，在衡山召开了第一次党代会，随即建立了中共衡山县地方执行委员会。1927 年 2 月，在南岳区党支部组织下，衡山县第六区（南岳）女界联合会和衡山县共青团第六支部先后成立，南岳境内工农革命运动不断掀起高潮，几乎所有的农民和手工业者都集合到了农会与工会的旗帜下。毛泽东对南岳地区的革命运动有着深刻印象。1927 年 1 月，毛泽东到南岳衡山考察，主持召开座谈会，视察了衡山农民运动讲习所。他特别指出，中国有五岳，首先点燃革命火焰的是南岳衡山，要让南岳衡山的革命火焰向其他几岳蔓延，让革命风暴席卷全中国。毛泽东对五县农民运动考察后，写出了《湖南农民运动考察报告》，此报告中有 10 多处提及南岳衡山。

二

1927 年 4 月，蒋介石在上海发动四一二反革命政变，5 月 21 日，湖南军阀许克祥在长沙发动马日事变后，国民党反动派大肆屠杀共产党人和革命群众。南岳区的各个革命团体遭到敌人的严重破坏，工人运动、农民运动受到挫折，革命形势转入低潮，南岳人民的革命斗争也被迫转入地下活动。1927 年 6 月，根据中共湘南特委书记陈佑魁的指示，向大铭来衡山重建中共衡山县委，但遭受重大挫折。1927 年 9 月，中共湘南特委先后派陈芬、毛泽建、萧觉先、李棻林等人来衡山秘密恢复组织。同年 11 月，中共衡山县委在衡山师古九龙泉秘密召开党代会，整顿党组织，并决定在全县各地举行武装暴动。会议将全县划分成几个暴动区，南岳被定为暴动区之一。会后，县委派宣传部长李棻林、罗介凡和旷文光等人来南岳恢复发展党组织，重新组建了中共南岳区委员会，代号为"罗蔓南"。南岳区委下辖南岳、店门、师古桥、辖神坳 4 个支部，党员发展至 60 余名。1928 年 2 月 21 日，李棻林在南岳辖神坳的游击队，与衡阳庙溪屈淼澄率领的工农革命军第七师的第一团和第四团紧密配合，举行了第一次"南岳暴动"，并大获成功。是役，仅工农革命军第七师第三营的冯幼翼、冯彬芹、刘俊等人在掩护部队撤退时，被敌俘虏，壮烈牺牲。1928年4月26日，李棽林率领的游击队又与萧觉先率领的工农革命军部队举行了第二次"南岳暴动"，并且夺取了南岳团防局的部分枪支。但是因为前期走漏了消息，反动派早有准备，于是倾巢而出，使得李棽林、萧觉先率领的部队终因寡不敌众，被迫撤出南岳，萧觉先、李棽林先后壮烈牺牲。中共南岳区委被破坏，大批共产党员和革命者被迫转入外地坚持斗争，南岳地方党组织不久便基本停止活动。

三

抗日战争爆发后，1938年5月，欧阳方受中共湖南省委派遣，来南岳恢复共产党的组织，于6月建立了中共南岳支部。8月，建成中共南岳区委，后经省工委批准，成立中共衡山临时县委，欧阳方任书记。1939年2月，召开衡山县党员代表大会，成立中共衡山县委。

1939年1月，抗日战争进入高潮，在中国共产党的建议下，国共两党在南岳举办游击干部训练班，蒋介石兼主任，白崇禧、陈诚兼副主任，汤恩伯任教育长，叶剑英任副教育长。南岳游击干部训练班于1939年2月开学，1940年3月结束，3个月为一期，共举办三期，培训了3100余名学员，是抗日战争时期培养游击骨干的大摇篮。周恩来是南岳游击干部训练班

1939年4月，叶剑英（前排中）与参加南岳游击干部训练班的中共代表团全体工作人员合影

的国际教师，曾为学员讲授《中日战争之政略与战略问题》，并亲自抓统一战线，支持南岳爱国佛、道教徒成立了"南岳佛道救难协会"，为南岳佛道救难协会题词"上马杀贼，下马学佛"，鼓励他们积极投入革命斗争，在全国树立了宗教界爱国爱教的典范。1940年10月，中共衡阳中心县委迁来南岳北支街，开设一家杂货店作为掩护。省工委书记周里常来店中指导工作，与国民党蒋介石反动派采取的"溶共、防共、限共、反共"的政策进行了顽强的斗争。

解放战争时期，在中共湖南省委的领导下，南岳地下党组织发展很快，当时县工委机关设立在南岳实验小学。刘东安、梁君大、熊清泉、王向天等为迎接解放，在大、中、小学积极组织师生开展宣传，筹粮筹钱、支援前线，建立武装，举行了声势浩大的"四一五"反暴行、反迫害和罢考罢课的斗争，使革命斗争的火焰越来越旺。南岳党组织领导人民为争取解放，在党的史册上写下了光辉的一页。

南岳衡山，是彪炳史册的抗战名山。南岳区有全国爱国主义教育基地1处，全国红色旅游景点1处。2021年7月，南岳区正式推出3条红色经典旅游线路。在南岳衡山香炉峰下的忠烈祠，是首批国家级抗战纪念设施、国家级烈士纪念设施，有烈士公墓19座、个人墓葬13座。在南岳古镇，仍然保留着南岳游击干部训练班中共代表团旧址岳云果园，曾是周恩来在南岳的临时住所。紫盖峰下巍然屹立着安葬了100多名抗美援朝英雄的"南岳烈士陵墓"。南岳白龙潭下的五烈士墓，是解放战争时期南岳人民争取解放的见证。

衡阳县

衡阳县，隶属于衡阳市，位于衡阳市西北部，湘江中游，因位于南岳衡山之南而得名，东与南岳区、衡山县交界，南毗蒸湘区、石鼓区、衡南县，西邻祁东县、邵阳市邵东县，北与娄底市双峰县接壤。系船山故里，是中共著名烈士夏明翰、朱少连家乡。总面积 2558.6 平方公里，下辖 17 个镇、8 个乡，常住人口 88.84 万。1994 年 5 月，衡阳县被湖南省人民政府认定为革命老区。

一

衡阳县有着光荣的革命斗争历史。是全省最早建立党组织的县区之一。早在中国共产党创建时期，中共一大代表毛泽东就高度重视以衡阳为中心的湘南党组织的建立与发展。1921 年 10 月，毛泽东就偕衡阳县籍党员夏明翰来衡，发展了蒋先云、黄静源、唐朝英、蒋啸青 4 人入党，在县城省立三师建立湘南地区第一个党小组，直属湘区支部，黄静源任组长。

1921 年 10 月，成立省立三师支部，张秋人任书记。到 1923 年初，全县党组织发展为 3 个支部，有党员 50 多人。1924 年 1 月，湘区执委会派遣戴述人来衡筹建湘南区委和衡阳县委，同年 5 月，中共湘南区委在县城成立，书记戴述人，兼中共衡阳县委书记。湘南区委和衡阳县委

成立后，党的组织迅速
向湘南其他地区扩展。

省立第三师范旧照

区委先后在衡阳的党员
干部中抽调了贺恕、刘
泰、李文香、胡世俭、
陈芬、夏明震、何钧、
韦汉、李一鼎等分赴耒
阳、宜章、郴县、衡山、
江华、永兴等地筹建党的组织，其中产生了一批全省最早的县委。

　　衡阳县是大革命时期全省党员人数发展最快的县区，尤以农村支部
和农协会员在全省发展最为迅猛。至 1927 年 4 月，全县共建立城区党
支部 30 个，农村党支部 54 个，党员发展到 1300 多人，其中西北乡有
支部 44 个、党员 1194 人。派出县农协特派员 20 余人，全县有区农协
23 个，乡农协 244 个，农协会员 60 万，农协工作被誉为"全省之冠"。

　　至 1927 年，湘南区委、湘南特委、湘南行委机关都设在衡阳县城。
大革命失败后，湘南特委和中共衡阳县委举起武装斗争旗帜，先后组建
衡北游击师和工农革命军九师三团、七师、八师、桐梓山工农游击队（一
师第三团），举行边防大暴动、年关暴动、南岳暴动等。

　　土地革命战争时期，1934 年 4 月，中共湘南特委书记周里和宣传部
长李国兴，在衡阳东乡铁丝塘、五塘铺和茶坳一带以行医和开店作掩护
开展革命活动，发展党员，建立中共铁丝塘支部，许作霖任支部书记。
全县境内先后设有 1 个特委，13 个党支部。

二

　　衡阳县苏区的革命武装斗争和红色政权建设。1927 年 4 月，蒋介石

在上海发动四一二反革命政变，5月21日，湖南军阀许克祥在长沙发动马日事变后，国民党反动派疯狂屠杀共产党人和革命群众，党组织遭到敌人的严重破坏，各个革命团体被捣毁，工人运动、农民运动受到挫折，衡阳县的革命形势转入低潮。8月7日，中共中央在汉口召开紧急会议，总结大革命失败的经验教训，批判了陈独秀右倾机会主义错误，确立了开展土地革命，武装反抗国民党反动派的总方针。9月初，中共衡阳县委委员罗子平与刘禹谟等在南乡井头皂召开党员紧急扩大会，成立中共南乡特别委员会，刘禹谟任书记，深入发动群众，筹建革命武装。1928年2月12日，在南乡寺成立工农革命军第八师，罗子平任师长，刘禹谟任党代表，罗俊逸任参谋长，司令部设南乡寺。队伍发展到500多人，枪30余支。

1928年1月26日，中共水口山矿党支部书记宋乔生根据湘南特委指示，领导工人起义，以桐梓山游击队为外援，里应外合，夺取矿警50

工农革命第七师成立旧址——界牌将军庙矮子岭

多支步枪、2000 多发子弹。28 日，参加起义的工人 804 人，奔赴桐梓山，成立桐梓山游击队，李育松任队长，宋乔生任参谋长，谢翰文任党代表，队伍壮大到 1100 多人，活跃于衡耒边界。后李育松在战斗中牺牲，游击队由宋乔生率领开赴耒阳，投奔朱德参加湘南起义，被编为朱德领导的工农革命军第一师第三团，宋乔生为团长，李玉荣、谢翰文先后任党代表。该团随朱德奔赴井冈山，编为红四军军部特务营，负责警卫、侦察、通讯等任务，营长宋乔生。

1927 年 12 月，根据湘南特委的布置，湘南特委委员兼衡阳县委书记何寅修、衡阳县委委员屈淼澄奉命来西渡组建工农游击武装。1928 年 2 月 7 日，在西渡灵官庙成立工农革命军第九师，有 500 余人，朱克敏任团长，何寅修任党代表，朱坤山为参谋长，宁智为副团长，刘纯宜等任团部委员。

1928 年 2 月 16 日，工农革命军第九师第三团奉命开赴界牌将军庙矮子岭宋香林（宋湘霖）家，与萧觉先率领的衡北游击师相会合，改编为衡阳工农革命军第七师，屈淼澄任师长，何寅修任党代表。队伍很快发展到 1200 多人。县内长乐、西渡、岘山、台源、渣江、金溪、溪江、界牌、岣嵝、集兵、杉桥等区域 900 多平方公里，被工农革命军控制，土豪劣绅闻风丧胆。

1928 年 3 月 16 日至 20 日，以朱德为首的工农革命军和湘南特委在永兴太平寺召开了湘南工农兵代表会议。衡阳县参加这次会议的有陈佑魁、朱克敏、宋乔生三人。陈佑魁是湘南特委书记兼衡阳县委书记。朱克敏为衡阳县工农革命军第七师代表，宋乔生是衡阳县桐梓山游击队的代表。这次会议选举产生了湘南工农兵苏维埃政府。陈佑魁当选苏维埃政府主席，朱德、陈毅、何长工、宋乔生、尹子韶、朱克敏等 21 人被大会选为执行委员（21 个执委中衡阳县占 3 人）。会议通过了《湘南工农兵苏维埃政府施政大纲》《土地问题》《县区乡苏维埃政府组织法》《工农武装》《暴动口号》等多项决议。

1928年4月16日，工农革命军第7师1000多人在灵官庙举行声势浩大的向南岳进军的誓师大会。会后兵分两路向南岳进发。一路经台源寺、杉桥转至妙溪直达南岳。敌人很快调集大批反动军队分三路围攻。经过激烈战斗，萧觉先率四团向南岳后山撤退，朱克敏率领的三团被敌军夹击，队伍被打散，损失惨重，朱克敏被迫离队去了武汉，后遭反动派杀害。余部一连人由朱坤山率领转至金兰寺一带开展武装斗争，不久部队亦被打散，朱坤山被捕就义于衡阳城。7月底，四团团长萧觉先因叛徒董士豪出卖被捕牺牲。刘纯宜、蔡智、肖杰、万含英、宁智等人仍回衡阳西乡坚持斗争。屈淼澄带领余部离开衡阳到常宁、江华、攸县一带坚持游击斗争，直至抗战爆发。

三

抗日战争全面爆发后，衡阳党组织重建，恢复活动。1938年3月，中共湖南省委派遣陈永清来衡恢复重建县委。5月成立县工委，陈永清任书记，屈淼澄任组织部长，11月正式成立县委。1939年1月又成立衡阳中心县委，全县党支部发展到33个，有党员197人。1938年4月，中央军委特科湖南情报组负责人刘道衡与熊子烈回到西乡牌楼、清潭，建立2个地下党支部，坚持斗争到衡阳解放。衡阳抗日志士常泰庄在地下党支持下，组成金兰抗日游击队，队伍达三四百人，英勇抗击日本侵略者，活跃在衡阳、湘乡边界，在湖南抗战史上写下光辉的一页。

解放战争时期，境内先后建立中共湖南省工委领导的衡阳工委、中共武汉地下市委领导的衡阳直属支部和中共湘南特委领导下的衡阳工委3个系统党组织。1949年10月，全县共有区委7个、总支1个、特支2

个、支部 39 个、党员 293 人。

处在国民党统治区的中共衡阳地方组织，根据中共中央的总方针与抗战胜利后衡阳的政治经济形势，在上级党组织的领导下，利用各种关系和原有的基础，迅速恢复和发展党的队伍，积极发动和依靠人民群众，开辟第二条战线，同国民党反动派进行英勇斗争，为争取和平民主和人民解放事业的胜利，迎接解放大军南下衡阳，建立人民政权，作出了重大贡献。

衡阳县人民为中国革命事业付出了巨大牺牲，作出了重大贡献。大革命失败以后，至土地革命战争时期，衡阳县仅西北两乡牺牲的英烈有名有姓有据可查的就有 274 人。其中有先后任湘南区委、特委兼县委书记的陈佑魁，1928 年 4 月在长沙被捕英勇牺牲；县农讲所支部书记唐朝英去零陵担任湘粤边防司令特派员，在零陵被捕遇害；历任中共安源地委执委书记、中共三大中央执委、全国总工会执委、工农革命军一师四团团长的朱少连，1929 年在安源被捕，就义于萍乡；1928 年 11 月 11 日，衡阳县籍担任北京市地方执委的刘惕庄、杨鹤云 2 位烈士，在安定门外箭挡西边双双就义。

衡阳县红色遗迹有夏明翰故居，工农革命军第七师会师纪念馆，中共神皇山支部旧址，中央特科湖南情报组（中共牌楼地下支部）旧址，中共清潭地下支部旧址，洪市、渣江、井头等地衡宝战役烈士陵园等。

衡 南 县

衡南县，隶属于衡阳市，三面环抱衡阳市区，与雁峰、蒸湘、珠晖、石鼓4个城区相连，与衡山、衡东、安仁、耒阳、常宁、祁东、衡阳7个县为邻。全县总面积2614.15平方公里，下辖3个街道、19个镇、1个乡，常住人口79.63万。1994年5月，衡南县被湖南省人民政府认定为革命老区。

一

衡南县有着光荣的革命斗争历史。1921年至1924年，毛泽东多次来衡南县，帮助和建立党的组织。1925年6月中共衡阳县委成立，到1927年4月全县发展党员1094人，建立党支部75个，还建立了车江特委和南乡特委。

1927年7月，衡南县农会组织部长资歌铗在东乡组织郭门铺、小江口、东阳渡、廖田圩、桐梓山5个武装支队。9月27日举行了廖田暴动，威震全县。10月19日，县委组织了西北农民武装，在方圆100余华里内举行暴动，并组织了"衡北游击师"。

1927年7月15日，武汉汪精卫国民党政府叛变革命后，中共中央军委派武汉保安总队副队长罗俊逸回家乡衡南茅市，协助其叔罗子平在中共南乡特委领导下组织工农革命军第八师，罗子平任师长，特委书记刘禹谟任党代表，罗俊逸任参谋长。下设二十七、二十八两个团，分别由罗松乔、张九成担任团长，有战士 500 余人，枪 30 余支，鸟铳、长矛、大刀 200 多件。

1927 年 12 月，屈淼澄奉命来西渡组建工农革命军第九师，1928 年 2 月 16 日与衡北游击师会合，改编成工农革命军第七师，屈淼澄任师长，何寅修任党代表（县委书记），下辖两个团，人枪千余。1928 年 7 月屈淼澄率七师余部转战本县偏僻山区和湘南各地，在极端艰苦困难的条件下，坚持到 1938 年 1 月，抗日时期，在郴州编入新四军。

二

衡南县苏区红色政权的建立和发展。1927 年至 1928 年 4 月，衡南党组织建立了桐梓山革命根据地（在今衡南廖田镇、向阳镇境内），根据地与衡、耒、常（宁）相邻，和水口山铅锌矿隔舂陵水相望，方圆 200 余公里。1927 年 7 月党员李育松（衡南人，1928 年牺牲）在当地组

衡南县桐梓山工农游击队根据地旧址

成农民游击队（李任队长），积极支援水口山工人暴动。次年1月26日，水口山党组织根据朱德和湘南特委指示，再次举行武装起义，队伍开到桐梓山与农民游击队会合，编为桐梓山工农游击队，不久根据朱德的指示改编为工农革命军第一师第三团，团长宋乔生（水口山工人），党代表谢翰文。下辖3个营，共1200余人，有长短枪300余支。3月24日，宋乔生率第三团撤离桐梓山，经瓦园，过灶市，进入耒阳城，随朱德、陈毅上了井冈山。朱、毛会师后，该团改编红四军部特务营，宋乔生任营长兼军部机械修理处处长。

1928年3月16日在永兴成立湘南苏维埃政府，当时衡阳县委书记陈佑魁代表衡阳县出席并选为湘南苏维埃政府主席。

1935年2月至11月，中共湘粤赣边区特委副书记兼湘粤游击队政治部主任周里（化名许崇德）和特委宣传部长李国兴（化名赵诗名）在衡南坚持斗争近一年，并在铁丝塘、五塘铺建立党支部。1937年耒安衡中心县委在衡南县原花桥区、江口区、泉溪区一带活动，中心县委委员颜桂生（花桥人）在花桥建立党支部兼任书记。

抗日战争时期，1938年3月，中共湖南工委派遣特派员陈永清来衡恢复和发展党组织。在此期间，新建立了4个区委，33个支部，发展了197名党员。

解放战争时期，中共湘南工委在衡阳建立衡阳工委，书记谭善绍（衡南人）先后在今衡南建立了东区区委、南区区委、衡耒边区特支、茅市特支，三塘、大水江、茶市、宝盖、车江等支部，发展党员200余人，遍布衡南各地。

三

从党的创建到新中国成立，衡南的革命斗争连绵不断，斗争烈火遍

衡南县"一门四忠烈"归园烈士墓

布各地，衡南人民在各个革命历史时期高举革命旗帜，英勇奋斗，前赴后继，不怕牺牲，为革命作出了重大贡献，付出昂贵的代价。据统计，衡南惨遭敌人杀害而光荣牺牲的烈士有2500多人，其中有习近平同志提出号召全党学习的著名烈士夏明翰，还有朱少连等人，参加革命后失踪的有910多人。

衡南县的红色遗迹有桐梓山工农游击队根据地旧址等。

衡 山 县

　　衡山县，地处湖南省中部偏东，湘江中游西岸，北靠长株潭，环抱南岳衡山。东与衡东县隔江相望，南接衡南县，西南邻衡阳县，西北界双峰县，北抵湘潭县。千年古县，素有"文明奥区"之称。全县总面积934.94平方公里，下辖7个镇、5个乡，常住人口33.57万。1989年1月，衡山县被湖南省民政厅批复列为革命老根据地县。

一

　　衡山县具有光荣的革命历史。1922年7月，中共党员戴晓云受团中央委派，回家乡创建社会主义青年团衡山执行委员会。次年春，中共湘区执行委员会为贯彻党中央关于开展农民运动的号召，先后派遣党员刘东轩、谢怀德、雷晋乾来衡山白果开展农民运动。9月16日，岳北农工会成立，有3000多名会员参加。两个月后会员人数增至10万余人，岳北农工会是湖南省内高高举起的第一面农运

岳北农工会旧址

大旗，这是中国工农首次携手闹革命。11 月，岳北农工会遭湖南军阀赵恒惕镇压。1925 年 9 月，刘爱农、戴沥本受中共湘区执行委员会派遣，回县开展工作，秘密发展了陈祖铭、刘泽南、戴庚入党，创建县内第一个中共组织——中共衡山小组，并同时在部分乡村秘密发展农民协会。1926 年 8 月 1 日，县农民协会成立，全县有农协会员 2 万多人。9 月，以向钧为书记的中共衡山地方执行委员会成立，机关设县康王庙，辖基层支部 52 个，党员 1200 余人，遍布全县行政区划 17 个字号。中共衡山地委联合国民党衡山县党部派出 80 余名农运工运特派员分赴各字区开展农运工作。至 12 月，全县成立区（字）农协 14 个，乡农协 350 余个，会员 7 万余人，成为全省第一等的县。1927 年 3 月，中共衡山地委通过国民党县党部接收县团防局 400 人、360 条枪，更名为农民自卫军，属县农民协会领导。各区乡农民纠察队发展到 10 万余人，拥有 8 万支梭镖和各种枪支 500 余条，打土豪分田地，斗争土豪劣绅，开展轰轰烈烈的土地革命，工农运动风起云涌。

1927 年 4 月，蒋介石在上海发动四一二反革命政变，5 月 21 日，湖南军阀许克祥在长沙发动马日事变后，国民党反动派疯狂屠杀共产党人和革命群众，党组织遭到敌人的严重破坏，各个革命团体机关被捣毁，工人运动、农民运动受到挫折，衡山县革命形势转入低潮。

二

长沙马日事变后，中共衡山地委决定进行英勇斗争，针锋相对，用革命的武装反抗反革命武装，成立军事委员会和戒严委员会，统一指挥对敌行动。5 月 26 日，奉省农协命令动员 1 万余名农民自卫军担任攻打长沙的预备队，并派出一支 300 人的先遣队由贺尔康率领至湘潭护湘关。6 月 12 日，中共衡山地委调动农军分二路向县城进攻，因三个中队叛变，

毛泽建烈士墓

进攻失败，部分农民纠察队员则在赵国诚、彭桂峰、廖冬里等领导下奔赴安源，后参加秋收起义。中共衡山地方组织遭到国民党和反动军阀的破坏，人员分散撤离。

1927年6月底，湘南学生联合会会员向大铭回衡山，成立了中共衡山县临时委员会，代号"王又明"。7月，向大铭在栗子港建立起一支50多人的游击队举行枣山暴动。9月，中共湘南特委派遣陈芬来衡山接替向大铭的工作，组建新的县委。10月，县委贯彻八七会议精神，确定恢复、发展党的组织和开展武装斗争的方针。随后，岳北、福田铺、霞流冲等地游击队建立。12月，中共衡山县委将全县划分为岳北、石湾、南岳、萱洲、吴集等5个暴动区，派遣得力干部进行组织与发动工作。县城附近暴动区的游击队在陈芬和毛泽建的指挥下，锯断电杆，向县署抛掷炸弹。南岳辖神坳游击队50多人邀集在衡阳与衡山交界的苗溪一带活动的工农革命军第七师一、四两团 500 多人，突袭南岳团防局，打死打伤 30 余名团丁，其余团丁全部缴械投降。在暴动的同时，衡山县委根据湘南特委的指示筹建工农革命军第十师，由陈芬任党代表，萧觉先任师长。因国民党反动派"清乡""铲共"愈益凶残，陈芬夫妇于 1928 年 2 月离衡山赴耒阳。不久，代理书记舒汉先和组织部长周树屏因叛徒出卖而被捕牺牲。5 月初，萧觉先率工农革命军第十师发起第二次南岳暴动，因寡不敌众，被迫撤出，不久萧觉先亦壮烈牺牲。此后一直到抗日战争爆发，县内的共产党员一部分被反动派屠杀，一部分转移外地继续从事革命斗争。

三

抗日战争爆发后，抗日救亡运动席卷衡山。1938 年 4 月，衡山乡村师范诞生一个党小组，小组成员向霞流冲煤矿工人宣传抗日。中共湖南省工委派欧阳方到南岳，8 月成立以他为书记的中共衡山临时县委。11 月 8 日，日军飞机轰炸衡山县城后，刚从外地回县的刘东安、刘国安、谭云龙等 6 名青年共产党员组织战时青年工作队，不久成员增至 64 人。临时县委在青工队内发展党员，建立支部，领导青工队开展抗日救亡运动。1939 年 2 月 22 日，临时县委在石湾武家坰召开全县党员代表会，选举产生中共衡山县委。此时，青年工作队被国民党县党部强令解散，经县委请示南岳游击干部训练班副教育长叶剑英，将其中大部分队员转入游干班第七队受训。结业后，除个别人外，均被分配到第三和第九战区工作。其中，谷济兴、曾树和旷定家三人后来投奔驻扎在溧阳的新四军。

1949 年春，中共衡山地下组织发展较快，除中共衡山县工委领导的城关、黄桑桥、南岳、国立师范学院和岳云中学等支部外，还有湘南区工委、岳北、贯塘总支等没有横向联系的中共组织在县内发展和活动。

这些地下党组织遵照上级部署,加紧领导群众开展学生运动和农民运动,团结爱国进步力量,建立人民武装,为迎接解放而斗争。6月下旬,中共湘南区工委在策反3支地方武装的基础上组建"中国人民解放军湘中游击五支队二团队",该队数次围歼国民党第58军,屡有俘获。中共岳北总支夺取国民党交警队的枪支,建立一支武装工作队。9月9日,随军南下在河南巩县组建的中共衡山县委及其所属的南下工作团太谷中队167人到达石湾,与中共衡山县工委会师。10月6日,人民解放军解放了衡山县城,至此,历经30个春秋的艰苦卓绝的新民主主义革命斗争,终于以彻底的胜利载入史册。

自辛亥革命以来百余年间,在数十年血与火的革命斗争中,衡山英烈辈出。据统计,衡山县牺牲的革命烈士有299人,新中国成立后,县人民政府修建了毛泽建烈士陵园及纪念馆,1983年10月10日,湖南省人民政府重新公布了毛泽建烈士墓为省级文物保护单位,次年,中共湖南省委宣传部公布毛泽建烈士墓为省级爱国主义教育基地。2013年,根据省民政厅批复,衡山县决定在县城紫巾森林公园北峰修建衡山烈士纪念园,同年12月26日动工,次年9月20日竣工,竣工当日县委、县政府举行了烈士遗骸安葬仪式,9月30日国家烈士纪念日,中共衡山县委、县人民政府举行了隆重庄严的烈士公祭仪式。2016年12月12日湖南省人民政府批准衡山烈士纪念园为省级烈士纪念设施。

衡　东　县

衡东县，位于湖南东部偏南，居湘江中游的衡阳盆地与醴攸盆地之间。东连攸县，南与安仁县、衡南县为邻。全县总面积 1926.76 平方公里，下辖 15 个镇、2 个乡，常住人口为 56.54 万。1994 年 5 月，衡东县被湖南省人民政府认定为革命老区。

一

衡东县是开国元帅罗荣桓的家乡。衡东县具有光荣的革命斗争传统。早在大革命时期，1925 年 9 月，新塘镇青年知识分子刘爱农就在衡阳经李维汉介绍入党，随后回乡建立地下党组织，发展党员，建立县党小组和县特支委。1926 年，省农运特派员贺尔康到衡东县三樟乡的柴山洲、油麻田一带发动群众参加大革命。4 月，建立了全县第一个农村党支部——柴山洲党支部和全县第一个区农协会——柴山洲特别区农民协会。随后又在大桥镇的大桥湾、铁炉，石湾镇的乎里村，白莲镇的小初桥，杨桥镇的白鹤塘发展党员 280 多

柴山洲第一农民银行旧址

名，建立党支部 10 余个。中共湘区委员会派向钧在衡东建立地委后，至党的五大召开前，衡东县发展党员 700 多名，建立乡村党支部 22 个。随着党组织的壮大，农民运动迅猛异常，在短的时间内建立区农会 10 个，1 个区农协筹委会，此时，罗荣桓也从广州回到了鱼形南湾（今衡东荣桓镇）领导农民运动。1926 年 10 月柴山洲特别区农民协会创建了全国革命根据地最早的一家银行——柴山洲第一农民银行。1927 年 1 月，毛泽东到湖南五县考察农民运动时，对柴山洲特别区农协和洋塘（今霞流镇）农协给予了高度赞扬。（《湖南农民运动考察报告》中有所记载。）

二

1927 年 5 月，马日事变后，中共湘南特委派遣陈芬、毛泽建来衡东县，组建以陈芬为书记的中共衡东县委，1927 年 8 月，县委组建衡醴边区游击队。以革命武装对付反革命武装，1927 年 10 月，在石湾举行了枣山暴动，抄了小初团防局长李吾生的家，12 月在雷市、杨林、石湾又发动了年关暴动。1928 年 2 月，南湾、草市地下武装与湘南游击队配合，举行了著名的南湾暴动，捣毁了南湾的团防武装，烧掉了两户土豪劣绅的房子。1933 年 12 月，攸衡、潭醴边区委员会在衡东的乌拉桥、横板桥、车路桥建立 3 个党支部。

中央红军长征期间，1934 年 10 月，屈淼澄率领红军第七师在杨桥镇凤凰山策应红军长征，经茶陵转战武冈、洞口。1936 年 3 月，举行草市暴动，捣毁国民党衡耒保安队驻草市 1 个排，夺取枪支 10 多条，将“同善堂”1000 多块银洋分给贫苦大众，处决了国民党的稽查委员，随后袭击巴洲、桃子洲两个盐卡，群众奔走相告：“南湾冲里来了红军，共产党回来了！”同年 10 月中共湘粤赣特委书记周里率领游击队到四峰山下的将军庙、铁丝塘进行武装斗争。

三

抗日战争时期,抗日救亡运动席卷衡东。刘东安、刘国安、向大鉴(向前)、谭安猷在衡东石湾成立青年战时工作队开展抗日救亡运动。后来,衡东的周月南、刘东安、康杰、稂成普、谭飞龙、向绍之等先后奔赴延安参加抗战,他们转战沙场,有的献出了宝贵的生命,有的成长为军政领导干部或优秀指挥员。

1945年4月8日,王震司令员,王首道政委率领八路军359旅南下支队5000余人,由湘潭盐埠经朱亭进入衡东的凤凰山。11日到达南湾,他们沿途宣传抗日政策,动员民众筹粮筹款支援前线,争取四峰山河东行署游击队参加抗日,壮大了抗日队伍。

解放战争时期,衡东先后建立了洣南区工委和窑里、白莲、雷市、龙源、吴集等9个党支部(党小组)。刘东安、刘国安分别担任了衡东县工委书记和两衡工委书记,五支队二团是洣南区工委领导下的县内唯一的地下武装,有100多人70多条枪,在党的领导下英勇奋斗,1949年8月6日,衡东洣北先行解放,9月13日在石湾成立了县人民政府。组织群众开展征粮支前工作,迎接新中国的成立。

衡东人民为中国革命事业的胜利付出了巨大的牺牲和贡献。红色古遗有罗荣桓故居、柴山洲特别区第一农民银行旧址、王光泽故居等。

罗荣桓故居

祁 东 县

祁东县，隶属衡阳市，位于湖南省衡邵盆地西南边缘，湘江中游北岸，东接衡南、常宁，南连祁阳、冷水滩，西邻东安、邵阳，北抵邵东、衡阳。原属祁阳，1952 年 4 月，祁东与祁阳分治，因大部分土地位于祁阳之东，故名祁东。全县总面积 1870.95 平方公里，下辖 4 个街道、17 个镇、3 个乡，常住人口 76.69 万。1994 年 7 月，祁东县被湖南省人民政府认定为革命老区。

一

祁东县具有光荣的革命斗争传统。早在大革命时期，1925 年秋，共产党员雷晋乾受中共湖南省委选派到广州第五届农民运动讲习所学习，并以个人身份加入了国民党。同年底，又受中共湖南省委和国民党湖南省党部派遣，回到祁东从事革命活动。回祁东后，他以担任县立第一高等小学教员为掩护，向进步师生积极开展革命活动。他在发展国民党组织的基础上，积极物色对象发展共产党员，于 1926 年 1 月，在"一高"正式成立了祁东第一个党组织——中共祁阳县特别支部（当时称祁阳县），雷晋乾任支部书记，支部代号"雷希扬"。特支历经雷晋乾、王首道、李镇球三任书记，至 1927 年 5 月，党员发展到 26 名。1926 年春天，在北伐军胜利进军湖南，工人民众运动形成高潮的形势下，1926 年

9月，王首道（当时叫王一分）以国民党湖南省党部农民运动特派员身份到祁东工作，到祁东不久，即接任了中共祁阳（祁东）特别支部书记职务，在工农积极分子和进步教师中发展9人加入中国共产党，壮大党的组织。随即，他们分头下乡指导农民运动。开办培训学校，从思想意识上引导农民移风易俗，破除封建迷信，提倡现代文明，打击流氓地痞。各级农会分别有女子联合会、童子军团，组织学生和儿童歌唱革命，排演文明戏剧。组织农民，对豪强恶霸、劣绅、地痞流氓、烟鬼赌棍、虐妻凌娘等情况分别进行逮捕关押，或出谷罚款，或大会斗争，或戴高帽游行。同时，对那些罪大恶极和武装反抗的土豪劣绅则坚决镇压。经过全面组织发动，祁阳县农民运动发展很快。1926年6月至1927年5月，建立了县区乡三级农协组织133个，入会农户16万户计60万人，占全县总农户的80%。并组建了拥有5000余人枪的祁东农民自卫军，成立了祁东县惩治土豪劣绅特别法庭，审判了40余名土豪劣绅，实现了"一切权力归农会"。

正当农民运动迅猛发展的时候，1927年4月，蒋介石为首的国民党反动派在上海发动四一二反革命政变。5月，国民党反动军官许克祥在长沙发动马日事变，反动派在祁东大肆捕杀了共产党员7人，农运骨干30余人和数百名革命群众，烈士的鲜血洒遍了祁东城乡，革命形势陷于低潮。

二

土地革命战争时期，1927年8月7日，八七会议确立了开展土地革命，武装反抗国民党反动派的总方针。祁东县党组织坚决贯彻党中央的路线方针，实现工作重点转移，开展土地革命，建立红色政权。1927年冬，共产党员刘东轩、陶铸到祁阳与幸存的党员联系，创建中共祁阳县委，并受省委委托，代管零陵、道县、江华等地党组织，计划发动年关暴动，领导和改造了周文农军，建立起以阳明山为中心，四明山为犄角的苏维埃政府，以周文为苏维埃政府的负责人和农民自卫军总司令，与永兴为中心的湘南苏维埃政府连成一片，形成了红色根据地。并在白果市、黄江源等地建立了农会组织，在茶苑源办起了兵工厂，队伍发展壮大至3000余人。阳明山革命根据地的建立，与井冈山革命根据地遥相响应，互相支持配合，极大地震惊了湖南省军政当局。

1928年6月，在党的领导下，周文农军与山下各区乡农会协同作战，打击土豪劣绅，焚毁田契借据，开仓放粮济贫，深得农民拥护，军威大震。省反动当局令第四"清剿"区务须"以大部（兵力）会同粤桂赣三省先将毛泽东、朱德、周文、唐淼各股肃清"。调集张其雄独立十九师、许克祥两个团和二十五军教导师魏镇团及祁、零、常等八县团防队共2万兵力对阳明山农军进行"围剿"，并石印三千份阳明山"剿匪"宣传标语，张贴在县城及各乡村。农军英勇作战，"清剿"部队多次败北，最后派欧冠坐镇阳明山封山"围剿"。经两个多月激战，农军粮尽弹绝，战死饿死冻死者不少。由于叛徒泄密，县委书记刘东轩被杀害于县城驿马门外。

1931年3月，周文率部突围，千多农军被俘，至死不降，被集体屠杀。此后不久，四明山农军亦惨遭围歼。周文突围逃至广西恭城。1934年11月，周文被杀害于宁远。从1928年至1931年，这支农军在共产党的领导下，坚持斗争长达四年之久，有力地策应和支持了井冈山红军的发展壮大和反"围剿"斗争的胜利。

三

抗日战争时期，1944年9月，日军侵入境内，实行"烧光、杀光、抢光"

的"三光"政策，境内人民和驻扎境内的国民党军队奋起抵抗。10月，白地市灌渡桥农民李良孝等20人，自动组织抗日游击队。11月22日晚，他们摸进日军驻地龙家院，乘日军入睡，李良孝、陈彰扬、陈楚楠3人冲入屋内，用马刀砍死日军11人。原国民党军少将、一八七师师长彭林生，在参与衡阳保卫战立下战功之后，又回乡参与组织祁（阳）东（安）自卫总队，任副总指挥，先后与日军进行大小战斗10余次，日军大队长渡边良雄、永井博，中队长大崎等，在境内被击毙。

解放战争时期，境内共产党员赵琦、陈静波、王昆仑、陈坚以及国民党在乡军官彭林生、王佐等，在境内建立了4支地下武装，进行游击战争，扰乱国民党的后方，阻击国民党军队西逃。1949年6月2日，在黄陂桥进行反国民党白崇禧"围剿"战斗中，华南人民解放军祁邵衡边区纵队副司令员王佐、政治部主任曹炎等42人壮烈牺牲。1949年10月，境内地下党领导的武装力量，配合第四野战军十二兵团在黄土铺一战，歼灭了白崇禧的精锐部队第七军、四十八军2.9万余人，活捉了敌七军副军长凌云上等8名副师级以上军官，为中国人民解放军进军西南扫除了障碍，从此祁东人民获得解放。

祁东这片神奇的沃土，聚集过无数志士。祁东县人民为中国革命作出了重大贡献，付出了巨大牺牲。有土地革命战争时期在敌人面前大义凛然、视死如归的红十军军长王如痴；有在解放战争时期积极配合人民解放军有力地打击国民党反动势力的一代革命骄子王佐、曹炎、高翔、赵琦、陈静波等。还有王首道、陶铸等老一辈无产阶级革命家早年也曾多次来祁东从事革命活动。

祁东县红色遗迹有王如痴故居、曹炎烈士墓等。

耒 阳 市

　　耒阳市，省辖县级市，由衡阳市代管，位于五岭山脉北面，东北邻安仁县，东南及南面连永兴县，西南角与桂阳县接壤，西临春陵水与常宁市隔河相望，北界衡南县。耒阳因地处耒水北岸而得名。耒阳是中国四大发明之一——造纸术发明家蔡伦的故乡。同时，耒阳市也被誉为中国油茶之乡。原为耒阳县，1986 年 11 月，经国务院批准，撤县设市。全市总面积 2648.25 平方公里，下辖 6 个街道、19 个镇、5 个乡，常住人口 114.07 万。1952 年，耒阳市被湖南省人民政府认定为革命老区。

一

　　耒阳市有着光荣的革命斗争史。早在 1917 年 10 月，俄国社会主义革命成功的消息传到中国后，以蒋啸青、贺恕为代表的耒阳籍知识分子奋起探求"救国救民"道路，组织"以改造自己和改造社会"为宗旨的"沙子会"和"心社"，并发行进步书刊，宣传新思想，为建立中共耒阳组织作好了思想和组织准备。1925 年 2 月，中共耒阳地方执行委员会诞生，刘泰任书记。12 月共产党员刘霞在坪田乡建立全县第一个秘密农会。1926 年 5 月农会发展 30 多个，入会农民 1500 多人。1926 年 7 月，共产党员谢维俊奉命回家乡开展工农运动。此间，发展党员，建立组织，领导群众坚持对敌斗争。11 月建立县农民协会，县总工会，全县建立

37 个区、350 个乡农会，57 个工会，入农会农民 16000 多人，入工会工人 2000 多人。同时还组建了工人纠察队、农民自卫军，实行一切权力归农会，并开展了斗土豪劣绅，反夫权、族权、神权，禁烟、禁赌、禁娼等活动。

1927 年 4 月，蒋介石在上海发动四一二反革命政变，5 月 21 日，湖南军阀许克祥在长沙发动马日事变，国民党反动派疯狂屠杀共产党人和革命群众。耒阳的反动势力也乘机向工农反扑，工人运动、农民运动严重受挫，由农民自卫军改组的工农独立团被迫解散，耒阳市革命形势陷于低潮。

1928 年 2 月，湘南起义爆发，革命形势开始高涨。朱德率工农革命军攻克耒阳县城，于 2 月 19 日，在杜陵书院召开全县工农兵代表大会，正式选举产生耒阳县工农兵苏维埃政府。朱德将湘南起义指挥部移驻耒阳水东江梁家祠堂，耒阳成为湘南起义指挥中心。湘南特委也在此时移

谢维俊烈士生平事迹展览馆

驻耒阳。耒阳苏维埃政府成立后，为了保卫红色政权，组建了工人纠察队、农民自卫军。在朱德的指导下按正规军队编制组建了工农革命军独立第四师，下辖5个建制团，2000余人枪，邝鄘任师长，邓宗海任党代表，徐康任师参谋长。与此同时，各区乡相应组建独立团、独立连，形成了正规军、地方军和农军三位一体的苏区军事体系。全县37个区、345个乡全部建立了工农兵苏维埃政府，苏区覆盖面为100%。在县苏维埃政府的领导下，开展了声势浩大的镇压反革命和清剿民团武装行动。同时，在各区乡实行土地改革，实施插标分田，全县260个乡进行丈量分田，占全县总乡镇74%，镇压劣绅和反革命分子640人、游斗劣绅1300多人。耒阳苏区进入鼎盛时期。

为了打破国民党政府对湘南红色政权的经济封锁，县财政委员会在耒阳水东江三顺祠设立经济处，专门设计、印制、发行一种纸票，取名"劳动券"。券长12厘米，花纹宽7.5厘米，面额壹圆，上面印有马克思和列宁头像，下面印有"中华苏维埃元年"字样，可与银圆进行等值兑换。当时，劳动券的流通遍及耒阳，直到耒阳县委及耒阳苏维埃政权机构向井冈山转移才终止印刷和流通。这是耒阳苏区带有战略性、前瞻性的创举，也是迄今为止全国发现最早的苏区红色货币，对湘赣苏区和中央苏区既注重军事斗争又注重经济发展的执政理念产生了极其深远的影响。

湘南苏区的形成引起了敌人的恐慌，蒋介石急调湘粤桂赣军阀7个师兵"进剿"，耒阳苏区首当其冲。中共耒阳县委、县苏维埃政府提出"守住北大门，保卫红色政权"的口号，调集全县3万多农军，配合朱德部队，先后进行了春江铺伏击战、三打安仁攻坚战、南门口菜园血战。湘南起义失败后，1万余名耒阳党政领导、农军、群众随朱德部队转移到井冈山与毛泽东领导的秋收起义部队会合。1928年4月1日，国民党所属第21军1师占领耒阳县城，屠杀参加湘南起义干部、群众1000余人。

4月2日，耒阳第一区农军攻城，县委委员徐仲庸等120余人壮烈牺牲。9月27日耒阳"清乡"委员会缉拿共产党员和其他革命人士1020人。

二

1928年5月，随朱德上井冈山的耒阳县委及耒阳红军（编为红四军十二师三十四团）组成工农红军湘南第一路游击队返回耒阳，开展闻名全国的"四八"冲团，在冲团中邝鄘、刘泰等领导人牺牲，游击队人员大减。1929年3月，中共耒阳县委又组建一支以谭衷为队长的赤色游击总队，活动于县境四方，先后打垮小水铺、大陂市等地挨户团、守望队，还一度攻占县城，震撼湖南。湖南省"清乡"司令部调来国民党十九师罗树甲旅驻耒"剿共"，谭衷和团县委书记徐勋被害，游击总队被打散。1932年县委书记邓宗海牺牲后，县委委员谢竹峰继续领导斗争。1934年建立中共耒（阳）安（仁）永（兴）中心县委和湘南赤色游击第三大队，开辟耒安永游击根据地。1938年3月国共合作，湘南赤色游击队第三大队编入新四军开赴抗日前线。平江惨案后，耒阳县政当局通缉共产党员，捕杀中心县委委员邹代富及颜桂生等50余人。

抗日战争爆发后，1937年10月5日，日本侵略军侵占耒阳，大量出动飞机对耒阳进行轰炸，至1945年退出耒阳期间止，共出动飞机483架次，轰炸次数达41次，投弹879枚，仅1942年出动飞机24架次空袭3次，投弹44枚，炸死128人，炸伤244人，炸毁房屋672间、汽车1辆。1944年7月，日本侵略军狂轰滥炸，奸淫屠杀，烧抢掠夺，兴旺一时的耒阳工业、农业、教育、商业、交通惨遭破坏，死亡人员达10.468万，13.9万人受伤，烧毁房屋18980间，炸毁民船100多条，田土荒芜逾半，县城几成废墟，直接经济损失2423.3亿元（银圆）。国民革命军与日军为争夺县城和粤汉铁路线，进行了殊死战斗30余次，伤亡惨重。部分隐蔽在外的中共党员骨干也陆续返县，恢复建立毛粟冲、白沙等党支部，建立抗日游击小组与日本侵略军进行游击战。

解放战争时期，1948 年秋，以谷子元为书记的中共湘南工委由衡阳迁至耒阳大义，1949 年 2 月组建湘南武工队。1949 年 3 月底，建立竹市、新市、大市、灶市 4 个区委，党员发展到 200 多人，4 月，建立中共耒阳工委，6 月成立中共耒（阳）永（兴）安（仁）衡（南）中心县委，雷天一任书记。不久，中共湘南工委又在大义组建湘南游击司令部，并把湘南武工队改编为第二大队，7—9 月又组成第七、第九和警卫 3 个大队。1949 年 10 月 7 日凌晨，湘南游击队司令部第二大队配合中国人民解放军第四野战军四十六军一三六师解放耒阳。

三

在历次革命战争中，耒阳的优秀儿女不惜抛头颅、洒热血，英勇奋战，前赴后继，为革命牺牲和遇难的有 1 万多人，经省人民政府批准，追认革命烈士的有 3744 人，其中省军级干部 11 名，地师级 10 人，县团级 23 名，他们当中有在广东东征时牺牲的党员谭鹿鸣，北伐军歌创作者邝鄘，有红军时期的军长伍中豪、李天柱、刘铁超，抗战期间英勇献身的十八集团军领导干部谢翰文，陕西三边特委书记谢维俊，湘南最早的党支部成员"湘南教育王"蒋啸青，中共衡山县委书记陈芬，耒阳县苏维埃政府副主席李树一，县农民协会第一任会长刘霞就义时写下"不顾家来不顾身，只为国家和人民，漫谈十载驰躯苦，真金岂怕烈火焚"的豪言壮语。耒阳人民为新民主主义革命的胜利付出了巨大牺牲，做出了重大贡献，谱写了一部慷慨激昂、辉煌壮丽的诗篇。

耒阳市红色旅游景点有耒阳烈士陵园、谢维俊故居、培兰斋——中共耒阳县委机关旧址、水东江梁氏宗祠等。

常 宁 市

　　常宁市，省辖县级市，由衡阳市代管。位于湖南省南部、湘江中游南岸，东隔春陵水与耒阳市为界，南与郴州市桂阳县相连，西与永州市祁阳县接壤，北濒湘江与祁东县、衡南县二县相望。原为常宁县，1996年11月，经国务院批准，撤县设市。全市总面积2047.91平方公里，下辖14个镇、4个乡、4个街道，常住人口为79.07万。1994年5月，常宁市被湖南省人民政府认定为革命老区。

一

　　常宁市有着光荣的革命斗争历史。早在中国共产党建党时期，毛泽东就来常宁领导了水口山工人大罢工。水口山坐落在衡阳市常宁县松柏镇，是中国最重要的铅锌产地。20世纪初，水口山铅锌矿是湖南境内最大的省立官办工业企业，集中着3000多名产业工人。毛泽东第一

水口山工人运动纪念馆

次来衡阳指导建立湖南三师党小组时就明确提出，你们要到水口山矿去，那里有很多工人，工人革命性最强，建党要与工人结合起来，在工人中发展党员、团员，建立党团组织。按照毛泽东的指示，衡阳地方党组织很快就派人到水口山矿做宣传发动工作，首先在工人中开办政治夜校，传播马克思主义，启发提高工人的觉悟。

1922年12月5日，震惊中外的水口山矿工人大罢工爆发了。3000多名工人没有一人上工，就地集中抗议矿当局对工人实行残酷剥削和压迫的罪行。罢工布告和传单贴满了矿山的每一个角落。工人俱乐部发表罢工宣言，进一步向矿当局提出了争取工人自由、实行8小时工作制，改善工人政治、经济待遇等18项要求。

在工人们坚决斗争和强大的社会舆论的声援之下，矿当局迫于各方面的压力，不得不于1922年12月27日签字同意工人俱乐部提出的改善工人待遇的18项要求，坚持了23天的水口山工人罢工斗争取得胜利。

这次罢工斗争，在中国工人运动史上占有光辉的一页。中国劳动组合书记部主任邓中夏对此给予高度评价："中国矿山虽多，唯有全部组织的，只有江西之安源及湖南水口山二处，而水口山铅锌矿罢工，其雄壮不亚于安源。"

二

早在中国共产党创建初期，常宁的萧石月、罗严等就在长沙、衡阳参加了中国共产党，并回县城、瑶塘、阳加等地举办平民夜校，宣传马列主义，为常宁党的建设打下了思想基础。中共湘区委员会书记、中国劳动组合部湖南分部主任毛泽东于1922年4月亲临常宁水口山铅锌矿调查，并于10月派共产党员蒋先云、谢怀德等至此矿发展党组织，开展工人运动。11月成立中共常宁水口山小组，蒋先云任组长，1923年5

月扩大为支部，蒋先云任书记。

1926年7月，中共常宁县特别支部建立，隶属湖南区委。1927年3月，经湖南区委批准，改名为中共常宁县地方执行委员会，沈银波任书记。水口山矿党支部也逐步发展为地方执行委员会，刘汉云、何寅修任书记，在县执委和水口山执委领导下，农民夜校、工人夜校应运而生，反帝斗争和工农运动高潮迭起。

1927年，四一二反革命政变，长沙马日事变后，常宁党组织为了反抗国民党反动派的血腥镇压，集合了2000多人的武装队伍，由萧石月率领，声势浩大地向长沙进军，沉重打击了敌人的嚣张气焰。

1927年12月25日，常宁党组织在水口山召开群众大会，成立了苏维埃政府，选举宋乔生为主席。1928年3月中旬，中共湘南特委在永兴召开湘南工农兵代表大会，成立了湘南工农兵苏维埃政府，宋乔生以常宁县代表身份参加了这次会议，并被选举为湘南工农兵苏维埃政府执行委员。

1928年春，中共水口山特别区委书记宋乔生率领水口山纠察队和部分农民自卫军参加湘南起义，后组建中国工农革命军第一师第三团，跟朱德、陈毅上井冈山。县内共产党员和国民党左派人士以及革命团体骨干300多人，在国民党反动派组织挨户团的"清乡"中惨遭杀害，常宁的革命被迫转入低潮。

1929年以后，面对国民党常宁县党部的"清乡""清党"，广大工人、农民和知识分子在艰苦条件下同国民党反动派进行不屈不挠的斗争。1930年，中共水口山特别区委重新成立，次年9月又遭到国民党反动派破坏。国民党反动派继续加重课税，增收田赋附加，大肆发行公债，从经济上盘剥工人农民。但是人民群众的革命斗争一直没有停止。1936年6月后，中共安仁县委书记谢竹峰率领游击武装来常宁，建立和发展党组织，组建常宁赤色游击队，开展游击斗争。

三

抗日战争爆发后，中共常宁县工作委员会和中共水口山支部在国民党制造的白色恐怖下，仍然坚持革命斗争。1940年，县内的共产党组织又一次遭到国民党反动派破坏。1944年7月，日军开始入侵常宁，县境陆续沦陷。面对日本侵略军的杀人放火、强奸掳掠，常宁民众英勇地开展反侵略斗争，许多农民赤手空拳同掳掠的日军展开殊死的搏斗，写下了可歌可泣的壮丽诗篇。

解放战争时期，1948年8月，常宁县共产党地下组织恢复建立并积极开展活动。1949年10月12日，中国人民解放军第四十六军一三六师二八五团进驻常宁，常宁解放。

常宁市人民在中国革命中作出了重大贡献。大革命失败后，被国民党反动派杀害的常宁共产党员、革命干部和革命群众1200多人。常宁人民在湘南暴动和井冈山斗争中付出了巨大的牺牲。曾当选为第一次成立的中央监察委员会候补委员的萧石月牺牲于锡矿山。宋乔生带领的常宁红军指战员，绝大多数都在对敌斗争中壮烈牺牲，少数幸存者逐步成长为高级指挥员。

常宁红色遗迹有水口山工人俱乐部旧址、常宁县第十三区农民协会旧址、常宁农民协会旧址群等。

萧石月故居

邵阳市

　　邵阳市，位于湘中偏西南，资江上游；越岭逶迤东、南，雪峰山耸峙西、北，资江自西南向东北流贯全境，中间为丘陵盆地。东临衡阳市，南与永州市和广西壮族自治区桂林市接壤，西与怀化市交界，北与娄底市毗连。邵阳市总面积 20824.3 平方千米，下辖 3 个市辖区、6 个县、1 个自治县，代管 2 个县级市。全市常住人口 656.35 万。邵阳是我们党在湖南开展早期革命活动的重要地区之一，也是湖南工农运动开展较早和较好的地区之一。民主革命时期，邵阳不仅是红军长征所经之地，也是抗日战争的最后一战——雪峰会战的主战场。邵阳大地上还涌现了一大批可歌可泣的英烈人物，这里曾诞生了袁国平、贺绿汀、吕振羽等党的优秀儿女。邓小平、任弼时、贺龙、王震等老一辈无产阶级革命家也曾在邵阳生活和战斗过。民主革命时期，邵阳留下的革命火种鼓舞了一代又一代的邵阳群众不断奋勇向前，开拓进取。

邵 东 市

　　邵东市，位于湖南省湘西南腹地，邵阳市东部27公里处，东连双峰、衡阳，南邻祁东，西接邵阳双清区、大祥区、邵阳县，北交新邵、涟源。1952年从邵阳县析出建县，原为邵东县，2019年7月，撤县设市。全市总面积1778.53平方公里，下辖3个街道、18个镇、4个乡，常住人口103.84万。2010年7月，邵东市被湖南省人民政府认定为革命老区。

一

　　邵东市具有光荣的革命斗争历史。邵东境内有着一大批早期的中共党员，比如，贺民范、李林、贺果、袁国平、贺绿汀、李寿轩、谢嵩、谢伯俞、左洪涛等。他们为邵东之后党组织的建设提供了条件。

　　1926年6月底，刘惊涛在两市塘建立邵东市境内第一个中共组织——两市塘支部委员会。至1927年春，境内共建立两市塘、黑田铺、太一、太二、仙槎桥、曲丝塘、观音阁、范家山、佘田桥、廉桥等10个中共地方支部和万安、灵官殿2个临时支部，发展党员100多人。

　　在中共地方组织的领导下，邵东的农民运动、工人运动、青年运动、妇女运动蓬勃开展起来。1927年5月，境内14个区农民协会、116个乡（庙、团）农民协会和14个产业工会，接收地主阶级政权和团防局武装，建立起13支区农民自卫军武装。9月中旬，湖南省委指派陈新宪、贺恕、朱舜华，前往宝庆、武冈、锡矿山建立党组织，在黑田铺周边建立太芝庙支部、龙山矿支部和扶锡支部。10月24日，省委紧急会议决定"成立湘南、湘西、湘西南3个特委，分别由陈佑魁、彭公达、贺恕担任

人民音乐家贺绿汀故居

书记"，并"将全省划分为长沙、湘南、湘西、湘西南4个暴动区，在一二个月内创造农民暴动割据局面"。11月中旬，中共湘西南特委成立，境内隐蔽起来的共产党员与党组织取得联系，掀起又一轮革命斗争高潮。

1927年冬，谢立人联络原黑田铺支部、曲丝塘支部10多名隐蔽的党、团员，在资东书院建立黑田铺党（团）支部，谢立人任书记，隶属中共湘西南特委，次年春改属中共邵阳县委。1929年1月，中共宝庆县委委员郑廷辉奉命回家乡九龙岭，与原仙槎桥支部书记吴聪省，党员严正、萧乾接上关系，在灵山寺小学重建仙槎桥党（团）支部，吴聪省任书记，隶属中共邵阳县委。2月，隐蔽在长沙的原两市塘支部书记张松涛秘密回乡，在茅坪观学校建立两市塘党（团）支部，任书记，隶属中共邵阳县委。

二

土地革命战争时期，1928年2月16日，朱德、陈毅率领湘南暴动队伍，攻占耒阳县城。贺恕在耒阳与朱德等领导人会面。朱德要求，进一步发展壮大党的组织，加快在湘西南地区建立苏维埃政权，开展武装暴动，建立革命根据地。2月22日，贺恕主持召开特委扩大会议，成立邵阳临时革命委员会，贺恕任主席，陈新宪任副主席。这是湘西南地区最早建

立的红色工农革命政权。邵阳临时革命委员会成立后，在邵阳、新化、武冈、新宁4县建立苏维埃政府，组织发动龙山矿区和牛马司煤矿工人罢工闹革命。4月6日，邵阳临时革命委员会在宝善区辖区内的半边街召开群众大会，成立邵阳县苏维埃政府，直接受湘西南特委和邵阳临时革命委员会领导。自此，境内各区、乡苏维埃政府如雨后春笋纷纷建立起来。

抗日战争时期，1944年9月初，日军从南北分两路入侵邵东。日寇入侵邵东的一年时间里，烧杀抢掠，奸淫妇女，无恶不作，对邵东人民犯下滔天罪行。为早日赶走日本侵略者，重建美好家园，邵东几乎乡乡组建了抗日自卫队、游击队，这些抗日队伍，既有共产党人组织领导的，也有国民党退役军官发起建立的，还有当地居民自发组织的。这些抗日游击武装英勇作战，沉重地打击了日寇，有力地配合了国军主力的雪峰山会战。

1944年冬，邵东籍共产党员龙仲、龙成伯、龙偶三兄弟，受中共湖南省工委委派，回到家乡邵阳万安乡，发展党的组织，组建抗日武装，开展抗日工作。1945年初，经省工委批准，他们建立了中共万安党小组，领导当地的抗日斗争。龙仲等人组织万安乡的40多名进步青年建立了"青年抗日救国同盟会"，他们一是宣传、发动、组织广大爱国青年投入抗日救国斗争；二是组建游击队，开展武装斗争；三是开展统战工作，团结各乡、各阶层的抗日力量，共同对敌。同年5月，"青救会"会员发展到200多人，并成立了一支5条枪的游击队，他们破坏敌人的交通运输、电话通信，不时对小股日军进行袭击，还促成了尹如圭、陈陶村、姚赞我三支抗日武装联合作战，共同打击敌人。6月，他们建立了少年儿童团。7月，又与王震率领的八路军南下支队取得联系……他们一直战斗到日寇投降。

邵阳沦陷后,共产党员尹如圭、禹问樵领导的太一乡抗日游击大队,有 300 多人、100 多支枪。他们经常埋伏在衡阳、湘乡、邵阳边界的公路两侧,伏击日军。黄龙山战斗中,毙敌 30 余名;牛形山战斗中,活捉日军军官 2 名。1945 年初夏,驻水东江的日军去衡邵边境的长铺子抢粮,游击大队埋伏在日军必经的猴子山一带,伏击敌人。此役活捉鬼子 1 人,击毙 1 人,缴获步枪 2 支、子弹数十发。同年 5 月,他们联合陈陶村、姚赘我的抗日队伍共同作战,一次歼敌 10 余名,伤敌 30 余名,缴获了一批枪支弹药。由于经过多次战斗,游击大队每次都取得胜利,使日寇胆寒,再也不敢贸然进犯太一乡,太一乡成为邵阳东乡唯一没有遭受日寇蹂躏骚扰的"太平乡"。

解放战争时期,1949 年 9 月 13 日至 10 月 16 日,中国人民解放军进军中南地区以来的首次重大战役——衡宝战役,邵东是衡宝战役主战场,解放军四野在横跨邵东界岭、团山、砂石、流泽、佘田桥、灵官殿的土地上与国民党桂系 20 余万残敌展开决战,基本消灭了桂系主力,其中最重要的一战"石株桥战斗"就发生在今天的灵官殿地区。

三

邵东市境内党史资源十分丰富,尽管邵东 1952 年才从邵阳县中析出建县,但在新民主主义革命时期,邵东涌现出大量优秀分子和杰出人物。邵东人民为中国革命事业付出了巨大牺牲,作出了重大贡献。

邵东红色遗址有袁国平故居、贺绿汀故居以及衡宝战役界岭遭遇战遗址等。

新 邵 县

新邵县，隶属于邵阳市，位于湘中腹地，资水上游，介于邵阳盆地与新涟盆地之间。东北靠涟源市，东南邻邵东市，南邻邵阳市区和邵阳县，西毗隆回县，北连新化县、冷水江市。全县总面积1762.34平方公里，下辖13个镇、2个乡，常住人口61.29万。2009年1月，新邵县被湖南省人民政府认定为革命老区。

一

新邵县具有光荣的革命斗争传统。早在1917年俄国十月革命后，时任《大公报》主编的李抱一等以该报为阵地，积极传播马克思主义。在五四运动中，革命闯将陈锡、钟巍与匡互生火烧赵家楼，点燃了新民主主义革命第一炬烈火。中国共产党诞生后，新邵坪上人张昌銮于1922年入党，受党组织派遣到莫斯科参加共产国际会议，回国后与彭真等在北京从事工人运动。其后，在北京、长沙等地求学的进步青年颜霁、钟毓华、陈历坤、吴成芳、李日章、周维渥、曾广济、刘荫仁、周廷举、周昆、刘继先、李芬（女）、陈新宪、陈含明（女）等先后投身革命洪流，加入中国共产党，回家乡后成为革命火种，宣传进步思想，传播马列主义。从此，革命的火种遍布全县各地，熊熊燃烧起来。

1925年夏，颜霁、钟毓华、李日章、刘荫仁、周维渥、周廷举、周昆等在大同镇的三溪桥成立了新化县第一个党小组。至 1926 年底，建立了大同镇学校、龙溪铺、龙山矿、太芝庙、扶锡、酿溪、赤水、严塘等 8 个基层支部和中共太芝庙区委，有共产

中共湘西南特委旧址纪念馆

党员 150 余人。"团山惨案"后，1927 年 9 月初，省委派贺恕、陈新宪到宝庆恢复建立党组织。新邵境内相继恢复建立了太芝庙支部、龙山矿支部、扶锡支部和宝庆县大东乡太芝庙区委会。10 月宝庆各地党组织相继恢复和建立起来。

在各地党组织的领导下，龙山矿工会 1926 年 10 月正式成立，各地农民协会、女界联合会、工人纠察队、农民自卫队等组织相继建立，工农运动如火如荼地开展起来。至 1927 年 1 月，新邵境内，共建立矿工会 1 个、区农会 10 个、乡农会 107 个、农会会员达 5 万人、自卫队员 4 万余人，拥有从各地团防局夺来的枪支 120 余条和自制梭镖、鸟铳、大刀等各类武器 2 万余件。马日事变后，1927 年 5 月底，刘惊涛、邬建农组织工农自卫队员 500 余人援攻长沙，但到团山时发生"团山惨案"，刘惊涛、邬建农等壮烈牺牲。大革命失败后，新化、邵阳党的组织遭到严重破坏，新邵境内共产党员有 37 人惨遭杀害，7 人被打成终身残疾，10 人被捕入狱，8 人被迫转移外地。另战死沙场的工、农运骨干和农民自卫队员约 300 人。

1927 年 10 月下旬，湖南省委决定建立湘南、湘西、湘西南特委。

11月中旬，省委派向钧到宝庆传达省委紧急会议精神，中共湘西南特委成立，贺恕为特委书记。1927年冬，在湘西南特委的领导下，先后建立宝庆、武冈、锡矿山、龙山等4个特区委，隆回、滩头2个区委，直属中共湘西南特委领导。12月初，为了组织龙山地区的武装暴动，湘西南特委派遣戴世荣、陈新宪到龙山矿发展党组织，建立中共龙山特区委员会。12月上中旬，戴世荣、陈新宪在太芝庙陈新宪家永春堂召开龙山地区各党支部、党小组会议，宣布新邵境内第一个县级党组织——中共龙山特区委员会成立，下辖龙山地区所有基层党组织。

二

土地革命战争时期，1928年春节前，特委在湘西南组织发动年关暴动。1928年2月贺恕到耒阳，并与朱德晤面。在得到朱德关于"进一步发展壮大党的组织，加紧在湘西南地区建立苏维埃政权，开展武装暴动，开辟革命根据地，策应湘南暴动，分散国民党军力"的建议后，贺恕当即返回邵阳，召开特委扩大会议，重点组织各县区建立苏维埃政权，发动工农武装暴动，开辟湘西南革命根据地等活动。由于国民党反动营长陈光中"清乡"，邵阳县委书记王璇及委员欧阳钦等6人不幸被捕牺牲。贺恕为保存党组织，将特委迁至龙山。机关设太芝庙"永春堂"，继续领导邵阳、武冈、新化、新宁等县的革命斗争。

党组织在极端艰苦的环境下，领导人民进行了顽强的斗争，组织发动了龙山地区年关暴动，组建了龙山游击队和老虎岩游击队，开展了多种形式的武装游击斗争，建立了龙山、板子山两块革命根据地。建立了区乡苏维埃政权。龙山游击支队和龙山区苏维埃区政府游击队，采取游击战术，多次同龙山、扶锡等区、乡苏维埃政府组织群众，开展打土豪、分田地、分财物，武装打击国民党"挨户团"和"还乡团"。老虎岩自卫纵队于1928年初一直活动在板子山地区，3月，改为老虎岩游击支队，归工农革命军湘西南独立师领导，由陈历坤任政委、周昆任支队长，下设3个大队。中共湘中特委成立后，多次为大同、镇南、缉西等乡苏维埃政权组织群众开展打土豪、分田地、分财物，进行武装斗争，帮助区、乡苏维埃政府掌控政权，建立起板子山革命根据地。游击斗争一直坚持到1929年10月。

1935年11月，红六军团长征到新邵的坪上、田心等地，隐蔽的共产党员在三溪桥恢复建立三溪桥支部，配合红军开展革命活动，有86名革命青年参加了红军跟随长征。

三

新邵县人民为中国革命的胜利付出了巨大牺牲，作出了重大贡献。

在土地革命战争时期，新邵人民前赴后继，与敌人展开英勇战斗。1928年2月，中共邵阳县委机关王璇、欧阳钦、彭梅荪等6人不幸被捕并被杀害。6月上旬在国民党湖南省第三区党务指导委员会组建团防局、挨户团，对共产党人和进步人士实行全面的"清剿"和捕杀，邵阳城乡20余名党团骨干先后被捕。其中，刘继先、李芬、张炯、邓益、罗琦、申毅等6名共产党员在狱中视死如归，最后慷慨地就义于邵阳大祥坪。还有周昆、陈历坤等共产党人先后惨遭杀害。原邵阳县境内先后共2560多名党团员和群众献出了宝贵生命，为苏维埃政权建设和土地革命运动做出了重大贡献和牺牲。

抗日战争时期，1945年4—5月，新邵抗日军民在顺水桥、筱溪、迎官桥与日本侵略军浴血奋战，顽强抗敌，击溃日军第八十六旅团，击毙、击伤日军400余人。为湘西大会战的胜利作出了应有的贡献。

新邵县的主要红色遗址有中共湘西南特委旧址纪念馆等。

邵阳县

邵阳县，位于湘中偏西南，地处湘、桂边界，资江上游，东邻邵东、祁东，南连东安、新宁，西接武冈、隆回，北抵新邵、邵阳市。全县总面积 2000.99 平方公里，下辖 12 个镇、8 个乡，常住人口 75.21 万。1994 年 5 月，邵阳县被湖南省人民政府认定为革命老区。

一

五四运动唤起了中国人民的觉醒，也对邵阳县产生了深刻的影响，长沙早期党组织 7 位成员之一贺民范，湖南公开主张马克思主义第一人彭粹夫，蒋砚田、向暄、吕振羽、胡典、袁国平、贺绿汀等邵阳县一批具有革命思想的先进分子纷纷参与到传播马克思主义行列，他们组织革命团体，创办进步书刊，传播和研究新思想、新文化，广泛宣传马克思主义，传播革命真理，为邵阳县早期中国共产党员的产生和马克思主义在宝庆县的传播创造了条件。1920 年春，在湖南第一师范读书的蒋砚田加入新民学会，积极参加毛泽东、何叔衡等领导的革命活动。在毛泽东的倡导下，蒋砚田利用假期回五峰铺做农村社会调查，宣传革命，1923 年在长沙加入中国共产党。1924 年，回邵阳从事党的地下工作，创办平民夜校，启迪民智，宣传革命道理。

1925 年冬，邵阳县五台山县立中学建立了邵阳县第一个党小组。

1926年2月，中共邵阳县党支部建立。4月，成立全县第一个农民协会——五台山农民协会。6月，建立了中共五峰铺仁湾支部。8月，中共邵阳特别支部筹建邵阳妇界联合会。1926年底到1927年上半年，全县共建立29个党支部，共发展党员470余人；建立基层工会组织44个，工会成员10000多人；建立7个区农民协会，103个乡农民协会，会员1.1万余人；筹建邵阳县妇界联合分会30余个，会员2000余名。大革命风暴席卷邵阳县，沉重打击了封建反动势力。

二

1927年8月7日，中共中央在汉口召开紧急会议，确立了开展土地革命，武装反抗国民党的总方针。10月下旬，中共湖南省委决定将湖南全省划分为长沙、湘南、湘西、湘西南四个起义区域，建立湘南、湘西、湘西南特委。根据省委指示，贺恕、朱舜华（张琼）、陈新宪等积极筹建湘西南特委。11月中旬，在城东五里牌召开中共湘西南特委成立大会，会议由贺恕主持，向钧宣读省委关于《湖南紧急会议案》，宣布中共湘西南特委正式成立，贺恕为特委书记。同期，回乡隐蔽的中共党员田培尧与中共湘西南特委取得联系后，联络回乡隐蔽的原北京大学第八届党支部书记、东城区委书记、北京市委委员段纯及地下党员段浩、朱岑楼、曾志素、艾玉舟、段骥、肖巨俊、刘耀等人，建立中共图南支部，田培尧任支部书记。至1928年春，全县共建立了18个党支部，有党员270余人。

1928年1月底，贺恕得知朱德、陈毅率部发动湘南暴动的消息后，以探亲作掩护回到老家耒阳，恰巧遇上朱德率工农革命军第一师向耒阳挺进。2月16日攻占耒阳县城。贺恕通过耒阳县委书记邓宗海、工运委员刘泰介绍，与朱德等晤面。贺恕向朱德汇报了湘西南特委及所辖党组织、湘中偏西南地区工农革命政权建立和工农武装暴动情况。朱德建议贺恕，要进一步发展壮大党的组织，加紧在湘中偏西南地区建立苏维埃政权，开展武装暴动，开辟革命根据地。贺恕返邵后，立即召开特委扩大会议。

1928年2月，邵阳临时革命委员会成立，贺恕为主席，陈新宪为副主席。并发出布告，公布土地革命办法，号召湘中偏西南地区各县成立苏维埃政权，实行土地革命斗争。4月6日，在邵阳县东北郊的半边街召开大会，贺恕到会宣布邵阳县苏维埃政府正式成立。推选刘继先为主席，李芬为副主席。由于中共邵阳县委遭破坏，邵阳县苏维埃政府直接受湘西南特委和邵阳临时革命委员会领导。邵阳县苏维埃政府成立后，发动全县各区、乡镇加快苏维埃政权建设，并向全县发出布告，号召各区、乡苏维埃政府进行土地革命，开展打土豪、斗地主、分田地、分浮财等革命斗争。6月，刘继先、李芬被捕，邵阳县苏维埃政府迁龙山。并于6月16日召开大会，选举刘健为主席，石亦凡为副主席，继续领导邵阳县的苏维埃政权，开展土地革命斗争。

在邵阳县苏维埃政府指导下，1928年4月28日，召集500名赤卫队员和贫苦农民聚集于诸甲亭图南书院，召开图南区苏维埃政府成立大会，宣布图南区苏维埃政府正式成立。选举段纯为主席，段奎为副主席。图南区苏维埃政府在中共图南支部领导下，各乡的苏维埃政府纷纷建立。

塘田战时讲学院旧址

在邵阳南乡地区开展武装斗争和镇压恶霸地主，打开地主粮仓放粮，没收地主土地和财产分给贫苦农民。

邵阳县区乡苏维埃政府建立后，境内大部分地区被苏维埃政府所控制，反"清乡"革命活动非常激烈，引起了国民党政府的极大恐慌。他们迅速调集军队及地方武装对苏维埃政权进行残酷镇压，邵阳县苏维埃政府要求各区乡苏维埃政府充分发挥游击队的作用，利用有利地形和群众基础好的优势，与反动武装开展游击斗争，坚决粉碎国民党的"清乡"行动。1928年9月，国民党调动大批军警分赴各地围攻苏维埃政府和游击队。面对力量对比悬殊的国民党军队，工农革命军湘西南独立师及所辖游击队被迫进入深山老林，与敌人开展游击斗争。至1928年10月底，湘西南特委、邵阳临时革命委员会、邵阳县苏维埃政府及各区乡苏维埃政府在敌人凶恶反扑下被迫转移。特委书记贺恕、邵阳临时革命委员会副主席陈新宪等转移至上海、江西等地继续开展革命活动。未转移的中共党员和游击队员则分散在龙山、板子山、四明山等山区继续坚持与国民党军队开展游击战斗，一直延续到1929年10月。其间，大批邵阳县青年参加红军，为中国人民的解放事业付出了巨大牺牲，作出了重大贡献。其中有红军独立二十四师政委杨英、红三军团刘新、尤谦山、刘文琪、刘孝书、何光复、周子安、唐仁近、黄兑中、廖涛、王相胜、石云程、刘子义、刘国章、刘湘桓、李修文、何云复、罗立、胡友贵、彭保才等营团级以上英烈。

三

新民主主义革命时期，邵阳县人民在党的领导下，进行反帝反封建斗争，为国捐躯的革命烈士数以千计，为中国人民的解放事业付出了巨大牺牲，做出了重大贡献。

大革命时期，国民党反动派在宝庆县城区公开杀害的革命烈士就有139名。如被反动派杀害，头颅被悬挂东关桥（今邵阳市区青龙桥）的县农协执行委员长欧阳秋曝。

土地革命战争时期，县内一些进步青年经过大革命的洗礼和受中共邵阳县地方组织的影响，赴外地积极参加革命活动，并加入中国共产党，为党的事业呕心沥血，成为新中国一代将才。如石新安，邵阳县五峰铺人（任贵州军区政委、党委书记，贵州省委常委等职，1955年授少将军衔）。吕振羽，邵阳县金称市镇人（著名的马克思主义史学家）。唐健如，邵阳县塘渡口镇人（在华东军区、鲁中南军区、江苏省军区、山东军区、济南军区任处长、部长、委员和顾问等职，1955年被授予少将军衔）。

卢沟桥事变后，邵阳人民开展了轰轰烈烈的抗日救亡活动。1938年初，邵阳进步知识分子唐旭之等在邵阳创办了由中共驻湘代表、八路军高级参议徐特立题写刊头的《真报》，宣传抗日救国。同年8月，经省委批准，成立了中共邵阳县委。9月，中共党员、省文抗会研究部主任吕振羽受省委委派最早运用统一战线政策培养抗战人才的"南方抗大"塘田战时讲学院在境内塘田市创办开学。11月，省委机关、八路军驻湘通讯处等党政领导机关相继由长沙迁到邵阳，1939年2月和4月，在邵阳八路军驻湘通讯处，省委召开第一次、第二次扩大会议，传达了中共中央六届六中全会精神，选举产生了新一届中共湖南省委，研究部署推动紧急战争动员、巩固扩大统一战线、大力整顿壮大党组织。期间，八路军参谋长、中共中央南方局常委、军事部长叶剑英与南方局常委、组织部长博古一块来到邵阳，叶剑英对省委工作作了指示，并由省委派人陪同到邵阳西部山区和雪峰山南段一带察看地形，准备在此开辟抗日游击区。此时，抗日救亡团体遍布邵阳城乡，抗日救亡宣传活动轰轰烈烈，抗日斗争狂澜席卷，星火燎原，舆论工作雷霆万钧，邵阳成为湖南乃至全国的重要抗日宣传中心。1944 年 10 月 2 日，邵阳沦陷。日军占领邵阳县的近一年时间内，不甘蹂躏的邵阳人民抗击日军的战斗一直持续未断，各地自发组织自卫队、游击队，锄奸抗日，重创日寇，直至抗战胜利。

解放战争时期，随着中共邵阳中心县工作委员会的成立和党组织的相继恢复、白仓武装起义、中共邵阳县委在河南巩县的组建，为邵阳的解放奠定了坚实的基础。衡宝战役期间，1949 年 10 月 9 日，中国人民解放军第四野战军第十二兵团四十一军一二二、一五四师的三六五、四六〇、四六一 3 个团在邵阳县五龙岭围歼白崇禧部第七军一七一师赖仓民五一三主力团的战斗中，100 余名解放军指战员英勇牺牲。

邵阳县红色资源丰厚，主要红色遗址有：中共五峰铺仁湾支部旧址、中共图南支部旧址、塘田战时讲学院、油塘建党训练班旧址、湘中二支队第三团第五中队指挥所旧址、衡宝战役五龙岭烈士公园、吕振羽故居等。

隆回县

隆回县，地处湘中偏西南，东邻新邵县，西连洞口县，南接邵阳、武冈县，北毗溆浦、新化县。全县总面积2867.67平方公里，下辖2个街道、18个镇、5个乡（含2个民族乡），常住人口100.98万。2008年7月，隆回县被湖南省人民政府认定为革命老区。

一

隆回县有着光荣的革命斗争历史。早在建党前后，以彭述之、彭钟泽等为代表的隆回青年纷纷奔赴北京、长沙等地学习新知识，并参加了五四运动。1919年7月，滩头200多名纸业工人自发起来罢工，从而引发了全省造纸工人的大罢工。彭述之，中国最早的共产党员之一，是邵阳地区传播马列主义思想最早的人之一，党的四大上当选为政治局委员、中央宣传部长。1921年至1925年，彭钟泽、罗卓云等人相继创办《疾风》、"匡家铺文化书社"等书社或报刊，宣传马克思主义，为隆回建党进行思想准备；同时，举办宝庆隆中维央国语学校、培英学校等新型学校，培养时代精英，为隆回建党进行组织准备。1925年冬，隆回建立第一个党组织——中共司门前支部，有党员52名。1926年夏，建立中共土桥支部，有党员27名。在共产党创建初期和大革命时期，隆回境内的党员人数，加上在外省、外县入党的隆回籍党员，总数约为120名。隆回成为当时整个邵阳地区的革命中心，隆回籍共产党员成为邵阳地区党组织的主要负责人。在中共宝庆地方执行委员会领导机构 7 名领导成员中，有 4 名隆回籍共产党员。

大革命时期，隆回人民在中国共产党的领导下，开展了轰轰烈烈的支持北伐战争和组织农会活动。1926 年 6 月，在石

红二军团鸭田战斗指挥所旧址

桥铺建立了隆回境内第一个农民协会——石桥铺乡农民协会。8 月，在司门前组建了隆回境内第一个区农协——宝庆县第三十一区农民协会。至 1927 年 3 月底，隆回境内共建立区农协 13 个，乡农协 116 个（其中商民协会 3 个，农工协会 1 个），会员人数达 298300 人。农民协会成立后，开展了打土豪、分田地、分粮食牲畜运动。在成立农会的同时，隆回党组织还开展解放妇女运动，建立女界联合会、工会和共青团。

八七会议后，中共滩头区委为武装暴动做了大量的准备工作，并在团防局发展了 6 名党员，同时派党员收编了一些农民武装，在滩头纸业工会中建立了工人武装。在年关暴动中，中共滩头区委将各种武装力量整合为宝庆游击总队第二大队，下辖 3 个中队，拥有 120 余人枪，司门前暴动成功后，中共司门前区委领导当地人民创建了司门前区苏维埃政府，选举产生了司门前区苏维埃政府的组成人员，赵苏民任主席。同时，隆中乡、兴隆乡、隆治乡、中和乡分别成立苏维埃政府。滩头年关暴动成功后，中共滩头区委领导人民创建滩头区苏维埃政府，选举产生领导机构，区委书记彭松涛任主席。不久，西胜乡、保和乡、果胜乡、礼教乡、桃花坪乡等分别成立苏维埃政府。邵阳临时革命委员会成立后，积极指

示隆回境内的苏维埃政权开展各种革命活动，进行了打地主土豪，分田地牲畜运动。

二

土地革命战争时期，隆回县曾经是贺龙领导红二军团战斗过的地方，当时工农红军长征路上著名的鸭田战斗就发生在隆回鸭田镇、金石桥镇。

1935年12月16日，红二军团红六师先头连在新化城西南面约44公里的鸭田（今属隆回县）附近，与在鸭田这一带骚扰老百姓的敌新化保安司令晏国涛部、谭友晋带领的两个保安团遭遇。敌我双方接火后，红军迅速抢占有利地形，以猛烈火力打得敌人谭友晋保安团晕头转向。敌人一下子弄不清搞不明白红军究竟来了多少兵力，一个个吓破了胆，抱头鼠窜，丢枪弃弹，纷纷溃退。中午时分，敌人谭友晋新化保安团退到卿家庄后一个修有重机枪阵地的小山上，依托山上碉堡战壕沟渠工事负隅顽抗。直到此时，敌人才弄清楚搞明白与其交火的只是红军一个先头连，于是敌谭友晋当即调整部署，向我红军先头连疯狂反扑。红军战士们毫不畏惧，与敌人展开英勇搏斗，但终因我军武器弹药缺乏及兵力悬殊，寡不敌众，一猛虎难斗群饿狼，损伤较大，红军退至鸭田附近的金石桥（土桥）、朱家坳一线。

红六师参谋长常德善闻讯，马上赶到金石桥朱家坳前沿了解敌情，并向红二军团指挥部作了汇报，军团指挥部当即命令红六师必须在12月17日前消灭这股狂妄嚣张扰民的敌人。红六师根据军团指挥部的指示，认真详细地分析了敌情，仔细周密地研究了作战打法，决定先聚歼龟缩在古楼驿之敌，再乘势扩张战果。在红军先头连受挫退至朱家坳一线后，敌谭友晋新化保安团自以为取胜，只留下一部分人马驻守古楼驿，其余匪兵团丁全都聚集到麻罗大肆"庆贺"，一个个喝得烂醉如泥，死猪一样。当晚，红六师派出红军三个团兵力兵分三路，赶赴鸭田。1935年12月17日拂晓，红军指战员们兵贵神速，一路急行军，似飞毛腿般如尖刀直插古楼驿，将敌人团团围住，使敌人插翅难逃。天一亮，我威猛英勇红军即向敌人发起猛攻，霎时间，枪声大作，子弹纷飞射向敌人，喊杀声响成一片，红军战士们勇猛冲杀，很快就解决了古楼驿之敌。得手后，红军立即乘胜追击，神速地出现在麻罗。骄傲愚蠢自以为是的敌人做梦也没想到我英勇的红军来得这么快，一时反应不过来，顿时乱作一团，四散奔逃，从新化城赶来参加"庆贺大捷"的敌保安司令晏国涛和谭友晋两人更似惊弓之鸟，连衣服都没来得及穿上，就慌忙背着蓑衣，化装混入乱作一团四处奔逃的人群中潜逃了。敌人由于失去了指挥，像打散离群的鸭子，争先恐后、争相逃命，红军如入无人之境，探囊取物，很快就将敌晏国涛大部歼灭及敌谭友晋保安团匪部全歼。是役，共毙敌150多名，俘敌300余名，缴获无线电发报机1台，军马2匹，机枪3挺，其他枪支数十支，弹药无数。歼灭了敌晏国涛部谭友晋部两匪部的鸭田战斗大捷后，红二军团部队掉头南下，胜利挥师经过了隆回司门前、六都寨、桐木桥、横板桥等地，向洞口、绥宁方向挺进。1935年12月19日，红军进抵洞口地区，引诱广西军阀调兵北上，然后掉头西进，出洞口转向绥宁。

三

抗日战争时期，隆回人民积极宣传抗日，痛击日军。1938年下半年，隆回地下党组织罗金堂等50名优秀青年前往邵阳塘田战时讲学院学习，参与成立塘田学院"军事委员会交通警察第一支队"。回乡后，在桃花坪工商街创办"日新堂书店"，宣传抗日。1944年暑假，当时在宝群联中读书的欧阳宝堂等10多个隆回学生，自发组成"宝群联中交友暑假抗日救国宣传队"，到隆回各乡村宣传抗战。隆回党组织还利用各种合法途径和秘密渠道，选送和推荐一批革命青年进入军事院校或地方学校学习，为抗战培养革命力量。白天原名魏巍，曾是国民党九十三军少将参谋，副军长。1940年6月投入八路军总部，并改名白天，意为从此人生道路上的黑暗从此结束，白天来临。1941年5月，白天由彭德怀、申伯纯介绍加入中国共产党，随即任八路军总部参谋处长、中央军委高参室副主任。从此，白天在党的直接领导下参加抗日战争，1957年被授予少将军衔；彭黔生（曾任陕甘宁边区师范学校校长）是隆回党组织培养的抗日精英。小沙江瑶民组建自卫队，自制铁炮，打击日本侵略者；1945年4月中旬，滩头纸业工人狠狠阻击入侵当地的日本侵略者，打死日军1人；4月16日，罗洪游击队配合中央军打退敌人进攻，打死鬼子40多人，俘虏伤兵20多人；5月底，周旺群众协助中国军队痛击日军。

解放战争期间，隆回人民积极开展迎解工作，为隆回解放作出了巨大贡献和牺牲。解放前夕，隆回境内的地下党支部有五为支部和永固支部。此外，还有很多进步人士积极赴新化、邵阳、溆浦寻找地下党组织，接受党的指示，在隆回县组织革命团体，开展迎解活动。吴步程在邵阳市区党组织领导下开展迎解活动，欧阳宝堂在湘西纵队政委谌鸿章领导下开展迎解活动，陈伯蓉建立了新民主主义建设协会，欧阳芳组建湖南人民解放总队湘中三支队八团。1949年10月11日，隆回宣布解放。10月15日，南下县委和县人民政府进入隆回，成立隆回县人民政府。

隆回县主要红色遗址有红二军团鸭田战斗指挥所旧址、抗战烈士陵园等。

洞 口 县

洞口县，位于湖南省西南部，东接隆回，南连武冈，北临溆浦，西南与绥宁相邻，西北与怀化共界。出县城沿平溪江西溯4公里，江水斩断雪峰山东去，两岸险峰对峙，形成峡谷，相传峡谷为悬崖覆盖，江水穿洞而出，至此成为深潭，名曰"洞口潭"，"洞口"之名源于此。全县总面积2179.47平方公里，下辖3个街道、14个镇、6个乡（含3个民族乡），常住人口67.55万。2008年1月，洞口县被湖南省人民政府认定为革命老区。

一

洞口县有着光荣的革命斗争传统。早在大革命时期，1926年9月，洞口县渣坪团的谢希韫受中共湖南区委派遣，回县发展党员，建立中共特别支部，开展革命活动。高沙区王湖从广州农民运动讲习所结业后，受组织派遣回乡组织、领导农民运动。至1927年4月，洞口县8个区建农民协会7个，发展会员3万之众，其中执行委员以上的骨干340余名。共清算、批斗豪绅250余名，镇压大土豪劣绅4名，尤以公审、处决原武冈县团防局长，震惊三湘四水。

1927年5月21日，湖南军阀许克祥在长沙发动马日事变后，国民党反动派疯狂屠杀共产党人和革命群众，洞口县有100余名共产党员和工农运动骨干惨遭杀戮，工农运动遭受严重挫折，武冈县革命形势陷于低潮。

但是，洞口县的共产党员没有被吓倒被征服被杀绝，他们掩埋了同志的尸首，不怕牺牲，继续与国民党反动派进行顽强的斗争。参加南昌起义的主力营营长袁也烈，遵照朱德关于回乡开展武装斗争的指示，于1927年10月从广州返回家乡，恢复党的组织，筹建党的武装。参加南昌起义的上士班长唐盛，按照党组织的意图，也于10月返回家乡，串联地下党员和农运骨干，重组革命队伍。智胜区党团支部联络员傅若愚逃脱虎口后赴武汉寻找党组织，被毛泽东召见，得其指示，受其资助，返回邵阳找到湘西南特委，入党后任特委特派员，携带八七会议文件回洞口县传达贯彻，傅若愚、袁也烈、唐盛等洞口籍共产党员秘密联络，在五里牌举行党员大会，恢复中共武冈特别支部。11月底，特别支部再次召集党员大会改为中共武冈特别区委。决定工作重点是组织农民武装，争取地方武装，积极策反，扩大武装力量，增强特区委领导力量。12月，湘西南特委将中共武冈特别区委改为中共武冈县委。会议决定迅速发展组织，吸收同志，壮大力量。县委决定把活动重点从白色笼罩的武冈县城转移至洞口、黄桥铺、五里牌、江口、月溪，分别建立党支部、党小组，在雪峰山腹地和赧水、蓼水、平溪江、黄泥江流域活动，开展斗争。

二

洞口县苏区革命武装斗争发展。1928年2月15日，中共武冈县委扩大会议在洞口文昌塔举行。传达中共中央1927年11月临时政治局扩大会议精神和省委1927年12月会议精神，宣读湘西南特委关于组织武装暴动的计划。会议通过了袁也烈拟制的武冈暴动计划。会后，分头行动，组织实施，争取了两支地方武装，策划暴动。

1928年3月，武冈"清党"指导委员会、县团防总局纠集土匪张云卿等向农民自卫队疯狂进攻。黄桥农民自卫队连续战斗，在天鹅山、竹子塘等地，数次打败敌人的围堵追击。占山修战壕，挖交通沟，支持农民再度兴办农

黄桥镇袁也烈故居

民协会分田分地。罗崇伦牺牲后，黄安之率队继续坚持斗争至1931年初。王湖将农民自卫军大队精简为游击队，就地坚持斗争。国民党反动派重兵"围剿"，王湖便将队伍带至武冈与绥宁交界的泡洞山区和李西桥，保存力量。江口党支部书记肖健皆组织领导的自卫队，控制了雪峰山内400余平方公里，造成一方割据，这支队伍在抗日战争期间参加江口阻击战，解放战争期间参加洞口起义，成为中国人民解放军江南别纵队的一部分。

在黄桥党小组的领导下和黄桥自卫队的支持下，1928年8月恢复了黄桥、乔江、龙潭3个农民协会。是年冬，在袁家垄袁也烈家里最先建立黄桥铺区苏维埃政府，开始分田。地主豪绅们有的逃往外地，有的投靠张云卿匪穴躲藏栖身，有的则免了农民的债务，让农会分田地。苏维埃政府一度控制了黄桥、龙潭区200多平方公里。

在土地革命战争时期，洞口人民还有力地支援了红军的战略转移。1930年12月红七军从广西进入湖南去江西中央革命根据地，途经武冈宣传革命道理，开展土地革命。1935年12月，红二、六军团在洞口打土豪，分粮分地，开展革命，发展苏区，得到洞口人民的热烈拥护和爱戴，

老百姓主动为红军送柴、送粮、赶做军帽、军鞋。

三

抗日战争时期，洞口县人民抗日热情高涨。1939年4月，雷震寰受党指派回到家乡，建立中共洞口特别支部。同年9月，党支部以国立十一中学（现竹市镇中学）为基地，组织开展抗日救亡活动。

1943年冬，共产党员谢锦涛与刘布谷组建了湘桂边区抗日游击纵队。他们利用湘桂边境的崇山峻岭，运用灵活机动的游击战术，先后对日作战10多次，击毙日军中佐等官兵100多人，缴获大量枪械弹药，威震湘桂边境。

1945年春，日军侵入洞口境内，萧健皆组织领导的江口抗日自卫队，侦察敌情，筹集粮秣，带路送情报，运送物资弹药，配合抗日军队作战，奋起抗击日军。洞口桐山活跃着一支瑶族人民抗日自卫队，以鸟铳为主要武器，利用高山密林，打击日军。

1945年4月，为了阻止侵华日军打通湘黔公路，进而攻取芷江机场，中国军队在雪峰山东麓的洞口境内与日军进行了数次的殊死血战——雪峰山会战，最终击溃日军，标志着中国抗日正面战场由防御正式转入反攻阶段。洞口子弟纷纷投身于雪峰山会战中，付出了巨大的代价与牺牲。

抗日战争胜利后，国民党反动派发动了全面内战。武冈国民党当局勾结匪首张云卿等，组织"自卫队"，搜捕共产党员、革命志士和进步人士，阻挡解放军南下。洞口人民在共产党的领导下，迎接解放、争取自由的斗争风起云涌。1948年，省私立蓼湄中学（今洞口三中）的一批进步青年学生，在教师周力和省派地下党员的指导下，开展罢课游行示威等一系列革命斗争活动并取得胜利。1949年5月，新民主主义研究会洞口基地建立，一批共产党员以各种形式开展革命活动。与此同时，贺锄非、唐盛等在解放军"二野"政工人员的帮助下，举行武装起义，成立中国人民解放军江南别纵队，在以洞口为中心的两省十县之间，打击反革命势力。洞口的革命活动为 1949 年 10 月洞口解放奠定了坚实的基础。

在长期的革命斗争中，洞口县人民为新民主主义革命的胜利付出了巨大牺牲，做出了重大贡献。洞口这块红色土地，经受了反动派的血腥屠杀，数以千计群众惨遭杀害，党组织的负责人欧阳东、邓中宇、李秋涛、刘云龙、邓成云、刘卓、王圭田、董刚、董用威、罗崇伦、伍中汉、张光、尧文玉、王湖、易宫午等壮烈牺牲，反动派还残忍地将刘云龙、王圭田的首级割下，悬挂在县城城门上示众。

洞口红色遗址有袁也烈故居、花园镇西中红军烈士墓、洞口县党性教育基地等。

绥 宁 县

绥宁县，位于湖南省西南部，东邻城步、武冈，西连靖州、会同，南抵通道，北与黔阳、洞口接壤。全县总面积 2917.01 平方公里，下辖 8 个镇、9 个乡（含 8 个民族乡），常住人口 29.07 万，境内居住着苗、侗、瑶、土家等 24 个民族，少数民族人口占总人口的 62%。2008 年 1 月，绥宁县被湖南省人民政府认定为革命老区。

—

绥宁县人民有着光荣的革命斗争历史，大革命时期，杨英华、彭作述等人先后建立共青团绥宁特别支部和中共绥宁特别支部，领导绥宁人民开展了轰轰烈烈的农民运动。1927 年大革命失败后，共产党员刘宝德代理绥宁县长，率领县农民自卫军退居绥宁北部地区，在黄土坑另立县府，与国民党县政府形成对峙。9 月，绥宁籍中共党员匡非非受湖南省委派遣，回县成立党组织，组建革命武装。他与刘宝德等取得联系，于11 月建立绥武黔三县游击队，刘宝德任队长，匡非非任党代表，尹锷任副队长兼参谋长，下设 3 个支队，共 300 余人；12 月，在黄土坑建立绥宁县工农政府，刘宝德任主席，逐步形成了以黄土坑为中心的湘西南革命根据地。

1930 年 12 月 21 日，邓小平、李明瑞、张云逸率领的红七军攻占绥宁县城寨市镇，在李家祠堂设立临时指挥部。

1932 年至 1934 年，国民党反动派正全力"围剿"湘赣根据地和湘鄂根据地之际，刘光演、刘之光、杨英华等共产党员在绥宁北部大力发展革命武装，进行武装斗争，基本上控制了县境北部，建立革命政权管理日常事务逐步提到议事日程，刘光演、刘之光、杨英华等人原打算参照大革命时期的做法，建立农民协会作为革命政权。1934 年初，派去寻找上级党组织的刘有昌和曾之吾先后回来了，他们虽然都未找到上级组织，但了解到湘赣根据地和湘鄂根据地的一些做法，如建立苏维埃政府进行土地革命等，临时党支部也决定建立苏维埃政府，开展土地革命，体现政权的革命性质。

1934 年 6 月 22 日，临时党支部在唐家坊唐氏祠堂召开了第一次全县农民代表大会，会议先听取了各乡农会代表汇报本乡发展农会会员的情况，后由刘之光宣传解释建立苏维埃政府的来由、依据和宗旨，决定原筹建的县农会不再成立，立即建立绥宁县苏维埃革命政府，坚决同国民党县政府分庭抗礼。在热烈的气氛中，会议选举刘之光任苏维埃政府主席，杨英华任副主席，李襄余、刘有昌、曾之吾、薛芳、杨佛为委员。会后马上请了一个私塾老师书写了"绥宁县苏维埃革命政府"的木牌悬挂于唐氏祠堂大门口，并由苏维埃政府成员带领各乡代表在大街进行了游行。

绥宁县苏维埃革命政府成立后，立即发动根据地各乡和游击区建立乡苏维埃政权，各乡迅速行动起来，在原乡公所、祠堂、学校等地方建立起乡苏维埃政权。至 1935 年 1 月，全县共成立乡苏维埃 28 个，选出正副主席 55 个。县苏维埃建立第二天，广泛公布了《绥宁县苏维埃革命政府宣言》。宣言宣告：绥宁县苏维埃革命政府是贫苦农民、雇农、工匠的民众政府，是反抗国民党反动派实行武装斗争的革命政府。宣言明确，废除国民党政府的统治，收缴乡公所的权力，改变农村的保甲制度，使一切权力归于苏维埃。宣言规定：改变封建的土地制度，实行革命的土地制度，收缴土豪、恶霸、劣绅、地主的土地分给农民，实行耕者有其田，没收他们的财物，用于苏维埃政府的革命斗争，大力支持革命军开展武装斗争。

苏维埃政府成立后开展了一系列革命活动：一是积极发动贫困青壮年加入革命军，为革命军送去了500多人的兵力。二是为革命军筹集粮草，通过没收恶霸地主的财产，动员富户大户捐献，向有余粮的农民适当摊派等多种办法，保证了革命军的粮草需要。三是为革命军制造了大量的梭镖、大刀，为革命军养护了许多伤病员，对革命军死去的战士家属进行了抚恤。四是广泛开展了"打土豪分田地"运动。通过这些活动的开展，得到了广大贫困农民的热烈支持和拥护，巩固了新生的红色政权，沉重打击了国民党反动势力。

二

土地革命战争时期，红七军、红六军团、中央红军、红二军团先后四次征战绥宁，1935年12月，中国工农红军二、六军团长征途中到达洞口桥头，然后，兵分两路向绥宁进发。由萧克、王震率领右路军红六军团约7000人经古楼进入绥宁县金屋塘。由贺龙、任弼时、关向应率领左路军红二军团约10000人，经花园进入绥宁县红岩，过黄土矿直插鸡公坡。据守在丝茅界的国民党军章亮基、钟广仁两个师慌忙掉头赶到鸡公坡阻击。

22日，红军分三路向枇叶树、石坪、芭蕉等地的敌军阵地发起冲锋。敌军凭借鸡公坡的有利地形，负隅顽抗。

上午8时许，鸡公坡战斗打响。敌驻守在枇叶树一带的朱再生团在大炮和机枪的掩护下，首先向红四师阵地发起进攻。在红四师的顽强抵抗下，敌人败退。红四师乘势发起反冲锋，攻占了敌人在枇叶树、芭蕉、石坪的3个据点，敌退至鸡公坡的南面坡上。由于敌人已先此构筑工事，红四师同敌人进行了激烈的拉锯战，战斗陷入僵持状态。这时，贺炳炎率领红五师赶到，迅速投入战斗，猛攻木栗树和鸡公坡的守敌张奎选团的阵地。短兵相接，激战4小时之久，给予敌军沉重打击。鸡公坡战斗，歼敌220余名。此战打破了国民党军妄想在绥宁及湘西南地区剿灭红二、六军团的企图，为红二、六军团西入贵州北上抗日扫平了道路。

三

抗日战争时期，在中国共产党抗日民族统一战线的旗帜下，绥宁人民积极投入挽救民族危亡的斗争。1939年1月，李子华在武阳建立中华民族解放先锋队；7月，李子华在珠玉建立中共湖南省委直属绥宁支部。在中国共产党的影响下，绥宁人民迅速掀起抗日救亡运动的高潮。1945年的湘西会战中，绥宁县是湘西会战的主战区之一。"武阳之捷开湘西会战胜利之先声"（何应钦语），中国军队和绥宁人民在绥宁武阳、茶山、梅口大败日军，为取得湘西会战的胜利奠定了基础。当时绥宁平均每12人中就有1人投入抗日战争，全县先后有14000余人勇赴前线参与作战。

解放战争时期，袁公信的西南联军独立营改编为中国人民解放军江南别纵队独立营。至1949年10月，独立营配合中国人民解放军第三十八军、三十九军消灭了国民党在绥宁的全部武装。10月10日，绥宁县宣告解放。

绥宁人民在长期的反帝、反封建及争取民族独立和解放的革命斗争中，前仆后继，先后有6万余人参加各种革命组织和革命活动，包括中国共产党的优秀党员彭作述、匡非非、刘宝德、刘光演、刘彦文、傅杰等在内的成千上万的绥宁儿女英勇牺牲，为中国革命的最后胜利建立了不朽的功勋。

绥宁县红色遗址有邓小平征战绥宁指挥所旧址、鸡公坡战役贺龙指挥部旧址及纪念设施群等。

新 宁 县

新宁县,隶属于邵阳市,位于湘西南边陲,东连东安,西接城步、绥宁,南邻广西全州、资源,北靠武冈、邵阳。全县总面积 2756.12 平方公里,下辖 8 个镇、8 个乡(含 2 个民族乡),常住人口 51.38 万,境内居住着汉、瑶、苗、壮、侗等 16 个民族。2008 年 8 月,新宁县被湖南省人民政府认定为革命老区。

一

新宁县有着光荣的革命斗争历史。早在 1918 年 5 月,北京学生爱国会成立,新宁籍热血青年夏明钢成为学生爱国会负责人之一。他积极参与和发起了轰轰烈烈的五四运动,成为五四运动著名的学生领袖。中共建党初期,受马克思主义及毛泽东、蔡和森等人影响,夏明钢、宛旦平、曾大受、刘子载、李建勋、李朝瑾、李有份、王元道、罗学秩、李镇帮均先后加入中国共产党,成为中共早期党员。1923 年 4 月,李有份回县组建了县内第一个革命组织——中国社会主义青年团省直属新宁特别支部。1924 年,中共党员李朝瑾回县,发展党员 8 名,组建了县内第一个地下党组织——中共省直属新宁北乡支部。1926 年 10 月,中共党员邓熙、李有份、江平等根据中共湖南区委指示回县,建立了中共省直属新宁县特别支部。1927 年 11 月,蒋昨非受中共湘西南特委委派来到新宁,组建了中共湘西南特委新宁小组。全县还共组建各类行业协会20余个，发展会员14000余人。其中县、区、乡、村农民协会124个，拥有会员9740人；工人协会1个，发展会员200余名；县乡妇女联合会3个，拥有会员117名。

在中共新宁特别支部的领导下，广大工农群众在县内掀起了以打击土豪劣绅、驱逐洋教、革除封建旧俗、剿匪安民为主要内容的反帝反封斗争高潮。先后组织游斗、清算、处罚土豪劣绅及不法商人数百人，并组建"惩治土豪劣绅临时特别法庭"，审判处决2人。焚烧日、英等洋货1000余件，处罚欺压妇女、打牌赌博、吸食鸦片等劣行130多人次，剿灭匪患3处。在长达一年多的时间内，狠狠地打击了帝、官、封的气焰，大涨了工农群众的"绝对"权威。

1927年4月，蒋介石在上海发动四一二反革命政变，5月，许克祥在长沙发动马日事变，国民党反动派疯狂屠杀共产党人和革命群众，党组织遭到严重破坏，各个革命团体被捣毁，工农运动受到挫折，新宁县革命形势陷入低潮。

位于新宁县金石镇幸福村的红军桥

大革命失败后，1927年11月中旬，中共湘西南特委在邵阳成立，决定在宝庆、新宁、武冈等县发动年关暴动。特委书记贺恕指派中共党员蒋昨非、彭梅荪到新宁，"集中原有力量，成立党小组，徐图发展"。蒋昨非和彭梅荪到新宁后，寻找地下党员林昌松、何石农、曹秉和、李达生、蒋能得，发展蒋松青等入党，成立中共新宁小组，隶属中共湘西南特委领导，蒋昨非任组长。

随着白色恐怖日益严重，根据上级党组织指示，中共党员李朝瑾、简子祥带领县农民自卫军一部转战到新宁北乡，成立了北乡土地革命委员会，着手开展土地调查，研究土地革命办法，开展打土豪分田地。1928年2月，革命委员会拟出了《北乡土地革命办法》草案，在一渡水李氏宗祠召开了全区各乡、村负责人会议，认真审议，修改通过。全文如下："《北乡土地革命办法》：一、没收土豪劣绅一切土地，分配给贫民耕种。二、以村为分配单位，以人口为标准，男女老幼平均分配。三、以村为单位，按人口平分山林。四、田地税为百分之十五，如遇天灾人祸，由区革命委员会核清酌情减免。五、禁止买卖田地。新宁县北乡土地革命委员会。民国十七年二月。"《北乡土地革命办法》公布后，穷苦百姓奔走相告，在乡、村分会的领导下，纷纷行动起来，没收了土豪劣绅的土地。分得土地的贫苦农民欢天喜地，在土地上插牌子，挖界址，革命热情高涨。

1928年3月，中共湘西南特委指示，"北乡土地革命委员会"更名为"北乡苏维埃政府"，负责靖位、对江、三渡水、一渡水、巡田、回龙寺、连山、塘尾头、军田等乡的土地革命。李朝瑾任北乡苏维埃政府主席，正式启用"新宁县北乡苏维埃政府"印章，"北乡农民自卫大队"改名为"北乡赤卫队"。

党组织安排李达生、李镇邦、杨锡凡带领县农民自卫军一部，转战到敌人实力相对薄弱的麻林，开展土地革命斗争。1928年4月，新宁县八峒特区苏维埃政府成立，负责黄金、麻林、石门、安新观（现属武冈市）、水庙、飞仙桥、窑市、崀山、万塘等地土地革命斗争。李镇邦任苏维埃政府主席，八峒特区农民自卫队更名为新宁县八峒特区赤卫队，杨锡凡任赤卫队队长。

二

　　苏区的革命武装斗争。在土地革命战争时期，新宁县人民积极配合主力红军作战。1929年，邓小平等发动百色起义，创建左右江根据地和红七军。红七军由邓小平任政治委员，张云逸任军长，下辖3个纵队（师）。为了扩大革命根据地，发展红军，邓小平、张云逸率红七军第十九、二十两个师约7000人从河池北上，韦拔群率第二十一师坚持根据地斗争。红七军一路攻占怀远、四把、三防、长安等地，进攻桂林受阻，转进湖南。1930年12月21日，红七军占领湖南绥宁县。24日攻打武冈县城。数日不克，敌援兵至，红七军被迫撤出战斗，进入新宁。新宁县"铲共义勇队"大队长刘伯斌派中队长刘美田前往阻击，遭红七军重创，刘美田仓皇逃命，回城向刘伯斌告急。刘伯斌不敢出战，"铲共义勇队"、挨户团都龟缩城内，自保性命。为避免和敌人正面交锋，减少损失，红七军领导与县农民自卫军商议，决定绕开敌人，不打县城，向湖南和广西的边界进军。29日拂晓，由县农民自卫军带路，红七军从界牌出发，经过新宁县万塘乡的白莲江、赤竹铺，至塘铺、双龙。为迷惑敌人，先遣队在左家山回龙桥的石碑上大书"本部不过桥"，县农民自卫军在县城北门外的下马石、桥湾里严加戒备，防止敌人出城袭击，掩护大军安全行进。行军途中，邓小平向李达生介绍了当前革命形势，通报了宛旦平烈士牺牲的情况，鼓励农民自卫军坚持斗争，并组织红军干部战士四处宣传发动群众，团结起来，打倒地方土豪势力。在江口桥的大门口，留下了"打倒南方军阀""取消苛捐杂税"等标语。

红七军穿过新宁边界窑市，抵达广西梅溪口，已近傍晚。准备宿营休息后，向桂林挺进。但从抓获的白崇禧部一侦探的口中得悉，白崇禧已在附近布下重兵，准备在当晚围歼红七军。在这紧急关头，邓小平、张云逸沉着冷静，又迅速作出决定，改变行军方向，立即请当地熟悉地形的农民作向导，在敌军不知不觉中，沿山间小道，经随滩，过黄岩渡，爬越城岭，再次进入新宁边境侯家寨、老屋场。红七军在村庄里休整了一个晚上，第二天拂晓就悄悄地离开侯家寨，爬越了"八十里山"，并在新宁与广西全州交界的十字路打退湘军十六师的追击，转入广西。次年1月2日攻占全州。后转战湖南道县、江华，广东连县、乐昌县进入江西中央苏区。

三

抗日战争时期，新宁县党的组织得到了恢复和发展。1939年5月，中共湖南省委派李锐来新宁帮助组建中共湖南省属新宁县支部，郑圭田任支部书记，领导新宁抗日救亡运动。1941年5月，中共湖南省直属新宁县支部改称为中共新宁县支部，隶属中共邵阳中心县委领导。皖南事变后，郑圭田回到故乡柳山，隐蔽地开展党的地下斗争。1944年8月，日寇侵占新宁，中共新宁县支部与上级党组织失去联系，但仍在极其恶劣的环境下，带领群众继续与敌人进行地下斗争。

1944年9月6日，日机开始对新宁县城及回龙、白沙、南庙、窑市、冻江口等地进行轰炸，至1945年7月10日，先后出动飞机57架、53次，投弹422枚，造成人员伤亡和财物损失。1945年4月，日本侵略军68师团进犯新宁，县城沦陷，4月17日上午，国民党军队从武冈调遣的龙江部队一营兵力，在鹞子岭与日军展开血战，伺机收复县城，经过一天的殊死拼杀，终因兵力悬殊，国民革命军 100 多名将士血溅阵地、壮烈牺牲。

解放战争时期，新宁人民在党的领导下，开展了反对国民党黑暗统治的各种形式的斗争，为促成徐君虎和平起义作出了重大贡献，为新宁的和平解放铺平了道路，1949 年 10 月 10 日，新宁县和平解放。

新民主主义革命时期，新宁县人民在共产党领导下，为夺取中国革命的胜利付出了巨大代价，作出了重大贡献。县内先后有 1300 多名共产党员和革命烈士献出了他们宝贵的生命。其中就包括在抗日战场上腹部被击中肠子流出仍不下火线，为抗战流尽最后一滴血的陈纯一烈士。同时，也正是这种血与火的洗礼，造就了新宁县一批坚强的革命战士和优秀人才，如宛旦平（红八军参谋长兼第二纵队司令员，1930 年 3 月 20 日牺牲）、刘子载（中华人民共和国成立后任中华人民共和国高等教育部副部长）、夏明钢（中华人民共和国成立后任湖南省人民政府农业厅厅长）等就是其中的代表。

新宁县红色遗址有新宁县革命烈士纪念馆、新宁县和平起义旧址、宛旦平烈士故里等。

城步苗族自治县

城步苗族自治县，隶属于邵阳市，位于湖南省西南边陲，地处越城岭山脉与雪峰山脉交会地带，东界新宁，南邻广西的资源、龙胜，西接绥宁、通道，北毗武冈，古称"楚南极边"。全县总面积 2588.3 平方千米，下辖 7 个镇、5 个乡，常住人口 22.79 万。2008 年 1 月，城步苗族自治县被湖南省人民政府认定为革命老区。

一

城步县有着光荣的革命斗争历史。早在大革命时期，毛泽东在 1927 年 2 月发表的《湖南农民运动考察报告》中，曾对城步农民运动予以肯定和赞扬。这场席卷全县的大革命风暴，沉重打击了封建势力。大革命时期，中共湖南区委派随北伐先遣队入湘的中共党员胡植和在长沙从事工人运动的戴伟远赴城步发展党的组织。1926 年 9 月中旬，中共城步特别支部成立，胡植任书记，戴伟任组织兼宣传委员。中共城步特支在全县发展党员 30 余人。当年秋，中共党员孟精一等人在上坪水、下坪水、腊屋三地率先成立了城步县第一个乡农民协会。到 1927 年 3 月，全县共建立区农会 1 个、乡农协 54 个，会员总数达 5000 多人。县农会也于1927 年春成立，戴伟被选为农会委员长，同时还成立了县总工会、商民协会、女界联合会等机构。中共城步党组织成为城步革命运动的领导核心。

1927年1月2日，中共党员邓熙从新宁调任城步县长，驱逐了反动县长刘经伦，保证了党组织的重要

红一军团司令部住址——五团镇茶园村铺上一角

决策能够以县政府的名义付诸实施。另外，农民在学习文化、提高政治信念和革命立场的同时，也积极开展了扫荡封建恶习、改造社会陋俗的斗争。全县形成了抓赌棍、打烟痞、破神权、废族规、有令即行的社会风气。苗乡妇女运动也得到蓬勃发展，出现城步有史以来的第一次妇女运动高潮。中共党员、女界联合会主任刘克全带头打破封建礼教，剪长辫，放裹足，全县妇女纷纷效仿。妇女参与革命、追求进步等新人新事在全县蔚然成风。

1927年3月，以伍宗汉为首的反动势力公开与县农会对抗，开始对农民运动展开疯狂反扑。4月初，胡植、戴伟、邓熙率领县农民自卫军平定伍宗汉叛乱受挫，加剧了城步局势的危机。4月中旬，国民党省党部在不明真相的情况下，函令解散国民党城步县党部筹备处，并撤换了县长邓熙。5月，国民党反动军官许克祥在何键的策动下，在长沙发动了血腥的马日事变，全省革命形势急转直下。5月下旬，伍宗汉制造"威溪惨案"。之后城步党组织转移到南部山区，在蓬峒成立县苏维埃政府，继续开展革命运动，坚持革命斗争。

二

城步县苏区的革命武装斗争。土地革命战争时期，1934年秋，中央革命根据地第五次反"围剿"失利，中央红军被迫战略转移，开始长征。奉中央军委命令，任弼时、王震率领工农红军第六军团8000多人作为长征探路先遣队，鏖战湘赣，转战粤桂，从广西资源进入湖南城步。红六军团9月8日在蓬洞沙基铺召开群众大会，宣传共产党的主张、民族政策和红军纪律，并发动群众打土豪斗恶霸，勒令土豪劣绅出粮出钱。红六军团在下团、观音阁召开群众大会，动员当地群众团结起来和地主土豪开展斗争，支援红军北上抗日。并没收了李学光、兰长青、兰道凡、陈发元等10多户土豪的财产，勒令他们交出鸦片和烟枪。除了留下部分作军费、军粮外，红军将没收的财产大部分给了贫苦农民。红军在茶园将勾结土匪横行乡里抢劫民财的伪保长杨进东抓获并就地处决，将土匪杨盛清、肖虎仁等10余人押走，带到途中枪决。红军在城步打击土豪劣绅126人、地痞7人、土匪45人，其中处决了21名罪大恶极者。红军经过之地，扫除了地方上的害群之马，深得群众称赞，也更加推动了城步苏维埃运动的深入开展。当红六军团翻越八十里大南山时，映入眼帘的是绿波起伏不断、一望无垠的大草原，广大将士顾不上刚经历浴血奋战的劳顿，被眼帘秀美壮丽的景象吸引住。军团政委王震也被感染，情不自禁说出豪语："多好的草山啊，待革命胜利后，我们一定要在这里办一个大牧场。"王震的这句话极大地激励了大家向西突围的信心。

1934年12月，中央红军血战湘江，强突敌人第四道封锁线后，于12月5日从广西资源进入城步；8日，红三、五、九军团经五团茶园，翻越老山界到达南山宿营，后取道长安营入通道。

1934年12月，中央红军湘江战役后长征经过城步，受到城步党组织的热烈欢迎，得到了各级苏维埃组织的全力配合。为帮助苗瑶群众了解和认识红军，县苏维埃政府发动基层组织，积极开展宣传工作，运用书写标语、散发传单和口头宣讲等方式，宣传共产党的政治主张和民族政策，阐明红军的性质和任务，讲解苗民受歧视受压迫的根源，说明只有跟着共产党闹革命才能获得解放的道理。红军在行军途中或宿营地，均要在凉亭里、风雨桥旁、路边岩石及房屋板壁上书写标语。红一军团在茶园宿营时，在村民周新旺家的板壁上写有"取消一切高利贷！"的大标语。红九军团经长安营青山口时，在周春生家板壁上写有"只有苏维埃才能救中国"。在蓬洞一带写有"瑶民们不用吃苞谷，分财主的白米吃；不要穿烂衣，跟我们穿财主的新衣去""苗瑶们，快起来，配合红军打土豪分田地""红军是工人农民自己的武装""打倒土豪劣绅"等。红军在城步境内书写的大幅标语有500多条。红军还将一些重要文件印刷成宣传品，广泛地散发宣传与张贴，其中有《中国共产党中央委员会告民众书》《中华苏维埃共和国宪法大纲》等。在苗乡山寨，中华苏维埃共和国主席毛泽东接见了城步苏维埃主席廖敏，鼓励他们在湘桂边境上建立苏维埃政权，是苗乡山寨的星星之火，将来定会形成燎原之势的。并叫警卫员取来十支步枪送给他们，勉励他们紧握枪杆子，坚持斗争。

三

1937年卢沟桥事变后，全国抗日战争爆发。在中国共产党倡导的抗日民族统一战线的旗帜下，城步人民投身抗日救亡的洪流，营造抗日舆论，组织献金运动，征募寒衣布鞋，开展抗敌后援，设立茶水、医药站和饭店，救抚过境灾民。1938年至1939年间，苗乡热血青年段刚、段铭、鲁敏之、陈鹤泉、肖靳尤在八路军驻湘通讯处的感召下，奔赴延安直接参加抗日战争。

抗战胜利后，国民党反动派倒行逆施，发动全面内战。城步县政府加紧搜刮民财，征购军粮，恣意反共，人民群众陷于水深火热之中。1948年7月爆发的震惊省城长沙的"城步饥民包围县政府迫售赋谷"事件，标志着城步人民对国民党政权的反抗情绪与日俱增。

1949年10月14日，人民解放军第三十八军一一二师追剿衡宝战役余敌时进抵县城，宣告城步解放。久处黑暗的城步人民终于迎来光明，获得新生！

新民主主义革命以来，城步这片热土承载的武装斗争从未中断过。土地革命时期，城步是长征过湖南第一县，红军由桂入湘，在此留下了光辉的足迹，在苗乡人民革命史上写下光辉篇章。

解放战争时期，县境内的革命斗争如火如荼，南北呼应，势不可当。江南别纵队、苗族独立大队、桂北人民翻身总队都以此为游击根据地，频繁出击，打击敌人，威震湘西南。

城步县的红色遗址有：南山红军长征路遗迹、红军战斗纪念地、红军桥等。

武冈市

　　武冈市，湖南省辖县级市，由邵阳市代管，位于湖南省西南部，地处雪峰山东麓、南岭山脉北缘、资水上游，东南西北依次与邵阳县、新宁县、城步县、绥宁县、洞口县、隆回县交界，地处邵阳市西南五县（市）中心。原为武冈县，1994年4月，经国务院批准，撤县设市。全市总面积1539.36平方公里，下辖4个街道、11个镇和3个乡，常住人口为64.02万。1994年，武冈市被湖南省人民政府认定为革命老区。

一

　　武冈市有着光荣的革命斗争传统。早期蓬勃的工农运动为武冈革命活动的开展奠定了坚实的基础。1923年冬，欧阳东在思思学校建立宝庆地区内第一个中国共产党组织——武冈特别支队。1925年秋，武冈第一个基层工会组织——武冈县织染工会在思思工厂成立。1926年8月，欧阳东、夏光等人深入蔡家坊、天心桥一带率先组织成立了武冈县第一个农协——蔡家坊农协。次月10日，武冈县农民协会筹备处成立。紧接着全县11个区农民协会先后成立，各乡、团、村等形式的基层农民协会纷纷成立，短短的几个月全县成立农民协会组织180余个，发展农民会员6万余人。1927年春，武冈县农民自卫军建立，有300多条枪。各区、乡也相继成立农民自卫军，人数达5000。1926年7月，武冈县总工会

红七军作战指挥部旧址——兴隆庙

筹备处成立，同年10月8日武冈县总工会正式成立，全县先后建立各种行业工会30余个，会员达4000余人。是月10日，武冈县女界联合会和县学生联合会相继成立，女界联合会会员达3000余人。1927年春，县总工会和县农民协会联合创办《武冈工农旬刊》，并举办工农骨干训练班，积极进行革命宣传教育。随之，一个声势浩大的工农革命运动在武冈城乡如火如荼地开展。

1927年5月21日，国民党反动军官许克祥在长沙发动马日事变后，革命形势一度陷入低潮。武冈的部分共产党员和农运骨干王子鲁、夏佩文、钟菊生、姚贤梓、殷实甫、袁辛农、傅石林、谢文锦、谢林发、毛万成、欧云贵等先后在河道坪等地惨遭杀害。1927年10月，武冈籍党员刘云龙等陆续回县，恢复建立中共武冈特别支部。中共武冈特支恢复后，王圭田在武冈城区建立武冈中心党支部，唐盛在洞口城区建立洞口支部，刘云龙在五里牌建立五里牌党小组，罗崇伦、黄安之在黄桥建立了黄桥党小组，夏光在蔡家塘发展潘任堂、夏介五、钟霞轩为党员，建立蔡家塘党小组。1927年11月，中共武冈特区委建立。

二

苏区的红色政权建设。1928年1月14日，中共湘西南特委奉省委常委省字21号通告命令举行宝武新三县联合总暴动。命令要求召开区乡农民代表会，建立乡村政权，城市则煽动兵变，袭取行政、财政机关，占领县城，组织工农兵代表会议，建立县市政府。湘西南特委先后派特委工运书记陈新宪、傅若愚到武冈传达八七会议、中央十一月扩大会议和省委十二月会议精神，要求迅速发动武装暴动，组织工农武装割据。在县委成立会上，唐盛被推举为主席，准备召开县工农兵代表大会。

1928年农历二月，县工农兵代表大会在洞口镇文昌塔召开，参加八一南昌起义归来的袁也烈被推举为总指挥，负责制订暴动计划，唐盛、王圭田、邓成云、刘云龙、刘卓等成立指挥部，以武冈县团防局局长伍中汉的武装队伍（因伍与县长和驻军有矛盾）为内应，并推举伍中汉任县长，刘云龙、刘希宾为工人代表大会正副委员长，刘卓为农民代表大会委员长。武冈的政权完全掌握在共产党人手中。

1930年12月23日，邓小平、张云逸率领的中国工农红军第七军4000余名战士，挥师东进，由广西龙胜进入湘西南地区，从绥宁进入武冈，当晚露宿木瓜桥。红七军纪律严明，尽管饥寒交迫，都不去惊扰村民。他们买不到任何吃的东西，到菜地里拔了些萝卜充饥解渴，他们每拔一个萝卜，都在萝卜眼里放一枚铜钱。木瓜桥被当地人称为"红军桥"，是红七军途径武冈的历史见证；而萝卜眼里长铜钱的故事，更是中国共产党人为老百姓谋幸福、体恤劳苦大众、让老百姓过上好日子的初心所在。

1934年12月17日，红二、六军团在贺龙、任弼时、萧克的率领下进入武冈，历时6天，先后有20多名武冈青年参加了红军。

三

抗日战争期间，中国共产党领导武冈人民全力投入到支援中国军队抗击日军的斗争中。1938年3月开始，中央陆军军官学校第二分校（又称黄埔军校第二分校）驻武冈办学 8 年，先后培养军官 23502 人。这是武冈这片古老的土地为中华民族做出又一个重大贡献。1944 年，中共党员刘云彪（布谷）、谢锦涛组建湘桂边区抗日游击队，有 1000 余人枪。是年夏，县成立国民抗敌自卫团，下设 12 个常务自卫队。武冈保卫战是湘西会战的一部分。1945 年 4 月至 5 月，武冈抗日军民浴血奋战，顽强抗敌，杀死杀伤日军 12498 人和 23307 人，迫使日军在芷江投降，为湘西会战的全面胜利做出了贡献。

解放战争时期，在共产党组织领导下，革命军民反对国民党的统治。1949 年，武冈境内先后有湖南人民解放军湘中二支队第三团和中国人民解放军江南别纵队及西南联军等武装队伍活动。9 月解放军四野部队在二野部队的配合下，发起衡宝战役。10 月 10 日，解放武冈。

武冈人民为中国革命事业付出了巨大牺牲，作出了重大贡献。夏光在江苏阳澄湖领导伤病员抗日，作为京剧《沙家浜》中主人公郭建光指导员的原型，名扬全国。在武冈这块红色的土地上，数以千计革命群众惨遭杀害，党组织负责人欧阳东、邓中宇、李秋涛、刘云龙、邓成云、刘卓、王圭田、董刚、董用威、罗崇伦、伍中汉、张光、尧文玉、王湖、易宫午等壮烈牺牲。反动派还残忍地将刘云龙、王圭田的首级割下，悬挂在县城城门上示众。武冈人民为怀念流血牺牲的先烈们，修建了革命烈士纪念碑，修建了萧克将军题写馆名的武冈人民革命历史纪念馆。

武冈主要红色遗址有黄埔军校二分校旧址、武冈市红色记忆馆、武冈烈士陵园、夏光陵园以及红军桥等。

岳阳市

　　岳阳市，古称"巴陵""岳州"，位于湖南省东北部，怀抱洞庭，北依长江，南纳三湘四水，江湖交汇。全市总面积 14857.91 平方公里，下辖 3 个市辖区、4 个县，代管 2 个县级市，常住人口 505.19 万，在新民主主义革命时期，这里上演了一幕幕艰苦卓绝、英勇悲壮的红色故事。党的两大革命根据地——湘鄂赣根据地和湘鄂西根据地由这里形成，有数百万岳阳儿女参加革命，南征北战，出生入死，近 30 万先烈为国捐躯，为中华民族的解放，为新中国的诞生作出了巨大的贡献。

岳阳楼区

　　岳阳楼区，1996 年 4 月，经国务院批准，由原岳阳市南区与郊区合并设立。隶属于岳阳市，位于洞庭湖与长江汇合处。其北面为云溪区；西部临洞庭湖，与君山区隔水相望；西北隔长江与湖北省监利县相望；东面与岳阳县接壤。全区包括东洞庭湖国家级湿地自然保护区的一部分，野生动物资源十分丰富，景点有洞庭湖、岳阳楼景区等。岳阳楼区总面积 407.6 平方公里，辖 17 个街道、1 个镇、1 个乡，常住人口 98.04 万。1990 年 6 月，岳阳楼区被湖南省人民政府认定为革命老区。

一

农讲所遗址——天主堂

　　岳阳楼区有着光荣的革命斗争历史。

　　1926 年 9 月，随着北伐战争的节节胜利，中共党员刘士奇受国民党湖南省党部农民部派遣，回岳阳开展农民运动。他在与岳阳地下党负责人联系后，以原地下党组织为基础，建立中共岳阳地方执行委员会，代号"岳迪伟"，刘士奇任书记。管辖岳阳、临湘两县，隶属中共湖南区委领导。到马日事变前，在岳阳城乡建立了 39 个支部，共发展党员 800 多名。1927 年 5 月马日事变后，党组织解体。

1927 年 8 月，中共湖南省委派卜荣贞（女）、胡波来岳阳建立中共岳阳县委，代号"张若湖"，卜荣贞任书记。同时成立共青团岳阳县委，胡波任书记，王守弗任宣传委员。1928 年 1 月 23 日，卜荣贞、胡波、周彦等人在县立中学开会，被反动军警侦知，将周彦、卜荣贞捕去，并在全城进行大搜查。卜荣贞后经共产党员彭援华、肖舜华及彭援华哥哥彭搏黄多方营救出狱去了长沙，胡波、童绍功等人则离开岳阳，刚建立的党团组织又遭破坏。

为密切同各革命根据地的联系，中共中央决定在各地设立秘密交通站。1930 年 5 月下旬，中央军委驻汉口办事处派邓培芝（又名邓济时）到岳阳建立交通站，指导岳阳革命工作。邓培芝与周彦、胡兰亭、杜显俊等党员取得联系后，在塔前街杜育记牛碾米庄设交通站，邓培芝为负责人，杜显俊等在交通站工作。7 月，根据长江局命令，交通站改为岳阳县革命行动委员会，仍属中央军委驻汉办事处领导。11 月，撤销县革命行动委员会，成立中共岳阳县委，改属湘北特委领导。此时，长江局在汉口遭破坏，文书科长胡晓峰被捕叛变，供出长江局各地的通信联络地点。邓培芝与交通站其他成员和县委成员立即撤离岳阳城区。中共岳阳县委迁往农村地区，继续领导全县革命斗争。

二

岳阳楼区苏区革命武装斗争的发展。1927 年 8 月 18 日，中共湖南省委召开会议，传达贯彻八七会议精神，决定毛泽东去湘赣边界平（江）、浏（阳）、萍（乡）一带组织工农革命军，发动秋收起义。同时，派何资琛以省委特派员名义去岳阳与中共鄂南特委联系，领导湘北秋收起义，并规定9月9日以破坏岳长铁路为全省秋收起义的信号。

9月4日至5日，何资琛在岳阳召集党、团负责同志会议，传达贯彻党的八七会议精神并部署湘北起义工作。10日晚，暴动正式开始。由于县委领导组织不力，工人、农民未能充分发动起来，特务队在炸南津港铁路桥时，炸药威力不大，仅烧毁7根枕木，城区也只张贴部分标语、传单和动员令。11日，何资琛再次督促县委组织力量暴动，但仍无行动。12日，敌援兵一团由常德开来岳阳，挨户团也由乡下回城，城内开始戒严，白色恐怖严重，暴动指挥部被敌人破坏，9名负责同志被捕。何资琛乃赴汨罗桃林，策动当地组织力量炸毁汨罗江铁桥，也仅烧毁部分枕木。27日，何资琛赶往荣家湾。是日，岳阳县委也迁到荣家湾，拟在荣家湾利用原农民自卫分队部分枪支继续组织暴动，仍未成功，岳州秋收暴动即告停止。岳阳的秋收暴动虽未成功，但因其重要的交通地理位置，造成的影响很大，国民党反动派深感震惊。

1930年6月11日，李立三主持召开中共中央政治局会议，通过《新的革命高潮与一省或数省的首先胜利》的决议案，认为"革命可以在一省或几省重要省区首先胜利（在目前形势来看，以武汉为中心的附近省区，客观条件更加成熟）"。并制订了一个以夺取武汉为中心，组织全国中心城市暴动和集中全国红军攻打中心城市的冒险计划。

1930年6月下旬，红三军团南下攻打岳州。在彭德怀的指挥下，红三军团在横扫鄂东南六县反动地主武装后，挥师南下，攻临湘，下云溪。7月2日，攻占离岳州15里的城陵矶。当晚，红三军团沿粤汉铁路经冷水铺直取岳州。7月3日凌晨，红三军团首先在城东占领阵地，向城内发起进攻。守敌仓皇退到南津港洞庭湖边，乘军舰逃往湖中小岛君山，岳州为红三军团所占。

红三军团攻占岳州，武汉、长沙之敌为之震惊。国民党武汉行营调集大批军队往攻岳州，北路敌钱大钧部及驻阳新罗霖之二十二师沿粤汉路南犯；南路湘敌何键部王东原旅与十五师四十五旅汪文斌团自荣家湾分两路扑向岳州。天上，派飞机侦察轰炸。水上，停泊省河外舰日舰一艘，英、美舰各一艘。5日晨，英舰、美舰同日奉命开赴岳州，会同原停泊在岳州及城陵矶江面的英美军舰炮轰骚扰岳州。红三军团为避免同优势敌人决战，在敌人合围未拢之前，于5日下午主动撤离岳州，经城东五里牌至西塘、托坝，走杨林街，过朱公桥，越岑川，于7月中旬到达平江境内，建立革命根据地，开展土地革命。

三

抗日战争时期，1938年11月8日日军第九师团占领城陵矶，9日临湘失守，11日岳阳沦陷，直到1945年9月15日签署投降协议，日军盘踞岳阳长达6年10个月零4日之久。岳阳沦陷期间，日军将城陵矶作为四次长沙会战的大后方，修建机场（在对河白罗镇杨林山附近）、储备油料（擂鼓台附近美孚码头）等大量战略物资，同时集结军队对驻守在长沙城第九战区的薛岳宣战。由于处于湖南抗战最前线，是拱卫西南大后方的前沿阵地。在抗日民族统一战线旗帜下，广大岳阳民众同仇敌忾，守土抗战，先后组织多支游击队，对敌袭扰作战。大批岳阳籍青年应征入伍，八路军、新四军中大批岳阳籍指战员战斗在华北、华中敌后抗日战场。抗战后期，岳阳籍青年踊跃参加在湘北的新四军与八路军，开展敌后游击战争，有力地配合和策应九战区国民政府军队正面战场的作战，在中国的抗战史上留下了浓墨重彩的一笔。

岳阳楼见证了岳阳人民扬眉吐气的时刻。1945年9月初，国民党第十八军十八师奉命在岳阳楼接收日军1个旅团和1个师团的2万余人的投降。

解放战争时期，党很早就在做迎接岳阳解放的准备。岳阳楼区党组织在中共湖南省工委领导下迅速恢复和发展，并开展了富有成效的活动。

1946年春，省工委派地下党员熊邵庵、廖晨光先后到岳阳县岳郡联师开展党的活动，接着又派柳思、谢介眉等来发展党的组织。8月，中共湘北工委成立，辖南县、华容、岳阳三县地下组织（1949年6月，湘阴县地下党组织也划归湘北工委领导）。

1949年5月下旬，临湘、岳阳等县成立解放社、新民主主义青年社、民主促进社、人民自救委员会、支援前线委员会等党的外围组织，通过秘密发动，开展政治宣传，广造迎接解放的舆论。经岳阳县人民解放社、中共湘北工委和中共长沙特支岳阳小组的共同策反，5月，岳阳县县长兼自卫团团长许新猷向中共江汉军区发出起义代电。7月20日岳阳和平解放。

在革命战争年代，为了中华民族的解放，岳阳楼区人民作出了无畏的牺牲和巨大的贡献。岳阳楼革命苏区发祥地主要分布在郭镇乡马鞍村和城陵矶街道办事处城陵矶村两处，是土地革命时期的革命根据地之一和抗战时期的抗日战争主战场，同时也是毛泽东、何长工等老一辈无产阶段革命家的革命活动地之一，革命战争年代洞庭湖红军活动频繁的革命老区之一，岳阳古城外著名的红军麻布山战役和烟单巷抗日阻击战等较大战役曾在此发生，两战役中就有300多位指战员壮烈牺牲。

岳阳楼区主要红色遗址有：岳阳县农民协会与农民运动讲习所遗址、中共岳阳地方执行委员会遗址、中共湘鄂赣边区特别委员会驻岳州遗址、红三军团政治部和司令部驻岳阳遗址、岳阳县革命烈士纪念亭遗址、郭亮烈士生平事迹展览室等。

云 溪 区

云溪区，原为岳阳市北区，1984年4月更今名，隶属于岳阳市，位于湖南省东北部，长江中游南岸，西濒东洞庭湖，东与临湘市接壤，西北与湖北省监利县、洪湖市隔江相望，南部与岳阳楼区和岳阳县毗邻。全区总面积377.87平方公里，下辖3个街道、2个镇，常住人口15.37万。1990年6月，云溪区被湖南省人民政府认定为革命老区。

一

云溪区有着光荣的革命斗争传统。早在大革命时期，云溪境内就建立了党组织、农工组织及地方武装组织，开展了轰轰烈烈的农民运动，为红色政权的建立和发展打下了坚实的群众基础。

1927年3月，中共岳阳地方执委派钟堃到陆城，帮助建立中共临湘地方执行委员会，云溪境内第一个中共县委从此建立。全县10个党支部中，有2个（陆城区党支部、云溪天福桥党支部）在云溪境内。

1929年7月，受监利县党组织的委派，曾楚恒（云溪陆城人）等人来陆城丁家山发展了9名地下党员，恢复了中共陆城丁家山支部委员会。1930年2月，共产党员杨少清（化名杨清龙）受贺龙派遣，回家乡先后发展马炳耀等6名党员，并汇集张飞舞等人在此发展的党员，成立中共云溪天福桥党支部，有党员12名。

二

云溪区苏区革命武装斗争的发展。土地革命战争时期，1929年9月，监利县党组织与曾楚恒联系，开展武装斗争，组织岳临游击大队和丁家山农协会员300余人联合发动了丁家山武装暴动，处决了恶霸地主曾三元、团防地痞李桂元。同年12月17日傍晚，在谷花洲党支部领导下，李子才率领一支百余人的农民武装敢死队，代号"谷发初"（谷花洲的谐音），发动武装暴动，捉拿并处决了36名恶霸及土豪劣绅。1930年7月7日，在云溪天福桥党支部领导下，杨少清等人依托代号为"九龙十八彪"的农会骨干队伍，组织起1000多名农民的红军暴动队，一举攻占国民党驻云溪团防队驻地，消灭2名团防队员，其余团防队员纷纷溃逃。

1930年，彭德怀率红三军团经羊楼司沿铁路过云溪，占领临湘、岳州，消灭王东原2个营，并亲自炮击掩护敌军撤退的日舰。主力过后，云溪境内武装斗争如火如荼。1931年5月20日，以邱训民为团长的湘北独立团300余人袭击桃林，歼团防局长喻大道及团匪60余人。同年6月，红军赵琪带部队兵分三路包围国民党保安团控制的鸡笼山，一举捣毁了鸡笼山顽敌的巢穴，全歼守敌，粉碎了敌人扼杀苏区的阴谋。1932年，红十六军进攻桃李挨户团常备二、四队，国民党湖南省政府

临湘县农民协会遗址——刘公庙

公报上承认的伤亡数就有 50 余人。同年 10 月，红军湘鄂赣独立第 2 师向湘北进击，占领距岳阳仅 60 公里的临湘忠防、桃林，歼敌一部。

云溪区苏区红色政权建设。1930 年 8 月，中国工农红军第十六军转战岳阳、临湘，在毗邻云溪区的西塘地区进行部队整训，并与地下党取得联系，帮助建立了中共岳（阳）临（湘）特别支部和岳临苏维埃政府。

1931 年 4 月，湘鄂赣根据地湘北工作委员会筹备处在临湘壁山区晒谷石建立了中共壁山区委员会，先后隶属湘北工作委员会、湘鄂赣边工作团。同时建立了境内第一个区苏维埃政权——中共壁山苏维埃政府，辖箩筐洞、壁山、红四、苏老 4 个乡苏维埃政权。不久，湘东区苏维埃政府（定湖昆山）、龙角山区苏维埃政府和马乡苏维埃政府（龙角源）相继成立，先后隶属崇阳苏维埃政府、湘鄂边中心县苏维埃政府。1931 年 8 月，在中共湘北工委领导下，赵琪等人在大云山贺畈刘家屋建立中共云山区委，先后隶属湘北工委、湘北工作团。同时，成立云山区苏维埃政府，辖临湘、岳阳的大云山地区。

三

云溪区是一块红色的热土，许多革命先烈抛头颅，洒热血，前赴后继，为革命事业英勇牺牲。据统计，土地革命期间，全区境内有 300 多名共产党员、暴动队员、游击队员、赤卫队员和农协会员惨遭杀害。据《临湘县革命烈士英名录》记载，仅为了临湘县云山区苏维埃政府及其武装组织——云山区赤卫队的建立，云溪就有 44 位革命志士献出了宝贵生命。还有 200 多人奔走异乡，转战湘鄂赣、湘鄂西。其中天福桥支部共产党员、云溪暴动骨干张林彪（又名张四海）等人，暴动失败后，从道仁矶泅渡长江参加洪湖赤卫队，追随贺龙走过了二万五千里长征。

抗日战争时期，自 1938 年 11 月 9 日云溪沦陷，至 1945 年 8 月，日军盘踞境内长达 7 年零 3 个月。云溪为全省沦陷最早、受蹂躏时间最长的地区之一。在上级及周边党组织的领导和号召下，1937 年到 1945 年，云溪有 200 多人踊跃参军参战。云溪人民和中国抗战军人一起，同日军展开英勇持久的抗争。

岳阳地下党散发、传播进步书刊，积极宣传抗日，鼓舞云溪人民的抗日斗志和信心。工农商学兵各界人士也纷纷组建抗日后援会，开展"献金"募捐活动，支援抗日前线。

1939 年 11 月 7 日发生的太平桥之战，是抗日战事中湘北会战的第一仗，且首战告捷。1940 年冬，国民党第九战区副长官杨森部第二十军，发动烟包山伏击战。1942 年 9 月，在云溪茶港，中共领导的临湘路北游击队一分队成功伏击日寇，打击了日军气焰，鼓舞了境内和湘北军民英勇杀敌的决心和勇气。此外云溪民众也自发组织起来，破坏铁路、桥梁、船码头，割断日军电话线，捣坏通信设备。采用各种方式，出其不意袭击敌军。其中 1938 年底，云溪桃李人沈三权召集周六生、陈彦初、孙鹤来、李建民等人成立的抗日小分队，是经常活跃在云溪地区颇有影响力的抗日游击队。

1944 年 10 月，按照党中央部署，由八路军一二〇师三五九旅组成国民革命军第十八集团军独立第一支队（简称南下支队）一路南征，深入敌后，建立湘鄂赣粤抗日根据地。南下支队在湖南 5 个月，途经临湘、云溪、岳阳、平江、湘阴、浏阳、长沙、宁乡、湘潭等 19 个地区，扩大中国共产党和八路军的影响，打击日军，鼓舞沿途人民的革命斗志，推动地方党组织的恢复和发展。

抗战胜利后，全面内战爆发。云溪所在地上级党组织迅速恢复，并加强党的外围组织建设。境内人民在中共湘北工委、湘东工委及岳阳工委的领导和党的外围组织的影响下，开展反对国民党黑暗统治的斗争，配合人民解放军南下，迎接云溪解放。

1947年9月，地下党员周蔚成（洪湖人）受洪湖天育武工队党组织派遣，到云溪开展地下工作，领导和帮助杨本善等成立了"宏兴学术研究社"。1948年4月28日，宏兴学术研究社在云溪新民季坡学校成立临湘人民自卫总队。

同时，中共党组织积极开展策反工作，促使过境或驻境一些有正义感的国民党所属武装人员纷纷弃暗投明。1949年3月—4月，中共长沙特支岳阳小组策反驻在境内边界的原国民党一〇二军三一四师九四六团三营营长姚凤舞带领300多人枪起义。1949年6月15日，国民党云溪地区的自卫团、警察大队和特务大队200余人，随原国民党岳阳区保安副司令员李长江（又名李垂林）起义。

1949年7月19日，随着中国人民解放军第四野战军第四十六军一五九师四七五团进入路口铺、云溪，云溪和平解放。

云溪区红色景点有黄淑烈士故居。

君 山 区

　　君山区，隶属于岳阳市，地处华容县、岳阳县及湖北监利县三县交界，以洞庭湖中"白银盘里一青螺"——君山而得名。1996年3月，经国务院批准，设立岳阳市君山区。君山区名优特产有君山银针、君山毛尖、洞庭银鱼等；风景名胜有东洞庭湖国家级自然保护区、君山岛、君山野生荷花世界等。全区总面积627.11平方公里，下辖1个街道、4个镇，常住人口20.16万。2007年6月，君山区被湖南省人民政府认定为革命老区。

一

　　君山区有着光荣的革命斗争传统。早在大革命时期，1927年3月华容县委成立后，建立13个区党支部。4月，岳阳县委在农村设支部13个，其中君山境内2个，部址设在洪水港、贾家凉亭。土地革命战争时期，君山苏区境内又先后设立了中共湘鄂赣边岳阳洪水港、贾家凉亭两支部，中共华容第六联乡、第七联乡党支部，中共辅安乡党支部（今址采桑湖镇团北村），中共华容第一区第七乡（许市金家冲，金深荣家墓地）、第八乡（刘家冲仰山庙里）和华容第二区特别八乡（金龙八队徐金吾家里）、第十五乡党支部（肖台九队徐祖光家里），中共湘鄂西省洞庭特区区委（机关先后设磨盘洲、新河、苍梧台）。

君山区还是湘鄂西根据地创始人之一周逸群壮烈牺牲的地方。周逸群不但是贺龙的入党介绍人，还与贺龙并肩作战长达四年，一同创建了湘鄂西革命根据地。

1896 年，周逸群出身在贵州一个富裕家庭，早年留学日本，1924 年加入中国共产党，同年 10 月进入黄埔军校学习。他曾写下"废书学剑走羊城，只为黎元苦匪兵。斩伐相争廿四史，岂无白刃可亡秦！"的诗句，表达"弃笔从戎"的志向。1927 年，他参加南昌起义，之后被中央派往湘鄂地区组织群众武装。

1931 年，周逸群南下洞庭湖西岸开展革命工作，一位身边工作人员劝他有病休息，周逸群说："只要我一天活着，我就一天不停止党的工作。"同年 5 月，他由洞庭湖特区返回江北时，遭到国民党军队的伏击，壮烈牺牲，时年 35 岁。苏区群众怀着无比悲痛的心情举行追悼大会，贺龙痛心地说："逸群同志是值得我们永远纪念的。"为了纪念这位湘鄂西红军和苏区主要创建人，中共湘鄂西省委将省列宁学校改名为"逸群学校"。新中国成立后，"逸群学校"更名为"逸群小学"，而那段红色历史被老校长写进了校歌，至今传唱。

二

土地革命时期，中国共产党在君山境内开展了广泛的建政工作。

1928 年 8 月，中共地下党员谭育桃、李尚文、何从久等人到广兴洲一带开展革命活动，先后于君山建 5 个区级苏维埃政权（其中有 2 个设在君山境内，2 个在与华容交界处，1 个设在与岳阳县交界处。）、22 个乡级苏维埃政权（其中华容县在境内设 13 个，岳阳县设 9 个）。土地革命战争期间，在君山境内有第六联乡、第七联乡苏维埃政府，岳阳县洪水港乡、贾家凉亭乡苏维埃政府，华容第一区第七乡、第八乡，第二区特别八乡、第十五乡苏维埃政府，湘鄂西省洞庭特区苏维埃政府。

在1929年11月以前，境内的岳阳县第八区、第九区，华容县第一区、第二区的土地革命还处在宣传准备阶段，其主要任务是：宣传土地革命政纲，废除苛捐杂税和高利贷，打土豪、分财物、取消地租。中共君山地方组织在斗争的实践中，日益感受到了实现土地分配的重要性与紧迫性。1929年底，中共鄂西特委指出：土地革命现在已到了非执行不能维持赤区农村的经济，更难保持群众革命情绪的时候了。此后，君山境内土地分配工作便开始了。

1930年10月8日，红二军团总指挥贺龙、政委周逸群带领红二军团离开洪湖苏区，渡江南来，到华容二区特别八乡苏维埃政府所在地——今许市金龙八队徐金吾家里，研究决定红二军攻占南县、红六军直取华容。20日红二军军长孙德清指挥两个师，由华容鲇鱼须、梅田湖经扇子拐进攻南县。红六军军长段德昌指挥十六、十七两个师进攻华容县城。红十七师在师长许光达的率领下由下车湾陶家铺、洪水港（广兴）两处过江，一路走砖桥长岗庙到松木桥。另一路由洪水港走贾家凉亭到松木桥，二路会合后，又分两路，其中一路走君山区采桑湖镇的毛家湖咀经潘家渡绕三叉河拐包华容县城。22日清晨，拿下华容县城，红十六、十七师胜利会师，县城百姓夹道欢迎。

1931年3月，境内渔樵民捣毁了插旗团防局，同时由特务队长李华带队攻击杨林所团防局。5月，反"围剿"突破张英师、马坤山两个师及南（县）华（容）沅（江）湘（阴）四县团防局的包围。7月攻克大乘寺团防局。8月展开第四次反"围剿"，秋转至江北再打回江南。

1932年农历三月，袭击岳阳楼豪绅余振兴号金铺子。同时，在团洲子打退敌人数次进攻。6月摧毁墨山团防局。同时反击华容县团防局袭击，夺船12艘。10月在采桑湖毛家湖一带同东山匪首黄醉陶激战4小时，熊同寿负伤。同时，省苏维埃政府主席崔琪与独立团团长熊同寿、江南县委杨志生、吴文暄等率600多人，渡江南来，支援洞庭特区反"清湖"斗争，没有发现敌十九师李觉部跟踪包抄，崔琪在磨盘洲战斗中壮烈牺牲。是年冬，在境内天心洲、苍梧台一带同沅、益、南3县团、匪激战两天两夜，独立团团长熊同寿牺牲。区委机关所在地苍梧台被毁。同时与湘阴团防激战杨林所，金丽生、孟庆友、部锡涛3人牺牲。

1933年，滨湖各县联防"清湖"，胡光友率部反击打垮敌多次进攻。湘鄂西洞庭特区区委决定转移至益阳雪峰山，转移途中游击队被冲散。

1933年6月，重组洞庭湖特区区委。集结特区失散武装人员30多人，仍活跃于洞庭湖畔（含君山周边地区），坚持战斗。8月中旬，游击队被10倍之敌围捕，新区委复被摧毁，战士大部分力战牺牲。至此，坚持两年多的湘鄂西洞庭湖特区停止活动。

三

抗战时期，驻地国民政府军在新四军的默契配合和广大人民群众的大力支持下，对日（伪）军进行了英勇抵抗。

1941年10月、菩诸葛、张金生等抗日爱国人士在松木桥将日军一个班尽数消灭，缴获步枪10多支。

1942年3月，驻墨山日军一小分队30多人前往湖州陈家渡扫荡，一部分伪军随行，行至新河大堤时，遭到当地一迷信组织——"神兵队"100名成员的攻击，包括1名军官在内的30多名日军被砍死，其余日军负伤逃窜。同月，石首、华容的新四军某中队按江北纵队指示，于巴陵、华容交界的天井山肖家党地区消灭日军两个排60多人，缴获步枪50多支，手枪3支。7月，中队在谷罗山、岩头嘴、狗尾河消灭日军30余人。8月，层山游击队蔡春江部在插旗遭到来自华容的日军一个排及伪军两个班50多人的伏击。因寡不敌众，蔡春江大队长身受重伤，不幸牺牲。

1943年4月初，游击队中队长郑平带100多人将日军30多人包围，打死日军10多人。4月下旬，又歼日军近100人。10月，新四军第五师师长李先念派遣江南挺进支队横渡长江，开辟以桃花山为中心的抗日根据地。他们战斗在石首、公安、华容一带，狠狠打击日伪军。

1944年1月，新四军江南挺进支队支队长杨震东带领两个连的兵力，悄悄接近墨山铺（今采桑湖高山庙）据点，包围日军的营房，缴获步枪20支，子弹3000多发和大批食盐、布匹、腊肉、香烟、火柴等物资。

1945年4月，杨震东率领4个连在广兴洲与200余名日伪军交战，毙伤日伪军40余人，俘获80余人。5月，又歼日军100余人，俘获日军中队长以下50余人。

1949年，为迎接解放，君山各地党组织遵照省工委和党中央指示，一面做好迎解工作，一面积极开展统战工作，组建湘北人民自救军、独立四团等地方武装，开展武装斗争，策反国民党政人员，动摇与瓦解了君山的国民党政权，为全境和平解放创造了重要条件。7月，君山全境解放。

君山区人民在新民主主义革命中付出了巨大牺牲，作出了重大贡献。君山区作为革命老区，在革命战争年代，以周逸群为代表的1377名战士为革命牺牲，他们为中国革命胜利和人民解放英勇献身，用鲜血和生命奏响一曲曲英雄赞歌，树起一座座不朽丰碑。

君山区红色景点主要有周逸群烈士纪念园。

岳 阳 县

　　岳阳县，隶属于湖南省岳阳市，位于湖南省东北部，东接湖北省通城县，东南连平江县，南抵汨罗市，西南以湖州与沅江市、南县交界，西与华容县、君山区毗邻，北与临湘市、云溪区、岳阳楼区、君山区接壤。全县总面积2809.89平方公里，下辖12个镇、2个乡，常住人口56.19万。1952年，岳阳县被湖南省人民政府确认为革命老区。

一

　　岳阳县有着光荣的革命斗争传统。1922年3月，岳阳县创建了第一个党组织——中共岳州铁路工人小组。1922年8月，郭亮来岳州领导工人运动，成立粤汉铁路岳州工人俱乐部。1925年冬和1926年上半年，共产党员李湘涛、杜白来到簧口、中洲、桥步一带开展地下活动发展党的组织，并吸收聂国重、许盛华入党。1926年5月共产党员隋冰、

刘士奇烈士墓

张业元受中共湖南区委派遣，到岳阳隋受九（今鹿角镇）秘密开展农民运动。县城在共产党员孙稼、毛肇坤的发动下，开展了工人罢工斗争，并先后发展了周代鑫、钟坤等加入中国共产党，建立了党的基层组织。8月，北伐军攻克岳阳，中共湖南区委派共产党员刘士奇，以国民党湖南省党部农民部特派员的身份来到岳阳县城，与在县城开展党的地下工作的孙稼、钟坤取得联系，于1926年9月，建立了中共岳阳地方执行委员会，代号"岳迪伟"，书记刘士奇，组织委员龙启根，宣传委员钟坤，委员贺真、阎维华、戴立本、毛肇坤、唐智仁（女）。到1927年春，全县共发展了共产党员800人，建立基层党支部39个，其中城区20个，农村19个。在共产党组织不断发展壮大的同时，全县的工农运动也在共产党的领导下迅猛兴起。

1927年上海四一二反革命政变、长沙马日事变后，岳阳的国民党反动派屠杀共产党人和工农革命群众达500余人，血雨腥风笼罩岳阳，党组织遭到严重破坏，各革命团体被捣毁，工人运动、农民运动遭到挫折。但是国民党反动派的野蛮屠杀，并不能遏止革命的洪流。1927年8月，中共湖南省委派卜荣贞（女）来岳阳恢复党组织，成立了中共岳阳县委员会，代号"张若湖"，书记卜荣贞，并着手发展党组织和准备武装暴动。1928年1月，中共中央派郭亮来岳阳组建中共湘鄂赣边区特委，恢复中共岳阳县委。10月，中共湖南省委派林仲丹来岳阳建立驻岳交通站。11月，又派朱广之来岳阳协助林仲丹的工作。同年秋，共产党员刘郁文受平江县委派遣来岳阳杨林从事地下活动建立中共杨林区委。1929年底，湖北通城县党组织又派党员杨文甫来岳阳花苗、月田等地与当地地下党员陈樵联系发展党组织，于1930年3月，先后建立花苗、建鸡、茂田3个党支部，6月，建立中共建鸡区委。

1930年5月，中共中央军委驻武汉办事处派邓培芝到岳阳建立交通站。7月3日,彭德怀率领红五军、红八军攻克岳阳。7月5日,兵分两路撤出岳阳,红八军一路从城陵矶出发,经梅溪和西塘去平江,在西塘作了短暂停留,邀集刘正堂、徐春圃商讨了恢复党组织,建立武装等问题。8月,红十六军转战西塘地区,帮助共产党员刘正党在岳阳、临湘边界建立岳阳特别支部,领导岳临两县革命斗争,并建立了岳阳县苏维埃政府。11月,中共湘北特委迁来岳阳渭洞柏港洞潘汉清家后,即派陈耀华、李湘涛恢复中共岳阳县委,并建立中共柏港特区委,成立了岳阳县苏维埃政府和岳阳县游击队。曾遭破坏的岳阳共青团组织和妇联会等群众组织亦在11月得以恢复。是年底,全县基层组织发展到1个特区委、1个总支、2个特支、5个支部。

1931年4月,各级党组织惨遭破坏,部分地下党员分散转入地下斗争。8月,在临湘一带坚持革命斗争的湘北工作团,来县建立中共云山区委,1932年3月,在国民党军队多次"围剿"下,湘北工作团调往中央苏区,云山区委解散,1934年,大革命时期的老共产党员杨乐如经李晋秋介绍在六区一高连云学校,许曙升在县女校,郭次梅在姑桥等地以教书为掩护,继续传播革命思想。直到1936年下半年,通过北大学生陈策的书面介绍,李西谈、许曙升等人在县城建立了"中华民族解放先锋队岳阳总队",后因国民党邮检部门卡断同上级的联系,民先队被迫停止活动。

二

土地革命战争时期,红军在岳阳县的足迹遍及全县,其中影响最大的战斗有四次:

第一次:1930年6月底,彭德怀率红三军、红八军南下岳阳,7月3日攻克岳阳县城,击溃敌王东原旅,歼其2个营。7月5日,红三军、

湘北特委旧址

红八军分二路撤离岳阳。红军攻占岳阳，使彭德怀领导的湘鄂赣根据地第一次与湘鄂西根据地的周逸群、段德昌领导的洪湖根据地连成一片。

第二次：1930 年 8 月，根据中共湖南省委指示，湘鄂赣边境独立师和平江、浏阳、修水、铜鼓、岳阳等县部分赤卫队合编为中国工农红军第十六军，军长胡一鸣、副军长孔荷宠率 2000 余红军指战员从平江、岑川、水口桥出发，取道岳阳县城前进，沿途打垮了平江的岑川，岳阳的罗内、黄伏太、新墙等 4 个保安团。

第三次：1930 年 10 月，国民党在"围剿"中央苏区的同时，以 7 个师向湘鄂赣苏区发动第一次"围剿"。11 月，红十六军第七师从岳阳县关王桥撤退，在岳阳簦口遭到一个团敌军的阻击，红军与之激战至晚上，全歼敌军。

第四次：1932 年 10 月 12 日后，红军湘鄂赣独立团向湘北进攻，占领距岳阳仅 30 公里的临湘、桃林，歼敌一部，缴枪 200 余支，有力地阻击了向岳阳苏区进攻的国民党军队。

1928 年 2 月至 1934 年 3 月，岳阳县苏区先后成立了湖南工农革命军平（江）湘（阴）岳（阳）游击总队，湘鄂赣边独立师，岳（阳）临（湘）县游击队、岳阳县游击队、洞庭湖特别区游击队、湘鄂赣边区游击大队，并在岳阳、湘阴、沅江、益阳的沿湖地区建立了 32 个游击小组。在反"围

"剿"斗争中，党领导下的地方武装力量积极开展游击战争，与在岳阳县苏区的红三军团、红十六军等红军部队相互呼应，积极配合，牵制北面的国民党军队，有力地打击了国民党刘建绪等率领的 7 个师和湘北反革命地主武装、"铲共义勇队"的"围剿"，并取得重大胜利。

在平江、湘阴、华容等县革命根据地的斗争影响和推动下，从 1928 年下半年起，岳阳县广兴洲、许市、芭蕉、花苗等地，与平江、华容、湘阴 3 县毗邻的一些地方建立了一些基层苏维埃政权。

1930 年 8 月下旬，岳阳西塘地区建立了中共岳（阳）临（湘）特别支部和岳临县苏维埃政府。县苏维埃政府成立后在西塘、托坝、柳厂等岳临边境开展革命活动，并组建了岳阳县游击队。9 月，县苏维埃政府主席刘正堂被捕牺牲，成立不到一个月的红色政权被摧垮。

1930 年 10 月，岳阳县渭洞柘港建立乡苏维埃政府，11 月，中共湘北特委迁到柘港，改柘港乡苏维埃政府为柘港特区苏维埃政府，区下建立了 12 个乡苏维埃政府。11 月，湘北特委决定成立岳阳县革命委员会，加强苏维埃政权建设和对土地革命的领导。1931 年 2 月，岳阳县革命委员会更名为岳阳县苏维埃政府。5 月，国民党"清剿"岳阳县苏区，县苏维埃政府主席徐春圃等被捕牺牲。

为了扩大苏区，打通与湘鄂西苏区的通道，县苏区的主要领导成员和新成立的县游击大队都离开柘港洞，到县城近郊的郭镇、龙湾、新开等地发动组织群众，开展对敌斗争，龙湾、新开一带很快成为游击区。1931 年 2 月，随着苏区范围的扩大，岳阳县苏区政权扩大到全县各乡村，将全县行政区划调整为 11 个区：一区广兴洲、二区鹿角、三区西塘、四区渭洞、五区杨林、六区罗内、七区黄岸、八区筻口、九区新墙、十区毛田、十一区黄沙街。

在土地革命方面，岳阳县苏区明确提出了土地革命的任务、分配土地的对象和方法，各乡对人口和土地作了认真调查，在研究好分田后再进行分配。柘港区 12 个乡普遍开展了土地革命，打土豪分田地。

三

岳阳县苏区既是湘鄂赣和湘鄂西苏区的重要组成部分，又是连接两大苏区的桥梁和纽带。在土地革命时期，岳阳县苏区人民经受了敌人的摧残，大批群众、干部惨遭杀害，有的村庄几乎毁灭。以岳阳县渭洞柘港洞为例，国民党及湘北反动地主武装及"铲共义勇队"就先后 17 次血洗柘港洞，见人杀、见屋烧、见东西抢，仅四区一至五乡被杀害的共产党员、革命骨干、无辜群众就有 180 余人，烧毁房屋 800 多间，毁林12 万多亩。这一时期，岳阳县被国民党反动派杀害的共产党员、革命群众有 1600 多名，其中有姓名可查的烈士就有 900 多人，他们中有著名革命烈士郭亮及中共岳阳县委书记李湘涛，县苏维埃政府主席刘正堂、徐春圃，县游击大队政委任景芳，县妇女主任蓝泽等。

1937 年抗日战争全面爆发后，中共岳阳县委、中心县委遵照中共湖南省（工）委的指示，贯彻抗日民族统一战线的政策和策略，在岳阳掀起了抗日救亡运动的高潮。1937 年 7 月，在毛田、月田一带活动的杨乐如、王养直等共产党员和进步青年利用各种形式在县境内传播革命思想。1938 年 1 月，共产党员彭援华（女）受中共湖南省工委指派回到家乡，在杨乐如、王养直的协助下，重建岳阳县委，彭援华任县委书记。同年11 月，湖南省委将岳阳县委划归湘鄂赣边特委领导。特委指示，将岳阳县委改名为岳阳县中心县委，负责岳阳、临湘、通城、湘阴 4 县的工作，书记仍为彭援华。到年度已发展党员 500 人，建立区委 10 个，特支 2 个，支部 32 个。

1939 年 6 月，国民党反动派制造震惊全国的平江惨案，岳阳国民党也与之相呼应，在岳阳境内捕杀共产党员和进步青年。平江惨案后，中共岳阳县委停止发展党员，并指示将信念坚定的同志分别送延安和新四军。1940年4月，国民党再次发动反共高潮，中心县委解散，全县各级党组织停止活动。直到1945年3月，王震、王首道率领南下支队到湖南，在岳阳、临湘、通城边界建立了岳临通县委，领导了抗日后期岳阳边界的革命斗争，并先后建立了岳阳县抗日民主政府和县抗日游击总队，坚持到抗战的最后胜利。

1947年，地下党员熊邵庵、廖晨光等受中共湖南省工委派遣来岳阳开展地下活动。1948年，柳思、刘仲循、谢介眉先后来岳阳发展党的组织，建立中共岳郡联师和省立十一中两个党支部。为便于领导，1949年4月，成立中共岳阳总支委员会。同月，地下党员毛程省、张学萃等受中共长沙特别支部派遣来岳阳成立中共岳阳特支小组。7月，中共湘北工委从华容移驻岳阳，工委书记谢介眉根据省工委指示，将"总支"和"特支"合并成立中共岳阳中心区工作委员会，统一领导全县党组织建设、武装斗争和策反迎解工作。7月20日，岳阳和平解放。

在新民主主义革命时期，岳阳县为中国革命的胜利作出了较大贡献，有在册烈士1100多名。

岳阳县自1928年就建立了部分基层苏维埃政权，县苏维埃政权坚持了9个月。岳阳县苏区在较长的时间内，有党的组织，有苏维埃政权，有革命武装，进行了推翻反动统治的武装斗争和打土豪分田地的土地革命。无论是在大革命失败后革命处于低潮的时候，还是在建立苏维埃的艰难斗争中，无论是在苏区发展的全盛时期，还是在开展游击战争的困难时期，英勇的岳阳县广大军民为着革命的胜利前赴后继，浴血奋战，在中国革命史上写下了灿烂的一页，为中华民族的解放事业付出了巨大牺牲，作出了重大贡献。

在《中国共产党历史》《湖南革命史词典》《湖南近 150 年历史大事记》《三湘英烈传》《巴陵英烈》《岳阳县志》《岳阳建党 90 周年》《岳阳县革命烈士英名录》等相关历史著述中都有记载。

如今，红三军团司令部和政治部旧址、中共湘北特委旧址、中共湘鄂赣边区旧址（1972 年被湖南省列为重点文物保护单位）、蓝泽烈士墓（湖南省重点文物保护单位）、刘士奇故居旧址、彭遨故居旧址依然保存。这一切都见证了土地革命的熊熊大火燃遍了岳阳县的土地，也佐证了当年岳阳县是苏区县的历史事实。

华 容 县

　　华容县，隶属于岳阳市，位于湖南省北部，岳阳市西境。北及西北与湖北省石首市毗邻，南及西南与益阳市南县、常德市安乡县相连，东与湖北省监利县隔长江相望。华容是全国粮、棉、油、鱼商品生产基地县，素有"鱼米之乡""棉麻之乡"等美誉。全县总面积 1590.95 平方公里，辖 12 个镇、2 个乡，常住人口 55.38 万。1952 年，华容县被湖南省人民政府认定为革命老区。

一

　　华容县具有光荣的革命斗争历史。党组织的发展可以追溯到大革命时期。1925 年 1 月，中国共产党第四次全国代表大会在上海召开。大会制定了开展群众运动的计划，决定在全国建立和加强党的组织，以适应革命大发展的需要。其时，数十名华容籍学生先后在国内外加入中国共产党和中国社会主义青年团。这一切，为华容建立党团地方组织奠定了思想基础和组织基础。

　　为推动南（县）华（容）两县的革命运动，1925 年 1 月，中共湘区委指派陈琳、欧阳笛渔到南县中湖子口，建立了中国共产党南华小组和中国共产主义青年团南华特别支部。放寒假时，中共湘区委书记李维汉和国民党湖南临时省党部书记夏曦在长沙组织进步学生开会，号召他们假期回乡后发展党团组织，开展农民运动，并帮助国民党建立区分部、县党部。会后，李维汉指定共青团员程学敬、程学伊和欧阳悟三人组成团小组，由程学敬任组长，回华容开展工作。程学敬三人回县后，即与共青团南华特支取得了联系。1925年1月19日，共青团南华特支在华容召开会议，研究团组织发展和开展饥民运动等工作。次日，特支书记陈琳将会议情况函报团中央。

寒假结束后，在外地求学的学生陆续返校。程学敬仍留在华容从事革命活动，通过创办平民夜校等活动，培养了一批骨干。5月，程学敬去南县，向共青团南华特支汇报工作，并请求发展组织。7月，欧阳笛渔以中共湘区委特派员身份来华容，批准孙稼（县劝学所事务员）、陈次蕃（教员）、刘岳云（教员）三人加入中国共产党，胡修齐（农民）、罗振汉（学生）、李梅初（农民）三人加入中国共产主义青年团，同时批准程学敬由团转党。7名党团员合编为一个党团联合支部，程学敬任书记。华容从此有了党的地方组织。

华容县烈士陵园纪念碑

马日事变后，华容县委遭破坏。1927年9月，中共党员方之中奉命从武汉去中共鄂西特委工作，路过家乡华容明碧山时，刘革非等地下党员将他留在家乡闹革命。不久，刘革非、方之中、涂国钦等召开党的小组会议，决定重建中共华容县委，并推选韩步骧任书记，刘革非任组织部长，涂国钦任宣传部长，方之中任宣传委员，花才周任农协委员，何民逸任妇女委员。10 月，县委在杨家堰永昌垸方文臣家成立了马日事变后第一个基层党支部。1928 年初，又在文宣区的 6 个乡分别建立党小组，并成立文宣区委。2 月初，华容县党团联合委员会成立，与中共华容县委并存，并共同组织了元宵暴动。3 月，邹墨池调安乡县工作，党团联合县委解体。6 月，中共华容县委遭敌破坏。同年秋，隐蔽在南山的原县委成员徐时中，根据中共湘西特委指示，重建中共华容县委，书记徐时中，后为刘恢、冯世华，先后隶属中共湘西特委、鄂西特委、湘鄂西特委，在南山、北景港、注滋口、万庾等地建立了区委。1929 年初，华容党的组织复归湖南省委领导，但与鄂西特委保持密切联系。1931 年 1 月，因敌人重兵"围剿"，县委机关先后转移到松木桥、石华堰王家碾盘，9 月下旬被迫突围到江北。至此，中共华容县委停止活动。为坚持江南革命斗争，根据湘鄂西省委指示，由中共华容县委和石首县委组建中共江南县委。1932 年 10 月初，在华容东山地区坚持地下斗争的部分共产党员成立中共华容县特别委员会，刘少逸任书记，李柏松等任委员。1933 年 8 月，华容苏区丧失，华容地区的党组织停止活动。

二

土地革命战争时期，1929 年春，中共鄂西特委在洪湖地区领导的武装斗争迅速发展。为扩大根据地，形成大江南北武装割据的局面，鄂西特委决定开辟华容苏区。取得明碧山大捷后，华容县苏区开始了革命武装斗争、红色政权建设、土地革命和经济建设。

华容地方武装，是在党的领导下，伴随着游击战争的开展逐步发展壮大起来的。在革命斗争中，华容人民一面承受着巨大的牺牲，一面坚持顽强的搏斗，组织了自己的工农武装，利用河湖港汊和桃花山的有利地形，神出鬼没地打击敌人，为创建华容革命根据地，发展和壮大正规红军，巩固和扩大湘鄂西苏区，都起了重要的作用。

1929 年 4 月初，蒋系军阀为实现其统治全国的野心，对革命人民进行了残酷的镇压。面对如此险恶的斗争环境和极度艰难的生活条件，华容的广大工农群众在党的领导下，纷纷拿起梭镖、大刀、长矛、鸟枪，组成一支工农武装，配合红军和游击队作战，坚持不懈地进行着反军阀、反豪绅地主的革命斗争。

1930 年 11 月，中共华容县委遵照湘鄂西特委关于游击战争的任务、游击队与群众的关系以及游击队的建设问题等有关规定，相应地作出了有关决议，决议指出，华容地方武装的主要任务是，消灭豪绅地主的武装。地方武装与群众的关系，是在作战空隙中尽可能参加生产，以防脱离群众和脱离劳动而变成雇佣兵；对战争中物品的缴获，除如数上报外，要拿出部分分给贫苦群众，以帮助他们解决部分困难，从而密切军民关系；在群众家里用膳，要按规定交伙食费；买东西要给钱，借东西要归还；等等。决议还强调地方武装要不断改进政治宣传内容和方法，以教育群众，并取得群众的支持和扩大地方武装的影响。在中共华容县委领导下，华容地方武装的宣传工作很活跃，每到一处，就马上散布传单、张贴标语，召开群众大会宣传党的方针政策，等等。干部战士仿用《十二月》《十杯酒》等各种民间小调或地方花鼓戏唱腔进行演唱。内容通俗，形式活泼，男女老幼，易懂易记，因而最受群众欢迎，效果最好。

华容地方武装和群众武装，在巩固和发展湘鄂西苏区的艰苦卓绝斗争中，配合主力红军英勇奋战的业绩，是永远值得人民怀念的，在华容人民革命史上写下了光辉的一页。

共产党创建的苏区革命政权——苏维埃政府，是伴随着游击战争的胜利和根据地的出现而逐步建立和发展起来的。它是实行工农武装割据的重要内容与标志。

华容苏区政权建设经历了"一点红、一片红、全县红"的发展过程。党的八七会议后，两湖省委在制订秋收暴动计划时，提出了在暴动基础上"建立农民协会"的口号，并于1928年1月1日通过了《乡村苏维埃的组织决议案》，指出乡村的斗争在"已经发动群众之后，必须立即组织召开乡村的农民代表会议或工农代表会议"，"正式建立乡村苏维埃政权"。这些口号和决议，对斗争中的华容工农群众起了很大的鼓舞作用。在秋收起义和元宵暴动的基础上，华容有些地区形成了小块农村割据，日益发展起来的游击队，起了组织农民打土豪分财物、抗租抗税和配合红军作战的重要作用，为建立革命政权创造了条件。

1929年底，华容成立了明碧乡苏维埃政府，工作人员由党组织指定，但工作任务和职权范围尚不明确。因此，总结政权建设的经验，推动苏区工作的迅速发展，成为华容党组织必须解决的突出问题。

为适应形势发展的需要，1929年12月在鄂西特委召开的党的"二大"会议上，通过了《关于苏维埃组织问题决议案》，对政权建设的有关问题作了详细的说明和规定。在鄂西党的"二大"决议指引下，华容革命政权的建设得到了迅速的发展。1930年1至3月，党先后在明碧山、穆山垄、范家岭、石华堰建立了四个区苏维埃政府，至10月，全县12个区和100多个乡都建立了苏维埃政府。

华容东山苏区成立后，开展了土地革命和经济建设，成立了区土地委员会。提出"以雇农为领导，贫农为兄弟，中农是朋友，没收地主富农的土地房产，取消债权，将土地分配给农民"的口号。由于敌人加紧对东山苏区的封锁，苏区生活物资供应紧张，各区还成立消费合作社，动员群众献银圆作股金，到白区购买食盐和其他生活必需品，在文化教育方面，区、乡办起了列宁小学，吸收农民子弟学文化、学军事、唱革命歌曲等。

抗日战争时期，新四军第五师师长李先念派来江南挺进支队，于1943年12月1日开辟了以桃花山为中心的石（首）公（安）华（容）抗日根据地。华容桃花山抗日根据地是湖南省唯一的敌后根据地，组建了全县抗日自卫团等数支人民抗日武装，创建发展了一支包括主力部队和地方武装在内的2万余人的人民军队和2.5万余名武装民兵，形成了完整战斗体系和强大战斗能力。根据地军民坚持艰苦卓绝、英勇不屈的敌后抗日斗争，直到1945年8月取得抗战胜利。中共南方局情报部门在华容县梅田湖开设盐店，掩护交通站的工作，保证了重庆至新四军五师交通线的畅通。

解放战争时期，华容地下党组织日趋活跃，广泛动员和组织群众踊跃参军、支前。中共湘北工作委员会领导洞庭特区人民配合中国人民解放军于7月21日一举攻克县城，华容解放。

三

在30多年艰苦卓绝的革命岁月中，在血与火的战争中，华容县涌现出了一批党和革命的优秀干部。他们是湘鄂西省苏维埃政府副主席刘革非、湘鄂西省经理部部长刘岳云、湘鄂西省苏维埃户籍主任刘务斋、红八师政治部主任傅光夏、红三军警备师政委韩凤山、红八师参谋长谭秋吟、湘鄂西省委委员方阁生、湘鄂西省委候补委员蓝育才、红八师二十四团政委谯继汉、南县苏维埃政府主席谭旷、江南县委书记张吉阶、江南县苏维埃政府主席蔡玉坤、洞庭特区区委书记吴文暄……华容赤卫队（八大队）不仅浴血保卫地方革命政权，多次配合红军作战，还为红二军团输送数千兵员。至1932年，江南游击队整体改编为红九师二十五团二营，朱祖光任营长。1936年10月，跟随红二方面军长征到达陕北的华容籍红军指战员有 35 人。有 2 万多英雄的华容儿女献出了宝贵的生命，在册烈士 4470 人，其中县团级以上烈士 100 多人。著名烈士有高风、吴芳、蔡协民、肖正纲、欧阳悟、朱祖光、韩国栋、罗振汉等人。据 1953 年华容县人民政府调查统计，1931 年 9 月至 11 月，敌人屠杀华容苏区干部和群众 5232 人，尤其是南山、东山、栗树洲三大惨案，至今令人伤痛。1930 年 7 月 30 日，时任红八军军长何长工在华容南山家乡的结发妻子孟淑亚和 5 岁的儿子何光球、3 岁的儿子何光兴等 21 人惨遭国民党反动派杀害。在 1931 年秋国民党反动派"血洗东山"中，华容被杀者达 5232 人，其中全家被杀绝的 425 家。华容苏区人民书写了光辉悲壮的历史。

华容县红色旅游景点主要有：何长工生平陈列室、华容县博物馆、华容烈士陵园以及明碧山革命纪念地等。这些红色纪念地记载了华容光荣的历史，为后辈们继承先烈遗志、弘扬革命传统提供了生动的教育素材。

湘 阴 县

湘阴县，位于湖南东北部，湘、资两水尾闾，南洞庭湖南岸。南邻望城，北交岳阳、沅江、屈原行政区，东连汨罗，西接益阳。境内，湘江从南向北穿流至中部，分两支入洞庭湖。湘阴县总面积1541.45平方公里，下辖1个街道、12个镇、2个乡，常住人口58.40万。1989年1月，湘阴县被湖南省人民政府认定为革命老区。

一

湘阴县有着光荣的革命斗争传统。早在1927年1月，滕代远受党组织委托来湘阴组建了第一个中共湘阴县委。当时县委下辖6个党支部，有党员120余人。

1927年四一二反革命政变、马日事变后，国民党反动派疯狂镇压共产党人和工人农民，湘阴县革命形势陷于低潮。中共湘阴县执委、县农委、县工会转入地下，从袁家铺转移到新市街，继续坚持革命斗争。6月，湘阴县的党组织和工会农会遭到严重破坏，省委又派余锡藩到湘阴恢复和发展党组织，7月建立直属中共湖南省委的湘阴特支，8月扩升为湘阴县委。在白色恐怖下，秘密而又积极地开展了工作，恢复和发展了党员30余人，在党组织的领导下，开展了以武装暴动为中心内容的各项斗争，持续10个月之久。1928年3月，中共湖南省委和长沙市委遭到破坏，湘阴党组织随之暴露，余锡藩为首的湘阴县委9人被捕，组织遭到严重破坏。1928年秋，中共湘鄂赣边特委派共产党员陈耀华（朱玉桃）到湘阴山区，会同聂次荫，秘密开展革命活动，在山阳冲一带发展一批共产党员和共青团员，1929年3月在岑川成立中共湘阴县委员会和湘阴县革命委员会。陈耀华任县委书记，聂次荫任革委会主任。10月县委书记陈耀华调往岳阳，由聂次荫接任书记。全县发展有9个党支部，160余名党员。

二

湘阴县苏区革命武装斗争的发展。土地革命战争时期，1927年8月7日，中共中央在汉口召开紧急会议，总结了大革命失败的经验教训，批判了陈独秀右倾机会主义错误，确立了开展土地革命，武装反抗国民党反动派的总方针。为了策应秋收起义和长沙组织的"灰日暴动"，根据中共湖南省委的统一安排，中共湘阴县委组织了一支拥有40余人枪的武装，先后在芦林潭、临资口、樟树港、梓木洞等地组织了武装暴动，烧毁了国民党临资口区分部书记刘宜型的房子，夺取了樟树港、梓木洞团防队的枪支。

1928年2月，在中共湘鄂赣和中共平江县委组织领导下，湖南工农革命军平（江）湘（阴）岳（阳）游击总队成立。3月16日，游击总队和农民群众20万人攻打平江县城，史称"三月扑

革命烈士纪念塔

城"。特别是苏维埃政权建立后，各地成立了正规武装组织——赤卫队，以乡为单位组成赤卫连，几个乡联合组成赤卫营，以区为单位组成赤卫团，全县组成赤卫师。1929年1月12日，湘阴农民敢死队集中在蓝家洞有为公祠，用梭镖、鸟枪袭击挨户团李月桃一个排，缴枪21支。接着，陈耀华又在平江东乡，调来红军第三纵队，配合湘、平两县敢死队，进攻驻扎在增江下函新屋的挨户团一大队，毙敌42人。2月11日，湘阴向家、洪源、蓝家三洞的敢死队和农民，由左磊钦、吴汉舟、聂次荫分途率领，于深夜分3路同时暴动，处死反动地主恶霸吴敬阶等23人。1930年7月27日，红三军团在平江、浏阳、湘阴工农武装支援下，攻占了湖南省会长沙。

1930年夏秋间，在省苏维埃政府的领导下，湘阴组织了上百人的游击队和2万人以上的赤卫队，为了保卫和扩大苏区，实行以武装的革命反对武装的反革命。县特务大队、湘北游击队和各地的赤卫队，与彭德怀领导的红三军团并肩作战，与国民党的"清剿"部队及本地的挨户团、"铲共义勇队"进行了数十次的殊死战斗，其中规模和影响较大的有：两次攻打汨罗火车站、攻打荣家湾车站、寒婆坳战斗、攻打桃林车站、攻打黄沙街、大战何氏祠、攻占湘阴县城。特别是1930年11月20日，湘阴苏区赤卫队和湘北游击队，配合红十六军，分两路攻克湘阴县城，歼灭挨户团常备队，同时处决了常备队长黄少君等反动分子，缴获步枪百余支，打开监狱，救出共产党员彭国梅等60余人，湘阴县城的攻克，震惊了全省。

湘阴县苏区的红色政权建设。1930年3月，在湘鄂赣省委的领导下，湘阴在下宏山团组建了全县第一个乡苏维埃政府。6月，在先后建立了10个乡苏维埃政府的基础上，建立了第一个区苏维埃政府，7至8月，第二、第三区苏维埃政府相继诞生。随后，在"围剿"与反"围剿"的激烈斗争中，又建立了第四区苏维埃政府。至此，全县建立了4个区苏维埃政府，下辖39个乡苏维埃政府，并成立了4个赤卫团，39个赤卫大队。1930年9月，湘阴苏区在中共湘北特委和省苏维埃政府的支持和领导下，在长乐芦箭河召开区乡苏维埃代表大会，正式成立湘阴县苏维埃政府。主席丁庭松，委员12人。下设土地委员会、财务委员会、肃反委员会和互济委员会。

在土地革命战争时期，湘阴全县有3000多青壮年参加红军，仅1930年全县参加红军的青壮年就有1800多人，牺牲于敌人的屠刀下并载入革命烈士英名录的有1200余人。

三

湘阴县为中国人民的解放事业付出了巨大牺牲，作出了重大贡献。

抗日战争全面爆发后，湘阴人民纷纷投入抗日救亡运动，掀起了汹涌澎湃的抗日洪流。康濯、伊苇、盛朴、任楚等22位青年，选择了一条通向延安的光明大道，坚定地奔赴抗日救亡第一线。抗战期间，湖南省境内发生过4次大会战，4次会战，湘阴都是战场，仅湘阴战场阵亡英烈就达2000人。

1945年4月2日，八路军三五九旅南下六支队在杨宗胜率领下，进入湘阴神鼎山、白鹤洞一带，通过对日伪县长左钦彝的统战工作，建立以白鹤洞为中心的湘阴抗日根据地。在湘阴的5个月里，与日伪军进行了数十次战斗，屡战屡胜，成为威震湘东的一支抗日劲旅，鼓舞了湘阴人民抗日斗争，也为湘阴党组织的恢复发展打下了基础。

解放战争时期，湘阴地下党组织日益活跃，组织广泛动员群众踊跃参军、支前。1946年11月，通过原中共湘阴县委书记李成铁7个月的地下工作，成立了湘阴县第一个党支部——白鹤洞支部，龙瓒任书记。

到 1948 年冬和 1949 年春，川山坪白鹤洞地区的党组织直属省工委领导。另有高家坊、塾塘乡、和丰垸、齐贤滩、同丰垸的党组织相继建立，并不断地发展。1949 年春，中共湖南省工委决定，将龙瓒、任纪汉、彭国梅各自领导的 8 个支部统一起来，成立中共湘阴县区工作委员会。同年 5 月，根据中共湖南省工委的指示，取消中共湘阴县区工作委员会，成立中共湘阴县工委，统一领导湘阴的解放工作。

1949 年 4 月，中共湘阴县工委根据省工委的指示，组织革命的统一战线，成立党组织领导下的革命群众团体，团结一切可以团结的力量，反对国民党当局的"三征"（征兵、征粮、征税），开展反饥饿、反内战、反迫害的斗争。不到半年，全县各地组建了新力知识青年联谊会、湘阴县中心镇中等以上学校学生联谊会、10 个乡学生联谊会和 8 个乡学联。中共湘阴县工委的积极工作和国民党湘阴县县长吴剑真的深明大义，使湘阴和平解放的有利局面迅速形成。

1948 年底，中共湘阴县工委决定组织和支持建立地方人民武装队伍，积极开展武装斗争，多次粉碎国民党部队的进攻，为湘阴和平解放吹响了号角。在中国人民解放军渡江南进以后，中共湘阴县工委遵照省工委的指示，开展迎接解放的各项活动，为实现湘阴和平解放营造氛围，扫除障碍。7 月 25 日，地下党及其领导的地下武装顺利接管湘阴县城，湘阴宣告和平解放。

湘阴县的红色旅游景点有陈毅安烈士纪念馆和纪念碑、湘阴烈士陵园等。

平 江 县

平江县，位于湖南省东北部，扼湘鄂赣之要冲，环山为邑。东与江西省铜鼓县、修水县接壤，南与浏阳市、长沙县毗邻，西与汨罗市隔水相望，北与岳阳县和湖北省通城县相连。地势东北高，西南低。全县总面积4114.47平方公里，下辖2个街道、18个镇、5个乡，常住人口95.11万。1952年，平江县被湖南省人民政府认定为革命老区。

一

平江，十大将军县之一。平江是中国革命的发祥地之一，有着光荣的革命斗争传统。早在1919年，在五四运动的影响下，平江就掀起了反帝反封建的斗争。1921年中国共产党建立后，毛泽东亲自培养和发展了李六如等平江的第一批党员，于1923年冬建立了平江县第一个党支部，为湖南最早建立的农村党支部之一。

1926年，北伐军进入湖南，平江农民运动蓬勃兴起，至次年，农协会员发展到30万人。殊未料，1927年蒋介石、汪精卫相继发动反革命政变，平江也陷入一片白色恐怖之中，全县党员人数由7000多人减至3700人。然而，共产党人前仆后继，奋起反抗。余贲民率平江工农义勇军在赴南昌起义途中遇挫，折回修水，参加了毛泽东领导的湘赣边界秋收起义。留在平江的县委委员兼县委书记毛简青和县委组织部长、暴委主任罗纳川于 1928 年 3 月，组织和发动 20 万农军直扑县城。同年 7 月，由彭德怀任团长的国民党独立第五师第一团也随师部从南县调到平江"剿共"，此时彭德怀已秘密加入了中国共产党，而独立第五师部分武装也已由共产党掌握。

1928 年 7 月 22 日中午时分，彭德怀将部队集结在天岳书院操场。他带头将红带子挂在脖子上，拔出手枪，宣布起义。起义部队只用一个半小时便占领平江县城，随后，平江县工农兵苏维埃政府成立，中国工农红军第五军也随即诞生，彭德怀任军长，滕代远任党代表。成立县工农兵苏维埃政府，胡筠任县苏维埃政府主席，恢复和扩大了党的组织，不少工农骨干积极要求入党，有的村子群众集体入党，全县党员发展到 7 万人。

8 月底，在敌人 10 多个师的前堵后追下，红五军减员严重。人心浮动下，彭德怀将部队召集到一起，慷慨激昂地向官兵们表态："我们举旗起义，是为了革命。干革命就不能怕流血牺牲。就是剩下我一个人，也要举着红旗爬山越岭干到底！" 12 月 11 日，彭德怀、滕代远率红五军与毛泽东、朱德领导的红四军在江西宁冈胜利会师。两支部队合二为一，成为"星星之火"中最亮的一处。

平江起义是在中共湖南省委直接领导下，通过国民党内部兵变成功发动的又一次具有较大规模和影响的武装起义。起义的胜利，有力地支持了井冈山的斗争，促进了湘鄂赣革命根据地的建立。

二

土地革命战争时期，平江先后有 8 次大批青壮年参加正规红军。1926 年，平江创建的平江工农义勇军，1927 年 9 月编入工农革命军第 1 军第 1 师，在毛泽东领导下，举行湘赣边秋收起义，部队到达井冈山后编为红四军。1928年平江县委组建的平湘岳游击总队在平江起义后编入红五军，"其五个纵队中的第一纵队和第三纵队全部及其他纵队的部分成员，都是参加三月扑城暴动的平江游击队和工农骨干"。1929年冬，平江的游

湘鄂赣省委省苏维埃政府省军区驻地旧址
——介板洞曾家大屋

击队编入湘鄂赣独立团，后整编为红十六军。1930年7月，红三军团夺取岳阳向平江推进，"到平江休息5天，补充新兵五六千"，极大地壮大了红三军团的力量。1931年初，以平浏的地方武装为基础，编成中国工农红军独立第一师，计2000余人，后编入红十八军。1932年4月，平江警卫团编入中国工农红军独立二师，后编入红十八军。平江红军预备团，1000余人，湘鄂赣省扩大红军队伍时被编入红十六军。三年游击战争时期，平江大批青年参军，创造了扩红工作经验，使红十六师增加了2500多人。平江地方武装不断编入正规红军，总计约有5万青壮年参加了红四军、红五军、红十六军。

"平江一直是中共中央和湖南省委部署秋收起义、年关暴动的重点地区"。1928年，平江县委发动的"三月扑城"，无产阶级革命家谢觉哉撰文说："这一壮举不仅震撼了平江县的反动派，湖南全省乃至毗连湖南的赣、鄂两省的反动统治也为之股栗不已。"平江起义是"中国革命处于低潮之时的一次重要起义，在我军历史上记下了光辉的一页"。以平江为中心的红五月暴动，使边区出现了蓬勃发展的形势。为支援红三军团攻打长沙，1930年7月，平江县委全力以赴，各区"火速办米若干担，办担架二百副，担架兵四百，星夜赴来县城集合"，全县组织12

个赤卫团，22日，近20万人在平江天岳书院草坪举行攻打长沙誓师大会，发动数十万群众，协助红三军团从平江县城出发，27日攻占长沙，成立了湖南省工农兵苏维埃政府。这是土地革命战争时期我军第一次也是唯一的一次攻占省城，把中国红军早期的历史辉煌推向顶峰。

1929年春，湖南爆发了鲁、何战争，缓和了敌人对革命根据地的进攻，平江苏区得到进一步发展。4月29日，根据地颁布了《平江县工农兵苏维埃政府组织大纲（草案）》，将全县划为32个区。《傅秋涛关于湘鄂赣边苏维埃情况的报告》中记述："1929年春，平江的区乡苏维埃除附近县城外，完全建立起来，计全县共有27个区，占全县面积的五分之四。"当年夏，由于国民党调集军队"进剿"平江，全县苏维埃政权遭到严重破坏。

1930年5月，红五军从井冈山回师湘鄂赣，6日，在平江工农赤卫队和群众数万人的配合下，再次攻克了平江县城。县城攻克后，迅速建立了长寿、思村、献钟、钟洞、嘉义等区、乡苏维埃政府。29日，在县城宣告恢复平江县苏维埃政府。7月12日，"在长寿街召开了平江县第一次工农兵代表大会，选举张怀一为县苏维埃政府主席，下设肃反委员会、土地委员会、文化委员会、财政委员会、赤卫委员会等好几个委员

天岳书院俯瞰图

会"。会后将全县32个区重新划分为20个区。七八月间，红三军团攻打长沙，苏区面积迅速恢复发展，扩大到全县范围。《湘鄂赣省委代理书记李宗白关于湘鄂赣省的工作报告》中记述："苏区版图，平（江）浏（阳）在长沙战争时期有全县。"这一时期，全县各区、乡苏维埃政府均得到恢复和建立。《平江县工农兵苏维埃政府拥

护第二次全县工农兵代表大会宣传纲要》中记述，"全县第一次工农兵代表大会距今已是半年了，在这半年的工作中，建立和恢复了全县各区、乡苏维埃政府"，各区分别是肥聚区、献钟区、嘉义区、长寿区、龙门区、黄九区、思村区、安定区、钟洞区、天岳区、谈岑区、梅团区、清水区、瓮江区、浯口区、伍公区、杨晋区、城区、南江区、尊阳区共20个区。现存的许多文献和文物还记述了这20个区中多个区、乡、村苏维埃政权。8月，县苏维埃政府还下发通知，"规定各区、乡苏办公人数和一切用费"。11月2日，县苏维埃政府进驻县城办公。此后，湘鄂赣边区第一、二、三次反"围剿"战争胜利，平江苏区得到进一步巩固和发展。1932年6月开始第四次反"围剿"战争以后，平江苏区面积仅存"全县的六分之一"。从1930年6月至1932年6月的2年时间内，是平江苏区面积最大、最为巩固的全盛时期。县苏维埃政府当时管辖的20个区，包括今平江县所辖的27个乡镇和长沙县的金井镇。

在土地革命方面，平江起义时颁发的《湖南省平江县工农兵苏维埃政府政纲》，在中国土地革命战争时期较早地从政治、经济、文化、武装四个方面系统提出了土地革命纲领。1931年9月发表在平江《农村周报》上的《关于阶级分析》一文对这一政纲进行了评价："以有无剥削关系为根本标准，对12类人进行了具体的阶级分析，明确地划分了地主和富农的界限，也对富农和富裕中农作了原则的区别，是毛泽东1933年10月《怎样分析农村阶级》一文发表以前的一个较完整系统地划分中国农村阶级的文件。"此文本为湘鄂赣根据地进行土地改革，制定革命方针政策提供了较为完整的范本。

在经济建设方面，县苏维埃政府会同贫农、雇农工会负责抓好农业生产。由于大部分青壮年参军，妇女成了主要劳动力，政府普遍组织妇女突击队、耕田队，帮助那些缺少劳动力的农户搞好生产。组织60多人开采黄金矿,设立金矿局负责领导。黄金洞办制药厂以中草药为原料,提炼出 100 多种药品,缓解了当时药品供应的困难。为解决当时苏区食盐奇缺问题,县苏维埃政府在黄金洞办起了 4 个硝盐厂,每天可生产硝盐 100 余斤。徐家洞、灶门洞造纸厂除生产一般文化用纸外,还能生产质地优良的皮纸。1931 年 1 月,县苏维埃政府设立贸易局管理商业。为打破国民党的经济封锁,1932 年,成立转运局,主要负责出口红茶、茶油,调进食盐、粮食、布匹。

三

平江既是湘鄂赣苏区革命活动的中心,又是国民党反动派重点"清剿"区域,先后 6 次对平江进行大规模的残酷"清乡"和"清剿"。平江起义后,湖南"清乡"督办署把"清剿"重点立即转移到平江,实行"三省会剿"。"反动势力较前更为厉害,四乡清乡,实行见屋就烧,见人就杀,见山也焚。四乡数十里或百数十里几乎无一栋完善的房屋,无一处尽青的山,共计全县被烧的房子总在十分之四五,所杀的人民又是无数,如东乡的龙门、土龙一回杀百数十"。1929 年六七月间,湘鄂赣三省反动派调集驻防部队近 5 个团,以平江为重点疯狂反扑。"革命被牺牲者在一万以上,其中同志与干部总数在六千以上"。1930 年 10 月,国民党湖南省政府成立了"平浏绥靖处",公布了"十大斩令",在平江大肆进行"清剿"。1936 年 3 月,湘鄂赣三省反动派调动 11 个师、三省保安团向湘鄂赣苏区疯狂"清剿",平江县连云山一带,被杀得尸横遍野,人烟断绝。

1937 年 7 月,全面抗战爆发。中共平江县委在中共湘鄂赣省委的领导下,建立了包括工农商学兵各界人民在内的平江抗日民族统一战线,全县人民开展抗日救亡运动。

1938 年 10 月 25 日，日本侵略者占领了岳阳、临湘一带，打开了入侵湖南的北大门，接着进犯湘北、赣北地区。抗日战争时期，平江沦陷 4 次，共 307 天，人民生命财产损失惨重。在三次长沙会战中，平江都是重要战场。中国军民团结一致，给敌人以沉重打击。

1939 年 6 月 12 日，国民党反动派屠杀数十名中共党员和抗日军民，制造震惊中外的平江惨案。面对日益险恶严峻的环境，中共湖南省委一方面坚持不懈地维护和巩固抗日民族统一战线，继续开展抗日救亡工作；另一方面，有计划、有步骤地将省委机关和各地组织转入地下，从而保存了党的力量，坚持长期抗战。

1945 年 3 月，八路军南下支队到达平江，成立了平江县抗日民主政府，领导全县人民建立抗日根据地，在平江革命史上写下了光辉的一页。

解放战争时期，平江人民在中共平江县委的领导下，配合解放战争开展第二战线，反抗国民党反动派的黑暗统治，为平江宣布和平解放奠定了坚实的基础。1949 年 7 月 18 日晌午，中国人民解放军第四野战军第四十六军先遣部队，从北门开进平江县城，平江宣布和平解放。

平江人民为湘鄂赣苏区的创建与巩固发展，为中华民族的解放事业付出了牺牲，作出了重大贡献。从 1927 年 5 月，许克祥在长沙发动马日事变，到 1937 年 7 月，卢沟桥事变，全面抗日战争爆发，平江人口比 10 年前减少了 50%，其中被国民党杀害的有 13 万多人。土地荒芜 23 万亩。数十年的峥嵘岁月，平江 4000 平方公里的土地上走出了 52 位共和国将军，安眠着为中国人民的解放事业献出宝贵生命的 25 万英雄儿女。平江人民为新中国的成立立下了不朽的丰功伟绩，共和国的国旗上留下了他们血染的风采。

平江的红色旅游景点有平江起义纪念馆、平江惨案旧址、新四军旧址、长寿仙姑岩红军营、石牛寨、福寿山等。

汨罗市

汨罗市，省辖县级市，由岳阳市代管，位于湖南省东北部，湘江尾闾东岸，西临南洞庭湖。东与平江县相靠，南和长沙、望城两县相携，西同湘阴县、沅江市接壤，北与岳阳县毗邻。1966年2月，析湘阴县东部置汨罗县。1987年9月，经国务院批准，撤县设市。全市总面积1669.87平方公里，下辖1个街道、17个镇、1个乡，常住人口63.22万。1952年，汨罗市被湖南省人民政府认定为革命老区。

一

汨罗市具有光荣的革命斗争传统。早在中国共产党成立前夕，境内就有任弼时、任作民、任理、任树德等一批进步青年学习研究马列主义。中国共产党成立后，他们先后在莫斯科、巴黎和长沙等地入党，成为中国共产党早期党员。当时的湘阴县，名为湖南省直辖县，实属长沙市管辖，长沙的革命运动直接带动着湘阴革命运动的发展。1926年5月，刘绍樵在湘阴城关发展缝纫工人邵植藩、鞋业工人杨寿昌加入中国共产党，成立湘阴第一个党支部，即中共城关中心支部，隶属中共湖南区执行委员会。1927年1月，中共湖南区委派滕代远到湘阴，指导和创建"中共湘阴县地方执行委员"。汨罗境内有4个党支部，共有党员47人。

1927年马日事变后，湘阴县国民党反动当局镇压工农革命运动，境内党组织遭到破坏，塾塘支部书记陈子厚等惨遭杀害，大部分党员离境或转入地下活动。6月，中共湖南省委派余锡藩到湘阴恢复党的组织，8月，组建湘阴县委，并派彭国梅至长乐街恢复长乐街支部。翌年3月，因省委机关遭破坏受牵连，长乐街支部被迫停止活动。

1928年秋，中共湘鄂赣边特委派陈耀华到洪源洞与原洪源洞支部书记聂次荫取得联系，先后恢复、发展党员23名，于是年10月建立山阳冲支部。次年1月，红五军政治干部江馥秋等受湘鄂赣边特委委派，与长乐街没有暴露身份的共产党员丁庭松等取得联系，恢复、发展党员25名，重新恢复长乐街支部。同年3月，经湘鄂赣边特委批准，在平江岑川建立湘阴县委，月末移驻蓝家洞，陈耀华、聂次荫先后任书记。1930年7月，红三军团攻克岳阳后回师长乐街，在第一团政治委员高咏生的帮助下，促成智峰山区与长乐街党组织的统一。8月，特委机关从平江、县委机关从蓝家洞同时迁长乐街。至年末，境内党员发展到160余名，建立4个区委和9个支部，分布于智峰山区及大荆街、黄谷市、新市街、长乐街、武昌庙等地。党组织发动和领导苏区10余万人民，摧毁国民政府的乡保政权，建立以工农兵为领导的苏维埃政权，惩办土豪劣绅，废除封建所有制的土地制度，5万多贫苦农民分得土地、房屋和财产。1931年1月至3月，国民政府重兵"围剿"苏区，苏区全境失陷，党组织遭到严重破坏，县委书记聂次荫和一批党员先后牺牲，部分党员被迫离境或转入地下活动。

二

汨罗，是一块红色热土，在土地革命战争时期，深入开展革命武装斗争，建立发展红色政权，是湘鄂赣苏区的重要组成部分。

汨罗苏区革命武装斗争的开展。1928年3月16日，中共平江县委

平湘岳游击总队队旗

负责人毛简青、罗纳川领导平（江）湘（阴）岳（阳）游击总队和农民群众数万人攻打平江县城，史称"二月（农历）扑城"，汨罗有不少游击队员和群众参加。不久，中共湖南省委遭破坏，县委机关因受牵连也遭破坏停止活动。

1928 年 7 月，彭德怀领导的平江起义爆发后，中共湘鄂赣边特委派陈耀华等人来到智峰山区与地下党员聂次荫会合后，以蓝家洞、向家洞、洪源洞为据点，秘密开展党的地下活动，并于 10 月成立了山阳冲党支部。1928 年冬，红五军遇到经费困难，中共湘鄂赣边特委筹集 2000 块光洋援助红五军。敢死队配合红五军第 3 纵队，在洪源洞、向家洞、蓝家洞和平江岑川的挨户团一大队，进行武装暴动；将智峰山区建成与平江苏区连成一片的新苏维埃区域。

1928 年 3 月，经湘鄂赣特委的批准，在平江岑川建立了中共湘阴县委员会、县革命委员会。

1930 年 7 月，县革委将敢死队改编为湘阴县特务大队；10 月，中共湘北特委决定将县特务大队扩编为湘北游击队，下辖两个中队，直属湘北特委指挥，年底编入红军湘北独立团。在此基础上，县委组建了赤卫师，下辖 4 个赤卫团，39 个赤卫队，共有队员 1 万余人，主要活动在汨罗苏区。1930 年 8 月下旬，红十六军进入长乐街和洪、向、蓝三洞开展活动，有力地支援了苏区人民的革命斗争。

1930 年 8 月初，湘北特委在平江嘉义成立，负责领导平江、湘阴、岳阳、临湘和江西修水、铜鼓六县的工作，特委以李宗白为书记。湘北特委为执行中央提出的"以武汉为中心的全国总暴动和集中红军进攻中心城市"的计划，决定特委机关由平江向汨罗转移，于 8 月下旬，中共湘北特委机关由平江县嘉义镇迁至汨罗的长乐街，书记改为杨奇，管辖范围不变。10 月中旬，由于国民党军进犯汨罗、桃林、新市，特委机关又搬迁到距长乐街 30 余里的蓝家洞枫树坪。特委到枫树坪以后，根据省委指示，将党团合并，改名为湘北行动委员会，代号"兰导民"。

1930 年 11 月初，撤销行委，恢复特委。11 月底，敌派大军"围剿"苏区，特委机关便由蓝家洞迁往岳阳柘港洞。1931 年 1 月，特委决定在平江岑川成立中国工农红军湘北独立团，由红军独立一师、湘北游击队、平（江）湘（阴）岳（阳）游击队各一部分组成，团长邱训明，政委李子良，参谋长马化龙。全团指战员共 1000 余人，活跃在平江、汨罗、湘阴、岳阳、临湘、通城各地，胜利地保卫了湘北苏区的苏维埃政权。5 月奉命入赣参加中央革命根据地反"围剿"战斗，离开湘北地区。

汨罗苏区建立发展红色政权。1930 年 2 月，洪源洞、向家洞、蓝家洞掀起轰轰烈烈的"搬搬运动"，3 月在蓝家洞的下宏山团（后为第九乡）建立了县内的第一个乡苏维埃政府，设立执行委员会管理日常事务，实行集体领导，分工负责。在乡苏维埃政府的领导下，还成立了女子联合会、雇农工会和互济会、赤卫队等机构。第一个乡苏维埃政府成立以后，苏区不断发展壮大。相继建立了 10 个乡苏维埃政府，并建立了第一区苏维埃政府。1930 年 3 月，红三军团在彭德怀率领下，消灭了国民党王东原师一部分，攻克岳阳县城，3 天以后开赴平江，中途在长乐街做了短期休整。长乐街一带在红三军团的支持下，建立了第二区苏维埃政府。同时，为加强对苏区土地革命运动的统一领导，县委决定将县革命委员会改为湘阴县革命军事委员会。至1930年10月，汨罗境内相继建立4个区苏维埃政府，辖39个乡苏维政府。在此基础上，根据中共湘北特委的指示，于1930年10月在长乐街的河滩上召开工农兵代表大会，省苏领导李华英（女）出席参加，会上正式成立湘阴县苏维埃政府，主席为丁庭松。1930年入冬以后，由于国民党军队加紧"围剿"，苏区人民的斗争进入了极其困难的时期，持续到1931年7月，县苏维埃停止活动。

三

土地革命战争时期，汨罗作为湘鄂赣苏区的重要组成部分，有着极其鲜明的特征：

一是具有非常重要的地位。1929年10月至1930年5月，中共湖南省委机关从武汉迁到湘阴，湘阴、汨罗成为指导全省革命的中心。1930年8月至11月，中共湘北特委迁至汨罗长乐街和蓝家洞等地，汨罗成为湘北土地革命的重心。

二是汨罗为湘鄂赣苏区建设作出了巨大贡献。1928年冬，在极为贫困的蓝家洞山区筹款银圆2000块，给处于困境中的红五军"雪中送炭"。数以千计的青年参加了红军，如1931年1月，汨罗的湘北游击队作为主力编入湘北独立团，汨罗籍吴咏湘（开国少将）、杨宗胜（新疆建设兵团原副司令员）均在湘北独立团战斗过。

三是汨罗开展土地革命取得巨大成效。据不完全统计，在土地革命战争时期，汨罗约有8万人参加土地革命，5万余人分得了土地等胜利果实。

四是汨罗人民为中国革命事业付出了巨大的牺牲。在国民党反动军队疯狂"围剿"下，至1931年初，汨罗苏区历经三年劫难，全部遭到破坏，被迫进入深山老林中坚持斗争。1929年至1934年，被敌人屠杀的汨罗党员、干部、赤卫队员，有名有姓的就达 818 人。

五是具有卓著影响的相关革命领导人物。从汨罗走出的革命领导人物，对汨罗苏区斗争有着直接或间接作用的，有任弼时、任作民、袁福清、吴咏湘、梁金华、杨宗胜、黄静汶、任曼君、敖德胜等。

抗日战争初期，先后恢复、发展党员 80 余名，建立长乐街、荆浒、南寿河、归义 4 个中心支部。1938 年 4 月，改建为 3 个区委和 5 个支部。8 月，湘阴县委在长乐街建立，余可嘉任书记，隶属湘鄂赣特委。12 月，改隶岳阳中心县委。1939 年 6 月，平江惨案发生，党组织转入秘密活动。

1945 年 4 月，杨宗胜率领湖南人民抗日救国军第 6 支队入境开辟抗日根据地。5 月，在白鹤洞成立湘阴县委，李同文任书记，隶属湘北分委。在境内发展党员 25 名，建立白鹤洞、西北两个支部。9 月，县委成员随军北返，支部活动停止。1947 年 2 月，恢复白鹤洞支部，隶属湖南省工委。1949 年 4 月，中共湘阴县工委在高家坊成立，统一领导高家坊、川山坪地区的党组织。至 1949 年 4 月，建立支部 4 个，有党员 51 名。在县工委的策动和支持下，湘阴县长吴剑真率所属人员于 7 月 25 日起义，湘阴全境和平解放。

从大革命时期至解放战争时期，汨罗涌现了以任弼时为代表的一大批革命志士，他们投身革命，加入中国共产党，献身于为中国人民谋解放的伟大事业，抛头颅、洒热血，为建立新中国作出了巨大的贡献。许多人为革命献出了宝贵的生命，其中被追认为革命烈士的有 918 人。

汨罗市的红色景点有任弼时故居、八景乡烈士陵园等。

临 湘 市

临湘市，省辖县级市，由岳阳市代管。位于湖南省东北边陲，扼湘鄂门户，西北与湖北省监利县、洪湖市隔江相望，东南与湖北省赤壁市、崇阳县、通城县接壤。临湘市因滨湘水与长江汇合之处而得名，素称"湘北门户"。原临湘县，1992 年 9 月，经国务院批准，撤县设市。全市总面积 1718.69 平方公里，下辖 4 个街道、10 个镇，常住人口 43.32 万。1953 年 9 月，临湘市被湖南省人民政府认定为革命老区。

一

临湘市有着光荣的革命斗争传统。早在中国共产党成立之初，境内就有张亚巨、方释之、王圭等中共党员传播马列主义。1926 年春，广州农民运动讲习所第五届毕业学员李中和（平江人）、卢子云（湘潭人）受中共湘区执行委员会的派遣，以省农运特派员的身份来临湘桃林开展革命活动。他们在工农骨干和进步知识分子中发展党员。1926 年 4 月，正式成立临湘县第一个党组织——中共桃林区委员会和第一个农民协会——桃林区农民协会，选举李高峰为区委书记和农民协会委员长，党员队伍迅速扩大到 30 多人。为了在全县各地播下革命火种，李中和、卢子云派遣郑良、李崇德、方星高、方家富、方永忠等一批党员到各区秘密建立党的组织，开展农民运动。1926 年 9 月至 11 月，全县 9 个区（桃林、忠防、柳厂、源潭、聂市、坦渡、陆城、云溪、羊楼司）除桃林区早已建立区委外，均先后成立了党支部，党员发展到198人。1927年3月，中共岳阳地方执行委员会派宣传部长钟堃来临湘，建立了中共临湘地方执行委员会，钟堃任书记，这是第一个中共临湘县委。同月，中国共产党领导下的武装组织——临湘县农民自卫军、临湘县工人纠察队也相继成立。

1926年春至1927年5月，中共临湘县委组织领导地方农工组织和农工武装，配合国民革命军北伐，展开了轰轰烈烈的大革命运动，为临湘的革命斗争打下了组织和思想基础。

1929年7月，临湘陆城丁家山党员曾楚恒在监利县党组织的帮助下，在本地发展共产党员9人，即成立中共陆城丁家山支部委员会。9月，蒲圻党组织派员来临湘县定湖昆山发展共产党员7人，即成立中共定湖昆山支部委员会。1929年秋，蒲圻县党组织派员来临湘江南谷花洲发展李子才等10名党员，成立了中共谷花洲支部委员会。

1930年5月，监利县党组织派员来临湘云溪天福桥发展党员9人，即成立中共云溪天福桥支部。9月，中共临湘白羊田合盘支部委员会成立，有党员9人。同月，中共临湘托坝支部委员会成立，有党员7人。

1930年春，赵琪、李雄刚等人由通城大港冲来到临湘壁山（今詹桥镇）发展党组织，于1931年4月在壁山晒谷场建立了中共壁山区委会。辖壁山乡、苏老乡（地处壁山与詹桥之间）、箩筐洞乡（今羊楼司镇友爱村）、红四乡（今詹桥镇壁山村红叶庄一带）4个党支部，有党员50余人；6月，在中共壁山区委领导下，建立了共青团壁山区支部；8月，成立了壁山区妇女联合会。为了组织领导岳阳、临湘交界的大云山一带革命斗争，中共湘北工委派赵琪、邓家邦、方正平等人在临湘县大云山贺畈刘家屋建立了中共云山区委员会，有党员20余人。

1932年2月，红军第十六军派黎爱华、宋克孝、刘林、京桂英来龙角源（今临湘羊楼司和詹桥镇）发展党员15人，成立了中共龙角（龙窖）区委。

二

土地革命战争时期，由于临湘是湘鄂赣苏区县之一，特殊的地理位置和蓬勃兴起的革命武装斗争为红色政权的创建和发展打下了较好的基础。

1927年8月7日，中国共产党在汉口召开党中央紧急会议，总结了大革命失败的经验教训，确立开展土地革命和武装反抗国民党反动派的总方针，决定湘鄂赣粤四省举行秋收暴动。在鄂南特委的领导下，临湘的农军与汀泗桥、官塘驿、中伙铺、江家堡农军密切配合，撬铁轨、锯电线、扒枕木，使羊楼司到汀泗桥二百余里长的铁路线瘫痪。1929年12月17日谷花洲武装暴动爆发。暴动震撼了谷花洲长江以南一带，其余土豪劣绅闻风逃窜。接着相继组织发动了"丁家山（今北区陆城镇）暴动"和"云溪暴动"。

1929年冬，彭德怀率红军主力转战湘鄂边岳阳、临湘、通城、崇阳等县。并派独立二团团长赵琪开辟了湘鄂边革命根据地。1930年7月彭德怀率领红三军团经临湘羊楼司、坦渡、云溪等地攻打岳州时，在临湘与赤壁

维岗亭抗日碉堡

交界的羊楼洞歼灭了国民党二十二师第一团易秉乾部，大大震慑了粤汉铁路两侧的敌人。8月，红十六军帮助湘北各县的农村斗争，解除湘北各县地主的武装。10月，红军独立师在临湘源潭也发动了武装斗争。由此，临湘苏区红色政权建立的步伐得以加快，促进了武装割据区域的扩大。

革命根据地建立后，为进一步打击国民党军队和地主武装，保卫苏维埃政权和土地革命的深入开展，1930年6月至8月，湘北独立团在临湘县的桃林、忠防、柳树厂等地对敌人进行了狠狠的打击。8月，湘北游击队在壁山建立，活动于袁家山（今忠防镇）、冷石坑一带，后亦发展到100余人枪。1931年3月，湘北独立团团长邱顺民率红军从岳阳来临湘，枪毙劣绅王巨卿，砍了团防局长喻大道的头；5月，汪子霞率警卫营二次攻打源潭，缴枪40多条。

国民党反动派不甘心失败，临湘的挨户团、"铲共义勇队"、挺进队以及国民党军队李觉所部在壁山、大云山之间的詹桥鸡笼山上筑起碉堡，对革命根据地发动"围剿"，大肆烧杀掳掠。为了摆脱当时的被动局面，中共云山区委召开了紧急会议，1931年6月，兵分三路包围了鸡笼山。在岳临游击队的配合下，攻下鸡笼山。紧接着，陈文恒带领游击队和农民武装，深夜包围了忠防，在救出全部被捉的人的同时打开粮仓将谷子分给附近的农民。

为了阻止敌人的反扑，1932年2月，在湘鄂赣省委的指示下，湘北独立团进击临湘、崇阳县边境地区，与国民党十九师在崇阳石门集激战之后，又取得了临湘曾港桥大捷，解除了敌人对崇（阳）蒲（圻）通（城）苏区的威胁，同时在临湘建立了龙港苏区，使鄂南的蒲圻、嘉鱼、崇阳、临湘等县的苏区连成一片。

1934年1月，中共湘鄂边中心县委成立，钟期光任县委书记，驻临湘药姑山，下辖临湘龙港区，通城、崇阳、蒲圻、岳阳4县各一个区、一个独立团。红军在药菇山创办兵工厂、缝纫厂、看守局、医院。4月，中心县委集中全县武装，伏击并歼灭国民党三十三师押运武器的一个营，缴获长短枪200余支，子弹数万发。

1934年5月1日，湘鄂赣红军独立第三师趁湘军第十九师李觉部工兵营调往通城之际，向粤汉铁路羊楼司车站发动突袭，攻占羊楼司及尖山，击溃敌保安团；4日与敌援军激战数小时后，主动撤出战斗。5月中旬，赵琪率独立团配合红十六师，击溃国民党地方武装。9月，湘鄂边独立团全部加入红十六师主力建制。

随着党组织的扩大，临湘苏区红色政权建立并得以发展。1928年1月中旬，中共中央为湘鄂赣三省割据区域的开辟和联络两湖暴动，成立湘鄂赣边特区，包括湖南的浏阳、平江、岳阳、临湘等县。后来还把临湘作为鄂南区农民割据的重要区域；把临湘羊楼司作为农民武装"分路抗守"的战略支撑要点。特委在12个边界县建立7个军的工农武装，包括"岳阳、临湘一军"。在两湖暴动的影响下，临湘成立了苏维埃政府。

1929年7月，陆城和监利党组织在白螺矶建立了岳临两县苏维埃政府筹备处。8月，在马颈（今羊楼司镇幸福村）成立马颈区委会。

1930年8月，红十六军协助中共岳临特支建立了岳（阳）临（湘）县苏维埃政府。同年，在湘北工作委员会的领导下，苏区很快扩大到临湘坦渡、聂市、梅池（今五里乡）、龙源、中和、友爱（以上三地在今羊楼司镇）、壁山、云山（以上两乡在今詹桥镇）等地。

1931年4月，赵琪、李雄刚等人在壁山晒谷场建立了中共壁山区委会后，同月，湘北革命工作委员会筹备处建立了壁山区苏维埃政府，下辖箩筐洞乡苏维埃政府、壁山乡苏维埃政府、红四乡苏维埃政府、苏老乡苏维埃政府。8月，在湘北工作委员会领导下，成立了云山区苏维埃政府，驻贺畈云山刘家屋，辖临湘、岳阳的大云山地区。10月，在昆山

（今临湘定湖新建村）成立临湘东区苏维埃政府。

1932年2月，红军第十六军派黎爱华、宋克孝、刘林、京桂英来龙角源，同月，成立龙角区苏维埃政府。同年，成立了马颈乡苏维埃政府。

1934年底，鄂东南道委在药菇山一带开展工作，以药姑山为根据地，成立湘鄂边苏维埃政府。

三年游击战争时期，临湘苏区成为湘鄂赣苏区重要的战略支撑点和后方基地。

三

抗日战争爆发后，1938年9月，根据岳阳中心县委的指示，中共党员易沐清（又名易鹤鸣）回临湘担任临湘工作团负责人，临湘境内党的活动初步得到恢复。1939年2月，杨乐如、易沐清、李继渊到詹桥、白羊田、桃林等地秘密发展党员，建立党的组织。5月，正式建立中共临湘县委，李继渊任书记，下辖3个区委，14个支部，党员130多人。9月，李继渊调离，易沐清任书记。

解放战争时期，1947年秋，长沙县㮾梨地下党派杜其生、易子富到临湘小源发展党员12人，建立中共小源支部，书记杜其生。1949年4月，省立十一中党支部派汤德音到岳阳甘田、临湘白羊田一带发展党员9人，5月，成立中

陈文恒烈士纪念亭

共甘田支部，汤德音任书记。小源、甘田两个地下党支部为迎接临湘解放，组织农民护路护桥和开展宣传工作作出了贡献。1949年7月5日，临湘解放。

在新民主主义革命时期，从1926年4月临湘第一个党组织建立，到1949年7月临湘解放的20多年间，临湘参加红军和工农革命武装的有11200人。有387名共产党员和革命骨干献出了宝贵生命，其中有中共临湘地方组织的创始人李中和、女界联合会主席黄淑、聂市区女界联合会主席赵飞英、中共壁山区委书记陈文恒、壁山区游击队长姚天才、中共临湘县委书记李继渊、易沐清等。临湘人民为湘鄂赣革命根据地的创建与发展作出了巨大贡献，付出了重大牺牲。

"红军会回来的"。这是长眠于湖南省临湘市詹桥镇壁山革命烈士陵园里的陈文恒烈士牺牲前说的最后一句话。壁山革命烈士陵园地处山势险峻、丛林茂密的药菇山区。药菇山曾是建立革命根据地的战略要地，是湘鄂赣革命苏区的一个重要组成部分。从1929年开始，彭德怀率领的红五军在这里组织贫苦农民闹革命。1931年4月，建立临湘第一个苏维埃政府——苏维埃壁山区政府。1932年2月，红十六军在这里成立湘鄂边红军医院，湘鄂边中心县委书记钟期光（开国上将）在这里边疗伤、边发展组织。抗日战争时期，王震率八路军南下支队从这里进入湖南，并多次在药菇山区击溃国民党反动武装部队。一批又一批的革命志士在这块绿色的土地上献出了宝贵的生命，谱写了红色的篇章。陈文恒和姚天才烈士就是其中的杰出代表。

临湘作为湘鄂赣苏区县之一，经历过曲折、复杂、光荣的革命斗争，境内红色遗址、遗迹、纪念设施等红色资源众多，中共小源支部旧址、临湘市五尖山革命烈士陵园、壁山革命烈士陵园等3个本土红色景点被湖南省、岳阳市列为爱国主义教育基地。

屈原管理区

屈原管理区，隶属于岳阳市，位于洞庭湖东岔，南与湘阴县，东、西、北与汨罗市接壤。京广铁路、京广高铁傍区而过，许广高速贯穿全境。湘江、汨罗江、洞庭湖环绕全区。因伟大的爱国诗人屈原在此投江殉国而得名。前身为1958年围垦而建的大型国营农场，2000年经湖南省人民政府批准设立屈原管理区，作为岳阳市的派出机构，行使县级人民政府管理职能。总面积218平方公里，下辖1个街道、2个镇、1个乡，常住人口10万。2007年6月，屈原管理区被湖南省人民政府认定为革命老区。

一

屈原管理区具有光荣的革命斗争历史。早在大革命时期，1926年上半年，奉党组织的委派到湘阴的共产党员刘绍樵、黄福生、彭国梅等就开始在屈原管理区工人中培养和发展共产党员，动员和组织工人成立行业工会。1926年夏，中共湖南区执行委员会根据革命形势的发展，通过国民党湖南省党部派出了大批由共产党员担任的农运特派员到屈原管理区各农村动员和组织农民，成立农民协会。

1927年春，屈原管理区工人运动掀起高潮，在县城和各农村集镇的工会成立以后，县委和各党组织特别注意领导工人群众开展斗争。各地党支部组织工人开展反帝反封建的宣传活动和政治斗争，矛头对准土豪劣绅和封建把头，采取各种行之有效的手段，打击他们的嚣张气焰。

除了开展工人运动，屈原管理区地方党组织领导的农会运动也如火如荼发展起来，在党组织的领导下，营田、河市一带农民组织发动起来，主要攻击目标是不法地主、贪官污吏和旧恶势力，实行减租减息，兴办学校、破除迷信，宣传男女平等、剪发放足，沉重打击了封建反动势力，引发了一场深刻的农村社会大革命。

二

在屈原管理区革命运动迅猛发展的大好形势下，1927 年 4 月，蒋介石在上海发动了四一二反革命政变，疯狂镇压共产党人和工人农民。5 月 21 日，国民党反动军官许克祥也在长沙发动马日事变，血腥镇压革命群众，破坏各革命团体，工农运动遭到严重挫折，白色恐怖笼罩全国，屈原管理区革命转入低潮。

1927 年 8 月 7 日，中共中央在汉口召开了紧急会议，总结了大革命失败的经验教训，批判了陈独秀右倾机会主义错误，确立了开展土地革命，武装反抗国民党反动派的总方针，英勇顽强的屈原管理区人民没有被吓倒、被征服，不屈不挠，继续坚持斗争。在党组织的领导下，1927 年 12

屈原革命烈士纪念碑

月 10 日，为配合长沙的"灰日暴动"，工农革命群众攻打汨罗车站、范家园车站、桃林车站，英勇奋战，势不可当。部分青壮年后来还参加红军。例如：原住推山咀的赖宗发，1928 年参加红军，1930 年在浏阳县楠竹山与国民党反动军队的战斗中不幸牺牲；原住凤凰乡兴隆村的杨谷生，1930年参加红军，为苏维埃赤卫队队员，1930 年底被国民党反动派杀害于长乐苦瓜塘；还有河市镇和平村的郑青云，曾为八路军三五九旅南下六支队连长，1946 年在中原突围时壮烈牺牲。

<h1 style="text-align:center">三</h1>

抗日战争爆发后，屈原管理区人民积极协助当地驻军抗日，付出巨大的牺牲。1944 年 5 月 29 日至 6 月 6 日，日军第 4 次犯湘。29 日登陆营田。6 月，营田一带百姓自发反抗日军的"打掳"，殷松桃从营田边山国民党军工事，率领离散士兵，组成地方抗日武装抗击日军侵扰。刘伯田、柳大成、田运清、石三桃等人自发抗击日军抓掳。6 月 22 日，地方武装彭友贵联合部分离散国民党士兵，在凤凰山黄琴潭一带袭击日军。7 月，河市乡农民湛茂典等人乘日伪军一个班在罗平吃饭时，持手榴弹冲入，将敌人全部捆绑处决。湛茂典还组织一支 10 余人的抗日武装，多次袭击日军，在沦陷一年多时间里，共缴获敌人步枪和手枪 99 支、高射机枪和重机枪各 1 挺，杀死日伪军和汉奸近 100 人，营救国民党飞行员林正，解救被关禁妇女 11 名，夺回农民耕牛 50 多头。12 月 16 日，群众抗击队长周碧清率部在九穆与日军作战，毙敌大队长 1 名，日兵 7 名。

屈原管理区人民为了中华民族的解放事业付出了巨大牺牲，作出了重大贡献。在这块厚重的红色热土上，无论是新民主主义革命时期，还是社会主义革命建设时期、改革开放和新时代，革命烈士和勤劳勇敢的屈原人民前仆后继，奋发图强，砥砺前行，立下了丰功伟绩。

常德市

常德市，地处湘西北，是长江经济带的重要节点城市，洞庭湖生态经济区的重要组成部分，头枕长江，腰缠二水（沅水、澧水），东靠洞庭湖，西连张家界。全市总面积 18177.35 平方公里，下辖 2 个市辖区、5 个县，代管 1 个县级市，常住人口 527.91 万。常德是一个具有光荣革命传统、英烈辈出的城市，在土地革命战争时期，属于"湘鄂西""湘鄂川黔"革命根据地。在这片红色沃土上，大批革命者经受了刀光剑影、血雨腥风的阶级斗争洗礼，献出了宝贵的生命，谱写了感天动地的壮丽篇章！

武 陵 区

武陵区，原为常德县一部分，1988年1月，经国务院批准，撤县设区。隶属于常德市，位于湖南省北部，地处洞庭湖西部。湘西北的一座历史文化古城，迄今已有2290余年的历史。武陵是古代南北的交通枢纽，又是上溯黔东、下达苏皖的运输要道，素有"荆楚唇齿""滇黔咽喉"之称。境内主要有柳叶湖、常德诗墙等景点。全区总面积412.1平方公里，下辖15个街道、2个镇、2个乡，常住人口73.1万。2015年1月，武陵区被湖南省人民政府认定为革命老区。

一

武陵区（常德城）是一座富有光荣革命传统的城市。早在1911年辛亥革命前，常德城就成为湘西一带有志青年和反清斗士的会聚之地。林伯渠、宋教仁、覃振、蒋翊武、刘复基等都是在常德城开始最初的反清活动，尔后成为推翻几千年封建统治的领袖人物。1919年五四运动后，常德城成为湘西北革命的摇篮和指挥中心。

1922年，这里成立了湘西北第一个学习传播马克思主义的团体——省立二师马克思学说研究会，第一个团组织——社会主义青年团常德地方执行委员会，努力将马克思主义传播到常德城乡、湘西北大地。1923年，这里建立了湘西北第一个党组织——常德党团联合支部。1926年又扩大为中共常德地方执行委员会（简称中共常德地委），领导了湘西北的工农运动和支援北伐的行动。1927年5月24日，"敬日事变"爆发后，常德城的党、团组织和革命团体遭到摧残，一大批共产党人、革命群众惨遭屠杀。但英勇的共产党人并没有因此退却，而是在刀与火的艰苦环境中继续带领人民群众展开革命斗争。

1927年8月，党的八七会议精神传到常德城，原中共常德地方执行委员会组织部长张盛荣，开始秘密收编幸存的共产党员，另组中共常德县委。中共常德县委建立以后，原中共常德地委农运部长陈昌厚以及共产党员刘泽远、康序焕等人，再次到农村深入串联发动，恢复和组建一些党的基层组织和农民协会。县委根据城乡地下党员分布情况，按地域重新组成党支部，并重新确定或改选支部负责人。中共常德县委建立后，着手恢复和发展基层党组织和农协，发动武装暴动，反抗国民党反动派的"清党""清乡"。

八七会议后，党中央决定加强对湖南地区的领导，1927年10月下旬，原省委秘书长蔡以忱先行抵达常德，彭公达随后赶到。他们在与中共常德县委书记张盛荣等取得联系后，经过短时间筹备，决定召开党员代表大会，大会决定改组中共常德县委，建立中共湘西特委。湘西特委为完成当地土地革命的任务，一经成立就着手建立农民武装，开展工农运动，对于军运、妇运等方面的工作也给予了重视。加紧了对兵士的宣传，

湘西特委旧址

在敌军中建立兵士小组及兵士委员会，破坏敌人的军事组织。对地方会党要积极引导他们参加土地革命，对其中的革命分子要吸收加入农民协会。要动员农村妇女参加农协和城市妇女加入工会，参加暴动。对于组织和宣传工作，特委决定出版刊物，编印宣传纲要和传单，对党员进行训练和对群众进行宣传。

但由于国民党反动派实行的白色恐怖政策，1928 年 7 月，湘西特委、常德县委被破坏，舒玉林、蔡以忱等主要领导人先后被捕牺牲。8 月，湘西特委改组，刘泽远任书记。在特委领导下，常德等县的党组织部分得到恢复。1929 年 1 月，湘西特委再次被破坏，特委书记刘泽远等被捕牺牲。3 月 16 日，杜修经在安乡改组湘西特委，建立湘西临时特委，徐少保任书记。会议决定将所辖区域划为四个巡视区，常桃区以常德为中心。1929 年 9 月 25 日，湖南省委遵照中央指示，将湘西临时特委并入鄂西特委。

1927 年 11 月上旬，湘西特委决定组建常桃特区，由特委委员刘泽远兼任书记。其所辖常德西北部地区，是湘鄂西苏区的一部分。徐溶熙苏维埃政权是在中共湘西特委和桃源县委领导下建立的常桃特区。"徐溶熙"是"常桃特区"的代号。徐溶熙苏维埃政权于 1927 年 11 月 18 日在常桃边境中和乡青龙寺建立，张祺任主席。同时，徐溶熙苏维埃建立了自己的武装——第十七游击大队，有队员 300 多人，枪支 100 多支。这是湘西北建立的第一个红色政权。

徐溶熙苏维埃政府建立后颁布了建设苏维埃的政治纲领，主要有：实行均田制，做到耕者有其田；实行减租减息；开仓济贫；禁止放高利贷；不许吃鸦片、不许赌博、不许退佃、不许行贿贪污、不许收童养媳；号召妇女放脚、剪长辫，并让妇女参加徐溶熙苏维埃政权的各种活动；兴办学校，让贫苦子弟上学；等等。上述纲领的颁布，深得群众的拥护，并部分得到实施。

1928 年 5 月，国民党桃源县政府派出军队"围剿"徐溶熙苏维埃，红色政权的力量寡不敌众，且战且退，转移至太浮山坚持斗争。至此，建立 6 个多月的徐溶熙苏区就这样被反动势力扼杀。新生的红色政权虽然失败了，但它为湘西北地区人民的革命政权建立和武装斗争积累了经验，推动了这个地区武装斗争的开展。

1928 年 1 月初，中共湖南省委根据中共中央《关于立即暴动给湖南省委的信》的精神，决定利用年关时节新军阀之间发生宁汉战争的时机，向国民党反动派发动新的进攻，即发动年关暴动，并向各地作出具体布置。湘西特委遵照中央指示和省委安排，根据湘西秋收暴动情况和当时形势，立即拟订了向山区谋发展、武装割据石门、巩固湘西暴动、建立游击战争中心的计划，同时指示各县举行年关暴动。湘西特委传达了中央和省委关于举行年关暴动的指示后，1928 年 2 月 3 日，湘西特委委员刘泽远率领常德西郊暴动队伍，一举杀掉了常德城近郊刘彩青、谢兴邦、龙吉福 3 个不法土豪劣绅。住在常德城附近的 3 个土豪劣绅，一夜之间就被暴动队同时处死的消息不胫而走，很快就在常德城乡传播开来。敌人方面则大为震惊，有些土豪劣绅生怕自己的脑袋搬家，重新又躲进城里。城内的反动军警再也不敢单独行动，更不敢黑夜在四郊捕人了。

二

土地革命战争时期，1934 年 10 月，中央红军被迫长征，红二、六军团为策应中央红军长征，12 月开始向湘西发动攻势，敌我双方在常德和桃源地区展开拉锯战，红军将士以迅雷不及掩耳之势首先攻克桃源县城，取得浯溪河战斗胜利，又乘胜追击，围住常德县城两天两夜，一度兵临常德城大西门外乌龙港。鉴于掩护中央红军的任务已经完成，红二、六军团主动撤离常德、桃源。至此湘西攻势胜利结束。湘西攻势，特别是其中对常德、桃源的进攻，有力牵制了敌军对长征途中中央红军的堵截，使得在湘江渡江战斗已伤亡过半的中央红军，在进入贵州的行动中大大减少了压力，减少了损失。

红二、六军团在常德附近 7 天的军事活动中，向群众广泛宣传革命主张，消除了群众对红军的种种误解。同时，红军所到之处，军纪严明，秋毫无犯，用事实粉碎了国民党反动派的造谣污蔑，使群众认识到红军不是什么"匪"，红军是穷苦老百姓真正的子弟兵。多年来在常德的老百姓中还一直流传着贺龙率红军大败罗启疆于常德城乌龙港的动人故事。

武陵区人民在土地革命时期为湘鄂西、湘鄂川黔苏区建设培养和锻炼了大批领导干部，先后为湘鄂西、湘鄂川黔和其他革命根据地输送了大批领导骨干，常德籍的有潘振武、陈昌厚、陈协平等，为中国革命作出了杰出的贡献。同时也为革命的胜利付出了巨大牺牲，据不完全统计：从 1927 年 5 月常德反革命"敬日事变"算起至 1937 年 7 月，常德先后有 3000 多名共产党员和革命群众被国民党反动派逮捕入狱，有 1000 多人惨遭杀害。

三

抗日战争时期，武陵人民在中共常德特支的领导下，建立了包括工农商学兵各界人民在内的平江抗日民族统一战线，同仇敌忾，奋勇抗击日本侵略者，在全境广泛开展抗日救亡运动。1938 年初，组建了抗日战争时期常德第一个地下党组织——中共常德特支，当年夏天又扩大为中共常德中心县委，领导全地区抗日救亡活动。1943 年 11 月至 12 月的常德会战被誉为东方"斯大林格勒保卫战"，对巩固中、美、英的联合作战和争取抗日战争的最后胜利，起到了至关重要的作用。它就发生在武陵这片热土上，青年路上的常德会战阵亡将士纪念公墓无声地诉说着这个历史传奇。

1939 年夏，国民党顽固派掀起反共恶浪，到 1940 年底，常德城的地下党组织遭到严重破坏。

解放战争时期，1948 年重建中共常德支部，次年又扩大为中共常德区工委，领导人民群众开展埋葬蒋家王朝的迎解斗争。1949 年 7 月 29 日，中国人民解放军在地下党组织的紧密配合下，一举攻克常德城。当年秋，常德成为刘邓大军解放大西南的集结地、指挥所和粮草补充地，为大西南的解放作出巨大贡献。

武陵区尚存的革命纪念旧（遗）址主要有：刘泽远烈士墓，湘西北早期革命策源地，中共常德地委机关遗址，红二、六军团围攻常德纪念地等。

鼎 城 区

　　鼎城区，原为常德县一部分，1988年1月，经国务院批准，撤县设区。隶属于常德市，位于洞庭湖西滨，有莱公甘泉、鹤湖翔羽、龙门古洞、阳山雄峙、天子义岗、金霞夕照、沧浪仙山、花溪仙池等名胜。全区总面积2340.17平方公里，下辖7个街道、18个乡镇、1个乡，常住人口73.81万。1994年5月，鼎城区被湖南省人民政府认定为革命老区。

—

　　鼎城区具有光荣的革命斗争传统，建立党组织比较早。1923年春，湘西北地区第一个党组织中共常德支部在原省立二师（今常德市一中）成立。1925年11月，中共湘区委派共产党员谭影竹来常德，建立中共常德特别支部。随着党员队伍的扩大，1926年4月，建立中共常德地方执行委员会（简称常德地委），领导常德等10多个县党组织的发展和革命斗争。到1927年3月，全县建有29个党支部，党员380多人。

　　1927年5月24日，常德发生"敬日事变"后，常德县的党组织和革命群众团体遭到严重破坏。在事变中，半数党员惨遭杀害，革命群众死伤600余人。8月中旬，原常德地委组织部长张盛荣密约陈昌厚、蒋才桢、陈敏、李芙、康序焕等党员，在县城北门外正阳宫成立中共常德县委，张盛荣任书记。按照县委安排部署，陈昌厚、刘泽远、康序焕

中共常德中心县委机关踏水桥驻地遗址

等党员骨干，再次深入农村发动、恢复和组建党的基层组织和农民协会。

1927 年 10 月，中共湖南省委决定在湘西建立以常德为中心的湘西特委。11 月上旬，原中共湖南省委书记彭公达在县城西郊的河洑山太和观，主持召开了湘西20余县党的负责人会议，宣布"改组常德县委，建立湘西特委"。湘西特委兼常德县委，由 7 人组成，彭公达任书记。为了便于领导，将湘西各县划分为常汉、常桃、常澧 3 个特区。1928 年 3 月，彭公达因遭敌人追捕离开常德，舒玉林代理特委书记。5 月，根据中央指示和省委决定，湘西北特委并入湘西特委。另在贺龙工农革命军中建立中共湘西前敌委员会，贺龙任书记，贺锦斋、陈协平（桃源县盘塘桥人，当时属常德县，中共湘西特委委员）、张一鸣、李良耀为委员。6 月，为加强对湘西工作的领导，湖南省委派李运钧来常德，改组湘西特委，舒玉林任书记。恢复中共常德县委，县委机关设在红坡寺。1928 年 7 月，湘西特委、常德县委被破坏，舒玉林、蔡以忱等主要领导先后被捕牺牲。8 月，湘西特委改组，刘泽远任书记。1929 年 1 月，湘西特委再次被破坏，刘泽远等被捕牺牲。3 月 16 日，杜修经在安乡建立湘西临时特委，徐少保任书记。9 月 25 日，遵照中央指示，湘西临时特委并入鄂西特委。

1930 年 4 月，中共鄂西特委派田长汉（田子维）到常德县组建中共常德特别支部，田长汉任书记。12 月，湖南省委机关从益阳移至常德。

不久，省委书记宁迪卿在武汉被捕叛变。1931年2月下旬，省委机关及省委与各地的交通处、联络点被破坏。1931年4月，在湘鄂西特委书记周逸群主持下，在华容成立中共洞庭特区委和特区政府，发展常德等9县党的组织，作为江南斗争的依托。

1934年11月26日，中共湘鄂川黔省委在湘西大庸成立，任弼时任书记；成立湘鄂川黔苏维埃省政府，贺龙任主席。在湘鄂川黔省委领导下，常德县的党组织得到了恢复和发展。

二

鼎城区苏区的红色政权建设。1927年11月上旬，中共湘西特委决定组建常桃特区，代号"徐溶熙"，刘泽远兼任书记。11月18日，湘西北第一个红色政权徐溶熙苏维埃政府在常桃边境的青龙寺成立。它地跨常德、桃源、临澧三县，下设城郊区、伦别区、徐溶熙区三个区级苏维埃政权，分别由刘泽远、陈昌厚、周保堂任区长。颁布了建设苏维埃的纲领，内容主要有：实行均田制，做到耕者有其田；实行减租减息；禁止放高利贷；不许抽鸦片，不许赌博，不许退佃，不许行贿贪污；等等。纲领深得群众拥护，部分得到实施。1928年5月，国民党反动派重兵"围剿"徐溶熙苏区，因敌强我弱，在游击队数十人壮烈牺牲后，刘泽远、徐才益率余部转移到太浮山。至此，湘西特委把武装斗争的重点转移到太浮山，形成以太浮山为中心，地跨常德、石门、慈利、桃源、临澧5县，纵横100余公里的武装割据政权。8月，国民党反动派重兵"围剿"，根据地丧失。

1927年11月上旬，湘西特委组建常澧特区，康序焕兼任书记。1928年1月，康序焕、王千祥等发动崇孝暴动后，恢复发展党组织和农民协会，组建工农武装，在常德、澧县、临澧交界的周家店、渡口、孙家坪、毛里湖等地建立武装割据政权。6月，与以太浮山为中心的武装割据区连成一片。8月，国民党反动派重兵"围剿"，根据地丧失。

1931年3月，湘鄂西特委书记周逸群率部南下洞庭湖开辟革命根据地。4月，成立洞庭特区苏维埃政府，郭锡涛任主席。隶属湘鄂西苏维埃联县政府，管辖常德、华容、岳阳、南县、沅江、益阳、湘阴、安乡、汉寿等县。6月后，隶属湘鄂西中央分局和湘鄂西省苏维埃政府管辖。在洞庭特区苏维埃政府领导下，中共常德特支建立党的组织，建立渔民、樵民、农民等协会，组织游击武装，领导群众开展抗租、抗税和游击战争，配合洞庭特区开展反"清乡"斗争。

1934年11月，湘鄂川黔省苏维埃政府在湘西大庸成立，贺龙任主席。12月，为策应中央红军长征，贺龙、萧克率领红二、六军团发起湘西攻势，转战常德，攻占了当时常德县的大部分乡镇。红军帮助常德党组织和革命群众打土豪、分浮财、分田地、建立苏维埃政权，常德县成为湘鄂川黔苏区的重要组成部分。

鼎城区苏区革命武装斗争的发展。1927年6月下旬，周士区农民举行武装暴动，恢复农协组织，建立农民武装暴动总队及分队，公审杀害区农协副委员长周国栋的主谋黄禄生，并处以极刑，打响了常德县反"清乡"斗争的第一枪。9月10日，戴修文、徐炳初、潘人安（潘振武）等发动文甲起义，带领300多人的起义队伍捣毁了反动区公所，击毙了团防大队长张士元，处死了县杂税局局长张国政，没收了杨子君等土豪劣绅的财产，打响了湘西北地区土地革命战争的第一枪。9月中旬，陈昌厚、廖顺之、谭青之等发动渐安暴动，召开渐安区农民协会复兴大会，处决了不法豪劣李白儿，组建了农民武装自卫队，活跃在常德、桃源交界的黄叶岗山区。12月，周家官、刘玉阶等发动兴隆暴动，组建了花园坪、河伯桥两支游击队，活跃在常德、汉寿边境。12月中旬，湘西特委在常德县丹洲垸草鞋洲召开有常德、石门、澧县、桃源、临澧 5 县党组织书记参加的会议，传达中央《关于立刻暴动给湖南省委的信》和湖南省委"关于利用年关时节发动新的进攻"的指示精神，决定开展年关暴动。

1928 年 1 月，康序焕、王千祥等发动崇孝暴动，摧毁了国民党"崇河清党办事处"，组建了农民武装自卫队，活跃在常澧边界周家店、渡口一带。2 月，刘泽远率湘西特委直属游击队，打掉了草坪枫林口的刘予禄地主武装，除掉了常德西郊的 3 个不法豪绅刘彩清、谢兴邦、龙吉福，长途奔袭南县白蚌口的反动团防大队，缴获枪支 40 多条。游击队很快发展到 150 多人，90 多支枪，活跃在河洑山一带。3 月，牟运阶、蒋积善等发动同德暴动，击毙大土豪堵正昌，组建农民武装自卫队，活跃在太阳山、七姑山一带。4 月，陈昌厚再次发动渐安区暴动，处决了"清乡"队队员刘海堂及刘和儿、吴驼子、唐家轩等劣绅。5 月，陈昌厚、石门县负责人袁任远等领导发动石门南乡起义并获得胜利，成立了湘西工农革命军第四支队，下辖 3 路游击大队，900 多人，600 多条枪。常德县冯钧（一说冯希廉）领导的游击队编入第四支队。石门南乡起义极大地鼓舞了常德县革命群众，渐安、同德、周士、四贤等地游击队纷纷响应。第四支队一部与湘西特委直属队紧密配合，在太浮山附近常德的盘塘桥、石板滩、雷家铺、长岭岗、蔡家岗等地开展战斗。

1931 年 4 月，周逸群以洞庭湖边包括常德在内的 9 县为基础建立洞庭特区，领导洞庭特区的斗争。常德人民踊跃参军参战，组建游击队，开展反敌人"清湖"的斗争。胡彩清领导的游击队，活跃在常德、澧县、临澧、安乡、汉寿、沅江等县边界，邱育之、邱墨池等领导的游击队，活跃在安乡、常德、汉寿、沅江、南县等洞庭湖西滨。

1934 年 10 月，红二、六军团发起湘西攻势。12 月初，红二、六军团主力由大庸南下，袭击沅陵，再顺沅江东下进击桃源、常德，围攻常德县城达 7 天之久，牵制、调动国民党军队 10 余万人，有力地策应了中央红军的战略转战。在这期间，常德人民斗志昂扬，积极参军参战，捐粮捐款。

抗日战争时期，日军侵占常德县 23 天（1943 年 11 月 17 日至 12 月 9 日），全县群众积极支援抗战，或组织抗日武装袭击日寇，或与国民革命军协同作战。在常德保卫战中，广大群众自发协助守军抢修防御工事、运送枪支弹药等。在城外防线被突破，进入激烈巷战时，他们主动参加战地担架队，冒着枪林弹雨抢救伤员。

全面抗战爆发后，为了加强党对常德抗日救亡运动的领导，1938 年 2 月初，中共湖南省工委派秘书长帅孟奇到常德重建党组织，秘密发展廖新夏等党员。2 月中旬组建中共常德特别支部，许和钧任书记。7 月，省工委调凤凰县委书记王铁铮（白荣华）到常德组建中共常德中心县委，王铁铮任书记，领导常德、汉寿、桃源、临澧、澧县等 5 县党的工作。8 月，中共常德特别支部扩大为中共常德县委，王铁铮兼任书记。1939 年 10 月，湘鄂边区特委委员徐少保潜入常德与安乡交界的天福垸建立 3 个党小组。1940 年 8 月，成立中共陈家嘴（当时属常德县，现属安乡县）区委，李克安任书记。1943 年 8 月，陈家嘴区委改组，冷桂华任书记。

为了加强党对常德解放斗争的领导，1947 年 8 月，中共湖南省工委派中共党员雷天一、方用、李小明到常德恢复和发展党的组织。1948 年 9 月成立中共常德支部，吴仕元任书记。1949 年 5 月初组建中共湘西工委，方用任书记，领导常德、澧县、安乡、临澧、慈利、桃源、益阳、石门等 8 县党的工作。6 月下旬，组建中共常德区工委，周艾从任书记。1947 年 6 月，中共湖北襄南地委派魏恒若到常德、安乡、南县恢复和发展党的组织。10 月组建常安南工委，魏恒若任书记。常安南工委虽然没有与湘西工委、常德区工委直接联系，但在迎接常德解放的斗争中作出了积极贡献。

解放战争时期，1949 年 4 月，常安南工委派孙中原在陈家嘴成立地下武装中队，冷桂华任指导员，肖中富为中队长，下设 3 个分队，彭岳保、蒋新良、蔡少连任分队长，有 100 多人，枪数十支。解放军挺进陈家嘴前，他们积极对国民党地方武装开展策反工作；解放军挺进陈家嘴时，他们协同收缴几个乡公所和警察所的枪支 80 余支；解放军过境后，他们立即开展维护社会治安、接管建政、筹粮支前等工作。7 月上旬，第八突击大队在石门成立，吴仕元任政委，谭杰为大队长，有 200 多人枪。为了配合解放常德，他们游击到常德县后河，偷袭大龙站警察所，缴获长、短枪 30 余支。解放军从东门攻打常德城时，他们神速绕道河洑，直插常德城西门。国民党守城部队深恐其逃往湘西的退路被堵，慌忙弃城逃跑。

三

鼎城区人民为中国革命作出了重大贡献，付出了巨大牺牲。

土地革命战争时期，鼎城区人民的革命斗争，一是沉重地打击了国民党反动派，教育鼓舞了群众。二是为红军队伍和革命根据地建设输送了大批党员骨干，鲁易（红三军政治部主任）、潘振武、陈协平、陈昌厚、杨英、吴玉堂、龙金庭等是杰出代表。三是为湘鄂西、湘鄂川黔革命根据地输送了大量的兵员，提供了后勤保障。特别是红二、六军团转战常德时，常德县参加红军的有 1000 多人。为红军筹集粮食 3 万多斤、衣被 2000 多套、现款无数，还给红军送情报、带路、送茶饭、救治伤员等，有力地支援了红军的作战行动。

抗日战争时期，一是鼎城区党组织组建"抗日青年同盟""民先队"等多个抗日救亡团体，掀起"抗日救亡"运动高潮。二是为抗日前线输送了大量的作战人员。先后推荐陈辉、李振军、姜逢盛、申济文等 30 多人奔赴延安，经过培养和训练后，又奔赴抗日前线。三是在常德保卫战中，鼎城区军民浴血奋战，毙伤日军 1 万多人，为抗日战争的胜利作出了贡献。

解放战争时期，鼎城区党组织积极发动群众开展统战工作，瓦解国民党反动势力，全力保护城市设施，配合人民解放军，使得常德城于 1949 年 7 月 29 日完整地回到了人民手中。1949 年 10 月，刘邓大军集结常德，准备解放大西南。11 月 23 日，邓小平、刘伯承在常德成立中共西南局。刚刚解放的常德人民在中共常德县委、县人民政府的领导下，积极筹集粮食、柴草、生活用品等物资，为解放大西南作出了重要贡献。

安乡县

　　安乡县，隶属于常德市，地处湘鄂两省边界，位于洞庭湖西北部，是湖南的北大门，处于湘鄂两省、四市（常德、益阳、岳阳、荆州）、八县（鼎城、汉寿、澧县、津市、南县、公安、石首、华容）的交界处，属于洞庭湖生态经济区的核心圈层，是长江"三口"（太平口、藕池口、松滋口）泄洪与澧水注入洞庭湖的洪水走廊。安乡是一个典型的湖区农业县，农产品资源十分丰富，是全国重要的粮、棉、油、鱼生产基地，素有"鱼米之乡"的美誉。全县总面积1085.98平方公里，下辖8个镇、4个乡，常住人口42.74万。1990年6月，安乡县被湖南省人民政府认定为革命老区。

一

　　安乡县有着光荣的革命斗争历史。早在1921年7月，中国共产党诞生，安乡在北京、上海、长沙等地读书的青年学生何之瑜、颜昌颐、邓洁、陶季玉等就先后加入共产党。颜昌颐被党组织派往苏联学习军事，回国后曾任中革军委委员。1926年9月，中共湖南省区委派陶季玉、刘绍锋、周小康等回安乡，于当年10月建立了安乡第一个共产党组织——中共安乡特别支部，有党员13名。1927年1月，特支升格为县委，陶季玉任书记。长沙马日事变后，南华安一带共产党组织遭到国民党反动

中共安乡特别支部、中共安乡首届县委机关旧址

派的严重破坏。安乡县委书记陶季玉、县委委员刘绍锋等壮烈牺牲，县委委员周小康侥幸逃脱，投奔红军，后参加了南昌起义，一部分党员骨干转入地下。1927年8月，省委派杜修经到南县建立了中共南（县）华（容）安（乡）特委，恢复南华安一带党组织。1927年9月，受中共湖南省委委派，中共南华安特委在安乡县城秘密组建了安乡特支。1928年春，安乡籍青年刘国富接任南华安特委书记，在湘西北特委的支持下，南华安特委在以彭德怀为团长驻南华安三县的湖南陆军中秘密发展党员，策划暴动和兵变，为随后彭德怀、滕代远等组织的平江起义奠定了坚实基础。1928年4月，安乡县城党员发展到20多人，安乡特支升格为中共安乡县特别区委，由参加南昌起义后回县的黄基诚任书记。在此期间，南华安特委宣传部长刘子刚几次潜回安乡老家，秘密召开会议，指导安乡党组织发展党员，坚决贯彻省委年关暴动决议，与黄基诚等一道部署了"六一暴动"计划。1928年5月，南华安特委遭敌破坏，省委特派员刘鳌叛变，特委书记刘国富，特委毛觉民、周金锐等被捕牺牲。南华安三县暴动失败，迫使调防平江的彭德怀所部提前于7月发动了起义。

1928年6月，中共南华安特委派前华容县党团联合县委书记邹墨池来安乡重建组织，在协安垸邱育之家成立了安乡县临时党团混合县委，邹墨池为书记，党团员20多名。10月，党团员发展到150多名，建立了11个支部。11月，党团分设，成立安乡县委，邹墨池调湖北省石首县工作，邱育之任书记，邱才梅、陈逸民、张南翘、李靖安为委员。1929年4月，邱育之调任中共湘西临时特委澧水区巡视员，张连翘调石首游击大队任中队长，李靖安接任县委书记。9月，邱育之回安乡继任县委书记，县委委员增加张连翘。12月，邱育之担任安乡游击队队长。1931年7月，安乡县委书记邱育之养伤，邱才梅接任书记，张连翘任副书记。由于地缘历史和革命斗争形势客观变化，中共安乡地方组织有时属中共湖南省委组织领导，但绝大多数时间是属创立洪湖苏区、以周逸群为首的中共鄂西特委领导。

二

大革命时期，湖南农民运动风起云涌。1926年10月至1927年4月，短短几个月，安乡各级党组织在城乡广泛宣传俄国十月革命，开办工人、农民运动讲习班。接着，安乡县委在全县建立区乡农协73个，培养工农骨干400多人，成立行业工会15个，发展会员2800多人。全县14万人口，参加工会、农会、女界联合会的会员有6万多人，组织农民自卫军上万人，批斗土豪、地主和贪官污吏，严惩地主、恶霸、土匪达40人。半年时间，把封建地主阶级打得落花流水。

1927年，蒋介石在上海发动四一二反革命政变后，各地反动派遥相呼应。5月21日，许克祥在长沙发动马日事变，安乡县委的反动派枪杀了县委书记陶季玉，屠杀了丰其枝、聂宏章、王泽兰等共产党员、工农骨干30多人。凡参加大革命运动的工农会员都遭到毒打、罚款、坐牢，有的逃往他乡。大革命失败后，南华安三县划归中共鄂西特委领导，为了贯彻党中央关于土地革命和武装反抗国民党屠杀政策的总方针，于1929年冬，鄂西特委指派特委委员徐少保在黄狮嘴成立了安乡游击队。由县委书记邱育之担任队长，南安县委书记陈逸民担任副队长，队员12人。游击队一成立，就在县境南堤拐一带，消灭了四乡"清乡"主任、"铲共义勇队"队长熊宗炎等一批恶霸、土匪。1930年夏，贺龙在津市支援游击队驳壳枪9支、子弹40发。游击队获得武器后，在白粉嘴袭击了安乡"铲共义勇队"。1930年8月，邱育之带队，夜袭焦泗乡团防员。1930年底调湘西特派员邹墨池来队任政委。安乡游击队扩大为湘西红军游击大队，制定了"依靠人民、忠党爱国、杀敌必胜、运用奇策、昼伏夜动、神出鬼没、忍苦耐劳、甘洒热血"的行动纲领。随后游击队转战临澧山区，在彭家老倌坪突围后，战斗在临澧、澧县一带。在珠日桥截击了敌军运输队，在凤凰嘴收拾了澧县"铲共义勇队"，在李家铺袭击了新州保安队。游击队返回安乡后，在三岔河捕杀了华容的便衣队。在南县荷花嘴、中渔口围歼了"铲共义勇队"。在洞庭湖打击了沅江县的保安队。从1929年冬到1936年春，在国民党军队围追堵截的恶劣环境里，安乡游击队发展到40多人，配合湘鄂西红军，坚持武装斗争6年多。

在安乡游击队成立不久，1930年2月，位于今大湖口镇的中共湘西东升第一支部，支部书记梁国玺奉红六军副军长段德昌指示，以东升支部43名党员为基础，组建了洞庭湖区暴动第十三大队（反"围剿"时改称江左滨湖游击队、江右军十三大队等），在队长龙望富的带领下在澧县、安乡边境的七里湖、毛里湖、珊珀湖一带与安乡游击队协同作战，策应湘鄂西苏区的反"围剿"斗争。游击队在浴血奋战中，也付出了沉痛的代价。1931年7月，游击队在汇口拦截敌船物资救济灾民时，遭到敌重兵"围剿"，"暴动"第十三大队队长龙望富与安乡游击队的战士等7人当场牺牲。尔后接任暴动第十三队的队长龙名榜、书记梁国玺在反"围剿"中分别遇害,剩下队员有的加入了苏区红军,有的随建制并入了安乡游击队。11月,湘西游击大队在临澧白云山突围时,大队长曾国正、班长雷老二光荣牺牲。12月,由于队员李纯叛变,游击队在梅家洲宿营时,遭到安乡保安大队包围。突围时,队长邱育之、政委文学礼等11人被敌人捕捉,杀害在县城。脱险后的县委副书记张连翘,立即恢复队伍,惩处了叛徒,三次攻打并消灭了李清萍的"铲共义勇队",俘敌百余人。1935年8月,游击队派8个战士前往津市给红军送枪,在瓦窑河碰上澧县保安队,7名战士被袭身亡。1936年春,张连翘在澧县红庙召集游击队员开会,不幸被捕,在常德英勇就义。至此,苦战6年的安乡游击队,根据上级指示解散隐蔽。

三

抗日战争时期,1943年5月、11月和1944年春,日军三次侵犯安乡,安乡的党组织利用多种形式,在群众中宣传全民抗战。抗战中,县委主要领导都充实到了石公华抗日根据地。发动群众积极配合新四军、国民党爱国部队作战,在芝麻坪、塞家渡、大鲸港、县城等地沉重打击了侵略者。抗日战争期间,由于安乡地下党贯彻了中央关于"埋伏、隐蔽、积蓄"的方针,党支部发展到20来个,拥有党员200多名。

解放战争时期,安乡区工委、区委配合人民解放军的大举进攻,组织教联会等进步团体,配合湘西工委大力开展统战工作,使安乡国民党的党政军头目都投靠了共产党。1949年7月30日,安乡和平解放。

安乡县人民为中国革命斗争作出了重大贡献,付出了巨大牺牲。在新民主主义革命时期,全县牺牲的烈士有姓名记载的150余人,其中著名的烈士有颜昌颐、周小康、徐少保等。

汉 寿 县

汉寿县，隶属于常德市，位于湖南省西北部，地处洞庭湖滨，东邻南县，南界资阳、桃江，西接鼎城，北抵西湖农场，与安乡隔河相望。汉寿地处雪峰山脉北端，沅、澧水尾闾，南部丘陵起伏，北部低平开阔。全县水域辽阔，湖泊棋布，沃野平畴，耕地连片，土宜稻棉，泽足鱼浦，素称"鱼米之乡"。全县总面积 2090.99 平方公里，下辖 4 个街道、16 个镇、3 个乡（含 1 个民族乡），常住人口 70.62 万。1990 年 6 月，汉寿县被湖南省人民政府认定为革命老区。

一

汉寿县有着光荣的革命斗争历史。中共汉寿地方组织建立时间早，坚持时间长。早在大革命时期，1919 年，毛泽东的同窗挚友"新民学会"成员邹蕴贞回县创办县立高等模范小学堂，提倡教育改革，传播进步思想。同年秋，许之桢在上海参加陈独秀主办的《新青年》的编辑出版工作，并于 1922 年 11 月在莫斯科加入中国共产党，经常给家乡父老邮寄进步书刊，传播革命思想。1924 年，詹乐贫在北京，陈刚、丁基础、向贤胖等在长沙先后加入中国共产党，并趁假期回乡时宣讲"耕者有其田"的道理，在县境各地播下了革命火种。1926 年 4 月，根据中共湖南区委指示，在长沙求学的汉寿籍共产党员陈刚、向贤胖、丁基础回县，成立了中共

汉益沅苏维埃政府旧址（重建）

汉寿小组，陈刚任组长。5月，中共北京农业大学特别支部书记詹乐贫由李大钊派回湖南，经中共湖南区委安排参加中共汉寿小组领导工作，帅孟奇、毛觉民等10多名先进分子加入中国共产党，党的组织不断壮大。7月22日，北伐军攻占汉寿。8月中共湖南区委派邓乾元来县指导党务和工农运动。9月，以丁基础、童春圃为正副委员长的汉寿农民协会宣告，一切权力归农会，惩治了一批土豪劣绅。城区相继建立了10个行业工会，会员1300余人。10月，以向贤胖、罗永生为正副主席成立了县总工会。此时，中共汉寿小组扩建为中共汉寿特别支部，书记邓乾元。同期，县总工会组建以李年华（李光）为队长的工人纠察队。

1927年1月，成立了中共汉寿县委员会，书记为詹乐贫，陈刚、熊琼仙、丁基础、毛觉民、帅孟奇、向贤胖、曾鹤皋等为委员，辖22个党支部，党员150余人，党组织在69个乡建立了农民协会，会员10余万。在党的领导下，各工农协会开展了推翻旧政权、镇压反革命、解放妇女、废除苛捐杂税、减租退押、取消高利贷、兴修堤垸、查禁烟赌等轰轰烈烈的政治斗争和经济斗争。

1927年5月21日，湖南军阀许克祥在长沙发动马日事变后，白色恐怖笼罩全县，国民党反动派大肆屠杀共产党人和革命群众，镇压工农运动，汉寿县革命陷入低潮。

二

汉寿县苏区的革命武装斗争和红色政权建设。1927年8月，党的八七会议后，中共湖南省委派罗宜兹（罗权）、戴武孝回县恢复汉寿党组织，传达省委关于各县举行秋收起义的指示精神，因叛徒告密，大部分同志被捕牺牲。11月，戴武孝采取果断措施，袭击蔺家山和毛家滩团防局，夺枪8支，后又在沧港、护城、岩汪湖等地组织了规模不一的武装暴动。

1928年1月，贺敬之来汉寿县在文蔚垸组建一支数十人的工农革命军，实现乡村割据达3月之久。陈刚、黄克佐搜集人枪扩建游击队，活动在益汉沅南华安一带；4月下旬，又击退了汉益沅三县挨户团和国民党"清乡"队一个团的联合"清剿"；并派共产党员李年华到彭德怀部队做兵运工作，发展党的组织。7月，县委根据党的六大精神，组织新的武装暴动，发起舆论攻势，但被驻军搜查，军事部长刘文富被捕叛变，部分同志被捕，机关遭破坏，县委机关被迫转入大连障辰卯号重整旗鼓。8月，中共湘西特委书记刘泽远、常委詹乐贫搜集被打散的游击队员组建工农革命军洞庭区游击司令部，陈刚任司令，支援沿湖各地的红色政权。9月30日，游击队领导成员在常德十美堂开会研究转战鄂西的计划时，遭敌包围，陈刚被捕英勇牺牲，段继修继任司令，仍以赤山、柳林嘴为据点，打击团防。

1931 年 4 月，中共洞庭特区委建立，汉寿隶属洞庭特区苏维埃政府领导，游击队编入洞庭特区游击大队。党组织派郭玉民、郭玉和、向运生、向春生等 18 人参加游击队，此时，游击大队有 32 个游击小组，700 余人枪，划船百余艘，是威震洞庭的一支红色劲旅。

1932 年 8 月，洞庭特区委派部光明来汉寿，成立汉益沅三县联区工委，建立三县联区苏维埃政府，主席戴春生（戴玲），机关设军山铺沙子塘。当时汉寿有 29 个乡在苏维埃政府的领导之下，占当时全县总乡数的 72.5%。各乡开展了一系列苏区建设活动。商店改红色商店，学校改列宁学校，兴修堤垸，筹粮款支前等。同时，没收地主土地 21 万亩，分给 10.5 万贫苦农民。《十绣歌》《十愿歌》《歌唱苏维埃》等革命歌谣在苏区广为传唱。

1933 年 8 月，保安团长王剑龙率益阳、沅江、南县之敌"围剿"苏区，胡友光率特区仅存的 50 余人枪，舍舟登陆潜伏雪峰山，过沧水铺时，遭曹明阵部十倍于我之敌包围，胡友光壮烈牺牲，游击队被冲散，戴春生、郭佩生、杨新科等 7 人被捕杀害。沿湖的酉港、坡头、岩汪湖、周文庙等占 53.8% 的老区乡镇百姓惨遭敌人捕杀。其中坡头的新堤、新兴小泛洲、毓德铺冷铺山、军山铺罗家湾等 98 个村尤为严重，占老区村的 44.7%。陈刚的家乡小泛洲的还乡团纠集 300 余人，烧毁房屋 17 栋，共产党员姚靖国一家包括亲友，竟有 56 人被迫外逃。土地革命战争时期，先后被敌人杀害的主要领导有 72 人，其中詹乐贫英勇就义后，敌人将其头砍下，悬挂在城北堤上扬尸三天；毛颖、毛得岸在城北河堤被害后，敌人还将他们的腹部捅几刀后抛尸入河，真是惨不忍睹。汉寿坚持数年的武装斗争和红色政权被迫停止活动。

三

1937 年七七事变后，汉寿县一批在白色恐怖时期隐蔽下来的共产党员积极行动起来，开展抗日救亡活动。

1938 年 1 月，戴武孝赴长沙与省工委接上关系。2 月，帅孟奇两次回县恢复和发展党员 20 多人，建立中共汉寿特别支部，书记毛碧云。10 月，常德中心县委派人来县重组县委，戴武孝（化名戴笠夫）任书记，先后恢复 13 个党支部，发展党员 150 余人。

1939 年 2 月，帅孟奇来益阳组建常益中心县委，汉寿隶属常益中心县委领导，平江惨案后，中心县委成员来汉寿毓德铺改组汉寿县委为县工委，书记顾星奎（化名李福生），辖 7 个支部，党员 105 人。他们率领全县人民组织抗日宣传队，发动民众捐献物品，慰劳受伤将士，组建爱国团体，建立抗日宣传基站，创办《醒报》，设立抗日书报分销处等。县工委还派没有暴露身份的共产党员先后打入国民党，在党、政、军机关和乡镇机构担任重要职务，控制警察局和乡镇武装，组建了 400 余人枪的抗日自卫团。

抗日战争胜利后，1945 年 10 月，县工委书记顾星奎为寻找上级党组织，迁居长沙湖迹渡，保持与汉寿地下党组织的联系，多次指示汉寿地下党要坚持"长期埋伏，隐蔽精干，积蓄力量，以待时机"，使党组织稳定地保存下来。

1949 年 4 月 28 日，顾星奎以原常益中心县委名义，来汉寿撤销县工委，恢复中共汉寿县委，书记周伯诚，辖 9 个支部，党员 99 人。县委在县城组织各界人士和中小学生举行"反内战、反迫害、反饥饿""要民主、要自由、要生存"的游行示威宣传；利用社会力量保护各种文书档案，组织护厂、护校、护店斗争；在农村组织贫雇团，开展反征兵、征粮、征税斗争和筹粮支前活动。6月，县委组建了一支90余人枪的武装队伍，派李恩甫参与四县联防，抵制敌人骚扰。1949年8月4日，汉寿县和平解放。

整个新民主主义革命阶段，尤其是土地革命战争时期和抗日战争时期，汉寿县人民在党的领导下，为巩固和保卫苏区付出了巨大牺牲，作出了重大贡献。据统计，全县为革命牺牲的党团员、干部战士、工农会骨干和被敌人杀害的革命家属、群众共32500余人，占当时人口的8.2%。他们中有帅孟奇的良师益友詹乐贫，洞庭游击队大队长陈刚、黄克佐；有扩大的湘西特委组织部长毛觉民、青年部长张起幕，苏维埃政府主席戴春生，工农会骨干童春圃、周克贵、龚维信、彭进道等。

汉寿县红色旅游景点有帅孟奇纪念馆、汉益沅联区苏维埃政府旧址、汉寿烈士陵园等。

澧　县

　　澧县，位于湖南省西北部，长江中游，洞庭湖西岸，北连长江，南通潇湘，西控九澧，东出洞庭。澧县拥有澧阳平原（湖南省最大的平原）绝大部分。因澧水贯穿全境而得名。全县总面积 2075.56 平方公里，下辖 4 个街道、15 个镇，常住人口 72.19 万。1994 年 5 月，澧县被湖南省人民政府认定为革命老区。

一

　　澧县有着光荣的革命斗争传统。早在 1919 年五四运动后，罗宁、周荣生、张峻等在国内外接触马列主义，参加了中国共产党和中国社会主义青年团。1925 年 5 月，罗宁、李立新由中共湘区委员会派遣，来澧县开展工农运动，秘密发展共产党员。在此期间，在外地工作的共产党员张峻、李光文等相继奉命回县。到 1926 年 7 月，已有共产党员 58 名。8 月，中共澧县支部成立，李立新任支部书记。在此前后，澧县雪耻会、济难会、学生联合会、共青团特支、女界联合会、儿童团、县总工会、县农协等群众组织相继成立。当年，贺龙、周逸群在澧县文庙创办政治讲习所，培养了 2000 多名部队基层干部。11 月，中共澧县部委员会成立，杨杰卿任部委书记。到 1927 年 2 月，全县建立了 12 个基层支部，有共产党员 314 名。全县还成立了 5 个基层工会，20 多个行业工会，有工会会员 1228 人。全县 13 个区、130 多个乡成立了农民协会,农协会员由 5 万人猛增至约 20 万人。

1927 年 4 月,蒋介石在上海发动反革命政变。5 月,长沙马日事变、常德"敬日事变"、澧县"沁日事变"相继发生。中共澧县部委遭破坏,工会、农协、女联等群众组织被摧毁,共产党员、工农运动骨干被捕杀。但是,严重的白色恐怖未能压倒中共澧县地方组织的活动和领导。根据中共常德地委指示,以书记杨杰卿为首的中共澧县部委机关秘密转移到大堰垱镇附近农村,代号"李服维"。中共中央汉口八七会议后,中共澧县部委更名为中共澧县县委,书记及各部长仍旧。在革命的危急关头,县委成员深入基层,发展党员,恢复组织。

12 个中共澧县党支部,有 7 个坚持下来,同时新建 2 个支部,中共澧县县委领导的基层支部仍有 9 个,党员 230 余人,成为桑植革命根据地东扩和湘鄂西红军南征的战斗堡垒与重要力量。

工农革命军第四军王家厂暴动纪念碑

二

澧县苏区革命武装斗争的发展。1927 年 5 月，澧县"沁日事变"后，为反击国民党反动派的"清乡"，中共澧县县委在恢复、发展基层党组织的同时，亦把重点放在地下武装斗争上。1927 年 8 月，在大堰垱附近农村成立澧县地下革命军事委员会。主要任务是：恢复被敌人破坏的各级党组织，分头组织农民自卫军和发动农民起义，破坏国民党的一切机构，暗杀反动分子等。

澧县革命军事委员会通过摸索总结，在农民自卫军的基础上，迅速发展组建成由共产党领导的 8 支革命队伍，拥有 1088 人枪。在红军支持下，澧县革命军事委员会指挥这些队伍，与"清乡"的敌人开展针锋相对的斗争，有的控制湘鄂边界，有的扼守湖港河汊，有的"围剿"团防，有的直袭敌人腹地，沉重地打击反动势力，大煞反动派淫威，涌现出无数敢与魔怪争高下的典型。

1928—1933 年，贺龙领导的红军多次在澧县战斗。在红军的帮助下，澧县建立起数十支红军游击队。澧县籍红军战士皮楚卿于 1928 年受命组建红军游击第三营，隶属红四军湘鄂第三游击司令部第二团。该营一直活跃在澧县西部的崇山峻岭之中，打土豪，分田地，驱匪反霸，一直坚持斗争到 1935 年底。

1930 年 10 月，红二军团从监利、石首一带南渡长江，攻击岳州，切断长沙至武汉交通线，再向西南打通常德，以配合红一方面军进攻长沙。红四军两次围困澧城，澧县人民竭力以助，当向导、打地洞、炼炸药、找棺材、炸城墙、送茶水、搭浮桥、送伤员、募集钱粮以及掩埋战士尸体，充分体现了军民之间的鱼水深情。

1935 年 8 月 27 日，红二、六军团攻克澧县。翌日拂晓，贺龙、任弼时、关向应、王震、李达等到县城视察，旋即成立澧县苏维埃政府和普遍成立基层苏维埃政府。由红六师十八团政治部组织科长穰明德任县长，地下党员游玉圃管宣传。组建了50多支枪、3000多人参加的红军游击队。红军此次驻澧期间，筹得大批粮食、布匹、食盐、药物和16万多枚银圆，有6000多农民参加了红军。9月底，红二、六军团撤离澧县时，留下皮修元、皮楚卿等领导的12个游击大队、3个游击支队和16个游击分队在西部山区坚持斗争。

澧县苏区的红色政权建设。1928—1932年间，中共澧县党组织领导澧县农民协会和农民自卫队，在红军游击队与工人纠察队的帮助援助下，先后建立多个区、乡基层苏维埃政府，按当时全县20个区、710个团（乡）计算，建立苏维埃政权的比例为：区级14个，占70%；团（乡）级565个，约占80%，形成了农村包围城市的局面。这些区、乡苏维埃政府，无论存在时间长短，初创时都设有主席、副主席、文书、审判员，还有女联、童子团、农军会、土地委员会等组织。

澧县苏区的土地革命。区、乡苏维埃政府建立后，就以标语、布告、讲演等形式，并发布《告工人农民及士兵书》，鼓动群众接受红军的帮助进行土地革命。为贯彻中共湘西特委通过的《土地问题决议案大纲》，苏维埃政府召开联席会议、人民代表大会等一系列宣传、发动会议，让穷苦民众明白"要吃饭，要穿衣，大家打主意，快快结团体，加入农协会，建立苏维埃，实行分土地，打倒土豪劣绅，才得享安逸"的道理。广泛开展土地革命，分田分地给贫困农民，使人民群众的革命热情不断高涨。

三

抗日战争爆发后，1938年3月，八路军驻湘通讯处派陈纯翠来到澧县，恢复发展中共党组织，7月，成立中共澧县工作委员会。到1939年

7月，已发展共产党员387名，建立了4个区委和17个党支部。1940年7月，因叛徒告密，县委机关遭破坏。县工委书记游玉圃等4人被捕牺牲。1941年4月，中共澧县特别支部成立。1943年5月13日至6月1日和11月15日至12月20日，日本侵略军两次侵占澧县，时长56天。种种暴行，惨绝人寰，县内损失极为惨重。在残暴的日本侵略军面前，在中共澧县地下组织的领导下，澧县人民奋起抗击日军，击毙日军少佐小川等48名。

解放战争初期，澧县人民配合从中原突围渡江南进的江南游击队，先后在杨家垱等地与敌人作战4次，毙敌20余人，俘敌90余人，缴获六〇炮3门、轻机枪4挺、步枪74支。1949年5月，成立中共澧县工作委员会，下辖6个支部，有共产党员128名。6月25日，组建湖南人民解放突击总队第四大队，队伍发展到800人枪。开展了三贤暴动、荆南起义、南盘夺枪等活动。7月22日，中国人民解放军第四十九军一四五师四三五团激战一昼夜，歼灭了盘踞在澧县城的湖北保安旅2500余人。23日，澧县解放。

澧县人民为中国革命事业付出了巨大牺牲，作出了重大贡献。据统计，从1921年7月党的创立到1949年9月新中国成立前夕，澧县被敌人杀害的共产党员、工农运动骨干、红军（含游击队）、国民革命军、解放军指战员以及革命群众达10300多人，全县共有革命烈士1844名。

澧县红色旅游景点主要有澧县革命烈士纪念碑、工农革命军第四军王家厂暴动纪念碑与陈列馆、湘鄂西革命根据地澧县西五区苏维埃政府驻地旧址与游端轩故居、中共湘西北特委澧县思王祠会议与贺龙征战澧州陈列馆等。

临 澧 县

　　临澧县，隶属于常德市，位于湘西北，澧水中下游，东邻津市，南接鼎城、桃源，西与石门毗邻，北抵澧县，地处武陵山余脉与洞庭湖盆地过渡地带，地形地貌以丘陵为主。全县总面积 1203.87 平方公里，下辖 2 个街道、7 个镇、2 个乡，常住人口 37.3 万。1990 年 7 月，临澧县被湖南省人民政府认定为革命老区。

一

　　临澧县有着光荣的革命斗争历史。早在大革命时期，1925 年 7 月，共产党员胡求仙（今烽火乡陈家河村人），王帮范（今望城街道杨岗社区人）受中共湘区执行委员会派遣，从长沙回临澧秘密开展革命活动，胡求仙当时为北京农业大学学生，1922 年，他被吸收为北农大第一批社会主义青年团团员，1924 年 1 月转为中共党员。他和王帮范（临澧派省学生）回县后，与回乡度假的旅省青年学生，成立临时文艺宣传团体，并积极发展党、团员，于 1925 年 9 月建立临澧第一个共产党小组，胡求仙任组长，是年冬，成立第一个共青团支部。1926 年 10 月，建立以胡求仙任书记，王帮范、王宪任委员的中共临澧党支部；秋，中共党员何汝霖以农运特派员身份回临澧开展农运活动。9 月，成立县农协筹备委员会。在党支部的领导与支持下，全县农民运动蓬勃开展。1927 年初，全县先后成立 13 个区农协，150 个乡农协；2 月 27 日至 3 月 2 日，在县城召开农民代表大会，成立县农民协会，选举胡求仙、杨雪三、何汝霖等 12 人为执行委员和候补执行委员，同时建立县总工会筹委会，按行业建立 12 个工会。随着工人、农民运动的发展，先后建立工人纠察队和农民自卫军，开展声势浩大的打击土豪劣绅、平息匪患、禁绝烟害、惩办烟鬼、解放妇女、荡涤陈规陋习等活动。乡村中一切权力归农会。在斗争中，涌现了一批活动积极分子，1927 年 2 月，党支部吸收一批优秀分子入党，党支部扩建为中共临澧特别支部，胡求仙任书记，王宪、王帮范任委员，下辖 15 个党支部和小组，党员人数由 120 人发展到 300 人左右。

1927 年 4 月 12 日，国民党蒋介石叛变革命，疯狂屠杀共产党人。5 月 21 日，许克祥在长沙发动马日事变，5 月 23 日，盘踞在常德的国民党反动军官熊震，密令某营营长章子荣率部进驻临澧县城。5 月 24 日，临澧县城发生反革命政变（史称"迥日事变"），工人武装被解除，各革命机关和团体被查封，并悬赏通缉胡求仙等中共党团骨干。县挨户团副主任赵伯履趁机控制全县武装力量，部分党团骨干被迫潜伏他乡或隐蔽乡下，有的惨遭杀害。临澧县革命转入低潮。

二

临澧县"迥日事变"前夕，中共党员汪毅夫以国民革命军特派员身份回到临澧，在停弦渡马家湾和团山乡谭家岭一带开展革命活动。事变后，秘密联络邹墨池、徐承镛、颜泽民等，成立以汪毅夫任书记的中共临澧党团混合特别支部。先后恢复停弦渡、珠日桥等 10 多个党支部、小组，秘密组织锄奸队，暗杀土豪劣绅。年底，特别支部在马家湾一带准备发动年关暴动时，因泄密而失败。汪毅夫转入石门，陈毓南任书记，继续组织小型暴动。同年11月，中共湘西特委派刘汉之来临澧担任县委书记，活动于珠日桥、鳌山一带。

1928年6月，设在鳌山朱家祠堂的中共临澧县委机关被团防局破坏，刘汉之撤往常德。不久，湘西特委委员王谦祥亲来临澧重组县委，组织区域由鳌山扩展到合口、杨板一带，县委机关设在七重堰附近的苏腾芳家，恢复和发展党员百余人。县委的主要任务是发动农民起来开展武装斗争，以策应太浮山区域的武装割据。这时，湖南省"清乡督办署"新派第十四军教导师师长李云杰率部接防临澧，实行更残酷的暴力统治，使党组织的活动受到极大制约。年底，王谦祥被捕牺牲，县委活动终止。

1929年4月，湘西特委派巡视员邱育之到珠日桥、楼坊桥、观音庵、高家滩、七重堰等地，恢复和重建党、团组织。秋，派邹墨池来接替邱育之的工作。9月，成立以颜柏亭任书记的中共临澧党团混合县委，辖4个党团支部和新安、王化桥、鳌山、观音庵等党小组，共有党团员80余人。县委把工作重点放在发展党、团组织，积蓄力量等方面，以期形

县委机关所在地朱家祠堂旧貌

成全县范围内的总暴动。1930年10月，因叛徒出卖，县委组织遭到破坏，县委机关被破获，县委书记颜柏亭，委员颜俊锋、颜俊泉于10月31日在县城遇害，县委委员邹元生和支部书记张应培等转移出去，加入湘西游击队。1931年初，湘西红军游击队开进临澧，到太浮山一带活动，惩处叛徒，打击保安队，后又转移到洞庭湖一带。11月中旬，邹墨池带领游击大队再次转战临澧。在柏枝台白云山（又名阮山）与5倍于己的县保安大队发生激战，大队长曾国政牺牲，游击队突围至安乡境内。翌年夏，原党团混合县委委员邹元生和南安县委财务委员张应培秘密回乡开展地下活动，敌人派"铲共义勇队"进行"清剿"，他们利用浮山密林作掩护，机智勇敢地与敌人斗争达数月之久，不幸于6月下旬被捕，惨遭杀害。

为策应中央红军主力北上抗日，红二、六军团驰骋在湘鄂川黔革命根据地的广阔土地上。1935年8月，贺龙、萧克等率红军主力从石门分三路进入临澧，深入发动群众，开展革命宣传，打富济贫，帮助建立革命委员会和谭家铺、鹅井等12支游击队，动员550多人参加红军，为红军北上筹军粮3000多担，银圆20000多块，赶制军衣7000多件套。

土地革命战争时期，临澧人民在党的领导下进行了艰苦卓绝的斗争，为革命付出了极大的牺牲。

三

1937年七七事变后，张复初、黄明典、杨中善受党组织派遣回到临澧开展抗日救亡活动。1938年3月，成立中共陈二铺小组，秘密介绍严泽芳、张翼等一批青年赴延安参加革命。同月，常德中心县委派黄杰来临澧与黄明典见面，开展地下活动，成立以黄明典任组长的护城镇党小组。党组织以"临澧青年战时工作团"（简称青工团）为阵地，采用办墙报、演话剧、出专刊、教唱抗战歌曲等多种方式，开展宣传鼓动工作；

开办少儿学习班和妇女救护训练班。

解放战争时期，1948年底，在北平燕京大学读书的中共地下党员晏苏民（后更名为晏国敬）受省工委派遣来临澧省立十四中学以教书为掩护，进行革命活动，组织和指导进步学生先后建立起"道波""改进"等20个进步社团，掀起革命学潮。次年3月成立党的外围组织——临澧县民主青年革命先锋队（简称民先队），共发展队员上百人。5月，成立中共临澧县支部。6月，成立中共临澧县工作委员会，有党员30人。1949年6月，建立革命武装队伍，先以澧北联乡大队为基础，成立了人民解放军第十四突击大队，拥有队员120人，枪支120余支。7月，正式改变番号为湖南人民解放突击总队第十四突击大队，牵制国民党反动军队，配合解放军大军南下。7月24日临澧和平解放。

在整个新民主主义革命时期，临澧县人民在党的领导下，进行了前赴后继、英勇顽强的斗争，作出了重大贡献、付出了极大牺牲。临澧县在苏区创建时期，贺龙、段德昌等老一辈革命家都曾在临澧开展过革命斗争。在长期的革命战争中，临澧县苏区人民经受了敌人的残酷摧残，大批群众、干部惨遭杀害，以太浮山武装割据区为例，自1928年年初开创到当年7月底失守，被杀干部30人，群众300多人，临澧有姓名可查的烈士就有570多人。其中刘汉之、王谦祥、颜柏亭三任县委书记牺牲。在湘鄂西、湘鄂川黔根据地的革命斗争史上，临澧是很突出的县份之一，是具有光荣传统的革命根据地县。

临澧县红色遗迹有：林伯渠故居、中共临澧党团混合特别支部遗址等。

桃　源　县

桃源县，位于湖南省西北部，常德市西南部，为湘鄂西边境县。东与临澧县、鼎城区接壤，西与张家界市永定区、沅陵县交界，南与安化县毗邻，北与慈利县、石门县相连，因境内有桃花源，故名桃源县。全县总面积 4442.21 平方公里，下辖 2 个街道、24 个镇、3 个乡（含 2 个民族乡），常住人口 80.92 万。2007 年 6 月，桃源县被湖南省人民政府认定为革命老区。

一

桃源县具有光荣的革命斗争历史。早在 1919 年五四运动后，在外地读书的学生和设在桃源县的省立二女师的革命师生就把马列主义传播到了桃源。1925 年冬，李璨、罗北海等共产党员受组织派遣，回乡从事革命活动。次年 7 月，国民党省党部又委派管于庆、周维城等共产党员以农、工特派员身份回桃源。这些共产党员回桃源后，立即着手进行建党的筹备工作。1926 年 8 月，正式成立了中共桃源支部，李璨任书记，先后发展党员 20 余人。同年 11 月，成立了中共桃源特支委员会。党组织的建立，使全县反帝反封建的革命斗争以燎原之势蓬勃发展起来。

1926 年 11 月，由共产党员管于庆、李璨、萧洪贵、李庆澜（兰）等，组成县农民协会筹备处。响亮地提出"打土豪，分田地，一切权力归农会"

的口号,掀起了大规模的农民运动。全县 7 区 35 乡成立了农协,农协会员逾 4000 人。1927 年 2 月 17 日,召开县农民代表大会,正式选举产生了桃源县农民协会,由李璨为委员长,方孟霖为副委员长。全县农运进入高潮,农会会员达 10 万人以上。1926 年 6 月,省工运特派员周维城、谭醒到桃源号召工人投身革命,在全县很快建立了 10 多个行业工会,发展会员 3518 人。1927 年 2 月 17 日县工人代表大会召开,代表 173 人,成立了县总工会,由熊梦飞为委员长,敬仲良为副委员长,全会还选举了 9 名执行委员、5 名候补执行委员。1926 年初,县妇女联合会、县学生联合会相继成立,在中共桃源特支的领导下,全县工农协会,妇女、青年学生联合会开展了推翻旧政权,镇压反革命,解放妇女,废除苛捐杂税,减租退押,取消高利贷,组织工农武装,查禁鸦片、赌博、封建迷信等轰轰烈烈的政治斗争和经济斗争。

在中共桃源特支的领导下,1927 年 2 月,中共接管了县团防局 100 多条枪,组建了县农民自卫军,由黄埔军校第四期毕业的共产党员徐才益任自卫军大队长,省工运特派员周维城任秘书。在区乡还建立了农民自卫队,他们以大刀、梭镖、五花棒为武器,除暴安民,捉拿土豪劣绅。县总工会筹备处成立后,组成县工人纠察队,由共产党员熊梦飞任总指挥,王凤庭任副总指挥,共有工人纠察队员千余人。

长沙马日事变后,1927 年 5 月 24 日,在常德和桃源发生了"敬日事变"。驻扎常德的熊震旅密令营长李弦率叛军乘夜偷袭桃源,火烧县党部,枪杀中共桃源特支书记吴宪猷,捣毁县总工会、农协、妇女协会及其他革命团体,桃源城乡笼罩在白色恐怖之中。

同年 6 月,受中共湖南省委的派遣,在武汉叶挺教导大队受训的桃源籍共产党员文承宝回到桃源,秘密重建党的组织。8 月初,文承宝组织在大革命中幸存下来的党员,在县城对面的浔阳古寺召开秘密会议,成立了中共桃源县委。县委机关设在县城东街 14 号。先后发展党员 30 多人。9 月，湘西特委为加强桃源党组织的力量，派刘纯则来桃源，改组了中共桃源县委。10 月，根据中央八七会议精神，桃源县委李庆澜、邹文辉、文承宝等县委负责人回到木塘乡，组织"除夕暴动"。很快建立了一支由手工业工人和教员为主体的党员队伍，组织了一支有 10 余人枪的地下武装。1927 年 11 月，中共湘西特委成立后，领导湘西地区 20 余县党的组织，桃源县党组织隶属中共湘西特委。到 1928 年 5 月，中共桃源县委先后建立宝洞峪、会同、老棚、云头山 4 个中共支部，有党员 200 多人。文承宝、刘纯则、袁俭予、曾松龄、苏振、凤碧山、方文之先后任县委书记。

二

土地革命战争时期，桃源是湘鄂西苏区和湘鄂川黔苏区的重要组成部分。

1927 年 11 月，在中共湘西特委、桃源县委的领导下，徐才益在栖凤乡、张祺在中和乡分别举行武装起义。18 日，两支队伍会聚在中和乡青龙寺，宣布建立徐溶熙苏维埃，所辖地域包括中和乡、长岭乡（为今陬市镇）、栖凤乡、翰林乡、隆兴乡（为今架桥镇）、盘塘乡、回龙乡（为今盘塘镇）、赤竹乡、吉祥乡（为今马鬃岭镇）等 9 个乡。会上选举产生了徐溶熙苏维埃领导成员，张祺任主席，徐才益任军事委员并兼任新成立的第十七游击大队大队长。这是湘西北地区成立的第一个红色政权，也是全国最早的红色政权之一。徐溶熙苏维埃建立后，颁布了自己的政治纲领，开展了一系列有声有色的革命斗争。次年 5 月，在国民党优势兵力"围剿"下，徐溶熙苏维埃所在地青龙寺被敌人占领，新生的红色政权被反动势力扼杀。

徐溶熙苏维埃失败后，徐才益、周维城率游击队余部转移到太浮山，并入湘西特委领导的直属赤卫大队，徐才益任直属赤卫大队队长。南乡起义失败后，徐才益率直属赤卫大队余部30多人转移到湖北大兴垸一带，继续发动群众进行革命斗争。不久又率部返回常桃一带活动。1929年4月，徐才益、周维城率部到赤竹、吉祥等地活动，5月，徐、周等到常德寻找党组织，因叛徒告密而被捕，次月被国民党杀害，英勇牺牲。尽管在国民党反动派的残酷镇压和血腥屠杀之下，但桃源地下党的活动从未停止过。

1934年11月中旬，为策应中央红军的行动，中革军委电令贺龙、萧克率红二、六军团向沅陵、常德、桃源一带出击。国民党急调驻守湖北黄陂的罗启疆独立第三十四旅，到常德、桃源一线防守。12月初，贺龙、萧克率军攻打沅陵，未果。15日夜，红军从大庸出发，于16日夜晚进入桃源县三阳一带。17日拂晓，红二、六军团发起进攻，在桃源县浯溪河一举歼敌1个团又2个营，在陬市、河洑一带击溃一个团。敌旅长罗启疆扔掉汽车，扯掉中将牌子，混在乱兵中逃回常德城。红军乘胜

湘西北第一个红色政权——桃源徐溶熙苏维埃旧址

追击，占领了桃源的浯溪河、县城、陬市以及常德的河洑等重要城镇。这就是著名的浯溪河大捷。浯溪河战斗胜利后，桃源人民为红二、六军团筹集军饷上万，数千名桃源劳苦民众踊跃参加红军。1935年11月26日至12月8日，红二、六军团长征又途经桃源县南部的西安镇大水田村一带，与国民党军开展激战，同时也留下了许多军民鱼水情的佳话。

三

抗日战争时期，中共桃源县委领导全县人民投入到抗日救亡洪流中，进行抗日宣传，开展抗日统战，募捐抗日经费，输送抗日人才。

解放战争时期，在省工委的领导下，重建了桃源的党组织，开展了保护公路、桥梁，监视伪职人员、保护档案资料，建立党的外围组织等迎解活动。

在新民主主义革命时期，尤其是在土地革命战争时期，桃源县人民在中国共产党的领导下，为巩固和保卫苏区付出了巨大牺牲，作出了重大贡献。全县为革命牺牲的党团员、干部、战士、工农会骨干和被敌人杀害的家属、群众共计15670人；全县有4000多人参加红军。徐溶熙苏维埃政府是湘西北地区最早的苏维埃政权。有党的组织，有苏维埃政权，有人民武装，各项斗争轰轰烈烈，成绩卓著。在湖南省及湘鄂西、湘鄂川黔革命斗争史上，桃源是十分突出的县份之一，是具有光荣传统的革命老根据地县。

桃源县红色遗迹有：徐溶熙苏维埃旧址，云头山党支部旧址，桃源师范白楼红二、六军团指挥部旧址，浯溪河红军烈士纪念碑，西安镇大水田红军长征纪念碑等。

石门县

　　石门县，位于湖南省北部。地处湘鄂边界，东望洞庭湖，南接桃花源，西邻张家界，北连长江三峡，有"武陵门户"与"潇湘北极"之称。全县总面积 3970.2 平方公里，下辖 4 个街道、13 个镇、4 个乡，常住人口 55.95 万。石门县是一个少数民族聚居县，有汉、土家、回、苗等 26 个民族。1952 年，石门县被湖南省人民政府认定为游击区，是湖南省首批认定的 24 个革命老根据地之一。

一

　　石门县有着光荣的革命斗争历史。早在大革命时期，中共石门县地方组织——特别支部委员会于 1926 年初成立，袁东藩任书记。同年 11 月，中共石门县特别支部委员会升格为中共石门县委。1926 年初至 1932 年春，先后由袁东藩、张仲夷（代理）、伍伯显、舒玉林、张仲平、张海涛（代理）、曾庆萱、陈奇谟等担任中共石门县委书记。在县委的领导下，中共基层组织在全县各地也普遍建立起来，先后成立了 7 个区委、36 个党支部。鼎盛时期，石门县共产党员发展到 300 多名，是湘鄂边、湘鄂西革命根据地中党员人数较多的县之一，一些党员后来成为湘鄂边、湘鄂西、湘鄂川黔革命根据地的重要领导人和骨干，如龙在前、吴协仲、袁东藩、陈奇谟等。土地革命战争时期，石门县党组织建设得到较大发展，先后隶属中共湘西特委、中共湘鄂西前敌委员会、鹤峰中心县委、湘鄂边（分）特委等。

桑植起义拉开了湘鄂边武装割据的序幕，石门县纳入湘鄂边革命根据地的版图。1928年4月，桑植起义爆发，贺龙率部攻占了桑植县城，成立了中共桑植县委和桑植县革命委员会，拉开了湘鄂边革命根据地创建的帷幕。桑植起义遭到了国民党反动势力的"围剿"，贺龙率部游击于鹤峰、桑植、慈利、石门一带。1929年1月，贺龙率部在鹤峰县建立县苏维埃政权。3月，在鹤峰走马坪建立区苏维埃政权，将石门县南北镇划归走马苏区，南北镇成为石门县第一块苏维埃红色区域。4月上旬，红四军主力向湖北鹤峰、五峰和石门边界拓展，石门成为湘鄂边革命根据地的重要活动区域。

1928年5月，石门南乡起义后，石门县成为湘鄂西革命根据地的重要区域。1928年8月至1932年春，贺龙、邓中夏等湘鄂西苏区领导人多次率部进驻石门，帮助建立地方游击队，扩展苏区。

在湘鄂川黔苏区时期，红二、六军团在石门的艰苦转战，使石门县成为湘鄂川黔革命根据地的重要部分。为支援中央红军的战略转移，贺龙、任弼时率领红二、六军团艰苦转战于石门、临澧、津市、澧县等地，并大力扩红和筹集给养。1935年8月，红二、六军团主力攻克石门，并在石门县磨岗隘、南岳、九伙坪、维新、渡水、茅坪等地进行了为期两个多月的集中整训扩红，补充给养，准备长征。红二、六军团在磨岗隘万寿宫召开党的积极分子会议，任弼时作战略转移动员；在渡水坪召开军事会议策划战略突围方针。11月上旬，红四军集结石门县南岳岩板滩，向桑植县刘家坪进发，石门有1万余青年参加红军，石门苏区成为红军主要兵源地。

从1928年2月贺龙、周逸群进入石门境内指导革命斗争开始，至

1935 年 11 月任弼时、贺龙、萧克、王震、关向应、夏曦、袁任远、许光达、廖汉生等领导红二、六军团离开石门苏区长征，石门苏区党政军民坚持武装斗争长达 8 年之久。

在湘鄂边苏区和湘鄂西苏区时期，石门县不仅组建了革命武装——县游击大队和县赤色警卫队，而且还有 20 支区乡游击队，拥有队员 1500 多人。在湘鄂川黔苏区时期，红军还协助中共石门县委、石门县革命委员会加大了武装力量的组建力度，石门地方武装力量得到空前壮大，拥有大兴、维新、磨市、白云、南岳等 25 个区乡游击队 80 余支，约 8000 人。

石门苏区革命武装配合主力红军开展了长期的艰苦卓绝的斗争。发生在石门境内有较大影响的战斗有石门北乡鏖战、土地垭之战、夹山之战、白沙渡之战、瓜子峪之战、石门苏区反"围剿"等。黄鳌（中国工农革命军第四军参谋长）、贺锦斋（中国工农革命军第四军第一师师长）、曾庆萱（中共石门县委书记、湘鄂边游击司令）、陈昆山（石门县赤色警卫队队长）等在上述战斗中英勇作战，壮烈牺牲。石门苏区的革命武装斗争有力地支持了湘鄂边苏区、湘鄂西苏区和湘鄂川黔苏区巩固和发展。

二

土地革命战争时期，县人王尔琢与朱德、陈毅共同领导发动湘南起义，上井冈山后任红二十八团团长。1928 年 5 月，袁任远等领导的石门南乡起义爆发，实行一切权力归农会，并提出建立苏维埃政权，这是石门县党组织创建苏区的初步尝试。1928 年 8 月 25 日，中共湘西前委书记贺龙根据党中央的指示，为支援南乡起义，率部进入石门，并在石门县磨岗隘主持召开前委、特委、石门县委联席会议，决定在磨岗隘建立

湘鄂边苏区南乡起义策源地纪念碑

石门县苏维埃临时政府，拟定曾庆萱为主席，机关设磨岗隘万寿宫。1929年8月，石门县党组织在贺龙红四军的帮助下，在泥沙区的泥儿垭正式成立石门县苏维埃政府，成为湘鄂边地区建立苏维埃政权较早的县之一。1929年8月至1932年春，刘滋吾（即刘植吾、刘勋树）、陈奇谟、易法琛、汪毅夫、陈湘翘等先后担任石门县苏维埃政府主席。石门县苏维埃政府的驻地随着红军的进出多次变迁，泥儿垭、贺家台、县城文庙、湖北鹤峰等地先后成为石门县苏维埃政府所在地。从1929年8月至1932年春，在中共石门县委、石门县苏维埃政府领导下，石门县先后建立了泥沙、白竹垭、古罗、漤阳、磨岗隘、苏家铺、太平、子良等11个区苏维埃政府和耍武、刘家坪、后路、官庄坪、雁池、杜家岗等48个乡苏维埃政府。鼎盛时期除石门南乡外，其余地方几乎全部被赤化。建立区、乡苏维埃政府的地域涉及现有19个乡镇中的17个乡镇，所占比重达到89.4%。其时，石门县苏维埃政府直接领导下的人口达21万多人，占全县常住人口的63%以上。

石门县苏维埃政府、石门县革命委员会对辖区内的政治、经济、军事、人口、文化、卫生等以开展土地改革、颁发文件布告、任命干部、签发通行证、印发教唱红军歌曲、书写宣传标语、建立医院、创办红军列宁室等方式，实现了有效管理。

石门县苏维埃政权隶属湘鄂西苏区党政军领导。先后隶属中共湘西前敌委员会、鹤峰中心县委、湘鄂西苏维埃联县政府、湘鄂边联县政府领导，是湘鄂西苏区的有机整体。

抗日战争时期，石门成立了虎踏桥党支部，建立了湘鄂边区武工队，率领民众抗日。其间，日寇于 1943 年 5 月和 11 月，先后两次进犯石门。国民党七十三军暂编第五师师长彭士量率兵 3000 人，在县城与日军激烈巷战，英勇捐躯，为常德大会战赢得了时间。

解放战争期间，在石门壶瓶山成立了中共江南工作委员会，由县人田中夷任工委书记，隶属湖北四地委领导。尔后，相继组建了由益阳人郭仁领导的"民主联军"和由慈利进步军人谭杰统领的"突击八大队"。郭仁队伍因侯宗汉叛变而失败，谭杰队伍迎接解放，后编入人民解放军四八〇团。

三

石门县苏区为中国革命事业付出了巨大牺牲，作出了重大贡献。

石门苏区的创建发展，对湘鄂边、湘鄂西、湘鄂川黔革命根据地有着重要的战略意义。石门苏区地理位置特殊，与湖北省的松滋、鹤峰、五峰等县接壤，境内地势险要，易守难攻。进可以威逼常德等中小城市，退可以潜入深山打游击。红三军政委、湘鄂西苏维埃政府主席、中共湘鄂西特委书记邓中夏曾说，石门及鹤峰、五峰、桑植、长阳等地区是"国内革命战争一好根据地"。正是由于石门特殊的地理位置和得天独厚的自然条件，石门成为湘鄂边革命根据地的发源地之一、湘鄂川黔革命根据地的临时后方和红二、六军团集训休整的重要阵地，具有十分重要的战略地位，有着不可替代的战略意义。

石门苏区是湘鄂边、湘鄂西、湘鄂川黔革命根据地的干部、兵员和军需物资的重要供给地。石门苏区是红色摇篮。在血与火的斗争中，石门苏区为中国革命培养和造就了一批优秀的党政军骨干。贺龙、周逸群、邓中夏、段德昌、任弼时、萧克、王震、关向应、袁任远、许光达、廖汉生等老一辈无产阶级革命家曾率领红军在石门县南征北战，领导和指导石门苏区的各项工作，在石门县境内留下了大量的红色革命遗迹（包括红军标语、烈士坟墓、战斗遗址、红军驻地等）。

石门苏区为红军和湘鄂边苏区、湘鄂西苏区、湘鄂川黔苏区输送了一批优秀干部。如红六军副军长陈寿山、红三军八师师长覃甦（苏）、红三军九师副师长覃正格等。龙在前、陈奇谟、刘植吾、吴天锡、易法琛、贾国湘、杨万柳、盛联熊、伍伯显、陈寿山等石门人担任过五峰、鹤峰、长阳苏区的党政军主要负责人，龙在前还曾任中国工农革命军第四军特派员、湘鄂边五县联县政府代主席、湘鄂川黔省政府肃反委员等职。石门籍红军中有一批人成长为中共高级将领，如李元明、郑国、王庆华、黄彬、覃正登、文连高、许宪章、郑安心、伍银德等。

石门苏区人民拥护红军、支持红军、参加红军，为红军提供了大量的兵员和军需物资。在红军转战、出击石门，数次占领石门县城期间，1万余名石门儿女参加了红军。仅红二、六军团集结石门整训扩红期间（1935年9月至1935年11月上旬），就有5000多名石门人参加红军，并组建了石慈、官铺、石门三个独立团。

石门苏区人民群众为开辟、建设和保卫湘鄂边、湘鄂西、湘鄂川黔革命根据地作出了重大牺牲和奉献。石门苏区为湘鄂边苏区、湘鄂西苏区和湘鄂川黔苏区的创建、巩固和发展作出了巨大牺牲。据不完全统计，在土地革命战争时期，牺牲的有名可查的石门籍红军有2100多名，其中团级以上党政军干部近30人。曾任中共石门县委书记、中共鹤峰县委书记、鹤峰县苏维埃政府主席、中共湘鄂边特委秘书、红二军团独立团政治部主任的石门人伍伯显在其回忆录《猎人闲话》中写道："石门在第二次国内革命斗争中，前后牺牲共产党员干部100余人，农民1500余人，参加红军战死有万人。"

津 市 市

　　津市市，省辖县级市，由常德市代管。位于湖南省西北部，地处澧水中下游，傍澧水、滨洞庭，湘鄂边际工业重镇，历史上曾是湘鄂省际经济交流的要道，澧水流域最大的物资集散地。津市市正处澧水九条干支流汇合处，故素称"九澧门户"。凭借水运优势，过往商旅舟楫傍津设市，"津市"因此得名。全市总面积556.26平方公里，下辖5个街道、4个镇，常住人口21.27万。1994年5月，津市市被湖南省人民政府认定为革命老区。

一

　　津市有着光荣的革命斗争历史。早在1925年秋，中共党员罗宁、李立新、严文德受中共湘区执委派遣，来津澧开展中共基层组织建设，翌年3月建立津澧地区第一个基层党组织——中共津市党小组，未几改为支部，1927年5月增至4个支部。此间应运而生的总工会、农民协会、商民协会、女子联合会及工人纠察队、劳动童子团等群众组织，汇合成摧枯拉朽的革命洪流，对土豪劣绅和一切反动势力进行了猛烈的打击。仅总工会旗下21个行业工会，就有会员1300余人。

　　长沙马日事变后，国民党反动派向共产党人和革命群众举起了屠刀。1927年7月，津市成立"清乡铲共委员会"，许多共产党员和工农群众

津市红二军团指挥部旧址陈列馆

惨遭杀害。白衣乡农协会妇救会主任汤守望、副主任卜士明被捕后，被反动当局残忍地用铁丝穿透乳房押往澧县，乱刀砍死在县城南门外。省农协特派员陈苑圃、湘西特派员张超群及张志定、胡崇玉、张德卿、陈少清、赵壁、陈宝钧等中共党员，在血雨腥风中相继英勇就义。但敌人的屠刀未能吓倒革命者，1928年春，市郊双垸乡（今李家铺乡）农民协会委员长、共产党员胡彩清秘密组织农民自卫军，转战滨湖诸县边界丛林和河湖港汊之间，打土豪，除恶霸，杀叛徒，与敌周旋4年多，发展到300多人枪，其中共产党员43人。

二

第二次国内革命时期，贺龙领导的红二军团曾三进津市，与津市人民结下了鱼水深情（贺龙进北京后常说"津澧是我的第二故乡"）。

1930年冬，红二军团于11、12月先后两次攻占津市，在津期间，开仓济贫，镇压土豪劣绅和妓院老鸨，深受津市人民拥戴。是年12月第二次进攻津市，驻津川军马堃山旅2000余人在澹水一线布防，红二军团第六军在军长段德昌指挥下分两路向津市进逼，在蔡口滩、马家河、车溪河、中渡口等多处强渡，战斗十分惨烈，津市各界民众自觉组织起来，为红军送饭送水，拆下门板帮红军架桥扎排，战斗结束后又主动为红军打扫战场，掩埋牺牲将士遗体，老人们抬出自己的寿材装殓烈士，医院则千方百计救治伤员。红军撤离时，10多名工人、店员、医护人员也随团转移，参加红军。

1935年8月，红二军团主力红四师从桑植洪家关出发，以迅雷不及掩耳之势一举击溃驻津王见龙保安8团2个营和澧县"铲共"总队二分队，第三次攻占津市。红军入津后，立即挂出了苏维埃政府的牌子，军团政治部主任甘泗淇亲率工作队深入街头巷尾、城郊乡村进行抗日宣传，设点扩红，有近800名津市青壮义无反顾地走进了红军队伍。仅在万寿宫举行的一次扩红群众大会上，当场就有100余人踊跃报名。市民们还组织起来日夜为红军赶制军衣、被套、挎包、绑腿等。"布匹搞了不少，差不多每个战士、干部都做了一两套衣服"（据原总后勤部副部长范子瑜回忆）。各印刷厂还集中全部印刷设备为红军赶印战斗条例和宣传品，医院、诊所及大小药号则调集西药、中成药及纱布等充实红军军需。红军在津驻扎近一个月，连同在澧县等地募集的现洋、药品等达光洋40余万元，其中以津市捐募最多。

<h2 style="text-align:center">三</h2>

抗日战争时期，津市人民奋起纾难，责无旁贷。在抗敌后援会组织下，津市各界爱国群众多次发起"七七"献金活动，捐钱捐物，慰问负伤将士。由中共党员韦来宽、青年教师和学生李西原、宋叔铭、彭次林等40余人组成的"津市怒吼歌咏队"，在津市城乡积极开展救亡宣传活动，用各种文艺形式向广大民众进行抗战动员，在群众中造成了广泛的影响。日寇犯津时，由周秋琼领导的津澧女兵连130人在中渡口一带与日军激战，阵地失守后，女兵们打开枪刺，毫无惧色地与敌白刃交锋，全连战士半数以上壮烈殉国，上演了悲壮惨烈的一幕。沦陷期间，津市人民以

各种方式对来犯之敌予以痛击，有的甚至不惜拼死一搏，表现出义薄云天的民族气节。

解放战争时期，1947年4月，中共湖南省工委书记周里派中共党员魏泽颖来津恢复和发展党组织，11月成立津市党支部，次年升格为中共津市区工委。从浙江辗转来津的6名共产党员此间亦以新华工厂为掩护，从事党的地下活动。至1949年5月，津市区工委辖基层支部5个，有党员104人。同年6月，湖南人民解放突击总队第四突击大队竖旗起事，在左承统、刘玉舫等人领导下。在津澧境内发起武装暴动，策反国民党地方武装，队伍很快发展到近400人，300余支长短枪。他们转战于以津市为中心的湘鄂边区数县乡镇，让国民党地方当局惶惶不可终日。是年7月，中国人民解放军第四十九军渡江南下，直逼津澧，在"四突"的配合接应下，一举攻克澧县，旋又和平解放津市，从此，津市历史掀开崭新的一页。

新民主主义革命时期，津市牺牲的共产党员和革命群众，英名在册的有63人，新中国成立后追认为革命烈士的有43人，全市共有革命烈士106人。津市人民为中国革命事业付出了巨大牺牲，作出了重大贡献。

津市市红色遗迹有湘鄂川黔革命根据地旧址——津市苏维埃政府旧址（益泰绸布庄）、大巷口战场纪念碑、红军码头纪念广场和镇大油行等。

西洞庭管理区

西洞庭管理区，2000年8月，由湖南省人民政府批准改制设立，简称"西洞庭区"，隶属于常德市。于常德市鼎城区境内，其前身为"西洞庭农场"，为常德市所辖县级行政管理区，因地处洞庭湖西畔而得名，总面积110.35平方公里，下辖2个街道和1个镇，常住人口4.99万。2007年6月，西洞庭管理区被湖南省人民政府认定为革命老区。

一

西洞庭管理区有着光荣的革命斗争历史。早在大革命时期，1925年11月中共常德特别支部成立，谭影竹任支部书记，年底西洞庭区全区建立基层组织28个，有党员380余名，其中九百弓、涂家湖、麻雀湖、紫流州入列28个基层党组织之中。

1927年4月，蒋介石在上海发动四一二反革命政变，5月21日，许克祥在长沙发动马日事变，5月24日，常德发生"敬日事变"后，国民党反动派疯狂屠杀共产党人和革命群众，有600多名共产党员和革命分子遭杀害，其中西洞庭有11名共产党员遇害，党组织遭到严重破坏，各个革命团体被捣毁，工农运动受到挫折，西洞庭区革命形势陷于低潮。

土地革命战争时期，根据党的八七会议精神，8月下旬，原中共常德地方执行委员会组织部长张盛荣等在县城秘密串联地下党员 80 名，建立中共常德县委，并按地下党委分布情况，组建基层党支部，其中西洞庭属中共常德周家店支部。1938 年中共湖南省工作委员会派帅孟奇来常德发展党的组织，在西洞庭发展党员 1 名。此后的 20 多年里，西洞庭所属区域先后在党的领导下，开展活动，从未间断。

抗日战争时期，1938 年 5 月，中共党组织恢复发展，西洞庭区周士镇再次建立党支部，童冠群担任书记。1938 年春，周士乡建立了中华民族解放先锋队组织，队员们利用各种合法身份，积极开展抗日救亡活动。1939 年 10 月，中共湘鄂边区特委委员徐少保，潜入常德与安乡边境，1940 年 8 月，正式建立跨县党组织中共陈家嘴区委，区委书记李克安，委员孙中原、陈味泉，隶属湘鄂边区特委常安南工委。区委在西洞庭管理区一带开展了抗日救亡活动，利用这里的河道为江南挺进支队运输枪支弹药等军需物质。1940 年 12 月，周士镇党支部书记等 7 名共产党人被国民党秘密逮捕杀害，其尸体被装入麻袋，沉于常德城大西门外乌龙港。

1943 年 10 月底，湘北、鄂西被战争的阴云笼罩，洞庭湖岸边的常德提前感受到了战争临近的气氛，余程万率五十七师奉命守卫常德，并于 11 月初进入常德。为避免普通市民在战争中无谓伤亡，进入常德后，五十七师将市民全部疏散出城，战时的常德除了五十七师官兵外，几乎没任何闲杂人员。大战来临，需要经过常德转运的物资也改道他处。为抵抗日军进攻，五十七师构筑了城郊、城墙、城内三道作战工事，其中城郊的野战工事前出城外几十公里，涂家湖就是东郊最前沿的哨卡据点。守卫在此的是五十七师一六九团三营九连一个排，排长李佑吾，连主力守卫涂家湖后面的牛鼻滩。李佑吾率领全排在 10 多天前就到达涂家湖，沿湖的西岸码头构筑了野战工事。此后一直据守在这里，担任常德东郊最前沿的守卫。虽然到达涂家湖 10 多天来一直没有战事，日军进攻常德的主力在慈水街受阻后，调转兵力南下，突破中国第六战区的澧水防线后快速向常德前进，很快就到达常德外围的北面和西面。南路助攻日军于 17 日夜横渡洞庭湖，此时正在登岸集结，尖兵已经提前出发，乘坐汽艇向涂家湖西岸而来。离 5 点还差几分的时候，天空已经放出微光，远处的景物呈现模模糊糊的轮廓。李佑吾指挥他的排来了个齐射，汽艇上的探照灯立即被打碎熄灭，机枪也瞬间变成了哑巴。常德保卫战第一枪由一六九团九连李佑吾排在涂家湖打响。

二

西洞庭区苏区的革命武装斗争。在大革命时期，随着农民运动的迅猛发展，1925 年 12 月，西洞庭区成立了农民纠察队总队，由吴承厚任总队长，接管团防总局的枪支，区、乡、镇成立农民纠察队，武器多为大刀、长矛。1927 年 3 月，改为农民自卫队，县设总队，区设大队，乡设中队或小队。全县有自卫队员 8000 余人，以大刀、长矛为武器，监视和打击土豪劣绅，保卫民主政权，总队长吴承厚直接指挥一个武装中队 40 多人枪。1926 年 9 月，常德县总工会建立工人纠察总队，省工农干训所学员胡业本任总队长，有队员 200 多人（其中西洞庭 9 人），枪 20 多支，1927 年 1 月在常德参与北伐军剪除军阀袁祖铭的战役，抓获俘虏缴枪 30 多支，获国民革命第 8 军教导师政治部颁发的"革命先锋"大奖旗。

1926 年 5 月，中共常德地委农运委员康序焕到岩桥寺，秘密串联 200 多人，于 5 月中旬成立岩桥寺农民协会。接着在周家店组建第二个农民协会。11 月，全县建立乡农民协会 59 个，区农民协会 3 个，有农协会员 594 人。选举陈昌厚、康序焕、熊绪常、杨天镛、吴承厚、明方平、

红军烈士纪念碑

郭皋生、牟焕亭、涂铭为委员。

常德"敬日事变"后，省驻常德独立旅熊震部与县警备队及警察局的稽查队屠杀革命党人，"围剿"农民自卫队，30多名武装队员奋起抵抗，全部牺牲。

为了用武装的革命反抗武装的反革命，1927年6月，党组织在西洞庭区周家店镇成立农民武装暴动总队，康南山任总队长，曾宪章任副总队长。区工会、商会及部分乡农民协会，分别成立武装暴动分队。暴动总队成立时公审处死劣绅黄禄生。

1927年9月30日，陈刚、黄克佐等在常德十美堂召开会议，研究用抬"红轿子"作掩护，把一批枪支转入鄂西，支援红军等事宜。由于遭到敌人包围，陈刚被捕牺牲。尔后，游击队由段继修任队长，余璜为政委，仍以赤山、柳林咀等地为据点，打击敌人，收缴敌人枪支弹药，不断壮大革命力量。

三

西洞庭区苏区的红色政权建设。土地革命战争时期，1934年红军进驻常德后，挂出了苏维埃政府的招牌，张贴了苏维埃政府布告；同时由军委分会主席贺龙，委员任弼时、萧克、关向应、王震、张子意联合署名颁发了《中华苏维埃政府共和国中央军事委员会湘鄂川黔分会第一号布告》。

一是严惩贪官污吏、恶霸豪绅，为民除害。顺应人民群众的要求和愿望，处决贪官污吏、恶霸豪绅陈仲南、萧佐榆等人，从政治上和经济上沉重打击反动统治阶级。

二是为红军筹粮筹款。筹粮筹款对不同对象，采取不同的方法。对小本经营者，加以保护；对中产商人，动员他们捐款捐物；对土豪劣绅、富商大霸的财产，则予以清点没收。物资除了军用外，还低价出售或无偿地送给贫困老百姓。

三是救困济贫，改善人民群众的生活。动员穷人在各"当铺"凭当票无偿地领回自己所当之物，穷人谓之"取恩当"。还有向贫民发放煤油、食盐、布匹、衣物、粮食，让西洞庭一带的穷人顺利度过灾荒年。

四是开展扩红活动，广泛宣传红军是老百姓的队伍，是为了保护他们的利益。活动效果显著，西洞庭区有100余人参加了红军，壮大了革命力量。

在苏维埃政权的领导下，打土豪分田地，开展轰轰烈烈的土地革命，西洞庭区出现一派红红火火、欣欣向荣闹革命的崭新局面。

在新民主主义革命时期，特别是土地革命战争时期，西洞庭区人民在党的领导下，为创建、巩固、保卫湘鄂西、湘鄂川黔革命根据地，进行了长期的、前赴后继的斗争；为红二、六军团北上抗日作出了重大贡献，付出了极大的牺牲。在湖南省及湘鄂西、湘鄂川黔革命斗争史册上，西洞庭人民革命的业绩与在这块土地上牺牲的共产党员、革命志士、红军指战员的英灵同在！

抗日战争时期，西洞庭管理区境域人民在党组织的领导下，建立起抗日民族统一战线，广泛开展抗日救亡运动。1938年5月，周士镇再次建立党支部，童冠群担任书记。1938年春，周士乡建立中华民族解放先锋队组织，队员们利用各种合法身份，积极开展抗日救亡活动。1939 年10 月，中共湘鄂边区特委委员徐少保潜入常德与安乡边境，1940 年 8 月，正式建立跨县党组织——中共陈家嘴区委，隶属湘鄂边区特委常安南工委。区委在西洞庭管理区一带开展抗日救亡活动，利用这里的河道为江南挺进支队运输枪支弹药等军需物资。1940 年 12 月，周士镇党支部书记等 7 名共产党人被国民党秘密逮捕杀害。

西湖管理区

西湖管理区，1998 年 12 月，由湖南省人民政府批准改制设立，简称"西湖区"。隶属于常德市，位于湖南省北部，沅澧两水尾闾，东隔澧水，与安乡、南县相望，西南与汉寿县毗邻，北与鼎城区接壤。因地处洞庭湖之西，故称西湖。总面积 70 平方公里，下辖西洲乡、西湖镇，常住人口 4.35 万。2008 年 7 月，西湖管理区被湖南省人民政府认定为革命老区。

一

西湖区在行政区划上一直属于汉寿县，是一个具有光荣革命传统的地方。在新民主主义革命时期，西湖区是党组织重要活动区域和湘鄂西苏区的重要组成部分，革命先辈的足迹深深地印在了西湖区每一寸热土。

早在五四运动期间，1919 年秋，汉寿进步青年许之桢投奔上海参与陈独秀创办的《新青年》的编辑出版工作，1922 年 11 月在莫斯科加入中国共产党。这一时期，他经常给家乡人民寄来进步书刊，介绍俄国工农革命情况，传播革命思想。1924 年 4 月，陈刚、向贤胖、丁基础来县，成立了中共汉寿小组，陈刚任组长。尔后党组织不断发展壮大。1927 年 1 月，成立了中共汉寿县委员会，詹乐贫任县委书记，陈刚、毛觉民、曾鹤皋、帅孟奇、张启幕、丁基础、向贤胖等为委员，辖22个党支部，党员发展到150余人（其中西湖垸9人）。

1926年1月8日至1927年4月，党组织在汉寿先后成立县总工会和农民协会，发展轰轰烈烈的工农运动，鼎盛时期工会会员达1300多人（其中西湖垸17人），农民协会7200多人（其中西湖垸110人）。在党的领导下，全县工农协会开展了推翻旧政权，镇压反革命，解放妇女，废除苛捐杂税，减租退押，取消高利贷，兴修堤垸，组织工农武装，查禁鸦片，赌博，封建迷信等各项政治斗争和经济斗争。

1926年3月15日，汉寿县成立了平民教育促进会，熊绥寿为会长。5月汉寿共青团特别支部成立，书记刘岳云，后为杨明。7月，汉寿女界联合会改组为汉寿妇女协会，会长帅孟奇。8月，汉寿县学生联合会成立，主席王聘三，副主席温向符。1927年1月，中共汉寿县委设青年部，张启幕任青年部长，发展团员300余人。5月21日，国民党反动军官许克祥在长沙发动马日事变后，工农武装开赴汉寿县城。5月26日，国民党军队熊震部来汉寿"围剿"工农自卫军，捣毁总工会、县农民协会等革命机关。共产党员曾鹤皋、龚维信、彭方卿及进步人士20多人相继被捕牺牲，邓乾元、陈刚、张启幕等部分骨干转入地下，詹乐贫、毛觉民、熊琼仙等分别转移到益阳、南县，帅孟奇到武汉寻找党的组织。

1927年至1933年4月，党的八七会议后，中共湖南省委派遣一些领导骨干陆续来县，恢复和建立了中共汉寿县支部、中共汉寿县委、中共湘西特委、中共汉益沅区委、中共汉益沅三县联区工作委员会等党的领导机关。在这期间，汉寿地方党组织几经周折，屡遭破坏，但他们前赴后继，斗争活动一直没有停止。

二

苏区的革命武装斗争。大革命时期，1927年12月7日，党组织决定举行暴动，陈庆生、陈影然带队再次攻打蔺家山团防局，烧毁团房住宅，夺枪8支。罗卜率部分人员在南乡打击土豪李先垂，索取银圆100块。同时，县委还在毛家滩、沧港、护城、岩汪湖、百禄桥等地组织了规模不一的武装暴动，打击了反动派的嚣张气焰。在祝家岗革杀了团防局长陈文甫，大连障夺取了当地团防局步枪9支，为后来建立游击队奠定了基础。1927年5月21日，反动军官许克祥在长沙发动马日事变后，詹乐贫率领的数千人工农自卫军，有长短枪130多支，大刀、梭镖人手一把，队伍拉上金牛山、蔺家山一带与敌周旋，威震全省。

1928年1月，贺敬之来西湖区，在北乡文蔚垸、西湖垸一带发动群众，组建了一支数十人的工农革命军辖据乡村，持续了三个月之久。是月，陈刚、黄克佐搜集人枪，扩建了游击队伍，陈刚任队长，活动在益汉沅南华安一带。7月，国民党军队朱刚伟部配合地霸乡丁挨户搜查，大部分共产党员被捕入狱，刘文富等叛变，县委被迫转入大连障辰卯号活动。8月，湘西特委书记刘泽远、常委詹乐贫搜集被打散了的游击队员，扩编为工农革命军洞庭区剿匪游击司令部，陈刚任司令，出没在目坪湖及西湖垸，惩治土豪劣绅，打击反动团防，援助沿湖各地的工农政权。此后，特区革命武装力量，虽数遭敌人清湖"围剿"，领导人屡有牺牲，但革命武装斗争一直坚持到1933年底。

苏区的红色政权建设。1931年4月，洞庭特区成立。5月1日，洞庭特区联县苏维埃政府成立，主席郭锡涛。汉寿隶属洞庭特区联县苏维埃政府领导。1932年9月，建立汉、沅、益三县联区工委的同时，建立了三县联区苏维埃政府，主席戴春生，副主席曾鹏飞，秘书长胡新元。

联县苏维埃政府决定，三县分成三个乡，汉寿取名近城乡，益阳万家乡，沅江张万乡，每乡设执行委员会，各设正副会长1人，委员1人。汉寿执行委员会会长郭玉民，副会长郭玉和，组织部长郭正坤。此后，在联县苏维埃政府的领导下，全县人民开展了一系列苏区建设活动。商店改红色商店，学校改列宁学校，组织消费合作社集体经济，取消一切苛捐杂税，实行单一的公益费，兴修堤垸，筹粮款支前，宣布禁止剥削，没收地主土地分给农民，禁止封建迷信等。

三

在新民主主义革命时期，西湖区人民在当地党组织的领导下，为巩固和保卫苏区付出了巨大牺牲，作出了重大贡献。据统计，西湖区为中国革命事业牺牲的党团员、干部、战士、工农会骨干和被敌人杀害的家属、群众共计100余人。在湘鄂西苏区的革命斗争史上，西湖人民的革命业绩与在这块土地上牺牲的共产党员、革命志士的英灵永载史册，彪炳千秋！

湖南革命老区

下

湖南省革命老根据地经济开发促进会
湖南省民政厅 编著

人民日报出版社

图书在版编目（CIP）数据

湖南革命老区 / 湖南省民政厅，湖南省革命老根据地经济开发促进会编著 . —北京：人民日报出版社，2023.9

ISBN 978-7-5115-7755-9

Ⅰ . ①湖… Ⅱ . ①湖… ②湖… Ⅲ . ①地方史 – 湖南 Ⅳ . ① K296.4

中国国家版本馆 CIP 数据核字（2023）第 061986 号

书　　　名：	**湖南革命老区**
	HUNAN GEMING LAOQU
作　　　者：	湖南省革命老根据地经济开发促进会　湖南省民政厅

出 版 人：刘华新
责任编辑：曹　腾　杨　校

出版发行　人民日报出版社
社　　　址：北京金台西路2号
邮政编码：100733
发行热线：（010）65369509　65369527　65369846　65369512
邮购热线：（010）65369530　65363527
编辑热线：（010）65369528
网　　　址：www.peopledailypress.com经销：新华书店
印　　　刷：长沙鸿发印务实业有限公司
法律顾问：北京科宇律师事务所　（010）83622312

开　　　本：710mmx1000mm　1/16
字　　　数：620 千字
印　　　张：47.75
版次印次：2023年9月第1版　2023年9月第1次印刷

书　　　号：ISBN 978-7-5115-7755-9
定　　　价：188.00元

目录

张家界市

　　张家界市，地处湖南省西北部，澧水中上游，属武陵山腹地。全市总面积 9533.87 平方公里，下辖 2 个市辖区、2 个县，常住人口 151.7 万。张家界因旅游建市，是享誉国内外的重要旅游城市。此外，张家界也是少数民族主要聚居地，以土家族、白族、苗族为主，少数民族人口 125.2 万，占常住人口的 73%。在张家界这片神奇的土地上，埋葬着许多用血谱写的英雄壮歌。张家界曾是湘鄂西、湘鄂川黔革命根据地的策源地和中心区域，是红二方面军的革命摇篮，它孕育出戎马一生的开国元帅贺龙，上演了"两把菜刀闹革命"的动人故事。贺龙和任弼时、王震、关向应、萧克等老一辈无产阶级革命家在此浴血奋战，领导了长达 8 年的武装斗争。红二方面军也从桑植县刘家坪白族乡出发开始漫漫长征，成千上万的优秀儿女英勇支援红军，唱响"扩红"民谣，在长征史上留下不可磨灭的历史功绩。

永 定 区

　　永定区，隶属于张家界市，位于湖南省西北部，武陵山脉腹地，澧水中上游，东邻慈利县和桃源县，南接沅陵县，西抵永顺县，北接武陵源区和桑植县。永定区境内气候宜人，物产丰富，山水奇异，风景优美，既是一块红色的热土，又是张家界旅游核心服务区。1985 年经国务院批准建立大庸（县级）市。1988 年大庸市升格为地级市，1994 年更名为张家界市。自建立地级市以后，原大庸（县级）市改为永定区。永定区是张家界市府所在地，是张家界市经济、政治、文化中心和交通枢纽。全区总面积 2169.03 平方公里，下辖 6 个街道、7 个镇、7 个乡，常住人口 51.76 万。1952 年，永定区被湖南省人民政府认定为革命老区。

一

　　永定区开展革命斗争活动有着非常独特的地理环境和深厚的群众基础。

　　永定区独特的地理位置使其成为了革命的摇篮。大庸县位于澧水中上游，永定镇是湘鄂川黔边界地区商贸集散中心镇之一，有红军生息和开展革命根据地的经济基础。桑植县是贺龙建立军队和开展革命根据地的发源地，该县与大庸相邻，大庸的教子垭、罗水、桥头、中湖、青安、罗塔、温塘等是桑植县周边乡镇，是桑植通往大庸、慈利、常德等地的重要关口，具有得天独厚的地理基础。

大批大庸籍青年为革命提供了人才储备。五四运动时期和中国共产党成立后，一批思想激进的大庸籍青年学生受革命思潮的影响，奔赴外地，出国勤工俭学，秘密参加共产党和共青团组织。大革命时期，大庸各族人民积极投入工农运动，支持北伐战争。1926 年，共青团湖南区委派共产党员宋先礼来大庸筹建共青团组织，4 月成立了共青团大庸县特别支部。1927 年 3 月成立县总工会、学生联合会，4 月帮助国民党成立县党部，7 月成立县农民协会。工农运动在大庸迅速蓬勃兴起。马日事变后，刚刚兴起的大庸工农运动惨遭扼杀，但大庸人民的革命斗争并没有停止，在党的领导下，又开始了新的战斗。

贺龙在大庸周边的军事斗争为永定苏区奠定了武装基础。1926 年 3 月下旬，贺龙在桑植洪家关打出讨袁护国军旗号，响应蔡锷护国运动，率农民军占领永顺、龙山、桑植三县，一批青年随贺龙参加北伐战争。1929 年 6 月，贺龙收编土著武装覃辅臣部为红四军第二路军，收编刘岸翘部为红四军第一路指挥部所属的独立营。1927 年上半年，覃辅臣、李吉宇受贺龙的委派回大庸组织武装。

二

土地革命战争时期，由于中央红军在第五次反"围剿"中屡战不利，被迫长征。在红军主力行动之前，中革军委派红六军团先行突围，指出他们的突围任务是转移到湖南中部去发展游击战争及创立新的苏区，同时在创建新的苏区中确立与红三军的可靠联系，以形成江西、四川两苏区联结的前提。

土地革命战争初期，大庸县是湘鄂西（边）根据地的一部分，是贺龙部队活动的地区，周占标、覃子斌、覃官卿等带领的游击战争也一直

湘鄂川黔革命根据地纪念馆

在进行。贺龙在此地区威望较大，旧属亲友较多，人民也有强烈的革命要求，有建立苏区的群众基础。1927 年大革命失败后，中共中央常委研究决定派贺龙回湘西，周逸群同行，组建中共湘西北特委。1928 年 4 月 2 日，贺龙在桑植发动桑植起义，随即建立桑植县苏维埃政府，开始创建湘鄂边革命根据地。桑植县苏维埃政权建立后，为了执行 1929 年 6 月召开的中共六届二中全会关于开展游击战争、扩大苏区的指示，1929 年 8 月 6 日，贺龙率领红四军进攻大庸西教乡，并相继在大庸县的义安乡（今永定区青安坪乡、罗塔坪乡、温塘镇）、西教乡（今永定区罗水乡、教字垭镇、桥头乡一部分）、康中乡（原大庸县中湖乡、今永定区桥头乡一部分）、大坪等区域建立苏维埃政权。湘鄂边苏区建立后，蒋介石派重兵进行"围剿"，红四军反"围剿"失败，被迫转至湖北宣恩，为了配合红四军主力转移，湘鄂西前委决定，派遣覃辅臣部属周占标、覃子斌、覃官卿回大庸，嗣后又派覃寿棋回大庸，在义安乡、西教乡、康中乡一带与国民党团防打游击。游击主力被击散后，游击战争仍在进行，直到1934年红二、六军团的到来。湘鄂西苏区时期大庸苏区建立与发展时间较短，却为大庸人民开辟了新的篇章，大庸人民对党和红军产生了很深的感情和强烈的革命要求，也对根据地的重新建立产生了渴望，为湘鄂川黔苏区的建立奠定了基础。

1934年8月7日，中共湘赣省委书记、中央代表任弼时和萧克、王震率红六军团所辖第十七、十八师9700余人，从江西遂川横石出发，开始突围西征。10月24日在黔东印江木黄与贺龙等率领的红三军会合，完成了两军的会师。1934年10月28日，任弼时、贺龙率领红二、六军团从南腰界挥师北上，发动湘西攻势。11月24日，大庸解放，为湘鄂川黔苏区的建立创造了前提条件。

1934年11月26日，根据中央书记处11月16日"关于建立湘鄂川黔省委、省军区"的电示，湘鄂川黔边区临时省委发出关于成立省委和省军区的第一号《通知》，在大庸县城（今永定区）天主堂成立了中共湘鄂川黔省委和湘鄂川黔省军区，由任弼时任省委书记、省军区政治委员，贺龙任省委委员、省军区司令员。11月26日，成立了湘鄂川黔省革命委员会，由贺龙任省革命委员会主席，夏曦、朱长清任副主席，下设5个部及2个委员会。随着湘鄂川黔省委、省革命委和省军区等机关在大庸县（后迁至永顺塔卧）的建立，以大庸、永顺、龙山、桑植为中心的湘鄂川黔革命根据地正式形成。

永定苏区进行了卓有成效的土地革命、红色政权、经济文化建设。

一是开展土地革命。1934年12月1日，湘鄂川黔省革命委员会颁发了《没收和分配土地的条例》。省委、省革委会在大庸县城召开根据地区以上负责干部会议，研究与部署土地分配等工作。12月16日，省委详细制定了《分田工作大纲》，就分田的意义、分配土地的办法和分田工作的领导方式作了进一步规定和说明。《条例》和《大纲》颁布以后，到1935年农历年前，天崇、官尹、北固、北社、罗塔、西庸等600余个区、乡、镇普遍开展了土地革命，分配土地15.19万余亩，开展分田到户的12个乡的大部分地区已插牌到户，约占全县田亩总数的66%，得田人数9.5万余人。并将土豪的衣服、家具、牲畜、粮食、钱款、布匹等分给了老百姓，贫苦农民欢天喜地，土地革命基本成功。

二是红色政权、经济文化建设。11月25日，任弼时宣布成立中共大庸县委员会，同时成立大庸县革命委员会和大庸军分区（第一军分区）。县委、县革委和县军分区班子就职后，积极投入工作，并建立了相应的区、乡级政权组织和武装组织。永定镇是澧水中上游一个重要的商品集散地。占领大庸5天后，大庸县苏维埃政府组织工商界人士成立了新的商会，推举开明的商号老板担任会长，动员商人复市。县委宣传部部长、妇女主任周雪林，一面带领工作队宣传政策，动员商号开业，一面在墙壁、城门上刷写"保护民族工商业""准许商人自由营业""取消一切苛捐杂税"标语。地方游击队配合红军在沿溪坡设卡放哨，保护过往行商正常贸易。

省委、省军委分会和红二、六军团政治部，印发了大量的宣言、传单、战报和书籍等进行宣传。部队中组织唱歌、跳舞、演戏等活动，宣传红军的政策，动员大家踊跃参军。大庸本地民间艺人通过传统小调、民歌民谣、三棒鼓、花灯等形式，有的甚至通过漫画、组字画等，宣传党、宣传红军，宣传苏区革命的情景。

三

红军北上转移，大庸苏区人民不屈不挠，浴血奋战，继续坚持革命斗争。

苏区政府积极做好红军主力转移的准备工作。搞好宣传发动，扩充红军队伍。大庸县的大街小巷、田间地头出现了"工农武装上前线""参加保卫新区的革命战斗""保卫大庸""开展湘鄂川黔新的苏区"等口号。积极发动青壮年踊跃参军。大庸县委派人到"神兵"里去做工作，动员散驻在各乡的两千多"神兵"接受改编，成立了游击队，经过整训，有一千余人编入红六师第十七团。同时健全游击队、独立团、赤卫队组织。在这次活动中大庸县先后有 2100 多人参军，不到 5000 人口的永定镇参军的就有 140 多人。

肃清地主武装，巩固后方阵地。1935 年 2 月初，红六军团的前卫团在晏福生带领下，活动在大庸四都坪一带，歼灭了一支一百多人的地主武装。大庸县大坪地区有隐藏在熊壁岩山洞的另一支地主武装，也被我红军、游击队彻底歼灭，缴枪三十多支。

苏区人民坚定信念，继续坚持革命斗争。红军在大庸时，党组织领导群众没收地主土地分给农民。因当时地主四处逃跑，并将有关土地契约随身带走。红军长征以后，国民党占领大庸，地主从各地纷纷回家，持契约从农民手中夺回土地。国民党政府为加强对根据地人民的镇压，从行署到县、区、乡均成立了"清乡"委员会，制定了"清乡"条例，控制根据地人民的行动。从长沙、常德和山洞里回乡的土豪劣绅，迅速组织了"清乡队""铲共队""义勇队""还乡团"一类反动武装，对贫苦农民尤其是苏维埃农会干部进行了疯狂的阶级报复。当时遗留在大庸的所有忠于革命事业、斗争积极的优秀地方工作人员，除极少数隐藏起来的幸存者外，几乎全被杀害。据不完全统计，大庸县被杀害的县、区、乡苏维埃政府干部和革命群众 159 人（其中工作人员 48 人），留地方工作的红军干部 19 人，被绑架毒打的有 96 人，逃往他乡的 98 人。

红军开始长征后，大庸人民在敌人的血腥屠杀面前毫不动摇，充满信心。他们敢于冒着生命危险，收藏革命文物，护养红军伤员。由于群众从未动摇对共产党的拥护与信赖，大操坪及解放路红军在墙上所写的标语，打土豪分田地时的田地亩册，革命书籍文件仍有部分被群众谨慎地保留下来。在1934年至1935年大庸县有5000多人参加红军和游击队，在历次战斗中牺牲2082多人，大庸牺牲的外籍战士45人，有1000多人下落不明。

　　在长期的革命斗争中，涌现了无数的英雄儿女，永定区人民付出了惨重的代价，先后共认定了革命烈士2800人，其中团以上干部100多人。革命烈士的英雄事迹顶天立地，革命烈士的光辉足迹万古长存。

　　永定区主要革命遗址有湘鄂川黔省委、省革委、省军区旧址（湘鄂川黔革命根据地纪念馆），张家界烈士陵园，丁家溶会议旧址、北社区苏维埃旧址等。

武 陵 源 区

    武陵源区,隶属于张家界市,现管辖的区域原分别隶属于湘西土家族苗族自治州的大庸县、桑植县和常德地区的慈利县这三个重点老区县。因三县相邻的区域内的张家界、天子山、索溪峪三个景区,历来又分别隶属于大庸、桑植和慈利,为了加强对这块红色和绿色资源丰富的旅游胜地的开发管理,1988年5月,经国务院批准,大庸市升为地级市;同时采纳著名画家黄永玉先生的建议,从历代文人墨客的诗句中取义冠名、将三个景区划为一体管理的一个县级新行政区划——武陵源区。全区总面积397.47平方公里,下辖2个街道、2个乡,常住人口6.09万。1952年,武陵源区被湖南省人民政府认定为革命老区。

一

    武陵源区有着光荣的革命斗争历史。早在大革命时期的1927年初,共青团大庸县特别支部就在包括现武陵源的中湖、天子山、袁家界等之内的乡村,成立了西教乡农民协会,开展了轰轰烈烈的农民运动。桑植起义之后,桑植、大庸、慈利相继成为湘鄂边、湘鄂西、湘鄂川黔等革命根据地的中心区域,包括武陵源在内的各区乡大多先后成立了苏维埃政府,并开展了轰轰烈烈的土地革命运动。

    按时间先后和红色区域形成范围来划分,武陵源苏区红色政权建设大致可概括为两个时期：

湘鄂边和湘鄂西苏区时期。桑植起义之后，贺龙率部几次转战于武陵源的高山密林，在中湖、协合、天子山一带建立苏维埃政权，开展了打土豪、分粮食，以及支援红军的"扩红"等一系列革命活动，在武陵源境内形成了约167.2平方公里的红色武装割据区域。从此，这里成为湘鄂边、湘鄂西红色苏区的重要组成部分。

李家岗区革命委员会旧址

湘鄂川黔苏区时期。1934年秋，为策应中央红军长征，红二、六军团发动湘西攻势，于11月24日一举攻克大庸县城，随后正式成立了湘鄂川黔边省委、省革委、省军区，逐步形成了以大庸、龙山、永顺、桑植为中心的湘鄂川黔红色苏区，武陵源范围内的红色苏区由此进入鼎盛时期，先后建立了一个区和四个乡苏维埃政府，红色区域扩展到约224.6平方公里，占全境面积的56.6%。

李家岗区苏维埃政府于1934年10月，在今协合乡李家岗村中岗组李凤山家正式成立，下辖北固乡和道林寺乡两个乡苏维埃政府，先后由王善初、李贵进、李进堂任区苏维埃政府主席，分别由李子洪任副主席、李永安任军事部部长、李仲峪任土地部部长、伍成余任粮食部部长、李长宏任财政部部长。

北固乡苏维埃政府与李家岗区苏维埃政府同时成立，而且是区和乡两块牌子、一套班子。1934年12月底土改分田时，区、乡两级才分开。

道林寺乡苏维埃政府成立于1934年12月17日，当时乡苏维埃政府就设在道林寺内（现协合水库四岗上，现庙已不存在），乡苏维埃主席为田石生，副主席为胡运廷，游击队队长为李德之，土地委员为李庆发、龚云吾。

插旗峪乡苏维埃政府成立于 1935 年 2 月 7 日，乡苏维埃政府设在龚王庙（现黄家坪村明德小学内），张启宏、谢顺清分别任正副主席，谢扬初任财经委员、李四八任游击队队长，李昌辉、毛保青等任土地委员。

西教乡苏维埃政府成立于 1935 年 1 月 15 日，乡苏维埃政府设在野鸡铺（现中湖乡野溪村）吴少伯家。乡苏维埃政府负责人分别是主席李国仁，土地部部长冉志卿，妇儿部部长钟以林，土地委员宋太贵、李德进等。

深入开展土地革命运动。1934 年底，根据湘鄂川黔边区省革命委员会《关于没收和分配土地条例》精神，大庸、桑植等县都先后在县、区、乡各级成立了苏维埃政府土地委员会，开展土地革命运动。各区、乡苏维埃政权按照《条例》相关规定，将豪绅、地主、军阀、官僚的土地、房屋和浮财没收，并采取丈量土地、烧毁田契、分田分地、插丘牌到户的办法将田土分给贫苦农民，大大激发了农民的革命热情。当时，包括今武陵源区协合乡（时属大庸北固乡）、中湖乡（时属大庸县西教乡）等 6 乡 71 保，共有 9.5 万人分到了田地，共分田地 15.2 万亩。同时，天子山一带的乡村也都在当时桑植县苏维埃政府的领导下，开展了打土豪、分田地的土地革命运动。

二

为了开辟和巩固革命根据地，当年在武陵源这块红色土地上，中共党组织组建过数支地方游击队，红军和地方游击武装，还曾在这里与敌人多次展开激战，坚持了近八年的武装斗争。

据有关史料记载，当年这里曾组建过五支地方游击队。

白虎堂红军游击队组建于 1934 年 11 月，队长许庸远，全队 15 人，仅靠 4 支火枪、5 把梭镖、3 把大刀、3 把虎叉，坚持武装斗争，于 1935 年初编入红军独立团九连。

1934 年 8 月，红六师十六团文书袁尚厚奉命回到家乡索溪峪，通过积极宣传发动，组建了喻家嘴游击队。

1932 年，西教乡游击队组建于现武陵源张家界国家森林公园一带，覃寿棋任总指挥，叶荣位等任副总指挥，利用张家界复杂的地形练武，筹集粮饷，队伍很快发展到数百人，并一直坚持在老木峪、西教乡及附近进行游击武装斗争近 6 年。

李家岗区游击大队。组建于 1934 年 11 月 20 日，在大庸县游击支队帮助下，在李家岗成立了李家岗区游击大队，由红军干部袁志初任指导员，李庆菊任大队长，李行之任副大队长，李进堂任大队特务长，朱莫兰任司务长。游击大队成立后，开展了打土豪、分田地等一系列革命活动。

插旗峪游击队。1935 年 2 月 7 日，由插旗峪乡苏维埃组建，李四八任乡游击队队长，主要积极配合乡苏维埃政府开展打土豪、分田地等革命活动。

武陵源位于大庸、桑植、慈利三县交界之处，红军主力多次转战这一带。

白马山之战。为巩固扩大根据地，1929 年 8 月 6 日，红四军兵分两路，向倚仗险要山势盘踞在通往苏区要道的大庸县西教乡地主武装熊氏连环寨发起攻击。当日下午，王炳南率红四军二团到达中湖，向寨匪的东北堡垒发起五次猛烈攻击，迫使寨匪趁夜色弃寨而逃。8 月 10 日，王炳南率部进入桥头，行至铲子塌下的河边时，突遭白马山寨周明考匪部伏击。周明考是鱼泉峪村周家寨人，曾任国民党军营长，后返乡在白马山占山为王。红军立即兵分数路,从四面包抄反击。周明考眼看抵挡不住,骑匹黑马钻进树林逃跑了。红二团和主攻部队会合后,一鼓作气,攻下黑神庙,拔掉了这个钉子,扫除了通往苏区的一大障碍。

佛塔坡之战。1934年2月,"湘西王"陈渠珍派旅长周燮卿率部从桑植县出发,"追剿"红军部队。16日下午5时左右,敌我双方在西教乡佛塔坡摆开阵势。贺龙命师长卢冬生率红军占据佛塔坡高地,对布阵在黄官峪、粟家坡、虎势岗的追敌发起还击,有效压制住了三路追敌的疯狂包抄进攻。夜晚,敌军还是不断用机枪、迫击炮向红军阵地扫射、炮击。半夜时分,红军集中兵力向驻扎在粟家坡的敌营发起反击,约半小时激战后,顺利摆脱周燮卿。

在风景如画的张家界旅游胜地的武陵源核心景区内,有两处著名的红色景点。

金鞭溪红军桥。来张家界旅游的游客,大多会首先从景区正门进入,沿金鞭溪开始游览,不一会儿就会来到著名的红色景点"金鞭溪红军桥"。此处只见一小桥跨溪而过,桥栏中间"红军桥"三个红色的字格外醒目,桥下潺潺流动的清澈溪水,仿佛在不停向每位游客述说着那段发生在这里的红色往事。

1935年秋,蒋介石在"围剿"中央主力红军于长征途中的图谋落空后,又调集重兵对当时江南最大的一块红色苏区湘鄂川黔革命根据地进行疯狂"围剿"。在十余倍强敌压境的危急关头,任弼时、贺龙等湘鄂川黔苏区党政军主要领导经研究决定,率红二、六军团撤离以永顺、桑植、大庸为中心的湘鄂川黔苏区,实行战略大转移。11月19日,在贺龙、萧克等的率领下,红二军团和红六军团分别从桑植刘家坪、瑞塔铺出发,开始踏上了长征的征程。21日,红六军团途经张家界(原地名青岩山)的老磨湾、金鞭溪后,在大庸的沙堤乡板坪与红二军团会合,拟从这里紧急赶赴李家庄，抢渡澧水，突破敌人的封锁线。据有关史料记载，当年红军长征时途经了武陵源包括现张家界森林公园在内的2个乡、9个村，行程百余里。

三

武陵源的山山岭岭处处都留下了红军的足迹。

贺龙铜像

天子山贺龙公园。贺龙公园位于武陵源三个核心景区之一的天子山上，是1986年为纪念贺龙元帅诞辰90周年而建，1995年时任中共中央总书记的江泽民为公园题写了园名。公园内有贺龙铜像、陵墓和纪念馆，还有兵器陈列馆、民俗风情园以及数处观看天子山自然景观最好的观景台等。

园内最显眼的景点是胡耀邦题写的"云青岩"，屹立着6.5米高、9吨重的贺龙铜像，逼真再现了贺龙元帅的鲜明形象：浓眉大眼，八字胡须，右手小臂提起，握着烟斗，微笑注视着家乡石峰峭壁。这仿佛是元帅正背靠青山，面朝神堂湾，凝重、庄严地眺望着当年战斗过的一座座高山，一片片密林，身旁一匹战马，也似乎正待扬鞭踏上征途。这座自然与艺术的巧妙结合，将贺龙元帅高大的形象与巍巍群山融为一体的铜像，也完美形象体现了元帅正在见证着家乡这片红色的土地日新月异变化的主题构思。

慈 利 县

　　慈利县，地处湖南省西北部，澧水中游。东南邻桃源县，西南抵永定区，西北接桑植县、武陵源区，是一个"七山半水分半田，一分道路和庄园"的山区县。全县总面积3492.08平方公里，下辖2个街道、14个镇、10个乡（其中7个为土家族乡），常住人口56.25万。1952年，慈利县被湖南省人民政府确认为革命老区。

一

　　大革命时期，慈利就已具备了深厚的革命斗争基础。1926年10月，根据中共湖南区执委的指示，中共慈利特别支部成立，这是共产党在慈利县的第一个农村基层组织。在特别支部的宣传教育和组织动员之下，农运工作成绩斐然。至1927年5月，区乡农民协会发展到189个，会员达6万人，其武装发展到16000余人，武器（以鸟枪、大刀、长矛为主）近2万件。总工会、妇女青年学生联合会等群众组织也相应成立。

　　土地革命战争时期，1928年2月24日，贺龙、周逸群率领贺锦斋、卢冬生、李良耀等10多人秘密转移，经慈利、广福桥、杨家溪、江垭回桑植扩建红军，江垭人张德率先参加了工农革命军。4月，湘西工农革命军第4支队广福桥游击大队组成，张学阶任大队长，与慈、石、桃等县联合"围剿"工农革命军的团防军苦战3个月，因众寡悬殊而失败。

第二年8月，贺龙率领红四军于25日攻克了慈利江垭，27日进抵杉木桥一带开展游击活动，9月初，由于国民党吴尚师率部队大举来攻，红军于9月7日重返桑植。

同年7月，由袁任远组建的工农革命军第四支队后备游击大队也在常、桃、石、慈、临等县边境活动，并形成了纵横两百华里的根据地，震动了军阀何键。于是何键命令第十四军独立第十九师配合其石、桃、慈、临县的团防兵1000多人，分4路包围工农红军第四支队，红军伤亡惨重。广福桥游击三大队为了冲出包围，与敌恶战，副大队长张立凯、文书赵玉书和30多名游击队员壮烈牺牲，大队长张学阶、队员董阳生因叛徒告密，被捕后惨遭杀害，并示众三天。谭家山的民房50余栋被烧毁，170多头耕牛被抢走，革命志士家属遭勒索银圆2558块，财物被洗劫一空。

之后的几年时间，红军多次路经慈利。1932年3月4日，红军团长王炳南率部再占慈利官地坪，7月向桑植转移。1933年3月14—19日，红军击败国民党军队周燮卿旅和慈利保安队，占领江垭，推进到杉木桥一带开展活动，月底返回桑植。

1934年3月6日，贺龙率领红三军击败国民党军队朱际凯部后进占江垭一带，11月24日，红六军团十八师五十三团，击败退驻慈利溪口的国民党军队朱际凯部，并进驻溪口。11月28日，红军在大庸成立湘鄂川黔军区，下设两个军区，大庸、慈利为第一军分区。同月，喻家嘴乡白虎堂村许庸远、许义华组织游击队，发展到70多人，编入红军主力。11月底，袁任远带领红六军团地方干部刘斌、谢斌、王浪益、彭振兴、李吉宁赴慈利溪口创建革命根据地。12月，中共慈利溪口区委员会成立，彭振兴任区委书记。12月26日，贺龙、任弼时率领红二、六军团主力占领慈利县城，迅即开展打土豪、扩大红军的活动。12月30日，红军主力进击由驻凉水井逼近县城的国民党军队朱树勋部，在落马坡、白竹水一带发生激战，朱部败退。当晚，红军在县城大操坪召开庆功大会，贺龙在大会上讲话。

1935 年 1 月 1 日凌晨，贺龙、萧克、任弼时率领红二、六军团主力撤出慈利县城，向岩泊渡、甘堰、溪口、岩口等地转移。1 月 18 日晚，国民党军队朱际凯部夜袭溪口，受到红五十三团二营及李吉宇游击队重创。2 月，蒋介石为了保障其追击中央红军主力部队的侧后安全，解除红二、六军团对湘鄂等省的威胁，遂任命湖北省主席徐源泉为湘鄂边区"剿匪"总司令，调集两湖 10 多万兵力，组成六路纵队，对湘鄂川黔革命根据地发动大规模的"围剿"，慈利首当其冲。红二、六军团探悉敌行动后，决定先打东面的郭汝栋纵队。由此在慈利溪口棉花山打响了反"围剿"的第一仗。2 月 23 日，郭汝栋部以及慈利保安团在溪口棉花山与红五十三团发生激战，战斗持续 3 日有余，红军共歼敌 1000 多人，俘敌 30 余人，但红军也有较大伤亡，红十八团政委熊仲卿壮烈牺牲。为了保存有生力量，诱敌深入，红军决定撤出战斗，向大庸方向转移。4 月，红二、六军团主力占领江垭后，红二军团政治部作出七天扩大红军突击计划，计划在江垭、象耳桥、三官寺、赵家岗、喻家嘴、杉木桥、通津铺、东岳观一带扩招红军 2000 人，由于广大青年踊跃参军，到 5 月 27 日，顺利完成了"扩红"的任务。

1935 年 11 月 19 日，红二、六军团从桑植开始了战略转移，在长征过程中途经了慈利。22 日，红军强渡澧水后，第六军团和第二军团一部分先后经过慈利。中路的红六军团军团部、十六师、十七师 6 个团和五师十三团，左路的红二军团四师十二团和右路的红二军团六师十八团经过慈利许家坊、金岩两个乡的堆金、双中、南岳、落元、保健、中坪、闵家、金龙 8 个村的 34 个组，行程 30 公里，后离开慈利经大庸县向沅陵县挺进。

慈利苏区党组织的发展。湘鄂西苏区时期，慈利县党组织建设得到较大发展，先后隶属中共湘西特委、中共湘鄂西前敌委员会、鹤峰中心县委、湘鄂边（分）特委等。马日事变以后，慈利党组织被迫转入地下，各级党团员也分散到县境各处。1928年上半年，中共湘西特委指派易汉前往慈利恢复党组织，成立慈利县委，联络分散的党团员。

1929年9月，中共湘西临时特委与中共湘鄂西特委合并，先后领导石门、汉寿、安乡、常德、桃源、慈利等20余县党的组织和革命活动。1930年2月，中共鹤峰中心县委成立，下辖鹤峰、桑植、石门、五峰、长阳和慈利六县，集中领导湘鄂边苏区的革命斗争。1930年10月，中共湘鄂西特委派龙在前到慈（利）鹤（峰）边界组建中共慈利县委。1931年3月30日至4月3日，湘鄂西中央分局在湖北五峰长茅司召开会议，决定成立中共湘鄂边分特委，周小康任分特委书记，分特委设在鹤峰五里坪，慈利苏区党组织隶属分特委。同年5月，湘鄂边分特委改为特委。

湘鄂川黔时期，在慈桑边界组成慈桑县委，隶属中共湘鄂川黔省委领导，慈利溪口区委隶属中共湘鄂川黔省委大庸县委领导。1935年11月，随着红军长征北上和国民党反动派围追堵截，慈利党组织的活动被迫停止。

总之，自1926年10月慈利第一个党支部成立至红军撤出慈利前，建立了党组织或有红军活动的乡镇有广福桥、国太桥、溪口、金岩、甘堰、阳和、许家坊、洞溪、三官寺、赵家岗、索溪峪（已划武陵源）、庄塔、三合口等乡镇的全部和宜冲桥、高桥、东岳观、杉木桥、江垭、南山坪等乡镇的部分村。

二

慈利苏区的红色政权建设。慈利苏区工农政权隶属湘鄂西苏区党政军，先后隶属中共湘西前敌委员会、鹤峰中心县委、湘鄂边联县政府，是湘鄂西苏区的有机整体。

1929年9月25日《中央给贺龙、陈业平等同志并转红四军前委的信》中说："兹派王德（万涛）同志前来与诸兄协议组织湘鄂边特委，管辖范围为：慈利、桑植、大庸、永顺、龙山、保靖及施鹤七县，受湘委指导，王德同志即参加特委工作。"1930年2月，组建了以汪毅夫为书记的中共鹤峰中心县委，负责湘鄂边五峰、鹤峰、桑植、石门、长阳、慈利等县苏区的领导工作。1931年3月底，根据湘鄂西中央分局指示，成立了湘鄂边联县政府，慈利苏区隶属该联县政府。1934年11月27日，慈利溪口区革命委员会成立，隶属湘鄂川黔省革命委员会大庸县革命委员会。12月初，红军就在溪口区范围内建立了王家坪、杜潭坪、长潭、茅岗、泥漯、甘堰、岩口、郝溪、于家村等17个乡村革命委员会。并且区革

苏维埃溪口区政府旧址

委派干部在王家坪、长潭、渡坦坪 3 个乡领导完成土改工作。1934 年 11 月到 1935 年 6 月，慈桑县革命委员会随即成立，隶属于湘鄂川黔省革命委员会。时任主席为李志福，副主席钟芳清，委员 13 人，下设军事、土地、粮食、财经等部，并以桑植东部空壳树为中心，慈利西部和大庸东北部是其辖区。

慈利苏区的土地革命和教育工作。1934 年红军占领溪口以后，先后派出干部深入乡村发动群众，在全区范围内建立了王家坪等 17 个乡村革命政权，并积极开展打土豪、分田地的活动。据统计，在土改过程中全区 17 个乡村展开了打土豪、分钱财的斗争，共打土豪 67 户，没收光洋 1 万多块、金玉首饰 900 多件、农具 700 多件、家具 800 多件、蚊帐绸面被褥 800 多床、衣服 1000 多件、生猪 200 多头、粮食 26 万多公斤。此外，慈利在湘鄂西、湘鄂川黔革命根据地时期，运用办农民夜校、创办小学、组织儿童团等多种宣传教育手段，采取多种宣传教育形式，根据形势、任务，积极开展文化宣传教育工作。如杜修经在国太桥串联发动地下党人创办的下坪两等学校、国太桥小学、道街小学就是湘鄂西时期苏维埃教育的典型代表。

抗日战争时期，慈利人民与中国守军一道英勇抗击日本侵略。1939 年 10 月 31 日，慈利民众护送迫降在放马洲外的澧水河中苏联援华志愿航空队的一架 DB-3 型轰炸机和三位苏联飞行员平安返回机场。掀起了慈利参军入伍的热潮，抗战期间慈利共有 15000 人参军，大部分牺牲在抗日战场。1943 年 11 月 18 日，作为常德会战中重要的外围战，国民党73 军残部在慈利重新集结布防，顽强阻击日军，先后在垭门关、羊角山等地鏖战，奇袭热水坑棠梨岗，并于 25 日收复县城。

1949 年，中共慈利县工委和党的外围组织，积极开展革命斗争和迎接解放运动。7 月 31 日，慈利解放。

慈利县人民为中国革命付出了巨大牺牲，作出了重大贡献。据不完全统计，自1927年的马日事变到1935年红军离开慈利开始长征，慈利有3700余人参加红军，革命者、家属惨遭杀害的有1400余人，家破人亡的有10000余人。另外，在慈利这片红色热土上，还走出了袁任远、蹇先任、蹇先佛等一批无产阶级革命家，他们用可歌可泣的非凡经历，谱写了革命战争年代的传奇人生，为革命的最终胜利作出了突出贡献。在土地革命战争时期，慈利苏区支撑了湘鄂西、湘鄂川黔根据地的发展，并成为湘鄂西、湘鄂川黔苏区向外扩张的前沿阵地以及与白区反动势力开展斗争、捍卫苏区的重要地域。

慈利尚存的革命旧（遗）址主要有苏维埃溪口区政府旧址，红二、六军团指挥部旧址，红军医院旧址，讧垭扩红旧址、红二军团政治部旧址、袁任远故居以及中共老棚谢家嘴支部旧址等。

桑 植 县

桑植县，隶属于张家界市。位于湖南西北边陲，东界石门县、慈利县，南毗永定区、永顺县，西接龙山县，北邻湖北省宣恩、鹤峰县。全县总面积 3475.29 平方公里，下辖 12 个镇、11 个乡（含 5 个民族乡），常住人口 37.61 万。1952 年，桑植县被湖南省人民政府认定为革命老区，是中央南方老根据地访问团首批认定的湖南十个老苏区县之一。

一

桑植县是开国元帅贺龙的家乡，桑植县有着光荣的革命传统。1927年八一南昌起义失败后，贺龙于 11 月辗转抵达上海与中央取得联系。起初，中央拟派他和刘伯承赴苏联学习。贺龙却向中央请求回家乡桑植，重整旗鼓，利用湘鄂边的险要地形坚持武装斗争，开辟革命根据地。在如此危急关头，贺龙毅然作出这样的抉择，主要是因为：

贺龙对党绝对忠诚，信念坚定，在危急时刻勇于担当重任。1927年7月下旬，时任国民革命军 20 军军长的贺龙还未加入中国共产党，在南昌起义严重受挫的时刻，他毅然加入中国共产党。按照党的八七会议精神，回家乡组织武装暴动，开辟革命根据地。

贺龙对家乡情况熟悉，当年在此"两把菜刀闹革命"家喻户晓，回乡再举义旗极具号召力。贺龙一生中曾留下过许多红色传奇，最为广泛流传的还是早年在家乡"两把菜刀闹革命"——刀劈芭茅溪盐税局的故事。1916年3月16日，贺龙邀集20多位血气方刚的乡邻好友，手执马刀、菜刀、火铳、匕首，星夜从洪家关奔赴芭茅溪，刀劈盐税局，夺取枪支，将柜中的账本付之一炬，将库中的粮食和食盐分给当地群众。随后，贺龙依靠这支农民武装，正式组建了桑植讨袁护国军，一时名震三湘。直到率部参加南昌起义，出任起义军总指挥，打响了武装反抗国民党反动统治第一枪，更是威名远扬。

桑植地势险要，农民武装反抗封建统治的斗争接连不断，有利于创建革命根据地。桑植位于武陵山腹地，地处交通极为不便的边远山区，加上地方封建统治者的残酷剥削，长期以来，各种形式的农民武装反抗斗争此起彼伏。其中贺龙的大姐贺英早年就曾拉起一支队伍，长年在湘鄂边一带惩恶除暴，打富济贫，名声较大。同时，还有一部分参加南昌起义被打散回乡隐蔽的旧部，这些都有利于组建工农红色武装，很快在湘鄂边形成一块红色武装割据的革命根据地。

二

1928年2月28日，贺龙和周逸群奉中央的指示以中共湘西北特委身份回到桑植，立即为举行桑植起义作军事准备。贺龙利用自己的声望，很快召集了家乡一带的亲族、旧部农民武装3700余人，于3月30日正式成立了工农革命军。工农革命军下辖一个师、两个团、四个大队，贺龙任军长，贺锦斋任师长，贺桂如、李云卿任团长，王炳南等分别任大队长。

4月2日清晨，工农革命军从洪家关出发，兵分三路直奔县城，分别由贺龙和贺桂如率中路、贺锦斋率左路、李云卿率右路向县城北门、东门和西门同时发起猛烈进攻。经两小时激战，一举击溃守敌陈策勋部，

贺龙故居

攻克县城。次日，工农革命军在县城举行声势浩大的示威游行和庆祝大会。会上，贺龙、周逸群分别号召劳苦大众团结起来，拿起武器推翻国民党反动统治，建立自己当家作主的红色政权，开展土地革命运动。会后，中共湘西北特委、桑植县委、桑植县革命委员会在县城挂牌办公。桑植起义不仅有力打击了当时国民党在桑植的反动统治势力，更重要的是拉开了创建湘鄂边革命根据地的序幕，也为日后开辟湘鄂西、湘鄂川黔红色苏区，组建湘鄂西红四军等主力红军奠定了基础，在苏区发展史上留下了浓墨重彩的一笔，具有十分重要的历史意义。

土地革命战争时期，桑植相继隶属于湘鄂边、湘鄂西、湘鄂川黔根据地。当年在这片红色的土地上，全面开展了地方党组织、苏维埃政权、红色武装建设和土地革命运动等苏区各项重要工作，并坚持了近八年的武装斗争。

苏区党的组织建设。1927年4月，在中共常德地方执委的指导下，中共桑植县特别支部正式成立，书记谢策智，委员朱嗣堂、谷及峰，但成立不久，即因长沙发生马日事变遭受破坏。1928年2月28日，贺龙和周逸群以中共湘西北特委身份回到桑植，即决定组建以李良耀为书记的中共桑植县委，并于3月召开了第一次县党代会，正式成立了中共桑植县第一届委员会。1929年6月14日，贺龙率部再次攻克县城，选举产生了仍由李良耀任书记的第二届中共桑植县委，并作出《关于加强基层苏维埃政权建设和开展土地革命运动的决议》。1931 年 4 月，在湖北鹤峰走马坪召开第三次桑植县党代会，杨英出任县委书记。1932 年 7 月，在白竹坪召开第五次党代会，选举产生以吴卓然为书记的第五届县委。1934 年 11 月，组建第五届中共桑植县委，先后由方汉英、李国斌任书记。自 1929 年 6 月起，县委开始在各区乡积极发展党员，组建党支部。据党史记载，坚持时间较长的有洪家关、岩垭、白竹坪、瑞塔铺等 14 个区党支部，分别下辖 60 余个乡党支部。

苏区红色政权建设。1928 年 4 月 3 日，贺龙率部举行桑植起义攻克县城后，立即成立了湘鄂边苏区第一个红色政权桑植县革命委员会（后称苏维埃政府）。1929 年 6 月中旬，贺龙率红四军再次收复县城，正式成立了第二届桑植县苏维埃政府。1931 年 11 月，在白竹坪召开县工农代表会议，杨英、陈勇分别当选桑植县第三届苏维埃政府主席和副主席。1933 年 1 月，组建第四届县苏维埃政府。1934 年 11 月，桑植县第五次工农兵代表大会召开，选举产生桑植县革命委员会（亦称第五次县苏维埃政府），先后由萧斌、陈绍清、段新斋任主席。据不完全统计，到 1935 年秋，全县有 15 个区、51 个乡建立了苏维埃政府。为了巩固红色政权，积极推动土地革命运动，县委和县苏维埃政府在着力抓好区乡党组织和苏维埃政府建设的同时，还先后组建了县赤色工会、团县委和妇联、儿童团等革命群团组织。

苏区地方革命武装建设。从 1928 年初桑植起义开始，到 1935 年底红军长征后为止，桑植老区军民在坚持艰苦卓绝近八年的武装斗争中，在全力支援主力红军作战的同时，还先后组建了数支地方红色武装，其中影响较大、战斗力较强的有：

贺英游击队。以贺龙大姐之名为番号的这支游击队，是当年湘鄂边最有声望的地方红色武装。桑植起义后，为保存实力，贺英带领部分随其参加起义的旧部转移到湘鄂边的大山深处，边战斗边生产，开辟了几块红军后方基地。在贺龙的红军部队处于最艰难时期，贺英游击队的后方基地发挥了极其重要的作用，全力支持其渡过难关，为保存湘鄂边、湘鄂西苏区的革命火种作出了特殊贡献。1933 年 5 月 6 日，游击队驻地被敌包围，贺英突围时壮烈牺牲。

桑植模范师。组建于 1934 年 11 月，师长吴子义，下辖 3 个团，主要负责保卫大后方龙潭、芙蓉桥等地。

桑植游击大队。第一支组建于 1930 年春，大队长贺文渊，在毛垭、白竹坪、芭茅溪等一带的高山密林中坚持武装斗争。第二支组建于 1934 年 11 月，大队长钟昌业；1935 年 6 月，改编为桑慈游击大队，后编入主力红军参加长征。

桑植独立团。1935 年 6 月，由桑植独立营改编，团长赵继臣，下辖 3 个连，主要配合主力红军作战，后编入红 18 师参加长征。

桑植独立 2 团。1934 年 11 月组建，团长谷新斋，下辖 3 个营，主要驻守双溪桥一带，后编入主力红军北上长征。

桑植团。1935 年 6 月在洪家关组建，下辖 3 个营，1500 余人；后编入红 18 师 50 团，团长刘风。

开展土地革命运动。1929 年夏，县委、县苏维埃政府在洪家关和岩垭等地开展了土地革命运动试点工作。1930 秋至 1931 年春，县委、县苏维埃政府根据湘鄂西特委有关会议精神，先后在县和区乡两级分别设立土地部、土地委员会，并层层选派三至七名专人，在全县开展了轰轰烈烈的土地革命运动。首先，将地主的田地、粮食、财物和富农出租部分的田地没收，然后将财物除部分留作军政开支外，全部分发给贫苦农民，将田地按好坏、人口等因素搭配分给农户，并分发土地证。1935 年春，根据湘鄂川黔省委和省苏维埃政府的指示，桑植在全县又开展了第二次土地革命运动。据不完全统计,这次共没收 52000 余亩田地分给贫苦农民,其中有 20 多个乡在所分得田地上耕种了两年,有 30 多个乡在所分得田地上耕种了一年。

三

桑植起义之后,国民党屡派重兵前来"围剿"主力红军部队。为粉碎敌人的疯狂"围剿",保卫红色苏区,贺龙在沉着应战,机智与敌周旋的同时,多次抓住战机,以桑植为主战场,率部痛击来犯之敌,大获全胜,其中南岔、赤溪河和陈家河大捷,均已作为较有历史意义的战例载入史册。

南岔、赤溪河大捷。1929 年 6 月底,湘西军阀、湖南警备第一军军长陈渠珍为恢复对桑植的统治,令所属向子云部进攻桑植。向子云即令所部周寒之率近 2000 人自永顺迂回进入桑植。贺龙决定诱敌深入,一面派重兵埋伏在桑植县城附近,一面派少数兵力与应战,佯作败退,诱敌自南岔东渡澧水。7 月 1 日,待敌军进抵桑植城下时,红四军伏兵突然出击,周寒之仓皇率部后撤至澧水河边,未及渡河即大部被歼灭,红四军缴枪数百支。7 月 14 日,气急败坏的向子云又纠集 2000 余人,再次分五路扑来,狂言要血洗桑植。贺龙于次日指挥红四军又一次诱敌深入,乘敌军兵力分散时,集中 4 个团,首先歼灭进占桑植县城的敌军,然后乘胜追击至澧水岸边赤溪渡口,将进犯之敌大部歼灭,仅 100 余敌军逃脱,向子云也在渡河时被淹死。南岔、赤溪河大捷,是红四军建军以来取得的第一次重大胜利。至此,红四军发展到 4000 余人,桑植和鹤峰红色区域很快连成一片,这对于巩固和发展湘鄂边苏区具有十分重要的历史意义。

陈家河大捷。1935 年春,蒋介石调集湖南、湖北两省 10 多万国民党军，编成六路纵队，企图采取分进合击、攻堵结合的办法，"围剿"湘鄂川黔根据地。4月12日，红二、六军团被迫从根据地首府塔卧撤离。撤离途中，获悉敌陈耀汉部一七二旅已孤军深入到桑植陈家河。贺龙当即果断决定，趁敌立足未稳、地形不熟之机，马上兵分三路，迅速对来犯之敌进行围歼。至14日，红军歼灭敌一个师部、一个旅部、一个整团和炮兵营，缴获两门山炮，红二、六军团从此有了重武器。随后，湘鄂川黔省委机关进驻桑植，恢复了塔卧以北大片根据地。陈家河大捷，有力打击了各路进犯之敌的嚣张气焰，极大鼓舞了红军的士气，战局很快从被动转向主动，在红二方面军战史上写了光辉的一页。

1935年10月，蒋介石调集22个师140个团，加上地方保安部队，共30余万兵力对湘鄂川黔革命根据地进行更大规模的"围剿"，企图将红二、六军团聚歼于桑植、龙山、永顺一带，从而消灭长江以南这支唯一的红军主力部队。面对十倍以上的强敌压境，11月4日，中共湘鄂川黔省委和军委分会在桑植县刘家坪龙堰峪召开联席会议。在认真分析形势后，会议决定实行战略大转移。11月中旬，红二、六军团和各党政机关集结于桑植，进行了战略大转移前的各项准备工作。11月19日，贺龙代表军委分会下达了突围命令后，红二军团和红六军团分别在刘家坪的干田坝和瑞塔铺的枫树塔召开了誓师大会，贺龙、任弼时、关向应、萧克、王震等领导亲临会场，发表了动员讲话。傍晚，红二、六军团告别湘鄂川黔根据地，告别根据地人民，分别从刘家坪、瑞塔铺和桑植县城出发，踏上了战略转移的伟大征程。

当贺龙等率领这支队伍历尽千辛万苦胜利到达陕北后，毛泽东高度赞誉说："贺龙是红二方面军的一面旗帜！"

在艰苦卓绝的革命战争年代，特别是在土地革命战争时期，桑植老区人民为新中国的建立付出了巨大牺牲，作出了不可磨灭的重大贡献，从有关史料记载中知悉，当年仅十几万人口的桑植，曾有 50000 余人参加了红军和各种革命团体组织，至少有 10000 余人血洒这处红色的土地，其中贺龙的亲人和亲族就多达 2000 余人；当年跟贺龙参加南昌起义的桑植儿女有 3000 余人，后来与家中有联系的不足 800 人；当年红二、六军团长征出发时的队伍中，桑植籍多达 4000 余人，中华人民共和国成立后仍健在的却不到 50 人。

桑植县革命纪念馆和遗址有：贺龙故居和纪念馆，中国工农红军第二方面军长征出发地旧址和纪念馆，中华苏维埃六县联合政府旧址，芭茅溪盐税局旧址，红二、六军团指挥部旧址，桑植起义旧址，桑植县农民协会遗址，廖汉生故居等。

益阳市

　　益阳市，位于长江中下游平原的洞庭湖南岸，地处湖南省北部，是长江中游城市群重要成员、洞庭湖生态经济区核心城市之一。全市总面积12320.37平方公里，下辖2个市辖区、3个县，代管1个县级市。常住人口385.16万。益阳是一座有着厚重红色基因的历史文化名城，市内各县（区、市）也集聚着丰富的红色遗址资源。这里有厂窖惨案遇难同胞纪念馆、洞庭湖地区重要秘密据点——丰堆仑革命旧址、湖南最早的农村党支部——中共金家堤支部等红色遗址等。新民主主义革命时期，益阳人民在党的领导下，进行了长期艰苦的、不屈不挠的斗争，在中共党史上写下了光辉壮丽的一页。

资 阳 区

资阳区，原为县级益阳市，1994 年 3 月，经国务院批准，撤市设区。隶属于益阳市，位于湖南省北部，地处资水北岸、洞庭湖南岸，以资水主航道与赫山区划界而治，因位于资水北岸得名。全区总面积 571.71 平方公里，下辖 2 个街道、5 个镇和 1 个乡，常住人口 35.64 万。2010 年 7 月，资阳区被湖南省人民政府认定为革命老区。

一

资阳区有着光荣的革命斗争传统。早在大革命时期，1925 年冬，在广州农民运动讲习所第五期学习结业的共产党员高文华，受中共湖南区委派遣，回家乡资阳区南湖托开展党的工作，发展了廖林照、郭福田、刘德生、张华庭、刘照庭、曹时应等为党员，建立了中共南湖托支部。

1926 年 7 月，中共湖南区委指派袁铸仁为中共益阳县地方执行委员会书记。10 月，全县党员大会，50 多人参加，选举产生中共益阳地方执行委员会，袁铸仁任书记，何凝庶任组织部部长，戴武仁任宣传部长，高文华负责农运，余璜负责农协，彭梅生、何成舟负责工运，何圣负责青运，孙慕韩负责教育，龚宜家负责妇运，党的组织得到迅速发展。1927 年初，益阳 7 个区有 5 个区建立了区委，2 个区建立了党支部，共组建支部 38 个，党小组 3 个，共产党员发展到 368 人。毛泽东在《湖南农民运动考察报告》中高度评价了益阳的农民运动。全县有乡农民协会400多个，会员达22万多人，开展土地革命，打击地主恶霸、土豪劣绅，农民运动迅猛发展，势不可当。与此同时，还组建了县总工会和基层工会，会员近2万人，工人运动蓬勃开展起来，革命形势不断高涨。

1927年4月，蒋介石在上海发动了四一二反革命政变，5月，许克祥在长沙发动马日事变，国民党反动派疯狂屠杀共产党人和革命群众，沅江县党组织遭到严重破坏，工会、农民协会、青年团、妇女联合会，各个革命团体被捣毁，工人运动、农民运动遭受严重挫折，一片白色恐怖，革命形势陷于低潮。

1927年8月7日，中共中央在汉口召开紧急会议，总结了大革命失败的经验教训，批判了陈独秀右倾机会主义错误，确立了开展土地革命，武装反抗国民党反动派的总方针。1928年春，在中共湘西特委的领导下，中共益阳县委在县城罗明巷重新成立，至5月，县委下辖2个区委，10多个支部，有党员110多人，继续开展革命活动，坚持革命斗争。

二

资阳区苏区的革命武装斗争和红色政权建设。土地革命战争时期，1927年底，在中共湖南省委的领导下，中共益阳特委组织了年关暴动。1928年秋，中共湘西前委派共产党员戴尧天、曾晓初回县组织浮邱山、高桥、黄泥田等三个支部的党员及周围革命群众成立游击队。1930年1月28日公布的《中共湖南省委关于一九二九年湖南党组织情形的报告》中指出："益阳现有党员一百二十人左右。县城工人支部三，四乡（指全县范围）均有支部的组织。过去雪峰山有兵士支部一，已分化下山，有长枪十八支，短火三支。省委已指示其在四乡作游击战争，发动农民日常经济斗争，并助其组织起来……发展秘密的农会组织。"由于益阳党的工作和群众基础较好，1930年6月，中共湖南省委机关在湘阴遭敌破坏后，来资阳区重组。后为指导红三军团进攻长沙后的工作迁往铜官，但很快于当年11月又迁至资阳区。

风堆仑革命旧址

1931年底，益阳、沅江、岳阳、湘阴等地发展游击小组32个，组员700余人。游击队扎根于群众中，利用沅、益、湘（阴）等县河湖港汊密布，水路四通八达地形，采取"昼伏夜行，声东击西""避实打虚，扰敌后方""敌来我飞，敌走我归"等战术，与国民党反动武装进行过百数次战斗，在反"清湖"斗争中取得了重大胜利，曾使洞庭特区由6县扩大到9县，后又扩大到12个县。

资阳区苏区的革命政权建设。1930年10月3日，中共湖南省委给长江局的报告汇报到"党的工作概况"时说："第四，以常德为中心（暂以益阳为中心）之湘西各县，派省委长卿到湘西加紧工作，准备成立湘西特委，首先从益阳发动游击战争，组织地方暴动……解决土地问题，建立苏维埃政权。"1931年4月，周逸群率部入洞庭湖区，组建中共洞庭特区委员会、特区苏维埃政府和游击大队。1932年9月，中共汉益沅三县联区工作委员会成立，同时成立三县联区苏维埃政府，隶属洞庭特区苏维埃政府领导。经大会选举，戴春生（化名戴玲）任三县联区苏维埃政府主席，曾鹏飞任副主席，胡新元任秘书长，鲁仁保为交通员。下设经济、土地、财政、军事、文教等委员，联区工委和联区苏维埃政府的办公地点设在军山铺沙子塘罗家弯郭玉和家。接着又分别选举产生了三个县的苏维埃政府负责人。三县联区委员会和联区苏维埃政府及各县苏维埃政府的成立,进一步明确汉、益、沅三县成为湘鄂西革命根据地的组成部分。

<h1 style="text-align:center">三</h1>

抗日战争时期,中共资阳党组织获得较快发展,在恢复和发展的同时,及时发动和组织广大群众开展了抗日宣传活动和抗击日军侵略的斗争。1938年3月,省工委派刚从延安学习返湘的李文定来益,建立益阳县委,至1939年3月,市区即建立了白乐区委及总工会,达人工厂、小学教联、《益阳民报》等10个支部;1949年2月,共产党员张乐受湘西工委派遣回益阳建党,7月,成立了以张乐为书记的益阳区工作委员会,下辖一个总支、10个支部、两个党小组;1949年3月,文星朗受省工委书记周里派遣,回益开展地下工作,建立党的外围组织"益青社"。同月,从常德越狱的共产党员郭仁,潜回家乡益阳市迎丰桥开展革命活动,建立中共迎丰桥支部。此外,在党组织充分利用宣传阵地,一方面主办进步报刊发表抗日救亡文章,另一方面发行进步书报,大力开展抗日救亡宣传。同时,通过组建中华民族解放先锋队和工会等群众组织,把青年学生、工人、农民组织起来,团结在党的周围,有效地推进了抗日救亡运动。

解放战争时期,中共资阳党组织一方面发动各阶层群众开展声势浩大的"反饥饿、反内战、反迫害"爱国民主运动;另一方面,积极开展武装斗争和统一战线工作,全力配合中国人民解放军南下大军,推进益阳解放的进程。1949年8月3日,益阳解放。

资阳区人民为中国革命事业作出了重大贡献。

土地革命战争时期，资阳区苏区所在的原益阳县苏区为全国革命输送了许多优秀人才。其中有红军师长6人，即张国基（南昌起义时任第一师师长）、张子清、曾士峨、曹德清、曹其灿、袁焕庭（五人均为烈士）；省委书记3人，即夏曦（烈士）、高文华、徐少保（烈士）；中共江苏省委组织部长黄励（烈士）；以中央特派员身份领导湘鄂西苏区工运的张昆弟（烈士）；中央苏区无线电负责人曾三。

　　资阳区红色遗迹有中共益阳县地方执行委员会机关旧址（文昌阁）、风堆仑革命遗址等。

赫 山 区

赫山区，原为益阳县，1994年3月，经国务院批准，撤县设区。隶属于益阳市，位于湘中偏北，地处洞庭湖畔，东邻湘阴、望城，南界宁乡，西接桃江，北临资水。全区总面积1278.69平方公里，下辖7个街道、10个镇、1个乡，常住人口88.91万。1990年6月，赫山区被湖南省人民政府认定为革命老区。

一

赫山区有着光荣的革命斗争历史。早在大革命时期，1924年6月，欧阳笛渔、欧阳泽、夏曦就在兰溪金家堤组建了湖南省农村最早的党支部——中共益阳县兰溪金家堤支部，直属中共湘区委领导。1926年7月中共湖南区执委指派袁铸仁为中共益阳县地方执行委员会书记。10月，在兰溪镇完小召开全县50多名党员大会，选举产生了中共益阳地方执行委员会。1927年初，共产党员发展到368人。全县7个区，有5个区建立了区委，2个区建立了党支部，共组建支部38个，党小组3个。长沙马日事变发生以后，1927年6月，在省委的领导下，以益阳为中心，成立了辖益阳、安化、沅江的益阳特委。年底，省委指示，撤销益阳特委。1928年春，在中共湘西特委的领导下，中共益阳县委在县城罗明巷成立，至5月，县委下辖2个区委，10多个支部，有党员110多人。1929年5

月，中共湖南省委派陈学仙来县，组成中共益阳临时县委，书记陈学仙。是年冬，中共湖南省委又派张子翼（子意）来县，建立中共益阳县委，张子翼任书记。次年2月，张子翼调常德，易竹青继任县委书记。全县重建桃江、白鹿2个区委和13个党支部，有党员100余人。

1949年上半年，全国解放战争节节胜利，至8月初，中共益阳区工委下辖11个支部，以及县城2个党小组，共有党员110人。至益阳解放前夕，全县有党支部12个，党员140多人。

二

赫山区苏区革命武装斗争的发展。1928年2月，党员汪俊明、莫国清等，在县城秘密编印发行《赤光》旬刊多期，宣传党的土地革命政策和武装斗争等。1930年春，中共益阳县委在益阳、宁乡县交界的雪峰山地区建立一支20人的游击队，由胡泽炳任游击队指导员，全队有手枪10支，在横马塘开展红色清乡斗争。同年6月，遭县挨户团总局"清剿"，游击队转移至沅江。1931年底，特委和苏维埃政府又在益阳、沅江、岳阳、湘阴等地发展游击小组32个，组员700余人。游击队扎根于群众，利用沅、益、湘（阴）等县河湖港汊密布，水路四通八达地形，采取"昼伏夜行，声东击西""避实打虚，扰敌后方""敌来我飞，敌走我归"等战术，与国民党反动武装进行过百数次战斗，在反"清湖"斗争中取得了重大胜利，曾使洞庭特区由6县扩大到9县，后又扩大到12个县。

赫山区苏区的红色政权建设。土地革命战争时期，赫山区党组织编印党刊，组织地方武装，建立苏维埃政府，在极其困难的条件下坚持革命斗争。1931年4月，洞庭特区苏维埃政府在华容县磨盘洲成立，辖华容、岳阳、南县、沅江、益阳、湘阴等县滨湖地区。次年9月，洞庭特区派员来县迎丰桥建立益阳、沅江、汉寿三县联区苏维埃政权，赫山区成立万家山乡苏维埃政府，执行会长为杨明山。

赫山区人民在大革命时期和土地革命战争时期，不仅在本地坚持革命斗争，同时为全国革命输送了许多优秀人才。

三

1937年7月，抗日战争全面爆发。是年冬，原中共益阳县委书记刘熙安从武汉回县，从事党的恢复工作。至1939年2月，建立沅江中心区委、白鹿区委、兰溪区委、演资委、桃江区委5个区委，大栗港中心支部、县委直辖职工总支部和黄万泰染织丰耕织布厂、达人针织厂、鞋业工会、蔚南女子中学、作育学校、龙洲师范、益范民报社和文教等10个支部。3月，中共常益中心县委成立，书记帅孟奇。6月，平江惨案发生。国民党反共活动加剧。1940年9月，中共益阳县委撤销，县内党的工作由常益中心县委书记罗怀恕兼管。1941年1月，皖南事变发生，县内共产党组织再次遭受严重破坏。1942年6月，中共湖南省委根据南方局指示，撤销中心县委机构。年底，罗怀恕去长沙后被捕，县内党组织与上级党组织联系中断，仅大栗港中心支部仍坚持秘密活动。

抗日战争时期，县内党组织广泛开展抗日救亡活动。蔚南女子中学、作育学校、龙洲师范、大栗港战时民校等学校，在各校中共支部领导下，以党员为核心，通过学生会，团结进步师生，组织讲演队、剧团、歌咏队等、深入工厂、农村、部队，宣讲抗日救国道理，演出抗日救亡话剧，教唱抗日歌曲、慰问抗日官兵。

1949年上半年，全国解放战争节节胜利，县内共产党组织得到发展。中共江南游击队特别支部派党员郭仁回县，在迎丰桥一带发展党员，建立党小组。1949年3月，中共迎丰桥支部建立，同月，共产党员文星朗受中共湖南省工委书记周里派遣，回县开展秘密工作，在县城建立党的外围组织益青文化社，从中吸收一批先进分子入党。4月，共产党员张乐在道子坪建立中共益阳支部。6月，张乐密赴桃源参加中共湘西工委召开的"九溪会议"，会议决定成立中共益阳区工委，指定张乐为书记。至8月初，中共益阳区工委下辖箴言完小总支和箴言完小、志源乡、沧水铺、马头村、涌泉山（属宁乡县）、山门坎、岩子潭、泉交河、湖南人民解放突击第十二大队第一中队、第二中队共11个支部，以及县城2个党小组。党组织一方面发动各阶层群众开展声势浩大的"反饥饿、反内战、反迫害"爱国民主运动；另一方面，积极开展武装斗争和统一战线工作，全力配合中国人民解放军南下大军，推进益阳解放的进程。

赫山区人民以不屈不挠的精神与反动势力进行了艰苦卓绝的斗争，为中华民族的解放事业付出了巨大的牺牲，作出了重大贡献。

赫山区的红色旅游景点主要有曾士峨烈士纪念碑。

南　县

南县，隶属于益阳市，位于湖南省北隅，东、东北邻岳阳和华容县，西、西南界安乡和汉寿县，北与湖北省石首市接壤，南与沅江县相连。全县总面积 1327.16 平方公里，下辖 4 个镇、1 个乡，常住人口 57.24 万。1989 年 1 月，南县被湖南省人民政府认定为革命老区。

一

南县人民具有光荣的革命斗争传统。早在中国共产党创立时期，1921 年 4 月，毛泽东、易礼容等就来县进行社会调查，传播革命思想，此后，易礼容多次受党的派遣来南县组建党的组织和指导党的工作。1925 年春，中共南华小组在南县中湖子口成立，领导南县 10 万农民协会会员向土豪劣绅、贪官污吏及一切封建势力发起了猛烈冲击，形

段德昌铜像

成了"一切权力归农会"的革命局面，翻天覆地的农村大革命席卷城乡。同年，以"青年救国团"的名义吊唁孙中山逝世和纪念"五四"，向群众传播进步思想，宣传国民革命；同年 7 月至翌年秋，又通过"雪耻会"开展反对帝国主义和支持北伐战争的宣传，使党的路线和主张在民众中产生影响。

在中共南县特别支部的帮助下，南县工会筹备处成立。次年 8 月，北伐军进南县，工人运动出现高潮，在县城组织箩业、马业、泥木业、铸业、镀业、铁业、理发、缝纫、靴鞋、筵席、厨工、油漆、弹花 13 个行业工会和麻河口、武圣宫、浪拔湖、乌嘴、三仙湖等乡工会，发展会员 3700 余人。中共南华小组在国共第一次合作期间，曾帮助国民党在县内发展党员，筹建国民党县、区组织，并派一部分中共党员加入国民党。1926 年 8 月，国民党南县党部成立，7 名中共党员任县党部执行委员和监察委员，全县形成包括工人、农民和学生团体在内的统一战线，促进了国民革命运动的发展。

1927 年 5 月，长沙发生马日事变后，南县团防局长晏光烈捣毁南华地委和基层组织，党员有的惨遭杀害，有的撤出县境，有的转入秘密活动。中共八七会议后，党的工作转入武装斗争。为了与国民党的"围剿"屠杀作针锋相对的斗争，中共湖南省委拟发动湘北地区秋收暴动。9 月，决定成立中共南（县）华（容）安（乡）特委，派杜修经任特委书记，在南县县城设特委机关，秘密恢复南、华、安三县党组织。彭德怀于 1928 年春在南县由段德昌和中共南华安特委介绍加入中国共产党。1928 年 2 月，杜修经奉调醴陵，刘国富接任特委书记。这时特委所属党员发展到 400 余人，其中南县约 300 人。1928 年 4 月，南华安特委遭破坏，自此到 1931 年 12 月，南县党组织经历了多次变更。1932 年 1 月，南安县委遭破坏后，县内白色恐怖更加严重，党组织未能恢复，只有少数党员长期隐蔽下来。

1937年全面抗日战争爆发，国共第二次合作，八路军驻湘办事通讯处派李服波来南县建立党的组织，发动和领导人民群众开展抗日救亡运动。

二

南县苏区的红色政权建设和革命武装斗争。土地革命战争时期，1930年10月22日，贺龙领导的红二军团攻克南县，在南县县城帮助建立了南县苏维埃政府，选举产生了南县苏维埃政府主席团，主席团下设肃反、文化、土地、粮食、财务、军事、社会保险和市政8个委员会，各设委员会主任1人，委员1～3人。南县苏维埃政府成立后，立即领导南县人民在5个辖区建立了区苏维埃政府。区苏维埃政府以主席团为决策机关，由主席1人，执行委员3～4人组成，负责本委员会工作，辖地占全县面积100%。其中南县第三区苏维埃政府还辖华容县的北景港、九斤麻等地。南县县、区苏维埃政府领导全县人民开展了轰轰烈烈的土地革命，将没收的土地分给农民，切实保障了农民的权益。为给红军筹措军饷和军需物资，县苏维埃政府还组织人员按照政策没收资本家和土豪劣绅的部分财产，没收了大纶等绸缎庄很多布匹，同振金店很多光洋和金子，全盛药店许多药材，正大油行几百桶煤油，还有其他一些土豪劣绅的物资，用20多只民船运往洪湖根据地，为红军的物资供应作出了贡献。同时，县苏维埃政府组织县城各界人民在大操坪举行了两次劳军大会，公演了许多红军喜爱的话剧，并在操坪杀猪宰羊，慰问红军官兵。

1930年2月中共南华安中心县委成立后，南、华、安3县的党组织先后组建了3支游击队。南县游击队开始有50余人，30多条枪，以本县的乌嘴、明山头，华容的牛氏湖、九斤麻、北景港、中岭子、沅江的柳林汉等地为据点，先后捕杀了南县、石首和华容一批罪大恶极的土豪劣绅，处死了南华渡、明山头的"铲共义勇队"队长，袭击北景港敌区公所，缴枪8支。南县游击队还成功地劫了敌人的"法场"，营救了被捕的同志。经过一段时间的斗争，队伍发展成拥有百余人枪和200多把梭镖、大刀的游击队，还用抬"红轿子"作掩护，把一批枪支，经地下党交通站转送鄂西，支援红军对敌作战。

1930年10月，中共湘鄂西特委成立湘鄂西赤色警卫队。其中，江陵、石首、公安、监利、沔阳、华容、南县等10县各成立一个大队。南县游击队改编为湘鄂西赤色警卫队第10大队，辖3个中队，有队员300余人，长短枪百余支，鬼头马刀百余把，梭镖百余支，活动在南县及南县与华容县边境地带。1930年11月，被合编到湘鄂西苏区江右军，改称为江右军第十大队，仍驻南县、华容边境地区。江右军第十大队，在江右军的指挥下，在艰苦卓绝的反"围剿"斗争中，参加了保卫洪湖苏区的战斗，先后参加了攻克华容县城，围歼驻鲇鱼须敌军莫汝团朱营，保卫东山苏区等战斗，对洪湖苏区第一、二次反"围剿"斗争胜利，作出了积极贡献。1931年4月，江右军第十大队主力被编入洞庭特区游击大队，成为洞庭特区武装三大主力之一。

1931年3月，中共洞庭特区委员会建立，特区政府和共青团区委也相应建立，推动了滨湖各县工作。洞庭特区区委和苏维埃政府领导南县人民开展了一系列活动，在南县小北洲帮助组建了中共南华安沅县委和南县游击队进行革命政权建设，在南县挖口子一带建立了农民协会、女子联合会，南县人民不断派王保林、段金秀等一批优秀儿女参加洞庭特区游击队，积极配合洞庭特区在南县境内打击土豪劣绅，没收其财物，有力地支持了洞庭特区的斗争，在洞庭特区区委领导下，南县游击队和共产党人配合特区武装摧毁了岳阳杨林所团防、南县明山头团防、南县乌嘴团防，并占据了这些地方。正是在党和县苏维埃政府的领导下，工农运动蓬勃发展，各人民团体相继建立，有力地维护了南县苏维埃政权，为日后革命的发展奠定了坚实的政治和群众基础。

1931年6月，在洞庭特区的支持下，南县建立了一支精干的游击队，队员12人，枪12支，配合洞庭特区的游击战争，开展惩治土豪劣绅，打击敌团防的活动，战果颇著。南县游击队配合洞庭特区武装，突袭南县明山头、乌嘴的保安团，夺得枪支15支和一批弹药，坚持武装斗争达5年之久（含1928年春南县建立的革命武装及斗争）。至1937年，3支游击队进行大小战争几十余场，队伍扩展成有极强战斗力的组织。

三

抗日战争时期，1943年5月，日本军国主义分子在南县制造了震惊中外的厂窖惨案，杀我同胞三万余人。共产党员汤载福为保护群众，挺身而出，用铁锹与日军搏斗，壮烈牺牲。

解放战争时期，南县人民在中共地下党组织的领导下，同腐朽的国民政府进行了最后的决战，1949年8月，迎来了全县的解放。

南县人民为新民主主义革命的胜利付出了巨大牺牲，作出了重大贡献。据统计，土地革命战争时期，南县参加红军的优秀青年有2000多人。因段德昌是南县人，很多南县籍的红军战士到达洪湖后，都编入了段德昌领导的红六军，参与了湘鄂西根据地的创建，其中大部分在湘鄂西根据地的四次反"围剿"斗争中牺牲。南县现在册的烈士有200多人。1935年11月，红二军团开始长征。南县的郭藩、曹昆隆、黄承志、刘立等人跟随贺龙、任弼时，参加了举世闻名的二万五千里长征。为了中国人民的解放事业，南县的许多先辈献出了宝贵的生命。以段德昌为代表的一大批革命烈士，成为后人瞻仰的楷模。

南县尚存的革命旧（遗）址有新湖遗址、卢保山遗址、竹里山遗址等。

桃 江 县

    桃江县，隶属于益阳市，位于湖南中部偏北，资水中下游，东与益阳市赫山区相抵，南与宁乡县接壤，西、西南与安化县相连，西北与常德市鼎城区相接，北与汉寿县共壤，东北与益阳市资阳区相接。全县总面积 2068.15 平方公里，下辖 13 个镇、2 个乡（含 1 个民族乡），常住人口 68.56 万。2007 年 6 月，桃江县被湖南省人民政府认定为革命老区。

一

    桃江县有着光荣的革命斗争历史。早在大革命时期，1924 年 6 月，欧阳笛渔、欧阳泽、夏曦在桃江县兰溪金家堤组建了湖南省农村最早的

金家堤支部旧址

党支部——中共益阳县兰溪金家堤支部，直属中共湘区委领导。1926年7月，党的组织也得以建立，戴武仁受中共湘区党委派遣回家乡桃江镇发展党组织，7月中旬在桃江县双江乡发展戴舜、史策光、安帮入党，成立了中共桃江镇地方支部，支部书记史策光。不久又相继建立了桃江镇、双江、浮邱山三个支部和三堂街党小组，共有党员48人。1927年初，共产党员发展到368人。全县7个区，有5个区建立了区委，2个区建立了党支部，共组建支部38个，党小组3个。

正当党组织不断发展壮大的时候，1927年4月，蒋介石在上海发动了四一二反革命政变，5月，许克祥在长沙发动马日事变，国民党反动派疯狂屠杀共产党人和革命群众，党组织遭到严重破坏，革命运动遭受严重挫折，桃江县革命形势陷于低潮。

1927年8月7日，中共中央在汉口召开紧急会议，总结了大革命失败的经验教训，批判了陈独秀右倾机会主义错误，确立了开展土地革命，武装反抗国民党反动派的总方针。1928年春，在中共湘西特委的领导下，中共益阳县委在县城罗明巷重新建立。至5月，县委下辖包括桃江区委的2个区委，10多个支部，有党员110多人。

在土地革命战争时期，桃花江区委曾两次遭到破坏。1930年2月，胡泽炳率益宁游击队回桃江活动，同时联络坚持地下斗争的党员重新组建了高桥、石安田、黄箭山3个支部，恢复和发展党员28名，再次重建了桃花江区委。

二

桃江县苏区的革命武装斗争。1930年秋，中共益阳县委根据省委军委指示，派胡泽炳回桃江组织"益宁游击队"。胡携带手枪10支，在高桥、黄泥田、桃花江等地，组织了一支小规模的游击武装。1931年春，益阳县委遭敌破坏，这支游击武装直接受洞庭特区联县苏维埃政府领导。他们白天隐蔽，夜间活动，在宁益交界之雪峰山脉进行红色清乡。6月，益阳县团防局长曹明阵，联合湘中各县团防，成立"湖南五县联防指挥部"，大肆"围剿"党领导的地下武装。为保存革命势力，游击队奉命转移洞庭特区活动（沅江县保安垸），编入洞庭区游击大队。1933年4月，敌军大举"清湖"，洞庭特委决定苏区全部游击武装转移桃江雪峰山建立新的根据地。5月初，胡友光率游击队50余人枪离开洞庭湖向雪峰山转移，不料宿营在百叶冲时，遭益阳团防包围，特区主席吴文暄，游击大队队长胡友光等阵亡，游击队主力被冲散。此后，重新集结的一部分武装将活动重点转向桃江，先后在三官桥、三堂街、老鸦村、武潭等地宣传群众，惩治土豪劣绅。同年10月，地方游击队的活动为反动派侦悉遭"围剿"，戴春生、郭玉民等13名重要骨干被捕牺牲。自此，坚持艰苦斗争两年多的苏区武装斗争因敌人破坏而停止活动。

桃江县苏区的红色政权建设。1932年9月成立中共汉、益、沅三县联区工作委员会后，同时成立了三县联区苏维埃政府，隶属洞庭特区苏维埃政府领导。经大会选举，戴春生（化名戴玲）任三县联区苏维埃政府主席。联区工委和联区苏维埃政府办公地点设在军山铺沙子塘罗家弯郭玉和家。接着又分别选举产生了三个县的苏维埃政府负责人。为了迷惑敌人耳目，都称之为乡苏维埃政府。益阳县命名为万家乡苏维埃政府，办公地点设万家湾（现鲜鱼塘村）。三县联区工作委员会和联区苏维埃政府及各县苏维埃政府的成立，进一步明确汉、益、沅三县成为湘鄂西革命根据地的组成部分。据考证，桃江县域2068平方公里，苏区政府实际管辖到的有1226平方公里，占59%。当时桃江以武装斗争为中心的反"清乡"活动与洞庭特区苏维埃政府反"围剿"的斗争紧密联系在一起。到1933年8月，湘鄂西苏区丧失洪湖根据地以后，汉益沅三县联区党组织和苏维埃政府遭到彻底破坏。

三

　　解放战争时期，为了配合解放大军南下，桃江党组织成功地组织了武装起义，成为湘中武装游击根据地之一。1949年3月，灰山港大冲煤矿的40多名工人，在中共党员刘静安的领导下，成立矿工游击支队，后正式命名为湖南人民解放突击十二大队，大队长刘静安、政委张乐，游击队在灰山港、南坝等地打击地方反动势力。1949年3月，中共党员文星朗联络国民党青年军二〇五师回湘军官文俊鹏、文湘等，在松木塘乡响涛源举行武装起义，成立湘中游击队第三纵队第四支队，后正式命名为湘中第一支队第二大队，副司令员文湘，政委文星朗。6月，在松木塘、关山口等地粉碎国民党103军232师的重兵"围剿"，发展成为一支拥有400多人枪的武装组织。1949年8月3日，益阳和平解放。

　　桃江人民为新民主主义革命的胜利付出了巨大牺牲，作出了重大贡献。土地革命战争时期，桃江作为洞庭特区苏维埃政府和汉益沅联区苏维埃政府的辖区和主要活动区域之一，在反动派的一片白色恐怖中，桃江人民坚持革命斗争，先后有108个党员和工农骨干惨遭屠杀，另有200多人失踪，还有700多人被作为"共匪""暴徒"通缉。

　　桃江县有马迹塘战役纪念碑、夏曦故居遗址、张子清烈士纪念馆、张昆弟广场等四处红色遗址遗迹。

安 化 县

    安化县，隶属于益阳市，位于资江中游，湘中偏北，雪峰山北段主干带，东与桃江、宁乡接壤，南与涟源、新化毗邻，西与溆浦、沅陵交界，北与常德、桃源相连。全县总面积 4945.20 平方公里，是湖南省面积第三大的县，下辖 9 个镇、4 个乡。常住人口 78.1 万。1987 年 10 月，安化县被湖南省人民政府认定为革命老区。

一

    安化县有着光荣的革命斗争历史。早在新文化运动期间，1917 年 8 月，毛泽东到安化进行社会调查，对安化县有了初步了解。1921 年，中国共产党成立后不久，安化县的一些进步青年学生如卢天放、刘肇经、姚炳南等在北京、长沙受到马克思主义熏陶，先后加入共产党，并陆续回县从事革命活动。1923 年 4 月，安化建立了青年团组织。1925 年 6 月，毛泽东再次来安化，发动农民运动，指导建党。1926 年 4 月，中共安化地方执行委员会成立，姚炳南任代理书记，至 1927 年 5 月，全县党员发展到 500 多人。

    中共党组织成立后，成为全县领导革命的核心。1925 年，农民运动开始兴起，卢家坊、文溪、栗林、水溪坪等地建立了秘密农会。1926 年 8 月，安化县农协筹备处成立，农民运动迅猛发展。11 月 1 日全县建立区农协

15个、乡农协120个，会员达62300人。同月，召开全县第一次农民代表大会，正式成立安化县农民协会。至1927年春，农运进入高潮，全县农协会员发展到20余万人，差不多全体农民都集合到了农会的组织之中，并相应地组建了农民武装，县农民自卫军有128支枪，区级农民自卫军有梭镖8万余支。在党的领导下，这支农民武装在农村进行了一场空前的大革命。他们惩办土豪劣绅，推翻旧政权，一切权力归农会，进行减租减息，禁鸦片、禁赌博，等等。从政治上、经济上打击了土豪劣绅，维护了农民利益，使农民扬眉吐气了。1927年5月9日，中共安化地方执行委员会在梅城召开了2万多人的群众大会，宣布废除地主土地所有制。

1927年4月，蒋介石在上海发动四一二反革命政变，5月，许克祥在长沙发动马日事变后，国民党反动派疯狂屠杀共产党人和革命群众，安化全县上下一片白色恐怖，被捕的共产党员和工农骨干数以千计，县委领导人姚炳南、卢天放先后壮烈牺牲，党组织遭到严重破坏，各个革命团体被捣毁，工人运动、农民运动受到挫折，安化县革命形势陷于低潮。

二

英勇的共产党人并没有被敌人的屠刀吓倒。1927年8月7日，中共中央在汉口召开紧急会议，总结了大革命失败的经验教训，批判了陈独秀右倾机会主义，确立了开展土地革命，武装反抗国民党反动派的总方针，1927年8月，在中共益阳特委书记廖如愿的指导下，中共安化县委在东坪重建，书记为蒋晔。蒋晔根据安化的实际，把党的活动重点区域由敌人统治强大的前乡，转移到敌人统治薄弱的后乡，县委机关设在黄沙坪，后迁江南，积极从事党组织的联系、恢复工作。到10月，恢复建立了4个区委，20多个支部，党员达400多人。

1928年1月12日晚，中共安化县委在滔溪召开了全县党员骨干会议，会议传达了中共中央八七会议精神，提出当前任务是配合两湖秋收暴动，建立革命政权，贯彻省委"以红色清

湖南坡红军战场遗址

乡反对敌人的白色清乡"计划。蒋晔、廖世德、李步膺等分别作了党委、政治、军事报告。会议决定组织年关暴动、营救监内同志出狱。滔溪会议以后，县委派党员李文荣打入国民党新编独立二十师，担任收编委员。李文荣借机在安化收编了国民党散兵的枪支29支，组建起一支游击队，开到栗林与蒋晔组成的梭镖队会合。2月5日，蒋晔派游击队十余人，化装成敌人部队先遣队入城，通知各相关部门速备粮食。县长林雯和团长陈似僧慌忙率领团兵200余人连夜躲往九渡水，城内仅留10支破枪看守监狱。2月6日凌晨，蒋晔率游击队三路扑向县城，守监敌人涉水而逃，游击队胜利进城，打开监狱，救出党员40多人，同监群众80人。陈似僧发觉上当，即率团兵反扑县城，蒋晔率队迅速撤出县城，占领紫云山，与敌激战5小时，在完成掩护获救同志及群众撤退的任务后，胜利转移。

年关暴动的胜利，大大鼓舞了全县人民的革命斗志，全县各地先后又组织了安化工农、江南、大峰山、芙蓉山、高明铺、久泽坪、栗林等7支游击队，并进行了一系列反击白色"清乡"的武装活动，有力地打击了敌人，保卫了人民群众。革命武装力量发展壮大，引起敌人惊慌，

连忙调集大批兵力，开始大规模"剿共清乡"。在这次"剿共清乡"中，党组织被破坏，游击队被打散，县委书记蒋晔不幸被捕牺牲，安化县革命形势又一次陷入低潮。

1935 年 11 月，红二军团和红六军团奉令撤离湘鄂川黔根据地开始长征，贺龙、萧克将军率领的红二、红六军团的十六、十七师经过安化县马路镇的湖南坡村及周边地域时，开展宣传、组织群众，浴血奋战播下了革命的火种，留下了不少可歌可泣的故事。

1935 年 12 月初，国民党三个师团的队伍抢先占领了湖南坡至马路口的主要山岭要塞。红军得到消息，从沅陵官庄一带直插湖南坡头席山，修筑了跨三个山头 90 多米长战壕工事，阻击国民党部队的进攻。12 月 7 日晚，红军侦察队与国民党部队在山坡相遇，当即交火。湖南坡红军战场是红军长征进入安化首次大型战役，不仅破坏了敌人的"围剿"计划，还使红军精神深入民心。

三

抗日战争爆发后，安化县的抗日救亡活动开始活跃起来。1938 年 2 月，肖凯、熊启凡、陈文光受徐特立、王凌波的派遣，回安化开展抗日救亡宣传，重建安化党组织的工作。经过一段时间的工作，肖凯、熊启凡在县城、仙溪、乐安、栗林、田心等地联络了一些老党员，发展了一些新党员。陈文光在蓝田以湖南文化界抗敌后援会宣传员名义，一面公开宣传抗日，一面恢复和发展党组织，5 月中旬，在田心正式建立中共安化县工作委员会，由肖凯任书记、陈文光任副书记、熊启凡任组织委员，党员发展到 100 多人。县工委建立后，发动群众，组织抗日救亡团体，积极开展抗日救亡宣传。县工委还曾动员党员带头报名组建了一支有 200 多名青年参加的抗日志愿兵，由姚一戎带领开赴前线。

解放战争时期，1947 年冬，中共湖南省工委书记周里派熊邵安回安化秘密工作。1948 年 1 月，熊邵安回到安化，进入安化简易师范教书，以这一合法身份秘密联络老党员熊启凡、熊志宁、刘若云、姚一戎、周建侯等，恢复了他们的组织关系，又先后发展了一批学生入党，并在安师策动、领导学生运动。年底又在组织农村革命斗争过程中吸收了一批党员，壮大了党的队伍。1948 年 12 月，经省工委批准，中共安化县工作委员会（简称县工委）正式成立，熊邵安任书记，熊启凡、刘若云为委员。之后，县工委陆续建立了常丰、大东、仙长、樟龙、蓝田、桥头河六个区工委，一个东坪总支和四个直属支部，共有党员 1000 余人。1949 年 6 月 28 日，湖南人民解放总队湘中一支队政委官建平，司令姜亚勋率一团一部分，熊邵安率一支队三团进入安化县城，安化成为湖南全省解放最早的三个县之一。

安化人民为中华民族解放事业付出了巨大牺牲，作出了重大贡献。据统计，安化已追认革命烈士 389 名，第一、二届县委书记姚炳南、蒋晔都为革命牺牲，还有许多无名烈士，如参加红军的 100 多人，中华人民共和国成立后，仅有李聚奎、邓克明、胡林芝、韩师林四人归来。在大革命、土地革命战争和解放战争时期，安化县人民都处于革命斗争前列。如大革命时期的农民运动，就受到毛泽东在《湖南农民运动考察报告》中三次点名赞扬。土地革命战争时期的安化年关暴动取得成功，威震全省。安化县红色景点有安化文庙（毛泽东游学梅城寓所）和湖南坡红军战场遗址等。

沅江市

沅江市，省辖县级市，由益阳市代管。位于湖南省东北部，地处有"天然湿地"之称的湘北湖滨，东北与岳阳县交界，东南与汨罗市、湘阴县为邻，西南与益阳市接壤，西与汉寿县相望，北与南县、大通湖区毗连。因沅水从市境白沙河口注入洞庭湖，故以"沅水所归宿之地"而得名。原为沅江县，1988 年 10 月，经国务院批准，撤县设市。全市总面积 2129.46 平方公里。下辖 2 个街道、10 个镇，常住人口 56.72 万。1990 年 6 月，沅江市被湖南省人民政府认定为革命老区。

一

沅江市人民具有光荣的革命斗争历史。早在 1919 年五四运动后，沅江人民的革命斗争就进入新的阶段。以爱国学生为主力的反军阀、反日爱国宣传活动接连不断。1925 年 4 月，沅江县有了第一批中国共产党党员，在湖南省立第一师范就读的钟化鹏、熊玉瑞和刘六如等创建沅江学社，创办《新沅江》旬刊。自此，革命火种在全县各地迅速传播。次年，中共沅江县特别支部成立。

1927 年 1 月，经中共湖南区委批准，中共沅江县地方执行委员会成立，刘六如担任执委书记。执委下辖中共杨泗桥、中共八乡农协、中共茈湖口 3 个支部，有党员 56 人。

党组织建立后，发动组织革命群众，成立工会、农民协会、青年团、妇女联合会，各个革命团体如雨后春笋般涌现出来。在党组织的领导下广泛开展工人运动、农民运动，给予反动封建势力沉重打击，把沅江县革命斗争引向高潮。

1927 年 4 月，蒋介石在上海发动了四一二反革命政变，5 月 21 日，湖南军阀许克祥在长沙发动马日事变，国民党反动派疯狂屠杀共产党人和革命群众，党组织遭到严重破坏，工会、农民协会、青年团、妇女联合会，各个革命团体被捣毁，工人运动、农民运动遭受严重挫折，沅江县一片白色恐怖，革命形势陷于低潮。

轰轰烈烈的大革命失败后，沅江县执委和基层党支部的负责人以及一批工农运动骨干和进步青年有的牺牲，有的潜赴外地，幸存的党员星散各地。1928 年 3 月 18 日，依据中共湖南省委决议，中共南县特委成立，刘国富任书记。南县特委领导南县、华容、安乡、沅江四县的工作，是时，沅江有党员 20 余人。

二

沅江市苏区的武装斗争发展。土地革命战争时期，沅江是中共洞庭特区区委和游击大队开展反"清湖"、反"围剿"斗争的主战场。1930年初夏，洞庭特区游击大队 10 多名游击队员从鹿角乘船奔赴南金垸（今沅江市南大膳镇境内），一举捣毁了在沅江民愤极大的土豪劣绅、洲土大王陈熙珊的堤务局，夺取步枪 12 支，手枪 1 支，子弹 800 余发，游击队员无一损伤。1931 年 4 月 18 日，周逸群率江右军三、八、十大队从华容县桃花山突围下洞庭湖，经过激战，捣毁了阳罗洲敌团部，生擒敌团长，迫使敌机枪连缴械投降，共歼敌百余人，缴获各种枪支 200 余支和大批子弹。自此，红军声震洞庭，群众要求参军参战者日增，江右军发展到千余人。从 1931 年 5 月中旬起至 1933 年 8 月，洞庭特区游击队五次挫败由沅江县保安大队长、省保安第八团团长王见龙指挥的"清剿"行动。

沅江市苏区的红色政权建设。1931 年 3 月，在中共鄂西特委书记兼鄂西苏维埃联县政府主席周逸群的主持下，中共洞庭特区区委成立。与此同时，湘鄂西洞庭特区苏维埃政府和洞庭特区游击大队一并成立。

1932 年 10 月 1 日，中共江南县委派洞庭特区区委组织部部长部光明到汉寿，在军山铺沙子塘郭玉和家召开汉寿、沅江、益阳三县党员骨干代表会议，到会代表 28 人。部光明在会上传达了洞庭特区区委的有关决议，组织学习了《湘鄂西苏维埃法令》，宣布成立中共汉益沅联区工作委员会，随后，建立汉益沅联区苏维埃政府和中国工农红军汉益沅联区游击大队。

根据中共联区工委和政府的决定及部署，沅江作为联区政府的一个乡，命名为"张万乡"（县级苏维埃政府），由郭锡林兼任主席，朱致彪任副主席。与此同时，县境内赤山、草尾、阳罗洲、黄茅洲等地也相继建立了苏维埃政权。联县苏维埃政府和乡苏维埃政府的成立，标志着汉寿、益阳、沅江三县正式成为湘鄂西革命根据地的苏区县。

三

抗日战争时期，在中共地下组织的帮助下，沅江有 16 名热血青年奔赴延安，直接投身抗日前线。县内各界的爱国活动此起彼伏。在此影响下，身居国民党阵营的爱国官兵，亦为保卫国土、抵御外侮抛洒热血。1941 年秋，国民党驻军与入侵日军在青山和明、朗二山激战。该战役中，驻军一举击沉击伤日军舰艇多艘，战况甚为惨烈。后因敌我力量悬殊，守土驻军 500 余人全部为国捐躯。

解放战争时，中共领导的江南民主联军长期活跃在武光洲一带，发动群众对抗国民党的统治，并伺机打击反动武装，支援人民解放军南下。人民解放军水手聂春台在渡江战役中用手榴弹炸毁敌巡防舰，成为著名的渡江战斗英雄，在解放上海战斗中，被兵团授予特等功臣模范称号。1949 年 8 月，在人民解放军的强大攻势下，沅江县获得解放。中共领导的南下工作队冀南支队第一大队第三中队 140 多人，迅即来到沅江县接管旧政权，组建新的沅江县人民政府。

　　回顾过去革命斗争历史，为了国家的独立自主，民族的自由解放，沅江市人民付出了巨大牺牲，作出了重大贡献。据沅江县民政局统计，沅江各个革命时期牺牲的革命志士有：大革命时期 350 多人，抗日战争时期 8656 人，解放战争时期 853 人。沅江市红色遗迹有刘武墓、蔡杰墓、徐植兰墓等。

郴州市

郴州市，位于湖南东南部，地处南岭山脉与罗霄山脉交错、长江水系与珠江水系分流的地带，东接江西赣州，南邻广东韶关，西接湖南永州，北连湖南衡阳、株洲，素有湖南的"南大门"之称。全市总面积 19342 平方公里，下辖 2 个市辖区、8 个县，代管 1 个县级市，常住人口 466.71 万。郴州是一片红色革命热土，毛泽东、朱德、彭德怀、陈毅等老一辈无产阶级革命家在这里留下光辉足迹，培育了邓中夏、黄静源、曾中生、黄克诚、萧克、邓华、邓力群、唐天际等老一辈无产阶级革命家，有湘南起义纪念塔、《三大纪律六项注意》颁布地旧址、湘南起义指挥部旧址、邓中夏故居等革命纪念地。

北 湖 区

北湖区，原为县级郴州市，1995年4月，经国务院批准，撤市设区，隶属于郴州市。位于湖南省南部、郴州市中部，地处骑田岭北麓，东与苏仙区接壤，南与宜章县、临武县交界，西与桂阳县相邻，北与苏仙区为伴。北湖区一直是郴县境域的一部分，1958年8月，设立湖南省郴州市（县级），是北湖区的前身。1963年5月，改郴州市为郴县郴州镇，隶属于郴州行署，为全国少有的县级镇之一。1977年，恢复县级郴州市，1995年4月撤地建市时，撤销县级郴州市，设立北湖区。全区总面积818.54平方公里，下辖10个街道、2个镇、2个民族乡，常住人口56.88万。1951年，北湖区是湖南省24个被中央人民政府南方老革命根据地访问团最早确认的老革命根据地之一。1990年6月，北湖区被湖南省人民政府认定为革命老区。

一

北湖区有着光荣的革命斗争传统。早在1919年五四爱国运动爆发后，郴县工、农、商、学各界就联合致电声援，成立"郴县学生联合救国团"等组织，集会游行，掀起反帝反封建斗争热潮。1921年，经毛泽东介绍，北湖区人黄静源在省立三师加入中国共产党，成为郴县第一位中共党员。1926年3月，中共郴县地方执行委员会成立。从此翻开了北湖区革命斗争史上崭新的一页。在中国共产党的领导下，北湖区境内革命斗争如火如荼。1926年10月，县农民协会成立，组建县农民自卫队，成立审判土豪劣绅特别法庭，通过"减佃租、限谷价、禁赌毒、取缔高利贷"等几十件农民提案，明确一切权力归农会。会后，县内农民运动风起云涌，打击地主阶级的政治统治和经济垄断，破除封建宗法制度，推进国民革命。至1927年春，全县有区、乡农民协会141个，村农民协会696个，会员10万余众，是全省农民运动先进县之一。毛泽东在《湖南农民运动考察报告》中赞扬郴县"差不多全体农民都集合在农会的组织中，都立在农会的领导之下"。1926年11月，郴县第一次工人代表大会召开，宣布县总工会成立，组建工人纠察队，发展会员3000余人，开展向资本家要政治地位和经济待遇的斗争。1927年3月，中共郴县县委组建郴县农民自卫军，队伍发展到2万人，520余条枪、16780把梭镖，并组建工人纠察队50余人，枪20余条。

1927年4月，蒋介石在上海发动四一二反革命政变，5月，国民党反动军官许克祥在长沙发动马日事变后，国民党反动派公开镇压革命。大肆捕杀共产党人、工农运动干部，破坏中共党组织，捣毁各个革命团体，工人运动、农民运动遭到严重挫折，北湖区的革命形势转入低潮。

二

1927年8月，中共中央召开八七会议，总结了大革命失败的经验教训，批判了陈独秀右倾机会主义错误，确立了开展土地革命，武装反抗国民党的总方针。10月，按照中共湖南省委和湘南特委关于举行年关暴动的计划，中共郴县县委和在城区支部秘密筹划，在县城及安和一带组织一个暴动营，自制武器弹药，制订战斗方案。年关暴动按计划举行并大获全胜。1928年元月，湘南起义在宜章拉开序幕。2月2日，朱德、陈毅率部队由坪石向郴州进军。4月，先遣部队攻打郴州城，城内守敌弃城而逃。工农群众在城区中共党组织的率领下，到郊外迎接大部队。城区党员、团员、老师、学生连夜书写、张贴标语，欢迎朱、陈部队，支持湘南起义，宣传工农革命。部队入城后，在考棚设立湘南起义指挥部，成立郴县及在城区苏维埃政府，恢复县总工会、县农民协会、共青团县委、县女界联合会，以县赤色游击队为基础，组建郴县工农革命军第七师，共有官兵6300人。在湘南起义指挥部和郴县县委、县苏维埃政府的组织发动下，城区人民参军参战，投入湘南起义行动；农村以乡为单位，开展插标分田运动。全县实行一切权力归苏维埃。

为巩固湘南起义胜利成果，朱德、陈毅领导郴县人民建立红色政权。1928年2月6日，郴县苏维埃政府成立，选李才佳任委员长，王湘和任副委员长，党代表李佑余、秘书长陈代长等政府成员共8人。建立纠察队、赤卫队和总工会、农民协会等革命武装和群众组织。接着，全县11个区、3个特别区及147个乡全部建立苏维埃政府。县、区、乡政府设肃反、土地、经济、粮食委员会，颁布《土地分配法》，开展减息退押斗争和插标分田，共分田18.33万亩。1933年10月，中共二、六区委在江口乡龙广洞成立，建立龙广洞苏维埃政府，下辖8个乡苏维埃政府，领导苏区人民开展土地革命、发展生产、兴办教育、建立革命武装。发展基本群众5万余人。1949年3月，中共湘南工委书记谷子元等建立中共郴县城区工作委员会，恢复良田、

鲁塘镇陂副村邓华故居

华塘、桥口等一批基层党组织、发展党员，建立一批联络站。10月21日，郴县人民政府正式成立，县长由县委书记何大群兼任。

1927年"年关暴动"和1928年春湘南起义、郴县苏维埃政府成立以后，县境工农自卫武装遍布城乡，与国民党及地主阶级的地方武装开展针锋相对的斗争，有效打击了反动势力的嚣张气焰。朱德、陈毅为壮大郴县的工农武装力量，对武装队伍的骨干进行培训，将县内工农武装扩建为郴县工农革命军第七师，由邓允庭任师长（月峰乡十寺村人），由县委书记夏明震任政委，设师部于赵公祠，全师拥有官兵6300余人，步枪1700余支，大刀2000余把，梭镖4900余杆。杨得志、邓华就是在此次扩建中入伍的。1928年7月24日，红四军第二十八、二十九团在朱德的率领下，完成攻打酃县、茶陵后攻打郴州。11月，在郴县县委的聚集下，湘南游击队成立，武装斗争由地下转为公开。1929年5月，国民党再次"围剿"湘南革命武装，为保存力量，县委决定，部分人员就地隐蔽，大部向粤北转移。1931年春，湘南游击大队再次组建，并于8月改为湘南赤色游击队。1932年，队长李鄂在战斗中牺牲，由谢汉接任。6月，李林接任谢汉的队长职务，组建中国工农红军湘南游击队，并于1934年4月与红四团200人枪合编为湘南游击师，李林部为第一支队。是年8月中旬，任弼时、萧克、王震率红军长征先头部队红六军团抵郴县；11月，周恩来、朱德率中央红军抵郴县，境内游击队、农民自卫队及革命群众到城外迎接长征队伍，筹粮筹钱、运送军火、护理伤员、侦察探路，护送红军安全过境。1935年初，湘南红军独立大队成立，在县委及队长李林的领导下，有力地打击了境内的反动势力。

三

抗日战争爆发后，在中共郴县县委的领导下，郴县人民参军参战、募捐支前。由于国民党消极抗日、积极反共，郴县于 1945 年 1 月沦陷，全县 2500 余人被屠杀、8000 多栋房屋被烧、6300 多吨粮食被抢、6200 多头耕牛被掠杀。境内人民在中共郴县县委的领导下，坚持斗争，组织抗日武装，打击日本侵略者直至最后胜利。

抗战结束后，国民党反动派发动内战。郴县境被置于国民党反动派的法西斯统治下，共产党人遭到捕杀。中共郴县及在城区地下党组织一方面发动群众，开展反饥饿、反内战、反迫害的爱国民主运动，引导农民群众抗租、抗税、抗抽丁派夫；一方面组建十多支地方游击武装，牵制打击反动势力，组建工人纠察队等自卫武装，开展护厂、护矿、护路、护校、护店活动保护县城，迎接解放。

在湘南起义和整个土地革命战争时期，郴县牺牲的革命志士达 1751 名。1926—1949 年的 20 多年里，郴县的工农革命武装是"野火烧不尽，春风吹又生"，体现境内广大共产党人和革命群众打散了再重建，失败了再战斗的不屈不挠的斗争精神和民主革命必定胜利的坚定信念。先后组建了 180 余支大小不等的工农革命武装队伍，其中由党领导的游击队就有 34 支。先后有 35000 人次参加过不同形式的武装夺取政权的斗争，有数以千计的工农群众和知识分子踊跃参军支前。在这片红色土地上，何叔衡、朱德、周恩来、任弼时、陈毅、叶挺、刘伯承、萧克、杨得志、邓华、王震等老一辈无产阶级革命家都曾留下过光辉的战斗足迹；涌现出一批如曹享灿、黄耀华、邓允庭、杨赤、王兰、邓华等值得北湖人民引以为豪的新民主主义革命领导者和军事将领；为争取民主、自由，先后有 1874 名烈士在历次斗争中光荣献身，其中北湖区境内就有 714 人。

北湖城区曾留下过青沪惨案湖南雪耻会郴州分会、中共郴县县委、县总工会、县农民协会、牖民学校、县苏维埃政府、中共湘南特委机关、湘南起义总指挥部等十几处革命活动的旧址。

苏仙区

　　苏仙区，原名郴县，隶属于郴州市，1994年12月，经国务院批准，撤县设区，位于湖南省南部，五岭山脉北麓。东与资兴市交界，南与宜章县相接，西与北湖区、桂阳县毗连，北与永兴县接壤。以"天下第十八福地——苏仙岭风景区"的"苏仙"冠名。1994年12月，国务院批准郴州撤地建市、郴县撤县设区，1995年3月，郴县正式更名为郴州市苏仙区。全区总面积1339.85平方公里。下辖6个街道、8个镇，常住人口43.58万。1951年，中央人民政府南方老根据地访问团认定郴县为老革命根据地。1952年，湖南省人民政府确认郴县是湖南省24个革命老根据地县（市、区）之一。

一

　　新民主主义革命时期，富有光荣革命斗争传统的苏仙区（郴县）人民，积极投入反帝、反封建、反官僚资本主义的火热斗争，演出了许多动人的"史剧"。

　　1919年五四运动爆发后，郴县教育会和各校学生以及农、工、商会立即联名致电，声援北京的学生爱国运动。继而成立"郴县维持国货会""县抵制日货分会"，召开民众大会，组织示威游行，清查日货，掀起反帝反封建的爱国斗争热潮。1921年，就读于衡阳省立第三师范学校的郴县儿女黄静源，由毛泽东介绍加入中国共产党，成为郴县第一个中共党员。他利用假期回乡秘密传播马列主义，发展中共党员。1924年，在衡阳三师读书的胡世俭（良田人），李一鼎（五里牌人）和在湖南大学读书的李翼云（坳上人）先后在校加入了中国共产党。这年秋天，孙开球又加入中国共产党。1925年9月，郴县成立中共郴县第一个党小组，李翼云任组长。10月，成立中共郴县特别支部，孙开球任支部书记。李翼云、曾子刚、李一鼎、邝珠权等任委员。从此，郴县的革命斗争开始直属共产党的领导之下。1926年3月，成立中共郴县地方执行委员会（县委），陈芬任书记。

中共郴县地方执行委员会成立仅四个月，全县先后建立了14个区的党支部。县委领导全县人民开展反帝反封建运动；帮助国民党筹建郴县党部，在郴县建立第一次国共合作；组织民众支援国民革命第四军叶挺独立团和各路国民革命军北伐过境。郴县人民在支持北伐军时献出粮食8万斤，布鞋3200双，银圆1280元，帮军队抬担架3600人次，踊跃从军者127人。在北伐战争中郴县籍有54人牺牲在各个战场。郴县这一时期开展了轰轰烈烈的工农革命运动。在县委领导下成立县农民协会、县总工会、县女界联合会、农民自卫队、工人纠察队和审判土豪劣绅的特别法庭，开办农工运动讲习所，一切权力归农会，向封建势力展开政治、经济、文化、思想领域的斗争。1927年春，全县有区农民协会14个，乡农民协会127个，村农民协会698个，会员达10万余人，成为全省农民运动的先进县之一。

1927年4月，蒋介石在上海发动四一二反革命政变，5月，许克祥在长沙发动马日事变。郴县反动势力乘机反扑，残酷"清剿"共产党员，屠杀工农革命者，县农民自卫队被迫解散。据不完全统计，这次大屠杀，全县有368名共产党员、革命干部和1600名无辜群众遇难。郴县笼罩在一片白色恐怖之中，党组织和革命团体均遭到严重破坏，中共郴县地方组织迅速转入地下活动，革命形势陷于低潮。

二

苏区的革命武装斗争。土地革命战争时期，1927年8月，中共郴县县委书记夏明震按省委指示，及时秘密传达党中央八七会议精神和"秋收暴动"计划，并组织力量，准备在全县进行年关暴动，建立暴动营，在全县举行年关暴动并获胜，在暴动营基础上组建了郴县赤色游击队。

1928年2月，朱德、陈毅率南昌起义的工农革命军第一师由宜章攻占郴县县城，以郴县为中心开展湘南起义。在进军途中，朱德、陈毅带队横扫拦路虎，取得了折岭和大桥铺战斗的胜利，随后追击郴州残敌，解放郴州城，湘南起义进入高潮。朱德、陈毅主持召开中共郴县代表会议，调整县委领导成员，成立郴县苏维埃政府，恢复县总工会、县农工会、共青团郴县委员会、县女界联合会等群众组织，以县赤色游击队为基础，建立工农革命军第七师，拥有官兵6300人。苏维埃运动蓬勃兴起，全县11个区、3个特别区、147个乡相继成立苏维埃政府和农民赤卫队，一切权力归苏维埃；开展土地革命运动，打击土豪劣绅，减租减息退押，颁布《土地分配法》，插标分田，发行"中共苏维埃金融券"，废除苛捐杂税，革除封建劣迹。全县共插标分田18.3万亩，占总耕地面积的60%，居全省之冠。

湘南起义指挥部旧址

国民党反动当局不甘心失败，调集兵力"会剿"湘南革命力量。郴县的土豪劣绅乘机蠢动，于3月12日在县城制造骇人听闻的反革命暴乱——"白带子反水事件"（史称"反白事件"）。暴乱波及县内各区乡，共产党员、干部、群众死伤千余人。陈毅按照工农革命军第一师党委和中共湘南特委的指示，采取果断措施，坚决镇压反革命，平息暴乱，重组中共郴县县委，并担任县委书记。在湘粤军阀南北夹击郴县的形势下，为保存革命力量，4月上旬，陈毅奉命率郴县党政军人员离境，随朱德向井冈山转移。转移后，反动势力疯狂"清乡"，叫嚣"见人杀，见屋烧，见了石头也过刀"，屠杀共产党人和工农群众千余人，烧屋抄家数千。尚存的革命力量，在极其艰难的条件下坚持继续斗争，恢复中共郴县县委，组建地下武装，开展游击战斗，有力地配合井冈山的武装斗争。

1934年，中央红军长征过郴县。8月中旬，任弼时、萧克、王震率红6军团抵郴县。11月中旬，周恩来、朱德率中央红军抵郴县。中共郴县县委动员各界群众筹集粮、款，侦察带路、送军火、抬担架、安置护理伤病员，沿途箪食壶浆，竭尽全力迎送工农红军胜利过境。

三

1937年，全面抗日战争爆发，国共两党进行第二次合作。中共郴县县委领导全县人民积极投入抗日救亡运动，举办抗日骨干训练班，排演文艺宣传节目，发动募捐支前，动员民众参军参战；1938年起，在县城设立《新华日报》分销处、牖智书社；编辑出版《老百姓》周刊；同时，李林领导的红军游击大队被编入新四军，开赴抗日前线。是时，沿海、沿江地区战事吃紧，外地一些学校迁入郴县，不少商户和难民流入境内，全县商业、手工业、教育业一时兴旺。

抗日战争进入相持阶段后，国民党消极抗日，积极反共，捣毁抗日机构、团体，破坏中共郴县地方组织。

1944年冬，郴县沦陷，日军烧杀掳掠。在此之前，日机数次轰炸县城。据不完全统计，全县2500余人遭屠杀，8000多栋房屋被烧毁，6300多吨粮食被抢劫，6200多头耕牛被掠杀。面对空前的民族浩劫，郴县人民奋起抗击，组织抗日武装，采取多种形式，给侵略者以沉重打击，直至抗日战争胜利。

解放战争时期，地下党组织一方面发动群众，开展反饥饿、反内战、反迫害的爱国民主运动，引导农民群众抗租、抗税、抗抽丁派夫；一方面组建十多支地方游击武装，牵制打击反动势力，组建工人纠察队等自卫武装，开展护厂、护矿、护路、护校、护店活动保护县城，迎接郴县的解放。

苏仙区（郴县）人民为中国革命事业付出了巨大牺牲，作出了重大贡献。苏仙区（郴县）已查明的革命烈士1761人，被杀害的革命群众数千人。苏仙区有丰富的红色文化资源。如，湘南起义纪念馆、郴县苏维埃政府旧址（陈家大屋）、苏仙区革命烈士纪念馆、李家大屋等。

桂阳县

　　桂阳县，隶属于郴州市，东邻北湖、苏仙两区，南接临武，西与嘉禾、新田接壤，北与常宁、耒阳毗连，东北与永兴交界。桂阳县是一个集烟区、矿区、库区、山区于一体的人口大县、资源大县。全县总面积 2958.33 平方公里，下辖 3 个街道、17 个镇、2 个乡（含 1 个民族乡），常住人口 70.94 万。1990 年 6 月，桂阳县被湖南省人民政府认定为革命老区。

一

　　桂阳县有着光荣的革命斗争历史。早在大革命时期，1926 年 7 月，共产党员何汉受上级党组的派遣，以工农革命运动特派员身份从长沙来到桂阳，开展党组织的筹建活动，经过两个多月的努力，于 1926 年 9 月在桂阳县城文庙（今县武装部处）成立中国共产党桂阳特别支部。从此，桂阳人民在党组织的领导下，开展了一系列的革命斗争。

　　1926 年 7—8 月，特别支部在桂阳县相继建立乡农协 6 个，区农协 4 个。9 月 21 日，县首届农协代表大会在县城开幕，各区代表 41 人，与会团体 30 余个，参与群众上万人。9 月 23 日，大会选举产生了第一届县农民协会执行委员会。到 1927 年 4 月，桂阳县成立了 11 个区农民协会，63 个乡农民协会，会员人数达 3 万余人。在区乡农协成立的同时，农民自卫军随之成立，1926 年底全县农军有 4800 余人。农会建立后，在政治上狠狠地打击了地主阶级，尤其是土豪劣绅的威风，树立了农会的权力。在经济上也采取了一系列的革命活动，如减租减息、反对苛捐杂税、阻禁平粜，逼使地主豪绅赈灾放粮。在思想上，破除封建家法思想和制度。与"政权、族权、绅权、夫权"四种势力作坚决斗争，追求妇女解放，提出"打倒三从四德""实行男女平等""实行放足剪发""反对虐待妇女""严禁买卖婚姻""实行婚姻自由"等口号。

在农民运动蓬勃迅猛的发展中，工人、青年、学生和妇女运动也在这一期间同步开展。1926 年 9 月底，成立了雨伞、鞭炮、竹器、理发、药材、轿业等 13 个分工会。10 月 21 日，在县城城隍庙成立县总工会。随后开展了一系列的革命活动，在抵制洋货、维护工人权益、建立工人武装、打击反动势力等方面，做了大量的工作。

1927 年 4 月，蒋介石在上海发动四一二反革命政变，5 月 21 日，国民党反动军官许克祥在长沙发动马日事变，血腥屠杀共产党人和工农先进分子。湖南全省进入了空前的白色恐怖时期。6 月 3 日，桂阳县县长肖干下令解散农、工、青、妇等各种革命团体，禁止一切工农革命活动，在国民党反动派的残酷镇压下，党组织遭受了严重破坏，桂阳县革命形势陷于低潮。

二

土地革命战争时期，为了打破国民党反动派的黑暗统治。根据中共湘南特别委员会的安排，南昌起义后，邓华堂、邓北钥、邓三雄奉命回桂阳，恢复与当地党组织的联系，以革命武装反抗国民党反动派的屠杀政策。

1927 年 10 月 25 日，党组织在桂阳东部的东华山东华庵（今东成乡）

邓三雄故居——南阳第

召开了郴县、永兴、桂阳、耒阳、宜章等县负责武装的干部参加的军事会议，筹备湘南起义事宜，组建农民武装，反抗国民党反动统治。12月，邓华堂、邓三雄等人在洋字团（今洋市镇）园林寺，组织召开了有200余人参加的会议，传达东华山会议精神，组建农民起义军。并迅速组建了一支600余人的农民自卫军，由邓三雄任队长。与此同时，邓北钥在洋字团车江源（今东成乡）组建了一支500余人的农民自卫军，邓北钥任党代表，邓芳钰任队长。

1928年1月，湘南起义爆发后，2月7日，朱德在郴州文化路陈家大屋召开军事会议，会议决定把桂阳、郴县农军改编为工农革命军第七师。桂阳农军为第七师独立营，邓三雄任营长，杨彪任副营长。1928年4月7日，工农革命军第七师独立营部队为进攻桂阳县城，开至紫公亭地时，遭遇敌军强大的反扑。激战30多个小时后，在敌配有轻重机枪火力，敌强我弱的情况下，根据上级指示，部队撤出桂阳县境。

1927年12月，根据党组织安排，杨赤把桂阳县警备队拉到郴桂边山区准备起义。随后成立了郴桂边农民自卫军，队伍扩大到1000余人，杨赤任师长。1928年2月12日，桂阳、郴县党政军负责人杨赤、徐行、邓允庭等30多人在郴桂边的太排冲华山庵（今北湖区华塘镇）开会，研究决定联合攻打桂阳县城。2月13日，农军3000余人，连夜埋伏于桂阳县城附近。14日凌晨分四路联合攻打桂阳县城。16日，在国民党反动军队的疯狂反扑下，装备简陋的农民自卫军，为保存实力，撤离县城，回原地休整。3月12日，邓允庭、杨赤、万伦、萧克、徐淳几路革命军配合郴桂边农民自卫军3000余兵力，再次攻打桂阳县城，部队顺利攻占桂阳县城。次日，肖志、徐淳、万伦、杨赤等各自率部队撤离桂阳。郴桂边农民自卫军至郴县保和、桂阳正和阳山一带，准备开辟农村革命根据地，继续扩大红色革命区域。

湘南起义后，随着军事斗争的节节胜利，武装夺取政权，建立工农苏维埃政权的工作也贯穿始终。1928年2月15日，农军在第一次攻克桂阳县城后，在县城城隍庙，召开了桂阳苏维埃政府成立大会。农军师长杨赤和党员代表杨呈祥在大会上讲话。大会宣布成立桂阳县苏维埃政府，徐树誉任主席，刘树基任副主席，刘煦基、何汉绫、杨赤、徐行、何澄、杨呈祥、李仲桑、李友成、曹立中等为委员。苏维埃临时办公地点设在县城七里街何家湾何碧云的宅院。农军撤出县城后，政府办公点亦随同迁至郴、桂交界的太排冲华山庵。邓三雄率领的工农革命军第七师独立营和永桂县农民赤卫军在攻占洋布坪、南雅村等地后，成立了园林乡、福寿乡苏维埃政权。在北雅、老屋、车江源、正和芦村、阳山等地相继建立了苏维埃政权。各地苏维埃政府成立后，领导军事斗争和土地革命运动，开展肃清反革命分子的斗争和其他政府职权范围内的工作。

主要是发布法律法规，采取多种形式，加强政治宣传，办农运讲习所，办夜校；成立肃反委员会和特别法庭，镇压罪大恶极的土豪劣绅和不法分子，恢复大革命时期已建的工会、农会、妇运会、青运会等群众组织，投入暴动，开展斗争掀起大规模的群众革命运动。作为湘南起义的一部分，在历时 3 个多月的农民武装暴动中，桂阳参加起义的有 2 万余人，发起大小战斗 18 次，沉重打击了国民党和乡村中的土豪劣绅。当时流传一首歌谣"共产党，领导好；农卫军，是英豪，打得匪军四处逃。捉拿豪绅祭枪刀，分得军粮和土地，穷苦农民乐陶陶"。反映了农民对苏维埃政权建立的肯定和拥护。

声势浩大的湘南起义直接威胁到湘粤军阀盘踞地区。湘粤军阀在蒋介石带动下，把屠刀对准了湘南的革命力量。由于敌强我弱，朱德、陈毅于 3 月底、4 月初先后率工农革命军第一师和耒阳、郴县、资兴、永兴、宜章、安仁等县农军撤离湘南，向东转移，上了井冈山。桂阳农军仍留在湘南坚持斗争。随后，国民党开始对桂阳共产党员和农军战士进行"围剿"。全县有上千名共产党员、农军战士、革命群众及其家属被杀害。邓华堂、邓北钥、邓三雄等农军领导相继被敌杀害。

湘南起义队伍向井冈山转移后，留下坚持斗争的党的骨干向湘粤边界转移，组建了中共湘粤边工委，隐蔽返回桂阳开展工作，发展党的组织。1930 年冬成立竹筱支部，桂阳党组织得到进一步恢复发展。1932 年 3 月，中共桂阳县委成立，到年底，先后组建了 3 个区党委，10 个基层党支部，为土地革命斗争培养了一批干部和骨干力量，党的组织和游击区逐步扩展。

1934 年秋，中国工农红军开始战略大转移，进行了举世闻名的二万五千里长征。中共桂阳县委发动群众迎送红军过桂阳。11 月 13 日至 16 日，中央红军第三、第五、第八军团及中央机关干部团分几路通过桂阳。红军长征过桂阳，沿途播下了革命的火种，受到桂阳人民的拥戴和支持。掉队的红军伤病员得到妥善的隐蔽安置和护理，成为湘南红军支队，转战于桂阳、郴县、临武等地，推动了桂阳人民的革命斗争。红军过境后，国民党进行大"清乡"、大扫荡、大屠杀，党组织再次遭到严重破坏，进入极为艰难的岁月。桂阳党组织及武装机构化整为零、分散隐蔽，人民革命斗争再次陷入低潮。

三

全面抗战爆发后，中共桂阳党组织得到恢复与发展。1938年3月，中共桂阳县工委成立，并恢复建立了9个基层党支部，领导开展抗日救亡活动。在县工委的领导和支持下，李木庵在家乡举办了抗日自卫干部训练班，翌年春，创办桂阳战时中学，师生人数逾千，培养训练了一大批抗日青年骨干。

抗战胜利后，桂阳党组织发动群众开展"反饥饿、反内战、反迫害"的爱国民主运动，在农村领导农民进行"抗粮、抗税、抗征兵"的斗争。至解放前夕，桂阳党组织有2个区工委、4个党支部。同时武装斗争蓬勃发展，党组织领导的地方武装不断发展壮大。到1949年8月，在全县开展游击武装斗争的有粤赣湘边区人民解放军湘南游击司令部第6大队、中国人民解放军湘南游击第一纵队第一支队、湘南支队独立大队第一中队溪口游击队及协和区武工队、郴桂临燕嘉江边游击直属中队、中国人民解放军湘南暂编支队和6支起义投诚队伍。党领导的地方革命武装频繁出击，打击敌人，为配合大军南下，为解放桂阳各地发挥积极作用。经过长期艰苦斗争，于1949年10月13日解放桂阳县。从此，桂阳人民进入了一个崭新的历史时期。

在桂阳县这块红色土地上，留下了萧克、邓华、李木庵、谷子元等无产阶级革命先辈从事革命活动的光辉足迹，也涌现了以邓华堂、邓北钥、邓三雄、欧阳明彬、李在新、黄琼英、杨赤等为代表的一大批革命志士和党的优秀儿女。1928年湘南起义失利后，桂阳县被湖南省"清乡"委员会列为"剿共"重点地区之一。据《湖南清乡总报告书》记载，仅1928年桂阳县被省"清乡"督办总署通缉的革命骨干就有63人之多，全县被杀和逃亡下落不明的共产党员和革命骨干达380多人，被判刑30余人，被烧毁的民房达400多栋计1400余间，被掳掠的钱粮、衣物、牲畜更是难以计数。据不完全统计，全县先后有逾10万人参加了革命，数千人献出了宝贵的生命，300多人被认定为革命烈士。桂阳县人民为中国革命事业付出了巨大牺牲，作出了重大贡献。

宜　章　县

　　宜章县，隶属于郴州市，位于湖南省南端，处"楚尾粤头"，史称"楚粤之孔道"。分别与湖南省的临武、北湖、苏仙、资兴、汝城，广东省的乐昌、乳源、阳山、连州相邻。全县总面积 2117.91 平方公里，下辖14 个镇、5 个乡（含 1 个民族乡），常住人口 56.80 万。1951 年，宜章县是湖南省 24 个被中央人民政府南方老革命根据地访问团最早确认的老革命根据地之一。1952 年，宜章县被湖南省人民政府认定为革命老区。

一

　　宜章有着光荣的革命斗争历史。早在 1919 年 8 月，邓中夏回宜章，在邓家湾亮公祠、县立合邑高等小学等地演讲，介绍、宣传五四运动和俄国十月革命，传播马克思主义。不久，又在长沙联合宜章籍的在校学生创办《宜章之光》，宣传新思想、新文化，倡导社会改造。

　　1923 年下半年，毛泽东介绍入党的宜章县早期党员高静山，从衡阳省立三师回到宜章，开展建党活动。1924 年上半年，高静山发展李文香等加入中国共产党。同年 6 月，成立了中共宜章近城小组，不久，相继成立了近城、栗源等 4 个党支部。党员发展到 30 多人。1925 年 7 月，根据中共湘区委指示，中共宜章县地方执行委员会成立。它是郴州地区建立的第一个县委，也是湖南省较早成立的县委之一。

1925 年秋，毛泽东前往广州途经宜章，在文萃书店与高静山相会，为宜章革命指明了方向。1926 年秋，在县委的领导下，县工会、农会、妇女协会、学生联合会相继成立。同年 11 月，全县党员发展到 300 多人，建县农会 1 个，区农会 10 个，乡农会 185 个，会员达 14183 人。农会组织活动覆盖全县各区乡。到 1927 年 4 月，会员直接联系的群众增加到 10 万人以上，在县委的领导下，轰轰烈烈地开展反帝反封建的群众运动，成为湖南省重点农运区县之一。

1927 年，上海四一二反革命政变和长沙马日事变后，宜章县以邝镜明为首的反动武装勾结胡凤璋，深夜反扑县城，制造"五一"流血惨案，杀害县委书记李文香，杀害共产党人、农会干部和革命群众 1000 多人。宜章县革命形势转入低潮。

二

土地革命战争时期，1927 年 8 月 7 日，八七会议召开，确立了开展土地革命，武装反抗国民党的总方针。1927 年 7 月底，中共中央安排毛泽东起草了《湘南运动大纲》。是年秋，派特委委员胡世俭继任宜章县委书记。11 月 25 日，湘南特委召开宜章等五县党组织负责人和军事干部参加的东华山会议，对准备湘南暴动作出部署。宜章县委贯彻中共中央八七会议和省委、湘南特委的指示精神，着手武装起义的准备工作。

1928 年初，朱德、陈毅率南昌起义军余部，从粤北进入湘南，"计划到湘南找一块根据地"。在杨子达、胡少海的接应下，队伍从广东乳源梅花（今属乐昌）杨家寨转入宜章莽山。在莽山洞，朱德与宜章县委召开联席会议，作出智取宜章的决定。1 月 11 日，胡少海打着国民革命军十六军一四〇团旗号率先遣队进入宜章县城"驻防"，12 日，朱德以一四〇团团长名义率部队入城，通过宴会擒敌，抓捕了宜章反动官绅，

中共宜章县委旧址

解除了挨户团和保安队、警务局的武装,智取宜章县城,揭开了湘南起义的序幕。

1月13日,在北门城内广场召开群众大会,朱德宣布正式成立中国工农革命军第一师,师长朱德,党代表陈毅,参谋长王尔琢,政治部主任蔡协民。14日,县委召开扩大会议,恢复县总工会、县农民协会、县妇女联合会,成立共青团宜章县委、工人纠察队等群众组织。县委骨干分赴各区发动暴动,在工农革命军的支持下,相继夺取了栗源暴动、碕石及黄沙区暴动和白沙、赤石、笆篱等地暴动的胜利,革命浪潮席卷全县。

2月2日,工农革命军领导人和宜章县委、地方党组织负责人在畈塘召开联席会议,确定了湘南起义的总方针和行动步骤,决定首先在宜章县建立苏维埃政府,而后在湘南各县普遍建立县、区、乡、村各级苏维埃政权,发动农民实行土地革命。会后,朱德、陈毅率工农革命军北上郴县,全面发动湘南起义。

2月6日,在朱德、陈毅和宜章县委的领导下,宜章县苏维埃政府正式成立,中共候补中央委员毛科文任主席,吴泗来任副主席。这是湘南第一个县级红色政权。县苏维埃政府相继发布了一些布告和政策措施,推进苏维埃政权建设和社会革新。至3月底,全县共建立了5个区苏维埃政府、11个乡苏维埃政府、40余个村苏维埃政府;恢复和新建农会130多个,会员达十几万人,农会代行苏维埃政权职能,全县苏区面积达90%以上。苏维埃政权建立后,广泛开展了以插标分田为主的土地革命。

2月26日，在县城召开县农民协会代表大会，制定了土地分配办法。于是，全县广泛开展了"烧契约、查田产、查人口、插标分田"运动。

中共宜章县委在建设红色政权，进行土地革命的同时，还领导开展了广泛的军事斗争。2月4日，将宜章农军整编，成立宜章工农革命军第三团。7日，扩编为工农革命军第三师，胡少海任师长，龚楚任党代表，陈东日任副师长。随即又先后建立各区乡赤卫队。工农革命军第三师为保卫苏区建设开展的一系列军事斗争，有效支持了土地革命和苏区政权建设的开展，保卫了湘南起义革命果实。

1928年3月，湘粤国民党军队向湘南大举进攻，宜章首当其冲。为了保存南昌起义的革命火种和湘南起义的革命力量，朱德决定主动转移。4月初，宜章县委、苏维埃政府机关大部分人员和工农革命军第三师主力共3000余人经郴县、资兴、酃县等地向井冈山转移，8日到达江西省宁冈砻市，与毛泽东领导的井冈山部队胜利会师，走上光辉的井冈山革命道路。独立三师整编为中国工农革命军第四军第十师第二十九团，不久成立唯一保留下来参加井冈山斗争的湘南起义农军。宜章人民为井冈山斗争，为创建中国工农红军，作出了重要贡献。

宜章党政机关和独立三师主力转移井冈山后，留下来的党政骨干组织留守的农军继续坚持斗争。圣公坛后方营在党代表张登骧、营长王光佑（王牺牲后曹嗣仁继任）领导下，坚守圣公坛后方，先后粉碎敌人三次"围剿"。7月27日，国民党宜章县政府县长蒋棣华亲自出马，纠集"清乡"队第二、三、六支队第四次"围剿"圣公坛。在反"围剿"战斗中，曹嗣仁、张登骧、王廷雄等大多数指战员壮烈牺牲，余部转移到湘粤边坚持斗争。从湘南起义到宜章圣公坛后方反"围剿"，宜章苏区坚持斗争8个月。同时，赤石、栗源、黄沙等区苏维埃政府的革命骨干仍然举起红旗，继续坚持斗争，局部的苏区斗争没有间断。

1931 年 1 月底至 2 月初，红七军从连县进入宜章县，帮助当地的苏维埃政权，发动土地革命斗争并补充红军的工作。指导湘南特委将湘南游击队改编为中国工农红军湘南支队。红七军转战宜章，进入江西苏区，推动了宜章游击斗争的发展，密切了宜章与湘赣边苏区的联系。

1934 年 11 月 7 日，中央红军长征进入宜章。10 日和 13 日，周恩来、朱德和彭德怀指挥红一军团、红三军团先后攻击占领国民党军队第三道封锁线上两个重要支撑点——白石渡镇和宜章县城，确保全军顺利通过粤汉铁路，成功突破第三道封锁线。中共宜章党组织领导宜章人民，为红军当向导，发动群众参军参战和安置、护理红军伤病员。在白石渡地区，县委配合红军发动筑路工人和农民 300 余人参加红军，为中央红军长征做出了重要贡献。

三

抗日战争爆发后，恢复成立了中共宜乐县工委，发展了宜乐、岩泉圩、杨梅山矿等党支部。1938 年初，湘南游击队在宜乐工委配合下，在宜章赤石整编为新四军，开赴抗日前线。在此期间，宜章党组织建立了"战地文化服务处宜章分处"和抗日武装，领导抗日救亡运动。

1945 年 1 月，日军入侵宜章，在党的领导下，宜章人民与侵略者展开了英勇的斗争。2 月至 5 月，栗源区人民群众用土枪土炮，击溃日本侵略军的多次进攻，夺取了明星桥、铁炉泉、郭家保卫战的胜利，保护了南部地区免遭沦陷，打破了日军欲打通连（县）坪（石）公路的企图。与此同时，近城区的城关镇、白石渡、太平里、梅田等地也爆发了群众性的武装抗日斗争。

抗日战争胜利不久，中共宜乐工委遭到国民党破坏。1946 年 9 月，重组直属中共湘南工委的宜章栗源党支部。中共五岭地委和中共湘南地委分别组建了宜乳边工委和宜章县工委。1949年3月起,在宜章路东(粤汉铁路以东地区),组建郴宜武工队、湘南支队独立游击队、赤石路东办事处武工大队,开展武装斗争;在宜章路西(粤汉铁路以西地区),在连江支队的支持下,组建宜章人民抗征队开展游击斗争。在宜章活动的五支中国人民解放军地方武装以破仓分粮、反抗国民党"三征"暴政为手段,发动群众,瓦解收编国民党宜章地方武装,孤立、打击顽固反动势力,争取了瑶岗仙钨矿和杨梅山煤矿的和平解放,为配合大军南下,解放宜章和整个湘南地区作出了重大贡献。10月22日,宜章县城解放。

回首宜章的革命斗争历程,宜章老区人民为新中国的诞生付出了沉重的代价,作出了巨大的牺牲。全县在土地革命战争时期参加红军的有3600多人,各革命时期被反动派残害的群众11533人,灭绝了1218户,牺牲的革命人士3414人,已被追认为烈士的1882人。

宜章县境有湘南年关暴动指挥部旧址、中共宜章县委旧址、中央红军长征突破第三道封锁线指挥部旧址和邓中夏故居等红色遗址。

永兴县

  永兴县，隶属于郴州市，位于湖南省东南部，耒水中游，地处罗霄山脉西麓，茶、永盆地南端。全县东临资兴市，西连桂阳县，南接郴州苏仙区，北靠安仁县、耒阳市。全县总面积 1979.94 平方公里，下辖 2个街道、10 个镇、4 个乡，常住人口 53.85 万。1952 年，永兴县被湖南省人民政府认定为革命老区。

一

  永兴县有着光荣的革命斗争历史。1921 年 7 月 23 日，中国共产党成立，为永兴人民特别是青年学生寻求革命真理，探索革命道路指明了方向。在革命的洪流中，永兴人黄克诚、黄庭芳、邝振馨、陈甲衡等青年学子在湘南革命的中心地——衡阳，成立了"永兴旅衡学友互助社"和"永兴旅衡同乡会"，他们集聚一起，学习马列，探索真理，关心时局，讨论个人理想抱负。1924—1925 年，青年学生黄克诚、李腾芳、刘在南、许玉山、代彦凤等在学校先后加入中国共产党，黄平等加入了中国共产主义青年团，他们接受党团组织的任务，利用寒暑假，以"湘南贫民教育促进会"的名义，在永兴县城、马田墟长寿庵、香梅白果、烟塘的庆胜庵举办农民夜校、农业技校、妇女职业学校大力宣传马列主义和孙中山先生的新三民主义，宣传了中国共产党的政治主张，为永兴共产党组织的建立和农民运动的开展奠定了思想基础和组织基础。

1926年8月，中共湘区委员会委派中共党员黄庭芳为永兴县农民运动特派员，黄庭芳利用国民党县党部书记的身份，积极培养骨干力量，秘密筹建党的组织。于当年9月9日在永兴县城关帝庙组建中国共产党永兴支部，隶属于中共湖南区委，由黄庭芳任支部书记。从此，在中共永兴支部的领导下，全县人民积极投身于火热的革命斗争，为中国的解放而努力奋斗着，迎来了革命的高潮。

1926年9月9—10日，永兴县第一次农民代表大会召开，选举产生了县农民协会的领导成员：委员长黄庭芳、副委员长刘璧璋。并宣布成立了农民自卫军，尹子韶为大队长。全县15个区成立了区农民协会，172个乡成立了乡农民协会，据1926年11月统计，有农协会员10450人，是全省20个建立农协筹备处之一。区、乡农民协会成立后，农协会员发展更快，到1927年5月底，有农协员59800人，农民自卫队队员3760名。同时，1926年11月13日，第一次工人代表大会召开，成立了永兴县总工会，廖孝泽为委员长，有基层工会12个，产业工会会员1053人；并相继成立了永兴县女子联合会、共青团永兴支部、永兴县学生联合会、永兴童子团等群众组织，为工农运动的蓬勃兴起打下了群众基础。

永兴县农民协会、总工会等群众组织成立后，按照省里的统一部署，立即成立了以农民协会为主体的革命联合阵线——永兴县公法团体联席会议，成立了"永兴县审判土豪劣绅特别法庭"和"清算委员会""民食维持委员会"，开展了审判、镇压民愤极大的土豪劣绅及贪官污吏；清算土豪劣绅所把持的"育婴局""积谷会""家规会""宗义仓"等封建家族式的"自救"机构，打击土豪劣绅的"族权""绅权"；派捐、平粜、阻禁粮食外运、开仓分粮、封仓及"减租""减息"斗争，解决农民、城市贫民因灾害造成的青黄不接的粮荒问题，打击土豪劣绅的嚣张气焰，树立农民协会的权威。同时，在社会及广大农村开展了抗税、禁烟、禁赌、禁娼斗争，扫除旧社会的封建恶习，改造社会风气，稳定社会秩序。

1927 年 4 月，蒋介石在上海发动四一二反革命政变，5 月 21 日，湖南军阀许克祥在长沙发动马日事变后，永兴县国民党反动派开始在全城搜捕共产党员和革命群众，把共产党人和革命群众打成"暴魁""暴徒"。中共永兴特支书记、农民协会委员长黄庭芳，省特派员杨仲芳，县农协副委员长刘璧璋先后被杀害，50 余名革命骨干被抓进监狱，一大批区乡农运负责人被逼得逃离家乡，其家属也受到株连，党的组织遭受严重破坏，工农群众运动遭到挫败，永兴县革命形势处于低潮。

二

在革命遭受严重失败的情况下，永兴县共产党人和革命群众并没有被吓倒，他们在白色恐怖下，一直在寻找党的组织，1927 年 7 月与湘南特委取得联系。同月中旬，湘南特委派向大复担任永兴特支书记，恢复永兴党的组织，重建了党的基层组织。为了响应中央关于"领导农民暴动，实行农村割据"的号召，中共永兴特支于是年 12 月初在城郊的白头狮宝塔山召开了特支扩大会议，传达中央临时政治局扩大会议精神，具体研究了武装暴动问题。会议研究决定，继续发展党员、联络农运骨干、准备武器装备，伺机进行暴动。并决定向大复负责江右的联络，黄克诚负责江左的联络。

1928 年初，朱德、陈毅发动农民武装在宜章举行年关暴动，黄克诚、尹子韶闻讯后，发动群众打造武器、积极响应。1928 年 2 月 7 日，黄克诚、尹子韶发动板梁暴动，组织起一支 300 多人农民武装，尹子韶任司

板梁暴动（湘南起义时期）旧址

令。2月9日，农民武装到达油麻圩，队伍扩大到1000余人，尹子韶正式将农军命名为永兴县工农革命军第一师，尹为司令，部队编为72个队，在油麻圩上打土豪开粮仓，将粮食分给群众，群众欢声雷动，暴动农军急增到2000余人。

1928年1月24日，八区共产党员刘木得知朱德、陈毅领导的队伍占领宜章的消息，八区党组织立即商量策应事宜。1月30日（正月初八），在油榨圩召开群众大会，宣布永兴县第一个区级苏维埃政府——永兴第八区苏维埃政府成立，推举刘木为苏维埃政府委员长。2月4日，朱德、陈毅领导的队伍攻克郴州，刘木率部队前往接应，朱德指示："要进一步发动群众，尽快攻占县城，建立苏维埃政权。"并派连长张山川率一个加强排协助永兴攻城。2月9日，刘木、张山川、刘水哉率八区赤卫大队500余人在张山川排战士配合下，直扑永兴县城，沿途群众纷纷响应，临时县委命令江右的九区独立团、七区农军、一区（城郊）工农赤卫大队、县城工人纠察队及码头工人进行策应，一举攻克了永兴县城，红旗终于插上了永兴城头。

1928年2月10日，中共永兴县临时委员会宣布，永兴县苏维埃政府正式成立，办公地点设在县城太平寺。推举刘木为苏维埃政府主席，同时，派出40名特派员进入各区、乡帮助区、乡建党（团）、建政、建武装，全县15个区、137个乡全部建立了苏维埃政府。

1928年2月18—19日，永兴县党的代表大会召开，正式选举产生了中共永兴委员会，隶属于湘南特委。同时，全县15个区建立了5个区党委会，10个区建立了党支部。此时，全县共建立了5个党的委员会，23个党的基层支部，有党员194人。并建立了共青团永兴县委员会，黄景帆（即黄平）任团县委书记。基层设立了城关、文昌阁、寺边三个片团支部，使全县城乡都处于中国共产党的领导之下。

1928年2月，黄克诚、尹子韶率板梁暴动的农军进入永兴县城，与先期入城的八区农军、九区独立团、一区工农赤卫军、七区农军及县城工人纠察队会合，正式成立永兴县赤色警卫团，下辖3个营、1个特务连，尹子韶任团长，陈伯诚任副团长，黄克诚任党代表兼参谋长。总人数1万余。还在15个区建立了各自的农民自卫队武装，队伍达到6万余人，为保卫红色政权、打击土豪劣绅势力、平息叛乱事件、支援各县建立红色政权、维护治安秩序作出了重要贡献。

中共湘南特委决定3月16—20日，在永兴县城太平寺（县苏维埃政府所在地）召开湘南工农兵代表会议，会议由湘南特委书记杨福涛主持，陈毅、湖南省委陈佑魁、湘南特委杜俊及五县代表出席了会议，选举产生了湘南工农兵苏维埃政府，陈佑魁为苏维埃政府主席，朱德、陈毅、何长工、尹子韶、陈伯诚、吴泗徕、李才佳、宋桥生等21人为执行委员；重点讨论了土地革命有关问题，制定了《土地分配办法》，统一了湘南各县的土地革命政策，并向各地发布通告，为全国统一土地革命政策起到了开创性作用，丰富了中国土地革命斗争的经验宝库。

湘南起义后，永兴县起义部队遭到国民党反动军队的猛烈进攻。党组织决定黄克诚率少量武装人员保护县委、县苏维埃工作人员及家属上井冈山，在江西宁岗砻市与毛泽东的秋收起义部队会师，被改编为红三十五团，隶属于陈毅兼师长的红十二师，团长黄克诚，党代表李一星，副团长陈伯诚、曹福昌。

留在永兴县便江左岸区、乡坚持斗争的党组织和武装力量在敌人的疯狂"围剿"下，遭受严重破坏，大部分党员及苏维埃政权骨干被敌人残酷杀害，少部分流落他乡，原赤色警卫团团长尹子韶，县委委员、组织部长刘馨，团县委书记黄景帆（黄平）等一大批共产党员流落到广东坪石、湖南临武、嘉禾等地从事革命活动。随朱德、陈毅部队上了井冈山，后又返回永兴江右的九区独立团人员，在原县委委员许玉山的领导下，1928年6月又重新组建了中共永兴特支，许玉山任支部书记。在反动派的残酷摧残下，党的领导人许玉山、代月、陈三、朱辉汉、曹盛佳、汤池等多人先后牺牲，1930年经湘南特委批准，成立中共永兴县工作委员会，恢复和重建七个党的基层支部，党员人数扩大到32人。并组建了永兴游击队，同敌人开展更广泛的武装斗争，成功地举行了1932年的"六月暴动"，镇压10余名民愤极大的反动头目，震动了反动的省、地、县当局，暴动虽被敌人镇压，但极大地鼓舞了人民的斗志，打击了反动当局的嚣张气焰。

中国工农红军主力长征后，中共永兴特支（或区委）领导湘南游击大队第2中队（又称永兴中队）在耒、永、安边境地区创建了永兴大岭革命根据地，与敌人进行了顽强的战斗，成为耒永安中心县委及永兴区委的活动中心，也成为三县反动当局的眼中钉、肉中刺。直到全面抗日战争爆发，国共第二次合作，游击队编入新四军北上抗日，这里的武装斗争一直没有停止过。

<h1 style="text-align:center">三</h1>

全面抗战爆发后，中共永兴党组织秘密恢复发展。1938年2月，在湘南特委的领导下，湘南特委委员黄平和党员李德贵等在全县联络幸存的共产党员、革命者，恢复发展党组织，建立了以黄平为书记的中共永兴县工作委员会（简称县工委）。县工委成立后，秘密恢复各地党组织，永兴县金安乡张家洲党支部、永兴县文良乡羊乌嘴党支部、永兴县悦油乡上青村党小组等基层党支部和党小组相继建立。永兴以抗日宣传、募捐支前等为主要内容的抗日救亡运动迅速开展。

在永兴县工委的影响、支持、配合下，永兴武装抗日斗争全面展开。永兴县自发成立了自卫队、游击队等武装组织，并与耒阳、安仁边界的湘南赤色游击队第三大队一起改名为湘南赤色游击队后方抗日锄奸队。1938年5月，湘南赤色游击队后方抗日锄奸队170余人，改编为新四军暂编第二大队，5月12日，新四军暂编第二大队乘火车奔赴抗日前线，投入到抗日战争的洪流之中。

1945年2月13日，永兴县环城镇以西广大地区沦陷。据不完全统计，日军侵占永兴的8个月期间，永兴军民对日军作战大小20余次，民众零星反抗杀敌近20次，共毙日兵和伪军近70人，俘敌数人。有力地打击了日军的嚣张气焰和法西斯统治，消灭了日军的有生力量，为抗战胜利作出了贡献。

1949年8月，永兴各党支部在湘南工委和湘游司的指示下，分头宣传、稳定民心，发动民众做好筹集粮草、设茶水站等支援解放军和游击队的迎解支前准备工作。10月1日，永兴中队等迎解队伍在界首与解放军二野十八军胜利会师。10月4日凌晨，谷子元带领游击队，配合解放军进入县城，宣告县城解放。

新民主主义革命时期，英雄的永兴人民顽强奋斗，求索真理，为永兴和全国人民的解放事业付出了巨大牺牲，作出了不可磨灭的贡献。涌现开国大将黄克诚、红十四军军长何昆、川滇边区游击队政委龙厚生、湘南特委书记尹子韶等一批革命先辈，有3000名志士为人民利益献出了宝贵的生命，有名有姓的革命烈士1264名，其中有永兴县苏维埃政府主席刘木，党组织负责人许玉山、代彦玺、尹继周、朱辉汉、曹盛佳、汤池等。

永兴县现有红色遗址包括黄克诚故居和生平事迹陈列室、永兴县第九区苏维埃政府旧址关圣祠、何昆故居、革命烈士陵园等。

嘉禾县

嘉禾县，隶属于郴州市，位于湖南省南部，与桂阳、临武、蓝山、宁远、新田等五县接壤。据《衡湘稽古》载："炎帝之世，天降嘉种，神农拾之，以教耕作，于其地曰禾仓，后以置县，其实曰嘉禾县。"嘉禾因此而得名。全县总面积699.34平方公里，下辖9个镇、1个乡，常住人口34.22万。1990年6月，嘉禾县被湖南省人民政府认定为革命老区。

一

嘉禾县有着光荣的革命斗争历史。1921年，嘉禾热血青年李庠、唐朝英就经毛泽东介绍加入了中国共产党，嘉禾成为湘南最早有党员的县之一。1923年6月，唐朝英、黄益善、李晓因等在嘉禾县城组建了"中共嘉禾党小组"。1924年8月，在党小组的基础上，建立了郴州境内最早的党支部——中共嘉禾县特别支部（代号"嘉乐先生"），有党员7名。据中共中央党史研究室统计，在党的二大召开前夕，全国仅有中共党员195名，而嘉禾就有15名，这些早期党员为推动嘉禾的革命进程作出了重大贡献。

1926年4月，中共党员黄湘璟在北伐战斗中负伤后回到嘉禾南区，根据中共嘉禾县特别支部的安排，组织群众收缴了南区团防局的54支枪，成立了嘉禾第一支人民革命武装——南区农民自卫军。6月，在省农运特派员胡启霖的指导下，成立了南区农民协会，下辖23个村农协，会员4000余人，并于1927年2月12日，成立嘉禾县农民协会，嘉禾的农民运动逐步进入高潮，到1927年4月，全县10个区，就有6个区成立了农民协会，会员40000多人。农民协会迅速发展，使嘉禾城乡土豪劣绅惶惶不可终日，搜罗一批地痞流氓，蒙蔽少数不明真相的农民组织一个假农民协会以对抗农民协会。

1927年，上海四一二反革命政变和长沙马日事变后，5月30日，假农会趁嘉禾农协在城南丰和圩召开"五卅惨案"两周年纪念大会之机，纠集一批反动武装，于群众举行游行之际发动了"嘉禾事变"，先后将县农民协会负责人刘沛、黄璧和省党务特派员陆华逮捕入狱，各种革命群众组织遭到取缔。不久，刘沛、黄璧、陆华被杀害。县农民协会曾经为了营救刘沛等人，组织农民自卫军进城进行武装请愿，但是，因计划不周、指挥失误而失败，农协委员雷渊忠、刘柏发壮烈牺牲，80余人受伤。随后又有南区的黄湘璟、彭邦俊、彭如楠等农协委员被杀害，嘉禾县革命形势陷于低潮。

二

大革命失败后，1927年8月7日，中共中央在汉口召开紧急会议，总结大革命失败的经验教训，批判了陈独秀右倾机会主义错误，确立了开展土地革命，武装反抗国民党的总方针，党组织的工作重点转移到农村，建立革命武装，成立红色政权，开展土地革命。1927年底，黄益善、萧克等参加南昌起义后潜回嘉禾，在小街田秘密组织中共嘉禾县南区支部，继续战斗。后来这批革命力量参加湘南起义，奔上井冈山。1928年2月，乐泉乡斗水坪苏维埃政府成立。3月，毛珍在泮头乡麻冲村成立了嘉禾、临武、蓝山三县暴动中心党支部。10月，中共党员黄平受上级党组织的指派到嘉禾乐泉乡斗水坪开展革命活动，在乐泉乡带山下、打鼓冲等村建立中共党小组，领导农民斗土豪劣绅，插标分田。1929年，中共嘉禾斗水坪支部建立，有党员20余人，1933年3月20日，尹子韶在黄平、李明楠等人的协助下，组建湘南赤色游击队第三支第三大队，下辖桂阳、蓝山、嘉禾各一个中队。赤色游击队在各县开展了各项革命活动，打击了一批罪大恶极的土豪劣绅，鼓舞了人民群众的革命斗志。

土地革命战争时期，1934年8月和11月16日，红六军团和中央红军分别从新田、桂阳进入嘉禾，中央红军在嘉禾境内歼敌100多人。1935年4月，雷渊智、李明楠等率湘南赤色游击队第三大队攻打香花岭矿警队，雷渊智、李明楠等3人不幸牺牲。1936年10月，在雨山成立了中共嘉禾斗水坪特别区委，李熙秩为区委书记，发展了20余名青年入党，区委下辖7个支部。1937年6月斗水坪区委自筹资金购买枪支，建立了一支40余人的革命武装，准备坚持游击持久战。1938年7月，中共嘉禾斗水坪特别区委李熙秩等10余人被反动政府逮捕杀害，斗水坪特别区委被破坏。

三

抗日战争时期，1945年1月17日，日寇一万余人分两路入侵嘉禾，在嘉禾大肆烧杀抢夺、奸淫掳掠，计杀害嘉禾百姓79人，伤1079人，烧房、抢粮无数，直接经济损失达440.37亿元（法币）。在地下党组织的支持、配合下，嘉禾抗日进步力量融合，社会各界抗日救亡运动的兴起，广大民众配合正规部队反攻，同时积极组织嘉禾县国民抗敌自卫团官兵及各乡镇自卫队，抗击、袭扰日军，阻止日军东进，共杀日寇30人。

解放战争时期，1948年，作为党的外围组织"红鹰社"宣传干事、红鹰社嘉禾县分社总干事，李莎青受党组织委派，回湘南从事解放斗争。

同年重建中共嘉禾县特别支部,李莎青任书记。地下党组织恢复建立后,组建武装工作队,领导人民开展反抗国民党反动统治。1949 年中共嘉禾地下组织、武装工作队迎接解放大军南下,12 月 5 日嘉禾县城解放,10 天后嘉禾全境和平解放。

勤劳勇敢的嘉禾人民在中国共产党领导的新民主主义革命的伟大斗争中,始终高举革命旗帜,披荆斩棘,前仆后继,用鲜血谱写了惊天动地的战斗诗篇,创造了可歌可泣的英雄业绩,为中华民族的解放事业作出了重大贡献。在长达 30 年的新民主主义革命斗争中,嘉禾人民付出了巨大的牺牲与代价,据统计,嘉禾被敌人焚毁房屋 2000 多间,毁田 3000 多亩,烧山 5000 多亩。近千名嘉禾子弟为了新中国的诞生献出了年轻的生命,其中上中央党史的著名人物就有唐朝英、李庠、李韶九、李弼廷、李光化、李昌祉、黄益善、彭传新等。

临武县

  临武县，隶属于郴州市，地处湖南南部，居南岭山脉东段北麓，东部和东南部与宜章县为邻，南部与广东省连州市接壤，西南部与蓝县相靠，西北部与嘉禾县毗连，北部与桂阳县交界，东北部与北湖区相接，是湖南省的南大门。全县总面积1383.11平方公里，下辖9个镇、4个乡（含1个民族乡），常住人口32.3万。1994年5月，临武县被湖南省人民政府认定为革命老区。

一

  临武县有着光荣的革命斗争历史。早在大革命时期，1926年春，中共湘南区委秘书袁痴以国民党湖南省党部特派员身份，回到临武筹备组建国民党县党部。不久，李芙、林树成相继回到临武，他们秘密开展革命活动，发展中共党员，并于同年6月23日，秘密组建了临武县第一个中共党支部——中共临武特别支部，袁痴、林树成分别担任支部书记、副书记，李芙任组织委员，党支部拥有党员19人。

  1927年，上海四一二反革命政变和长沙马日事变后，6月3日，临武县团防局及警备队，袭击国民党县党部，围攻县农会、县总工会，共产党员谢云霖、林树成、卢任德、袁痴等7人被杀害，8人被捕入狱，12人被迫流亡，中共临武特别支部被摧毁，临武县的革命运动进入低潮。

1927 年 8 月，党的八七会议，批判了陈独秀右倾机会主义错误，确立了开展土地革命，武装反抗国民党的总方针。在外活动的临武籍共产党员贺辉庭等人受命返乡，秘密开展革命活动，恢复和发展党的组织。1927 年 11 月，中共汾市特别支部建立，贺辉庭任支书，唐代文、唐仁骧、文吐锦分别任组织部长、军事部长、联络部长，唐仁贵任秘书，有党员 21 人。汾市特支培训农运骨干，在临武东区（今汾市、金江、水东）秘密组织农会，开展农会活动，时间长达半年。宜章年关暴动后，中共汾市特支积极响应，组织 30 余人的农民暴动队，参与"保卫大黄家"的战斗，配合宜章农军攻打临武水东之敌。汾市特支还购买武器弹药，积极筹划临、蓝、嘉三县武装起义，贺辉庭任起义总指挥。后因湘南起义主力部队转向井冈山后，国民党疯狂反扑，残酷镇压，三县武装起义终未成功。在湘南起义中，汾市特支成为联络宜章、嘉禾、蓝山等地党组织的枢纽，一度与党组织失去联系的萧克亦通过汾市特支恢复了组织关系，重新投入党的怀抱。1928 年 5 月，由于唐仁骧叛变，汾市特支暴露，特支成员除唐仁贵被判刑 12 年，萧亮叛变投敌外，全部遇害，中共汾市特别支部被彻底破坏。

1928 年春，宜章泗溪共产党员黄文潜入嘉禾县飞地斗水坪（今临武斗水坪）开展革命活动，建立斗水坪苏维埃政府，李鳌山、李圣林分别任正副主席。苏维埃政府造册插标分田，开展土地革命，坚持至 1928 年秋。1928 年 10 月，黄平召集李旺才、李仁祥、李生古、李石头等人在老虎岩召开秘密会议，成立了中共斗水坪支部，李旺才任党支部书记。1929 年"大塘庵会议"后，黄平奔走在镇南、斗水坪之间，发展党组织。1931 年，共产党员江辉子以做纸工人的身份来到桃竹山区，介绍李双秀、李熙州等人加入党组织，桃竹山区参加党组织的革命群众遍及各村庄。1934 年，斗水坪党支部配合红四团攻打桂阳县城，并在沙田开展公开的革命行动。暴露身份后，黄平被迫撤离桃竹山区，李旺才遇害，党组织活动转入地下。1936年，中共斗水坪区委员会成立，李熙秩任书记，辖6个党支部，有党员33人。区委还建立了斗水坪特区游击队，活跃在郴县、临武、宜章等边界地区，打击土豪劣绅，先后惩处穷凶极恶的土豪劣绅11人，一时间，反动势力闻风丧胆。1939年，由于叛徒出卖，中共斗水坪区委遭破坏，党的革命活动被迫停止。

与此同时，香花岭地区党组织的活动也开展得有声有色。1931年春，谷子元、黄平在香花岭、镇南一带开展革命工作。是年秋，建立中共香花岭特别区党部，谷子元任书记，下辖4个党支部，有党员30余人。为了保护革命成果，特别区党部分别在香花岭矿及镇南农村组建了30余人的工人武装和20余人的农民赤卫队。香花岭矿工人武装曾一度计划夺取矿警察所枪支，因事情泄露而失败。农民赤卫队则积极开展游击战，破坏敌人的交通线，配合尹子韶、谷子元、黄平率领的游击队，开展土地革命和武装斗争。1933年，在国民党反动派的白色恐怖下，香花岭矿区多名共产党员惨遭杀害，党组织遭到破坏，革命力量转移至农村。

二

土地革命战争时期，1934年10月，中央红军第五次反"围剿"失败后被迫实行战略性转移，退出中央根据地，开始长征。红军将士长途跋涉途经临武。11月14日至20日，突破国民党设在郴县良田至宜章第三道封锁线的中央红军分左、中、右三路过临武，中路是中央纵队、军委纵队和红五军团大部、红九军团；左翼是红一军团、红五军团三十四师；右翼则是红八军团、红三军团六师，红军几乎走遍了临武的山山水水。红军纪律严明，所到之处秋毫无犯，帮助广大劳苦大众，惩处土豪劣绅、恶霸。

红一军团在进入县城前，曾派人先进城购买军资。红二师司令部后勤处管理科长陈茂带两个通讯员到县城买鞋。商户们听信国民党的反动宣传，闭门停业。陈茂耐心地向商户做工作，反复说明红军决不拿群

秀龙岩起义旧址

众一针一线，买卖公平合理，只打地主、土豪、劣绅，商户们这才打开铺门，最后卖了他们好几百双鞋袜，军民皆大欢喜。

1934年11月16日下午3时，红一军团先遣团击溃团匪一部，烧毁了国民党在韩山、杜家、猪仔墟设置的3座碉堡，顺利攻占县城后，在县城宿营。次日，经花塘、楚江往蓝山方向进军。离开县城一路往西，红军大部队经过肖家坪至合面铺路段时还有一个小故事。当时，红军部队在赶路时突然接到上级命令，需要在规定的时间到达指定的地点宿营，因为要连夜赶路，战士们非常疲劳，于是就想着在树林里面折一根树枝来当作拐杖，方便赶路。红一军团一师第四团团长耿飚看到情况后，马上进行了阻止，这也充分说明了红军在长征路上坚决不拿群众一针一线，不动群众一草一木的严明纪律。

红军从合面铺经过了六七天，经过村子时，不管需要什么，都必须拿钱给百姓，如果老百姓不收钱，红军也坚决不拿群众的东西。当时红军长征从这里经过，有不少伤病员不顾伤痛继续赶路，乡亲们心疼不已，主动帮他们煮饭送菜，照顾伤病员，对于群众的这份恩情，红军战士们

也一直记挂心里，之后还写过信寄到村里，表达他们的谢意。红军战士的足迹，深深镌刻在临武这块土地上，长征路上的军民鱼水之情也永远留在了临武人民心里，随着时间的流逝，愈发深刻。

<h1 style="text-align:center">三</h1>

抗日战争期间，中共临武地下党组织坚持抗日民族统一战线，积极发动群众参军参战，有力地推动了抗日战争的胜利。1945年，共产党员范卓、王淑兰来到临武、沙田、土地一带从事革命活动。稍后，范卓与桂阳人徐行组建临桂嘉工委，领导三县党组织的革命工作。

解放战争时期，1948年，中共湖南省工委、华南分局及华中局等先后派人来临武开展革命活动，革命力量逐渐壮大。1948年12月，组建中共临武县工作委员会（简称"县工委"），县工委下辖4个党支部，有党员80余人。同年，县工委领导了秀龙岩、贝溪等武装起义，成立了"临桂边人民解放工作队"（简称"武工队"）和"贝溪游击队"（后改称"吕梁山中队"），发动群众抗征、抗粮、抗税，反抗国民党的反动统治。1949年7月，临武革命武装与宜章游击队合并组建湘南支队独立大队，队伍发展到400余人，他们与连江支队及湘南支队密切配合，发动和参加了多次战斗，打击县内残敌。12月1日，又配合南下大军，取得了解放临武的最后胜利。

临武人民为中国革命事业付出了巨大牺牲，作出了重大贡献。民政部门确认的有名有姓的革命烈士共计80人。鉴于临武在土地革命战争时期对革命斗争所作出的重要贡献，1951年8月，唐诗俊、文周板、文祥良、唐启荣四人代表临武县出席了在郴州行署召开的老苏区代表座谈会。

临武县的红色资源有竹树脚临蓝嘉三县武装起义指挥部旧址、十八岽烈士公墓、秀龙寺革命旧址等。

汝 城 县

汝城县，隶属于郴州市，位于湘、粤、赣三省交界处，东邻江西省赣州市崇义县，南连广东省韶关市的仁化县、乐昌市，西邻宜章县，北通桂东县、资兴市。素有"鸡鸣三省，水注三江（湘江、珠江、赣江）"之称。全县总面积2400.88平方公里，下辖9个镇、5个乡（含2个民族乡），常住人口34.46万。1952年，汝城县被湖南省人民政府认定为革命老区。

一

汝城县有着光荣的革命斗争历史。早在1922年10月，汝城青年学生张琼（原名朱瞬华）经杨开慧、刘少奇介绍在长沙入党，成为汝城最早的共产党员。1926年2月，朱青勋等在郴州北街建立中共汝城县小组，成为汝城最早的党组织，6月在汝城县县城中大街信诚书社秘密建立中共汝城县支部，8月扩大为中共汝城县特别支部，并组织开展了声势浩大的农民运动，在厚坊（三育）小学成立第一个乡农民协会，10月成立第一个区农民协会。1927年1月，汝城县第一次农民代表大会召开，将挨户团改编为农民自卫军。此后，各区农协接管全县8个团防分局的武装，改编为农民自卫军。至1927年3月，全县有10个区农会，150个乡农会，有农会会员35000人，有组织的工农群众达56000多人，占全县常住人口的三分之一，汝城因此被誉为"新湖南"。广大农民在工农革命军的帮助下，打土豪分田地，轰轰烈烈地开展土地革命运动。与此同时，党的组织在战斗中迅速发展壮大，至 1927 年 5 月，全县共成立 10 个中共区支部，有共产党员 140 多人。妇联、共青团、工会等组织相继成立。1927 年 7 月，广东惠潮梅农军和郴、宜、资、桂等县许多革命力量先后汇集汝城，汝城的革命势力达到 5000 余人，1000 余支枪。8 月初，毛泽东向中共中央提出以汝城县为中心发动湘南秋收起义，作为全省农民暴动的先锋队，斗争出现新高潮。

1927 年，上海四一二反革命政变和长沙马日事变后，国民党反动派疯狂屠杀共产党人和革命群众。1927 年 8 月 15 日，汝城土匪何其朗勾结国民党军第十六军军长范石生，率 3 个团兵力，分三路偷袭汝城。因敌我力量悬殊，各路农军损失殆尽，县城被攻占，所有革命机关被捣毁，中共汝城特别支部书记朱青勋被砸死在九塘江中，数百名农军战士、农协干部及家属有的被抓、有的牺牲。轰轰烈烈的汝城第一次农民大革命，在马日事变后仍然顽强坚持斗争了 86 天，最终失败。汝城县革命形势陷入低潮。

二

土地革命战争时期，1927 年 8 月，党的八七会议，总结了大革命失败的经验教训，批判了陈独秀右倾机会主义错误，确立了开展土地革命，武装反抗国民党的总方针。9 月，党组织把从汝城分别突破敌人围攻到达濠头的农军改编为"国民革命军第四军补充团"，开抵与汝城接壤的江西崇义、上犹等边境山区，继续开展武装斗争。11 月，朱德、陈毅率南昌起义余部到达汝城后，召开了湘南、粤北各县党组织负责人联席会议，为湘南起义做思想和组织准备，朱德还向城郊乡津江村朱氏宗祠赠送"世界一家"的牌匾。

湘南起义爆发后，1928 年 4 月，毛泽东率工农革命军第一师第一团从井冈山南下，在中共汝城县党组织和革命群众的帮助下，一举攻克县城，实现掩护湘南起义部队到井冈山会师的目的，随后折返资兴。7 月下旬，红四军在朱德、陈毅率领下，从井冈山挥师南征，转战于资兴、汝城、桂东边区，先后帮助汝城县南洞、田庄、开山、集龙等区、乡成立苏维埃政府。同时，从红军中抽调干部帮助重组中共汝城县委，于 8 月中旬成立汝城县苏维埃政府，推动了革命斗争的发展。

　　1929 年至 1932 年，彭德怀先后率红五军、红三军两度进驻汝城，扩大苏区和红军。1931 年，邓小平、张云逸率红七军，兵分两路经过汝城，汝城人民参军参战，为队伍顺利到达江西提供了有力的支援。

　　1934 年 11 月，中央红军长征经过汝城，历时半个多月，在中共汝城县党组织和人民群众有力支援下，胜利突破敌人的第二道封锁线。红军在汝期间，足迹经过 20 多个乡镇 200 多个村庄，进行了大小数十次战斗，有 9000 多名红军战士伤亡，数百名汝城群众参加了红军。文明

红军长征突破第二道封锁线纪念碑

瑶族乡留下了习近平总书记多次讲到的"半条被子"的感人故事。

红军过境后,国民党反动军队对汝城进行了残酷报复、镇压清洗、搜查、抓捕、杀害红军伤病员数百人,建立"清乡"委员会到处捕杀为红军提供带路、挑担、煮饭、照顾伤病员等帮助的汝城民众,全县被国民党军队和土豪劣绅罚跪、罚款、抄家、吊打、坐牢以及杀害者,难以数计。

1936 年 4 月,国民党"清剿"西边山根据地的同时,对该地区实行"三光"政策,群众所有房屋家物被敌人焚烧殆尽。

三

抗日战争爆发后,汝城县党组织逐步恢复和发展。1937 年 10 月中共汝城临时区委在沙田成立,1938 年 7 月中共汝城县委在开山届重建,至 1940 年春,全县共有 3 个区委、5 个直属支部、37 个基层支部,党员人数达 460 余人,成为湘南特委所辖各县中党员人数最多、知识分子最多、培养骨干最多的县份之一。在区委(县委)的领导下,各支部组织开展了抗日救亡运动。汝城县的星光读书会和抗日民族统一战线工作,受到当时中共湖南省委的称赞;不少青年知识分子,纷纷奔赴革命圣地延安,投身抗日第一线。一百多名优秀的汝城儿女同南方八省的游击队一道编入新四军,直接参加对日作战。

1939 年 1 月,国民党召开了五届六中全会,制定了"溶共、防共、限共、反共"的反动方针。此后,国民党反动派掀起了蓄谋已久的反共高潮。1943 年,由于组织部部长何子钧、县委书记何大仁相继叛变,县内来不及撤走的大批地下党员和革命人士被捕、被杀,整个汝城的地下党组织几乎全部遭到破坏。

解放战争时期,汝城人民在党组织的领导下,开展游击战争,组织武装起义，以各种方式支援对敌斗争，先后有 2000 多人参加了中国共产党领导的游击队，汝城县成为湘、粤、赣边区游击武装斗争的根据地。1948 年 1 月中共汝城县委恢复建立。1949 年 6 月 25 日，汝城县成为全省第二个获得解放的县。

在长期艰苦卓绝的革命斗争中，在中国共产党的领导下，汝城人民抛头颅，洒热血，为新中国的建立作出了重大贡献，付出了巨大牺牲。汝城是一块红色的土地，是湘南起义的策源地和中心区，毛泽东、朱德、彭德怀、陈毅、邓小平等老一辈无产阶级革命家曾在此留下过光辉足迹，养育了朱良才、李涛两位开国上将和宋裕和等开国功臣。汝城人民用鲜血和生命捍卫了来之不易的革命成果，始终保持与井冈山、湘赣、中央革命根据地的联系，为苏区的巩固和发展作出了重大贡献。汝城县先后有 43900 人参加革命战争，2460 人牺牲，450 人认定为革命烈士。

汝城县主要革命遗址有汝城红军标语楼、湘南起义汝城会议旧址、汝城农会旧址、汝城县工农兵政府旧址等。

桂 东 县

桂东县，隶属于郴州市，地处湘东南边陲，罗霄山脉中段南端，井冈山南麓，东北至东南分别与江西省的遂川、上犹、崇义山水相连，南与本省汝城交界，西与资兴相邻，北与炎陵（原酃县）接壤，境内群峰高耸，层峦叠嶂，地形地貌极为复杂。桂东县境内有1个国家级自然保护区和1个国家级森林公园。全县总面积1451.57平方公里，下辖7个镇、4个乡，常住人口16.1万。1952年，被湖南省人民政府认定为革命老区。

一

桂东县富有光荣的革命斗争传统。早在大革命时期，中国共产党就领导桂东人民开展革命活动。1924年，陈奇在湖南省立第三师范学校加入了中国共产党，成为桂东最早党员之一。1926年，陈奇受党组织派遣，回桂东秘密开展建党工作，6月，正式成立中共桂东县支部委员会，隶属湘南特委领导。共产党员以极大的热情投身工农运动，加强对工农运动的领导。寨前区、沙田区、城郊区、四都区、桥头区先后成立了区、乡、村农民协会，至1927年2月，全县农会会员达20074人，他们代表全县7.5万农民和手工业工人。1927年3月，桂东县第一次农民代表大会在县城召开，各区、乡、村农民协会的负责人和农民代表300多人出席。大会通过了打倒土豪劣绅、扫除封建势力、废除苛捐杂税、建立农民政权、组织农民武装等十五项提案和决议，县农民协会正式成立，会址设在箭广坪。农民有了自己的组织后，开展了轰轰烈烈的革命行动。

1927 年 5 月，许克祥在长沙发动马日事变后，6 月中旬，反革命恶浪冲击桂东。国民党反动派大打"暴徒"。仅 10 天时间，全县被杀害的共产党员、农运骨干 200 多人。336 人列入"另册"，数百人被关押。全县被烧毁房屋 3000 多间、烧毁的田土和山林 1 万多亩。陈奇、扶良博、郭佑林、邓定昌等党员骨干共 22 人被列为"暴魁"，湖南省国民党当局下令通缉。桂东县革命形势陷于低潮。

桂东县的党组织并没有被国民党反动派的疯狂屠杀吓倒征服。1927 年 6 月底，由郭佑林主持在东洛召开了党员紧急会议，决定坚持斗争，走武装斗争道路。并组成了一支 50 多人的桂东赤卫队，坚持在桂东和湘赣边界进行游击战争。

1927 年 11 月，郭佑林、黄奇志等人在桂东组织年关暴动。他们联络了活动在江西上堡等地由刘雄率领的赤卫队和汝城赖鉴冰所部，又在东洛、沙田、东水、贝溪等地组织起近百名青壮年作为暴动的预备队。1927 年 12 月 28 日夜袭沙田，打死打伤挨户团官兵数十人，缴获步枪 13 支、子弹 3 箱。沙田年关暴动后，暴动队伍坚持在湘赣边界进行斗争。

二

土地革命战争时期，桂东县广大农村建立了苏维埃政权，是井冈山苏区、湘赣苏区县，并且属于中央苏区范围。在桂东这块红色的土地上，留下了毛泽东、朱德、任弼时、彭德怀、陈毅、罗荣桓、滕代远、何长工、王震、萧克、蔡会文、方维夏、周里等老一辈无产阶级革命家的光辉足迹，涌现了陈奇、郭佑林、郭振声等一大批革命先烈。八一南昌起义部队、红四军、红五军、红三军团、红七军、红独四团、红独九师、红六军团、湘粤赣边区红军游击支队等红军部队在桂东留下了革命火种和战斗足迹。

1928 年 3 月 28 日,毛泽东率工农革命军第一军第一师一团前往湘南策应湘南暴动。29 日,到达桂东县四都暖水,与前来迎接的桂东县赤卫队会合,30 日下午,陈奇随毛泽东部队来到桂东沙田墟。4 月 3 日上午,毛泽东集合工农革命军在沙田墟三十六担丘向工农革命军正式颁布"三大纪律六项注意"(后发展为"三大纪律八项注意"),同时帮助桂东成立了中共桂东县委和桂东县工农兵政府(后改为桂东县苏维埃政府),将桂东赤卫队改编命名为"湘赣边区游击队",陈奇任桂东县委书记、工农兵政府主席兼湘赣边区游击大队大队长。接着,里仁区(四都)、大平区(沙田)工农兵政府及周江、南边、东洛、开山、大湖、船塘等 23 个乡、村相继成立了工农兵政府,组建了乡、村赤卫队。此后,沙田一带有 20 多个乡村开展插牌分田的土地革命运动。

从 1928 年 3 月至 1928 年 9 月,桂东全县共 5 个区,其中 4 个区建立了苏维埃政府,28 个乡、村建立了红色政权,县苏维埃政府管辖面积达到 1303.48 平方公里,占全县总面积的 89.8%;辖区人口达到 71865 人,占当时全县常住人口的 91.4%。

1928 年 7 月,红四军第二十八团、二十九团攻打郴州受挫,8 月 3 日,陆续退到桂东,朱德、陈毅为了发展湘南革命力量,在沙田组建了湘南红军游击队,调二十八团三营党代表唐天际任大队长。在唐天际的领导下,深入桂东东边山、西边山开辟游击区,帮助当地建立苏维埃政权,城郊区、寨前区苏维埃政府先后成立。此时,全县有区苏维埃政府 4 个,乡、村苏维埃政府 28 个。组建农民自卫队,粉碎了国民党军队 10 余次"围剿"。1927 年至 1949 年桂东县有 2000 多人参加红军,3000 多人参加游击队。

毛泽东得知攻打郴州失利的消息后,率红四军第三十一团三营前来迎受挫红军。19日抵达桂东县城。23日，双方会合。24日，由毛泽东主持，在桂东县城的唐家大屋召开红四军前委扩大会议。此时，国民党军共三个团的兵力向桂东县城包围而来，陈奇率游击队在城西北高塘坳担任警戒，歼灭敌人一个先头连、掩护红四军前委领导和红军安全转移。红四军主力回师井冈山后，陈奇率湘赣边区游击队转战于湘赣边界。

自1929年5月至1933年年底，红三军团第五军一师、三师及所属部队在桂东活动频繁，以灵活机动的战略战术，打退了国民党军队和其地方武装的"围剿"，有效地牵制了国民党对中央根据地的进攻"围剿"力量，也有力地打击了土豪劣绅和地方反动势力。每到一处书写大量的革命标语、漫画，宣传党的革命宗旨和政策，是一支深受人民群众爱戴、令桂东反动势力畏惧的红军队伍。

1934年8月11日，任弼时、萧克、王震率红六军团9700余人由江西遂川进入桂东。12日，在桂东寨前圩举行誓师西征大会，正式宣布红

红六军团誓师西征旧址

六军团成立。并决定向湘西挺进，为中央红军长征开辟道路。红六军团在桂东期间，发动群众破仓分粮，打击反动豪劣。同时书写宣传标语。中共桂东地下党组织，组织群众掀起了迎接红军、慰劳红军的热潮，纷纷为红军队伍带路、筹饷、探报敌情、捉拿奸细，给红六军团以大力支持。

中央红军开始长征后，1935年4月，赣南军区司令员蔡会文率300多名红军战士进入桂东东边山。同月，游世雄也奉命带领100余名红军战士来到东边山与蔡会文所部会合，同时，迅速同原在桂东一带活动的方维夏所带领的部队和红四团余部，张通所率的红独五团的一个连，龚楚（后叛变）率领的红七十一团的一部及罗荣带领的桂东游击队，在东边山赤水仙会合，正式成立湘粤赣边区红军游击支队（下称游击支队）。支队队部设在东边山赤水仙。同时成立湘粤赣边区特委，书记蔡会文，后陈山。5月，在四都桃寮建立了西边山中心苏维埃政府，下辖五个区域性苏维埃政府。

游击支队的壮大和游击区域的扩展，使国民党政府惶惶不可终日。纠集近三个师的兵力，在军事上对东、西两边山进行大规模的"清剿"；政治上移民并村，保甲连坐，招抚瓦解；经济上严密封锁。1936年春，蔡会文率部在东边山与粤军激烈战斗时中弹牺牲。4月，特委宣传部长方维夏及其妻子被敌买通的歹徒杀害。东边山上庄的方传起被捕后，在押解途中抱住一个敌人跳入江中，与敌同归于尽。中共党员李根启被捕后，面对敌人拷打，坚贞不屈，一家四口为革命牺牲。

湘粤赣游击支队在党组织的领导下，自1935年4月至1937年9月，在桂东的东、西两边山坚持了三年艰苦卓绝的游击战争，配合红军主力长征和全国各地的革命斗争，打击和牵制了湘粤赣敌人的有生力量，保存了革命火种。

三

抗日战争爆发后，桂东县党的组织再次得到恢复和发展。10 月，在桂东沙田成立了中共资（兴）、汝（城）、桂（东）中心县委，领导桂东人民进行抗日救亡活动。在寨前成立了党的区委，在沙田成立了群众书店党支部，在径口、江湾、桃坪、芳村、四都发展了党员，开展党的活动。桂东县 300 余名青年加入湘粤赣边游击支队。游击支队在沙田整编后，奉命改为"湘粤赣边区人民抗日义勇军"。1938 年 2 月 13 日，抗日义勇军 500 多人抵达江西崇义县池江，编入新四军第一支队第二团第二营及第三营的一部，在项英、陈毅的领导下开赴皖南抗日前线，抗击日本侵略者。队伍离开桂东后，在沙田万寿宫公开设立新四军驻沙田留守处。

抗日战争胜利后，国民党政府悍然挑起内战。1947 年 10 月 27 日，郭名善等在中共五岭地委和粤赣湘边区人民解放总队的领导下，在沙田龙头村举行武装起义，揭开了解放战争时期湖南游击武装斗争崭新的一页。首战汝城集龙告捷后，起义队伍开往广东南雄进行整训，五岭地委和边总将其命名为"粤赣湘边区人民解放总队北上先遣队"（下简称北上先遣队）。12 月，北上先遣队回桂东一带开展游击活动。于 1949 年 6 月 16 日和平解放桂东，北上先遣队接管桂东政权，桂东县成为湖南省最先解放的县城。

桂东县人民为了中国革命事业前仆后继，浴血奋战，付出了巨大牺牲，作出了重大贡献。仅在土地革命战争时期，当时只有 8 万人口的桂东县，就有 5000 多名青壮年志愿参加红军和游击队，而更多的老百姓经受了革命烈火的熏陶，支持配合红军、游击队开展革命活动。红军和游击队离开桂东后，不少革命群众惨遭国民党杀害，许多村庄被焚毁，甚至被夷为平地。虽然有真实姓名可查的、为革命壮烈牺牲的革命志士只有327人,但数以千计为革命捐躯的革命者皆难以查证,成了无名英雄。据不完全统计,桂东有5000余人为革命牺牲。

桂东县革命遗址有第一军规广场、桂东沙田万寿宫——毛泽东等革命活动地、湘粤赣红军游击队桂东活动旧址、《三大纪律六项注意》颁布旧址、寨前圩红军长征先遣队寨前誓师西征旧址等。

安 仁 县

　　安仁县，隶属于郴州市，位于湖南省的东南部，东界茶陵县、炎陵县，南邻资兴市、永兴县，西连耒阳市、衡南县，北接衡东县、攸县。安仁县 1983 年 2 月 8 日经国务院批准，划属株洲市管辖，同年 7 月 13 日又经国务院批准，划回郴州地区。全县总面积 1462.18 平方公里，下辖 5 个镇、8 个乡，常住人口 35.19 万。1952 年，安仁县被湖南省人民政府认定为革命老区。

一

　　安仁人民有着光荣的革命斗争传统。1919 年五四运动爆发，5 月中旬，安仁县城师生、各界人士集会游行，声讨帝国主义侵略中国的罪行。以唐德级（华王乡华王村人）、谭文炳（平背乡朴塘村人）、侯岳生（龙海镇山塘村人）、唐天际（华王乡茶叶村人）等为代表的爱国人士和青年知识分子，在县内组织"学界联合会""天足会"创办《旬刊》，热情宣传五四运动的爱国主义思想，揭露帝国主义侵华罪恶和北洋政府卖国罪行，发动群众抵制日货；组织青年学习马克思列宁主义，宣传俄国十月革命，为中共安仁地方组织的建立奠定了思想基础。

　　1926 年 6 月 2 日，北伐军先遣队叶挺独立团从永兴冒雨急行军来到安仁县城。谭文炳等率县立第一高等小学学生和县城各界群众 100 多人到南门洲渡口热烈欢迎叶挺独立团。6月4日，叶挺独立团在安仁龙市龙家湾和攸县渌田击溃北洋军阀吴佩孚的六个团，取得北伐首战大捷。

1926年7月，中共湖南区委派遣在长沙达才政法学校毕业的共产党员周继武（号次铭，牌楼乡莲花村人）以省农运特派员身份回安仁开展建党活动。周继武回到安仁后，首先发展谭文炳、侯岳生为中共党员。不久，中共湖南区委又派遣由郭亮在长沙介绍入党的黄华芳（坪上乡高田村人）以省工运特派员身份回安仁。为加强安仁中共党组织的领导力量，紧接着又派遣在广州农民运动讲习所毕业的易慎斋（长沙人）以省农运特派员身份来安仁工作。易慎斋来安仁后，与周继武、黄华芳紧密配合，于同年8月上旬在县城文昌宫（现县疾病控制中心东侧，房屋已拆）秘密成立中共安仁县特别支部，易慎斋为支部书记。从此，安仁人民在中共党组织的领导下，由自发到自觉逐步深入开展反帝反封建的斗争。

1926年10月，安仁县农民协会筹备处成立，并相继建立县工会、女界联合会、学界联合会等群众组织（谭文炳为农民协会筹备处主任、黄华芳为总工会委员长），工农运动开展得如火如荼。至1927年1月，全县成立22个区农民协会，128个乡农民协会，入会农民5.2万人，占全县常住人口的43.3%。农民协会积极开展反封建、反压迫、打土豪、济贫民的革命活动，其势如暴风骤雨，迅猛异常。为保卫工农运动，县、区、乡都建立了农民自卫武装，并成立了县特别法庭，审判和惩治不法豪绅和贪官污吏。

1927年4月，蒋介石在上海发动四一二反革命政变，5月，许克祥在长沙发动马日事变后，国民党反动派公开镇压革命。安仁县的反动势力趁机成立挨户团，配备武装，集中力量，"清乡"反共，大肆捕杀共产党员、革命群众，先后有120多名共产党员和农协骨干被国民党政府杀害。6至7月，共产党员龙文从、颜文达等先后被捕。农运骨干肖祖扬、谭三日、彭福兴、樊楚光、刘天碧、谭德岳和工会骨干郑武、杨辉达等200余人也纷纷被捕入狱。他们残酷屠杀农运骨干，国民党湘东保安司令罗定来安仁的第一天就在县城西门外枪杀近郊区农协执委樊锡仕等10余人。此后，安仁每日枪声不断，罗星烈、罗德生、何新福、何楚善、何舒福、侯同生、段盛洪等农运骨干先后被害。轰轰烈烈的工农运动被镇压，白色恐怖笼罩安仁，革命形势陷入低潮。

二

土地革命战争时期，1927年8月，党的八七会议，总结了大革命失败的经验教训，批判了陈独秀右倾机会主义错误，确立了开展土地革命，武装反抗国民党的总方针。10月下旬，唐天际受中共中央长江局和湖南省委的指派，由外地辗转回到安仁华王，重建中共华王支部。1928年1月，朱德、陈毅与湘南特委在宜章发动年关暴动，揭开了湘南起义的序幕，革命风暴席卷湘南各县。3月底，朱德率领参加南昌起义的工农革命军第一师向井冈山实行战略转移，途经安仁。4月2日，朱德亲自恢复中共安仁县委（有党员100余名），并组建安仁县苏维埃政府，唐天际为县苏维埃政府主席。4月5日，朱德率部离开安仁，8日，唐天际带领安仁县党政干部和300多农民赤卫军跟随上井冈山。唐天际率领的300多名安仁农军全部编入了红四军十师二十八团，直接壮大了红军的力量。这300多名参加红军的安仁青年，后来大部分在保卫井冈山苏区和中央苏区的战斗中壮烈牺牲。安仁苏区人民为保卫中央苏区做了大量卓有成效的工作。

1931年6月，中国工农红军第七军配合中央红军，开展恢复革命根据地的斗争。13日，李明瑞率红七军由茶陵枣子园沿安仁牌楼乡永乐江畔向安仁县城进发，在大石岭遭到安仁团防局保安第二大队阻击，大石

华王乡烈士纪念碑

岭南面村庄群众和工农革命军华王游击队，在中共安仁县地方组织的组织下，很好地协同红七军配合中央红军开展恢复根据地的斗争，牵制了"进剿"中央苏区的部分敌兵。红七军发起强攻，歼灭保安队30余人。是日晚，红七军进入安仁县城。14日，红七军在安仁县城广贴标语，开展讲演，宣传我党我军的宗旨，发动群众打土豪，惩处民愤极大的土豪劣绅50余人。15日，湘敌王育英旅由衡阳进犯安仁，为保存革命实力，红七军主动撤出安仁，经原路回到了井冈山根据地。

1932年4月，湘南挺进队在安仁潭湾组建了中共潭湾支部，有党员16人，同时建立了潭湾团支部。1934年10月，湘南工作委员会根据斗争的需要，在安仁的高源洞组建中共茶（陵）安（仁）酃（县）永（兴）边区委员会，并分设茶陵、安仁、酃县、永兴等四个区委员会；安仁县为二区区委会。

1933年1月20日，在湘南赤色游击队的帮助下，羊脑福星苏维埃政府成立。11月，潭湾和福星苏维埃政府根据湘南工作委员会的指示，在根据地内开展"减租、减息"斗争，规定土地谁种谁收，使根据地进一步得到巩固。

1934年，在安仁县西南面的耒阳、安仁、永兴边界的苏区游击根据地，斗争也是极端艰巨的。同年4月，在恢复和发展党员的基础上，经湘南特委批准，成立中共耒（阳）安（仁）永（兴）中心县委，下辖5个区委。中共安仁华王区委在华王乡五峰村的枣子树下（地名）成立，有党员30余人，下设泉塘、西冲、曹巴冲3个支部。华王区委与湘南赤色游击队第三大队紧密配合，积极开展耒阳、安仁、永兴苏区根据地的游击战争。

1936年4月，湘粤赣特委书记周里等率部来到安仁潭湾的神堂背，与中共茶（陵）安（仁）酃（县）永（兴）边区委员会负责人陈梅连领导的游击队100多人胜利会师。同年5月27日，在潭湾杉木垅召开湘粤赣特委和湘南特委联席会议，决定建立统一的湘南党的领导机关，两个"特委"合并成立新的湘南特委。在湘南特委的领导下，"边委"领导游击队与敌人进行了艰苦卓绝的斗争，以陈梅连为首的边委领导人全部牺牲，边区的苏区根据地革命运动又暂时陷入了低潮。

1937年7月，湘南特委决定，撤销中共耒阳、安仁、永兴中心县委，分别成立了中共安仁县委、耒阳县委和永兴县委，以便灵活机动地指挥游击战争。由于敌人加紧"围剿"，在苏区根据地实行反动的"梳篦"政策，进行血腥镇压，有16名共产党员和游击队骨干先后被敌人杀害。

三

1937年7月7日，卢沟桥事变爆发，日本帝国主义全面发动侵华战争，民族矛盾上升为国内主要矛盾。中国共产党以民族大业为重，呼吁"停止内战，一致抗日"，并决定将南方八省十四个游击区的红军游击队改编为新四军，开赴抗日前线。中共安仁县委通过与国民党安仁县政府谈判，于1938年4月，将湘南赤色游击队第三大队安仁中队（共39人）

与耒阳赤色游击队合编为一个大队，到耒阳江头刘家祠集训后编入新四军直属中队，北上抗日。

1944年6月27日，日本侵略军入侵安仁后，至1945年8月6日撤出，给安仁人民带来了空前的浩劫。城乡上下，到处残垣断壁，千疮百孔，白骨累累，一片凄凉。日军在安仁罪恶滔天，罄竹难书。据统计，日军在安仁杀害无辜群众13969人，强奸掳掠妇女9700人，烧毁房屋7866栋，抢劫耕牛9000余头，抢劫粮食18980余担，荒芜良田11190余亩，抢夺群众财物约值9亿万元（法币）。

抗日战争时期，安仁人民自发组织抗日游击队，打击侵略者。共产党员何显信（又名何丁苟）和受共产党影响的爱国人士李松寿、陈介萍，分别在华王、承坪、禾市、洋际等地组织三支抗日游击队打击日本侵略者，保卫家乡人民的生命财产。

1945年8月，日本投降后，国民党发动全面内战。经过三年解放战争，到1949年，全国局势已发生了根本变化，国民党军节节败退，人民解放军挥师南下，追歼敌军。为了迎接解放，彻底消灭国民党反动派残部。1949年3月底，中共湘南工委指派张牧阳（牌楼乡新塘村人）重建安仁党的组织，4月正式成立中共安（仁）茶（陵）攸（县）中心区工委，后按上级指示成立中共安仁县工作委员会，张牧阳任工委书记，隶属湘南工委领导。在湘南工委的领导下，县工委积极开展党的活动，秘密发展地下党员、地下团员和地下游击队员。县工委所属各支部先后发展中共党员52人，团员62人，游击队员143人，粤赣湘边区人民解放军湘南游击司令部第十大队（简称第十大队）党支部发展中共党员共19人，团员96人，游击队员241人。8月，全县地下党员、地下团员和地下游击队员，配合中国人民解放军四十六军一三六师与白崇禧部的张淦兵团作战，于8月18日解放安仁县城。

据不完全统计，仅土地革命战争时期，为创建、保卫湘赣苏区、井冈山苏区、中央苏区而牺牲的安仁籍无辜群众和革命烈士11242人，革命烈士3008人，有姓有名的革命烈士328名，其中全国革命英烈5名（黄华芳、周继武、谭文炳、侯梯云、唐名煌）、全省著名英烈8名（黄华芳、周继武、谭文炳、侯梯云、唐名煌、张启幕、龙文从、唐德寅）。

安仁县红色资源丰富，景点主要有省级文物保护单位轿顶屋、唐天际将军故居。名胜古迹有南宋太尉韩京墓、清代宜溪书院遗址、洁爱亭遗址、清代岳麓书院山长欧阳厚均墓、欧阳氏祠、清代台湾知府侯材骥墓、张徽岳墓、龙市双泉村古村落、谭氏书院等。

资兴市

资兴市，省辖县级市，由郴州市代管，位于湖南省东南部、耒水上游、罗霄山脉中段，与江西、广东两省毗连。东邻桂东县、株洲市炎陵县，南接汝城、宜章县，西连苏仙区，北抵永兴、安仁县。以流经治所的资兴江命名。始称资兴县。1984 年 12 月 24 日，经国务院批准，资兴撤县建市。全市总面积 2747 平方公里，下辖 2 个街道、9 个镇、2 个民族乡，常住人口 38.8 万。1952 年，资兴市被湖南省人民政府认定为革命老区。

一

资兴市有着光荣的革命斗争历史。早在大革命时期，1926 年 9 月 1 日，中共资兴支部在县立中学成立，隶属中共湖南区委领导。时有党员 15 人，选举樊淦任支部书记。在中共资兴支部领导下，共青团资兴支部、县农民协会、县总工会、县女届联合会和农民自卫军、工人纠察队、审批土豪劣绅特别法庭先后建立，组织发动工人、农民、妇女、学生开展打土豪、斗劣绅和实行减租减息、废除苛捐杂税、提倡婚姻自由、禁止贩毒开毒、发展农民教育的运动。

1926 年 9 月，中共资兴支部在省特派员邓立平、彭国英等人的帮助下，根据当时党的活动是秘密的，而农民运动却可以公开进行的条件，决定组织农民运动、工人运动、青年学生运动以及妇女运动。到 11 月份，全县办起了区农会 5 个、乡农会 79 个，会员 5000 余人，许多贫苦农民当上了区、乡农会的负责人。到 1927 年春，乡农会增至 100 多个，会员达 1.5 万余人。

1927 年，上海四一二反革命政变和长沙马日事变后，国民党反动派疯狂屠杀共产党人和革命群众，资兴的党组织被敌人破坏，工会农民协会、学生和妇女革命团体被取缔，工农运动遭到严重挫折，革命形势陷于低潮。

二

资兴市有着得天独厚的地理和开展武装斗争的群众基础。资兴市共产党人和革命群众没有被敌人的白色恐怖吓倒、征服，他们继续坚持革命斗争。1928 年 1 月中旬，湘南起义在宜章拉开序幕后，中共湘南特委即派共产党员邵杰生和伍业建两人潜至资兴三都，协助组织资兴暴动。2 月 5 日成立三都苏维埃政府，暴动之火越烧越旺。2 月 8 日黄昏，资、永两县农军 800 余人，由三都出发，首次联合攻城得胜，军心大振。他们将关押在监狱里的革命群众释放出来，当众处决几名罪大恶极的土豪劣绅后，主动撤离县城。

1928 年 2 月 28 日，何长工、袁文才、王佐率领工农革命军第二团由酃县（今炎陵县）进入资兴，策应湘南起义。4 月 1 日，在滁口成立苏维埃政府。9 日，会合陈毅率领的湘南起义农军，向井冈山进发。

1928 年 4 月 8 日，五县农军与国民党桂系军阀白崇禧部尾追农军的 1 个团在资兴县城及附近发生激战，双方各伤亡数百人。五县农军在湘南特委和陈毅率领下顺利到达彭公庙，在彭公庙召开联席会议后，陈毅则率湘南起义队伍开赴井冈山。

1928 年 5 月下旬，红四军军委命令资兴、郴县、耒阳、永兴 4 县红军回原籍打游击。1300 余人的资兴红军遂改番号为红四军资兴游击独立团（简称资兴独立团），黄义藻任团长，袁三汉任党代表，李奇中任参谋长，下辖3个营和1个特务连。资兴独立团奉毛泽东的指令，径直开赴龙溪十二洞开创井冈山根据地外围游击区。

龙溪十二洞，亦称雷连十二洞，为瑶族聚居地，位于资兴东南部，方圆百余里，山峦起伏，林木蔽日，其东北面的八面山即是井冈山的"五大哨口"之一，在地域上与井冈山紧紧相连。

毛泽东率工农革命军第一团策应湘南起义时，就将龙溪十二洞选定为井冈山革命根据地的外围游击区。1928年4月11日，为策应湘南起义，毛泽东率领工农革命军第一团从汝城进入资兴，在东坪墟（即两水口）召集当地农会干部肖显通、胡九苟等人开会研究工作，指导他们成立东坪苏维埃政府，建立农民赤卫队，并发给他们3支步枪100多发子弹，和1匹小马。12日，部队到达龙溪中洞。当晚，毛泽东听取了龙溪农会负责人的工作汇报。毛泽东对当地干部唐己太、李赖福、王维成等人说，龙溪山高林密、地形复杂，群众觉悟高，又地处桂东、汝城、资兴交界，临近井冈山，是一个干革命打游击的好地方。毛泽东发给龙溪赤卫队5支步枪、300发子弹。部队开拔前，毛泽东又留下随军而行的钟碧楚、刘光明、何翊奎等3名地方干部，组成中共资（兴）汝（城）边区支部，领导龙溪、东坪一带的革命斗争。13日，毛泽东在龙溪会见了萧克率领的宜章农军独立营。14日，毛泽东率部经田坪（属今八面山瑶族乡）来到青腰墟，听取青腰农会负责人的工作汇报，并逮捕了两名土豪劣绅。15日，部队在彭公庙处决了逮捕的土豪劣绅。16日，经下堡、汤边（今汤市）进入酃县（今炎陵县）中村。接着，毛泽东又为开辟龙溪游击区采取了三项措施。其一是前面所述的指令资兴红军直接开赴龙溪十二洞打游击。其二是重组湘南特委，领导龙溪游击区工作。8月24日，毛泽东在桂东主持召开营以上干部会议，重组湘南特委，杜修经为书记，龚楚抓军事，特委机关设于龙溪杨家坪，同月下旬正式开展工作。其三是组建湘南游击大队以加强龙溪游击区的武装力量。毛泽东指派唐天际担任湘南游击大队大队长，并抽调20多名战士配备12支枪。唐天际即率队赶赴龙溪十二洞。

资兴独立团进驻龙溪十二洞后，龙溪游击区的各项工作很快有声有色地开展起来。一是恢复、健全党政军组织。恢复中共资兴县委（书记黄义藻）和县苏维埃政府（主席刘英廷，后黎晋文），成立县军事委员会（书记袁三汉）和龙溪特区苏维埃政府，并健全各乡苏维埃政府。群团组织也一并恢复。二是再度打土豪分田地。镇压了龙溪地区的大土豪和反动瑶官，将土豪劣绅夺去的土地，重新夺了回来，再度进行分配。农民开始在分得的田地上耕种，并且将秋后收成的20%上交给苏维埃政府作为公粮。三是发展壮大武装力量。县军事委员会发动青年踊跃参军参战，独立团迅速扩充了200多人。同时，建立了各区乡赤卫队。四是建立严密的情报网。在井冈山外围普遍建立了情报站，派驻了情报人员。五是展开强大的宣传攻势。部队每到一地均组织广大群众开会，宣传党的政策，讲解斗争形势，明确工作目标。六是积极配合红军大队行动。1928年7月下旬，朱德、陈毅率红四军第二十八、二十九团攻打郴州失利后，资兴独立团又连夜赶往东江，为部队抬护伤员。红军大队进驻布田村休整后，独立团和布田赤卫队开往县城，打开国民党县政府的粮仓，并到四周的旧县、渡头、坪石等乡打土豪、筹粮筹款，为红军大队搞好休整创造了良好条件。8月1日，朱德、陈毅在布田召集军民3000多人，召开南昌起义一周年纪念大会。8月2日，朱德率红四军二十八团离开布田，开赴井冈山。资兴独立团仍在龙溪游击区苦战到11月，洪水山陷落后，余部并入红五军和湘南游击大队。

湘南特委和湘南游击大队进驻龙溪游击区后，桂东、汝城、安仁三县县委亦在龙溪恢复，并组建各自武装，龙溪游击区迅速发展壮大，使敌人惊恐万分。国民党师长周希武急电惊呼："匪首黄义藻伪称红军总指挥，盘踞龙溪十二洞实行赤祸！"国民党先后调来第七军第二师、第十三军等10多支正规军和资、汝、桂三县挨户团、"清乡"队轮番进行"清剿"。资兴独立团在龙溪游击区所有武装队伍中实力最强，有近二千人三四百支枪，且富有实战经验，又一直坚持训练，成为抗击敌人"清剿"的中流砥柱。资兴独立团运用游击战术，有效地牵制了大量敌军，减轻了井冈山革命根据地的军事压力。在与敌人的数十次交锋中，不乏脍炙人口的战例，如杨家坪滚石战、大水坑腰斩教导团、三公堂夜袭"向导队"、方洞诱饵歼敌战等。湘南游击大队逐步发展到300余人，也与敌人进行过一些战斗。

资兴独立团和湘南游击大队的节节胜利，激怒了敌人。1928年10月，国民党派来重兵把龙溪游击区团团围住，进行"清剿"。龙溪游击区在敌人的一次"围剿"中，湘南特委机关被包围，部队被打散，杜修经、龚楚突围南走广东。资兴独立团主力300余人由黄义藻率领突围至江西信丰，编为红五军第四纵队第十二大队。袁三汉率100余人留守，坚持游击斗争。唐天际的湘南游击大队转战至汝城。11月17日，龙溪挨户团主任杨奇才带领100多人，偷袭独立团最后一个据点洪水山。当时，独立团余部的精干力量已由何应吾带领前往汝城配合湘南游击大队作战，洪水山只剩下10多人，且多是伤病员。一场激战过后，袁三汉和大部分战士牺牲。唐天际、何应吾闻讯后，赶到汝城镰刀湾将杨奇才挨户团全歼。资兴独立团余部遂并入湘南游击大队。资兴的武装斗争，从1927年3月成立农民自卫军、工人纠察队起，至龙溪游击区最后一个据点失陷，一直坚持了一年零九个月。

1934年8月14日，由任弼时、萧克率领的从江西遂川突围西征的红六军团从汝城进入资兴六和乡（今黄草镇）的大茅坪村，晚上分别宿黄草、滁口一带。烧毁黄草、滁口的两座敌碉堡，冲垮了设在滁口的税卡。15日，到达渡头、清江，焚烧国民党西里乡（今清江镇）乡公所和1座正在修建的敌碉堡，并在清江的黄家园召开军民大会，宣传党的北上抗日救国主张，然后又折回渡头，转至旧县、木根桥。在木根桥，焚毁2座敌人碉堡，击溃郴州敌军欧冠部1个排。16日清晨，兵分两路向郴县方向前进，然后向西长征。

1944年11月，中共中央军委决定，由八路军一二〇师三五九旅主力和一批干部，组成国民革命军第十八集团军独立第一游击队（简称南下支队），由王震任司令员，王首道任政委，郭鹏任副司令员，王恩茂任副政委，准备在湘粤赣边区和湘粤赣边区的五岭地区开辟抗日根据地。同月9日，南下支队离开延安。1945年3月，南下支队进入湖南。同年8月16日进入资兴境内，经过东部的皮石、蓝溪、彭公庙、烟坪等地。国民党暂二军驻资的1个师抛开被围攻的日寇，转而配合国民党第九十九军尾追南下支队。双方在烟坪乡的顶寮山区发生激战，国民党军大败。8月19日，南下支队从东坪的湖洞进入汝城。8月29日，南下支队奉命从粤北南雄班师北返。

三

资兴市人民为中华民族解放事业付出了巨大的牺牲，作出了重大的贡献。资兴市先后牺牲9000多人（含革命群众）。据不完全统计，资兴市在土地革命战争时期牺牲的有名有姓的革命烈士502名。

资兴市是湘南起义重点县之一，以龙溪为中心的"雷连十二洞"是当时井冈山革命根据地的外围游击区，并进行了土地革命的最初尝试。布田，是龙溪游击区的前哨阵地。布田人民对革命忠诚，革命基础好。

1928 年 9 月 17 日（农历八月初四），国民党第八军王英兆团，会合全县挨户团、"清乡"队，共计 2000 余人，荷枪实弹，半夜里包围了布田，放火烧了全村的房子，集体枪杀了共产党员、革命群众 107 人。敌正规军走后，挨户团、"清乡"队又两天一次三天一回进村骚扰，或抢走粮食，或捣毁家具，杀人放火，强奸妇女，把老百姓赶出家门，谁家屋顶上有烟火，谁家就得遭殃。结果，弄得布田的农民无家可归，纷纷逃往他乡。全村三四个月无一家有烟火，无一人敢回村，不闻鸡鸣，不见狗吠，整个村子都被毁灭。革命堡垒布田村的被毁，给龙溪游击斗争带来了极大的不利。

毛泽东、朱德、陈毅等老一辈无产阶级革命家，都在资兴战斗过，留下了光辉的足迹。同时，资兴涌现出一批党政军著名领导人和文化名人，如曾中生、曾希圣、曹里怀、白薇等。

中共资兴市委、市人民政府在布田村建立了革命烈士纪念塔。在资兴市境内还陆续发现不少土地革命战争时期的革命文物和珍贵遗迹。

永州市

　　永州市，雅称"潇湘"，位于湖南南部，潇、湘二水汇合处。境内地势三面环山、地貌复杂多样。全市总面积 22259.65 平方公里，下辖 2 个市辖区、8 个县，代管 1 个县级市，常住人口 528.98 万。永州作为革命老区、红军长征重要途经地，拥有道县、东安县、江华县、江永县、金洞管理区、蓝山县、冷水滩区、宁远县、祁阳市、双牌县、新田县、零陵区和回龙圩管理区 13 个湖南省人民政府认定的革命老区，有着丰富的红色资源和深厚的群众基础。大革命时期、土地革命时期、抗日战争时期、解放战争时期，革命的红色印记不断地印染着永州大地，在这片热土上，涌现出陈树湘、陈为人、李达、柏忍、陶铸等众多英豪。

零陵区

零陵区，1995 年 11 月，国务院批准设立芝山区，2004 年更今名，隶属于永州市，位于湖南省南部，北与冷水滩区，东与祁阳市，南与双牌县，西与东安县、广西壮族自治区全州县接壤。全区总面积 1964.17 平方公里，下辖 6 个街道、7 个镇、3 个乡，常住人口 56.36 万。2016 年 1 月，零陵区被湖南省人民政府认定为革命老区。

一

零陵区富有光荣的革命斗争传统。1919 年五四运动前后，新文化的兴起，促进了马克思主义在零陵迅速传播。1925 年 9 月，唐浩来零陵开展革命工作。他是零陵境内的第一位开展革命工作的共产党人。1926 年 6 月，零陵县第一个基层党组织——中共零陵县党小组建立。1926 年秋，为了加强党对工农运动的领导，中共湖南区委批准成立中共零陵县直属支部，直属中共湖南区委领导。唐浩任直属党支部书记，舒翼、陈云、周沁为支部委员，办公地点设于梅姑巷。

1927 年 4 月，蒋介石在上海发动四一二反革命政变，5 月，许克祥在长沙发动马日事变，5 月 26 日，零陵发生"宥日事变"，国民党新军阀、驻零陵的王德光团大肆屠杀共产党人和农运骨干，镇压工农运动，零陵党组织遭到严重破坏。共产党员唐浩、舒翼、周沁、成功、唐朝英等先后被杀害，农会会长冯凯、王合、冯正等先后被杀害，唐渭贤、张长仕等一批革命群众也被残酷杀害，先后被杀害的共产党员、工农干部及骨干分子100多人。脱险的党员陈树勋、陈秉荣、何祖跃及一部分农运骨干加入到零陵县东部阳明山周文农军，协助改造周文部队，建立苏维埃政府，开展武装斗争。

1927年8月，中共中央在汉口召开的八七会议，批判了陈独秀右倾机会主义错误，确立了开展土地革命，武装反抗国民党的总方针。1927年8月下旬，毛泽东以中央特派员身份回湖南协助省委工作。9月，陈云奉中共湖南省委的指示，回到零陵，重建了零陵县党支部，党员人数很快发展到20多人。陈云等人曾计划改编攻占零陵城区的唐淼部队，实行武装暴动，但是由于唐淼叛变，这一计划未果。

1928年8月，国民党反动派实行残酷的"清剿"，零陵党组织再次遭受严重破坏。胡仕虞、王祖娥、王玉和、李义、向德清等5人被残酷杀害。零陵区革命形势转入低潮。

二

土地革命战争时期，由于中央红军第五次反"围剿"失败，被迫准备战略大转移，进行长征。为了配合中央红军战略大转移，1934年8月初，中央代表任弼时、军团长萧克、政委王震率领红六军团9700余人作为中央红军西征的先遣队离开湘赣根据地，从江西遂川横石、新江出发开始西征。8月23日凌晨，红六军团从新田、宁远县境抵零陵县铲子坪后，兵分两路进入今零陵区域。右路8000余人跨越分水岭进入零陵区桐梓坪乡的楠木园、小河江、青山观、枫木树、四达亭、蚂蝗坝，经接履桥、祖山庙等地深夜抵达蔡家埠、略江口一带。左路军1000余人翻过鸭脊岭，进入零陵区的钧龙亭、炭木桥、菱角塘，在菱角塘附近又兵分两路，一

红六军团长征途经庙门口遗址

路由桥头、晓桥快速到达油草塘，另一路从菱角塘搞茶背、六塘进入油草塘。两路会合后，挺进山塘岭、谢山桥、梁木桥，筹备渡江。

此时，国民党湘军刘建绪已调重兵把守湘江西岸，占领有利地形，劫持所有船只集结在西岸，滩头阵地浅水区安装了密密麻麻的铁丝网；湘军十五师、十六师紧紧尾追在后，独立三十二旅由宝庆向零陵逼近。国民党桂军第七军十九师、二十四师分别经龙虎关、黄沙河向零陵扑来，企图配合湘军围歼红军于湘江东岸。加之湘水陡涨，极不利于红军强渡，中央代表任弼时和红六军团首长当机立断下令部队停止前进，就地待命。经过研究后决定，放弃了在略江口渡过湘江的计划。24日凌晨，部队调转方向，把后卫变成前锋，兵分两路：一路经画眉山、桐子坪抵庙门口；一路经枫木树、老江桥抵庙门口，全军在庙门口一带宿营。25日凌晨，全军整装出发，沿黄溪河谷向国民党军设防薄弱的阳明山挺进。

红六军团到达阳明山后，原计划在阳明山建立根据地，但由于阳明山活动区域狭小，土地贫瘠，人口稀少，尤其是湘、桂已调动四倍于红军的国民党军队包抄过来，红六军团最终放弃在阳明山建立根据地开展游击战的计划。于是，急转南下，进入宁远县，跳出了国民党军的铁壁合围。

红六军团虽然在零陵转战的时间不长，但红六军团的事迹却永远铭刻在零陵人民的心中。红六军团佯攻零陵县城，国民党守军龟缩、不敢接战；消灭接履桥国民党"义勇队"80余人，枪毙其头目郑正仁；镇压了菱角塘骨干团丁唐银青，铲除福田庙门口王太新等3名土豪劣绅；召开零陵略江口会议，实现红六军团的胜利转战；开展政治宣传，至今零陵的山塘岭、画眉山等村的村民房屋墙壁上还留有"工农专政""欢迎白军士兵来参加红军"等标语。红军在零陵与国民党军队进行作战，有10多名红军长眠在零陵。

红军纪律严明、秋毫无犯，所到之处，不动群众一草一木、不拿群众一针一线。购买米菜，分文不少，主人不在家，也写下购物清单，留下钱财，真正发挥了红军是战斗队、宣传队和播种机的作用。至今在零陵群众中还广为流传着这样一首歌谣："灯笼点灯心里明，红军战士得人心。不拿群众一根线，不拿工农一根针。"零陵的一些农民受红军影响，主动带路、送水，更有甚者志愿参加红军部队。红军长征经过零陵播下了革命火种。

三

抗日战争时期，中共零陵地方党组织得到恢复和发展。1938年10月，中共衡阳中心县委委派刘超到零陵、祁阳恢复和发展党组织，成立祁零工委，先后由刘超、董纯任书记。1938年12月，经中共衡阳中心县委筹备组批准，在零陵城区组建党小组。1939年初，经中共衡阳中心县委批准，成立中共零陵城区支部委员会，张戈任书记。1940年春，中共零陵城区支部委员会改为中共零陵县中心支部委员会，胡大年任支部书记，至6月份，党员有近30人。零陵地方党组织通过开办工农夜校、发布进步书刊、开展文艺演出、组织捐款捐物，领导和影响零陵县的抗日救亡斗争，组织民众开展武装反抗日本侵略者，为全国抗日战争胜利作出贡献。

解放战争时期，零陵建立了2个不同隶属关系的中共地下党组织。一是由中共衡阳工委批准的中共零陵支部（代号灵芝），由严固担任支部书记，领导湖南人民解放军湘南二支队一大队开展武装斗争；二是经中共华南局批准成立的"湘桂边区湘南人民民主联军"第二纵队党组织，伍云任党的负责人，领导湘桂边区湘南人民民主联军第二纵队开展武装斗争。两个党组织共有党员40多人，领导着1500余人的地下武装，配合解放军南下消灭国民党军队，解放零陵。

在新民主主义革命时期，零陵区人民为中国革命的胜利作出了重大贡献，付出了巨大牺牲。据统计，零陵区在长期的革命斗争中有1万多名志士英勇牺牲。现如今，零陵拥有黄石坪红军墓、洞山红军烈士墓、红军长征分水岭阻击战遗址、零陵县临时军管会旧址、湘南民联二纵队宣布成立旧址、红六军团指挥部旧址等红色资源。

冷 水 滩 区

　　冷水滩区，隶属于永州市，位于湖南省西南部，居湘江上游，东邻祁阳市，西接东安县，南界零陵区，北连祁东县，地处越城岭余脉，零祁丘岗盆地的北部。素有"湘西南门户"和"潇湘第一城"之称。1984年6月，经国务院批准，撤销零陵县，恢复冷水滩市。1995年11月，经国务院批准，撤销零陵地区，设立地级永州市，撤销县级冷水滩市，设立永州市冷水滩区。全区总面积1218平方公里。下辖10个街道、8个镇、1个乡，常住人口58.31万。2016年1月，冷水滩区被湖南省人民政府认定为革命老区。

一

　　冷水滩区有着光荣的革命斗争历史。早在大革命时期，1925年冬，受党组织派遣，江华籍人唐浩、舒翼分别从江华县和上海来到零陵，1926年初，零陵人陈云（陈奉石）被党组织从上海派回家乡，一道开展冷水滩区的党组织筹建工作。1926年6月上旬在零陵新民小学陈云的宿舍内建立了冷水滩区第一个党小组，唐浩为组长，成员舒翼、陈云。正在筹建冷水滩区党组织期间，零陵学生联合会串联各界人士，在县城发起了驱逐枪杀蘋洲中学学生的幕后指使者——零陵县县长谷飞的斗争，即"四二二"学潮，并得到省学联支持，向省府请愿，迫使当局将谷飞革职查办。这场从学生运动发展到各界人士联合起来的正义斗争，拉开了冷水滩区大革命的序幕。

从 1926 年 6 月冷水滩区党组织开始发动工农运动到 1927 年 5 月的一年间，全区工农运动蓬勃发展，共开群众大会 195 次，游行 81 次，被游斗土豪劣绅 138 人，封仓 70 户，分谷 7300 担。1927 年 1 月成立零陵县特别法庭，支持农会惩治土豪劣绅 100 多人，依法处决罪大恶极的大土豪劣绅蒋俊卿、熊梓楠等 5 人，实现了"一切权力归农会"。

正当农民运动达到高潮的时候，盘踞在湖南的军阀许克祥，积极策应蒋介石在上海发动的四一二反革命政变，5 月 21 日，在长沙发动了马日事变。5 月 26 日，国民党右派、驻军团长王德光在冷水滩区发动"宥日事变"，冷水滩区党组织遭到严重破坏，各级工会、农会等革命团体被捣毁，中共零陵县总支部领导人唐浩、舒翼、周沁，中共冷水滩支部的负责人王昶、郭雅怡等 10 余名共产党员和国民党左派刘桐以及屈老八、冯凯等 100 余名工农运动负责人和骨干惨遭杀害，冷水滩区的工农革命群众运动跌入了低潮。

二

1927 年 8 月召开的八七会议，总结了大革命失败的经验教训，批判了陈独秀右倾机会主义错误，确立了开展土地革命，武装反抗国民党的总方针。冷水滩区党组织开始恢复发展，重建中共冷水滩区支部。1928 年夏，冷水滩区党组织再次遭到破坏，部分脱险的党员带领一些农运骨干转移至阳明山中，成立中国共产党阳明山执行委员会，并改造阳明山的周文农军为中国共产党领导下的农民武装，建立了阳明山苏维埃政府及其革命根据地，坚持武装斗争长达 4 年。

自 1926 年 6 月，冷水滩区建立党组织，1927 年 1 月，冷水滩建立党支部（隶属零陵县党总支），党的活动一直坚持不懈，建立了党领导下的工农政权，开展了如火如荼的工农运动。发展革命武装、坚持武装斗争，从未间断。尤其是在土地革命战争时期，冷水滩区转移到阳明山的党员、农运骨干，会同祁阳、新田、宁远等县先后进入阳明山的共产党人，建立了党领导下历时4年的阳明山苏维埃政府。

三

抗日战争时期，中共党员刘国安受中共湖南省工委派遣到冷水滩区，建立中共冷水滩临时支部，建立冷水滩铁炉冲抗日游击队（湘南抗联自卫纵队六中队）和铁炉冲抗日根据地，团结抗日力量，促成建立湘南民众抗日联乡自卫纵队，并在纵队内设由中共冷水滩临时支部领导的柳山政治组，开展抗日宣传，扩大抗日武装，以冷水滩为中心，以湘桂铁路沿线为重点，开展抗日斗争一年以上。

解放战争时期，冷水滩区党组织在中共两衡（衡阳、衡山）工委的指导下，在冷水滩发动群众，反对国民党当局的征兵、征粮、征税，发展革命武装，开展解放游击战争。1948年到1949年间，中国人民解放军湘南游击队二支队二团队零陵一大队、湘桂边区湘南人民民主联军零陵二纵队、华南人民解放军祁邵衡边区纵队以及孙标农民自卫队先后在冷水滩、零陵成立。这4支由冷水滩区党组织领导的武装游击队，发动各界群众，配合中国人民解放军主力部队，开展支前迎解放的斗争。

为了加快解放的进程，冷水滩区党组织以武装斗争的方式配合解放大军南下，数以百计的共产党员和革命将士牺牲在黎明前的浴血奋战中。

在新民主主义革命时期，冷水滩区人民为建立新中国作出了重大贡献，同时也付出巨大牺牲，先后有7000余人献出宝贵的生命。也留下了令人难以忘记的革命遗迹。冷水滩区的李达故居于1996年1月被湖南省人民政府公布为湖南省文物保护单位，1995 年 8 月被永州市委宣传部公布为永州市爱国主义教育基地，2010 年 7 月被湖南省委宣传部公布为湖南省爱国主义教育基地，2011 年 3 月被中央宣传部公布为全国爱国主义教育示范基地，现为全国重点文物保护单位。

祁阳市

　　祁阳市，省辖县级市，由永州市代管。位于湖南省南部、永州市东北部，南部为阳明山区，连绵数百里，分别与新田、宁远、双牌等县接壤。祁阳因地处祁山之南而得名。原为祁阳县，2021年1月20日，经国务院批准，撤县设市。全市总面积2537.69平方公里，下辖3个街道、20个镇、3个乡（含1个民族乡），常住人口83.28万。1994年5月，祁阳市被湖南省人民政府认定为革命老区。

一

　　祁阳有着光荣的革命斗争历史。早在1926年1月，祁阳就建立了中共祁阳特别支部。特别支部先后在雷晋乾、王首道、李镇球三任书记领导下，建立农民自卫武装，开展工人、农民运动，掀起了大革命运动的高潮。1927年马日事变后，祁阳党组织遭到破坏。1927年9月下旬，受省委委派，原岳北农工会委员长刘东轩化名钟德贵，来祁阳负责党组织恢复工作。10月中旬，湖南省委派湘桂边界党员文临之、张南雄等5人来祁阳县城，与刘东轩取得联系，研究争取阳明山农军唐淼、周文部队。1928年1月，中共祁阳县委成立，6月祁阳县委遭破坏，李用之带领部分党员和工农积极分子到阳明山，建立中国共产党阳明山执行委员会，领导创建阳明山苏维埃政权，开展革命武装斗争。

祁阳县第一个共产党员雷晋乾

北伐战争时期，祁阳花筵江人周文，在共产党的影响下，建立了农民自卫队，在连绵数百里的阳明山区开展打土豪、分田地的斗争。1928年6月，中共祁阳县委组织委员李用之带领部分党员和农运骨干来到阳明山，做政治工作。阳明山南麓石鼓源的党员奉文圭等亦从长沙潜回进入阳明山，尔后，阳明山周围的祁阳、桂阳、宁远、常宁、零陵、蓝山等县的共产党员和工农运动骨干分子亦先后进入阳明山区，投奔周文部队。湘南起义后，大部分参加起义的农军跟随朱德、陈毅上了井冈山，也有少数农军进入阳明山区投奔周文农军。他们共同改造了周文部队。周文采纳了共产党员的建议，改部队番号为"中国共产党湘南区永属农民自卫军"，周文任总司令，部队有3000余人，装备了机关枪、迫击炮等武器1000余件，下编8个团。农军以阳明山为中心、四明山为犄角，在祁阳白果市乡建立了阳明山苏维埃政府，周文为苏维埃政府主席，与以永兴为中心的湘南苏维埃政府连成一片。阳明山苏维埃政府还在白果市、黄江源等地建立农会组织，开展土地革命。利用原唐生智部官兵，从衡阳东阳渡兵工厂弄来工具，在茶苑源办起了兵工厂，制造双管枪和土炮。

在中共阳明山执行委员会的领导下，阳明山根据地开展打击土豪劣绅、焚毁田契借据等活动，并与井冈山革命根据地遥相呼应，互相支持配合，引起了国民党当局的恐慌。他们惊呼"共匪朱毛为祸最烈""共匪周文实为心腹之患""共匪周文……近受共党指使，设立伪苏维埃政府，宣传赤化，流毒祁、宁、道、蓝、嘉、新、桂、零等十余县""……历经围剿，未能扑灭，实为湘南心腹之患"。对阳明山的农民武装力量，国民党湘南地方政府曾多次组织邻近各县的团防队联合"进剿"，均遭失败。1928年3月，周文率部向宁远县城进军，宁远县长熊兆贤闻讯弃城逃往道县。5月20日，周文又击败道县援宁团防武装，进占宁远县城。入城时，周文严格约束部属，纪律严明，对百姓秋毫无犯。7月2日，周文联合陈光保部，在宁远、道县边界屋脊岗阻敌官兵得胜后，率军返回阳明山。同年10月，湖南省"清乡"会由何键集中2个师和1个团的正规军，以及宁远、道县、永明、江华4县"剿匪"总队唐熙所部，共有兵力3万余人，进攻周文的农民自卫军。周文采取避实就虚战术，把队伍从白果市撤至鲁塘埋伏起来。官兵跟踪追击，在鲁塘被围。经过4昼夜激战，官兵死伤累累。在这关键时刻，周文部属欧阳天化率团叛变，形势急转直下，团长王显林、张仁，副旅长石陶金等人先后牺牲。在这种情况下，周文只好率部突围，撤出阳明山，转移到新田县西北部山区隐蔽。1929年，周文利用军阀混战之机，又率部返回阳明县，以茶蒐源为据点，重整旗鼓，队伍很快又发展到3000多人。

1930年初，欧冠任阳明县（国民党政府为剿灭阳明山农军而设，农军失败后裁撤）县长兼祁阳、零陵等8县团防指挥，加强了对阳明山革命根据地的"围剿"。周文部以茶兜源为根据地，带领农军日夜防守，伺机出击，先后袭击铲子坪、麻江等地，打击团防，惩办土豪劣绅。1931年1月，欧冠督率2万多人对阳明山革命根据地进行封山合围，修筑明碉暗堡，封锁隘口通道，切断农军与外界的联系，层层包围，步步推进。经过2个多月的激战，阳明山根据地粮弹欲绝，不少农军战死饿死。3月，周文率部突围，1000多农军被俘，至死不降，被集体屠杀。周文突围后几经辗转逃至广西恭城，1934年被杀害。

阳明山革命根据地农军在共产党的领导下，坚持斗争长达 4 年之久，有力地策应和支持了工农红军的发展壮大和反"围剿"斗争。

二

土地革命战争时期，1934 年 8 月，红六军团根据中革军委指示，"六军团在桂东不应久停，第二步应转移到新田、祁阳、零陵地域去发展游击战争和创立苏区的根据地"。红六军团前卫部队抢渡湘水，一天一夜走了 240 里，从四倍于红军之湘桂国民党军的包围中脱离，经过宁远、嘉禾、蓝山、江华等县，胜利地渡过了潇水。8 月 25 日，红六军团绕过国民党军第四路军总指挥刘建绪部的围堵，向阳明山进军。26 日凌晨，红六军团经零陵的歇马庵进入祁阳的鸡子胯（今祁阳县白果市乡辰光村），直取国民党黄珠田守防队哨所。尔后，跨过接龙桥，翻过马迹坳，进入白果市，直捣国民党阳明山特别区区公所和旭日乡乡公所，缴获敌人枪支 13 支，活捉区长奉明托和送信乡丁罗首带。

国民党反动当局判断红六军团将继续东进，重返湘赣革命根据地，急调军队向东防阻，驻重兵于高亭司。红六军团出其不意，从白果市出发，向南进入宁远县境内。红军沿途对广大群众进行革命宣传，开展打土豪劣绅活动，用抄没土豪的钱财救济穷人，扩大了红军的政治影响，鼓舞了革命人民的斗志，打击了敌人的气焰。红军在白果市的活动，得到了当地人民的大力支持，贫苦群众纷纷为红军带路，救助掉队红军。至今祁阳人民拥军参军、军民鱼水情深的革命事迹故事不胜枚举。

三

抗日战争时期，1944 年 9 月 4 日寇攻陷祁阳后，祁阳人民奋起抗击日寇，组建祁（阳）东（安）自卫区总队，指挥部位于挂榜山，下设 19

个支队，其中祁阳有 12 个，共有 7000 人枪。他们以祁山山脉为根据地开展武装斗争。此外，民众自发组织的抗日小部队的英勇行为，至今传颂乡里。

解放战争时期，党组织领导的 5 支地下武装活跃在祁、邵、衡、零、常等县边境，打击国民党地方反动势力和白崇禧溃兵。1949 年 6 月 3 日，祁邵衡边区纵队 500 余人在黄陂桥被华中长官公署警卫团和祁阳县自卫总队等 2000 余人包围，经一天激战，司令员胡铮等 56 人被俘后牺牲，副司令员王佐和政治部主任曹炎等 42 人阵亡。王佐的头颅被割下来悬于县城罗口门城头示众，悲壮戚人。1949 年 10 月 7 日，衡宝战役决定胜利的黄土铺战斗打响了，祁阳几支地下武装配合解放军作战，袭击白崇禧军队溃兵，迎接祁阳的解放。

新民主主义革命期间，祁阳人民为中国革命付出了巨大牺牲，作出了重大贡献。有 2000 多人壮烈牺牲，出现了雷晋乾、蒋毓华、刘东轩、廖康国、陈诗伯、王佐、曹炎等著名英烈，涌现了刘金轩、周玉成、肖远久、王如痴、龙江源等红军将领。无数革命先烈展现出他们无畏的奉献精神，将革命精神流传至今。

祁阳红色资源遗址主要有坐落于浯溪公园的陶铸铜像、著名爱国主义教育基地陶铸故居、大革命运动时期农运的中心——祁阳特别党支部、雷晋乾烈士墓、祁阳革命烈士纪念碑亭、陶铸生平事迹陈列馆等。

东　安　县

　　东安县，隶属于永州市，位于湖南省西南部，湘江上游，东界冷水滩区，南邻广西全州县，西接新宁县，北至邵阳县，因县城（今东安芦洪市镇）位于应水之北，东安建县之始，取东方安宁之意，定县名为东安。全县总面积 2204.56 平方公里，下辖 13 个镇、2 个乡，常住人口 49.04 万。2016 年 1 月，被湖南省人民政府认定为革命老区。

一

　　东安富有光荣的革命斗争传统。早在大革命时期，1925 年 4 月，在省立第三师范（今衡阳师范）读书的东安籍学生易远浩就加入中国共产主义青年团。翌年 6 月，受学校中共地下组织指派回东安开展工作。他利用县教育局局长的身份，发展陈焕湘、唐兴旺、易进凡入团，并成立共青团东安特别支部，易远浩任支部书记，成为东安县最早的共青团组织。马日事变后，组织停止活动。虽然因团员分散没有开展大规模的活动，但宣传的共产主义思想和农民运动的道理却深深地印在了东安人民的心中。

　　在北伐革命迅速发展的大好形势下，东安的共产党员与国民党东安县党部左派荣子林、唐鹤云等，在县城紫溪郊区及农村开办农民夜校识字班，教农民学文化，灌输革命理论，唤起农民觉悟。1925 年 10 月，荣子林等在共产党员的促进下，以国民党县党部执委身份，在县城一带发动贫苦农民和知识分子，于下旬成立县农民协会通讯处，同时在县城成立了第一个妇女组织——县女界联合会，负责人是魏诗俊。此时，标志着湖南农民运动进入全盛时期的湖南第一次工农代表大会在长沙举行。为支持大会，11月，东安在县农协通讯处的基础上成立了县农协筹备处，负责人是国民党左派谢海岚。县农民协会成立后，在共产党员的协助下，由县政府、县党部、县农协联合成立了东安县特别法庭。县长毛俊任庭长，县党部代表杨佑铭、县农协代表荣子林任委员。1926年12月，邵阳、衡阳在东安的泥水工人发动组织鲁班会，系县内第一个工人组织，并在紫溪、白牙市、井头圩、芦洪市建立了分组织。后来，鲁班会会员大多数加入了农民协会。县农协的建立，激发了农民的革命热情，紧接着，仁智、恭安、三水、三河、城厢等5个乡先后建立乡农民协会，在乡农协的影响下，锅塘、三甸、山口铺、石板铺、大水、白沙、花桥、罗家寨等44个段建立段农民协会，很快，全县农协会员发展到58952人。

县农协成立后，首先派人指导组建了三河乡农民协会，由朱才坤任委员长，周致祥任宣传委员，沈颐夫任组织委员。他们制作了"东安三河乡农民协会"牌子挂在农民协会门口，连续召开三次农民大会，宣传农协的宗旨和活动方案。与此同时，国民党零陵县党部刘桐、永州国民党左派伍金甫来东安仁智乡组织一些在当地较有影响的农民，成立仁智乡农民协会，负责人是黄金华、蒋海青等，他们竖起画有犁头的红色会旗，会员统一佩发腰子形的符号，并建立赤卫队，每人发了自卫武器，梭镖、马刀、鸟枪900多件。

在农协会协助下仁智乡还成立了女子联合会，会长阮甲妹。妇女们为了解放和自由，在县女界联合会组织下，大部分乡农民协会和段农民协会都成立了女界联合会，她们上台演说，高呼口号，宣传妇女解放，开展了剪发、放脚等运动，并与农民协会一道打土豪、斗地主及反对封建的神权、族权、夫权等。三河乡女界联合会以陈玉妹为首，带领广大妇女将欺压轻视妇女的恶棍陈明宪捆起来，戴上高帽游乡。恭安乡农协宣委兼执委蒋云不顾家人的强烈反对和阻拦，毅然坚持和蒋芬、唐玉英一起，跟男子一起到土豪劣绅家挑谷、封仓、杀猪、吃排家饭、抓土豪劣绅游街。她们上台演说，深受群众欢迎。她们坚决反对包办婚姻，反对欺压妇女，谁家娶亲嫁女，如果是包办的，女方不愿意，她们就坚决去干涉，为妇女鸣不平。

东安籍女诗人李正端以诗歌赞颂大革命时期的农民运动："心藏貔貅十万共，杀尽土豪和劣绅。历史光荣随我老，东风绿满洞庭春。"给农民以巨大的鼓舞，激发了农民与土豪劣绅斗争的决心。声势浩大的农村大革命，涤荡着封建制度的污泥浊水，动摇了帝国主义和封建主义在东安的统治基础。

二

土地革命战争时期，1934年，随着中央苏区形势的日益紧张，中共中央和中革军委除派遣红七军团以抗日先遣队名义北上牵制敌军外，还命令红六军团离开湘赣苏区向西转移到湖南中部，发展扩大游击战争，创立新的苏区。同时，作为红一方面军长征的先遣队。1934年8月7日，红六军团9700余人，在任弼时、萧克、王震的领导下，告别曾经共同战斗生活过的湘赣苏区人民，从遂川的横石和新江口等地出发，踏上了西进的征途。

红军渡过湘江以后，沿着越城岭东麓，翻越敌人防守较弱的老山界，然后到达贵州东北部的木黄，与贺龙领导的红二军团会合，在湘鄂川黔边区开展斗争。

红六军团在渡江过程中，部分战士被冲散，有的进入东安县城紫溪市镇（原名城厢乡）。这些被冲散的红军战士，为了唤醒广大群众，寻求群众支持，沿途写下了大量的宣传标语，向群众宣传革命道理。他们用红土沫和石灰水在村庄的石壁、墙壁、门板上写下了"借路过，不抓夫""不拿群众一针一线""抗日反蒋，救国救民""一切权力归工农苏维埃"等标语。红六军团军纪严明，所到之处，秋毫无犯。

大庙口镇大塘湾村文福才老人回忆，红军经过大塘湾时，他才12岁，听到街上有队伍经过的脚步声和说话声，便从门缝里往外看，只见很多人在街上休息，有的背着枪，有的拿着梭镖。天黑时分，红军一位穿着褪色补丁军装的人说："同志们，今天在这里住宿，不要吓唬老百姓，需要什么东西向老乡们借，用后归还，损坏了要赔偿，住了房子要打扫干净……"看到他们相互谈笑，态度温和，穿着朴素，完全和老百姓一样，文福才从家里走了出来。有一个红军连长对他说："小老表，我们是红军，你们不要害怕，躲在外面的人，喊他们回来。"红军吃粑粑时，也递给他一个，还给他一元钱。几天后，全村人都回来了，看到自己家里的东西原封没动，地也被打扫得干干净净。

1934年12月部分红军战士路过舜皇山时，家住紫云工区塘家岭的李永祥，给红军筹过两担粮食。当时，先是2名哨兵探路，后面才是大部队。红军打听到过舜皇山要两天一夜，便向正在九龙潭村当伙计的李永祥筹借两担大米，还告诉他自己是共产党领导的部队，是为穷人打天下的革命队伍。暂时借粮食，写借条，事后认账。这与国民党军抢掠钱财、拉夫抓丁形成强烈对照。李永祥感到十分亲切，坚信红军是穷人的队伍。于是，他挨家挨户筹集了两担大米给红军。红军跟当地老百姓相处很好，当地老百姓都拥护红军，每家每户都非常乐意"借"粮食给红军！但红军说不能违反"三大纪律八项注意",坚持要记账,等革命胜利后还粮。

红军的到来,使饱受国民党反动统治和封建地主阶级压迫和剥削的东安人民看到了革命的曙光,革命热情迅速激发起来。广大群众主动为红军筹集给养,协助红军宣传和扩军,收留、掩护红军。当时老百姓为红军自发捐款捐物,仁智乡、城厢乡、三河乡(今大庙口一带)等地有20名青年自愿报名参加红军。

<h1 style="text-align:center">三</h1>

抗日战争期间,国共第二次合作,在东安广泛发动民众开展抗日救亡运动。1943年,中共湘南特委派遣共产党员严正以生物教师身份到耀祥书院做抗日救亡工作。1944年5月,经请示中共湖南省负责人周里批准,秘密组建中共零陵临时支部。刘国安任临时支部书记兼管组织和武装,谭云龙分管宣传,严正分管统战。临时支部成立后,成立柳山政治组,组建青少年抗日先锋队,广泛开展全民抗战活动,开辟线江冲抗日根据地。

1944年9月5—7日,日军分四路侵入东安。唐生智支持严正组织学生参加中共地下党领导的"抗日青少年先锋队"。在抵御外侮的斗争中,东安人民先后建立多支革命武装,著名的有王亿在东安伍家桥组织的湘南民众联乡自卫纵队,与日军展开殊死搏斗,2000多人先后英勇捐躯。

1946年,零陵、东安出现国民党的反共逆流。党组织遭到破坏。次年初,黄道奇、陈一凡等受命回湖南工作,主要负责东安、零陵、祁阳等县发展党的组织,开展游击武装工作。1948年8月,正式建立湘桂边区湘南人民民主联军(简称"湘南民联")。9月,"华南人民解放军祁邵衡边区纵队"(简称"边区纵队")正式组建。在边区纵队组建过程中,东安不仅是起事的中心地带,也是战斗主要阵地。

中共地下党组织坚持团结唐生智做地方策反工作。1948 年 10 月 12 日，东安成立"护田限租督导委员会"，唐生智任主任委员，开展"减租减息"工作。

1949 年 10 月 20 日，中国人民解放军主力部队 40 余人，与湘南民联东安纵队接头。21 日，中国人民解放军第四野战军一二三师四一〇团先头部队进驻东安县城白牙市，东安和平解放。

东安县在长期的革命斗争留下了宝贵的革命历史遗迹：老山界红七军东安转兵、红军村、红军标语墙、红军墓等。

双牌县

双牌县，隶属于永州市，位于湖南省南部，地处潇水中游，北接永州市零陵区，东北接祁阳县，东南靠宁远县，西南连道县，西侧紧邻广西壮族自治区全州县。县境森林覆盖率在 80% 以上。全县总面积 1726.28 平方公里，下辖 6 个镇、5 个乡（含 1 个民族乡），常住人口 15.71 万。2016 年 1 月，双牌县被湖南省人民政府认定为革命老区。

一

双牌县有着光荣的革命斗争传统。早在大革命时期，1925 年 1 月，党的四大作出在全国范围内发展和建立党的组织的决定后，中共湘区委和中共湘南地方执委先后派遣唐浩、陈云、欧阳立、陈清河、乐开梁等一批共产党员到双牌隶属三县治地发展党员，建立党组织，推动革命斗争。1926 年 7 月，双牌籍共产党员欧阳立，受中共湖南区委委派，回道县领导农民运动。在其家乡上梧江一带发动农民，建立道县第一个乡农民协会——三江乡（梧江团）农民协会，欧阳立任会长。

1926 年 9 月，中共零陵县支部积极筹建由共产党领导的农民协会组织，指派舒翼、周沁负责筹备工作。1927 年 1 月 6 日，零陵县第一次农民代表大会召开。同年 4 月，宁远县召开全县农民协会代表大会。大会通过建立农民武装、制裁土豪劣绅、维护社会秩序、兴办各类学校、平枭粮食、没收大地主土地等决议。在县级农协的推动下，至1927年5月，双牌境内共建立区、乡农会17个，村级农会34个，会员发展到6980人。

双牌境内农村大革命运动正在向纵深发展的关键时刻，全国革命形势骤然发生变化。四一二反革命政变和马日事变后，双牌分属的三县国民党当局乘机对工农运动进行疯狂镇压，农民协会被迫解散。在双牌境内领导工农革命运动的零陵直属党支部书记唐浩、支部委员周沁、国民党县党部组织部长刘桐，中共道县特支委员、县总工会委员长杨绩等一大批共产党员被杀害。双牌工农运动的另一位领导人陈云，也在赴井冈山参见工农红军途中遇害。双牌籍共产党员张南雄，与广西籍共产党员文庄、蒋赤槐、滕东恒、唐崇德等5人在进攻国民党祁阳县政府和县党部的武装暴动中，不幸被围捕入狱，遭严刑逼供。他们坚贞不屈，国民党祁阳县当局恼羞成怒，将5人杀害于县城王府坪。当时，有人为5位烈士写了副挽联："视死如归，赢得英名留桂岭；从容就义，敢将热血注湘江。"

1934年8月下旬，由中央代表任弼时、军团长萧克、政委王震率领的红六军团西征过双牌，为中央红军实行战略转移探寻道路。22日，红军先头部队从宁远县汤家亭出发，途径双牌响鼓岭时，一举歼灭设伏抵抗的国民党团防兵21人。途经麻江村时，枪毙从宁远带来的3名土豪。在当晚宿营的三家湾，枪决一名土匪头子。23日凌晨，在铲子坪村与急行军赶来的9000多名主

红六军团在阳明山歇马庵召开军事会议旧址

力会合。然后，兵分两路，直入零陵县城以北的湘江东岸。这时，红六军团发现湘江两岸有利地形全被敌人占领，且潇水猛涨，渡江困难。于是，决定回师东进，进军敌人防守较弱的阳明山，建立根据地。25日，红六军团到达阳明山后，发现阳明山崇山峻岭，人烟稀少，物资匮乏，回旋余地少，不利于建立和发展革命根据地。红六军团军政委员会在阳明山歇马庵召开会议，决定放弃在阳明山建立革命根据地的计划。26日，红六军团进入阳明山特别区白果市，攻占阳明山特别区公所，活捉并处决血债累累的前阳明县县长奉明托。然后，东进广西全州渡湘江。红六军团途径双牌3天时间，沿途灭敌阻兵、杀土豪地主、毙反动县长，为双牌县域人民开展武装斗争树立了光辉榜样。

二

抗日战争时期，为推动全面抗战，中共湖南工委派出大批骨干分子分赴全省各地恢复和建立党组织。1938年12月，中共零陵城区党小组成立，胡大年为组长，1939年3月改为中共零陵城区支部，张戈为支部书记。6月，中共湖南省委批准成立中共衡阳中心县委，宋濂任书记，统一领导衡山、衡阳、祁阳、零陵、道县等县党组织，开展抗日民族统一战线工作，双牌隶属三县的第二次国共合作初步形成。

1939年8月，三县先后成立抗战后援会和募捐会，宣传抗日，开展募捐，支援抗战部队。双牌境内有120多名爱国人士和热血青年参加抗日救亡活动。迁至双牌境内鸦山的省立第七中学、迁至尚仁里的零陵永郡联立蘋洲中学和五里牌云泉寺的零陵县立湘崒小学广大师生，深入校园附近农村开展抗日宣传，愤怒声讨日本帝国主义侵华罪行，唤起民众保家卫国，抗击日寇的决心和爱国心。

1944年8月，中国共产党创始人之一李达，为避日寇迫害，与妻携家眷 24 人，隐居双牌永江乡桃木磘麻园冲张大元家 76 天。其间，他走村串户，宣传中国共产党抗日救亡的政治主张，介绍国共合作共同抗日的新动态和国际反法西斯战争的最新消息，发动张大元等 11 名青壮年成立抗日救国队，备置 10 支鸟铳、8 支梭镖，护村抗日，激起村民对日寇的愤慨和抗日救亡的决心。

日军在入侵双牌期间，烧、杀、奸、抢，无恶不作，共有 213 间房屋被烧毁，57 人遭杀害，196 名妇女遭强奸，2134 户遭掳掠。日本侵略者的残暴行径激起了双牌境内人民的无比愤慨，境内民众积极响应中国共产党全民抗战的号召，先后建立 1 支抗日游击队和 12 支抗日自卫队共 4000 余人，同仇敌忾，抗击日寇。境内五牌里、何家洞、林江、塘底等乡抗日武装进行过 8 次大的自卫战及阻击战。

在抗日战争期间，双牌仅参军青年就有 300 多人，牺牲在抗日战场的双牌儿女近 100 人，双牌人民为抗战胜利作出了重要贡献。

三

抗日战争结束后，国民党蒋介石反动集团全面发动内战，双牌人民在党组织领导下，奋起反抗国民党的反动统治。

1945 年，道县县长何明珍（中共党员，双牌县理家坪人）上书省政府免征县内一年粮饷和兵役。年底，他辞去县长职务任省参议员，在参议会上他提出"二五减租"建议，发表在《湖南民意报》上。双牌广大群众和一些较开明的乡保长积极响应，采取抗、欠、拖等形式，反对国民党当局的征兵、征粮、征税，从经济上打击敌人。

1945 年 8 月，汛爱乡（今永江乡）110 户佃农聚集大地主张文林家"谈判"，争取减少租谷 84 担。塘底乡塘底村农妇王金玉，丈夫袁朝哲有两兄弟，其兄患病。国民党当地政府按照"两丁抽一"的办法，要抓已有三个孩子的袁朝哲去当兵。王金玉满腔怒火，心一横，用箩筐挑着两个儿子，徒步15公里山路，沿路哭诉国民党的罪行，痛斥国民党抓夫充军，丧失人道。

为了支援解放战争，双牌近500名青年先后参加由共产党领导或影响的"湘桂边区湘南人民民主联军""中国人民解放军湘南游击队二支队二团队""中国人民解放军湘南游击总队""湘南人民翻身团"等地方游击武装，配合人民解放军，打击国民党地方军政当局，迎接全境解放。

1949年8月至10月，双牌境内唐守章、周章如两支地方武装，主动接受共产党领导的湘南游击纵队收编，改番号为湘南游击纵队第一支队第四团、第五团，唐守章、周章如分别任团长。随后，唐守章率部驻守零陵五里牌（今双牌县五里牌镇），周章如率部驻扎道县白马铺，牵制国民党反动武装及地方势力，策应解放军南下。随着人民解放军胜利进军永州，国民党地方当局土崩瓦解。

双牌红色资源主要有：红六军团经过的双牌大江麻街、红六军团经过双牌小河江时饮过水的古井、红六军团在双牌茶林三家湾宿营地、红六军团在阳明山歇马庵召开军事会议旧址、红六军团分水岭阻击战遗址等。

道　县

道县，隶属于永州市，位于潇水中游，南岭北麓。东连宁远县，南连江华县、江永县，西接广西壮族自治区全州县、灌阳县，北抵双牌县。地处湘粤桂三省（区）交界地，是湖南通往广东、广西及西南地区的交通要塞，素有"襟带两广、屏蔽三湘"之称。全县总面积2447.87平方公里，下辖7个街道、11个镇、4个乡（含3个民族乡），常住人口62.13万。2008年7月，道县被湖南省人民政府确认为革命老区。

一

道县有着光荣的革命斗争历史。大革命时期，道县是早期共产党员比较多的地区之一。1922年至1924年期间，先后有一批道县籍青年，在长沙、上海、广东等地加入中国共产党。其中，何宝珍为道县早期著名的共产党人之一，在传播马克思主义、开展工人运动、创建党的地方组织等方面作出了重要贡献。1926年6月，中共湖南区委就委派共产党员、中共湘南特委组织部长陈清河，到湘南各县，了解和发展共产党组织。9月中旬，陈清河至道县。10月初，在陈清河的组织领导下，道县共产党员秘密成立道县第一个共产党组织——中共道县特别支部，支部隶属中共湘南特委领导。10月底，陈清河被国民党道县县党部右派分子杀害。此后，特别支部组织未改选。

1926 年 7 月，道县籍共产党员欧阳立从长沙回到家乡上梧江一带，发动农民数百人成立了"三江乡农民协会"，开展打土豪、减租减息等革命活动。这是在中共领导下道县成立的第一个农民协会。10 月，中共湖南区委又派何铮、何哲、胡冠军、杨绩 4 位党员以国民党省党部特派员的身份，回道县领导工农革命运动，欧阳立与他们 4 人一起，筹备成立了道县工农革命运动委员会。同年 11 月，又成立县农民协会筹备委员会，改组了原来的县农会。

1926 年 12 月，中共湘南区委员会派王文来道县指导工农革命运动。1927 年 2 月，王文在道县各群众团体负责人中，秘密发展中共党员 5 名，成立中共湖南区委直属道县党小组。

在道县农民协会筹备委员会的领导下，全县农民革命运动如火如荼地开展起来，一个多月中，全县组织了区农协 13 个，乡农协 39 个，入会人员逾 1000 人。至 1927 年 3 月，在中国共产党的领导下，全县共建立区、乡农会 80 个，各区、乡均建有农会，会员发展到 25260 人，掀起了"以扶助贫苦农民，打倒贪官污吏，打倒土豪劣绅为中心"的斗争高潮。农民协会打击土豪劣绅、贪官污吏，建立农民自卫武装，禁烟、禁赌、禁盗、禁嫖，消除社会恶习，支持妇女解放，反对包办婚姻，开沟修渠，改善生产条件。

1926 年 11 月，中共党员杨绩、周训、蒋静在道县组织成立道县总工会。杨绩为委员长，周训、蒋静为副委员长，吴先仕、胡兴华、李正兴、周昌荣为委员，何哲为总工会指导员。接着又成立了工人纠察队，队员有 100 多人，负责维持县城革命秩序。县总工会领导广大各行各业工人群众组织工会同城乡土豪劣绅、贪官污吏进行了有理有利的斗争。

1926 年 12 月，在中共领导下，道县妇女联合会成立。共产党员周锦云任主任，肖汝珍任文书，何永芬任组织委员，唐玉秀任调解委员，汉国英任宣传委员。道县妇联在各级农民协会和工会的支持下，开始与封建宗法势力作斗争。在斗争中不少妇女剪掉了辫子，放开了裹脚，要求男女平等，婚姻自由，学习文化。

1927年5月，长沙发生马日事变，国民党反动派疯狂屠杀共产党人和革命群众。6月上旬，中共湖南区委道县党小组被国民党右派破坏，工农运动遭受破坏，道县革命形势转入低潮。

二

土地革命战争时期，先后有红七军、红六军团、中央红军及红三十四师、红二十四师共5支工农红军部队、近10万工农红军经过道县。红军一面筹集粮款，一面开仓济贫、开狱毁案，同时，召集老百姓开会，宣传革命道理。红军所到之处，受到当地老百姓的热情欢迎，老百姓纷纷从家里拿出鸡蛋、红薯款待红军战士，还给红军战士讲解当地情况，给红军提供情报。红军在城隍庙召开大会，处决抓来的土豪劣绅，把没收的粮食、衣物分给群众。当地老百姓纷纷帮忙挖战壕，修筑工事，为红军送茶送水。习近平总书记在讲话中多次提起陈树湘烈士在道县"断肠明志"的故事。

红军纪律严明，秋毫无犯。道县四马桥罗家山村与宁远梅岗交界，是南乡一带过广东的交通要道。罗家山并不姓罗，而是清一色彭姓。这里土地肥沃，祖传下来年年都要种甘蔗榨糖。1934年11月22日，中央红军从宁远的天鹅抱蛋进入道县周塘营，经罗家山向四马桥那边开去，大队人马过了几天几夜。从第一支过路的红军开始，看见罗家山道路两侧都是甘蔗，就由原来的两路纵队改成单行走。驮东西的马，抬着走的大炮，只好绕道从村子后边的山上走。11月24日，中央红军军委纵队从这里经过时，甘蔗地里突然窜蹿出一头水牛来。一匹受惊的战马朝路

湘江战役豪福红军指挥部旧址

边的甘蔗地里狂奔而去，踩倒了不少甘蔗。经红军清点，共损坏 56 根。牵马的红军战士来到村里找主人，主人彭大爷却去赶集了。红军战士把首长拿给他的大洋换成铜板，在被踩倒的甘蔗蔸上每蔸放一个。彭大爷赶集回来知道情况后，忙拿着铜板去追红军，追到富足湾，又追到四马桥圩。问到的红军怎么也不肯收回铜板，他们都说的是一样的话："这是红军的规矩。"

红军长征经过道县中，因为行军和生活需要，有时难免要购买、使用群众的东西。如果主人不在场，红军吃了群众的米，就把钱放在米缸里；拔了群众的菜，就把钱放在菜地里。1934 年 12 月 11 日，红三十四师转战湘南到达四马桥镇时，只剩 140 余人。一个穿破烂衣服戴着红军帽的高个子带着 10 余人到四马桥镇杨家村（现陈杨村）何俊全家里，问他母亲杨开娥是否有什么可吃的东西卖。红军叫她莫怕，他们是穷人的队伍，专门打土豪劣绅的。他母亲见来人比较和气友善，于是说家里只有一些红薯。于是杨开娥拿出大半筐红薯，大约 40 斤。杨开娥又拿出几捆稻草，让红军烧烤红薯。红军战士们没等红薯完全烤熟就吃了一些，其余的准备带路上吃。红军给了杨开娥六张印有"中华苏维埃共和国国家银行"字样的纸币。当时白色恐怖笼罩,杨开娥怕国民党发现便把纸币藏在水砖墙缝里没敢使用,直到 1985 年村里发生洪灾导致房屋倒塌,1986 年何俊全儿子何发明拆除旧房时才发现,目前该纸币颜色陈旧,部分被虫蚀烂,被陈树湘烈士纪念馆征集收藏。

1934 年 11 月 21 日,红一军团二师四团在向道县疾进的路上,街道两边的群众笑脸相迎,为红军准备一盆盆一缸缸的茶水,摆在路边,红军都舀了一碗,一边喝一边赶路。红四团奔袭到道州县城附近时,两个挑担的农民告诉耿飚:"从这里去县城非得从桥上过不可……他们(指敌人)要是知道你们去,会把桥拉过去,那时,你们可以在晚上派人游水过去,把桥放过来。"杨成武称赞道:"若不是两个挑担的老乡告诉我们关于浮桥的情况,假如没有群众的奋勇支援,为我们搭浮桥,我们就是三头六臂也不能这样快地占领咽喉要地道州城啊!"在攻打道州城时,家住县城南门口潇水河边的群众蔡如燕与老表黄玉祥、老庚王志生等人主动撑浮桥和架桥,帮助红军顺利抢占道州城。其后还主动带红军到广西灌阳,黄玉祥留在了红军部队,蔡如燕回家后被国民党关了 20 多天。1934 年 11 月 26 日晚,中央机关、军委纵队从豪福村出发,经蒋家岭入广西。豪福村村民蒋先景个子高、力气大,主动给红军带路到永安关。回来时,红军还给他一张条子,叫他永远跟共产党走。

"吃菜要吃白菜心,当兵就要当红军"成了当时流行的佳话。除此之外,道县人民还冒着生命危险掩护和护理红军伤病员,留下了许多感人事迹。红军伤病员有的被认作儿子,有的被当作女婿,躲过了敌人疯狂的搜捕。1934 年 12 月 12 日至 17 日,在四马镇富足湾村,村民周玉生的爷爷周昌荣、父亲周明安冒着生命危险给在馒头岭岩洞内养伤的陈树湘师长及几名战士送红薯送草药。中央红军攻占道县,准备启程抢渡湘江时,道县老百姓不但夹道欢送,更有不少人抢着为红军挑担运送物资。在道县兴桥村，当时就有 30 人帮红军挑运物资。上关村一位叫彭素贞的农村妇女，当时 30 岁出头，她毅然告别亲人，用一根扁担，挑着几十斤重的担子随红军离开了自己的家乡。经历了惨烈的湘江之战后，彭素贞幸运地活了下来，虽然负伤多处，但肩上的担子却一直没有丢掉。像这样的人物与事迹在无数的支红援红的道县儿女中再普通不过了。

红军长征期间，道县人民群众在中国共产党的领导下，积极开展游击战，与红军一道抗击穷凶极恶的敌人。红军的到来，受到道县人民的热烈欢迎。红军打击土豪劣绅，开仓济贫，写下大量宣传标语，广大人民群众主动给红军带路，为红军筹集给养、协助红军宣传和扩军，收留、掩护红军，白芒铺村等地 300 余人参加了红军队伍。中央红军过道县时，全县 8 个区在红军领导下建立了工农苏维埃政权。

三

全面抗战爆发后，1937 年 8 月，道县成立抗敌后援委员会，开始征兵。同年，中共领导下的道县妇女联合会组织妇女宣传抗日救国，在《道县民报》发表《告全县妇女同胞书》，动员妇女参加救国抗日工作，同时还教唱抗日救国歌曲。道县人民投入到轰轰烈烈的备战、抗战之中。1938 年 10 月，道县成立民众抗日自卫团，何希圣任团长。团下设营。乡镇设自卫大队，保设自卫队，分组训民，全民皆兵，与日本侵略军作斗争。1944 年 7 月，道县抗日游击队在道县与双牌之间的泷河大山里成立。何希圣任队长，腾文任副队长兼参谋长。日本侵略军犯境后，游击队与其多次作战，沉重打击了日本侵略军。1944 年 12 月，罗仁发在道县寿雁墟组织青年伏击日本侵略军，道县西乡联保队在队长蒋安民、蒋玉贵率领下，在道县杨柳塘击败日本侵略军。

解放战争时期，1949 年 9 月中旬，文若金等人在道县永安乡下石塘村自发组织成立游击队，接受中共广西桂东工委领导。11月15日，游击队接受中共道县县委改编，担任维护县城秩序的任务，迎接道县解放。

道县红色遗迹文物众多，有陈树湘烈士墓、陈树湘烈士生平事迹陈列室、何宝珍故居、湘江战役豪福红军指挥所、红军墙、红军渡、红军井等65处长征遗址遗迹，这些都是道县红色教育和党员培训教育的重要场所。

江永县

　　江永县，原名永明县，隶属于永州市。位于湖南省南部，永州市西南部，东接江华瑶族自治县，南毗广西壮族自治区富川瑶族自治县，西交广西自治区恭城瑶族自治县，北与广西灌阳县相邻，东北与道县接壤。全县总面积 1629.29 平方公里，下辖 6 个镇、4 个瑶族乡，常住人口 23.6 万，其中以瑶族为主的少数民族人口占全县常住人口的 63.8%。2016 年 1 月，江永县被湖南省人民政府认定为革命老区。

一

　　江永有着光荣的革命斗争传统。1921—1926 年，王文在学校求学期间，联络在长沙求学的永明（今江永）同乡何奂、周维桢、陈焕启、蒲代煊、邓祥德、杨正凡等人，成立进步团体"新永社"，提出"打倒'同仁会''俱乐部'，建设新江永"的口号。"新永社"的成员经常在岳麓山下、湘江之滨、橘子洲头聚会，学习《共产党宣言》《新青年》以及其他宣传马列主义、共产主义思想的读物。"新永社"于 1924 年初创办了进步刊物《永明灯》，作为宣传马克思主义，揭露社会黑暗，传播光明的阵地。由于积极从事学生活动，王文当选为长沙市学联负责人之一。1924 年，王文在法政专科学校秘密加入中国共产党。1926 年 11 月，王文出席湖南省学生联合会代表大会，被选为大会执行主席。

1926 年 10 月底，中共道县特别支部书记陈清河被秘密杀害。1926年 12 月王文受中共湖南区委和国民党湖南省党部委任为特派员，赴道（县）、永（明）、江（华）三县指导党务工作。王文以国民党道县特派员的公开身份在道县秘密发展 5 名中共党员，建立中共湖南区委直属道县小组。

1927 年 1 月，王文受上级党组织委派，回永明指导国民党党务和农运工作，改组国民党县党部和农民协会，担负永明县建党的任务。他与先从长沙回到永明的国民党永明县党部筹备主任周维桢（共青团员）、县党部特派员刘寅燮、县农民协会特派员李凭耘，以及在长沙加入共青团的何奂、蒲代煊，在国民革命军第二军官学校入共产党的蒋跃球，在衡阳加入共青团的蒋进英、蒋树森等人，以国民党员身份开展革命活动。他们以探亲访友、同学聚会等方式，宣传马列主义和中国共产党的主张。在国民党县党部筹备处、在县立第一高小、在西门外王家花园，组织共产党、共青团员和积极分子，学习马列主义，讨论如何发动群众，打倒"同仁堂"和"俱乐部"，开展农民运动等问题。经过一段时间的考察培养，王文与刘寅燮、李凭耘研究决定，同意共青团员何奂、周维桢、周维梁 3 人转为中共党员，吸收周国钟、王华、杨兴邦、周祐晋、王昭良、王学增为中共党员，吸收唐启祥、唐章祥、蒲华、邓祥德、蒋志宏、何承亿为共青团员。发展中共党员 6 人，共青团员 5 人。1927 年 2 月，条件成熟，王文主持在他家里王家花园建立中共永明县支部，何奂任支部书记。支部有党员 12 人，隶属于中共湖南区委。因中共永明县支部于 1927 年成立，故又称"二七支部"。

1927 年 4 月，蒋介石在上海发动四一二反革命政变，5 月 21 日，湖南军阀许克祥在长沙发动马日事变后，国民党反动派大肆屠杀共产党人和革命群众。永明县笼罩在白色恐怖之中。永明县的贪官污吏、土豪劣绅卷土重来，国民党反动派派出军警大肆疯狂地搜捕共产党员和其他革命分子。有的共产党员和革命分子惨遭杀害，有的流落他乡，继续秘密从事革命活动。

永明县的共产党组织转入地下隐蔽活动。革命虽然处于低潮，但是，中共永明县支部播下的革命火种并没有消灭，在广大工农群众中撒下的星星之火必然会燎原。

二

土地革命战争时期，由于王明"左"倾冒险主义错误，中央红军第五次反"围剿"失败，被迫实行战略转移，进行长征。在湘江一线，国民党湘军、桂军部署重兵防御，企图将红军消灭在湘江东岸。为使红军主力安全渡过湘江，中革军委在永明县境内指挥红军佯攻龙虎关，造成红军主力要进入广西腹地的假象，迫使白崇禧湘江撤防，调兵南救广西恭城、灌阳，达到了"调虎离山"的战略意图。这些战斗故事至今仍在民间流传。

龙虎关，位于江永县西南的湘桂边陲，距江永县城约50公里，距广西恭城县城约40公里，距广西桂林约120公里。龙虎关原名镇峡关，明末清初改为现名，是湘南桂北的重要通关隘口。山高林密坡陡路窄河水深，地势险要易守难攻。历来为兵家必争之地。

1934年11月16日，国民党湘桂军阀达成堵截中央红军的"全州协议"。湘军与桂军防区划分以湘桂边界黄沙河为界，桂军担任兴安、全州、灌阳至黄沙河一线的防御；湘军担任衡阳、零陵、东安至黄沙河一线的防御。根据协议，桂军将其所部15个团约3万人全部部署于桂东北地区，呈南北走向的一字长蛇阵。长蛇阵的北段，为全（州）灌（阳）兴（安）三角及湘桂边境的清水、高木、永安、雷口四关，由第十五军代军长夏

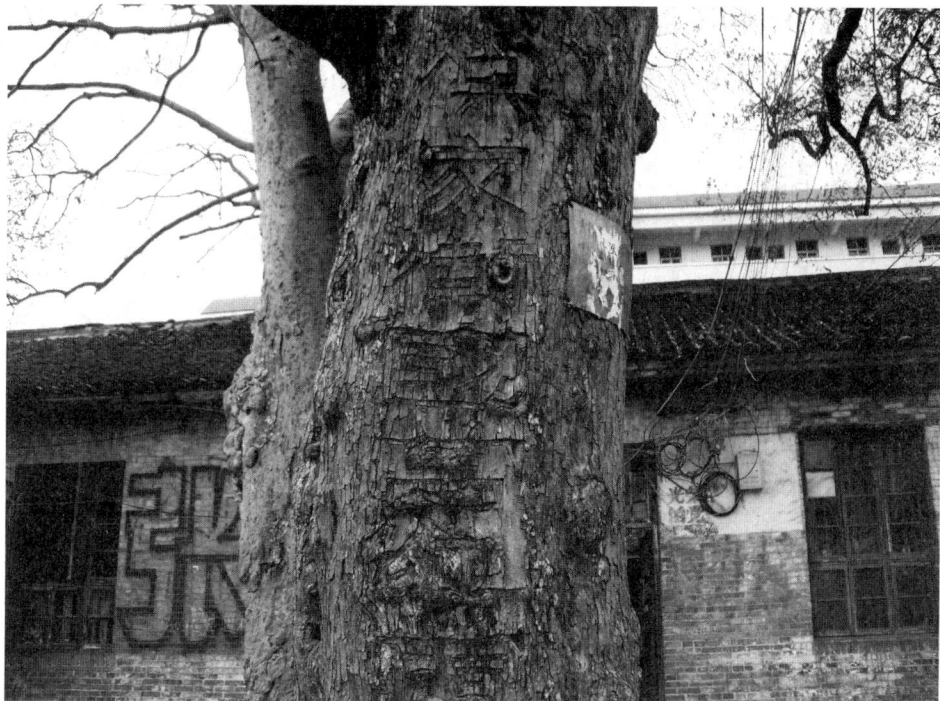

红八军团驻地龙母庙（现江永一中）内红军树

威负责；长蛇阵的南段为恭城、龙虎关、富川、贺县一带，由第七军军长廖磊负责。北段夏威部共约 10 个团 2 万人。南段廖磊部共约 5 个团 1 万人。这是一个北重南轻的部署。

为打乱国民党军的部署，突破敌人的第四道封锁线，中革军委作出佯攻龙虎关要塞，诱调白崇禧驻防在桂北湘桂边境的重兵南移，为红军西渡湘江创造条件的战略部署。

国民党桂军唯恐红军突破龙虎关要塞，直接威胁广西恭城县城。桂系军阀白崇禧再也坐不住，于 21 日当晚急向蒋介石报告说红军主力猛攻龙虎关要塞，要进入广西腹地，要求将驻防全州、灌阳、兴安的主力南撤。蒋介石于 22 日下午同意白崇禧的要求，电令何键的湘军进驻全州、灌阳、兴安。但没有等湘军来接防，桂军就于 22 日晚将驻守全、灌、兴一带的 10 个团撤走 8 个团到恭城一线，只留下 2 个团在兴安、全州、灌阳驻防，湘军又迟迟没有到位，致使从全州到兴安的国民党军 60 多公里的湘江防线的渡口无兵把守，门户洞开。这就为红军抢渡湘江留下了短暂宝贵时间和相对宽松的空间。

1934 年 11 月 25 日 17 时，中革军委下达《我野战军前出至全州、兴安西北之黄山地域的作战部署》，决定从桂北西渡湘江，电文规定："八、九军团为第四路纵队，经永明（如不能占领永明则从北绕过之）三峰山向灌阳、兴安县道前进。" 11 月 27 日中午一时，红八军团先头部队对驻守三峰山的桂军发动进攻。由于部队装备不强，敌人居高临下，凭借天然屏障和防御工事固守山头，红军战士前仆后继，奋不顾身，浴血奋战，两次冲锋均未攻克山隘口，伤亡惨重，只好退至山下程义家待命。28 日凌晨，红八、九军团接到命令，改道北上由雷口关入桂突围渡江。

三

红军长征时期，先后有红六、八、九军团及红五军团的三十四师过境永明，前后历时 4 个月。红军过永明期间，惩治土豪，开仓济贫，遵纪爱民，宣传革命思想，为永明人民与国民党反动派继续进行斗争播散了革命的火种。在江永一中校园，是红军到永明宿营的关帝庙和龙母庙旧址，一个红军战士用刺刀在庙旁边山合欢树和朴树上分别刻下"中国工农红军万岁""保家卫国当红军"两幅标语，两树后被称为"红军树"，后开辟为爱国主义教育基地。

抗日战争时期，在中国共产党的领导下，江永（永明）成立抗日团体，广泛宣传抗日。永明县境内的两支主要抗日武装力量：中共地下党员毛修齐组织领导的"锦堂抗日救国自卫队"以及由原永明县农民赤卫队改编成立，共产党员杨绪华领导的永明县抗日义勇队，利用各种武器，采取烧敌军车、毁敌物资、伏击敌人和在敌人的饮用水中、食物中投毒的游击战术和反抗手段，同日寇进行殊死斗争。40多天时间里，永明县抗日义勇队、锦堂抗日救国自卫队与日军作战近20次，消灭日军30余人，打伤日军50余人，缴获日军枪支35支、子弹500余发，打击了日军的嚣张气焰，彰显了永明人民不畏强暴的民族气概。中共永明县党的组织也得到了新的发展。

解放战争时期，永明人民在中国共产党的带领下，与国民党反动派针锋相对，进行了反内战、反独裁、反贪官、反饥饿的斗争，开展了配合全国解放战争的游击战以及争取和平解放永明的策反工作。1949年11月23日，江永和平解放。

江永县人民为中国革命事业作出了重大贡献。江永县是一方具有光荣革命传统的热土，孕育了无数优秀儿女。江永县拥有红军三峰山战斗遗址、杉木冲红军岩、千家峒红色纪念馆及红军烈士墓、观景台等红色景点。

宁 远 县

宁远县，隶属于永州市，位于湖南南部，东连新田、嘉禾、蓝山，南接江华，西邻道县、双牌，北与祁阳交界。全县总面积 2500.86 平方公里，下辖 4 个街道、12 个镇、4 个民族乡，常住人口 68.4 万。2009年 1 月，宁远县被湖南省人民政府认定为革命老区。

一

宁远县有着光荣的革命斗争历史。早在大革命时期，1922 年至1925 年，宁远县有唐鉴、姜敬祥、唐才佳、乐开梁、李国安、乐天宇等一批外出求学的有志青年在省立三师、北京农业大学等地加入中国共产党，并积极筹建家乡宁远的党组织。1926 年 12 月，中共宁远县支部成立，隶属湘南区委领导。党支部建立后，先后吸收 11 位革命青年入党，壮大了党的力量。

1926 年 11 月，召开宁远第一次工会会员代表大会，成立了宁远县总工会，共发展工会会员 500 余人。1927 年 4 月上旬，召开了宁远县第一次农民协会代表大会，出席会议的代表 300 名，会期七天。大会号召全县广大农民团结起来，向土豪劣绅进行斗争。会后，农会组织进一步壮大，截至 4 月底，全县共建立区农会 8 个，乡农会 100 多个，农会组织遍布全县各乡村，农会会员逾 5 万人，农会能直接领导的群众逾15万人，占全县常住人口的50%。

各级农会建立后，收缴团防枪支，建立农民武装；组织平粜粮食，帮助穷人度过春荒；清理逆产，封闭银行；禁赌禁娟禁烟；反对"男尊女卑"，争取男女平等。这一时期，党领导下的宁远县总工会、宁远县农民协会、宁远县青年学生联合会、宁远县女界联合会、宁远县商民协会，积极宣传新

第一个党支部书记乐开梁（后排左二）

文化、新思想和马列主义，组织劳苦大众起来斗争，开展革命运动。1926年11月，成立了宁远县工人纠察队，开始使用梭镖、大刀，后夺取团防枪支武装自己。各级农会均成立了农民自卫军，全县共有农民自卫军3000余人。1927年，农民自卫军处决了破坏农运的罪魁祸首县团防总局局长李葆心和20多名土豪劣绅。

1927年4月，蒋介石在上海发动四一二反革命政变，5月，许克祥在长沙发动马日事变，宁远县外逃的土豪劣绅纷纷返乡，大肆捕杀共产党人，工农运动干部，镇压工农运动，宁远县党组织遭到敌人的严重破坏，农民协会，工会、共青团、女界联合会等各个革命组织也遭到敌人的破坏，工农运动遭受严重挫折，宁远县的革命形势转入低潮。

二

1927年8月，八七会议后，宁远县转入地下的共产党员、农会负责

人和农民自卫队纷纷投奔周文、陈光保领导的农民起义军，开始了武装反抗国民党反动派的斗争。农民起义军改番号为中国共产党湖南区永属农民自卫军，下编 8 个团，在白果市、黄江源等地建立农会组织，发展到 3000 余人，并拥有机枪、迫击炮等重型武器。1927 年 10 月，中共宁远、嘉禾、桂阳、临武、新田、蓝山特委成立，书记袁昨非。特委派地下党员秘密联络周文、陈光保农民起义军。在特委的领导下，农军三次攻破宁远县城，狠狠打击了国民党的反动气焰，支持了秋收起义和湘南暴动。特委的活动坚持到 1928 年 4 月。当时国民党湖南省政府在《湖南清乡报告》中，把周文、陈光保与毛泽东、朱德统称为"匪"，共同列为"清剿"对象。国民党血腥镇压工农革命运动，残酷杀害农运骨干 3000 余名。有的被五马分尸、有的被剖腹挖心、有的被割耳挖眼，惨不忍睹。共产党员袁定宪、柏忍、李松麟等不幸被捕，他们在国民党反动派的严刑拷打、威逼利诱下，坚贞不屈，视死如归。

1928 年 8 月，国民党反动军队许克祥师会同 8 县"剿匪"总队包围九嶷山，联合"清剿"陈光保部，经 4 天 4 夜鏖战，农民军虽打得英勇，但寡不敌众，伤亡惨重。这支 1000 多人的队伍，仅 200 余人冲出重围，投奔井冈山。从 1928 年开始，国民党军队多次"围剿"周文部，周文采取避实击虚的游击战术，击溃了国民党军队一次又一次"围剿"，消灭了国民党军队的有生力量，牵制了敌人，支持了井冈山革命根据地的斗争。

1928 年 10 月 20 日，湖南省委按照中央指示，决定组织一批共产党员回湘开展工作。曾参加过南昌起义的共产党员陈汉楚（宁远山下洞人）与中央军事政治学校武昌分校学员、参加过广州起义的共产党员龚国宝结为夫妻，于同年 12 月 20 日回到宁远山下洞村，于 1929 年 1 月成立中共宁远特别支部，共有党员 6 名，直属省委领导。这段时间，省内一些党组织连遭破坏，湘南特委因 1928 年特委书记罗毅生被杀，即与省委断绝关系，在湘南，只有宁远特支尚与湖南省委保持联系。

1931 年，欧冠遵照湖南军阀何键的命令，发兵环山合围周文部，周文部因弹尽粮绝，饿死、冻死者甚多，仍坚持战斗，英勇杀敌。周文率 200 余农军突围，1200 余名农军壮烈牺牲。1934 年，周文被国民党捕获杀害。

从 1928 年 2 月至 1931 年 3 月，党组织在宁远县相继建立北部的白果市、洋塘、侯坪，南部的九嶷山、湾井，中部的中和、山下洞等乡镇苏维埃政权，占全县 11 个乡镇的 63%。特别是白果市乡苏维埃政权坚持到 1931 年 3 月，时间达三年，其他均在一年以上。

三

土地革命战争时期，1934 年 8 月到 1935 年 4 月，红六军团、中央红军的一、三、五、八、九军团和中央纵队、军委纵队长征先后经过宁远，大小战斗打了 7 次。每次战斗都有农协会员带路、参战、筹粮食、送情报、收容红军伤病员。据查，带路参战的有 31 人次，群众主动收养掩护负伤的红军指战员 41 人，其中 8 人在宁远安了家。有蒋澍、黄加宣、吉兴仔等近百名热血青年随红军北上。1934 年 12 月 13 日，担负长征后卫的红五军团的红三十四师在广西全州遭强敌阻击，无法跟上长征大军，遂撤回湘桂边境，从道县进入宁远桂里园。在鲁观洞建立了苏维埃政府，领导和组织群众打开土豪粮仓，将谷物分给贫苦农民，还着手插标分田，开展土地革命运动。苏维埃政府在恶劣环境中坚持斗争，直到 1935 年 4 月，才被迫解散，转入地下斗争。

全面抗战爆发后，宁远人民同仇敌忾，英勇抗战，在党组织的领导下与日本侵略者进行了不屈不挠的武装斗争。据统计：全县从 1937 年至 1944 年中，共有 27386 人奔赴前线，每年平均为 3912 人，尤以 1940 年为最，达 8298 人，居全省第一。仅 1937 年到 1940 年，为国捐躯的官兵有 1000 余名，其中 1937 年和 1938 年分别为 400 余名和 500 余名。

1944 年 10 月，日军入侵宁远，盘踞侯坪响鼓岭，常驻 100 多人，最多时有 300 余人。为保卫家园，保卫生产，中共侯坪党支部组建了一支 100 多人的抗日自卫队，袁培国任队长。开始他们用梭镖、大刀与敌周旋。不久他们趁日军外出抢掠之机，夺取了日军埋藏的 100 多箱子弹和部分枪支，又自筹资金买回"三八式"步枪 100 多支，自制土炮 10 多门与日军交火，大小战斗 20 多次，打死打伤日本侵略军 20 余名，极大地鼓舞了宁远人民抗击日军的信心，这支由党领导的农民武装一直坚持到革命胜利。

随着解放战争形势的发展，党在南方的领导机构为配合解放大军南下，迎接全国解放，在积极发展和巩固党的组织的同时，选派得力的领导骨干分赴广大农村，在群众基础较好的地方组织地下武装，发动和领导武装斗争，在党的领导和影响下，宁远先后建立了湘南游击总队和湘南游击纵队两支地方武装，两支地方武装遵照上级部署，积极开展游击战争和策反工作，以军事手段反抗国民党的反动统治，努力保护群众利益，为迎接人民解放军南下、和平解放宁远展开了英勇的斗争。

宁远县为中国革命事业付出了巨大牺牲，作出重大贡献。在长期的白色恐怖高压之下，宁远人民不惧危险，选择抗争到底，涌现了一大批可歌可泣的英雄儿女，他们的事迹值得我们永远铭记。从 1927 年至 1949 年，宁远先后共有 6 支革命武装计 1 万余人，有各种枪支 4000 余支，在武装斗争中共有 4000 余人光荣牺牲。

宁远县现有革命烈士公园、水市镇包家村红军长征宿营地遗址、天堂镇红军长征屋脊岗战斗遗址等红色资源。

蓝 山 县

　　蓝山县，隶属于永州市，东与临武县接壤，南与江华瑶族自治县、广东省连州市毗邻，西与宁远县交界，北与嘉禾县相连，为湘粤重要门户，有"楚尾粤头"之称。全县总面积 1797.86 平方公里，下辖 8 个镇、6 个民族乡，有 1 个国家森林公园，常住人口 32.99 万。1994 年 7 月，蓝山县被湖南省人民政府认定为革命老区。

一

　　蓝山县有着光荣的革命斗争历史。早在大革命时期，在 1924 年冬，加入中国共产党的黄逵、胡国镇（1925 年加入中国共产党）、胡祖舜（1925年加入中国共产党）、阮贞（女，1926 年加入中国共产党）等人发起，于 1926 年 7 月建立了中共蓝山支部，10 月建立支部委员会，胡祖舜任支部书记，隶属湘南特委领导，至 1927 年 5 月，共产党员发展到 16 名。

　　在大革命的高潮时期，1926 年 9 月，蓝山县农民协会成立，李盖凡任委员长，成为全省当时最活跃的县农民协会之一。到 1927 年 5 月，全县有区农民协会 6 个，乡、村农民协会 194 个，会员有 3.5 万人。随着农民协会的成立，工、青、妇各个革命组织，也遍布全县，先后成立了共青团蓝山县特别支部，县、区、乡女界联合会，县教职员工联合会，县学生联合会，县审判土豪劣绅特别法庭，县总工会和各种行业工会，县民会议及其常设机构——县政会。共产党员唐昭元任县政会主任委员。在全县掀起了从政治上、经济上打击土豪劣绅、惩治贪官污吏的热潮，并同乡村恶习、宗法思想、封建制度展开了一系列斗争，极大地鼓舞了人民群众的革命热情。

1927年4月，蒋介石在上海发动四一二反革命政变，5月21日，湖南军阀许克祥在长沙发动马日事变，此后，国民党反动派疯狂屠杀共产党人和革命群众。蓝山县党组织遭到敌人的严重破坏，李盖凡、胡祖舜等5名共产党员被敌人杀害。农民协会、工会、共青团、妇女界联合会等各个革命组织也遭到敌人的破坏，工农运动遭受严重挫折，蓝山县的革命形势转入低潮。

二

土地革命战争时期，1927年8月，党的八七会议，总结了大革命失败的经验教训，批判了陈独秀右倾机会主义错误，确立了开展土地革命、武装反抗国民党的总方针。蓝山县党组织开始恢复发展。尚未暴露身份的阮贞、唐仁久、成良佑3名共产党员，继续坚持革命斗争，重新组建党支部，阮贞任支部书记，隶属以袁痴为支部书记的嘉（禾）临（武）蓝（山）中心县委领导，是年冬发展了2名新党员。

1927年冬，受中共湖南省委派遣，中共党员、北伐军营长利运洁、连长黄逵回到蓝山县，重建党支部，初隶属以袁昨非为书记的桂新临嘉宁蓝区委领导。1928年3月后隶属以毛升珍为书记的临蓝嘉三县中心县委领导，当年发展了3名新党员。

1928年2月，宜章年关暴动后，黄逵写信给宜章中共组织，要求派干部来蓝山指挥武装暴动。黄逵任工农武装游击队队长。9月，利运洁、黄逵与临武县中共党组织联系武装暴动，不幸被国民党侦知，利运洁、

黄逯、阮贞等共产
党员被捕遇难。

1929 年，在中
共湘粤边工委尹子
韶、谷子元领导下，
蓝山县新圩、火田
渡、毛俊、大桥等
党支部先后建立，
配合湘南红军游击
斗争和土地革命，
打土豪分田地。以

司令部旧址红军标语墙

何永柱为首的中共蓝山县支部，组织一支 300 余人的蓝山游击队，后发
展到 1000 人，活动在蓝山、江华、连县边界一带，坚持斗争。

1934 年 8 月，红六军团西征经过蓝山。8 月 26 日清晨，红军经歇马庵，
直取祁阳白果市。当日下午，红军绕过敌军防区，跳出敌人的重围，往
宁远方向前进，在土地塘击溃尾追之敌，第二天佛晓，兵分两路再次进
入新田境内。29 日，红军从新田进入嘉禾。萧克率领部队绕道行进，避
开绣敌，进入蓝山土桥圩、新村、古院一带宿营，司令部设在李光成家。
30 日经洪观圩、泉塘、下洞铺、罗阵庙、大基嗣、山口村、蓝屏圩等地，
行程 80 多华里，进入宁远下灌宿营，翌日经水打铺，朝道县、广西方
向急进。红六军团快速的迂回运动，使追敌处处扑空。抢渡湘江后，与
红二方面军顺利会师，完成了牵制敌人和为中央红军西征探明路线的任
务。

1934 年 11 月 16 日至 22 日，红军中央纵队和一、三、五、八、九
军团八万六千多人过境蓝山，历时 7 天，足迹遍及 19 个乡，165 个自然村。

1934 年 11 月初，担任中央红军长征后卫的红五军团三十四师，在广西全州、灌阳遭敌人阻击，伤亡惨重。1935 年 2 月，赣南军区红二十四师七十一团潜赴湘南，红二十四师进行了蓝山大桥荆竹战斗、小目口战斗、三区区公所战斗、大麻军屯战斗、浆洞乡战斗，沉重打击了地主民团、土豪劣绅反动势力，鼓舞了蓝山人民的革命斗志。蓝山田心铺战斗，红二十四师毙伤敌军 10 多名，缴获一个排的枪支弹药，吓得敌人溃逃蓝山县城。敌人承认"天光山为湘粤交界之岭，跨连县、蓝山、临武三县，纵横数百里，人烟稀少，进剿颇感困难"。

　　苏区建立红色政权的斗争。1935 年 3 月，红二十四师帮助蓝山建立了荆竹苏维埃政府、永和乡苏维埃政府，瑶民胡仁生被选为永和乡苏维埃政府主席，以苏维埃政府名义发布文告，宣传土地革命，影响扩大到蓝山南部山区、东南部丘陵地区、临武县香花岭和江华县一带。红二十四师和苏维埃政府建立红军后备队，巩固苏维埃政权，打击土豪劣绅，对付国民党军的"围剿"。红二十四师还送给永和苏维埃政府一部分苏维埃纸币作为革命活动的经费。红军在蓝山大力开展革命宣传，留下了大量红军标语，其中就有"只有苏维埃才能救中国"。苏维埃政府也留下了"农民起来实行土地革命"的苏区标语，号召广大农民群众团结起来积极参加苏维埃革命。

　　蓝山县在土地革命战争时期建立的局部苏维埃政权，开展的红色武装斗争和土地革命，是湘南苏区红军和赣南苏区红军斗争的有机组成部分，属于湘赣苏区范围。

三

　　抗日战争时期，蓝山虽然没有独立的党的组织，但蓝山人民受革命的影响，在国共合作的旗帜下积极参与抗日救亡运动。1937 年至 1945 年，全县先后有近万名热血青年应征参军，229 人献出了年轻的生命，为抗日战争的胜利作出了应有的贡献。

抗日战争胜利后，国共合作破裂，面对国民党的反动统治，素有革命光荣传统的蓝山人民，积极谋求自身解放。1949 年，为迎接解放军解放蓝山，在中共地下党组织的努力下，蓝山境内先后出现广东人民解放军连江支队第七团、中国人民解放军桂临蓝嘉江边游击队和湖南人民解放军湘南军区第四纵队三支革命武装力量，在境内策动萧禄才组织武装起义，放手发动群众深入开展抗粮、抗税、抗兵"三抗"运动，积极开展对敌斗争，支援或配合中国人民解放军四十六军一三六师于 1949 年12 月初解放蓝山。

蓝山县在新民主主义革命时期，党的组织与活动，苏维埃政权的建立，武装斗争的开展都取得了显著的成绩，蓝山县人民为中国革命作出了巨大的贡献。

蓝山红色资源主要有红六军团西征永州转战旧址，位于蓝山县土市镇新村境内的红六军团指挥部旧址和任弼时、王震、萧克临时住所。

新田县

新田县，隶属于永州市，位于湖南省南部，永州市东部，东邻郴州市桂阳县，南界郴州市嘉禾县，西连宁远县，北交祁阳县及衡阳常宁市。全县总面积999.63平方公里，下辖2个街道、10个镇、1个民族乡，常住人口34.36万。2009年1月，新田县被湖南省人民政府认定为革命老区。

一

新田县有着光荣的革命斗争传统。早在大革命时期，从1926年7月至1927年长沙马日事变前夕，全县共建农、工、商、学、妇群众组织110个，入会人员逾1万。中共党员曾令钧、张汉涛、黄象勋等，在县城北门武庙组建了新田中共党部筹备处，发展中共党员175人。中共新田县委在此基础上成立，黄亨明任书记，张汉涛任组织委员，黄象勋任宣传委员。中共新田县委下辖12个支部，接受中共湘南工委的领导。

1927年5月，长沙发生马日事变后，在国民党反动军队以及地方反动势力的进攻面前，新田县的共产党人和革命群众采取了一系列应变措施，或"上山"，或隐蔽，或组织农民自卫军进行抵抗。新田党组织恢复后，根据上级党组织的总部署，集中精力，筹集武装，积蓄力量，策划暴动，反击国民党反动派。1927年10月8日，数千名农民自卫军攻破新田县城，新田团防队长曾光华溃逃。自卫军进驻新田期间，除暴安良，指定文若火为新田县长。10月12日，农民自卫军贺玉湘部会同陈光保部计1万余人枪攻打蓝山县城未果，挥师北上攻占了嘉禾县城，缴获大批兵器辎重。

1927年10月，中共新（田）嘉（禾）桂（阳）蓝（山）宁（远）临（武）特委成立，书记袁昨非。特委下辖嘉禾、桂阳、临武、蓝山、宁远和新田6个县党组织。在特委领导下，分散各地的共产党员和农运骨干陆续回到新田，他们以龙岗曾家为据点，在人民群众中积极宣传共产党的政治主张，组织农民自卫军同县团防武装和土豪劣绅作斗争，做好湘南起义武装暴动的准备。

1928年初，湘南暴动爆发，国民党派重兵"围剿"起义军，朱德、陈毅率队伍向井冈山转移，留下来坚持斗争的党员骨干和农运积极分子向湘粤边界转移。10月，建立"湘南人民革命军事委员会"，尹子韶任主席。阳明山周围的新田、祁阳、宁远、蓝山、道县等地的大批共产党人和农会干部避开国民党反动政府的搜捕，纷纷上了阳明山。在中共党员李用之等人的努力下，建立了中国共产党阳明山执行委员会，加强了对农民自卫军的政治工作，使这支部队迅速由1000多人发展到3000人，提高了战斗力。他们袭击县团防，打击土豪，攻打县城，威胁国民党的统治。以白果、肥源一带瑶山为根据地，开展革命活动。

1928年8月，国民党许克祥部队会同道县、宁远、永明、江华四县"剿匪"总队及新田、桂阳、蓝山、嘉禾四县团防联合"清剿"农民自卫军，经四昼夜激战，农民自卫军击退了官兵"围剿"。11月8日，坐镇衡阳督战的何键在桂阳县召开新田、蓝山、宁远、临武、嘉禾五县县长会议，面商"会剿"农民自卫军办法。在敌人的强大攻势下，农军最终战败，除少数人突出重围外，大部共产党员及农军战士牺牲。

二

土地革命战争时期，1934年8月，为了配合中央红军战略大转移，准备长征，中革军委指示湘赣苏区任弼时、萧克、王震领导的红六军团进入湘南桂东后不应久停，第二步应转移到新田、祁阳、零陵地域去发展游击战争和创立苏区的根据地。

任弼时、萧克、王震指挥红六军团以迅雷之势越过郴宜公路，袭占新田县城，全歼守敌保安团，缴枪160支。红军进驻新田县城，宣传革命道理，建立苏维埃政府。红军官兵遵照总政治部的政治指令，在新田城内广泛宣传，散发宣传品，刷写标语。唤醒群众觉悟，帮助建立红色政权——苏维埃政府。红军帮助建立了蛟龙塘、双溪岭、中合圩、景仙寺等苏维埃政府，苏区人口达到8万人，面积达600多平方公里，广大群众都集合到苏维埃的旗帜下。工农红色政权成立后，在全县广大群众

红六军团领导群雕

中宣传土地革命政纲，发动群众参军支前，带领群众打土豪分浮财，焚毁字据契约，废除买卖婚姻，组织清剿反动派残余。8月底，红六军团离开新田后，国民党反动派疯狂反扑，各地苏维埃政府被迫转移到肥源、阳明山及桂阳、临武、嘉禾交界的山区坚持斗争。

红军在新田停留期间严格遵守纪律，保护群众利益，关心群众疾苦。县城肖敦海老人回忆：红军最守纪律，他们吃了老百姓的东西都要交钱，他们在老百姓的土地里摘了蔬菜，就将钱扎在菜的枝干上。红军还开随军银行，用银圆、铜板兑换散发在群众中的苏维埃纸币，红军途经各地，群众送水送饭，红军就将马灯、水壶、衣服、棉被等物送给群众作酬谢。新田群众更是支持红军。红军在新田停留的日子，与新田人民结下了浓厚的情谊。东门桥村裁缝师傅听说红军要离开新田的消息时，夜以继日地为红军赶做干粮袋。黄上顺、黄上林、黄广玉、刘光莲等群众夜以继日地为红军砻谷筛米，准备行军用粮。

三

抗日战争期间，新田成立抗日兵役宣传队，开展巡回宣传演出，号召青年参军参战。据统计，仅1939年至1940年，新田就有4566人应征到抗日前线参战。1944年，10000多人赴郴州赶运国防囤盐，支援抗日前线。

解放战争时期，新田人民在党的领导下，建立一支乐志任司令的840多人的地方武装，参加了刘亚球、李林所领导的"中国人民解放军湘南支队"，转战于湘南地区，同敌人展开灵活机动的游击战30多次，为湘南地区部分县城的解放立下了汗马功劳。

新田这块红色的土地，在历次革命斗争中，近千名新田儿女献出了宝贵的生命。其中有新田革命的先驱，安源煤矿和湖南水口山矿工人大罢工的领导人、中共黄埔军校特别支部书记蒋先云，有新田党组织的创始人黄亨明、曾令钧、曾令铨，有中共党员宋觉，有血洒抗日前线的爱国将领郑作民，有在解放战争时期任江浙纵队司令，后又到苏南京浦铁路司令部秘密进行策反工作被国民党特务杀害的杨怀超。还有何援华、程启汉、张汉涛、胡斌、黄学任、黄贵德、谭佐兴、周崇光等上百名英烈，他们甘洒热血化长虹、浩气永留震环宇。

新田县人民为中国革命事业付出了巨大的牺牲，作出了重大贡献。新田县的革命遗址小源会议旧址、蒋先云故居等爱国主义教育基地，更是让红色基因在新田大地上薪火相传。

江华瑶族自治县

江华瑶族自治县，隶属于永州市，位于湖南省最南端，湘、粤、桂三省（区）交界处，毗邻"两广"。全县总面积 3234.31 平方公里，辖 9 个镇、7 个乡（含 1 个民族乡），常住人口 44.82 万，是湖南省唯一的瑶族自治县，也是全国瑶族人口最多的自治县，被誉为"神州瑶都"。2008 年 1 月，江华瑶族自治县被湖南省人民政府认定为革命老区。

一

江华有着光荣的革命斗争历史。1924 年元月，共产党员韦汉受党组织委派从安源回到江华，在县立高等小学以教书作掩护，宣传马列主义，筹建地方组织。1925 年 5 月，韦汉在江华发起建立中共江华支部，为零陵境内第一个中共组织，随后韦汉在县立高等小学先后发展党员 30 名，加上从衡阳、长沙、上海、黄埔军校回到江华的党团员，全县共有党团员 78 人，下设城厢区（沱江）、秦山区（白芒营）、岭东区 3 个支部。

1925 年 10 月 9 日，岭东区农民协会成立，何恩波当选为主席。岭东区新寨、莲花寨、东冲、木园槿、大布湾、檀冲（糖犁冲）、大圩、士林山、贝江冲、黄庭、汉洞、宝镜、苏里、老屋、山门口、金田等村 3000 多人参加了农会。其后一些乡镇相继建立农会。

1927年3月上旬，江华县第一届农民协会代表大会在沱江隆重召开。推选何云溪为县农民协会委员长兼武装部长，唐汉民为组织部长。大会通过了减租减息、废除苛捐杂税、接管祠庙公产、实行查仓平粜、废止"三权"（神权、族权、夫权）、执行"三禁"（禁烟、禁赌、禁婢）的决议，发表了《江华县农民协会成立大会宣言》。县农民协会成立后，又成立了江华县工人联合总工会，会员673人，选举罗籍为委员长；江华县商民协会，会员300余人，选举唐瀚波为会长；江华县教育协会，会员36人，选举黄达为会长；妇女联合会，选举吴湘为会长；江华县学生联合会，选举蒋元斋为会长。各革命团体的成立，进一步推动了农民运动的发展，各地又涌现了一批农会组织。到1927年5月，全县可统计的农会达98个（其中区农会8个，乡农会27个），拥有会员20500多人。

　　1927年5月26日，零陵国民党驻军团长王德光制造"宥日事变"，得知消息后，韦汉紧急召开执委扩大会，研究对策，经过激烈的争论，最后统一思想，决定采取保存革命实力的措施，将党组织转为地下活动。同年8月，道县国民党军队唐季候部围攻沱江，县农民协会等革命团体办公设施被捣毁。虽然革命被迫转入地下，但是农民协会控制的秦山、岭东两区的农民运动仍在继续高涨，农民武装也大有发展，有八九十条枪直接掌握在各村农民自卫军手里。12月底，罗醒吾受遣再次来到江华，组织以江华为基点的湘南总暴动工作。江华党组织按湘南特委指示和湘南总暴动计划，制订出江华暴动计划。1928年1月底，成立了暴动指挥部，确定了何云溪和吴柱为正副总司令；韦汉为县苏维埃政府主席；唐汉民和唐崇苌分别担任秦山、岭东区赤卫纵队司令。同时，蒋应采已在下蒋村组织了100余人的"打猎队"，以打猎为名，活动于江华与广西富川交界的山区，随时准备响应暴动。由于岭东区赤卫纵队司令唐崇苌叛变革命，暴动机密落入反动政府手中。1928年2月，国民党反动政府派出军队,迅速在沱江城内外大肆捕杀共产党员和革命群众,王贤能、蒋应采、何时芳、罗俊平、兰世铠、唐汉民、罗醒吾等一批共产党员先后在沱江遇害,还有一批革命群众也先后被捕入狱。韦汉进入瑶山,转入地下工作,江华革命形势处于低潮。

二

土地革命战争时期,由于王明"左"倾机会主义错误危害,中央苏区第五次反"围剿"失败,中央红军被迫长征。1934 年 11 月初,担任中央红军后卫的红五军团三十四师,在广西全州、灌阳遭敌阻击,伤亡惨重,师长陈树湘率余部边打边退,至江华境内的桥头铺镇牯子江村受重伤,后被江华、道县两县民团俘获,壮烈牺牲。12 月 13 日,余部 90余人由参谋长王光道率领,留在江华、宁远、蓝山三县交界地区坚持游击战争,在蓝山县荆竹寨和江华县麻江源各建立一支游击队,麻江源瑶民郑富满、李光华、胡永旺、李显清、李兴富等 10 余人参加了游击队,郑富满任队长,游击队员逾 40 人。荆竹游击队由胡仁生、曾昭志、赵荣福、

邓小平主持召开的红七军沱江会议旧址——江华文庙

龙土仔、赵吉高、肖忠明、肖贤苟、盘荣兴、赵荣瑞、赵石养、赵华才、奉林保、盘贵满13人组成，胡仁生任队长。还建立了麻江源苏维埃政府，推选游击队队长郑富满任主席，在本地发动群众，打土豪分田地，开展土地革命，策应红军行动。麻江源游击队主要活动于江华县的麻江源、濠江、凌江、务江、花江、界牌、牯子江、沱江、水口、鲤鱼塘、两岔河、桐桉、月亮水、所城、码头铺、竹市、中河一带（现分属江华湘江乡、涔天河镇、界牌乡、沱江镇、水口镇、大圩镇、蔚竹口乡、大锡乡、码市镇），活动范围有2300多平方公里，根据地核心面积600多平方公里，人口近5万。1935年3月，麻江源游击队与荆竹游击队合编为一个大队，胡永旺任大队长。4月，蓝山县政府成立"清剿委员会"，向湖南省第五保安司令部迭电请兵。第五保安司令部司令欧冠派出两个保安营，粤军也派出一个营增援。4月24日至5月4日，红军及两支游击队先后在红凉亭、葫芦坳、小米坳、麦下圩、瓦窑垸、工夫岭、黄祖江、两江口等地，与敌激战8次。最后，红军战士弹尽粮绝，人困马乏，阵亡70多人，游击队队员除少数被俘外，也大多壮烈牺牲。

三

抗日战争爆发后，1937年秋，江华各界人士在县城沱江举行了一次抗日演讲会，揭露日本帝国主义的侵华罪行，宣传党的抗日政策，动员广大人民群众团结一致，共同抗日，共产党员韩慧英（原满洲省委书记、中央文库负责人陈为人之妻）组织参加演讲。冬，县中共组织负责人韦汉应冯绍异之聘，到贝江熊巴冲任教，他一面教书，一面开展抗日宣传，组建抗日武装。

1937年冬，原中共江华县地方执委书记韦汉，启发和帮助瑶民进步人士冯绍异组军抗日，提出"挥戈除倭寇，援共斩汉奸"的主张，冯绍异积极响应。1938 年 5 月冯绍异在中共江华地下党的支持下，在县城沱江设立了"湘南瑶民请缨抗日组军筹备办事处"，成立了抗日党支部，韦汉任支部书记，并用瑶民代表冯绍异的名义，张贴《告湘南瑶族同胞加入抗战军队书》，号召全体青年瑶民加入抗日军队，"为瑶民争荣光"，"为国家民族雪奇耻，为子孙图幸福"。6 月下旬又一次颁布"驻沱江湘南瑶族请缨抗日组军筹备办事处"的布告，不到一个月，前往报名参加抗日军旅的瑶族同胞就有 1921 人。

1938 年 1 月，王涛受党中央派遣，从延安回到湘南整编内战时期留在湘南坚持武装斗争的游击队，在江华坚持游击斗争的数十名战士，经王涛安排，编入新四军，奔赴抗日疆场。1938 年 12 月，江华成立了县民众抗日自卫团，张心鉴任团长，蒋挚夫（中共地下党员）任参谋长，余立言任副团长。各乡（镇）成立相应组织。

1940 年 10 月，在中共江华县支部组织领导下成立了江华县新运促进妇女委员会，1941 年在沱江体育场组织召开三八国际妇女节大会，并发布宣言，主要是发动妇女起来抗日，号召全县捐募，群众捐了鞋子 300 双及棉背心等支前物资，并且参加了书写标语等活动。

1944 年 9 月，日军侵入沱江、鹿洞、风云、沱西、锦岗、苍梧等地，杀人放火，奸淫掳掠，无恶不作。各族人民对日寇的暴行恨之入骨，纷纷起来反抗日本侵略军。大路铺茅立井村民众在共产党员沈成平、沱西乡乡长沈成立（乡抗日自卫队大队长）、县参议员沈成彬的率领下进行还击，击毙日军 6 名，打伤多名日军，沉重打击了日寇，鼓舞江华人民抗日士气。日军进入江华后，共被击毙 9 名，被打伤 60 多人，日军损失惨重，10 月 26 日，被迫撤离江华。

江华是一片红色的热土，有着丰厚的红色资源。孕育了中国共产党建党时 58 名党员中的两名早期党员李启汉、陈为人，以及江华等老一辈无产阶级革命家。邓小平率领的红七军、长征时的中央红军都曾在这里浴血奋战，留下了革命的足迹。

江华人民为中国革命事业作出了重大贡献。全县共有红色遗址遗迹和纪念设施113处，如江华故居、李启汉故居、陈为人故居、中共江华县支部旧址、红七军沱江会议旧址——江华文庙、红七军十九师政治部旧址、茅栗井村抗战遗址、革命烈士公园、党建主题公园等党性教育基地、爱国主义教育基地和革命遗址等。

金洞管理区

金洞管理区，隶属于永州市，地处南岭山系阳明山脉，位于永州市北部。东靠常宁县，东南与桂阳县毗邻，南与新田、宁远县接壤，西与双牌县、芝山区交界，北与祁阳市相连。1954年，金洞从宁远县析出，划归为祁阳金洞区，同一年成立湖南省祁阳森林经营管理局（后更名为祁阳森林经营所）。1958年，改经营所为金洞林场，2006年，永州市金洞管理区成立。总面积635平方公里，下辖1个镇、3个乡，常住人口8.6万。2016年1月，金洞管理区被湖南省人民政府认定为革命老区。

一

金洞管理区有着光荣的革命斗争历史。1921年7月1日中国共产党成立后，金洞区开始建立党组织，区域内党的组织及其活动均在宁远县党的组织领导下开展。1922—1925年，宁远县有一批外出求学的有志青年先后加入了中国共产党，并积极为下一步筹建本县的党组织作准备。1926年8月，中共湖南区委派乐开梁到宁远，从事党组织的筹建活动，至11月底，全县建立了区农协8个，乡农协13个。同年12月，中共宁远县第一个支部成立。自此，金洞这块土地有了一个带领广大人民群众反抗帝国主义、封建主义和官僚资本主义的战斗堡垒，同时揭开了金洞人民革命斗争的新篇章。

1927年4月，蒋介石在上海发动四一二反革命政变，5月21日，国民党反动军官许克祥在长沙发动马日事变，此后，金洞的革命形势被迫转入低潮，周边县区的工农政权和党组织相继遭到严重破坏，部分共产党员和革命人士投奔到阳明山农军周文部。因此，阳明山的革命力量不断壮大，成为湘南一块耀眼的红色革命根据地。1926年秋，宁远县和祁阳县等周边县区农运兴起时，金洞已有劫富济贫的绿林农军周文部，他们依靠山区的有利地形和人民群众的拥护支持，积极支持山下区乡农会收缴团防枪支，建立农民自卫军，队伍发展壮大到3000多人。阳明山农民自卫军的建立，实现了党领导的农军与周文农军相互支持，相互依托，共同发展。

二

党的八七会议后，中共湖南省委派出13人到金洞阳明山恢复发展党组织，领导指挥武装暴动。他们在阳明山积极联络现有党员，大力发展和壮大党组织，根据上级党组织的意见，于1928年成立了中国共产党阳明山执行委员会，这样在金洞区域内就有了党的县级组织。在党组织的帮助下，周文领导的农民军根据共产党的建议，改部队番号为中国共产党湘南区永属农民自卫军，同期，党组织在金洞旭日洞（现凤凰乡辖区内）建立了湘南以阳明山为中心的第一个跨地区工农苏维埃政权。白果市苏维埃政权控制区域1289平方公里，人口约3.4万。不久，成立了旭日洞苏维埃政府，苏维埃政府组织辖区各乡村调动一切积极因素，抽调力量调查土地和人口，发动群众清理地主财产，焚毁田契、债约和账簿，把牲畜、房屋分给贫雇家，现金和金银器交公；插标定界，丈量土地，进行分配，公开宣布分配方案，标明田主、丘名、地名和面积。

仅三个月时间，苏维埃政府所辖各乡，均实行了"以人口等量分配"的土地分配。如境内阳明山旭日洞农户人均分田 0.5 亩，有的户均 2 亩以上。

阳明山苏维埃政权的建立和发展，是随同阳明山党组织和农民自卫军发展壮大而诞生的，这样就与以永兴县为中心的湘南工农兵苏维埃政府

阳明山苏维埃政府旧址

连成了一片，从而有力地遏制了国民党反动力量，也有力地支援了湘南起义和井冈山的革命斗争。

解放战争时期，由于国民党反动派残酷捕杀共产党员和革命人士，金洞区域原临时党支部也遭到破坏。到 1948 年 12 月上级派共产党员周承璠到金洞重建党组织，随后重新建立起金洞党支部。党组织成立后，大力宣传党的方针政策和各项政治主张，争取广大民众的支持，进一步在各乡发展和巩固党的组织，为最终金洞区的解放奠定了基础。

三

金洞管理区人民自古就具有反侵略、反压迫的优良传统，不少仁人志士为之奋斗。在土地革命战争时期，1928 年，党组织领导的农民军周

文部高举"打倒贪官污吏""劫富济贫"的大旗，建立了一支以金洞人民为主体的农民武装。曾经发展到 3000 多人，他们不折不挠、前赴后继，浴血奋战，坚持了几年武装革命斗争。周文农军虽然最后失败了，但在中国共产党领导下，农军在斗争中表现出来的不折不挠、前赴后继、誓死不降的英勇气概和革命精神是值得赞颂的。抗日战争时期，金洞人民在抗战前线舍生忘死、英勇杀敌。据统计，从 1937 年至 1944 年金洞人民为国捐躯的官兵近 50 人。解放战争时期，金洞人民积极配合解放军作战，其间，他们积极组织支前并参加战斗，主动为部队带路，帮助侦察敌情，显示了苏区人民对党和人民的一片赤情。

金洞管理区这片土地孕育了参加强渡大渡河、飞夺泸定桥、百万雄师过大江、解放南京等战斗，曾受到毛主席关注的老战士——王林等一批英烈，为中国革命作出了不可磨灭的贡献。金洞管理区有白果市红军墓纪念碑、红军烈士墓、红军烈士陵园、红军饮水井及阳明山苏维埃政权旧址等红色遗址。

回龙圩管理区

　　回龙圩管理区,隶属于永州市,北与江永县相连,南与广西壮族自治区贺州市接壤,原行政区域属于江永县(旧称永明县),1958年成立湖南省国有回龙圩农场,是湖南省十三大国有农场之一,回龙圩是湖南省永州市人民政府派出机构。总面积107平方公里,下辖6个街道、1个镇和1个国有林场,常住人口3.5万,其中少数民族人口占68.3%。2018年7月,回龙圩管理区被湖南省人民政府认定为革命老区。

一

　　回龙圩管理区具有光辉的革命斗争历史。早在五四运动期间,回龙圩的一批仁人志士,紧跟时代步伐,接受新思想、新文化,传播马列主义,积极投身革命活动,开展轰轰烈烈的革命运动。1921年10月,中共湖南支部成立,马克思主义春风吹遍三湘大地。一些到长沙、衡阳求学的永明(今江永县,下同)籍学生积极接受思想洗礼,如王文阅读《新青年》《湘江评论》等革命书刊,受到马克思主义熏陶,为在永明建立中共支部作好了思想准备。他联络在长沙求学的永明同乡何奂、周维桢、陈焕启、蒲代煊、邓祥德等人,组织"新永社",创办革命刊物《永明灯》。针对永明实际,提出"打倒封建帮派同仁会、俱乐部,革新永明"

的口号,揭露反动省长赵恒惕办省、县议会的假民主真反动本质,有力地支持了毛泽东、夏曦领导的驱逐反动省长赵恒惕的反帝反封建反军阀的革命斗争。由于积极从事学生运动,王文被选为长沙市学联负责人之一。1924年,王文在长沙加入中国共产党。是年12月王文以国民党特派员的公开身份留在道县工作,巡视永明、江华党务。

1927年2月,在中共永明二七支部的领导下,正式成立永明县农民协会,选举周维桢为委员长,开展农民运动,打击贪官污吏土豪劣绅,发展农民协会,掀起农民运动高潮。农民协会和自卫队将一贯为非作歹、欺压百姓的城关警察所长肖文鹄抓起来惩治审查。4月,桃川农协在共产党员何承庆率领下,把欺压百姓的桃川警察所长唐家谟揪到圩场,大会斗争,戴高帽子游圩。允山乡农民协会清算了掌管公堂、贪污校谷的土豪何显三、周香如的账目,并将他们押入监狱。县城大地主何铸楼、蒲履平、何更权逃到外地,拒绝减租减息,农民协会会员和自卫队队员就涌进其家,开仓出谷,强行令其减租减息。

中共永明二七支部还以国民党县党部筹备处名义,在县城新衙门师范讲习所招收50多名学员,举办为期40天的党训、军训班。经过培训,

永明二七支部负责人王文烈士故居

由共产党员、共青团员带领党训、军训班和师范讲习所的学员到农村去宣传反帝反封建的民主革命思想，帮助基层建立农民协会和农民自卫队，开展减租减息活动，维护地方治安，惩治作恶多端的土豪劣绅。至6月，全区共建立乡农民自卫队2个，队员368人。1927年5月，回龙圩镇建立起乡农协，在册会员242人。

1927年，反革命的马日事变和"宥日事变"发生后，活跃在永明县、回龙圩境内的农民协会和农民自卫队等革命武装，遭到国民党军警的残酷镇压，被迫转入地下，继续同反动势力进行殊死斗争。王文以永明县的基层农民协会和自卫队为基础，组织成立永明县农民武装赤卫队，由王文任党代表，周光保任大队长，下辖三个中队。由于国民党加紧"清乡剿共"，国民党湖南省政府悬赏3000银洋通缉王文，王文暂时撤离永明，永明农民赤卫队以分散秘密活动的形式，以回峰岭（回龙圩境内，广西叫黄沙岭）、都庞岭、萌渚岭山区作为主要根据地，开展地下武装斗争。

"宥日事变"后，永明县笼罩在国民党反动派白色恐怖统治之中，但是永明县的革命群众在中共永明支部的领导下，不畏强暴，与敌人进行了顽强的斗争。5月30日，桃川农民自卫队在共产党员何承庆率领下，举行武装暴动，攻打桃川乡政府。1928年初，朱德、陈毅在郴州领导湘南起义，受湘南起义的影响，中共永明县支部也准备积极响应湘南起义，组织县内的赤卫队揭竿而起。永明县赤卫队由周光保负责，采取小组分散、隐秘行动的策略与敌周旋。从1928年春到1934年红军长征过永明的六年里，永明赤卫队袭击国民党乡政府16次，偷袭桃川警察所1次，打击惩治土豪劣绅35家，共计打死敌人23人，打伤敌人71人；用土豪劣绅的浮财救济穷苦农民万余人次。

1928年3月，王文秘密回永明，找同志商量应变措施，组织失散的共产党员，在回龙圩、松柏、允山井边建立苏维埃农村政权，组建农民武装赤卫队开展武装斗争。之后，他到江华岭东与中共湘南特委特派员罗醒吾联络，策划江华永明武装起义。后因罗醒吾及中共江华支部领导人被反动派杀害，武装起义落空。1928年5月，湖南省"清乡"司令部派"清乡"督察专员刘兆声到永明，成立以县长钟烈为主任委员的"清乡"委员会，认定王文、何奂、周维桢、蒋跃球、周国钟、周维梁、王学增、王华、杨兴邦、周祜晋10人为永明著名"共匪"，悬赏3000大洋通缉捉拿王文。至此永明的革命斗争陷入低潮。

二

土地革命战争时期，1934年初，蒋介石调集100万兵力向中央苏区发动第五次"围剿"。红军第五次反"围剿"失利后，党中央、中革军委作出退出中央苏区，作战略大转移的决定。红六军团、八军团、九军团、五军团长征过永明期间，积极联系永明革命武装，帮助恢复重建了回龙圩、松柏、井边3个苏维埃政府，并在黄甲岭、上江圩、消江、大远、允山、桃川建立了6个乡苏维埃政权，占当时全县松柏、黄甲岭、上江圩、消江、大远、回龙圩、允山、井边、夏层铺、兰溪、源口、桃川、粗石江13个乡镇的69.2%，活动范围达1014平方公里，占全县总面积的65.8%，人口5.6万，占当时全县人口的62.2%。红八、九军团奉命从永明大溪源过道县蒋家岭，红五军团三十四师余部在永明、江华一带坚持游击战争，建立了以松柏、回龙圩为中心的革命根据地，与江华麻江源革命根据地遥相呼应。

1935年1月中旬，中共中央分局和中央革命根据地军区参谋长龚楚奉令率领红二十四师七十一团经桂阳、临武、蓝山、江华、永明，转入广东连县边区，建立了湘粤桂边区根据地。3月，龚楚率部从蓝山进入江华麻江源根据地和永明松柏根据地，收容红军三十四师失散队伍，壮

井边乡苏维埃政府驻地——上桂村镇景庙遗址

大游击队。3月15日，红二十四师七十一团进入江华麻江源，帮助建立了麻江源苏维埃政府。3月23日，该团一部进入永明县松柏，与回龙圩游击队取得联系，帮助恢复重建了回龙圩乡苏维埃政府，推选游击队队长王子新任主席。至此，回龙圩根据地与江永县松柏根据地、江华麻江源根据地连成了一片。

到1935年8月，因为中央红军已经远离湖南，国民党永明县反动当局开始疯狂反扑，永明县内已建立的各乡苏维埃政权和赤卫队武装再度转入地下隐秘行动，革命的火种等待时机，星星之火，可以燎原。

抗日战争时期，回龙圩人民争相参军参战，在抗战前线舍生忘死、英勇杀敌。解放战争时期，回龙圩人民积极配合解放军作战，其间他们积极组织支前并参加战斗，主动为部队带路，帮助侦察敌情，显示了人民对党和人民军队的一片赤情。

三

在整个新民主主义革命时期，回龙圩人民在中国共产党的领导下，成立中共永明二七支部，回龙圩成立苏维埃政府，组建工农政权，建立革命武装，开展武装斗争，共组织6300余名热血青年参加革命队伍，有240余人为这片热土献出了宝贵的生命。回龙圩管理区，具有光辉的革命斗争历史，从反帝反封建斗争开始，回龙圩管理区人民积极投身革命活动，在大革命、土地革命、抗日战争和解放战争时期，在中国共产党的领导下开展了轰轰烈烈的革命运动，付出了巨大的牺牲，作出了重大的贡献。

怀化市

怀化市，位于湖南省西部偏南，地处武陵山脉和雪峰山脉之间。怀化市历史悠久，自古以来有"黔滇门户""全楚咽喉""湖南西大门"之称。全市总面积 27572.84 平方公里，下辖 1 个市辖区、10 个县，代管 1 个县级市，常住人口 458.76 万。怀化是具有深厚红色基因底蕴的城市，无数英勇的革命先烈曾在这片土地上浴血奋斗。向警予、粟裕、滕代远等老一辈无产阶级革命家从这里走出，"西晃山革命根据地建立""通道转兵""龙潭抗战""芷江受降"等历史事件享誉中外。

鹤 城 区

鹤城区，1998 年 4 月，国务院批准设立，隶属于怀化市。地处湖南省西部，是湘、鄂、桂、黔、渝五省市区边境中心，位于武陵山脉和雪峰山脉中间，东临中方县，西接芷江县，北连麻阳县和辰溪县。全区总面积 672.71 公里，下辖 7 个街道、1 个镇、2 个乡，常住人口 71.26 万。2016 年 1 月，鹤城区被湖南省人民政府认定为革命老区。

一

鹤城区原为芷江县、怀化县一部分，具有深厚的党史资源和光荣的革命斗争传统。早在大革命时期，1926 年，共产党员唐伯赓受党组织派遣来鹤城区，于同年 10 月成立了中共芷江（鹤城）党支部，发展包括杨舫在内芷江、鹤城等地党员 20 多人。在党支部的领导下，鹤城区的榆平、蒋石、三合、清水、新平等地建立了农会组织，发展会员 2000 多人，组建农民赤卫队，队员有 200 多人，开展了轰轰烈烈的农民运动。1927年 3 月，在中共芷江特别支部的领导下，榆平、蒋石、三合、清水、新平等地的农会会员，到芷江县城参与抗议征收"革命费"及芷江天主堂、福音堂等反动教会的游行，取得胜利。1927 年 4 月，芷江爆发"四二〇"提灯会游行，榆平、蒋石、三合、清水、新平等地的农会组织 500 余名民众参与游行。

1927年4月12日，蒋介石在上海发动反革命政变，背叛了革命。5月21日，国民党反动军官许克祥在长沙发动马日事变，此后，白色恐怖波及包括鹤城在内的湘西地区，国民党反动派大肆屠杀共产党人和革命群众，各革命团体被捣毁，工人运动、农民运动遭到了残酷镇压，鹤城区革命形势陷入低潮。

在一片白色恐怖氛围中，鹤城区党组织转移到麻阳县开展革命活动。当时麻阳县的革命力量比较强大，陈渠珍顾忌老家乡亲面子，没有直接镇压党组织。到7月底，贵州军阀王家烈的黔军进占麻阳，反动势力顿时猖狂，开始向革命反扑。1928年1月，中共麻阳县委成立，滕莫斋任书记。6月，中共麻阳县委扩大会议决定以农军为基础，在西晃山成立"讨竿军"司令部，举行暴动。6月初，中共麻阳特支书记赵盛林率领农军200余人撤离县城，转入西晃山一带坚持武装斗争。8月下旬，在中共芷江金厂坪支部领导下，鹤城区开展武装暴动。

西晃山位于麻阳县西南部之大桥江乡，南接芷江县北，丛林密布，山高谷深，居住的大都是苗民。特支和农卫军进入西晃山后，即以高山寨为据点，分据山头，修筑工事，安置哨篷，布置通讯站。农民自卫军在特支领导下，两个多月内，与县城反动派武装反复战斗，取得了一次又一次胜利，初步站稳脚跟。8月初，共青团员黄海生受中共湖南省委之命秘密到达西晃山，带来了省委的"保持势力，以图发展"的指示。8月中旬，在高山寨召开了特支会议，做出了"扩大武装，实现全麻阳割据"的决议。为此，会议决定组织力量，攻占县城，夺取政权，还决定在县城成立共产主义青年团。

为了贯彻省委指示，10月下旬，农军一度攻占麻阳县城，后遭湘西巡防军步二师顾家齐部袭击，退入西晃山。11月底，国民党军队在芷江实施"清乡围剿"，对西晃山革命根据地及鹤城在内的周边区域革命斗争进行镇压，鹤城区革命形势再次陷入低潮。

二

土地革命战争时期，1928年10月，在今鹤城区境内的原芷江东乡区成立了东乡苏维埃政权，开展了轰轰烈烈的土地革命。1932年5月，鹤城区人民群众在苏维埃政府带领下，广泛开展打土豪、分田地的革命运动。1933年冬，刘之光等人策划湘西王陈渠珍部倒蒋起义，鹤城区地方武装积极响应，虽未成功，却为鹤城区革命历史增添了光辉一页。

抗日战争时期，鹤城区人民众志成城支援抗战。一大批男儿开赴浙江抗日前线，英勇杀敌；同时发动民众积极为抗战捐款捐物，服行工役，补充兵员；前后抽调民工积极参与芷江机场修建。特别是1944年在湘西大会战中，鹤城区作为战略后方，承担了救治伤员、驻军休养的重任。

解放战争时期，1949年春，中国人民解放军发出向全国进军的号令，为支援人民解放军挺进大西南，党组织积极开展对盘踞鹤城区国民党军队的宣传、争取、瓦解、策反工作。

1949年9月22日，中共湘西工委派遣地下共产党员罗健西来到鹤城区，在傅瑞麟、张应刚等的大力支持策应下，成功策动怀化保安团1600余人起义，改编为"湖南人民解放总队湘西纵队第一旅"，1950年9月，该部编入中国人民解放军四十七军，参加了抗美援朝战斗。同年，在共产党的宽大政策感召下，曾活动在鹤城、中方一带，并在抗战胜利后为保护转移安江纱厂物资作出过贡献的国民党杨镇南部投诚。1950年1月，陈炳之奉命回乡，在当地党组织及广大群众的配合帮助下，成功策动湘西巨匪之一石玉湘、胡震华部投诚。鹤城境内及其周边区域盘踞的国民党残余武装力量逐一瓦解，进一步加速了怀化解放进程，为加快解放大西南贡献了力量。

三

拂去历史的尘埃，鹤城区人民在中国共产党的领导下，为中华民族的解放事业付出了巨大牺牲，作出了重大贡献。自 20 世纪初，英勇顽强的鹤城区各族人民前仆后继，为了自由和幸福，奋起抵抗帝国主义的侵略和封建主义的压迫，无数鹤城区儿女抛头颅、洒热血，涌现出一大批可歌可泣的革命英烈，为中华民族的自由、独立和解放，用鲜血和生命书写了光辉的历史篇章，谱写了可歌可泣的革命史诗。

鹤城区的主要革命遗址有仇家农民暴动文化墙、黄岩农民暴动遗址等。

黄岩农民暴动遗址

中方县

中方县，隶属于怀化市。地处湖南省西部，怀化市中部，东接溆浦县，南邻洪江市，西界芷江县，北依辰溪县，西北环抱鹤城区。1998年4月建县，曾被誉为"共和国最年轻的县"。中方县置县前，原为怀化、辰溪、芷江和黔阳的一部分，具有丰富的党史资源和光荣的革命传统。全县总面积1515.44平方公里，辖11个镇、1个乡，常住人口23.34万。2016年1月，中方县被湖南省人民政府认定为革命老区。

一

中方县具有光荣的革命传统。大革命时期，共产党员在中方地区领导建立农民协会，开展农民运动和国民革命运动。尤其是在北伐战争胜利推进的形势影响下，中共党组织在中方县建立了工会组织和工人纠察队，成立了许多农民协会、农民自卫队以及学生和妇女组织。在中方县党组织的领导下，工人运动、农民运动、妇女运动、学生运动如火如荼地开展起来。

1927年，四一二反革命政变后，中方县革命形势一度陷入低潮，一大批农会被打倒，仁人志士被抓了一大批、杀了一大批。但是，中方县的共产党员并没有放弃对革命理想的追求，他们秉持以革命的武装反对反革命武装的总方针，积极开展土地革命，在敌人统治薄弱的地区，建立中共党组织，开展工农武装斗争，建立县、乡苏维埃政权。伴随中方所在区域党组织的重建与苏区政权的成立，革命再次如火如荼地发展起来。中方县所在区域的各级党组织，积极领导各地发展壮大党的组织，放手发动贫苦农民向贪官污吏、地主豪绅抗税、抗租，打倒恶霸地主、分田分地，没收恶霸地主的土地财物。各地区苏维埃政府还发出文告，开展禁烟禁赌、破除迷信、提倡男女平等斗争，使得中方所在区域成为一片红色热土。红二、六军团在长征过程中，途径中方所在地，宣传"对日抗战、北上抗日"，有 40 多人参加红军。

二

土地革命战争时期，1935 年 12 月 19 日，贺龙、任弼时率领的中国工农红军第二、六军团从洪江市的竹平垅进入中方县桐木镇楠木铺村时散发的传单被当地的村民发现。传单上号召工人、农民朋友武装起来，推翻万恶的地主资产阶级和军阀统治，要求把日本帝国主义驱除出中国，同时还宣传中国共产党的救国救民主张。随着革命传单的散发，红色的种子在中方县地域开始生根发芽。

红军在中方县桐木镇楠木铺、丰坡村等地驻扎时，积极向当地老百姓宣传"红军是穷人的队伍，是打土豪分田地的队伍""红军是北上抗日打击日本侵略者的军队"。这些口号通俗易懂，而且借助丰富的情感渲染，取得非同寻常的动员效果。当地的老百姓在这些口号的感召之下，革命的积极性得到了极大提升。许多群众都在红军的宣传之下加入了红军。12 月 29 日，途径楠木铺村时，在知悉当地恶霸欺压百姓的情况后，贺龙和萧克立即安排红军战士将恶霸押来批斗，并将其剥削穷人的租谷退给佃农，为百姓当家作主。至今在桐木镇楠木铺、丰坡村铁灯坡村民小组的老屋墙上还留存着"对日抗战，北上抗日！""打倒土豪劣绅"

等宣传标语。

红军除了善于宣传以外，还是一支讲纪律并同老百姓血脉相连的部队。中国共产党领导的红军部队始终将人民的利益放在首位，始终同人民群众心连心。红军到达中方时，正值冬季，寒风凛冽，战士们忍饥受冻，然而纪律严明的红军部队始终坚守"三大纪律八项注意"，为了不打扰群众，红军选择驻扎在村子附近的葡萄架和杨梅树下。当地的村民看到此种情形之后，纷纷都拿出自家酿制的葡萄酒为他们御寒。这片杨梅树林之后被当地人们称为"红军林"，它不仅见证了红军长征时期在桐木镇的历史，也见证了军民鱼水情深。

三

抗日战争时期，中方县境人民积极投入抗日救亡活动，为赢得抗日战争的最后胜利作出了积极贡献。以罗健西为代表的进步青年投笔从戎，奔赴延安，投身抗日主战场；境内组织万余民众修建洞口至榆树湾公路；上百名进步青年参加黔阳抗日志愿兵团，并开赴岳阳前线参加对日作战；在雪峰会战中，数千民众参与修建芷江机场、筑战壕、运送战备物资协助国民军队抗战，铜鼎民众参加中共辰溪县委在龙头庵乡组织的"抗日挺进游击队"，随队赴溆浦龙潭参战，直到抗战结束。

解放战争时期，在中共湘西工委和辰溪、溆浦中共地方组织的领导下，境域人民纷纷投入到推翻国民党反动统治战争之中。解放前夕，铜鼎乡许多进步青年参加辰溪县地下党领导的"湘西纵队"，为湘西解放作出重要贡献；为解放怀化，罗健西受中共湘西工委的派遣，成功策反怀化保安团蒲和生部起义，成立"湘西纵队"独立旅，成为解放前夕中共怀化地方组织领导的人民武装；在解放怀化的花桥战斗中，解放军第三十八军一一三师官兵英勇作战，先后有12位解放军指战员英勇牺牲，长眠于怀化青山大地，成为无名烈士。此次战斗全歼国民党1个团，毙敌120人，俘获国民党上校团长王光亭、中校副团长肖笃文及官兵1210人。人民解放军乘胜解放了位于现在中方县泸阳镇的怀化县城，并一路攻克石门、榆树湾、中方等地，为开国大典献上了一份厚礼。

"铜湾事变"殉难烈士纪念塔

青山埋忠骨，热血照千秋。中方县在长期的革命斗争中有数以百计的烈士英勇牺牲，同时也有许多战士牺牲在中方这片土地上。中方县在民主革命时期为革命最终的胜利作出了重大贡献，值得人民永远铭记。目前，中方县的革命遗址有花桥镇无名烈士纪念碑、桐木镇楠木铺村红军林、桐木镇宝塞村红军洞、"铜湾事变"殉难烈士纪念塔、蒿吉坪瑶族乡桃江村牛栏江剿匪烈士纪念碑、铁坡镇锦溪村张昆烈士纪念碑等。

沅 陵 县

　　沅陵县，隶属于怀化市，位于湖南西北部，地处武陵、雪峰两大山脉之间，沅、酉二水交汇而过。东与桃源、安化接壤，南与溆浦、辰溪毗邻，西与泸溪、古丈、永顺相连，北与张家界永定区交界。自古以来被称为湘西门户、川黔咽喉，迭为郡、州、路、府、道和湘西行署治所，曾是湘西政治、经济、文化中心和军事重地。全县总面积5832.88平方公里，下辖8个镇，13个乡（含2个民族乡），常住人口51.01万。2008年1月，沅陵县被湖南省人民政府认定为革命老区；2012年7月，被湖南省苏区县认定工作领导小组认定为湘鄂川（渝）黔苏区县。

一

　　沅陵县具有悠久的革命历史和光荣的革命传统。是湘西革命活动的策源地之一和湘鄂川（渝）黔苏区的重要组成部分，在这片红色土地上，大批革命者抛头颅、洒热血，献出了宝贵的生命。早在五四运动时期，沅陵籍青年邓文辉，积极从事革命活动，1927年4月28日与李大钊一同就义。1921年7月，沅陵籍青年周佛海代表旅日共产主义组织，出席中国共产党第一次全国代表大会。

　　在北伐战争胜利进军的大好形势下，中共特派员郭达、唐采芹、任霞等带领沅陵人民开展了轰轰烈烈的工农革命运动。全县共建立农民协会23个，农协会员近2万人。成立了沅陵县总工会，工会会员达1.5万人。还组建了学生联合会、妇女联合会、儿童团等群众组织和近200人枪的武装自卫队，开展镇反斗争，打土豪、除劣绅、分逆产，开展土地革命。同时，组建了中共湘西特委直属的沅陵地下党组织，秘密发展了姚鉴雪、程兴涛、吴纯熙等一批中国共产党党员。

1927年4月，蒋介石在上海发动四一二反革命政变，5月21日，湖南军阀许克祥在长沙发动马日事变，此后，国民党反动派大肆屠杀共产党人和革命群众。5月26日，沅陵县发生了"宥日事变"，共产党人姚鉴雪等被国民党军阀杀害，党组织被破坏，各革命团体被捣毁，工人运动、农民运动遭受严重挫折，沅陵县革命形势转入低潮。

大革命失败后，党组织在沅陵继续坚持秘密地下革命活动，工作重点转移到农村建立革命武装，开展土地革命。1928年春，中共湖南省委将湘西开辟为革命游击区。"4月，在贺龙影响下，七甲坪金玉辉、金玉焕拖30余支枪，在七甲坪伍家祠堂组织游击队，打富济贫"。5月，中共溆浦县委发动农民举行暴动，组建游击队，于沅陵境内坚持了两个多月。7月，成立以贺龙为书记的湘西前敌委员会，领导湘西地区党组织的活动。8月，中共地下党组织在沅陵溪子口会仙桥将"宥日事变"中杀害革命烈士的凶手张人栋秘密处决。1931年9月25日，在中共地下党组织的策动下，沅陵县城举行了反对日本侵略中国的大示威游行，高呼革命口号，强烈要求推翻旧政权、建立新政权，赶走了帝国主义在沅陵的教会势力，没收了帝国主义及土豪劣绅的逆产，镇压了欺压民众的恶霸土豪，使人们思想上普遍受到了一次革命洗礼，也为共产党在沅陵县开展土地革命战争、建立红色苏区奠定了坚实基础。

二

土地革命战争时期，红二、六军团根据中共中央命令，坚决创造湘鄂川黔苏区，在湘西北地域发展苏维埃政权及游击运动，以吸引更多湘敌于湘西北。1934年12月，红二、六军团在沅陵开辟革命根据地，建立苏维埃政权。至1936年2月，前后历时一年多，在中共湘鄂川黔省委和湘鄂川黔省苏维埃政府的领导下，沅陵苏区开展了政治、经济、军事等各项建设，成为湘鄂川黔苏区不可分割的重要组成部分。

沅陵中共党组织隶属于中共湘鄂川黔省委。成立的中共大庸中心县委和中共永（顺）沅（陵）中心县委，隶属中共湘鄂川黔省委。两个中心县委分别领导沅陵北部和西北部的革命斗争。1934年12月，中共湘鄂川黔省委决定，在沅陵开辟新的革命根据地。为了更好地领导根据地人民的革命斗争，省委组派工作队在各根据地建立党组织。1934年底，中共大庸中心县委成立（海亮生、樊长松领导沅陵工作）。"1935年3月，在永顺县石堤西（溪）成立了中共永（顺）沅（陵）中心县委，隶属中共湘鄂川黔省委，活动至同年冬，书记刘俊秀"。"永（顺）沅（陵）中心县委党组织的建立，促进这一地区党组织的发展，扩大了党的队伍。这一时期，有党员近四百名"。1935年春，为了加强沅陵苏区党组织建设和党对游击队的领导，红军在游击队骨干及贫、雇农积

红二、六军团进袭沅陵县城指挥部旧址
——王家大院

极分子中帮助发展党员，在茶溪发展了李九章、李元海、李仁山，在大合坪发展了钟汉云、钟清琪、钟清显，在治平乡发展了胡金臣、龚明义、龚能让等，这些党员大部分充实到游击队担任军事指挥员。

1934 年 11 月，大庸县苏维埃政府（革命委员会）成立。12 月，永（顺）沅（陵）县苏维埃政府（革命委员会）成立。为了建设政权发展革命，沅陵苏区在湘鄂川黔省苏维埃政府和大庸县、永沅县苏维埃政府的领导下，按照《中华苏维埃共和国地方苏维埃组织法草案》，先后建立火场、筒车坪、窝棚溪等 3 个区苏维埃政府和火场、茶溪、南溪坪等 30 个乡苏维埃政府（革命委员会），范围包括今沅陵镇、五强溪、七甲坪、明溪口、太常、二酉、北溶、深溪口、火场、大合坪、陈家滩、清浪、借母溪等 13 个乡镇。同时还成立土地委员会、妇委会，恢复和发展了农民协会。境内苏维埃政权活动坚持到了 1936 年 2 月。

沅陵人民在湘鄂川黔省委和湘鄂川黔省苏维埃政府的领导下，打土豪分粮食、开展土地革命及扩红运动、攻打沅陵县城、激战不知溪、抢渡沅水。据不完全统计，在境内共进行大小战斗 20 余次，牺牲红军战士 60 余人、游击队员 20 余人，歼敌 1000 余人，打土豪 702 人，镇压恶霸 81 人，分配田土 11 万余亩，没收银圆等 391236 元，分粮食 30 余万斤。其间有 300 余人踊跃参加红军。

按照湘鄂川黔省委制定的土地革命政策，沅陵苏区将土改分田按四个步骤实施，取得显著成绩。1935 年 2 月，红军在七甲溪天荆院率先开展土地革命，成立农民协会后，又成立土地委员会。2 月中下旬，在天荆院土地革命开展后不久，火场、中村、小北厢、卓溪、茶溪等地仿照天荆院的方法，将地主的田土按人口平均分配到农民手中。据不完全统计，沅陵苏区共分配田土 11 万余亩，分得土地的农户近 16000 户。红色政权的建立，沅陵苏区到处都出现了新气象，纷纷开展"打土豪、分粮食"运动。1934年12月，红二、六军团攻打沅陵城，国民党沅陵县政府报称："特别镇常安村白岩界王成藩、王治安于12月8日被萧、贺红军数千人劈仓挑谷……"同月，县内区、乡、镇等纷纷向县政府呈报红军打土豪情景，有效粉碎了国民党的经济封锁。

三

沅陵县人民为中国革命付出了巨大牺牲，作出了重大贡献。

土地革命时期，沅陵苏区人民协助红军攻打沅陵城，策应了中央红军的战略转移。1934年12月初，红二、六军团按照中革军委的电令，攻打沅陵城。当地游击队带路，群众帮助红军打开"王百万"家的粮仓，又帮助红军舂米做饭。为中国革命付出了巨大牺牲。

1935年，为了扩大红军队伍，红二、六军团在根据地开展了扩红运动。沅陵苏区人民踊跃参加红军。据不完全统计，1934年12月到1935年11月，沅陵共有300余人参加红军。这300多人在后来的战斗中、长征中、抗日战争中，英勇奋战，大多数都献出了自己的生命，中华人民共和国成立时，仅剩下10位同志。

1935年冬，红二、六军团突围转移，沅陵苏区人民协助红军作战，传递情报，给红军带路当向导；热情支援红军，协助筹粮，赶制军鞋，救护伤员。

抗日战争时期，中共沅陵县委积极宣传党的团结抗日主张，唤起民众抗日。1938年，沅陵成为战时大后方，成为湖南战时省会，成为当时政治、军事、经济、文化中心。沅陵不仅给当时遭到重创的文化和教育的延续和发展提供了安全场地，也使中国文化和教育得以薪火相传，民族复兴的精神火种得以保存。长沙大火后，徐特立为主任的八路军驻湘通讯处曾一度迁往沅陵。

1938年10月，中共湘西工作委员会（简称"湘西工委"）在沅陵成立，利用各种身份作掩护，以地下斗争的方式深入发动群众，以学校和各种临时组织为阵地，宣传党全面抗战的正确主张。

湖南沅陵湘西剿匪胜利纪念园

1938年12月，周立波、田汉、廖沫沙等在沅陵复刊周恩来亲自支持的《抗战日报》，把抗日救亡活动推向了高潮，成为中国共产党抗日救国后方宣传的大阵地。

1949年9月18日，沅陵解放。当月下旬，中国人民解放军第四十七军、第四十六军一三六师、第三十八军一一四师等主力部队进入湘西剿匪。至1951年2月，第四十七军军部、湘西军区、湘西行署设在沅陵，数百年湘西匪患宣告终结。

沅陵红色旧址（遗址）主要有红二、六军团进袭沅陵县城指挥部旧址——王家大院，红二、六军团司令部——金氏宗祠，沅陵县火场区乡苏维埃政府旧址群，沅陵县大合坪乡黄狮垭村红军标语，沅陵县清浪乡八方红军桥，沅陵县楠木铺乡芙蓉关红军长征纪念碑，沅陵湘西剿匪胜利纪念园，沅陵烈士陵园等89处。

辰 溪 县

辰溪县，隶属于怀化市，位于湖南省西部，辰水之北畔，东连溆浦县，西与麻阳县、泸溪县接壤，北与沅陵县交界。辰溪县地形以山地和丘陵为主，地势东南高西北低。全县总面积1987.2平方公里，辖9个镇、14个乡（含5个民族乡），常住人口40.76万。2010年7月，辰溪县被湖南省人民政府认定为革命老区。

一

辰溪县具有光荣的革命斗争传统。五四运动爆发后，县内一批觉醒的先进分子为寻求救国救民真理，先后离开家乡，到常德、长沙、上海等地求学或工作，接受马克思主义，并秘密加入党组织。这些共产党员利用一切机会向家乡传输革命道理，开创了辰溪人民走上革命道路的先河。

1926年6月，中共常德地委派张又锐、邱全忠回辰溪改组国民党，

中共辰溪临时县委旧址

1927年4月初，中国国民党辰溪县第一次代表大会在福音堂召开。大会推举刘支浩为常务委员，张有维为组织部长，张又锐（中共党员）为宣传部部长，杨长宽为农工部部长，刘维周为商业部部长，邱瑜为妇女部部长，监察委员为邱全忠（中共党员）、刘英光，候补监察委员为张清环。在中共党组织的领导下，辰溪县的工人运动、农民运动、学生运动如火如荼地开展起来，不断向前推进。

1927年，四一二反革命政变和马日事变后，5月24日，辰溪驻军团长陈渥制造了"敬日事变"，国民党反动派疯狂屠杀共产党人和工农群众，辰溪县党部负责人刘支浩、杨长宽、姚本炽被杀害于县城马道子，自此，党组织遭到破坏，革命团体被捣毁，工人运动、农民运动遭受严重挫折，辰溪县的革命形势转入低潮。

二

苏区的革命武装斗争。土地革命战争时期，1927年8月，党的八七会议确立了用革命的武装反对国民党武装的反革命，开展土地革命的总方针。1928年1月，根据湘西特委指示，中共辰溪特别支部在辰阳镇磨坊弄4号成立。张又锐任支部书记，隶属湘西特委常桃中心区委。辰溪特别支部秘密发展党员11人。陈策、潘其润、肖洪量等党员到县挨户团第二常备队和清和、民和两乡挨户分团任职，很快控制了这3支敌人武装80余人枪。

1928年5月2日，中共辰溪临时县委成立，直属湘西特委领导。临时县委下辖县城、惠民、东乡3个支部，共有党员15人。张又锐任临时县委书记，陈策、邱全忠、米庆轩、刘仕恒、肖洪量等为委员。因县委机关被警察局长宾宏盘察觉。县委机关由此迁到清和乡龚家湾村，工作中心主要开展武装斗争和开辟九谷尖山革命根据地。5月13日，辰溪县农民自卫军在清和乡思蒙村成立。并先后成立了思蒙等3支武装游击队。临时县委根据湘西特委指示，5月18日，策应溆浦县舒溶溪农民暴动后，在九谷尖山一带开展游击战，打土豪、分谷物、分浮财，创建了九谷尖山革命根据地。8月，开辟了罗子山革命根据地，并把九谷尖山根据地与罗子山根据地连成一片，建立苏维埃政权，开展轰轰烈烈的土地革命。临时县委由龚家湾迁到永和乡龙头庵，有党员26人，农民自卫军120余人，游击队发展到6支，共300余人。

三

苏区红色政权建设。1935年11月，贺龙率红二军团长征途经辰溪，在辰溪开辟苏区，指导开展农工运动和扩红工作。

1935年10月，国民党军队对湘鄂川黔革命根据地发动了大规模"围剿"。根据中央指示和遵义会议精神，红二、六军团决定实行战略转移，开始长征。11月26日下午，贺龙率领红二军团机关人员和红二军团第四、五师8000余人，进入辰溪县船溪乡一带宿营。

听闻红军来了，辰溪县城内的国民党驻军和土豪劣绅们仓皇出逃。11月27日上午，红二军团一枪未发占领辰溪县城，街上的老百姓和一些工商界人士认得贺龙，都奔走相告，夹道欢迎。红二军团进入辰溪以后，贺龙带领辰溪人民群众开展了一系列的打土豪、反恶霸斗争。

红二军团纪律严明，打土豪、反恶霸，保护民族工商业者，爱民稳市，受到辰溪人民的真心拥护和爱戴，工商界人士更是积极筹集资金5000元支援红军长征。辰溪是红二军团长征时期扩红最多的县份之一。为了扩红，贺龙率警卫员在县城亲自招兵扩军，召开群众大会，给贫苦百姓发粮发布送钱。会上，在23名船工、矿工的带领下，很多人报名参加了红军。在湖南辰溪县，有一首歌谣，穿越几十年的历史时空，至今广为流传。这是一首赞颂参加红军的歌："当兵就要当红军，个个出来受欢迎，打土豪，为人民，不拿工农半分文。"

党组织还派遣共产党员米庆轩、肖洪量和刘仕恒返回辰溪，恢复被敌人破坏的中共辰溪临时县委，配合贺龙领导的红二军团开辟革命根据地。其间，留下来的150余名红军伤员隐蔽辰溪乡村，他们一边养伤，一边指导辰溪的农工革命运动，在九谷尖山、罗子山革命根据地建立了苏维埃政权。

在辰溪，红二军团不但壮大了队伍，也播撒了新的革命火种，发展和培养了一批革命骨干力量，为辰溪的革命事业奠定了坚实的思想基础和深厚的群众基础。

抗日战争时期，中共辰溪地下党组织积极发展抗日武装力量，派遣共产党员打入县民众抗日自卫团组织，使其成为共产党所控制的抗日武装，并领导全县人民开展各种形式的抗日救亡运动。1940年，中共辰溪地下党组织遭受了严重破坏。解放战争时期，辰溪地下党组织虽然没有得到恢复，但抗战时期隐蔽下来的中共地下党员一直在寻找党组织。1949年"三五事变"后，在与中共湖南省工委取得联系后，立即着手开展创建中共辰溪临时支部、组建革命武装、策反土匪武装等工作。这些革命斗争加速了辰溪新民主主义革命胜利的进程，为辰溪乃至湘西地区的早日解放创造了有利条件。

辰溪县的主要红色遗址有中共辰溪临时县委旧址、红二军团司令部旧址以及沅陵区剿匪胜利纪念堂、龙泉岩椅子山烈士陵园等。

溆 浦 县

　　溆浦县，隶属于怀化市，位于湖南省西部，沅水中游，雪峰山北麓。县境东界新化、隆回，南邻洞口、洪江，西连辰溪、中方，北接沅陵、安化。溆浦县历史悠久，文字记载最早出现于屈原的《涉江》"入溆浦余僮徊兮，迷不知吾所如"。全县总面积 3429.05 平方公里，下辖 18 个镇、7 个乡，常住人口 75.78 万。1990 年 6 月，溆浦县被湖南省人民政府认定为革命老区。

一

　　溆浦县有着光荣的革命斗争历史。早在中国共产党创建时期，1921年 3 月，向警予等新民学会会员及具有进步思想的先进分子在溆浦县城创办了文化书社溆浦分社，这是毛泽东等创办的湖南文化书社的七个分社之一，旨在传播共产主义等新文化新思想。中国共产党诞生后，溆浦县的向警予、向五九、严文清、邓乾元、周鲁、刘绩成等革命青年相继入党。1925 年初，向五九奉中共湘区委员会执行委员何叔衡之命回溆浦，与在大坡塘小学任教的严文清一道发展教员张文轩加入党组织，创建溆浦县第一个党小组。1926 年 9 月建立直属湖南区委领导的中共溆浦直属支部，党员 11 人。1927 年 1 月，刘绩成受中共湖南区委派遣回溆浦任党务特派员，领导全县农运工作，成立中共溆浦县委员会，刘绩成任县委书记，有共产党员15人。在全县7个区都建立了区党分部，随即工会、农协、商协、妇联、学联等群众团体纷纷成立。与此同时，党组织还建立了11个区农协，35个乡农协，农协组织覆盖到全县所有的区和乡镇，农协会员逾7万人。溆浦县以农民运动为中心的革命运动轰轰烈烈开展起来。

1927年，四一二反革命政变后，国民党反动派大肆屠杀共产党人和革命群众。5月24日，驻扎在溆浦的湖南省警备旅旅长陈汉章在溆浦制造了骇人听闻的"敬日惨案"。中共溆浦县委书记刘绩成、宣传部长向五九、共青团支部书记周有桂等25名共产党员和革命团体负责人被杀害，党组织被破坏，各革命团体被捣毁，工人运动、农民运动遭受严重挫折，溆浦县革命形势转入低潮。

1927年9月，为恢复党组织，上级指派原湖南省工人纠察总队总队长武文元回到溆浦，成立了由王楚伟任书记的中共溆浦县委。1928年1月，溆浦县委改组，县委书记由省委指定的张子平担任。同年4月，湘西特委指派原中共澧县县委书记杨杰卿回溆浦任县委书记。确定将党的工作重点放到农村，放手发动群众，壮大革命力量，建立工农武装，夺取地方政权，开展土地革命。至1928年5月，全县6个区共建立了17个党支部。党员人数从大革命时期的11人猛增至210余人。同时，将在大革命时期受到破坏的35个乡农协和200多个村农协重新恢复起来，并在全县创办了44所农民夜校，发展了100多个村级农协组织和近2万名农协会员，全县农协会员总数为9万余人，占全县常住人口的近1/3。

二

苏区的革命武装斗争。中共溆浦县委十分注重武装斗争，早在大革

红二军团六师十八团扩红会议遗址（水东镇）

命时期，县委就建立了上千人的工农武装力量。在公开镇压"溆浦王"——县团防局局长陈壬龄之后，掌握了县团防局的部分武装。共产党员翟根甲也成立了一支100多人的农民自卫军。溆浦"敬日事变"当天，翟根甲虎口脱险，回到两丫坪，随即与张海等共产党员率领农民自卫军，活动于两丫坪、登仙坡、烂泥湾、老鹰坡及新化奉家山等广大地区，灵活机动地打击敌人。党组织恢复后，又将分散各处的农民自卫军重新组织起来，共筹集各类武器10000多件，并在两丫坪、油洋、龙潭、低庄、舒溶溪、均坪等地建立了6支游击队，频繁开展游击战，以红色清乡反击白色"清乡"。

1928年5月18日，党组织领导300多名武装农民在舒溶溪举行暴动。随后，均坪、曹家溪等地的1000多农民武装奋起响应。5月19日，国民党反动派调集大批武装前往镇压。在强大的敌人面前，广大党员和农民武装毫不畏缩，给来犯之敌以迎头痛击，击毙敌官兵20多人。但由于敌我力量悬殊，为保存革命力量，党组织将农民武装改组成一支200余人的革命游击队，转移到溆浦、沅陵、辰溪三县交界之九谷尖山，开展游击战。此后，在多方反动武装的联合"围剿"下，游击队坚持奋战16个月后被镇压。此次斗争中，先后有50多人在战斗中壮烈牺牲，60多位党团员和革命群众被捕入狱，县委成员和30多名党员骨干被悬赏通缉，流落异乡，20多名党员的房屋被反动派烧毁，舒溶溪、均坪、曹家溪、水田溪、匡家坨地贫苦农民的财产大都被掳掠殆尽。这场历时年余的武装斗争虽然失败了，但它锻炼了人民，武装了工农，积累了武装斗争经验，沉重打击了国民党反动派和封建反动势力，为后来革命运动的到来和不断高涨奠定了坚实的基础。

在开展军事斗争的同时，中共溆浦县委组织开展了广泛的打击土豪劣绅的行动，没收他们的财产，惩罚他们的罪行。1927年10月，溆浦籍共产党员谢廉成、邹国柱、贺中华回县，打入县党部任县党部改组委员会委员，牢牢控制了国民党县党部的领导权，建立了两面政权，从而减少了革命损失，更为有力地打击了敌人。

1935年11月下旬，红二、六军团长征进入溆浦，溆浦人民热情欢迎工农红军的到来，为红军送水送饭、运送武装弹药、救护伤病员、积极参军参战。红军在溆浦历时27天，帮助建立了31支共1600多人的抗日游击队和工农义勇军。先后有2000多名溆浦人参加红军，组成了一个新兵团。他们大多或洒血疆场，或牺牲在长征路上。

三

抗日战争爆发后，溆浦人民在党的领导下，开展了波澜壮阔的抗日救亡运动。1937年10月，翟根甲毅然回到县城，以教书为掩护，开展革命活动。他在县城建立了两个党支部，先后两次派人赴长沙找到八路军驻湘通讯处和中共湖南省工委，与上级党组织接上组织关系，并遵照省工委的指示，于1938年3月成立了中共溆浦县工作委员会，辖3个区委和23个党支部，发展党员200多名，建立了一支拥有400多人枪的抗日武装和一个方圆200余里的抗日根据地。同时还创办了机关报——《呼声报》，宣传中国共产党的抗日主张和政策。同年7月，中共溆浦县委先后派向明华、向俊华、李佑旺、杜元秀、曹伟光、李鸣书、舒效政、刘克武等8名优秀共产党员，赴延安抗大学习。1940年6月，国民党顽

抗日战争龙潭战役野战医院旧址
——王氏宗祠

固派掀起的反共恶浪波及溆浦，国民党溆浦县党部大肆逮捕共产党员和进步人士，翟根甲、曾福春、曾繁实等许多革命者先后惨遭杀害。

在抗日救亡的伟大斗争中，共有两万多名溆浦儿女参军。全县为支援抗战征集和捐粮、物折合计 20 亿元。

1949 年 4 月，谌鸿章、武德章等一批共产党员纷纷回到家乡开展革命活动，他们遵照上级党的指示，建立党的组织和农民协会，积极策反和争取地方武装，着手筹建革命武装。1949 年 8 月，湖南人民解放总队湘西纵队宣告成立。22 日，经过党组织深入细致的策反、争取工作，拥有 5000 多人枪的雪峰部队举行起义，随后，雪峰部队被改编为湘西纵队第二支队，开展了声势浩大的武装斗争，有力地支持了解放大军过境挺进大西南，为溆浦县的和平解放奠定了基础。1949 年 9 月 19 日，溆浦县获得了解放。

溆浦县主要红色遗址有向警予纪念馆、向警予故居、龙潭抗日阵亡将士陵园、阳雀坡抗战古村以及穿岩山森林公园红军路、红军桥和红军亭等。

会 同 县

会同县，隶属于怀化市，位于湖南省西南部，东枕雪峰山脉，南倚云贵高原，渠水、巫水两河流经全境。全县总面积2258.8平方公里，辖8个镇、10个乡（含6个民族乡），常住人口29.11万，侗、苗、瑶、满等17个少数民族人口占63.6%，是湖南省6个少数民族人口过半县之一。2010年7月，会同县被湖南省人民政府认定为革命老区。

一

会同县具有坚实而又深厚的革命斗争基础。中国共产党成立后，毛泽东的湖南一师同学、中共党员马贞南和常德二师求学的中共党员蔡刚、黄均德、梁宗文、明泽荣等人陆续回乡宣传共产主义思想，开展革命活动。会同籍北京大学学生李盛玉，经王均邦介绍加入中国共产党，在李大钊领导下从事革命活动。粟裕、邓伯勋、唐浩等人外出求学，参加党领导的学生运动。1926年8月，共产党员吴玉章在洪江镇誓师北伐，会同热血青年积极报名参军，奔赴北伐前线。1926年冬，马贞南、邹伯希、谢古愚等人，回到会同组建国共合作的国民党洪江市党部，成立工会、农民协会和青年、妇女团体。湖南省总工会委员长郭亮指定马贞南担任会同总工会委员长。会同县的工人运动、农民运动、学生运动和妇女运动如火如荼地开展起来，并不断深入发展，出现了一派欣欣向荣的革命形势。

1927年，四一二反革命政变后，反动军阀犹国才部进驻会同镇压工农革命运动，理发工会负责人李复生、商民协会邓湘甫等30多人被逮捕或杀害，马贞南等工农运动骨干被迫转移，800余人离开会同，革命形势转入低潮。

二

1927年8月，党的八七会议，总结了大革命失败的经验教训，批判了陈独秀的右倾机会主义错误路线，确立了武装反抗国民党反动派，开展土地革命的总方针。11月，共青团员蔡刚和黄均德、梁宗文、明泽荣等人，回到家乡会同，成立国民党会同县党部改组委员会，并成立了中共地下党组织，争取当地驻军进步军官姚本章的支持，发动组织人民群众将反动士绅许君藻、唐文锦揪出来戴上高帽子游街示众，处决了贪污腐化、敲诈勒索群众、无恶不作的税务局长胡子翼，产生了很大的影响，极大地振奋了革命者和工农群众的革命斗志。

土地革命战争时期，1935年12月，任弼时、贺龙率领红二、六军团长征，途经会同的11个乡镇63个村。在会同境内作战3次，在金竹镇大坪坡村梨子坳催龙庵俘敌保安团1个排大部，在马鞍镇黄土村黄土庙活捉敌保安团1个排士兵，在马鞍镇马鞍山击溃敌县"反共义勇总队"2个枪兵队，毙敌8人，俘23人。有20多名红军战士在会同献出了宝贵的生命。12月26日晚上，红军在堡子乡坪见村驻扎时，由于群众当时尚不了解红军，加上反动当局及土豪劣绅的欺骗宣传，不少人害怕，跑进山里躲了起来。红军不进老百姓的家，露宿村边和屋檐下，天黑找不到水井，也不进屋取水，就用沟里的水煮饭吃。红军的行动，被偷偷回村探动静的老百姓看见了，深受感动。这些事，一传十，十传百，群众纷纷回村，接待自己的子弟兵。红军转战会同期间，宣传革命真理，打击地方反动势力，枪毙土豪劣绅13人，打开财主的粮仓救济贫苦农民，开展土地革命。据当时统计，会同人民积极支援红军长征，全县有120名群众给红军带路、当向导。红军过境时，群众冒着生命危险掩护、收留、救治因病因伤掉队的红军战士。红军转战会同县期间，在这里撒下了革命的火种。

三

会同县人民富有光荣的革命斗争传统，在新民主主义革命中的各个历史时期，不少会同人走出山乡，投身人民解放事业，为共和国的诞生立下了不朽功勋，粟裕大将就是其中的杰出代表。在轰轰烈烈的大革命时期，会同县成立了工会、农民协会、学生和妇女团体，组建军队开赴北伐前线，进行反帝、反封建、打倒军阀的革命斗争。在血雨腥风的土地革命战争时期，会同县建立了党的地方组织、革命武装和红色政权，打土豪分田地，开展土地革命，支援红军长征，沉重打击了国民党反动势力。在挽救民族危亡的抗日战争时期，会同县地方党组织积极宣传党的抗日主张，动员民众参军参战，先后有8000余名热血青年奔赴抗日前线，与日寇浴血奋战，有1789人血洒疆场，以身殉国。革命先辈们用鲜血和生命染红了这方热土，用英勇无畏、扣人心弦的奉献写就了会同县光荣而厚重的历史，为我们留下了一笔弥足珍贵的精神财富。

会同县的主要红色遗址有粟裕同志故居、粟裕同志纪念碑、红军烈士纪念碑、马鞍镇黄土村红军桥、堡子镇上坊村红军标语等。

麻阳苗族自治县

麻阳苗族自治县，隶属于怀化市，位于湖南省西部，东邻辰溪，南接鹤城、芷江，西临贵州省铜仁市，北靠湘西凤凰、泸溪。"地连溪洞，路通黔滇，内扼苗疆咽喉，外为辰沅保障，险要固塞之地"，自古便有"苗疆前哨""滇黔门户"之称，战略位置十分重要，历为兵家必争之地。全县总面积 1565.57 平方公里，下辖 8 个镇、10 个乡，常住人口 31.33 万，是全国 5 个单一苗族自治县之一。2008 年 1 月，麻阳苗族自治县被湖南省人民政府认定为革命老区。

一

麻阳县有着光荣的革命斗争历史。1919 年，北平爆发五四爱国运动。麻阳一批青年受到新文化思想熏陶，为了追求进步，纷纷外出求学。1921 年年底，三乡槐树垅（今江口墟镇陈家湾村）青年陈佑魁经毛泽东等人介绍在湖南自修大学加入中国共产

滕代远故居

党，成为麻阳第一个中共党员，是我党早期党员之一。随后孙家信、龙宏杰（龙汉魁）等一大批青年来到长沙求学；滕代顺、滕代远等青年来到常德二师求学。舒达桢（苏怡）、滕英斋（滕嗣森）分别到

中共麻阳特别支部旧址、农民自卫军讨竿司令部旧址

北平、上海求学。他们在学生运动中锻炼成长，先后入团入党。1923年冬，为了向麻阳人民宣传马克思主义，在陈佑魁发起和倡导下，成立了"麻阳旅省学友会"。1924年6月，在"学友会"的基础上，成立"麻阳新民社"，宗旨为"灌输现代的文化，改革麻阳的弊端，图谋桑梓的幸福"，总社设在常德，社员有40多人，并创办社刊《锦江潮》，由滕代顺任主编。为马克思主义在麻阳的传播、党组织的建立，做了重要的理论准备。

1924年7月，孙家信在长沙经陈佑魁、夏曦介绍加入中国共产党。同年8月，孙家信受中共湘区委的派遣，回到麻阳县城（今锦和镇），以麻阳县立第一高等小学教员的身份从事共产党组织的创建活动。一到麻阳，孙家信就立刻着手创建党组织工作。通过培养青年积极分子，成立学生会，发展骨干，谨慎秘密地开展筹建地下党组织活动。11月，孙家信发展了学生龚本清、聂志汉入党。这是在麻阳发展的本地第一批中共党员。12月，经中共湘区委批准，孙家信牵头筹备的中共麻阳特别支部（简称"特支"）在他的家里——麻阳孙家弄正式成立。中共麻阳特别支部是麻阳历史上的第一个党支部，也是湘西第一个区域性基层党组织。孙家信担任特别支部书记，龚本清、聂志汉分别担任组织委员、宣传委员。从此，麻阳的革命斗争有了中国共产党的领导，历史翻开了新

的一页。

1925年初，中共麻阳特别支部活动由学校转向社会。以孙家信为首的特别支部，深入基层发动组织群众，各种革命团体如雨后春笋般纷纷建立起来，开展得如火如荼的工农运动，有力地推动了反帝反封建的大革命向前发展。

二

在大革命和土地革命战争时期，麻阳革命运动经历了五次高潮。

第一次高潮（1924年12月至1925年12月）。1924年12月，中共麻阳特别支部建立后，放手发动群众，建立工会、农会、学生自治会、妇女解放协会等组织，开展减租减息、废屯田、抗屯租、兴办农民夜校、建雪耻会、罢工罢课、抵制日货、游行示威等斗争，群众运动空前高涨。

第二次高潮（1926年10月至1927年5月）。1926年10月，中共麻阳特别支部发动万名农民进城召开杨长治遇害一周年追悼会，并乘势成立了农民自卫军。杨长治是麻阳县农民协会副会长。1925年，他领导群众在麻阳县埠墩、轻土开展农运，建立基层农民协会，发动会员减租减息、抗屯租、废屯田，声援五卅惨案斗争等。麻阳县参议长张锦帆及劣绅田毕林、高骞、聂志珠等，对杨长治怀恨在心，唆使戴斗垣、陈开钧、陈开铭等湘西巡防军破坏麻阳农民运动，1925年10月，杨长治不幸被捕遭刑，是年"寒露"之夜，就义于麻阳县锦和南门外龙潭庵渡口的沙湾，年仅24岁。

第三次高潮（1927年9月至11月）。1927年，长沙许克祥发动马日事变以后，中共麻阳特别支部带领农民自卫军，进入西晃山建立根据地。1927年9月，为了扩大根据地、粉碎敌人的围困，中共麻阳特别支部领导农民自卫军200余人攻打县城，击溃团防军，赶走旧县长，占领县城，组建由农军总队长张祖恒为县长的革命政权，并在党的领导下进行初步建设和改造。中共麻阳特别支部会议确立"发展武装，巩固成果，随时警惕，准备战斗"方针。11月上旬，中共麻阳特别支部指挥农民自卫军在县城西门外岩头坡与"竿军"激战数小时，击毙敌副营长1人，士兵多人。

第四次高潮（1927年11月至12月）。为了粉碎敌人"清乡"，1927年11月，农军计除恶霸聂汝谦，农军进一步壮大。12月初，陈渠珍部驻麻阳，顾家齐旅"围剿"西晃山革命根据地，中共麻阳特别支部积极组织力量开展反"围剿"，农民自卫军在杨柳坡、双合口痛击孤军深入的刘耀卿营，击毙数人。

第五次高潮（1928年7月）。1928年6月上旬，中共麻阳县委（1928年1月成立)在旋风寨召开会议，会议决定立即组织声势浩大的讨竿暴动，成立麻阳县讨竿军司令部，刘百川任讨竿军司令，孙家信为政委，滕英斋为县委书记。

1924—1929年，麻阳先后成立了党的地下组织（特别支部），建立了工会、学生自治会、妇女解放协会，组建了农会，到1927年底，全县共有26个基层农会，会员3万人，占全县常住人口将近一半。成立了农民革命武装（农民自卫军），建立一块以高山寨为中心，包括麻阳二、三区（今拖冲、尧市、文昌阁、大桥江）及芷江新店坪、五郎溪、芷江镇等地，总面积约1000平方公里的根据地。先后两次建立农民革命政权，第一次是1926年4月，北伐军过境麻阳时，贺龙委任唐鼎为麻阳县长，帮助麻阳建立农民革命政权。其间，李祖翼动员王树青等青年农民组成一个支队，编入北伐军杨文忠团。1927年5月长沙马日事变后，黔军进入麻阳，由贵州人赵用章任县长，农民革命政权失败。第二次是1927年9月，农军进攻县城赶走黔军及县长赵用章，特支组织成立革命政权，推举农军总队长张祖恒任麻阳县长。

1928 年 1 月，中共湘西特委在接到交通员黄晦安关于"特支受损，农军受挫"的密报后，及时派刘百川（刘银生）、刘巨川（刘金生）到麻阳领导武装斗争，并与上海回来的滕英斋会合。1 月中旬，在党员张文英家召开了住县城的党团员会议，宣布成立中共麻阳县委，选举产生了滕英斋为书记的县委班子，并决定党团工作合并，立即恢复西晃山游击斗争，建立了芷江金厂坪、麻阳锦和城关两个支部。

三

抗日战争时期，中共麻阳县党组织积极宣传党的团结抗日主张，唤起民众抗日，广泛动员社会各界以各种形式开展抗日救亡活动。1938 年 9 月，县城民众抗日自卫团成立。1939 年 8 月，成立中共麻阳县中心支部。由于国民党的摩擦，后奉令停止活动。广大民众纷纷参军参战，捐款支前抗日。1945 年 5 月全县民工 1000 名赴溆浦县桥江修建飞机场。麻阳人民为抗战胜利作出了自己的贡献。

解放战争时期，麻阳人民积极配合解放军作战，其间他们积极组织支前并参加战斗，主动为部队带路，帮助侦察敌情。1949 年 9 月下旬，人民解放军第三十八军一一二师解放麻阳。

回首麻阳县的红色革命历程，在新民主主义革命各个历史时期，麻阳县有无数的革命志士献出了宝贵的生命，已查清并被追认为烈士的有 30 多人。麻阳县人民为中国革命事业付出了巨大牺牲，作出了重大贡献。

麻阳县主要红色遗址有中共麻阳特别支部旧址、农民自卫军讨竿司令部旧址、滕代远故居、麻阳烈士陵园等。

新晃侗族自治县

新晃侗族自治县，隶属于怀化市，位于湘黔交界处，西接云贵高原，东连芷江，南西北三面环黔，是武陵山地区的重要组成部分。素有"湘黔通衢""滇黔咽喉"之称。原为晃县，1956年经国务院批准成立新晃侗族自治县。全县总面积1502.15平方公里，下辖9个镇、2个民族乡，常住人口22.08万，有侗、汉、苗、回等26个民族，少数民族占86.7%，其中侗族占80.1%。2009年1月，新晃侗族自治县被湖南省人民政府认定为革命老区。

一

新晃侗族自治县有着光荣的革命斗争历史。早在1921年7月，中国共产党成立时，晃县一批热血青年向往革命，以求学、入伍等形式走出县区，接受马列主义思想，加入革命组织，回晃县从事革命活动。1926年北伐革命兴起，全县城乡的工农革命运动蓬勃发展。

1926年8月，共产党员唐伯赓任芷江农民运动特派员，开展农民运动，10月成立了以他为书记的党支部。他首先来到家乡晃县波洲乡，组织农民宣传革命道理，在今属新晃的步头降、碧朗、米贝等地成立了农民协会，发动群众，宣传革命道理和党的主张，对土豪劣绅开展了针锋相对的斗争。1927年4月，蒋介石在上海发动四一二反革命政变，5月21日，国民党反动军官许克祥在长沙发动马日事变，此后，驻防芷江军阀犹国才勾结帝国主义分子和土豪劣绅对芷江的农民运动疯狂镇压，中共芷江特委书记唐伯赓被捕，百余名革命群众惨遭杀害。唐伯赓被捕牺牲后，芷江以及他领导的步头降、碧朗、米贝等地革命运动进入低谷。

1927年10月27日，田嘉敏、姚伯阳、姚季卿等选举产生中共晃县地下支部，并先后在樱桃、殿溪、天堂等12个地方建立了农民协会。同时，在此基础上还组织晃县农民自卫军，由田嘉敏任总指挥，姚伯阳任政治指导员，建立了一支由共产党领导的革命武装。

11月初，田嘉敏、姚伯阳率领农民自卫军一举端掉了设在地圈盖的反动自治局，由农民协会行使职权，极大地鼓舞了觉悟起来的群众斗志。不久，田嘉敏、姚伯阳又领导农民自卫军，在樱桃坡召集贫苦农民，打开地主的粮仓分给全村30户贫苦农民，还不同程度地分发地和耕牛。自此，晃县新一轮农民革命运动如火如荼开展，革命浪潮席卷大半个县，并波及周边的贵州玉屏、青溪、岑巩、三穗等县。正当革命运动的烈火，在侗乡山寨熊熊燃烧之际，1927年11月10日，田嘉敏、姚伯阳、姚季卿被诱捕。13日，反动当局以"共党犯"将他们杀害。晃县革命形势陷于低潮，但是革命的火种已在当地生根发芽，星星之火必然燎原。

二

土地革命战争时期，1936年1月，红二、六军团进入晃县。红军由芷江入晃县实施战略展开，计划在湘黔边一带创立新的红军根据地。红军进入晃县占领晃县县城及周边大部分乡镇。任弼时、贺龙、关向应率司令部驻晃县城龙溪口，先与尾追的国民党李觉纵队在新店坪、便水决战，后与从芷江经晃县米贝、中寨、禾滩包抄过来的国民党陶广纵队，在马鬃岭至县城晃山一带进行阻击战，在阻击战中，红六师十六团参谋长常海白等4位红军牺牲。

红军在晃县期间，足涉8个乡镇70多个村进行宣传发动，活动范围覆盖全县1/3的面积。1936年1月4日在龙溪口万寿宫召开民众大会，宣传共产党的方针政策，揭露蒋介石反动派卖国求荣的罪行。在龙溪口唐万盛家设立"没收委员会"，同时镇压了国民党县政府的贪官，为民除害。驻扎在龙溪口的红军，大力宣传保护民族工商业利益，大多数商店开门营业，红军买卖公平，得到群众称赞。红军驻下后，到处

红二六军团龙溪口司令部旧址
——春和瑞

刷写"不拉夫、不扰民""保护民族工商业""打倒土豪劣绅"等标语口号，还上演街头戏，唱红军歌，把整个晃县搞得热火朝天。当时贺龙与商会会长贺定荣（盐老板）以"家门"相认交友。贺定荣深受感动，召集商民会议，公推何佐元为红军筹款，几天内为红军共筹银币8000多元。贺龙离开晃县时，把自己喜爱的一把棕红色茶壶送给贺定荣留念。这把壶现在作为文物珍藏在怀化博物馆。

红军纪律严明，爱护人民，打击贪官污吏和土豪劣绅，深得侗乡人民爱戴，当时新晃县有100多名青年报名参加红军，仅酒店塘汞矿淘沙工人就有70多人，涌现了波洲镇茶园冲谭礼谦与长子谭智浩父子同时报名参加红军的典型。红二、六军团在新晃休整后于1936年1月8日

凌晨渡过舞水河，甩开追兵，向西挺进贵州。

红军便水战斗后，红军有姓胡、姓艾的两位伤员，留在贫农姚锦阳家养病。伤员老艾由于伤势过重，光荣牺牲。老胡伤愈后为感谢恩人，留下军毯作为纪念，然后在姚锦阳夫妇帮助下打扮成小贩去找红军部队。留在新晃县的红军官兵伤病员有200多人，分散隐蔽在波洲、兴隆、大湾罗等10多个乡及与新晃县相邻的地区。红军干部战士李自豪、李吉林等人，动员和发动群众开展根据地斗争，建立苏维埃政权。先后在远离城区的小洪溪、柳寨、晏家建立以红军干部战士为主的10个党组织和以当地贫苦农民为主的3个苏维埃地方政权，当地贫苦农民杨先树、吴人林、姚祖武等数百人参加。杨先树任小洪溪苏维埃政府主席，吴人林任柳寨苏维埃政府主席，姚祖武任晏家苏维埃政府主席。以红军干部战士和贫苦农民为骨干组建了游击队。在洞坡镇压了反动地主杨培芳，在禾滩进蚕打掉了土豪姚清河，在玉屏朱家场镇压了恶霸地主郑尔昌父子，对反动势力和当局产生极大的震慑作用。

三

抗日战争时期，勇敢的新晃人民，积极投入抗战的大潮。这个仅11万人口的少数民族小县，就有7000多名侗家热血青年义无反顾，奔赴抗日战场，奋勇杀敌。大批国民党军政机构进驻湘西，晃县成为重要的后勤补给基地。数千名从抗战前线转移到这里的国军伤员得以疗伤修养，重返战场；闻一多等率领的北大、清华、南开师生组成的文军长征队伍到达这里休整后，前往昆明开办集中华文化精英和抗战精神为一体的西南联合大学。晃县人民还响应"抗战建国"号召，积极参加芷江机场建设及湘黔公路维护改建，保障湘西战略基地建设。晃县先后组织多批次、近万民工，自带伙食、被褥和工具，参加芷江机场建设，仅1945年就有 3000 余人。前后有 305 名民工因伤因病献出生命。

解放战争时期，晃县人民积极配合解放军作战，其间他们积极组织支前并参加战斗，主动为部队带路，帮助侦察敌情。1949 年 11 月 7 日，晃县解放。至 1950 年 12 月，贵州镇远军分区和湖南会同军分区配合二野战部队，组织了"雪凉合围"战斗，晃县全部土匪得以肃清。

新晃侗族自治县人民为中国革命事业付出了巨大牺牲，作出了重大贡献。在大革命时期，从晃县随北伐军第十军参加北伐的青年数百人，其中曹玉清成为新中国的开国将军。土地革命战争期间，晃县有上千人投身革命参加红军，几百人壮烈牺牲。其中成为革命烈士的共产党员有唐伯赓、田嘉敏、姚伯阳、姚季卿。

新晃侗族自治县的主要红色遗址有龙溪口便水战役指挥部旧址、新晃龙溪烈士公园、便水战役暮山坪前线指挥部旧址群等。其中有 553 名新晃籍战士长眠于新晃县龙溪烈士公园，碑记台上，萧克将军手书的"革命烈士永垂不朽"彰显着革命先烈的丰功伟绩。

芷江侗族自治县

芷江侗族自治县，隶属于怀化市，地处湖南省西部，毗邻湘黔两省九县市。芷江县历为湘西军事重镇、商贸物资集散地、州府专区所在地，素有"滇黔门户，全楚咽喉"之称。全县总面积2094.68平方公里，下辖9个镇、9个乡，常住人口30.77万。2008年7月，芷江侗族自治县被湖南省人民政府认定为革命老区。

一

芷江县有着光荣的革命斗争历史。早在大革命时期，1926年7月，湖南的工农革命运动就如火如荼地蓬勃发展起来。8月，唐伯赓受中共湖南区委之命，以省农运特派员的身份回到芷江开展工作。10月，上级党组织又派来了麻阳县共产党员李祖翼来芷江担任国民党党务特派员，协助唐伯赓组建共产党组织。10月底，芷江的第一个共产党支部在芷江县城秘密成立，由唐伯赓任支部书记。从此，芷江的农民运动和国民党芷江县党部及学生运动与工人运动，全部都置于共产党组织的领导之下。

1927年1月，唐伯赓介绍第九联合中学教员杨舫参加了党的组织，使其成为芷江党支部发展的第一名中共党员。此时，在广东农业专科学校读书的共产党员周鸣春也回到了芷江。1927年2月，先后发展了县政府司书龙平章，二甲农校学生邱茂璋、江晴文等人入党，使芷江的党员增至 20 余人，扩大党组织的条件已经具备。3 月上旬，中共芷江特别支部成立，由唐伯赓任特支书记，李祖翼任特支副书记。

芷江县农协会旧址

中共芷江特别支部自成立之日起，即以宣传群众、组织群众，不断推进革命的发展为己任。特支书记唐伯赓亲自带人深入到岩桥、垅坪、土桥等地夜访农户，成立农会，召开各种会议，举办农民夜校，宣传革命思想，教唱自编的《农民受苦歌》。随后，党组织便开始在四乡（即芷江俗称的东乡、西乡、南乡、北乡）扩大农会组织，除原有的 4 个农会外，又在七里桥、大垅坪、艾头坪、杨家村、竹坪铺、麻缨塘、冷水铺、富家团、土桥等地，新建立了 10 多个农会，农会会员由原来的 274 人增加到 8000 余人。其中城郊的垅坪、三星坪、窑湾塘、七里桥、竹坪铺 5 个农会还建立了农民武装——农民赤卫队，队员共 200 余人，拥有 100 余把刀枪。

面对蓬勃发展的革命形势，芷江特支经过积极有效的工作，芷江县第一次国民党员和农民协会会员代表大会于 1927 年 4 月 18 日上午 9 时，在芷江县城二甲农校正式开幕。到会代表 275 人，其中妇女代表 20 人。会议推选李祖翼、补彬、张自昂、彭冠西、唐伯赓、唐晴川、丁世达、杨兴周等 9 人组成国民党芷江县党支部执行委员会，李祖翼任国民党芷江县党部书记；推选唐伯赓、李祖翼、周鸣春、龙平章、冯以南、杨舫、江晴文、补彬、杨仁琰、唐晴川等人为芷江县农民协会委员，唐伯赓任芷江县农民协会主席。当天，还在二甲农校操坪举行万人大会，当众宣布国民党县党部和县农民协会正式成立。大会上，县长钱维骐讲了话，表示坚决支持工农革命运动；唐伯赓和李祖翼分别作了振奋人心的演讲，并对蒋介石在上海发动四一二反革命政变的罪行进行了愤怒声讨。

4月20日，驻芷江的贵州军阀犹国才下达了屠杀革命人士的命令。唐伯赓当即被捕，并于当晚惨遭杀害。同遭杀害的还有学生联合会负责人李泽鸿，店员工会负责人、惠沅书店工人刘隆、李浩仁。21日下午，犹国才部又抓了学生龙成乾，严刑逼供，诬称有炸弹由钱维骐县长携来，烧犹师部系钱指使警备队所为，以此作为借口，发出密令将县署包围，缴取了警备队的枪械，将钱维骐、李科长和县警备队长向桂生（系共产党派入的地下工作者）以及龙成乾全部杀害，史称芷江"四二〇"事变。

"四二〇"事变后，犹国才又派人张贴布告，通缉捉拿县党部、县农协的领导人和其他群众组织的负责人以及革命人士，并派兵四处追捕。于是国民党芷江县党部、芷江县农协全部被犹国才的军队捣毁。中共芷江特支机关被查封，特支其他成员当即化装四散出走，芷江县革命形势陷入低潮。

二

土地革命战争时期，1927年，中共中央八七会议，总结了大革命失败的经验教训，批判了陈独秀右倾机会主义错误，确立土地革命和开展武装斗争的总方针。1927年年末，中共常德特委派遣共产党员刘文化来芷江，在芷江县城东街开设一个刻字店，以刻字为名，串村走乡，联络了芷江"四二〇"事变后隐蔽下来的共产党员江晴文、邱茂璋等人。之后，中共麻阳县委派来了刘巨川、郭达显、田其斌、龙宏杰、张显等共产党员来芷江，在芷江县城和北乡同时恢复发展中共芷江地方组织。

1928年9月，在刘巨川的领导下，田其斌、郭达显、姚凤延在木叶溪组织300多名代表召开北乡区政府成立大会。经过选举，产生北乡区政府领导机构，姚凤延任区政府主席。10月，经过党组织宣传发动，芷江西乡、东乡及芷江城郊的农民协会组

红二、六军团便水战役主战场
——上坪牛屎垅战场

织得到重建，并相继成立了西乡、东乡区政府。

伴随芷江党组织的重建扩大与红色政权的成立，革命运动蓬勃发展。芷江县委领导各地发展壮大党的组织，放手发动贫苦农民向贪官污吏、地主豪绅抗税、抗租，打倒恶霸地主、分田分地，没收恶霸地主的土地财物。各地区苏维埃政府还发出文告，开展禁烟禁赌、破除迷信、提倡男女平等斗争，革命运动蓬勃发展。

芷江县国内形势开始好转，引起了反动势力的恐慌。1928年11月底，芷江县反动当局与国民党驻军勾结起来对革命势力进行"清乡围剿"，派出7个营的兵力，分别从麻阳大桥江、尧市，芷江牛牯坪、金厂坪、木叶溪、大树坳包围西晃山，日夜"清乡"，拉网式搜捕，刘巨川、刘文化、郭达显、江晴文先后被捕，惨遭杀害。芷江重新燃烧起来的革命之火又一次被扑灭。

1935年2月初，蒋介石调派大批国民党兵力对湘鄂川黔革命根据地发起"围剿"，妄图将红二、六军团消灭在大庸、永顺、桑植之间的狭小地区。红二、六军团和根据地人民同敌人展开了英勇斗争。在红军坚持一年的斗争后，决定从内线转到外线作战，红二、六军团主力开始突围。1936年1月1日，红军在芷江冷水铺召开了政治干部会议，会议检查了

突围以来的政治工作，进行了新的战斗动员，并提出创建新苏区的任务，统一思想，坚定了红军战士们的信念。3日，红二、六军团进入新晃县的龙溪口一带，击溃和消灭了几股土匪武装，之后，红军在上坪发起便水战役，阻敌追兵，赢得了主动。便水战役，是红二、六军团长征以来打得最激烈的一场战斗，敌我双方伤亡都在千人左右。红二、六军团狠狠地打掉了敌人的嚣张气焰，成功遏制敌人穷追步伐，使红军大部队得以从容转移到黔东，粉碎了敌人将红二、六军团消灭于湘黔边界的计划。

红军部队共经过芷江15个乡镇共69个村和街道，所到之处，广泛宣传革命道理，教唱革命歌曲，发动群众打土豪劣绅。他们官兵一致，军纪严明，打富济贫，给芷江人民留下了深刻的印象，在芷江形成了深远的政治影响，撒下了革命的火种。

三

抗日战争爆发后，在中国共产党抗日民族统一战线思想的影响下，芷江人民积极投入抗战活动，并为此付出了巨大的牺牲，作出了重大贡献。1937年9月14日，党组织成立芷江县抗日后援会，开展抗日后援工作，发动民众为抗战捐款捐物，服行工役。芷江县自1938年起，每年都有青壮年辞乡入营参战，至1941年8月，全县就有5714名青壮年投身军营，与日寇作战。

1945年8月15日，日本宣布无条件投降。1945年8月21日，芷江城在一片欢喜中醒来。时任重庆《大公报》记者顾建平，在《芷江观光》一文中写道：芷江，热闹繁荣，据说为空前未有。县城门口有一副红色对联："庆五千年未有之胜利　开亿万世永久之和平"，字大如斗。商店酒家结彩，户户升旗，噼噼啪啪的鞭炮，还没有放得尽兴。我们在街上巡视一周，除了看到拥塞的各型汽车以外，便是红红绿绿的联语，其中很多采用"日本投降了，天下太平矣"两句简单明了的现成白话。这一天，芷江城的男女老少，迎着晨曦，纷纷从不同方向涌入城东的机场。人们脸上笑意盈盈，洋溢着胜利的喜悦。

中国人民抗战胜利受降纪念馆

有人高兴地说："这是中国历史上前所未有的壮举，一个强大的国家因战败了而向我们投降，对这种盛会，哪肯放过机会，谁不想见识一下。"当时日军投降代表，驻华日军副总参谋长今井武夫一行8人，在芷江机场东南面的七星桥举行降事会谈。芷江受降会谈为南京受降签字仪式作准备，这是百余年来中国人民反抗外来帝国主义入侵斗争取得彻底胜利的记录与标志，具有重大历史意义。

解放战争时期，芷江人民积极配合解放军作战，其间他们积极组织支前并参加战斗，主动为部队带路，帮助侦察敌情。1949年10月2日芷江解放。11月2日，芷江成立了剿匪防匪治安委员会。从11月9日开始，至1951年2月，中国人民解放军47军剿匪部队集中兵力，各个击破，先后歼灭了彭玉清、曾庆元两大股和一些零星分散小股土匪，芷江百年匪患得以彻底根除。

芷江主要红色遗址有中国人民抗战胜利受降纪念馆、芷江抗战受降堂、芷江受降纪念坊、飞虎队纪念馆、湖南抗日战争纪念馆、上坪红军纪念烈士陵园、便水战役遗址等。

靖州苗族侗族自治县

　　靖州苗族侗族自治县，隶属于怀化市，位于湘、黔、桂交界地区。地处云贵高原东部斜坡边缘，雪峰山脉西南端，沅水上游之渠江流域。北连会同县，东接绥宁县，南抵通道侗族自治县，西与贵州省黎平县、锦屏县、天柱县毗邻。全县总面积2207.97平方公里，辖6个镇、5个乡，常住人口23.36万，有苗、侗、汉等25个民族，其中苗族和侗族人口占74.4%。2010年7月，靖州苗族侗族自治县被湖南省人民政府认定为革命老区。

一

　　靖州苗族侗族自治县，是苗侗少数民族聚居地区。在新民主主义革命时期，靖州作为一片红色热土，留下了诸多红色事迹，这里的人民群众具有坚强的革命斗争性，光荣的革命传统。

　　早在1916年4月，护国军湖南人民讨袁大会在靖州县公署召开。程潜在靖州县就任护国军湖南总司令，宣布湖南即日起独立。大革命时期，靖州县的革命运动波澜壮阔。1927年2月，共产党员王正凯受党组织指派来靖州县，3月建立中共靖县支部，发展李叶民、刘定轼、张建民、杨辉山等16名共产党员，在万寿宫成立靖县农民协会，组织发动了声势浩大的农民运动，打土豪分田地，开展土地革命。1927 年 4 月蒋介石在上海发动四一二反革命政变，5 月 21 日，湖南军阀许克祥在长沙发动马日事变，国民党反动派疯狂屠杀共产党人和革命工农群众，党组织被破坏，各革命团体被捣毁，工人运动、农民运动遭受严重挫折，靖州县的革命形势陷于低潮。

大革命失败后，英勇顽强不屈不挠的靖州县人民在中国共产党的领导下，与国民党反动势力进行了坚决的斗争。1928 年 5 月，中共靖县临时支部成立，决定组建革命武装，把革命重点转移到农村，在敌人力量比较薄弱的甘棠坳、新厂等地建立革命根据地，成立了靖州县农民革命军，胡成显任总队长，陈自根任副总队长，共 100 余人枪，开展武装斗争。同时，先后组建了甘棠、新厂、藕团、寨牙 4 支游击队，共 210 多人。1928 年 9 月，中共靖州县临时支部先后在全县 13 个乡恢复建立甘棠、太阳坪、横江桥、铺口、新厂、寨牙、藕团 7 个乡农民协会，发展会员 2 万余人。在中共靖州县临时支部领导下，各农民协会纷纷开展了"打土豪、斗地主、分田地"运动，积极为农民革命军和游击队筹粮筹款，壮大武装力量。

二

土地革命战争时期，1930 年 12 月，邓小平领导的红七军从广西进入湖南，在靖州县新厂、藕团一带开展军事活动，开辟苏区，留下了 70 多名红军伤病员。在红军的支持和帮助下，苗族首领、共产党员吴守元在新厂、藕团一带建立革命武装，开展苏维埃革命政权建设。

1934 年 5 月，共产党员杨宇政、吴芳明等人恢复建立中共靖县临时支部，杨宇政为支部书记，吴芳明为支部副书记，石甲武为组织委员，邹之明、李显武（原红军小分队队长）为武装委员。在中共靖县临时支

新厂战役指挥部旧址

部的领导下，以留下来的红军伤病员为骨干，联络原农民协会会员和游击队队员，10月12日，在甘棠坳草寨庵县立小学召开第一次全县农民代表大会，成立靖县革命政府，选举杨宇政任政府主席，吴芳明任副主席，石甲武、刘迪昌、曾平、曾仲富、杨云禄为委员。任命杨雨顺为军事部部长、刘定武为农村部部长、马振华为工商部部长、杨华得为教育部部长、王梅华为妇女部部长。截至1935年5月，全县成立乡苏维埃政府8个，组建了甘棠、新厂、太阳坪、藕团、横江桥、铺口、寨牙7支游击队，成立了县游击大队，积极开展土地革命运动，没收土豪、恶霸、劣绅、地主的土地分给农民，实行耕者有其田。

1934年9月，中国工农红军第六军团遵照中革军委的命令，为了配合中央红军战略大转移，从湘赣苏区出发去湘西，和贺龙领导的中国工农红军第三军会合。18日，红六军团十七师（萧克兼师长、王震兼政委）由通道县溪过杆子溪、黄强团、杨家冲、营寨、花桥，于中午进入靖州县新厂（原四乡）地区。湘军追赶红军在通道扑空后，孤军转向，尾随而来。红六军团首长决定组织新厂战斗。

9月19日上午11时，敌何平补充第4团抵达谢家铺，红军前沿哨所战士立即开枪射击。为了"引鸡进笼"，前哨部队边打边退，过五通庙、羊古脑，一直到关刀岭一带，把敌人引进了红军早就布置好了的"口袋"里。前沿一打响，驻扎在善里驿、团头一带的红军，立即抢占了关刀岭和洛家山一带的大小山头。驻扎在新厂一带的红军主力，随即渡河，迅速赶到洛家山山下的猫鼻嘴一带，等待时机，出击敌人。

新厂战斗，红军毙敌 200 余人，俘敌 300 余人，缴获枪支 300 余支，所剩之敌如惊弓之鸟，往老银屯、岩山坪四散奔逃，后面敌人再也不敢轻易尾随，红六军团得以从容进入贵州。

新厂战斗，是红六军团开始西征以来的重大战役之一，为配合中央主力红军长征，开创湘鄂川黔革命根据地作出了重大贡献。

三

抗日战争时期，靖州人民积极投入抗战。红军经过靖州时，侗族青年粟周华等一批青年跟随红军踏上了北上抗日的征途。1939 年秋，靖县（今靖州苗族侗族自治县）各族人民组成了有 800 多名官兵的"靖县抗日自动兵团"，开赴宝庆（今邵阳），其中有 200 多人参军，走上抗日前线，杀敌卫国。在共产党地下组织领导下，一些侗族青年积极参加各种抗日救亡组织，广泛开展抗日救亡宣传活动。

1949 年 8 月长沙和平解放后，为粉碎国民党的"湘粤防线"，8 月 13 日，中国人民解放军第四野战军第十三兵团所属第三十八、三十九军奉命由常德、桃源地区向沅陵、芷江挺进。在靖县人民的积极配合和支持下，10 月 5 日，三十八军一一六师解放靖县县城，截断了国民党军企图向广西撤退之退路。

靖州县人民为中国革命事业付出了巨大牺牲，作出了重大贡献。靖州县的主要红色遗址有红军标语、新厂战役纪念碑、红军烈士墓地、新厂战斗指挥部旧址、新厂红军亭、农协会旧址、原寨市乡苏维埃旧址等。

通道侗族自治县

通道侗族自治县，隶属于怀化市，位于湖南省西南部、湘桂黔三省（区）六县交界之地，东邻绥宁、城步，北接靖州，南毗广西三江、龙胜，西连贵州黎平，在历史上为楚越分界的走廊地带，素有"南楚极地，百越襟喉"之称。全县总面积2223.18平方公里，下辖9个镇、2个乡（含1个民族乡），常住人口20.1万，有侗、汉、苗、瑶等14个民族，其中侗族人口占81.6%。1954年5月，通道侗族自治县成立，是湖南省成立最早的少数民族自治县。2008年1月，通道侗族自治县被湖南省人民政府认定为革命老区。

一

在土地革命战争时期，曾有三路红军主力过通道，谱写了光辉的革命史。

一是红军东征过境。由邓小平、张云逸率领的中国工农红军第七军，从广西右江革命根据地，向江西中央苏区进军，于1930年12月19日，从广西三江县林溪进入通道坪坦，途经黄土、马龙、陇城、双江、菁芜洲、下乡、临口、杉木桥等地，12月24日进入绥宁、城步境界，然后进入江西省中央革命根据地。

二是红军长征先遣队过境。执行长征先遣任务的中国工农红军第六军团9700多人，在中央代表任弼时、军团长萧克、政治委员王震率领下，从绥宁县黄桑坪进入杉木桥，在小水、驾

小水战斗红军纪念亭

马击溃湘军五十五旅，取得了小水突围战役胜利。而后，经菁芜洲、江口、瓜坪，于9月17日攻占通道城（今县溪镇）。9月18日凌晨，向靖州新厂出发，去湘西和贺龙领导的红三军会合。

三是中央红军长征过境。由党中央直接率领的中央红军共86000余人，1934年10月，从福建长汀和江西瑞金、于都出发长征。在突破敌人的四道封锁线后，于1934年12月9日从湘、桂边境分左、中、右三路进入通道，行军7天7夜，于12月17日离境，放弃去湘西和红二、六军团会合的计划，转兵去贵州。

红军在通道时作战英勇，平易近人，关心侗苗穷苦人民疾苦，执行少数民族政策，开展向侗苗人民献礼物活动，带领穷苦百姓打土豪、分浮财，进行土地革命，并将部分枪支弹药分给侗苗族群众，帮助他们建立基层农会组织和红军游击武装。留下的数十位红军战士，成了革命的火种。他们主动积极地组织起来，治伤养病，宣传革命道理，保护红军标语和革命文物，掩护战友重新走上革命队伍，长期坚持地下斗争，有的人还成了通道县解放后建立人民政权的第一批基层干部。

二

三路红军过通道，在通道播下了大量革命种子，通道各族人民积极行动起来，建立了革命政权，广泛开展武装斗争。1930 年 12 月 19 日，红七军经广西三江县林溪，翻越二十华里的大伞山（又名科马界）进入通道（这是第一支进入通道的红军队伍）。当时在黄土小学任教的李仲真是一个思想激进人士，他得知红军队伍进入通道的消息后，就带领学校的老师和学生去迎接红军，主动为红军当向导，一路上，红军党组织派人向李仲真宣传共产党的纲领和红军的主张，当李仲真为红军带路抵达杉木桥时，红军认为李仲真确实是一个可靠之人，于是把受伤的红军战士杨保来托给李仲真照顾，并要杨保来以党代表的身份帮助李仲真领导组织开展革命活动。红军党组织还特别给李仲真赠送了一些革命读物。红军过境后，李仲真按党组织的嘱托，以教书识字为名，向平时要好的朋友和一些贫雇农秘密宣传革命思想，同时把因伤留下的红军战士秘密安排到老乡吴国海家治病。

杨保来痊愈后，为了与党组织取得联系，杨保来、李仲真到贵州黎平县水口镇寻找杨保来的战友韦绍怀与石老发建立的怀公平乡苏维埃政府。但是，怀公平乡苏维埃政府在红七军过境不久便遭到了国民党军队的残酷镇压，韦绍怀在战斗中壮烈牺牲，怀公平乡苏维埃政府另一负责人石老发已经转入地下活动。杨保来、李仲真找到了石老发，并通过石老发与黎平特支、中共黔东南特委取得了联系。根据中共黔东南特委的指示，杨保来、李仲真返回通道黄土，先后在黄土、坪坦、县溪、播阳、菁芜洲、杉木桥等地发展了党员和革命骨干分子 10 余人，并组织开展秘密地下革命活动。1932 年农历四月初八（侗家乌米饭节），李仲真与杨保来协商后，秘密成立黄土乡农会，农会由李仲真负责。农会成立后，

通道转兵纪念馆

积极发展壮大农会组织，打击土豪劣绅。

　　1934年9月初，杨保来和李仲真得知中央红军即将进入通道，加上通道偏僻，国民政府财力、兵力均有限，认为时机已成熟，于是召集农会成员在黄土乡尾寨村黄土小学集会，攻占乡公所，随即组建了有30余人的武装队伍。宣布成立"黄土苏维埃政府"，由杨保来任主席。1934年12月9日，中央红军从龙胜到城步两县分左、中、右三路向通道前进。杨保来、李仲真根据党的政策，做通时任横岭乡乡长石万真的争取工作，石万真秘密解散了横岭乡的"铲共"义勇分队，并带领部分人员加入了黄土农民自卫队。黄土农民自卫队积极配合过境红军，先后打击了三家汉族土豪，据《红军长征过通道》记载，共收缴银圆170块、枪13支、谷子420多担，杀猪13头。并把这三家土豪近200亩水田分给了杨昌宏、杨正云等20户佃农耕种。1935年10月国民党政府以"通共"罪名将石万真逮捕，后将其杀害。1936年夏，国民党政府组织数百条小木船沿渠水上游从广西运送食盐进入湖南，沿途乡公所和盐站对船工欺压，盘剥十分严重，杨保来、李仲真获悉后，马上精心谋划，组织船工进行罢工。这次罢工震惊了湘桂边界，迫使当局答应了船工的所有要求，取得了罢工的完全胜利。不久，国民党湘黔边区"剿匪"司令王家烈派兵进驻通道，对黄土苏维埃政府和黄土农民自卫队进行"围剿"和追捕，由于力量悬殊，在一次转移的战斗中，苏维埃政府主席杨保来和另一个负责人吴国海英勇牺牲，几经"围剿"，黄土苏维埃政府及其武装队伍被迫解散。李仲真只好秘密潜伏下来，以图东山再起。后来，李仲真不幸被国民党杀害，1956年10月16日被中共黔阳地委追认为革命烈士。

三

将通道县载入光辉中国革命史册的当属中央红军长征过通道县召开的通道会议和会议决策的通道转兵。

刘伯承元帅曾在《回顾长征》中描述："部队在十二月占领湖南边境之通道城后，立即向贵州前进，一举攻克了黎平。当时，如果不是毛主席坚决主张改变方针，所剩的三万多红军的前途只有毁灭。"从这段话足以看出，通道转兵的重大历史意义。从更长远的角度看，为期三天的遵义会议之所以能够顺利召开，并确立毛泽东在红军和党中央的领导地位，使其成为中国革命和中国共产党历史上的伟大转折，与党中央决定通道转兵是密不可分的。亲历这一过程的陈云曾回忆道："在遵义召开的政治局扩大会议，与通道的争论是分不开的。"这其实也就说明，通道转兵与遵义会议二者是具有无法割裂的内在关联性的。因此，历史地考察遵义会议这一伟大历史转折，它是由通道转兵发端，由黎平会议、猴场会议、遵义会议等一系列历史链条所组成的。其中通道转兵是这一伟大历史转折的发端。2020年9月18日，习近平总书记在湖南考察时，明确提到通道转兵等重大历史事件。

因此，若非红军调整北上湘西同红二、六军团会合的战略，那么中央红军很可能全军覆没。正如当时刘伯承所说：正是有了通道转兵，才打通了此后一系列的战略方向，使中央红军最终能够落脚于陕北，为中国革命取得胜利奠定了重要的基础。通道转兵，使风雨飘摇中的革命航船重新找到正确的航向，中央红军从此驰骋于云贵高原苍山如海的雄关漫道中，突破乌江、智取遵义、攻占娄山关、四渡赤水……从胜利走向胜利。

抗日战争时期，在中共党组织和国民政府的组织和动员下，通道社会各界以各种形式开展抗日救亡活动。1938年9月，成立义勇壮丁常备队，县长柳子谷兼总队长；1939年2月成立抗敌后援会，县长柳子谷任会长；3月成立民众抗日自卫团，县长柳子谷兼团长。自卫团中很多人奔赴全国各地的抗日战场。此外，政府还组织社会各界人民群众踊跃捐款捐物，支援抗日，并直接组织人员参加了芷江机场的建设。

解放战争时期，通道人民在中国共产党的带领下，与国民党反动派进行了反内战、反独裁、反贪官、反饥饿的斗争，开展了配合全国解放战争的游击战以及争取和平解放通道的策反工作。1949年9月下旬，在中国共产党政策的感召下，绥宁自卫团团长邓难海与中国人民解放军十三兵团政治部副主任王汉昭在绥宁县临口的石壁（今属通道县）会谈，邓答应率部起义，组建中国人民解放军湘桂黔边区纵队，邓难海为司令，粟昌福、龙章密、谭明藻为副司令，粟昌福为通道县自卫团团长，接受解放军代表提出的和平解放通道的条件。10月20日，通道县城（今通道侗族自治县县溪镇）和平解放。

通道主要红色遗址有通道转兵纪念馆、中央红军长征通道转兵旧址——宝庆会馆、中央红军长征通道转兵旧址——东岳宫、梨子界战役烈士墓、小水战役遗址等。

洪江区

洪江区，隶属于怀化市，一般指洪江管理区，是怀化市人民政府的派出机关而非独立一级政府。位于湖南省西南部的雪峰山区，怀化市南部，东、西、北与洪江市接壤，南与会同县毗连。沅、巫两水在此交汇，历史上素有"七省通衢""小南京""小重庆""湘西明珠"之美称。全区总面积 115 平方公里，下辖 4 个街道、2 个乡，常住人口 5.71 万。2016 年 1 月，洪江区被湖南省人民政府认定为革命老区。

一

洪江区位居湘西水运交通要津，具有丰富的党史资源和光荣的革命斗争传统。早在大革命时期，1926 年 8 月 23 日，肩负国共两党重任的共产党人吴玉章，跟同在广州革命政府工作的毛泽东、周恩来进行了沟通后，从广州经长沙来到洪江，代表南方国民政府主持国民革命军第十军军长王天培正式就职典礼，并举行北伐授旗誓师大会，得到了洪江各界的拥护和支持，促进了国民革命的迅猛发展。

在北伐战争胜利推进的形势影响下，中共党组织在洪江区建立了工会组织和工人纠察队，成立农民协会、农民自卫队以及学生和妇女组织。在洪江区党组织的领导下，工人运动、农民运动、妇女运动、学生运动如火如荼开展起来，并不断深入发展。

1927 年 4 月，蒋介石在上海发动四一二反革命政变，5 月 21 日，湖南军阀许克祥在长沙发动马日事变，国民党反动派疯狂屠杀共产党人和工农群众，洪江区有 30 多名共产党员和革命骨干被捕杀，党组织被破坏，各革命团体被捣毁，工人运动、农民运动受到严重挫折，洪江区革命形势转入低潮。

二

土地革命战争时期，中央红军第五次反"围剿"失败被迫长征，曾选择洪江作为新的革命根据地，但是后面不得已放弃。据当时的洪江红色特工、老红军唐光泮的回忆，1934 年 11 月初，唐光泮在通道县溪奉令前往洪江侦察敌情，配合中央红军长征。他秘密潜入洪江，化装成叫花子，在青山界、塘冲、打船冲一带混入叫花子群中，了解洪江周围的敌人布防情况。在洪江青山界的叫花子中，他遇到了 1927 年在汉口武昌车站一起挑过煤炭的学生兵，是贺龙派来洪江的侦察员，从而得知当时贺龙已经派遣先头部队进入沅陵县城。他们打探到洪江周围敌人正在调动重兵布防的情报后，就急忙分头赶回通道和沅陵向党组织汇报情况。

毛泽东听取了唐光泮的洪江敌情报告后，提议召开会议，取消中央红军去湘西与贺龙率领的红二、六军团会合的计划，转兵去敌人统治薄弱的贵州。1934 年 12 月 12 日，中央红军在湖南

《洪江晚报》旧址

通道召开紧急会议。会议开始，李德、博古两人坚持要按原定方针办，到湘西洪江与红二、六军团会合，在洪江创建新的革命根据地。由于遭到毛泽东的坚决反对，参会人员大多数支持毛泽东转兵西进的意见，因此避免了中央红军去钻蒋介石在洪江早已布下的口袋阵，使3万多红军躲开了被数倍于己的敌军全部消灭的危险，关键时刻，挽救了红军，挽救了党。

贺龙为策应中央红军在洪江会师，曾派侦察兵进入洪江打探敌情。据洪江老人回忆，当时与贺龙有一面之缘的洪江商会会长（先后三任会长）的吴克成，借给贺龙部队6万银圆，交给贺龙的部下带走，为1935年11月贺龙率红二、六军团长征提供了宝贵经费。红二、六军团长征时经过洪江，也在此地播下了革命的火种。

三

抗日战争爆发后，中共在洪江建立了党支部，并积极开展抗日宣传和救亡活动，举行抗日募捐义演，捐助抗战军需，抵抗日本侵略。洪江党支部成立后，领导洪江人民展开了轰轰烈烈的抗日救亡运动。驻洪江国民党军队三七〇团开赴抗日前线，中共洪江支部负责人江仁杰接办三七〇团政工室主办的《洪江晚报》，利用该报积极宣传共产党团结抗日的主张，与国民党反动当局办的《敢报》作针锋相对的论战。中共党组织领导组建了"吼声歌咏队""晨呼队"等抗日宣传队伍，走上街头演唱抗日救亡歌曲，演出话剧，宣传发动群众；还领导组建了"洪江妇女会""洪江女子工读团"，开展抗日救亡运动，加工棉衣、棉鞋支援前方抗日将士，仅土桥坑一带的妇女一次就捐了1000多双军鞋。中共党组织的革命活动，大大激发了民众国家兴亡、匹夫有责的爱国举动，显示共产党抗日以民族利益为重的决心，扩大了共产党的影响，产生了很好的效果。

解放战争时期，中共党组织为争取洪江解放进行了坚决斗争，作出了重要贡献。

从中国共产党成立到新中国诞生，为了推翻三座大山，为了抗战的胜利，为了人民的解放，在洪江区有上百名革命战士英勇牺牲。以蔡刚、贺琼、胡少白等为代表的共产党人，抛头颅，洒鲜血，献出了宝贵的生命。贺琼"悲民悲国不悲身，此身愿为山河碎，一寸丹心共月明"的革命精神一直鼓舞洪江人民奋斗不止。所以，洪江是一座英雄之城，一座人民革命之城。在近现代革命历史上，特别是在中国共产党领导的新民主主义革命中，勤劳英勇的洪江人民和革命先辈用血与火镌刻了壮丽不朽的革命丰碑，留下了可歌可泣的革命诗篇。

洪江区的主要红色遗址有中共湘西工委直属洪江支部旧址、洪江古商城小红军博物馆、革命老区展览馆等。

洪 江 市

　　洪江市，原名黔阳县，省辖县级市，由怀化市代管，位于湖南省西南部，沅水上游，云贵高原东部边缘的雪峰山区，东接溆浦、洞口，南邻绥宁、会同，西界芷江，北依怀化市区。1977 年，原洪江市和黔阳县合并，成立新的洪江市。全市总面积 2283.19 平方公里，下辖 4 个街道、7 个镇、15 个乡（含 2 个民族乡），常住人口 39.87 万。2016 年 1 月，洪江市被湖南省人民政府认定为革命老区。

一

　　洪江市（黔阳）是一片充满革命精神的热土，富有光荣的革命斗争传统。早在大革命时期，以将希清、姚本荣、易贞玉等为代表的黔阳籍共产党员积极投身轰轰烈烈的革命运动，先后建立了黔阳县农民协会、总工会、商民协会、学生联合会、妇女联合会及教职联合会等革命群众组织，大张旗鼓地开展游行，开仓放粮，抵制洋货，冲击亚细亚洋行、警察所和县政府。1927 年长沙马日事变以后，反动军阀大肆镇压工农革命运动，捕杀共产党员和革命骨干，农协骨干向炳光、李仕宦、陈乃玉、蒋大哇等 30 余人被残忍杀害，革命形势陷于低潮。

　　1929 年绥宁籍共产党员刘之光来到黔阳县托口镇，与杨英华、佘楚帆、刘飘萍、李襄余等人建立了"湘西上游地下党联络站"，发展武装力量，建立湘黔边境革命根据地。他们以托口为据点，经常前往凤凰、麻阳、芷江、新晃、溆浦、会同、靖州、通道，邵阳的绥宁、武冈和贵州的玉屏、三穗、锦屏、天柱一带，宣扬革命真理，发展革命武装，建立苏维埃革命政权。

二

土地革命战争时期，1934年10月，中央根据地第五次反"围剿"失败以后，中央红军被迫撤离根据地，开始实行战略大转移，北上抗日，即为长征。中央红军长征后，在贺龙、任弼时、萧克、王震、关向应等率领下的红二、六军团发动湘西攻势，创建了湘鄂川黔革命根据地，有力地配合了中央红军长征。

1935年11月19日，红二、六军团主力1.7万余人离开湘鄂川黔革命根据地开始长征。傍晚，自桑植县的刘家坪和瑞塔铺地区出发。1935年11月27日，由任弼时、关向应率领红二军团、红六师等部队攻克占领溆浦。1935年11月28日，由萧克、王震率领的红六军团攻占安化、新化。12月12日，红六军团移驻溆浦紫苏殿、大小芷防一带，集结于溆浦龙潭。其时，陶广纵队王东原师、章亮基师、李觉纵队李觉（兼）师、钟光仁师，郭汝栋纵队陈光中师，纷纷向红军汇集，一场激战，即将迸发。12月14日，红六军团派出一支约300人组成的精干队伍，突袭黔阳县洗马、塘湾，击溃负隅顽抗的团防队，旋即返回龙潭。12月17日，红六军团在龙潭与李觉、王东原师激战后，红二军团转插至邵阳市（今隆回县六都寨镇），红六军团向隆回转移。与红二军团会合后，经洞口县山门、石下江、高沙等地，于12月25日、26日两日，在绥宁北境金屋塘、瓦屋塘与堵截之敌陶广纵队展开激战，旋即由会同县暂板、马鞍山兵分两路向黔阳方向进发。27日上午，红六军团先头部队抵达江西街

（今江市镇），江西街百多名群众冒着凛冽寒风和红军并肩苦干架浮桥，28日（农历十二月初三）渡过沅水，兵分三路向北挺进，左路经竹滩沅河而上，直插沅河镇（原神场）与中路会合，红六军团在沅河镇（原神场）开展宣传并召开军事会议，30日（农历十二月初五），红六军团兵分两路进入芷江、怀化。红二军团于27日下午抵达托口，托口船民组织20多只木船冒着严寒，连夜抢渡沅水，到达沅水北岸，29日（农历十二月初四），红二军团由三里坪经大桥溪进入芷江龙孔坪。

红二、六军团路过黔阳时积极开展宣传、打土豪和扩红运动。红二、六军团长征经过黔阳，共7天5晚（包括突袭洗马、塘湾）。经过7个乡镇，31个村。据老人回忆，红二、六军团纪律严明，秋毫无犯，通过宣传发动，严惩恶霸，与黔阳人民结下了鱼水深情。红二、六军团在江西街、原神场、托口休整4天3晚，共有100多名群众参加了红军，共救助红军伤员20余名。在江西街、沅河镇（原神场）、托口、甘溪坪、洗马潭，利用墟期、集会、登门访问等不同形式开展宣传，至今在托口、沅河、江市、岩垅还保留着一些当年红军书写的宣传标语。托口镇三里坪墙上写着"对日抗战、北上抗日""有国才有家、有树才有花"；江市镇（江西街）墙上写着"打倒白军闹翻身"，红莲村冯有清院子的墙上写着"土匪是杀人放火、奸淫掳掠的蠹贼""红军不拉夫"；沅河镇（原神场）沅城村大地主张多锟的院子墙上写着"开展抗日反蒋的群众运动""没收豪绅地主土地财产分给贫苦工农"；岩垅乡力丰村土地庙上写着"打土豪、杀劣绅"。红二军团在沅河镇（原神场）时，宣传队演出了活报剧《蒋介石是走狗》，演出结束后，红军干部接着宣讲红军政策，让人民群众知道：只有红军的道路，才是解放他们的道路。并以"穷人要翻身，只有起来闹革命"等通俗语言动员贫苦青年参军。相继报名的有洗马乡尚才瑞、谌兆娃、易理煌等9人，托口镇杨元仔，江市镇的黄桂发、冯来必等 13 人。另外，红军先后将抄没易湘礼、粟沛云、李义怀、范恒太、袁汉三、黄节安、张泽三等 20 余户豪绅地主家的大量衣物、布匹、粮食分给贫苦工农。并根据群众要求，对依仗豪门横行乡里的乡丁杨万隆和无恶不作的团总赵维汉、赵斌等以及潜伏乡间的县政府科长蒋国等 6 人就地正法。红二、六军团长征经过黔阳时，打土豪分粮物，播下了革命火种，当地近百名青壮年踊跃参加红军，人民群众节衣缩食支援红军。

三

抗日战争时期，中国共产党在黔阳发展革命组织，建立抗日统一战线，1938 年中共湘西工委在洪江建立直属党支部，举行武装起义，组建了黔阳抗日志愿兵团，率领八百健儿奔赴湘北抗日前线，同时发动了羊坡等地农民起义和中华山武装起义，严重打击了国民党反动派的嚣张气焰，特别是以雪峰山一带为主战场的中日最后一战——雪峰山会战，近万黔阳人民踊跃支前，为取得抗战的最终胜利作出了积极的贡献。

解放战争时期，黔阳儿女更是不怕流血牺牲，同国民党反动派进行顽强斗争，在中国共产党领导下，雪峰部队率先投诚起义，编为湘西纵队第二支队，同时国民党地方武装投诚，共同接受中国人民解放军整编，迎接黔阳解放。

在洪江市这片鲜红的土地上，一大批共产党员、革命烈士为了中国革命的最后胜利长眠在这里。洪江人民为中国革命事业付出了巨大牺牲，作出了重大贡献。相继建成托口、江市、大崇、龙船塘、熟坪、湾溪、洗马、岩垅等革命烈士纪念墓园。2022 年 4 月，零散革命烈士墓园集中迁葬进入洪江市革命烈士纪念陵园，陵园成为缅怀革命先烈的圣地和红色革命见证之地，留下了宝贵的红色革命传统。

娄底市

娄底市，湖南省最年轻的地级市，是环长株潭城市群的重要组成部分，被誉为"湘中明珠"。全市总面积 8109.58 平方公里，下辖 1 个市辖区、2 个县，代管 2 个县级市，常住人口 451.7 万。娄底是一片有着光荣革命历史的红色热土。在这里，诞生了中国共产党名称提出第一人蔡和森，中国共产党第一个工人党员李中，成立了全省第一个工矿党组织——中共锡矿山特别支部。党和革命群众几十年血与火的革命斗争给娄底留下了 100 余处红色革命遗址遗迹。这些红色遗址遗迹，蕴含娄底共产党人永葆初心本色的红色基因。

娄星区

　　娄星区，隶属于娄底市，地处湖南省中部，是娄底市唯一县级区，唯一的中心城区。娄星区内自然景观丰富，有天籁岩（圣岩洞）、洪家山森林公园、乌石峰观音殿和双江圣仙洞、水府庙水库等景点。全区总面积628.23平方公里，下辖7个街道、5个镇、1个乡，常住人口75.25万。2007年6月，娄星区被湖南省人民政府认定为革命老区。

一

　　娄星区有着光荣的革命斗争历史。早在大革命时期，1926年8月中共湘区委员会第三特别支部先后派遣农运特派员、中共党员肖刚僧、傅定梅、刘鹤鸣等到娄底，从事党务建设和农民运动，1926年10月，成春生、李孝达、胡秋生等人去云隐山（现娄底老街肉食公司处）秘密建立中共娄底支部，党员发展达17名，在党的组织领导下，工农革命运动蓬勃发展。

　　1927年4月，蒋介石在上海发动四一二反革命政变，5月21日，湖南军阀许克祥在长沙发动马日事变，国民党反动派疯狂屠杀共产党人和革命群众。娄星区革命形势转入低潮。

　　1927年8月7日，中共中央在汉口召开紧急会议，确立了开展土地革命，武装反抗国民党反动派的总方针。为了抵抗国民党反动派对农民运动的残酷镇压，地下党组织在中共娄底支部书记、第一办事处主任李孝达（接替成春生）的主持下秘密筹划武装起义，后因"士塘惨案"发生而未果。农民武装在六十四区农会的领导下，组织了64支梭镖、100支鸟铳在雷峰山峡与许克祥叛军激战，因敌我兵力悬殊而被迫撤退。

农民运动特派员李欣荣、付定梅、彭叔陶、陈一诚等，在阻击国民党许克祥军失利后，率30多名农民自卫队队员，撤至娄底大科乡石牌子大山坚持斗争20余天。在粮食吃尽后，自卫队被迫化整为零，支部书记李欣荣、组织委员彭叔陶、宣传委员付定梅千方百计与上级党组织取得联系。李欣荣、陈一诚被党中央送往苏联东方共产主义劳动大学学习，毕业后，在湘赣边区从事党的武装斗争。1930年，中共湘赣边区委员会派李欣荣回湖南筹建革命武装。李欣荣回到娄底秘密活动，发动青壮年40多人参加革命队伍，工作进展顺利。1933年李欣荣被捕，高呼："斩首可以，自首不能！"就义于南京。付定梅与彭叔陶经党组织同意，奔赴九江，由组织介绍到叶挺部队，一起参加了8月1日的南昌起义。

二

抗日战争爆发后，娄底的地下党组织开始恢复发展，革命活动蓬勃开展。1938年由胡开（娄底杉山镇人）和傅三（娄底老街人）组织建立了中共娄底区工委，刘奂世任书记（1939年傅三接任书记），先后建立了茶园、西阳、娄底、冠曹、关王桥、荷叶塘6个支部，党员60余名。建立了由共产党领导的"湘乡抗敌书报社"，傅三被推为经理，他利用"湘抗社"积极推荐、宣传毛泽东、朱德、鲁迅、郭沫若等人的著作和抗日救亡的报刊，在抗战中起了鼓动群众、团结抗战的重大作用。"湘抗社"对外是销售书报，对内则是我地下党组织联络接头、开会的秘密据点，中共湖南省委书记高文华、湘宁中心县委书记袁学之、委员于刚等曾多次在此碰头，传达中央和省委指示。为了鼓舞群众坚持抗战，傅三亲自创办《娄底三日刊》，报道抗日新闻，该刊共出 30 多期，每期印 200 多份，分发到党的基层组织、社会团体、机关学校，大大鼓舞了娄底人民抗日的斗志。傅三还积极组织"娄底民族解放先锋队"作为地下党的外围组织。在"民先队"的基础上，以保护娄底工商业、维护地方治安为名，成立了 15 人枪的娄底自卫队，傅三兼任自卫队队长，建立抗日根据地，开展游击战争，抗击日寇。

三

解放战争时期，娄底地下党组织更加发展壮大。1948 年 3 月，中共湘乡县工委恢复建立，7 月县工委指派陈明负责娄底党组织的恢复和发展，迅速建立了中共娄底（九区）区工委，区委书记先后由刘汉初、杨白英担任。区工委建立后，立即在全区开展了一系列重大活动。

一是发展壮大党的力量。从 1948 年秋至 1949 年春，先后恢复和建立了茶园山、古塘、万宝坪、下竹、荷叶塘、关王桥、娄底、延福乡、冠曹 8 个党支部，党员发展至 70 余名。并积极发展党的外围组织，建立了娄底经世学会，在各学校教师、青年中大力发展。

二是建立革命武装。1948 年春，中共湘乡县委书记刘资生来到茶元山，召集党员开会，传达上级指示精神，与刘石渠、刘伯崇、曾纪光等，讨论建立革命武装，准备武装起义等问题，积极开展筹备活动。4 月中旬，刘资生派党员王梅奇、胡可予带领 10 多人，同中共茶园山支部一道举行了茶园山武装起义。1949 年 3 月 8 日，关王桥党支部组织领导了桥头河暴动，夺取了警察所的 30 余支枪和弹药，遂名为"毛泽东纵队第五支队"，后改名为"湘安支队"和湖南人民解放军总队"湘中一支五团"，聂昭良任司令员，陈明任政委，娄底区工委并抽调了地下党员刘汉初、喻军、杨白英、曾草庭等 20 余名，担任了湘中一支五团各大队中队的领导职务，为迎接湖南和平解放立下了功勋。

三是建立乡村人民政权。1949 年 6 月，娄底区工委确定了有一定影响并已向我党靠拢的开明人士担任乡长，派地下党员担任乡政治指导员，五团党委和湘乡县工委任命了蒋立帆为丰乐乡乡长，成楚异为指导员，柳止一为云下乡乡长，胡基立为指导员，颜芳琼为延福乡乡长，聂更生为指导员，刘筱村为乐善乡乡长，刘季仁为指导员。

四是开展抗丁、抗粮、抗税斗争。在地下党组织的领导下，各乡村普遍开展对国民党派丁、派粮、派税采取多种形式和办法的斗争，深受广大群众欢迎和拥护。

五是积极开展迎解支前工作。为了配合大军南下，迎接湖南解放，娄底各界人民在地下党领导下，广泛开展宣传，组织青年参加湘中一支五团，以及发动党员积极带头筹集粮食。全区共筹粮食 6000 吨，柴草100 吨。

1949 年，湖南和平解放，娄星区也进入了人民群众当家作主的美好新时期。

娄星人民在新民主主义革命时期为中国革命事业作出了重大贡献。娄星区有贺国中故居等 18 处革命遗址遗迹。

双 峰 县

双峰县，隶属于娄底市，地处湘中腹地，东邻湘潭县、衡山县，南接衡阳县，西毗邵东市、涟源市，北界娄底市、湘乡市。全县总面积1593.45平方公里，下辖2个街道、11个镇、3个乡，常住人口68.59万。1990年6月，双峰县被湖南省人民政府认定为革命老区。

一

双峰县富有光荣的革命斗争历史，是湖南最早建立中共组织的地区之一。在新民主主义革命的各个时期，境内党的组织遍布16个乡镇，所领导的革命活动也基本没有中断过。

早在五四时期，进步青年蔡和森就与毛泽东等在自己租居的长沙刘家台子发起建立新民学会。在新民学会的组织领导下，蔡和森到法国寻求"改造中国与世界"的革命道路。他第一个明确提出建立"中国共产党"。毛泽东对他所提出的建党方针、步骤等一系列理论，"没有一个字不赞同"。他还同向警予等在法国筹建"中共旅欧支部"，成为党的创始人之一。在国内参加党的早期组织创建的双峰籍先进青年还有李中与彭平之，他俩分别为上海和湖南党的早期组织的创建人之一。

1923年春，中共湘区委派王蓥回乡发展党员，建立组织。王系今印塘乡人，1921年在湘乡驻省中学读书期间经毛泽东介绍加入青年团

双峰县梓门桥镇东湾村在大村地下党支部原址修建的陈列馆

和共产党组织。他回到家乡后，在湘乡东皋学校以教书为职业，发展党、团员，于1924年2月分别建立"中共湘区委第三特别支部"和"青年团湘区委第三特别支部"，并任党、团支部书记。不久，他又联络在省城入党的王振学、王芝庭等回到家乡建立支部。境内第一个农村基层党组织于1926年冬在梓门大村建立，取名"大村支部"，代号为"戴春池"。大革命时期，双峰共建党的支部10个，发展党员200余名，其支部与党员分布在今梓门桥、杏子铺、蛇形山、走马街、荷叶、井字等乡镇。

大革命时期，双峰是湖南农民运动活跃的地区之一。1925年5月，毛泽东接办广州农民运动讲习所，双峰的葛东林和胡启霖，经中共湘区委选送，参加了广州农讲所第六期学习。翌年8月，湘乡第三区农民协会在荷叶建立，葛东林任执行委员长。至年底，双峰共建乡农协180个，区农协19个，在册会员10万余众。在区乡农民协会的领导下，轰轰烈烈的农村大革命运动开展得如火如荼，旧政权被打倒，一切权力归农会。毛泽东在《湖南农民运动考察报告》中，对境内嘉谟镇的农民运动给予了高度的赞扬。境内各区、乡农会普遍建立工农革命武装——工人纠察队与农民自卫军，拥有梭镖队员6万余人。

二

双峰县苏区的革命武装斗争党组织发展。1927年5月21日，国民党反动军官许克祥在长沙制造血腥的马日事变，全省城乡一时处于血雨腥风之中，但英勇的双峰人民并没有屈服。5月22日，中共湘乡地方委员会与县农民协会将工人纠察队与农民自卫队改建成工农义勇军，准备前往省城武装反击敌人的进攻。26日，王俊恒率工农义勇军第二中队，从永丰开赴湘潭云湖桥，参与了阻击许克祥叛逆军的战斗。8月，湘乡县秘密农民协会在境内建立，会长王俊恒。农民协会曾以嘉谟镇为暴动区域，连续策划暴动3次。翌年春，李鲁与王萼、陈海清等还一面收缴反动武装的枪支，建立工农革命军，实行打土豪、分田地，"造成土地革命"；一面设立指挥机构于湘潭，先在潭宝公路沿线开展"破路"斗争，然后转赴衡山与毛泽建领导的游击队会合，开创湘南革命根据地。

党的八七会议后，曾在中共湘区委任组织干事的李鲁，秘密前往武汉寻找党的组织。受在党中央担任领导工作的蔡和森与毛泽东的派遣，他化名"李文白"回到永丰，联络隐蔽在家乡的王萼、曾华湘、王力农、王俊恒、龚际飞等，秘密恢复溪口、金蚌、十字铺、姚家桥4个党的支部。11月，又在县城孤州秘密召开党员代表会议，正式恢复中共湘乡县委，由李鲁任书记。在县委的领导下，湘乡全县党的组织在土地革命时期不仅没有终止，而且得到进一步发展，共建立特区3个，所属永丰和嘉谟镇的8个乡为第二特区，由王力农负责。因白色恐怖严重，李鲁、王萼等被捕牺牲，王振学、王俊恒等转移中央苏区投身土地革命斗争，后参加工农红军和工农革命军者有20余人。

三

抗日战争爆发后，王俊恒受八路军驻湘通讯处的派遣，回双峰县先在大村、山口一带建立党的东湾支部。接着，又在薛家渡、测水、四安埠等地发展刘资生、江澄清、李政之等入党，相继建立大丰墩、笔花、四安等支部。至1945年抗战胜利时，双峰发展党员130多名，建立支部5个、区委1个。

解放战争时期，双峰党的组织进一步发展壮大。1948年3月，曾一度受到破坏的中共湘乡县委在薛家渡恢复建立。县委书记刘资生以教书为掩护，长期隐居在双峰杏子铺、梓门桥一带开展党的地下工作，至1948年冬，境内发展党员200余名，建立党的支部20余个，并在望春、大丰、德田、乐郊、山斗冲分别建立了党的区工委。至新中国诞生前夕，双峰共建立党的支部50余个、区工委7个，党员发展到1107名，占原湘乡县党员总数的一半。至全国解放前夕，党领导的3支双峰地下武装达200余人枪。与国民党七十一军及反动地主武装开展游击战争20余次，促进了湖南和平解放。

据不完全统计，从大革命运动的失败至土地革命战争时期，双峰籍人投身苏区和革命根据地建设的有800余人，其中为苏维埃的红旗而流血的革命人士150多人，双峰人民为中国革命事业付出了巨大牺牲，作出了重大贡献。双峰县的红色旅游景点有蔡和森纪念馆等。

新 化 县

新化县，隶属于娄底市，位于湖南省中部偏西、娄底市西部，依雪峰山东南麓，资水中游，东北至东南与涟源、冷水江交界，南至西南与新邵、隆回为邻，西至西北与溆浦接壤，北与安化毗连。全县总面积3619.95平方公里，下辖3个街道、18个镇、7个乡，常住人口119.65万。1990年6月，新化县被湖南省人民政府认定为革命老区。

一

新化县有着光荣的革命斗争历史。早在1920年，新化籍青年邹建武在长沙甲种工业学校就读时进入湖南第一纱厂做工，1923年经肖石月介绍加入了中国共产党，先后任厂党支部干事、支部书记。1925年2月，邹建武被选为青年团湘区委员会书记处书记、青年运动委员，受中共湘区委派遣来新化县锡矿山，与6月至8月中共湘区委增派来的萧石月、仇寿松一道，从事工人运动。1925年6月和1926年暑期，新化籍共产党员和进步学生李矩、邹序龙、周廷举、谭国辅、陈树华、方石波、曾义孚、袁月斋及省工运特派员张国栋等，先后组织暑期社会服务团来到新化，向工农群众宣传革命道理，通报北伐胜利形势，揭露军阀、贪官污吏、土豪劣绅的罪行，介绍各地工会、农协组织活动情况，提高了广大群众的觉悟。至1925年9月，新化成立了第一个中共党组织——中共锡矿山特别支部（隶属湘区委）。1926年冬正式成立了中国共产党新化特别支部，周廷举任特支书记，全县共产党员发展到47人。从这时起，一场狂风暴雨般的新化农村大革命，在新化大地上掀起。

在中共新化特支领导下，青年团新化特支及县女界联合会、各基层工会和农民协会相继建立，全县工会会员发展到3万多人，农会会员发展到10余万人。1926年12月31日，成立了由张国栋、袁月斋任正副主任，罗能忠任工人纠察总队队长的县总工会筹备处。1927年1月19日，在全县第一次农民代表大会上，成立了以方石波、郭垂方为正副委员长，邹序龙为农民纠察总队队长的县农民协会，并收缴了县团防局200余支枪，组建了农民自卫军。全县工会会员也发展到3万余人。工会、农协积极开展革命活动，反帝反封建斗争如火如荼，大长了工人农民的志气。

1927年5月21日，国民党反动军官许克祥在长沙发动马日事变，邹建武奉命率领锡矿山工人纠察队300余人枪，去支援10万农军围攻长沙。途中，遭许克祥部伏击，伤亡近半，23岁的邹建武壮烈牺牲。不久邹序龙、袁月斋、郭垂方、王铭、罗能忠、胡启隆、张盈丰等工农运动骨干被捕，6月7日被枪杀于县城郊西门垴。其他工农运动骨干和区乡农会不少负责人被追捕杀害。

大革命失败后，革命暂处低潮，党的活动转入地下。中共湖南省委派省委委员向钧到锡矿山做党组织的恢复工作。1928年春，共产党员陈历坤从北平奉命来到新化，任中共湘中特委书记，管辖新化、安化、邵阳、溆浦四县，他奔走于三溪桥、锡矿山和县城等地，开展恢复党组织和反"清乡"的活动。他在家乡上渡创办"新民中学"为据点，联系上失去组织关系的共产党员13名，共同开展党的地下活动，建立新化、邵阳边界的龙山、板子山苏维埃政府，系湘西南地区最早一批建立的工农革命政权。1928年9月30日，由于叛徒出卖，陈历坤被捕。陈历坤在狱中经受酷刑，始终坚贞不屈，11月9日下午英勇就义。陈历坤遭受杀害后，湘中特委机关被敌人捣毁，新化的革命形势转入低潮。

二

土地革命战争时期，1935年，红军长征到新化，革命形势开始高涨。11月28日，由萧克、王震率领的红六军团主力，经由安化进入新化县城，红六军团总部设在县城陈家老屋。12月2日，贺龙、任弼时率领的红二军团部及所属四、五、六师，又迁回到县境上团一带。红二军团总部设在上团一地主庄园内，指挥所属部队在鸭田与堵截红军北上的伪保安司令晏国涛两个保安团作战，毙敌150多名，俘虏300余名，余敌逃窜。

红二、六军团在新化期间的主要活动：一是摆脱敌军"追剿"，达到战略转移的目的；二是宣传红军宗旨，发动群众抗日救国；三是适时休整，筹备军需，补充人员，扩大红军队伍；四是打击当地土豪劣绅，扶贫济困，为民除害。

红军入境时，新化县人民由于长期遭受兵祸之苦，闻讯后纷纷躲避。国民党地方武装及地主豪绅乘机造谣惑众，制造紧张气氛，说什么红军是与政府作对的，共产党组织的这支武装是"共产共妻"的，是国民的最大"祸害"，是"杀人放火"的，以此恐吓群众。为此，红军有针对性地开展的革命活动有：一是开展各种形式的宣传活动，消除广大群众的恐红情绪；二是镇压和严惩一切反动势

新化红二军团长征司令部旧址

力，广大人民群众无不拍手称快；三是发动群众组织抗日游击队和职工联合会；四是积极筹集军款和军需物资。红军打开盐局、粮仓放盐放粮，打击土豪劣绅、矿霸 160 户，处决首恶分子 12 人。红军在新化筹款 2 万余元。全县有 2000 多名工农子弟参加红军，北上抗日。

红军的到来不仅给贫苦群众带来了革命的火种和希望，更是留下了"竹子坪深夜救火""种子稀饭的故事""一床暖心的红军毯""红色养子""四代扫墓念红军"等一篇篇生动感人、可歌可泣的红色史诗。

红军离开新化后，地主豪绅卷土重来，以县长文星三为头子的"匪灾善后委员会"随即成立，对全县人民进行了疯狂反扑，有 400 多名群众被关押，陈异屏等积极分子被杀害，革命再次转入低潮。

三

1937 年卢沟桥事变后，在长沙求学的进步青年曾繁实、袁应西等回到新化，召集爱国青年肖会华等，到街头开展抗日救亡宣传。同时在上梅中学创办《野炮周刊》，转载《解放日报》《群众旬刊》上的新闻及抗日文章，宣传我党抗日主张。1938 年 2 月，省工委派共产党员苏镜（女）、张竹如（女）来新化，与同时从延安来新化的肖哲组成中共新化特支。1938 年冬建立了中共新化县工委。八路军驻湘通讯处徐特立、王凌波还派军事教练来县，在上梅中学训练以袁应西、曾繁实为首的拥有 60 余支枪、近百人的抗日游击队。进行战术训练和游击训练，并组织群众配合抗日部队抵御日寇。此外，党组织领导下的中华民族解放先锋队新化总队、妇女战时服务团、学生战时服务团等抗日组织如雨后春笋般涌现。

1945 年 4 月，日寇发动湘西战役，新化是湘西会战的主要战场之一。27 日，数千日寇从新化县羊古冲窜入洋溪地区，地下党领导的游击队广泛发动和组织群众，配合抗日部队将日寇引入小半山狭谷地带，居高临下迎头痛击，歼敌数量众多，敌军被迫退出洋溪，并放弃了进攻芷江机场的计划。

解放战争时期，1948年11月，中共湖南省工委书记周里，派地下党员颜述之到锡矿山开展护矿迎解工作。1949年5月初，省工委又派文琳来新化，由李孝先、文琳、潘宗信组成党小组，开始建党工作。不久，经省工委批准，成立了中共新化县和中共锡矿山两个总支委员会，由李孝先、颜述之分别担任书记。1949年6月，又成立了在县总支领导下的中共新化农村总支委员会，下辖两个党支部和两个党小组。这时，全县共有党员137人，其中属锡矿山总支的党员81人。随后，新化游击队整编为新化县地方兵团突击大队，这支直属于县地下党领导的武装力量，拥有181支枪，有力配合了解放军解放新化。在地下党的领导下，新化群众积极开展护矿迎解和迎解支前斗争，促成新化和平解放。尔后，白崇禧国民党军队乘虚占据县城，地下党领导新化人民扩充革命武装，开展武装斗争，有力配合了人民解放军一四七师第二次解放新化。

新化县在中国红色革命历史上书写了浓墨重彩的一笔。新化县为革命而牺牲的战士数以千计。其中1935年全县2000多名工农子弟参加红军北上抗日，大都在长征路上及以后的战斗中以身殉国。抗日战争时期，1945年5月，洋溪阻击战中抗日将士阵亡2000余人。由于史料不全，新化县革命烈士英名录上，只记载在县境内牺牲的邹建武、方石波、陈历坤等570位革命烈士的事迹。新化县人民为中华民族的解放事业付出了巨大牺牲，作出了重大贡献。

新化拥有红二军团长征司令部旧址等17处红色遗址资源。

冷 水 江 市

冷水江市，省辖县级市，由娄底市代管。位于湖南省中部，资水中游，东接涟源市，西连新化县，南邻新邵县。冷水江境内矿产资源丰富，蕴藏着锑、煤、石墨、硅石等 60 余种矿产资源，其中锑矿储量占世界60%，煤储量占全省的 1/6，素有"世界锑都""江南煤海""湘中鲁尔"等美誉，是湖南省乃至中南地区重要的能源原材料基地。全市总面积 437.89 平方公里，下辖 4 个街道、5 个镇、1 个乡，常住人口 32.99 万。1990 年 6 月，冷水江市被湖南省人民政府认定为革命老区。

一

冷水江市有着光荣的革命斗争历史。早在大革命时期，这里就建立了湖南省第一个工矿企业党组织。1925 年 6 月至 8 月，中共湘区区委先后委派邹建武、萧石月、仇寿松等共产党人来到锡矿山组织和领导工人运动。9 月，锡矿山建立了湖南省第一个工矿企业党支部——中共锡矿山特别支部，直属中共湖南区执行委员会领导，相互联系代号为"长沙周南女校黄龙"。特别支部由萧石月担任支部书记，仇寿松担任矿工会委员长，邹建武担任统战、宣传委员，舒金山担任纠察总队队长，洪震霞担任组织委员。特别支部发展党员非常慎重，注重在斗争中培养、考察入党对象，坚持成熟一个发展一个。新党员入党时，需两名党员做介绍人。举行入党仪式时，悬挂党旗和马克思画像，并举手宣誓。誓词大意为：牺牲个人，保守秘密，严守纪律，永不叛党！为了保密，入党后，每个党员都编有代号。至1926年底，共发展党员24名，马日事变前发展到32名，

锡矿山展览馆

其中在锡矿山发展近20人。有颜茂林、闵锡光、彭春庭、周长胜、孙鹤松、苏炳南、颜汉云、唐孝坤、李春莲、陈芝湘、陈胜才、苏竹青、苏美山等。

　　大革命时期，在锡矿特别支部的领导下，锡矿山广大工人开展了一系列轰轰烈烈的工人运动，锡矿山地区成为湖南省三大工人运动中心之一。1925年7月6日，锡矿山成立雪耻会。7月14日，锡矿山各界人士3.6万余人召开大会，追悼五卅运动中死难的烈士，并举行了声势浩大的游行示威活动，声援青岛、上海工人斗争。9月，组建平民教育促进会，在肖家湾开办了平民学校，以平民学校为据点，宣传和发动工人，提高工人觉悟，同时一边着手秘密筹建锡矿山工会，一边秘密培养和考察发展共产党员。通过平民学校培训骨干，单线联系，单线介绍，发展会员约1300人。由萧石月、邹建武负责秘密选出工会代表，秘密成立了锡矿山矿工会。1926年3月，遵照中共湖南区委指示，锡矿山矿工会于4月4日公开挂牌，工会活动由秘密走向公开。短短5天时间又新吸收会员3000多人，会员超过4300人。工会挂牌当天遭到了反动商团突然袭击。面对白色恐怖形势，锡矿山特别支部组织和领导工会与反动势力展开了不屈不挠的斗争，直至7月中旬取得完全胜利，展现了中国共产党领导的工人阶级大无畏的革命精神。1926年9月，锡矿山矿工会发展会员2.5万余人。9月19日，锡矿山组织近2万人，召开了庆祝湖南总工会成立及矿工会恢复大会，庆祝大会，红旗遍野，炮火冲天，游行群众，首尾

相接，盛况空前。9月30日，矿工会向锑业会、官矿局所有公司、炼厂提出了为工人加薪、改善工作和生活条件的《十二条》要求。10月6日，召开加薪大会，到会者有1万多人。会议通过《十二条》，并推选代表向锑业会、官矿局及各炼厂公司提出。经几番周折与斗争，于10月10日与锑业会、官矿局所有公司、炼厂签订了条约，取得了加薪斗争的胜利。

1926年12月1日至27日，在锡矿山特别支部的领导下，锡矿山矿工会选派舒金山等12人，代表锡矿山矿工会25125名会员出席了在长沙召开的湖南省第一次工农代表大会，并获得代表权数50权，仅次于长沙总工会和湘潭总工会而位居全省第三位。舒金山当选为湖南省第一次工人代表大会代表资格审查委员会委员和主席团成员。12月15日，舒金山担任省工人代表大会执行主席。17日下午，舒金山代表锡矿山矿工会向大会做了《锡矿山矿工会总结报告》等，由此可见，锡矿山工人运动在全省具有重大影响力。

1927年五一前后，矿工会镇压了一批反革命首恶分子和民愤极大的流氓土匪头子，其中安集乡乡长李召南，帮会首领肖中干、贺彩仁、彭子凤等均被处决，矿霸刘铁逊、杨次伯，商团团长杨执中闻风而逃，由矿工会呈请省府通缉拿办。

在锡矿山工人运动迅猛发展的影响下，冷水江农村的农民运动也风起云涌。冷水江境内的铁山、税塘、麻溪等21个村先后成立了农民协会，发展农会会员近两万人，迅速开展"一切权力归农会"的斗争。在农会组织的带领下，在政治上开展打击不法地主、土豪劣绅反动统治的斗争，处决了罪大恶极的邓南田等恶霸地主；在经济上采取减租减息、平抑粮价、限制高利贷盘剥等措施，限制地主的剥削；在军事上建立农民武装自卫队，境内农民大多数建立了纠察队或民兵队，武器主要是梭镖、马刀、鸟铳、齐眉棍等，这对维持社会治安、禁烟赌、禁迷信等起了积极作用；

在思想上倡新风，除旧习，扫除封建宗教思想，革除不良习气，提倡男女平等、尊婆爱媳。把妇女组织起来成立了锡矿山妇女联合会，宣传妇女解放，号召妇女起来斗争，使妇女翻身求解放的思想深得人心。

1927年5月21日，湖南省反动军阀许克祥发动了震惊全国的马日事变，省总工会电令锡矿山矿工会火速增援长沙。特别支部带领纠察队300多人驰援长沙，在途经涟源六亩塘时遭国民党许克祥所属许德湘部伏击，因寡不敌众，萧石月、邹建武等60多人壮烈牺牲。

1927年8月7日，党中央在汉口召开"八七"紧急会议，确定以革命武装反对反革命的武装，实行土地革命新路线。10月，中共湖南省委派省委委员、省委农民部部长向均到邵阳传达党的八七会议精神，组建湘西南特委，并决定筹建邵阳、武冈、锡矿山3个特区委。11月底，锡矿山特区委建立，陈历坤任书记，工作范围包括锡矿山、新化、蓝田、杨家滩等地。1928年11月9日，由于叛徒出卖，陈历坤英勇就义，锡矿山党组织遭破坏，革命形势转入低潮。

二

土地革命战争时期，红军长征过冷水江市，革命形势重新高涨起来。1935年11月19日，红二、六军团在完成策应中央红军北上抗日的战略任务后，为突破国民党军130多个团的重兵"围剿"，开始撤离湘鄂川黔革命根据地，分别从桑植县刘家坪和瑞塔铺突围，挺进湘中。红二、六军团总指挥部决定避实就虚，声东击西，分左、中、右三路出发。红二军团为中路和右路，夺取溆浦、辰溪，红六军团为左路，经安化向新化进军。向新化进军的左路军到达安化与新化交界的坪口镇时，红六军团十六师侦察连作为先遣队，于27日凌晨横渡资水，急行军100多里，经新化的荣华、小鹿、白溪、油溪、油麻凼等地，深夜到达锡矿山。先遣队首先与锡矿山地下党员许立中取得联系，并从工、农、商、学等各界秘密推选24名代表组成红军接待站。红军接待站代表中有工人杨笃和、谢植吾、郭桂生、肖渐佐，农民刘国强，教师刘笑苏，学生刘定球，小资本家张本富、唐玉章等。红军接待站的主要任务是协助红军开展革命活动。11月2日，王震率红六军团十六师和十七师一部共1500余人，经新化县城、桑梓、石窖、独树岭进驻锡矿山，司令部设在"宝大兴"。红军进驻锡矿山后，在接待站的积极配合下，开展北上抗日革命宣传、打矿霸、斗土豪、筹军需、扩红军等革命活动。红军所到之处，对百姓秋毫无犯，呈现出军民融洽、欢声笑语的热闹景象。红军在锡矿山仅7天，共筹措5万余银圆、稻谷3000多担、猪牛13头和一大批军需物资，同时锡矿山1034名青壮年矿工、农民踊跃报名参军，成立了特有的"工人团"跟随红军北上抗日。

红军撤离冷水江后，反动势力卷土重来，疯狂报复，被抓捕关押的红军家属和参加过红军接待站的进步人士有60多人，被残酷杀害的有30多人，其中留守红军战士王忠红和工人郭桂生、谢植吾等8人被反动派杀害于锡矿山田再坳，并曝尸示众。

三

抗日战争时期，1938年初，中共湖南省工委增派唐伯浪配合许立中重建中共锡矿山区委，至1939年5月，发展党员120余人。1939年冬，地下党员李化之还建立了中共车田支部。在艰难的岁月中，党组织领导人民开展抗日救亡斗争。抗日救国会、抗敌后援会、学生战时服务团等抗日救亡团体纷纷成立，广泛宣传，唤醒民众；踊跃捐款，支援前线，形成了广泛的抗日民族统一战线。然而，国民党又掀反共逆流，残酷迫害共产党员和进步人士。1940年6月上旬，中共车田支部书记李化之被暗杀沉尸资江。

解放战争时期，1949年1月，中共湖南省工委派共产党员颜述之到锡矿山开展党的活动。同年3月，经中共湖南省工委指示，成立中共锡矿山总支委员会。一方面号召工人团结起来，保护矿山，迎接解放；另一方面，在工人中发展党员，壮大党的队伍。党总支共发展党员1名，组建基层党支部4个。在"护矿迎解"斗争中，取得了反停产、反劫锑、阻运发电机组等一系列斗争的胜利，粉碎了国民党反动派破坏矿山的各种阴谋。1949年8月13日和10月2日，人民解放军两次在锡矿山与国民党军队进行战斗，中共党组织发动工人群众，筹粮筹款，支援解放军战斗。在10月2日的战斗中，国民党军队死伤100余人，解放军营教导员吴振宗、连长吕庭轩等9名指战员英勇牺牲，20多人受伤。10月6日，中国人民解放军邵阳军分区奉命发布对锡矿山实行军事管制的命令，"世界锑都"锡矿山从此回到人民怀抱，冷水江人民获得了新生。

冷水江市人民为中华民族的解放事业付出了巨大牺牲，作出了重大贡献。在冷水江锡矿山这块红色的土地上留下许多仁人志士和革命先烈的足迹，同时也留下了许多弥足珍贵的革命遗址遗迹，现有中共锡矿山特别支部诞生地旧址——锡矿山北矿肖家湾小学（原平民学校）、红军长征锡矿山指挥部驻地旧址（王震将军指挥场馆）、解放锡矿山主战场遗址、锡矿山革命烈士墓、锡矿山革命烈士纪念碑（市级重点文物）等红色资源，同时还有"世界锑都"锡矿山老采矿场遗址（省级重点文物）、羊牯岭碉楼（省级重点文物）、工人文化宫等工矿文化遗迹。这些遗址遗迹融红色文化和工矿文化于一体，已成为湖南省重要的爱国主义教育基地，为我们留下了一笔宝贵的精神财富。

涟源市

涟源市，省辖县级市，由娄底市代管，位于湖南省中部，衡邵盆地北缘，涟水、孙水上游，湘黔铁路中段，东毗娄底、双峰，南接邵东、新邵，西邻新化、冷水江，北连安化、宁乡，是湘中重要交通枢纽。原为涟源县，1987年6月，经国务院批准，撤县设市。全市总面积1830.06平方公里，下辖3个街道、15个镇、2个乡，常住人口86.21万。1990年6月，涟源市被湖南省人民政府认定为革命老区。

一

涟源市具有光荣的革命斗争历史。早在五四运动前期，涟源就有刘若云、罗宗翰等有志青年参加了毛泽东、蔡和森组织的新民学会。经过五四运动的洗礼，涟源有卢天放、刘若云等革命青年在中国共产党的初创时期加入中国共产党。1922年春，卢天放受湖南支部与毛泽东

革命烈士卢良才、卢天放事迹陈列馆

的派遣，回家乡开展革命活动，成为当时安化县第一个共产党员。1924年至1926年上半年，涟源各地又有谭瑞田、曾策等青年先后在外地加入中国共产党，并分别回家乡蓝田、杨家滩开展活动。

涟源是安化、湘乡两县党的组织最活跃的地区之一。安化、湘乡两县于1925年6月先后建立了中国共产党的组织，吸收了近50名涟源革命青年入党，1925年8月先后建立桥头河、蓝田、杨家滩党小组，从此，涟源农民武装斗争轰轰烈烈地开展起来。1925年8月开始，在党的领导下，革命力量在涟源境内不断壮大，涟源各区、乡农会组织迅速建立，到1927年初，涟源境内共建立区农民协会29个，乡农民协会270多个，会员7万多人。同时，通过争取、接管、吸收或夺取等不同方式，解除了地主武装，相继建立了以梁逸民为队长的蓝田农民自卫队；以周佑卿为队长的井边农民自卫队；以卢良才为队长的丰乐农民梭镖队；以廖章爱为队长的蓝田工人纠察队和杨家滩农民自卫军等保卫工农政权的革命武装。到1927年5月，工农武装发展到3000多人，在平息1927年2月蓝田反动商团镇压工农运动的"蓝田惨案"的战斗中，革命武装英勇作战，奋勇杀敌，捍卫了境内的工农运动。

二

正当党领导的革命运动处于高潮的时候，1927年4月12日，蒋介石在上海发动了反革命政变，接着许克祥在长沙发动马日事变，国民党反动派大肆屠杀共产党人和革命群众，安化、湘乡党的组织遭到严重破坏，涟源境内有150多名优秀儿女献出了生命，有60多名共产党员和工农运动骨干被迫背井离乡，工农运动遭受挫折。涟源市革命形势转入低潮。

1927年8月，党的八七会议批判了陈独秀右倾机会主义错误，确立了开展土地革命和武装反抗国民党反动派的总方针。1928年6月，涟源市境内又建立了以梁建新为书记的中共蓝田特别支部，继续领导革命，工作重点是组织地下武装，开展游击战争。

土地革命战争时期，1935年11月，由贺龙任总指挥，任弼时任政委的红军二、六军团，从桑植出发开始长征，北上抗日，11月下旬，红军到达溆浦、新化、锡矿山一带，当时红六军团十七师五十团参谋长刘中（今涟源石马山镇人）受组织指派率一个半营的兵力，于11月30日来到蓝田，宣传红军宗旨，打击土豪劣绅，保护民族工商业，扩大红军队伍，筹集供给。虽然红军在蓝田只驻扎三天，但蓝田人民积极为红军筹集银圆1万多块，赶制军服800多套，购买大米200多担运往锡矿山，还有胡孝伯等30多名涟源籍青年参加了红军队伍。

三

1937年七七事变后，武汉、长沙失守，长沙及外地的22所大中学校及机关团体纷纷迁入涟源境内，使涟源成为全省抗日后方和文化教育中心。1938年2月，王凌波派陈文光回蓝田发展党组织，发展党员120多人。1938年冬，经上级批准，成立了以陈文光为书记的中共蓝田特别区委（相当于县委），这期间，涟源各地的抗日救亡团体纷纷诞生，"蓝田文化界抗敌后援会""新文化促进会""蓝田战时工作团""游子救亡工作团"等团体积极开展抗日宣传、社会募捐、主办战时常识训练班、慰问抗日伤员等活动，蓝田成为全省抗日救亡运动最活跃的地区之一。1939年5月，国民党掀起反共高潮，蓝田特别区委遭受严重破坏，被迫转入地下工作。

解放战争时期，1947年冬，根据中共湖南省工委关于"在斗争中积极发展党员"的指示，共产党员梁宇、吴源泉、熊峙凝、曾络中、陈明等分别在蓝田、桥头河、樟龙、杨家滩建立4个区工委和湘中一支五团党委。到1949年8月，发展党员400多人，建立了32个党支部。他们在领导涟源人民开展抗丁、抗粮、抗税和反内战、反饥饿、反迫害的"三抗、三反"运动和迎解支前斗争中作出了重要贡献。

在艰苦卓绝的革命斗争岁月里，在涟源这块红色的热土地上，涌现出了卢天放、李道宗、陈文光、刘琦松、李春莲等300多名革命烈士，锻炼和造就了原总勤部政委李聚奎上将，原新华社副社长李普，原内蒙古政协副主席梁一鸣等党政军领导和大批优秀人才，涟源市人民为中国革命事业付出了巨大的牺牲，作出了重大贡献。涟源的红色遗迹有李聚奎故居等。

湘西土家族苗族自治州

　　湘西土家族苗族自治州，位于湘鄂渝黔四省市交界处，面积15470.54平方公里，下辖1个县级市、7个县，常住人口248.81万，其中以土家族、苗族为主的少数民族人口占80.1%。湘西是有着光荣革命斗争历史的红色沃土，一代又一代湘西共产党人在这里顽强拼搏，不懈奋斗，为中国革命事业作出了重要贡献。特别是土地革命时期，贺龙、任弼时等老一辈无产阶级革命家以湘西为中心，创建了湘鄂川黔革命根据地，先后建立了永保、郭亮、龙山等10个县级苏维埃政权，成立了永顺、大庸、龙山3个军分区，成立了湘西第一个地方党支部——龙家寨乡党支部，开展了一系列反"围剿"斗争，先后吸引和牵制了几十万追堵中央红军的国民党军，有力地策应了中央红军战略转移和其他根据地的斗争，确保了通道会议、黎平会议和遵义会议的顺利召开，为中国革命实现历史性转折并取得最终胜利，孕育和壮大红二方面军付出了巨大牺牲，建立了不朽功勋，在党的百年历史上写下了光辉的一页。

吉 首 市

吉首市，隶属于湘西土家族苗族自治州，地处湘、鄂、渝、黔四省市边区武陵山区，市境东南部与泸溪县、西北部与花垣县、西南部与凤凰县、北部与保靖县和古丈县毗邻。1913 年名为乾城县，1953 年改为吉首县，1982 年 8 月，经国务院批准，撤县设市。全市总面积 1078.3 平方公里，下辖 6 个街道、5 个镇、1 个乡，常住人口 40.88 万，其中土家族、苗族人口占 81.7% 以上。2010 年 7 月，吉首市被湖南省人民政府认定为革命老区。

一

吉首市有着光荣的革命斗争传统。早在大革命时期，1926 年 9 月，中共湖南区委委员王基永派共产党员吴敏生（凤凰县人）、国民党党员田杰民（乾城县人），以党务特派员身份赴乾城县建立党的组织，帮助国民党组建县党部，领导开展农民运动。同年 12 月，中共乾城县党支部正式建立，吴敏生任党支部书记。创建了乾州镇、镇溪乡、中黄乡、良章乡、大化乡 5 个党小组。1927 年 1 月，中共乾城县地下党员吴敏生、国民党员田杰民专职负责组建国民党乾城县党部。乾城县党部成立后，下设组织部、农工部、宣传部、青妇部。

1926 年冬，乾城县农民协会成立。在乾城县党组织的领导下，积极

乾城县农民协会旧址——明伦堂

发动农民运动。农民协会的分布区域覆盖全县五分之四，农协会员激增到3万多人，占全县农村常住人口的60%。在农民协会发展推动下，各类群团组织纷纷建立，成立了县商民协会、县店员工会、县码头工会、县妇女协会、学生自治会。1927年春，县党部由乾城人国民党左派田杰民和凤凰晒金塘苗民、共产党员吴敏生负责。3月，县农会利用赶场时机，在县城乾州召开群众大会，宣讲反帝、反封建、反民族压迫、反屯政剥削和"耕者有其田"等革命主张。大会台上两边高悬着"弱小民族齐奋斗，无产阶级大联合"的醒目对联。会后举行大规模的示威游行，将矮寨苗族土千总、劣绅石明生等人戴高帽子游乡。乾城"傅公祠"里的傅鼐塑像，也被苗民抬出戴上高帽子，在游街完毕之后砸毁。

1927年4月，蒋介石在上海发动四一二反革命政变，5月21日，国民党反动军官许克祥在长沙发动马日事变，镇压工农群众和共产党员的反革命逆流很快波及吉首市，党组织被严重破坏，工会、农民协会、青年团、妇女组织被捣毁，轰轰烈烈的工人运动、农民运动遭到挫折，吉首市革命形势转入低潮。

二

1937年7月7日，卢沟桥事变后，大片国土沦陷。1938年秋，安徽、江苏、浙江等沦陷区的难民和流亡学生及国民党机关、学校、医院等单位入湘，湖南省政府主席张治中，将一部分人安置在乾城县的乾州、所里，使这个小小县城的人口迅猛增加，出现了暂时的"战时繁荣"。为了加强对抗日救亡运动的组织发动和领导，以及增加人力、物力的投入，进步人士和抗日团体也相应在乾城县活跃起来。

沅陵行署抗敌演剧队随行署迁往乾城县。这支演剧队由时任沅陵行署主任陈渠珍出资，以沅陵行署名义建立的，初建在沅陵，当时只有八个人，即郑曾祜任队长。迁往乾城县后，因队长郑曾祜未来，李谊之任队长，负责全队的思想工作及审阅墙报组的稿子，教唱革命歌曲，副队长田成上任导演和担任主要演员。演剧队在乾州不断扩充队伍，到年底就有十三四人。这支抗敌演剧队建成后，立即排练节目，除经常在乾州、所里演出外，还到与乾城毗邻的永绥（今花垣县）、保靖、凤凰等县演出，被称为"流动抗敌演剧队"。每到一处，他们白天出墙报，办宣传画展，教唱抗日歌曲，上街头演讲，晚上则公演话剧。当时演出的剧目多为独幕话剧和活报剧，如《放下你的鞭子》《打鬼子去》《张家店》等；教唱的抗日歌曲有《流亡进行曲》《打回老家去》《我们在太行山上》《义勇军进行曲》和《游击队之歌》等；宣传画展主要是揭露日本帝国主义侵略者占我国领土、烧杀奸淫我国同胞的暴行，及动员全国人民团结起来共同把日本鬼子赶出中国去等内容，画成彩色画，贴在硬纸上，悬挂在人民聚集的地方。演剧队的宣传演出活动，激发了湘西人民的爱国热情和对日本侵略者的仇恨，唤醒了民众，树

抗战工程遗址——湘川公路矮寨坡路段

立了抗日必胜的信心和决心。

安徽省教师战时服务团迁来乾城所里镇，初在汽车站悦来旅社楼上办公，主要负责登记、安置和推荐失业教师从事教育工作，间或联系安排其他工作。后来教育部统一编排番号，1939年春季，更名为"教育部战区中小学教师第九服务团"（简称"战教九团"），团址迁至东正街"义丰吉"商号内办公，由邵华兼任团长，向世南为副团长，管理日常事务。战教九团的老师们时刻不忘国耻，他们一边抓教学一边开展抗日宣传。那时，在县城乾州及其他集镇，如所里、河溪、良章等处处可见鼓动抗日的壁画和标语，这些铺天盖地的壁画、标语的作者都是战教九团和军事委员会政治部的爱国志士。

本地教师也积极配合进行抗日宣传，他们组织学生参加"提灯会"游行，游行人员举着用篾扎成的"飞机灯""炸弹灯""坦克灯""虾子灯""鲤鱼灯""八宝灯"等各式各样的灯，在提灯会那天晚上走街串巷游行，高呼抗日口号，高唱抗日歌曲，歌声、口号声、鞭炮声，响彻全城；还开展为抗日将士募捐寒衣活动和"一元献机"活动（即每人捐献1元钱购买飞机）；乾州小学还到设在本地的第四陆军医院和一三四医院慰问受伤的抗日战士；乾州、所里、良章、河溪等乡镇小学老师，组织学生清晨到附近村寨路口，用喇叭筒宣传抗日，称为"晨呼"；等等。

三

解放战争时期，人民解放军在全国战场上连连获胜的消息，在乾城城乡不胫而走，乾城各族人民都期望着早日结束遍地兵匪的局面以求实现安居乐业，这是全县工、农、学、商各界的共同心声。1949年10月上旬，中国人民解放军第四十七军军部进驻沅陵，在包括乾城县在内的

22 个县内，开展接管政权、剿灭匪患的伟大斗争。根据党中央加强统战工作，策反敌人，瓦解敌人的指示，湖南省工委进一步加强湘西地区敌人策反工作，通过和平解决乾城"八条指示"，先后策反陈渠珍和县政府官员，极大避免了战争破坏与人民生命财产的损失。1949 年 10 月 31 日，湘西军区联络员全浩然来到乾城，敦促国民党乾城县政府县长舒永廉、县党部书记长闵月波等迅速履行和平起义诺言，公开宣布脱离国民党统治集团，站在人民阵营一边，为支援人民解放军进军大西南和全面、顺利完成乾城县政权移交工作，竭诚尽责。舒、闵等人随后遵照八条指示精神，成立"乾城县人民工作委员会"，为解放军入境做了积极工作。

1949 年 11 月 5 日，在乾城县政府大礼堂举行乾城和平解放庆祝大会，一〇三团副政委宣布和平解放乾城。随后中共乾城县工委负责人，乾城县人民政府代县长梁如全率工作组接手乾城旧政权工作，"乾城县人民工作委员会"解散，原国民党军政各级人员接受培训教育。至此，乾城解放工作基本完成，乾城进入了崭新的历史时期。

吉首市的主要革命遗址有乾州大坡公园烈士陵园、湘西剿匪胜利纪念馆等。

泸溪县

泸溪县，隶属于湘西土家族苗族自治州，位于湖南省西部，属五强溪库区移民县，东与沅陵、辰溪两县接壤，南与麻阳县毗邻，西与吉首市和凤凰县交界，北抵古丈县，属苗、汉、土家族聚居地，水陆交通方便，战略位置十分重要，素有"湘西南大门"之称。泸溪盛产椪柑等农产品，椪柑种植面积达到30万亩，因此也被誉为"中国椪柑之乡"。全县总面积1566.25平方公里，下辖7个镇、4个乡，常住人口24.09万，其中少数民族人口占63.8%，是一个以土家族、苗族为主的少数民族县。2010年7月，泸溪县被湖南省人民政府认定为革命老区。

一

泸溪县具有光荣的革命斗争传统。早在大革命时期，1926年10月，由中共湖南区委批准，成立了中共泸溪县支部，这是湘西各县中较早建立的共产党县级组织。在中共泸溪县支部的领导下，工人运动、农民运动、学生运动如火如荼地开展起来，并不断向前推进。

1927年4月，蒋介石在上海发动四一二反革命政变，5月21日，湖南军阀许克祥在长沙发动马日事变，国民党反动派疯狂屠杀共产党人和工农群众，工人运动、农民运动严重受到挫折，泸溪县革命形势转入低潮。

1927年8月，党的八七会议确立了武装反抗国民党反动派和开展土地革命的总方针，中共泸溪县党组织紧跟形势变化，迅速深入到乡村去，建立了天桥山游击队、浦市工农自卫队等革命武装，武装人数逾500人，先后发动"中秋暴动""武装抗屯"等多次武装暴动，经历战斗20余次，有100多名泸溪儿女为革命英勇牺牲。湘鄂川黔苏区建立后，1935年到1936年，按照湘鄂川黔边省委和永沅中心县委的指示，中共泸溪党组织领导泸溪人民在贺龙领导的红二军团的用力支援配合下，建立革命武装，开展军事斗争，实行红色武装割据，开辟了以浦市为中心和以天桥山为中心的两个区域革命根据地，建立了浦市镇、八什坪乡、上堡乡、南二区等苏维埃政府，广泛开展土地革命，打土豪分田地，大大地调动了农民群众的革命积极性，沉重地打击了土豪劣绅反动势力。

二

泸溪县浦市，地处沅水中游西岸，是湘西四大名镇中最为年长的一座历史文化名镇，也是土地革命战争时期红二、六军团长征在湘西唯一经过的古镇。1935年11月22日，红二、六军团突破敌军第二道防线在桥梓坪集结后，兵分三路，直插湘中。左路由红六军团二个师经安化、新化，取蓝田（今涟源）进冷水江；中路由红二军团部、红校和第六师，进入溆浦；右路由红二军团第四、五两师佯攻沅陵和泸溪县城，实则于11月27日占领辰溪县城。另派红五师十三团团长刘汉卿率部从辰溪进取沅水重要码头浦市镇，准备向泸溪县城前进，以堵截和牵制尾追之敌。

11月28日红五师十三团刘汉卿团长率部进驻泸溪县浦市镇。第二天，刘汉卿率一个连，便衣化装沿沅江而下。到沙洲坪时，正碰上辰溪县长带着家眷、马弁从辰溪逃亡至浦市。他们听到红军进军浦市，又急急忙忙走旱路至沙洲坪，找到一只船，乘船过河逃走。红军战士立即开枪射击，打死了一个马弁，县长等慌慌张张上岸逃走。

当红军追击辰溪县长时，碰上国民党李觉部两个侦察兵，当场抓获一个，另一个往百蹬岩逃去。红军紧追不舍，与李觉部在百蹬岩碰头，红军往百蹬岩山岭上冲，双方激战两个小时。傍晚，红军100多人退驻在白岩头。当夜，红军在白岩头打团总土豪恶霸姚福生，开仓分粮给穷人。广泛宣传共产党的政策，"红军是工农的部队，是打国民党、打土豪财主的"。11月29日，红军开到浦市，抓了团总方胜监，打砸了天主教堂，斗争了财主宋伯双，打开了地主恶霸李丙记的粮仓，叫穷苦老百姓去挑谷子，得到了人民群众的广泛拥护和支持。

11月30日下午，国民党军李觉部的唐、陶两个旅分三路尾追红军到浦市。红军在中庵阻击，激战一个多小时后，因敌我力量悬殊，红军撤退到北极观、毛家坡、姚家湾一带阻击，战斗一直持续到天黑，红军继而撤退到和尚坪，兵分两路撤出浦市。

红二军团浦市激战之后，按照原计划继续长征离开湘西，向湘中地区进发。湘中地区人口稠密，工商矿业较为发达，有着光荣的革命传统。红军的到来，广大群众就像迎接久别重逢的亲人一样，敲锣打鼓、兴高采烈；土豪劣绅、贪官污吏则如丧家之犬，闻风丧胆、惊慌而逃。

红二、六军团进入湘中后休整一周，广泛发动群众，开展土地革命，打开土豪劣绅的粮仓分给贫困老百姓，筹款数万元，扩红数千余人，极大地增强了战斗力量。12月11日，红二、六军团开始大范围地迂回，兵分两路分别经由绥宁、会同、黔阳、芷江、晃县向贵州石阡、镇远、黄平地区转移。1936年1月9日，红六军团进占江口县城。12日，红二军团进占石阡城。至此，1935年11月，湘鄂川黔省委和军委分会在龙山县茨岩塘召开会议，决定红二、六军团转向外线作战，长征誓师突围后，出湘入黔，历经近两个月，途经湖南21个县、市、区，转战数千里，胜利完成了向石阡、镇远、黄平地区转移的战略任务，在湘西、湘中、湘西北的广大地区播下了革命的火种，为后来的星火燎原创造了有利的条件。

三

1937年七七事变后，抗日民族统一战线形成，泸溪仁人志士热烈响应中国共产党全民族抗战的号召，积极投身于宣传抗战、支援抗战的各项救亡活动之中。1937年7月，泸溪县各族人民当即成立了抗日自卫团，8月，湘西各界从大庸县城开始掀起了抵制日货、提倡国货运动。作为战时后方，湘北各中学纷纷西迁泸溪。1938年10月，中共湘西工作委员会（简称"湘西工委"）在沅陵成立，旋即在湘西各县发展党员，建立党的组织，促进湘西各族人民的抗日救亡运动。此外，湘西工委还充分利用各种文化团体和学校阵地宣传抗日。在抗日民众运动的推动下，热血青年志愿入伍，奔赴抗日前线，杀敌报国。此外，经过湘西泸溪、吉首、花垣等县的川湘公路是抗战时期连接四川后方与前线的主要运输线，这条公路的建成凝聚了湘西各族民工的血汗。

解放战争时期，泸溪人民在中国共产党的带领下，与国民党反动派进行了反内战、反独裁、反贪官、反饥饿的斗争，积极配合中国人民解放军解放泸溪。1949年9月21日，中国人民解放军第四野战军第三十八军三三六团解放了泸溪县城。之后，展开了剿匪行动，至1950年底消灭了大股土匪，彻底清除匪患。

泸溪县的主要革命遗址有泸溪农民协会旧址、猴子坡红军烈士墓等。

凤凰县

凤凰县，隶属于湘西土家族苗族自治州，位于湖南省西南部边缘，地处武陵山脉南部，云贵高原东侧，西邻贵州省松桃苗族自治县和铜仁市，东与泸溪县相连，北与花垣县和吉首市接壤，东南与麻阳苗族自治县为邻。凤凰县是国家历史文化名城、首批中国旅游强县。全县总面积 1733.59 平方公里，下辖 13 个镇、4 个乡，常住人口 35.16 万，其中少数民族人口占 80%，是一个以苗族、土家族为主的多民族聚居的县。2008 年 7 月，凤凰县被湖南省人民政府认定为革命老区。

一

凤凰县有着浓厚的革命斗争传统。在新民主主义革命时期，一大批进步青年受到"自由、民主、平等"等新思潮的影响，主动接受共产主义思想教育，树立远大革命理想，英勇不屈，为中共凤凰党组织的建立和发展，并长期领导工农革命运动作出了很大的贡献。1927 年年初，湖南省党部就派遣共产党员刘劭民来凤凰担任国民党党务特派员。经他介绍，凤凰县尚志小学校长韩仲文、教员杨子锐等人加入共产党组织。党部地点设在县敬修学院旧址（今凤凰县城道门口附近），当时发展地下党员 20 名，他们团结了一批知识分子，逐渐成为领导凤凰城乡工农运动的坚强核心。经刘劭民等人组织策划，从农民运动讲习班返乡的杨云轩、刘宗晋等9名进步青年，深入全县9乡担任农运专员。张秉忠、刘宗晋、陈运武、杨云轩等人，分别到廖家桥、得胜营、鸭堡寨、长宜哨、白岩、黄丝桥、高堰等地开展农运工作，他们依靠贫苦农民，组织发动群众，全县参加农民协会者上万人。另外，他们在城镇依靠小手工业者、小摊贩、贫困市民和学校师生，广泛开展斗土豪、反苛捐、抗租税等运动，势如暴风骤雨。

1927年5月，在刘劭民、韩仲文、杨子锐组织和带领下，凤凰县开展了一次反封建的示威游行活动，广大游行群众高喊"打倒列强，除军阀""打倒土豪劣绅"等口号，坚定了人民群众不怕官、不怕神的信念。1925、1926年，由于凤凰县连年灾荒，刘劭民、韩仲文、杨子锐3名共产党员以县党部名义，限令阿拉营黄丝桥的大地主开仓平粜，赈济灾民。之后，农村普遍成立农会，县城各行业的工会组织纷纷成立，向土豪劣绅、贪官污吏作斗争，凤凰城乡都燃起了工农运动的烈火。特别是靠近凤麻两县的边区（今茶田、林峰、水打田等乡镇）农会活动如火如荼，100余名凤凰籍农民还加入麻阳县农民自卫军（称农军），后来部分转入西晃山坚持武装斗争，开创了凤凰县农会武装斗争的先河。

1927年4月12日，蒋介石在上海发动反革命政变，叛变革命，5月21日，许克祥在长沙发动马日事变，大批革命人士血洒潇湘，驻凤旅长顾家齐于马日事变后第二天立即派人去县党部"邀请"县党部特派员刘劭民、执行常委韩仲文、组织委员杨子锐、事务主任李馥到旅部（设皇殿）"商议要事"，然而不幸的是，前三人被逐一抓住捆绑，押赴祠堂坪刑场，在敌人的屠刀下，他们誓死不屈，英勇就义。凤凰县党组织被破坏，各革命团体被捣毁，工农运动遭到严重挫折，凤凰县革命形势陷入低潮。

1927年，八七会议确立了开展土地革命，武装反抗国民党反动派的总方针。1928年1月，凤凰地下党员吴敏生、田蔚文到了麻阳，得到地下党麻阳县委书记滕英斋的支持，便在凤麻边界一带，即塘坳、麻子坳、十八坪、江家坪、水打田等，开展革命武装斗争，建立红色政权，进行土地革命。同年7月，顾家齐三个营包围西晃山，由于叛徒告密，麻阳"讨竿暴动"宣告失败，滕英斋前往上海，共产党组织领导下的凤麻一带农民武装活动就此终止。

二

苏区的红色政权建设。土地革命战争时期，1934年6月，贺龙领导的红三军（后恢复红二军团建制）在黔东开辟革命根据地，成立黔东特区革命委员会，实行土地革命，组织革命武装。10月25日，红二、六军团会师后，决定开展游击战争，巩固发展原有苏区，建立新的根据地。受贺龙革命思想的影响，在军阀势力相对薄弱的凤凰边区（今茶田、阿拉营、落潮井、麻冲、腊尔山、两林等6个乡镇）群众积极支援新生红色政权，为红军提供粮食8万余斤、枪支500支、银圆7000块。凤凰县部分区域作为黔东革命根据地游击区，受其影响近半年，涉及面积400多平方公里、人口3.2万。红军宣传了革命宗旨，支持打土豪分田地，极大鼓舞了凤凰人民的革命斗志。1934年底，全县成立了150多个农会，会员2.2万多人。

1935年3月，凤凰县成立苏维埃政府，命名为凤凰县革命委员会，各乡成立分会，便于统一领导全县农民革命运动。广大农民阶级觉悟大大提高，农会会员发展到2.32万多人，武装力量逾200人。

全面抗战爆发后，凤凰县党组织恢复和发展。1937年，湖南省工委决定由白云华为书记、黄绍湘为委员，组建中共凤凰县委。1937年10月，省工委决定组建中共凤凰县委。1940年，全县共有党员61人，并成立了妇女、小学教师、农村3个党支部。

解放战争时期，1949年8月，程潜、陈明仁通电起义，湖南和平解放。中共湖南省委、湘西区党委及人民解放军第四十七军将陈渠珍作为重要统战对象开展统战工作。10月下旬，陈渠珍在他的私邸召集了凤凰军政负责人商议起义事宜，成立了由62名委员组成的县治安委员会，着手开展和平起义和迎解工作。1949年11月7日，县治安委员会在县城文庙大成殿召开各界人士代表100多人参加的和平起义大会，会议通过了《凤凰和平解放电》和《凤凰和平起义的决定》，宣布凤凰和平起义，凤凰随即解放。陈渠珍起义和凤凰县的和平解放，为一部分处在徘徊观望中的国民党军政官员及匪首指明了出路，加快了湘西各县的解放进程。

三

一寸山河一寸血，一抔热土一抔魂。凤凰县的英雄儿女为中国革命的胜利和新中国的成立作出了重大贡献，付出了巨大牺牲。尤其在抗日战争时期，一批又一批接受马克思主义和拥护共产党抗日救国主张的知识青年奔向抗日前线，如原全国武警总队政委李振军、原中央军委办公厅副主任朱早观等。数以千计的五竿男儿在抗日烽火中为国捐躯。1942年3月，凤凰籍中共党员戴钟萍在沅陵惨遭杀害，时年19岁，被誉为"湘西刘胡兰"。解放战争时期，凤凰地下党组织积极发动群众，配合黔东纵队开展革命武装斗争，为凤凰全境平和解放作出贡献。为了缅怀这些先烈的英雄事迹，1982年报请省政府批拨专款，在南华山公园兴建了凤凰县革命烈士纪念碑。凤凰县最主要的红色遗址是凤凰县和平起义旧址和南华山革命烈士纪念碑。

花垣县

花垣县，隶属于湘西土家族苗族自治州，位于湖南省西北部，武陵山脉中段，东接保靖、吉首，南连凤凰，西邻贵州松桃、重庆秀山；北近保靖黔渝交界处，人称"一脚踏三省""湘楚西南门户"。原为永绥县，1953年9月13日，经政务院批准，更名为花垣县。全县总面积1109.49平方公里，下辖9个镇、3个乡，常住人口24.92万，其中苗族人口占78.9%。2008年5月，花垣县被湖南省人民政府认定为革命老区。

一

花垣县有着光荣的革命斗争传统。早在大革命时期，1926年8月，中共湘区执委委员王基永，以国民党湘西党务特派员专署主任身份，派陈庆梅（常德二师学生、国民党员，花垣人）为永绥党务特派员回花垣，开展党务活动。组建"永绥县党部筹备处"。陈庆梅聘任胡扫尘、宋廉泉、罗荣庄、吴季尊和傅梦九为筹委，推胡扫尘为主任，黄汉甫、戴坤载为干事，同时加入国民党。并在教职员中吸收一批知识分子入党，在县党部举行宣誓仪式。陈庆梅次年4月离任。湖南省党部另派共产党员俞德高（青年学生，平江人）继任永绥县党务特派员。先后建立直属一、二、三区党部，县城九个分部为基层组织。12月，中共湖南区委主持召开湖南省工农代表大会，会议通过了关于湘西问题和解放苗瑶两个决议

猫儿农民协会遗址

案。这两个决议案，体现中国共产党对永绥苗族人民、湘西农民的关怀，鼓舞苗族人民起来，进行革命。

1927年6月，国民党永绥县直属区党部成立，省党部委任胡扫尘为主任兼宣传部部长，傅凌九任组织部部长，宋廉泉任文秘部部长，吴季尊任财务部部长。单子廉、戴坤载任党务干事。先后建立起教（职）联、学联、商会、工会、农民协会和妇女协会。3月中旬，俞德高到任就职，大力贯彻反帝、反封、联俄、联共、扶持农工政策和湖南农代会关于解放苗瑶决议案和关于湘西问题决议案精神。

1928年1月9日，中共中央决定成立湘西北特委，领导湘鄂边的武装斗争。中旬，湘西北特委在汉口成立，书记周逸群，贺龙等为委员。随后，贺龙回湘西发动群众，组建工农武装。

1934年下半年至1935年上半年，红军敌工部负责人朱早观（凤凰人，又名丹波）前来花垣组织思想进步人员开展地下活动。朱早观首先联系到黄汉甫（原湘西屯务军领导成员），同时派人到龙潭镇李梅界、茶峒南太召集杨连卿（龙潭人）、杨德意（雅桥人）等人多次开会，组建了农会、妇代会、共青团、少先队等群众团体组织。组织建立了地方游击队，与反动势力进行了艰苦的斗争。与此同时，中共松桃冷水支部领导的黔东纵队的三、五两支队，在花垣、凤凰开展地下活动，拟按中央指示精神积极筹建苏维埃乡镇政权，后因红军撤离永绥而未建成。另外，在红军往返湘鄂边苏区、黔东边苏区、川鄂边苏区时，许多情报是通过花垣这块红色游击区的中共地下党组织获得的。当时花垣地下党组织建立了多条通向苏区的秘密交通线，为红军的活动提供了极大的方便。具体秘密交通线从永顺经保靖复兴场，转花垣长乐乡跃马卡，再经苗区夯渡河至龙潭。从龙潭可分三线出花垣。一是上李梅界、南太、民乐，经贵州木树（虎渡口）过河，上松桃、思南印江。二是走吉峒坪（团结）、马道子（对河毛沟）渡河去里耶。三是从吉峒坪上茶洞过河到四川（现重庆）洪安或上大河坪过河到四川（现重庆）峨溶去里耶。尽管当时花垣、保靖县城为白匪盘踞，但中共地下党组织建立的这条秘密交通线是畅通无阻的，这条交通线为红军战略转移发挥了巨大作用。

二

苏区的红色政权建设。1934 年 3 月 17 日，中华苏维埃共和国湘鄂川黔苏区革命委员会成立。7 月，红二、六军团于黔东召开黔东特区第一次工农兵苏维埃代表大会，在会上作出《关于苗族问题的决议》，《决议》精神在永绥县的广泛宣传，使该县苗族人民看到了曙光。9 月 8 日，中革军委致电红六军团协同红二军团于湘西及湘北地区发展苏维埃及游击运动，"并于凤凰、松桃、乾城、永绥地域建立巩固的根据地"。背靠贵州，以吸引更多湘敌于湘西北方面。10 月 27 日红二、六军团向龙潭前进，到酉阳、龙山、永顺、保靖、永绥间，以秀山为根据地，且向凤凰乾城发展，成立了以龙潭、茶峒镇为中心的乡镇苏维埃政权组织及各乡镇的农会、妇代会、共青团、少先队等苏维埃群众组织。

1934 年 3 月—1936 年 1 月，花垣县人民在湘鄂川黔边省委、省革委、省军区的领导下，组建了工农革命武装，与工农红军一道建立了苏维埃政权。一方面与红军并肩浴血奋战，冲破了国民党反动派军队的防、围、追、堵、截；一方面在花垣河南岸的花垣镇、长乐乡、团结镇、龙潭镇、茶峒镇等乡镇打土豪、搞武装，其革命活动遍及全县 13 个乡镇，活动范围波及 578.25 平方公里。最具代表性的是建立了以龙潭、茶峒为中心的乡镇苏维埃政权组织，其他波及乡镇成立了农会、妇代会、共青团、少先队等群众团体组织。革命政权和群众组织的建立，动摇了反动势力的社会基础，同时也在花垣这块古老的土地上播下了势如燎原的革命火种。

1936 年 1 月，红六军团第十八师，完成坚守湘鄂川黔革命根据地任务后，奉令突围，在师长兼政委张振坤的率领下，3000 余人从龙山茨岩塘出发，15 日在永顺陈家河作突围动员。经招头寨、鄂西、川东黔江折回湘西，经过茶峒时，五十三团团部驻茶峒万寿宫（原镇政府）数日后，主力转黔东江口、闵孝与红二、六军团会师，北上长征。该团走时留下少部分兵力，继续在该地区与当地革命游击武装开展游击活动，巩固苏维埃政权。

三

抗日战争时期，在永绥县（花垣县）中共地下党组织的领导下，1937 年 1 月 26 日，爆发了农民革屯运动，出现第一支群众革命武装，揭开湘西苗民武装革屯斗争的序幕。3月12日，梁明元率队伍，到龙潭与石维珍、龙正波会师，组成"湘西苗族人民革屯抗日军"。10月，组建成立"湘西苗民革屯抗日救国军"。1938年1月，编入国民革命军新六军暂编五师。1939年开赴抗日战场，先后参加长沙会战、湖滨会战及湖北会战等战役。

解放战争时期，中共永绥县党组织一方面发动各阶层群众开展"反饥饿、反内战、反迫害"爱国民主运动；另一方面，积极开展武装斗争和统一战线工作，全力配合中国人民解放军解放湘西的进程。1949年11月6日，解放军进占永绥县城，花垣县和平解放。

花垣县主要的红色遗址有抗战时期中共永绥县委活动遗址、国立八中高二部旧址、中国人民解放军第二野战军某部挺进四川渡口、永绥县下五乡农民协会遗址遗迹、老红军石邦智同志故居、湘西苗民抗日革屯军前敌指挥部遗址和湘西苗民抗日革屯纪念碑、抗战阵亡将士纪念碑等。

保靖县

保靖县，隶属于湘西土家族苗族自治州，地处云贵高原东侧，武陵山脉中段，湖南省西部，与吉首市、花垣县、永顺县、古丈县、龙山县和重庆市秀山县接壤。保靖县矿产资源丰富，有"金属镁都""中南陶都"之誉。全县总面积 1753.82 平方公里，下辖 10 个镇、2 个乡，常住人口 23.88 万。1979 年，保靖县被湖南省人民政府认定为革命老区县；是湘鄂川黔革命根据地湖南省 12 个苏区县（市、区）之一。

一

保靖县具有深厚的革命斗争传统。中国共产党成立后，在北京求学的保靖籍进步青年米世珍、姚彦等人便跟随李大钊等中国革命先驱率先参加了早期的革命活动，很快地加入了中国共产党，开创了保靖人民走上革命之路的先河。米世珍还是湘西州第一位中国共产党党员。傅绍熙、滕久忠、胡治栋等先后在常德省立二师加入中国共产党；全祥溥、李培孝、余培琳、余培兰等在常德省立二师先后加入了共青团组织，接受马克思主义以及中国革命的理论教育和中国革命形势教育，并纷纷走上革命道路。

大革命时期，全国工农运动蓬勃兴起，1927 年 3 月，国民党湖南省党部和中共湖南省组织派遣江观永、吴学桢、王世信 3 名共产党员来保靖明为筹建国民党保靖县党部，实为开展工农革命运动。不久，国民党保靖县党部筹备处正式成立，点燃了保靖红土地上第一把革命火种。1927 年，蒋介石在上海发动四一二反革命政变，中国革命先驱，保靖籍的姚彦在北平与李大钊等 20 人被杀害。5 月，许克祥在长沙发动马日事变，1928 年 8 月 30 日，革命先驱姚彦的入党介绍人米世珍在长沙遇害。

在白色恐怖下，保靖的共产党员发动了"反帝讨蒋"运动，很快在全县掀起反蒋斗争的高潮。1927 年 6 月，傅绍熙、滕久忠、徐楚、邓达刚等人发动县城各校教职工进行了长达两个星期的罢教抗争。反蒋斗争、罢教抗争等工农运动开创了保靖革命运动的先河。不久后却遭到国民党反动势力的血腥镇压。江观永、吴学贞、王世信、傅绍熙、滕久忠等共产党员被迫离开保靖。这一时期，保靖人民并没有被国民党反动势力吓倒，一批又一批有志青年接连不断地到桑植、常德、长沙等地寻求革命真理，为保靖人民的解放事业四处奔波。

二

苏区的红色政权建设。土地革命战争时期，1934 年 11 月，贺龙、任弼时、萧克、王震率领红二、六军团挺进湘西，开辟了湘鄂川黔革命根据地，并建立了中共湘鄂川黔边区省委。12 月，中共永保县委建立，辖永顺县大部分城区和保靖县部分地区。按照永保县委和永保苏维埃政府的统一部署，红六军团十七师第四十九团来保靖开展打土豪、斗地主、除恶霸，扩大红军队伍，建立苏维埃政权等革命斗争，先后建立了落梯、普戎、亨章等苏维埃乡政府，革命活动遍及普戎、昂洞、龙溪、野竹、黄连、比耳、隆头等 21 个乡镇，红军和游击队的活动覆盖现今行政区划 12 个乡镇的 10 个，覆盖率为 83%。同时红军先后在普戎、牙吾、庇溪苦、亨章、牙龙湖、业铁、块洞、两丰、咱科洞、松溪、昂洞、撒珠、起车、龙溪坪、泗溪河等百余个村寨打土豪、扩大红军队伍和游击布阵。据不完全统计，全县共打土豪302户，没收土豪粮食21万多斤，布匹610多匹，被子500多床，蚊帐270多笼、银圆3300多元、铜圆27696串，还有火器、马匹、肥猪、棉纱、衣服等。

1935年1月2日，红六军团政治部主任甘泗淇和十七师四十九团团长吴正卿率红军和游击队千余人再次挺进普戎，按照永保县委和盐井区委的指示，先后在落梯、普戎、亨章相继建立苏维埃乡政府，给3个苏维埃乡政府颁发了木质大印，并挂上醒目的标牌，21名工作人员全部佩戴了红袖章和符号。2月，先后在块洞、两丰、昂洞、龙溪、泗溪河等14个村筹建苏维埃乡政府。同时建立落梯、普戎、块洞、昂家、昂洞、咱科、松溪、亨章等8个游击大队，另设普戎、亨章2个特务连和1个补充连。之后，在艰苦卓绝的斗争环境中，红军先后在一年零四个月的时间里，历经了泗溪河、龙溪坪、昂洞、起车等10余次战斗，歼敌200余人，缴获长短枪120余支，子弹3300余发。同时也付出了巨大的牺牲。1935年3月中旬，红六军团十七师四十九团奉命离开保靖，普戎特务连175名战士当即全部转为红军。

红二、六军团十七师四十九团二营红军于普戎镇落梯扩红兵部驻地旧居遗址

1935 年 5 月初至 11 月中旬，红六军团十八师五十三团一营，先后三次自龙山挺进保靖，沿酉水河北岸迂回布阵，打游击，佯攻保靖县城，将敌人牵制于酉水河南岸，掩护红六军团主力撤离湘西、北上抗日。12 月 5 日，最后撤离保靖，途径永顺前往龙山茨岩塘。

1935 年 3 月，红军奉命离开保靖，全县参加红军的 396 人中，田永福、田岩富、田兴春、田永大、陈团飞、秦燕法、谢会茂、彭如南、蒋传清等几十位同志在永顺、龙山等县战斗中牺牲，最后跟随红军长征、北上抗日的有 187 人，截至中华人民共和国成立初期，除肖惠清、田顺信、梁玉成、向南庭、梁国胜、彭世文、廖正槐、梁光明、向志清、樊玉清等 10 人活着外，其余的同志都壮烈牺牲。

红军一离开保靖县境，国民党新编三十四师、保安团、屯务军、"铲共义勇队"、民团别动队以及地方土豪劣绅蜂拥而来，对苏维埃政权和游击队进行残酷镇压。对被俘的游击队干部战士实行惨绝人寰的大屠杀，在屠杀的方法上先后采用了"砍头、割耳、破肚、挖心"等极其残酷的手段。杀人不眨眼的刽子手王永耀一人就砍了 23 个人头。在那段黑暗时期，保靖苏维埃根据地人民群众惨遭杀戮，房屋被焚毁，财产被抢劫，很多农民被迫背井离乡。保靖苏区人民在敌人的血腥屠杀面前毫不低头，游击队化整为零，继续发动和组织群众成立"穷人兄弟会"，和敌人斗争，或突袭地主大院，杀死地主劣绅，或惩处团防头目，抗租抗捐等，给敌人以沉重的打击，使红色火种持续形成燎原之势。

三

全面抗战爆发后，中共湖南省工委有计划、有步骤地在全省各县市开展各级党组织的恢复和重建工作。1939 年 3 月，中共湘西工委派遣共产党员李谊之来到保靖秘密发展党员和建立党组织。5 月，保靖县第一个党支部——中共保靖竞择小学党支部成立。7月，中共保靖县委成立，彭司琰任县委书记。在彭司琰的领导下，保靖县委迅速发展党组织，相继在县模范小学、国立八中初三部建立党支部，共发展共产党员19名。

在中共湖南省工委和湘西工委的领导下，保靖县委有组织、有计划、有领导地开展建党工作和抗日救亡运动。在国民党反动派不断制造反共流血事件期间，国民党湖南省党、政、军视察团来到保靖，以国民党保靖县党部书记彭勇诺为首的国民党反动派组建中统调查室，对中共地下党组织及其共产党员进行秘密调查。1941年9月，保靖县委地下党组织遭到彻底破坏。

中共保靖县委领导全体共产党员在坚持地下斗争中，积极掩护组织和党员干部，为湘西保存革命骨干力量作出了巨大贡献。1949年11月7日，中国人民解放军四十七军一四一师先头部队开进保靖县城，紧接着四十七军一四一师师长叶建民、政委彭清云率领中国人民解放军到达保靖县城，宣告保靖和平解放。

保靖人民为中国革命事业付出了巨大牺牲，作出了重要贡献。据记载，保靖参加红军和游击队人员达1293人（其中红军396人），至新中国成立，绝大部分保靖籍红军战士壮烈牺牲。红军烈士纪念碑上，现整齐地镌刻着130位红军烈士的英名。

保靖主要的红色遗址有：红军驻扎普戎镇牙科松红稠林遗址；普戎镇落梯扩红兵部驻地旧居，糯梯乡苏维埃政府旧址，糯梯村红军烈士纪念园、红军烈士纪念碑；普戎乡苏维埃政府遗址；亨章乡苏维埃政府旧址；红军横渡酉水暨清水坪河段遗址，清水坪镇川河盖之战遗址；迁陵镇泗溪河、龙溪坪、昂洞、起车之战遗址；红十八师五十三团一营在比耳镇兴隆，碗米坡镇沙湾暨八部大王庙、押马，迁陵镇陡滩、太坪、尹家坡、要坝、四方城等地迂回布阵遗址等。

古丈县

古丈县，隶属于湘西土家族苗族自治州，因治城设古丈坪而得名。古丈坪原为古仗坪。古丈县西抵保靖，东接沅陵，南与吉首、泸溪相接，北和永顺交界。古丈素有"茶叶之乡""歌舞之乡""林业之乡"等美称。全县总面积1286.35平方公里，下辖7个镇，常住人口10.88万，是湖南省人口最少的县，其中以土家族、苗族为主的少数民族人口占88%。2008年5月，古丈县被湖南省人民政府认定为革命老区。

一

古丈县有着光荣的革命斗争历史。早在大革命时期，1924年底，古丈籍湖南省常德省立第二师范学校学生孔韬、张世衡加入中国共产党，根据党的决定，同时加入国民党。1926年12月，受中共常德地委宣传部长、常德国民党湘西党务专员办公厅专员王基永委派，孔韬回古丈组织党务，任党务特派员，以国民党党员公开身份，串连知识分子、青年学生，宣传马列主义，先后发展国民党党员16名。1927年元月，中国国民党古丈县党部宣告成立，孔韬任党务特派员。党部派孔韬下乡清理民枪，建立农民自卫队，组织农民运动支持北伐战争。1927年2月，孔韬因积劳成疾病故。3月，共产党员张世衡受王基永和许和钧委派，继任古丈党务特派员，并兼保靖、永顺、龙山三县党务特派员。张世衡来古丈后，以工人、农民为主体，积极发动群众，先后发展危云开、危云炎等8名共产党员，并成立了临时党小组。4月初，古丈陆续建立起工会、农会、商会、教育会、妇女会等群众组织，积极开展革命宣传活动，古丈的张家坪、丫角山、罗依溪等农村，农民协会、农民小组、农民自卫队相继建立，农民运动在古丈70%的地区开展了起来，在县城，各界人士举行声势浩大的提灯游行会，高呼革命口号。农民运动由县城向农村迅速蔓延，并于4月至5月间达到了一个高潮。各地组织农民协会和农民自卫队，发展农会会员100多人，进行游行示威，抵制地主雇工剥削，创办农民夜校，宣讲农民运动。在中国共产党的领导下，农民纷纷建立自己的政权和武装，形成空前高涨的农村革命局面。

1927年4月，蒋介石在上海发动四一二反革命政变，5月21日，国民党反动军官许克祥在长沙发动马日事变，镇压工农群众和共产党员的反革命逆流很快波及湘西古丈县，共产党员危云炎、危云开遭逮捕和枪杀，古丈的革命运动笼罩在一片白色恐怖之中，革命形势陷入低潮。

二

苏区的红色政权建设和革命武装斗争。土地革命战争时期，1927年8月7日。中共中央召开汉口紧急会议，纠正了陈独秀右倾机会主义错误，确立开展土地革命，用武装的革命反对武装的反革命的总方针，在湖南发动工农武装暴动，建立革命根据地。1934年建立了湘鄂川黔革命根据地。古丈县在湘鄂川黔革命根据地建立以后，立即成立了古丈县田王乡革命委员会，进而使古丈迅速成为湘鄂川黔根据地的一个组成部分，沉重地打击了国民党反动派和地方封建势力，为支援苏区建设和革命战争作出了重要贡献。

1934年3月，湘鄂川黔苏区革命委员会成立。12月，省委、省军区、

古丈县人民英雄纪念广场

省委员会迁往永顺县塔卧。1935 年 2 月，中共湘鄂川黔苏区永保县委和红六军团派人到田王乡利吉冲（今属古丈县），秘密组建田王乡革命委员会（现古丈县断龙山乡、红石林镇、双溪乡等地），隶属永保县苏维埃政府。利吉冲田祖文任革命委员会主席，田祖祥任游击队长。

湘鄂川黔苏边区革命委员会成立后，按照苏维埃政府和红军的指示，积极开展政治宣传，扩大红军队伍，组织挑夫队运送物资支援红军，传递情报等。当时国民党为了阻止红军队伍前进步伐，他们派驻重兵严密封锁，成立"铲共义勇队"组织，对革命群众严加管制，严防青年投奔红军队伍。所以，群众利用乡保长派差的机会，将粮食和物资悄悄转送给红军，许多挑夫借此机会参加了红军。仅田家保、王家保和罗依溪等地就有 300 多人冲破国民党军队的防线参加红军，有力地补充了红军力量，为红军发展壮大作出了突出贡献。这些人有一些在永顺参加了红军，有 100 多人在澧州参加了贺龙领导的军队。后来，一部分人在战斗中失散回家，一部分人光荣牺牲，一部分人参加了红军长征。如今古丈县仍遗留着被老百姓纪念的田吉安、田志仁等老红军参加革命的纪念碑。

三

抗日战争爆发后，古丈各族人民与全国人民一道，在中国共产党的领导和影响下，开展如火如荼的抗日救亡运动，积极投身于规模空前的全民族反侵略战争，以巨大的人力物力支援抗战。红军改编成八路军后，田文成、彭祖贵、田吉安等随部奔赴抗日前线，在华北、冀中参加抗战。1940年8月，田文成牺牲在冀中抗日前线。彭祖贵随周恩来到了重庆，并担任警卫队队长，与周恩来结下深厚的情谊。

在1950年6月25日至1953年7月27日抗美援朝这段时期，古丈各族人民积极响应党中央"抗美援朝保家卫国"的伟大号召，"抗美援朝保家卫国"群众爱国运动开展后，古丈各族人民的爱国热情空前高涨，纷纷报名参加中国人民志愿军，奔赴朝鲜前线，全县先后有600余名优秀儿女参加抗美援朝战争，涌现了父送子、妻送夫、兄弟争相入伍的动人情景，田玉模投笔从戎，李祖荣、向仕旺、张本昆等人随四十七军赴朝鲜参战，谱写了一曲曲气壮山河的英雄赞歌。

古阳碧水流不尽，高望苍松万年青。古丈县人民为中国革命事业付出了巨大牺牲，作出了重大贡献，除在册46名革命烈士外，还有300多名无名革命烈士，这是古丈光辉革命历程的真实见证，是古丈儿女用鲜血熔铸的荣光，是留给后人的一笔宝贵的精神财富。

永 顺 县

永顺县，隶属于湘西土家族苗族自治州，地处武陵山脉中段，云贵高原东缘，居全国地势的二级台阶上，位于湖南省西北部，湘西土家族苗族自治州北部。东邻张家界市永定区，西接龙山县、保靖县，北枕张家界市桑植县，南临古丈县，东南同怀化市沅陵县毗连。全县总面积3811.6平方公里，下辖12个镇、11个乡，常住人口41.35万。1952年，永顺县被湖南省人民政府认定为革命老区。

一

土地革命战争时期，1934年10月15日，红三军军长贺龙手扶烟斗，远眺叠嶂层峦，对政委关向应说："我看他们是该到喽！"贺龙口中的"他们"，就是任弼时、萧克和王震领导的红六军团。这一天，贺龙和关向应从一张缴获的敌区报纸上获悉，红六军团于8月由江西遂川离开中央苏区，向西挺进。他们推测，时间已经过去两个多月，如果红六军团是来和他们会合的，应该就要到湘鄂川黔边地区了。不出贺龙所料，当天，红六军团参谋长李达带领两个团，就与红三军接上了头。此后，红六军团和红三军进入湘西后，首先就取得了十万坪大战的胜利。

当时两军会师时的场面极为热烈，时任红六军团第十七师四十九团副连长、解放后被授予少将军衔的张铚秀将军，多年后仍然十分激动地说："大家紧紧地拥抱在一起，久久舍不得分开。红三军的同志看到我们都光着脚，就从自己的身上把草鞋解下给我们穿上。他们在困难的情况下，买了猪肉、苞谷和盐巴来慰劳我

湘鄂川黔省军区旧址（永顺县塔卧镇）

们，兄弟般的情意使我们十分感动！"会师大会上，贺龙用了一个很形象的比喻，他说："二、六军团过去是分散的两个拳头，现在变成一个拳头，力量就大了。"之后，任弼时宣布红三军恢复红二军团的番号，表示两支军队要在贺龙的统一指挥下，"团结得像一个人"。

为配合中央红军长征作战，红二、六军团遵照党中央开辟新根据地的战略意图，他们从黔东出发，挥戈东向，向湘西发动攻势，1934年10月28日，从黔东出发，开展湘西攻势，11月攻克永顺县城，并在十万坪击溃了湘西军阀武装，取得了十万坪首战大捷，为建立湘鄂川黔边革命根据地奠定了基础。

红军取得十万坪大捷后，于11月7日占领了湘西北重镇永顺县城，接着又占领桑植、大庸两县。11月26日，根据中央书记处电示，在大庸成立中共湘鄂川黔省委，作为党的最高领导机关，任弼时任书记；同时成立湘鄂川黔省革命委员会，贺龙任主席；成立湘鄂川黔省军区，贺龙为司令员，任弼时为政委。领导机关先驻大庸县永定镇，后迁永顺县塔卧镇，省委机关设在丁家院子内。从此，永顺成为湘鄂川黔革命根据

地的中心区域。在省委、省革命委员会领导下，桑植、龙山、大庸、慈利等地县委相继建立，并于12月将永顺县和保靖县部分地区划为永保、郭亮两个县，分别建立了县委，还建立了永（顺）沅（陵）中心县委、大庸中心县委以及黔东特区委、鄂川边工委等。与此同时，有8个县相继建立了县级革命委员会或苏维埃政府。12月16日，省委作出《关于创造湘鄂川黔边苏维埃新根据地任务决议》，后又作出了《关于新区党的组织问题决定》。因此，为贯彻《决议》和《决定》的精神，1935年初，省委在塔卧召开了第二次党的活动分子会议。1935年4月，实行战略转移，4月12日，省委机关迁往龙山兴隆街，后又迁至茨岩塘。

二

永顺苏区党的组织发展。土地革命迅猛发展的斗争形势，迫切要求尽快建立党的各级组织和革命政权，以领导苏区的各项工作。进入湘西的第一次大胜仗——十万坪大捷后，红军十六团政治部主任刘亚球、教导员谭治成在当地帮助下，建立了龙家寨党支部。不久，周围的碑立坪、杉木村、新寨坪等乡党支部相继建立，此后又建立了龙家寨区委。同时，红军四十九团指导员李树清等发动组建了石堤西党支部。杨昌文、姜长卯分别担任区、乡苏维埃主席，唐炎康任区游击大队长。

1935年12月22日省委适时地作出了《关于新区党组织问题的决议》，并由省委和军区政治部发出了《关于游击队中党的工作的指示》。红军带领工作队，在各地从群众骨干中发展党员，建立支部。并组建贫农团，成立农会和苏维埃政府。嗣后，塔卧等10多个区委相继建立。1934年12月24日，省委调整行政区域，将永顺划分为郭亮、永保两县，分别成立了县委。1935年2月，还在石堤西成立了永（顺）沅（陵）中心县委。县所辖各区、乡苏维埃和农会及地方武装中，都有党的组织。各级党组织大力发展党员，据不完全统计，1934 年 12 月到 1935 年 3 月，永保县党员由几十名发展到 300 多名，郭亮县发展到 60 多人，两县共有党员 400 余名。

苏区红色政权建设。根据省委"创造新根据地任务的决议"有关要求，永顺各地的革命政权纷纷成立，涵盖了全县 90% 的地区。大致在先建立乡农会和苏维埃政府的基础上组建区苏维埃，直至成立县级政权。由于省委调整行政区域，将原永顺县北部地区 1/3 划为郭亮县，其余 2/3 的辖区加上保靖县落梯、普绒等乡称为永保县，人口 16.2 万余。两县先后共成立 36 个乡农会、59 个乡苏维埃政府和 15 个区苏维埃政府。

郭亮县苏维埃政府。1934 年 12 月成立于砂坝乡刘家寨刘家祠堂，1935 年 1 月上旬因遭敌攻打破坏迁至龙家寨。该县辖 4 个区和 12 个乡苏维埃以及 5 个乡农会。

永保县革命委员会。1934 年 12 月在石堤西红庙成立永顺县革命委员会。区划调整之后迁往县城富商杨宏顺绸布店，称永保县革命委员会。辖 11 个区、47 个乡苏维埃政府和 24 个乡农会。

此外，永顺县境今首车镇内还有伴湖（皮匠坳）和龙须湖 2 乡苏维埃政府及新寨乡（今属首车镇）农会；今两岔乡内有西坝湖（伍家堡）乡苏维埃政府和砂泥湖、偏水、茶溪、车禾 4 个乡农会。它们均划归龙山县农车区苏维埃政府。保靖县内还糯梯、普戎等乡苏维埃政府属永保县。

苏区土地革命。苏区建立前，永顺土地高度集中在封建地主手里。从 1934 年 11 月下旬，留守永顺工作的红四十九团一分为二：由政委晏福生和参谋长刘转连带领一营和二营两个连主要活动在龙家寨、塔卧和石堤西地区以及永、大（庸）相邻地区。由团长吴正卿率三营和二营一个连重点在县城城郊、守车、白沙（今泽家）地区及相邻的龙山、保靖一带活动。另红五十三团则在大庸及其与永顺交界地区活动。他们在省委领导下，组成若干工作队，深入土寨苗乡、千家万户，从秘密到公开，发动和组织广大群众，开展革命斗争。饱受欺压和盘剥、苦大仇深的永顺人民，纷纷拿起犁锄和刀枪，向反动官僚地主恶霸发动进攻。

在农民运动蓬勃兴起之际，为解决土地这一农民的根本问题，1934年12月1日，湘鄂川黔边区临时省革命委员会颁发了《没收和分配土地的暂行条例》，同年12月6日湘鄂川黔边区临时省委下发《分田大纲》，1935年1月28日，又作出《关于土地问题的决定》。根据这些文件精神，永保、郭亮两县铺开了土地革命，各区、乡也相继培训了一批骨干和红军组成工作队，深入宣传发动。通过讲政策、讲阶级，进行先报后评的土地登记。在阶级阵线划分清楚后，即行烧毁地契，议田到人，插牌分田。总体而言，当时土地革命的步骤大致分两步：第一步清算土豪200多户，其中14人被镇压，总计没收粮食70多万斤，光洋7万多元，耕牛33头，肥猪70多头，皮箱400多个，还有衣服、用具、银器等。第二步分配田地。据城市、塔卧、龙家寨、石堤西4个区27个乡的统计：有贫雇农6920户、15212人，分得田71004挑（5挑为1亩），平均每人为4.66挑。

红军第四分校旧址（永顺县塔卧镇）

苏区科教文卫事业建设。苏区的文化、教育、卫生事业曾一度繁荣。苏区文化宣传主要服务于军事斗争这个中心任务。省委办有不定期的画报，红军办有战斗捷报等刊物。永保县革委机关内设有列宁室，同时还组织了宣传队。郭亮县龙家寨区组织了八个宣传队，开展了小型多样的文化宣传，或教唱歌曲，或演出戏剧，或唱土家族歌谣。

苏区的教育。苏区主要创办了省委党校，校址设在塔卧涂家大屋，任弼时兼校长，王恩茂任教务处长，学员是区、乡苏维埃选送的青年男女干部，共40多人。任弼时、王恩茂、吴德峰、夏曦常到该校讲课。1935年春，大庸后坪战斗时，学员都参加了后勤工作，战后学员大部分被编入部队，少数留在后方从事群众工作。

红二、六军团会师后，将红六军团的随营学校与红二军团的教导队合并为红军第四分校，校址设在塔卧雷家新屋，王震兼校长，张平化任政治部主任，陶汉章任教务处长，谭文邦任军事组织部长。教员有陶汉章、李朴、谭家述等。教材有《射击学》和《战术概则》等。教学方法注重联系实际，常用粉笔、火柴盒模拟地形地物，设想作战方案。分校设有高级和普通两个班，共有学员600多人，分为两个营。永保县曾保送60多名学员入该校学习。

三

土地革命战争时期，在湘鄂川黔根据地的斗争中，永顺人民为建设苏区、保卫苏区，积极支援红军，与红军并肩作战，为革命事业作出了重大的贡献。

据粗略统计，1934—1935年，永顺县约1.2万人先后参加红军，其中郭亮县4000余人，永保县7000余名，两县共有女红军近200人。他们中多数因战斗或其他原因失散或牺牲，一部分跟随红军长征。红六军团从进永顺到长征突围时由 3300 多人发展到 1.1 万余人。

除了一部分地方武装与红军并肩作战外，永顺县人民竭尽所能，支援和协助红军作战，为胜利提供了有力的保障。一是物资支持。动员民夫肩挑背负并武装护送，把财粮等物资一批又一批送到塔卧、大庸等红军驻地。不少穷苦百姓还省下自己的口粮交给红军。同时，还组织广大妇女为红军缝制衣被、赶制鞋袜，洗衣做饭，开展竞赛活动。二是为红军带路、侦探以及阻滞敌军等。此外，儿童团、赤少队为红军站岗放哨、抓捕敌特、探报敌情等。在多次战斗中，永顺县群众自发地或在苏维埃机构组织下，组成运输队和担架队，为红军运输粮、弹和抢救伤病员，并且冒着危险安置和掩护红军伤病员。

据县政协和党史等部门粗略统计，1934—1935 年，全县人口锐减 5 万余人，仅万坪地区死难或逃亡者就有 1.5 万余人。全县有 8 万多人参加和支援红军作战，1.1 万多人牺牲或遇难。现今，按照《革命烈士褒扬条例》，由民政部门审定的烈士，仅土地革命战争时期的就有 1294 名。因时久年湮等原因，更多烈士难以查证。

抗日战争时期，彭春荣领导的以土家族人民为主体的地方武装主要活动于永顺、龙山、桑植一带。队伍领导层中，有不少人受进步思想的影响。1939 年，彭春荣第一次组织联军，成立了"湘鄂川边区联军抗日指挥部"，1942 年，彭部与龙山瞿伯阶部合股，正式成立"湘鄂川边区民众抗日游击指挥部"，商议以"抗日"为宗旨，"以抗丁、抗粮、抗税"相号召。指挥部的成立，使边区军民武装出现了前所未有的统一局面，形成了自红军之后湘西最大的一支反抗国民党黑暗统治的地方军民队伍。这支部队曾试图从永顺东进，抗击来犯日军，但在行军途中，惨遭国民党军队围剿而失败。但他们的英勇斗争也给蒋介石国民党政府消极抗日、积极反共的反动政策予有力地打击，大大鼓舞了湘西各民族人民为抗战胜利作贡献。

解放战争时期，中共永顺县党组织一方面发动各阶层群众开展反对国民党黑暗统治的爱国民主运动；另一方面，积极开展武装斗争和统一战线工作，全力配合中国人民解放军解放湘西的进程。1949年10月19日，中国人民解放军第四野战军第四十七军一四一师解放永顺。

永顺县主要的红色革命遗址有塔卧湘鄂川黔省委旧址、塔卧红军第四分校旧址、塔卧湘鄂川黔省革委会旧址、塔卧湘鄂川黔省委党校旧址、塔卧湘鄂川黔省军区旧址、塔卧湘鄂川黔革命根据地红军兵工厂旧址、塔卧湘鄂川黔革命根据地无线电台旧址、湘鄂川黔革命根据地烈士陵园以及谢家祠堂红军标语等。

龙 山 县

　　龙山县，隶属于湘西土家族苗族自治州，位于湘西北边陲，地处武陵山脉腹地，乃"川鄂之枢纽，湖湘之屏藩"，东与桑植、永顺交界，南与保靖接壤，西与重庆酉阳、秀山，湖北来凤相连，北与湖北宣恩毗邻。全县总面积 3131.11 平方公里，辖 4 个街道、12 个镇、5 个乡，常住人口 47.64 万。1952 年，龙山县被湖南省人民政府确定为革命老区。

一

　　1927 年南昌起义失败后，贺龙于 1928 年 2 月 8 日带领部队回到家乡桑植洪家关，组建了工农革命军，时有 3000 余人，4 月 2 日发动桑植起义。1928 年 5 月初，贺龙率工农革命军第四军数百人，由桑植进入龙山县东北部的乌鸦河、大安、茨岩塘一带活动，发动群众，开展打土豪、筹粮款的斗争，拉开红军游击龙山的序幕。八月一日（农历）工农革命军改编为工农革命军第四军湘西红四军，成立了以贺龙为书记的前敌委员会，正式创建了以桑植、鹤峰为中心的湘鄂边革命根据地。在湘鄂边革命根据地时期，龙山虽没有建立党的组织和革命政权，但是，在龙山各族人民群众的大力支持下，红军在龙山打游击，保存了革命力量，给予了敌人沉重的打击，与劳苦大众建立了深厚的革命感情，龙山几乎所有乡镇成为主要革命游击区，从而为之后建立工农革命政权奠定了坚实的基础。

1934年11月26日，湘鄂川黔省委、省革委、省军区成立，随着省委、省革委、省军区机关迁来龙山兴隆街和茨岩塘，龙山成为湘鄂川黔苏区政治、经济、文化和军事指挥中心。此时，湘鄂川黔革命根据地涵盖了"从洗车河（龙山）到溪口有四百多里，从桑植以北到永顺石田溪以南有二百四十里路的地区"，"在这一区域有四五十万人口"。湘鄂川黔革命根据地的形成和红二、六军团的壮大并节节取得胜利，引起了国民党当局的极大恐慌。1935年蒋介石下令调集湘鄂两省8个师另加4个旅共40多个团共11万兵力，编成6个纵队，在地方保安团的配合下，对根据地发动了"围剿"，妄图"血洗"苏区。由于反"围剿"的失利，大庸、桑植等地相继被敌所占领。根据中革军委"实行运动战、选择敌弱点、运动中各击破之"的精神，湘鄂川黔省委、省革委、省军区于1934年12月10日迁永顺塔卧，后于1935年4月12日迁龙山兴隆街（蒋家大屋）。5月6日迁茨岩塘。从此形成了以龙山为中心的湘鄂川黔革

湘鄂川黔革命根据地省委、省革命委员会、省军区旧址

命根据地，龙山也由此成为湘鄂川黔的首府所在地。

从湘鄂川黔根据地省委在大庸成立至从龙山茨岩塘突围北上长征的395天里，湘鄂川黔省委、省革委、省军区所在地设在龙山的时间最长。湘鄂川黔省委、省军区、省革委机关在大庸仅14天，在永顺仅101天，在龙山长达245天，是设立时间最长的省委、省军区、省革委机关所在地。龙山作为湘鄂川黔革命根据地的核心区域和红二、六军团的战略指挥中心，在茨岩塘建立了功能齐备的省委、省革委、省军区等党政军领导机构和办事机构。

龙山县建立了党的组织、政权、革命武装，全县除县城外均为苏区，龙山人民开展了轰轰烈烈的打土豪分田地的斗争，为根据地的发展壮大作出了巨大贡献。

龙山县苏区党的组织和政权建设。从1934年12月到1935年5月，先后三次成立了中共龙山县委，至1935年11月，湘鄂川黔特区委员会成立，县委工作停止。县委成立后，先后成立了洗车河、农车、茨岩塘、兴隆街、石牌洞、水田坝、红岩溪、招头寨、茅坪等9个区委和56个乡党部。1934年12月，龙山县苏维埃政府在洗车河建立，并同时建立了2个区苏维埃政府和8个乡苏维埃政权。1935年6月23日，在茨岩塘成立了龙山县革命委员会。在县革命政权建立的同时，省委、省革委、县委和红军派出干部，组成工作组，深入全县农村广泛发动群众，先后建立了洗车河、农车、茨岩塘、兴隆街、石牌洞、水田坝、红岩溪、招头寨、茅坪等9个区苏维埃政权和56个乡苏维埃政权。

龙山县苏区的群团组织建设。湘鄂川黔根据地时期，龙山县群团组织有"少共县委"和"妇女会"。少共龙山县委在洗车河成立后，先后建立了8个少共区委，全县少先队员和儿童团员发展到近万名。此外，县妇女会也随之建立。全县有8个区、44个乡建立妇女组织，配备专职妇女干部。县、区、乡妇女会积极宣传党的政策和主张，发动群众斗土豪劣绅，动员青年参加红军，支援红军反"围剿"斗争。

龙山县苏区的地方武装建设。成立了龙山独立团、招头寨独立团、龙桑独立团、龙永独立团、湘鄂川黔独立团、龙山独立营等地方革命武装，同时，成立了9个区游击队和42个乡游击队、56个乡赤卫队。

龙山县苏区的土地革命。按照湘鄂川黔省革命委员会《没收和分配土地的条例》、湘鄂川黔省委《分田工作大纲》等规定，龙山苏区的全面土改从1935年1月开始。分田步骤是：第一步，县举办训练班；第二步，对地主豪绅调查摸底；第三步，议田到人。据不完全统计，全县土地革命时期，贫苦农民共分得土地2.5万亩。

二

在湘鄂川黔革命根据地时期，红六军团第十八师在1935年8月27日至11月23日内两次奉命留守茨岩塘，有效策应了红二、六军团东征和突围长征。

1935年6月9日，根据中央"湘敌较强，取守势，鄂敌较弱，取攻势"的方针，红六军团一部包围了宣恩县城，造成围城打援战机。国民党纵队司令兼四十一师师长张振汉率11个团向宣恩增援，被红二、六军团包围于咸丰忠堡，全歼其纵队指挥部和3个团，活捉张振汉。

忠堡大捷后，6月28日，红二、六军团主力聚集龙山城周围。造成攻城态势。其余部队进行休整，以便引来更多增援龙山之敌。围城41天后，达到围城打援，消灭敌人之目的。于7月27日撤除首善（龙山）之围。红二、六军团在围城（龙山）打援的战斗中，7月3日，在龙山、永顺接壤的小井，萧克率部歼敌2000余人，缴获重机枪2挺和大批弹药及其他军用品。7月下旬，蒋介石从北方调来四十八师，携大量钱粮，武器弹药，前来增援龙山，扬言"要消灭红军于龙山"。陶广纵队 10 个团 20000 余人于 8 月 8 日从招头寨向龙山县城进发。红二、六军团决定在招头寨至龙山县城的唯一通道芭蕉坨至龙潭岩一线设伏，欲全歼陶广部队。陶部却绕道可立大界的累人坡，欲从湾塘渡河与来凤徐源泉部三十八旅会合。侦知情报，红军速由芭蕉坨向岩坝奔赴。国民党先头部队渡河时，红军赶至，战斗在高寨打响，敌人边战边退，缩于小河一带。红军号召群众参战，缴获战利品，除弹药外，谁缴获就归谁，群众踊跃参战。在敌人数倍于红军的情况下，经两天一夜激战，终于击溃敌军 10 个团，伤亡 300 余人，生俘 200 余人，同时缴获大量枪支弹药和银洋。

红二、六军团的节节胜利，使得湘鄂川黔革命根据地苏区成为国民党蒋介石的心腹大患，蒋介石从湘鄂川黔赣豫皖等地抽调 22 个步兵师，一部分武装船只和空军，从东西北三面对苏区实施纵深包围。面对如此严峻的形势，湘鄂川黔省委和省军区于 8 月 9 日在茨岩塘召开会议决定，红军主力东征，转向外线作战。由红十八师师长张振坤，政委晏福生，政治部主任李全率部及地方武装，省、县机关工作人员共 5000 余人，配电台一部留守茨岩塘根据地坚持内线斗争。

红十八师是一支能征善战的英雄红军部队，师长张振坤是著名的游击专家，在红二、六军团主力突围之前，贺龙忧心忡忡，猛吸一口叼在嘴里的烟斗说："正坤，这回，你们 18 师要更辛苦一些。你们要尽一切可能坚守茨岩塘，从龙山茨岩塘一带主动攻击敌人，要狠一点打，又要机动灵活地打，把进剿之敌吸引住就行，尽量减少人员牺牲，达到掩护主力突围转移的目的。"张正坤坚定地表示："贺总，你们放心走吧，只要我张正坤……"贺龙急忙举手示意，不让他说后面的话。王震之后代表总部专程赶到茨岩塘看望红十八师指战员，叮嘱："我们走后，你们可能会受到 10 多万敌人的包围，一定要坚持顶住，要加强佯攻，不要让敌人发觉主力的行动意图，即使十八师打垮了，就是化装成老百姓也要来追赶主力。"

红十八师当时共有五十二、五十三两个团。五十三团是留下的一个主力团；龙山的地方军事组织合编成了五十二团，共同肩负了策应主力转移的艰巨任务，但五十二团的枪支不多，且战斗力不强。成功完成钳制敌人的任务后，红十八师从龙山茨岩塘突围，行进至龙山马阻岭时遇敌人严密封锁。为保存实力，装备较好、战斗力强的五十三团先行秘密通过，轮到五十二团通过时，被敌人发现，遭到敌猛烈攻击，死伤大部。但孤军奋战的红十八师仍然没有放弃，张正坤要求全体官兵发扬"怕居功骄傲，怕不求进步，怕违反纪律，怕脱离群众"和"不怕强大的敌人，不怕险恶环境，不怕艰难困苦，不怕流血牺牲"的"四怕"和"四不怕"精神，出色完成省委和分革军委交给他们的任务。红十八师在龙山县边境同数十倍于己的敌人展开顽强战斗时，有的战士越打心里越慌，不知道什么时候是个头。于是托营长和团长相继向张正坤报告说："敌人越打越多怎么办？"张正坤哈哈大笑地回答说："敌人越打越多是值得庆贺的事，这说明我们把上级的任务完成得很好，就是要牵扯更多的敌人过来，减轻咱们主力红军的损失。"

红十八师留守龙山期间，吸引和钳制了大量敌人，在红十八师向南佯动的掩护下，红二、六军团主力得以顺利出慈利、石门直到津市。红二、六军团主力转移后，红十八师全体将士主动出击袭扰敌人，并运用游击战、阵地战等灵活机动的战略战术，在龙山、桑植、永顺边境的密林中和敌人兜圈子，使敌人始终没能占领根据地的中心——龙山茨岩塘。红十八师的艰苦斗争，不仅吸引了约30万的敌军，而且误导了敌人，没有用大兵力尾追红军主力，分布在原来战线上的主要兵力基本不动。这就为红二、六军团主力胜利地突出敌人封锁线，实现战略转移，提供了条件。在红十八师在与敌周旋的 50 天里，与敌人激战 20 余次，面对强敌，英勇奋战。1935 年 11 月 21 日，在茨岩塘西北角的望乡台，红十八师一个班就狙击了 4000 多敌人的进攻；在茅坪红军两个营狙击了敌两个旅的进攻。红十八师 1935 年 12 月 9 日从茨岩塘突围时有 5000 人，到 1936 年 1 月 9 日在江口磨湾与主力会师时仅剩 600 人。4000 余名先烈把热血洒在了湘鄂川黔这片红色热土之上。

自 1928 年 5 月初，贺龙率部在龙山打游击开始，至 1935 年 12 月红十八师从龙山茨岩塘突围长征止，红军在龙山县境内活动达 7 年多之久。其间，湘鄂川黔省委、省军区、省革委机关所在地设龙山兴隆街、茨岩塘近达 8 个月，县内建立了党的组织、革命政权和地方革命武装，龙山县人民进行了如火如荼的武装斗争，开展了轰轰烈烈的土地革命，为湘鄂川黔革命根据地的发展壮大付出了巨大的牺牲，作出了重大的贡献。

湘鄂川黔时期，龙山县人民也为苏区的发展壮大作出了重大贡献。一是积极参与策应红二、六军团主力战略转移的任务。二是积极扩红支援前线。"扩红一百，只要一歇；扩红一千，只要一天；扩红一万，只要一转"的民谣就是当年龙山人民踊跃参军的真实写照。如茨岩塘区尹应贵一家 13 人全部参加了红军。三是积极开展革命宣传。至今，在兴隆街、茨岩塘等地都还存有当年红军的标语、字画。四是为红军提供了后勤保障。大楠坪乡在 1 个月内就捐粮 5000 多公斤、银圆 3000 多块、干菜 4000 多公斤。同时，有手艺的匠人纷纷加入红军兴办的兵工厂、缝纫厂，参与到兵器制作、衣物棉被加工的工作中来。五是帮助救治伤病员。红军医院于 1935 年 4 月从永顺塔卧迁至茨岩塘凉水井杨家大屋。凉水井和半寨坪的农民家家户户都设置病床，收治伤员或将伤员转移至山洞隐蔽，共治愈轻伤病员 500 多人，重伤病员 60 多人。

英勇无畏的龙山人民踊跃参加红军，积极投入革命活动，视死如归，为革命作出了重大牺牲。16500多人参加红军，战死沙场800余人。在红二、六军团撤离龙山后，国民党军及当地地主武装对苏区革命群众进行了疯狂的大屠杀。在不到两年的时间内，全县被害革命干部、红军战士、游击队员、赤卫队员、红军家属和参加过革命的群众，加上死于战乱和灾荒的百姓数以万计，不少村庄近于毁灭，断壁残垣，一片凄凉。据统计：1933年，全县35010户210061人，1935年底为31057户166333人，较两年前少43728人，在册革命烈士达2187人。

三

1949年11月，中国人民解放军进驻招头寨，龙山县得以解放。

龙山的匪患是历史性灾难，中国人民解放军在1年零2个月的时间里，剿灭了龙山境内大小土匪105股。1950年11月，龙山主要匪首均向中国人民解放军投诚。龙山百年匪患的历史宣告结束。

龙山尚存的主要革命遗址有：湘鄂川黔省委、省革委、省军区旧址（蒋家大屋）；湘鄂川黔省委、省革委、省军区旧址（龙家大屋）；红二、六军团兵工厂旧址（姚家大屋）；红二、六军团医院旧址（杨家大屋）；龙山烈士陵园；方汉英烈士墓等。

湖南老区工作大事记

（1951—2021）

1951 年

7月28日，湖南省人民政府根据中央人民政府筹备访问红色老区指示，成立湖南省老红色区访问团筹备委员会，王首道任主任委员，曹痴任办公室主任。为配合中央南方老根据地访问团在湖南的访问活动，由省人民政府、各民主党派、群众团体、抗美援朝分会、赴朝慰问团战斗英雄、劳动模范等各方面代表组成"湖南省老红色区访问团"，王首道任团长，谭余保、陈再励任副团长。

8月3日，中央人民政府南方老根据地访问团的湘鄂赣、湘赣分团20余人由副团长朱学范（邮电部长）、傅秋涛（中央军委武装部副部长）带领到达长沙。湖南省人民政府及各机关团体组织力量，配合中央代表组成湘鄂赣分团湘东北分队、湘赣分团湘东南分队、湘西分队与常德专区访问小组的访问活动，由省老红色区访问团安排。访问的时间从8月9日至9月12日，历时35天。

9月28日至10月25日，从平江、华容、浏阳、醴陵、茶陵、酃县、攸县、安仁、郴县、桂东、资兴、汝城、宜章、永顺、龙山、桑植、大庸、慈利、石门、耒阳、湘潭等 21 个根据地县中推选的 46 名代表进北京参加国庆观礼，并赴天津、南京、上海市参观。

1952 年

1 月 28 日，中央人民政府政务院发布《关于加强老根据地工作的指示》，充分肯定中央人民政府派遣访问团访问各老根据地，并邀请各老根据地人民代表来京参加国庆节观礼的意义，提出从政治上或经济上都必须十分重视加强老根据地的工作，就恢复老根据地经济和加强文化教育、医疗卫生和优抚工作等提出要求。

10 月，根据政务院要求，省老根据地建设委员会成立，有关专区和县也相继成立了老根据地建设委员会。由省人民政府有关部门负责人组成 15 人委员会，省人民政府副主席谭余保任主任委员，省民政厅厅长晏福生、省财政厅厅长夏如爱任副主任委员。

1953 年

2 月 1 日至 5 日，省第一次老根据地建设工作会议在长沙市落星田 120 号召开，平江、浏阳、醴陵、茶陵、攸县、桑植、龙山、大庸、永顺、鄮县、临湘、岳阳、安仁、耒阳、永兴、资兴、郴县、宜章、汝城、桂东、慈利、湘阴、华容、石门 24 个老区县和省级有关部门 86 名代表参会。会议通过《湖南省老根据地工作会议总结及 1953 年老根据地重点建设规划》。同年 10 月召开的座谈会上，确认全省老根据地区 169 个、老根据地乡 1240 个、游击区乡 758 个。1953 年实际建设 376 个乡：其中重点建设乡 96 个，一般建设乡 280 个。

2 月 5 日，省人民政府制定《湖南省老根据地建设委员会暂行条例（草案）》。改选湖南省老根据地建设委员会，由省委、省人民政府有关部门负责人组成 20 人的委员会，省委 1 人，省人民政府副主席 1 人，省军区政治部主任、省府秘书长、民政厅厅长、人事厅厅长、财政厅厅长、农林厅厅长、教育厅厅长、工业厅厅长、交通厅厅长、商业厅厅长、水利局局长、林业局局长、卫生处处长、合作管理局局长、省人民银行经理、优抚处处长。省政府副主席为主任委员，并由委员会推选副主任委员 2 人主持会务。省老根据地建设委员会设办公室，由民政厅厅长兼任主任，优抚处处长兼副主任，另设专职干部秘书 1 人、干部 4 人处理经常业务工作。

9 月 6 日，省政府印发《关于老根据地建设委员会设置专职干部问题》（民建字 0042/5131），通知明确老根据地建设委员会工作，主要由民政部门邀请有关部门组成，具体工作由民政部门负责办理。

1958 年

10 月 16 日，省人民委员会发出《关于组织革命老根据地访问工作的通知》，决定年内组织一次老根据地访问。凡属老根据地（包括游击区），均组织老根据地访问团。

1978 年

"文革"期间省老区建设工作委员会（简称省老建委）被迫撤销，设在省民政厅的日常办事机构——老区建设科亦停止工作。

1979 年

6 月 24 日，民政部、财政部联合下发《关于免征革命老根据地社队企业工商所得税的通知》（民发〔1979〕30 号、〔79〕财税 85 号），其中对认定革命老区的标准作了明确规定。第二次国内革命战争根据地的划定标准：曾经有党的组织，有革命武装，发动了群众，进行了打土豪、分田地、分粮食、分牲畜等运动，主要是建立了工农政权并进行了武装斗争，坚持半年以上时间的。抗日根据地的划定标准：曾经有党的组织，有革命武装，发动了群众，进行了减租减息运动，主要是建立了抗日民主政权并进行了武装斗争，坚持一年以上时间的。制定革命老根据地应以生产大队为单位。如果一个公社内，属于革命老根据地的生产大队超过半数，这个公社可算作革命老根据地公社。

1983 年

春节，省委、省政府、省军区与湘潭、岳阳、郴州、常德、自治州等地的党政军机关，结合拥军优属活动，组织小型慰问团，慰问一部分老根据地的县（市）：由省委常委、省政府副省长张文光，省军区顾问于学海带队，慰问慈利、大庸、桑植、永顺等县；省委常委、省总工会主席刘玉娥，省军区顾问马奇带队，慰问浏阳、茶陵、酃县、醴陵等县；省军区副司令员李梓斌、省计划委副主任林梦非带队，慰问华容、平江、岳阳等县；省军区顾问陈新、省司法厅厅长陈书谏带队，慰问郴州地区老根据地各县。

10月，省委和省政府委托省民政厅在郴州召开全省老区工作座谈会。出席会议的有岳阳、郴州和自治州等部分地市和平江、浏阳、醴陵、攸县、茶陵、酃县、桑植、永顺、龙山、大庸、临湘、岳阳、安仁、耒阳、永兴、资兴、郴县、宜章、汝城、桂东、慈利、石门、华容、汨罗（因考虑到湘阴的重点老区乡镇主要集中在已划分出来汨罗，汨罗替代了湘阴）等24个建国初期确认的老区县，以及新确认的保靖、湘潭（含韶山）2个老区县的民政局领导。

1984 年

12 月 26 日，省政府办公厅下发湘政办发〔1984〕81 号文，决定成立湖南省革命老根据地经济开发促进会（简称省老促会），周里任理事长，罗其南、陈芸田任副理事长，许岳松任秘书长。

1985 年

2 月 8 日，省编委以湘编直〔1985〕13 号文批准，省老促会下设日常工作机构——省老区办，并明确为处级单位，配 6 名事业编制，由省政府委托省民政厅管理。

2 月 13 日，省长办公会议研究决定，从老少边穷资金中安排 85 万元、省财政中安排 100 万元，并从省农行安排 300 万元（当年实际落实 250 万元，次年至 1994 年每年省农行都按要求将 300 万元财政贴息贷款计划下达到老区县）财政贴息贷款，作为省老促会扶持老区的专项资金；同时，决定对人均年收入 120 元以下的老区乡实行农业税减半的优惠政策。

2 月 14 日至 16 日，省老促会一届一次常务理事会议在长沙召开。省领导毛致用、熊清泉、陈邦柱和理事长周里参加会议并讲话。

3 月，省老促会安排 30 辆南京牌柴油卡车给 26 个老区县。

5 月 27 日，经省工商局注册，湖南省老区经济技术开发公司成立。

1986 年

3 月 28 日，省商业厅、省供销社、省民政厅、省财政厅、省人民银行、省农业银行以〔86〕湘商字第 049 号联合下发《关于一九八六年对贫困地区赊销絮棉、纯棉布的通知》，明确规定重点照顾老区特困户。

7 月 2 日，省老促会、省财政厅和省民政厅以〔86〕湘老促会字第

004 号联合发文，下拨给 27 个老区县老区经济开发专项资金 500 万元。

10 月，经省委宣传部和省新闻出版局批准，省老促会创办《老区建设报》。该报由王首道题写报名，系当时全国唯一公开发行的老区半月报刊。

1987 年

6 月，省老促会、省财政厅和省民政厅联合发文，下拨给 27 个老区县老区经济开发专项资金 500 万元，安排项目 119 个。

湘鄂赣边区经济开发联络小组分别在湖北咸宁（6 月 23 日至 25 日）、湖南岳阳（8 月 11 日至 13 日）、江西九江（11 月 16 日至 19 日）召开了三次会议，专题研究促进湘鄂赣边老区加快发展问题，并于 11 月向湖南、湖北、江西呈送了《关于加速湘鄂赣老区经济开发的联合报告》。

9 月 8 日，经省新闻出版局批准，《老区建设报》改为周报，统一刊号为 41—63。

10 月 16 日，根据省政府〔1987〕25 号常务会议纪要精神，省民政厅以〔87〕湘民办字第 024 号文批准安化县为革命老根据地。

12 月 3 日至 4 日，省老促会在长沙召开全省老区经济开发工作经验交流会。

1988 年

3 月 25 日，湖南、湖北、江西三省人民政府以湘政〔1988〕10 号、鄂政〔1988〕44 号、赣政〔1988〕37 号联合向国务院呈送了《关于加速湘鄂赣老区经济开发的联合报告》。

4 月 13 日，省老促会、省财政厅和省民政厅以〔86〕湘老促会字第 004 号联合发文，下拨给 28 个老区县老区经济开发专项资金 550 万元。

9月6日，省民政厅以湘民人字〔1988〕第21号文批准，同意省老区经济技术开发公司配10名自负盈亏的集体企业编制人员。

1989 年

1月27日，经省政府领导研究同意，省民政厅以湘民促字〔1989〕第1号文批准，湘阴县、南县、株洲县、衡山县、宁乡县等5县为革命老根据地。

3月20日，省老促会在长沙召开全省老区经济开发座谈会，周里理事长、陈芸田和贺湘楚副理事长、有关地州市政府（行署）和民政局领导、33个老区县（市）的民政局长出席会议。许岳松秘书长代表省老促会作主题发言；郴州、湘潭、岳阳、保靖、石门等个地（市）县的代表介绍经验。

5月12日，省财政厅和省老促会以〔89〕湘老促字第002号联合发文，下拨老区开发资金550万元给34个老区县（含当时尚未正式批准为老区的县级郴州市）。

同年，清理整顿公司期间，省老区经济技术开发公司降格为省老区经济技术开发服务部（后又重新恢复为公司）。

1990 年

6月20日，省老促会和省财政厅以〔90〕湘老促会字第003号联合发文，下拨老区开发资金550万元给34个（含武陵源区）老区县（市）；同年10月30日，省老促会以〔90〕湘老促字第009号文，从有偿扶贫周转金中增拨给安化县20万元用于灾后恢复生产。

6月25日，经报请省长办公会议和省委常委会议研究同意，省民政厅以湘民促字〔1990〕第3号文批准，郴州市（当时的县级市，今北湖区）、衡东县、南岳区、株洲郊区（今已撤并到市属各区）、岳阳市郊区（今撤并到岳阳楼区）、岳阳市北区（今云溪区）、汉寿县、益阳县（今赫山区）、沅江市、安乡县、桂阳县、嘉禾县、长沙县、望城县、长沙郊区（今已撤并市属各区）、溆浦县、新化县、涟源市、冷水江市、湘乡市、双峰县等 21 个县（市、区）为革命老根据地；同年 7 月 19 日，省民政厅报请省委领导同意，以湘民促字〔1990〕第 4 号文批准临澧县为革命老根据地。

8 月，中国老促会商湖南省老促会，并经国家新闻出版署批准，湖南的《老区建设报》更名为《中国老区报》，由中国老促会与湖南省老促会联合主办。

1991 年

上半年，为纪念建党 70 周年，省老促会资助湖南和江西两省人民广播电台举办了"湘赣边界老区纪行"专题节目，两省记者对湘赣边 20 多个老区县（市）采访报道，并将新闻稿汇编成册向全国发行。

4 月 19 日，省财政厅和省民政厅以〔91〕湘民办字第 16 号联合下发了《关于印发〈湖南省老区经济开发资金管理暂行办法〉的通知》；次年 6 月 17 日，省民政厅以湘民老促〔1992〕第 03 号下发了《湖南省老区经济开发资金管理暂行办法》的补充规定。

7 月 21 日，省财政厅和省老促会以〔1991〕湘老促会字第 3 号联合发文，向 56 个老区县（市）下拨老区开发资金 600 万元。

同年，省社科院经济研究所湖南老革命根据地经济发展研究课题组完成《湖南老区乡镇企业发展问题研究》专题调研报告（执笔：史永铭 肖毅敏）。

1992 年

3月1日，省老促会对近7年来全省老区工作情况进行了较全面的回顾总结，撰写了《湖南省革命老根据地情况汇报》。

5月14日，省老促会和省财政厅以〔92〕湘老促会字第6号联合发文，向56个老区县（市）下拨老区开发资金650万元。

6月16日至19日，在湘阴县召开了全省老区建设工作暨先进表彰会议。省老促会周里理事长、贺湘楚副理事长，省民政厅许岳松厅长，李定坤、余先端副厅长等出席会议。省老区办主任张成桂作《工作报告》。会上表彰了14个先进单位和23个优秀项目。

7月2日，省老促会、省物资厅、井冈山五县科技扶贫领导小组办公室以湘老促会发〔1992〕第9号联合发文，支持汝城、桂东、酃县、茶陵、平江等老区县钢材共300吨，并分配汝城、桂东东风牌卡车各1台。

8月15日，省扶贫领导小组和省计委以湘贫联安〔1992〕08号联合下发了《关于下达1992年扶贫钢材指标的通知》，其中分配给长沙县、望城县、攸县、湘阴县、石门县、益阳县、新化县、双峰县、永顺县、龙山县扶持老区经济开发钢材指标共计220吨。

1993 年

年初，根据省财政厅的要求，省老区办对近两年的老区项目资金使用情况进行检查，同年4月以湘老促会〔1993〕第3号文提交了《关于九一、九二年老区资金自查情况的报告》。

3月，省农业银行以湘农银〔1993〕农字第29号文下发了《关于老区经济开发贷款有关问题的通知》。

5月18日，省老促会和省财政厅以湘老促会〔.1993〕第004号联合发文，向56个老区县（市、区）下拨老区开发资金700万元。

年底，省老促会对 1990 年至 1993 年全省老区人口、土地面积、生产总值、人均纯收入等基本情况进行了一次列表统计。

1994 年

7 月 7 日，省老促会和省财政厅以湘老促会〔1994〕第 001 号联合发文，向 56 个老区县（市、区）下拨老区开发资金 700 万元。

7 月 19 日，报请省委和省政府批准，省民政厅分别以湘民促发〔1994〕第 03 号至第 14 号文，批准澧县、鼎城区、津市市、衡阳县、衡南县、祁东县、常宁市、邵阳县、武冈市、临武县、祁阳县、蓝山县等 12 个县（市、区）为革命老根据地。

9 月，省老促会编纂的全面介绍全省 56 个老区县（市、区）历史功绩和经济发展现状的专辑——《湖南老区》，由湖南人民出版社出版发行。

9 月 17 日，省委、省政府以湘发〔1994〕17 号文联合下发了《关于支持湘西土家族苗族自治州实施"八七"扶贫攻坚计划的意见》。

年底，省老区办对 1985 年至 1994 年老区资金安排使用情况进行了一次分类统计；同时，对 68 个老区县基本情况进行了一次统计。

1995 年

1 月 17 日，省老区办提交了《九三、九四两年老区资金使用和有关情况的汇报》。

3 月 6 日，省政府办公厅以湘政办函〔1995〕56 号下发《关于调整省老促会领导成员的通知》，周里因年事已高改任顾问，宋廷同任理事长、李定坤任副理事长兼秘书长、张成桂任副理事长兼办公室主任。

6 月，省老促会和省财政厅以湘老促会〔1995〕第 002 号联合发文，向 68 个老区县（市、区）下拨老区开发资金 700 万元。至 2004 年每年分配资金县数和金额一直保持未变。

6月21日，在中国老促会顾问方强（海军原副司令员、开国中将，平江县长寿街人）积极协调推动下，汨罗江黄金洞水库竣工。该项目得到农业部、水利电力部和湖南省委、省政府大力支持，总投资9800多万元，于1992年动工，历时多年建成。

1996 年

年初，省老促会组织开展了半年多的"老区百村贫困调查活动"。

7月29日，省委、省政府以湘发〔1986〕22号文联合下发了《关于进一步加强贫困地区工作的决定》。

8月6日，省委《内参》第34期转发了省老促会《关于百个老区村贫困情况的报告》。

8月25日，省老区办创办内部工作通讯《湖南老区》。

10月8日，湖南省老促会与中国老促会在北京人民大会堂联合举办"纪念红军长征胜利60周年"大型座谈会暨征文活动颁奖仪式。省老促会理事长宋廷同应邀出席座谈会。

10月10日，省民政厅以湘民社团发〔1996〕87号文批准，湖南省老区扶贫基金会注册登记。

10月28日，省委、省政府以湘发〔1996〕26号文联合下发了《关于转发省革命老根据地经济开发促进会〈关于加强老区扶贫攻坚工作的报告〉的通知》。

1997 年

2月27日，上海农行向省老促会捐赠35.7万元援建彭德怀希望小学。

3月1日至2日，在长沙召开了全省老区工作会议。省委副书记胡彪和省老促会顾问周里出席会议并作重要讲话。宋廷同作《胸怀大局，围绕中心，充分发挥老促会在扶贫攻坚中的促进作用》的工作报告。全省14个地州市民政局分管领导和老区办主任、部分老区县市老区办主任，省财政厅、审计厅、农行、扶贫办以工代赈办等省直机关负责人共62人参加会议。

3月22日，省老促会和省扶贫办以湘老促会〔1997〕第006号联合发文，分别重点安排桑植、永顺、保靖、平江、桂东、新化各40万元，安化、汝城各30万元，共300万元的扶贫资金。

6月，省老促会撰写《社会主义市场经济条件下老区扶贫攻坚的调查与思考》报告；发出《向湖南省老区贫困地区献爱心——致社会各界的公开信》。同月，娄底市革命老根据地经济开发促进会成立。丛树英（原省人大常委会委员）任顾问，阳花萼（原娄底行署副专员）任会长。

7月31日，常德市革命老根据地经济开发促进会成立，洪明祥（原常德市副市长）任会长。2016年8月29日，常德市革命老根据地经济开发促进会更名为常德市老区建设促进会。

1998 年

3月3日，省老促会在长沙召开了理事长会议，省委副书记、名誉理事长胡彪和副省长、名誉理事长庞道沐出席会议并分别作重要讲话。

3月12日至14日，在炎陵县召开全省地州市老区办主任座谈会。

5月5日至6月25日，省委宣传部和省老促会联合组织了"三湘老区行"大型新闻采访活动。共刊播文字稿56篇、6万字，刊登照片9幅，播出电视系列专题片21集。

6月18日，中国老促会在湖南长沙召开《中国老区报》工作会议，研究如何提高报纸质量和扩大发行。来自18个省（区、市）老促会有关同志进行了热烈讨论。中国老促会常务副会长王作义、湖南省老促会理事长宋廷同、省民政厅厅长李定坤、省老区办主任张成桂以及省委宣传部李颖、省新闻出版局杨纲等同志参加会议。中国老区报社社长、总编辑黎必刚向会议汇报工作。

7月中旬，湖南省老促会联合中国老促会、中国老区报社编辑出版《热血丹心》征文集。

同年，各级老区工作部门分别为刘少奇希望小学募集资金80万元、为彭德怀家乡乌石中心小学募集资金62万元、为荣桓中学募集资金20万元。

1999 年

3月25日至26日，在祁阳县召开了全省地州市老区办主任座谈会。省老区办主任张成桂作了题为《贯彻党的十五届三中全会决定，脚踏实地抓好老区开发工作》的主题发言。

4月12日，省老促会以湘老促会〔1999〕第01号文，下拨老区扶贫贴息贷款430万元。

5月12日，省审计厅驻省民政厅审计处对省老区公司财务收支情况以审计民字〔1999〕01号作出了审计结论。

6月9日至11日，中国老区报社在张家界市召开座谈会。湖南、广东、福建、湖北等8省（区）老促会有关人员和扶贫办、老区办的同志参加会议。中国老促会宣传联络委员会副主任张定椿到会讲话。

8月17日，省民政厅根据中央扶贫工作会议和省委常委会议精神，制定了《民政厅扶贫工作计划》，向省委报告了老区扶贫和对口扶贫工作。

同年秋，省老区办撰写的《艰苦奋斗，再展雄风——湖南老区50年》的文章，被录入《湖南辉煌50年》。

同年，老区工作部门为贺龙希望小学募集资金 20 万元，为浏阳市胡耀邦希望小学募集资金 50 万元。

2000 年

4 月 13 日，在长沙召开了全省市州老区办主任座谈会和全省老区项目衔接会议。

5 月 22 日，原中顾委委员、中共湖南省委书记、省老促会顾问周里在长沙逝世，享年 97 岁。

6 月 16 日，省老促会以湘老促字〔2000〕第 02 号文，下拨老区扶贫贴息贷款 430 万元。

7 月 1 日，根据中央 30 号文件有关调整报刊结构的意见精神，并报经国家新闻出版署和湖南省新闻出版局批准，《中国老区报》并入《湖南日报》报业集团，改办《现代消费报》。

11 月 15 日，省老区办下发《关于建立老区工作年报制度和搞好 2000 年老区工作年报的通知》，出台了《湖南省老区工作先进单位评比标准》，开始试行老区工作目标管理考核制度。

12 月 28 日，在长沙召开了全省市州老区办主任会议，省老区办主任余跃在会上作了《抓住历史机遇，明确工作目标，开创新世纪我省老区工作新局面》的工作报告。

2001 年

3 月 22 日，省老促会在长沙召开了理事长会议。省老促会名誉理事长、省政协原主席刘正出席会议并讲话。宋廷同理事长作了题为《认清形势，明确任务，大力促进新世纪老区扶贫开发工作》的报告。

4 月 27 日，省委和省政府办公厅下发了《关于印发〈省老促会理事长会议纪要〉的通知》；5月12日省委《内参》18期刊载了刘正的讲话。

4月23日，省老促会以湘老促会办发〔2001〕01号下发了《关于全省老区办业务工作实行目标管理的通知》。

5月8日，省老区经济技术开发公司停止一切业务活动；11月底，聘请财会人员对公司财务进行了清理审计。

6月21日至22日，省老区办在长沙召开了项目管理工作会议，组织全省市州老区办主任学习了中央和省有关扶贫资金管理方面的政策法规。

12月5日，省财政厅和省老促会以湘财农指〔2001〕67号联合发文，下拨老区扶贫资金30万元（因农民贷款手续繁杂，将原财政老区扶贫贴息金直接转成项目资金）。

2002 年

1月5日，省老区办在《湖南老区》第36期上刊载了《关于老区扶贫开发项目的调查与思考》，提出了新的项目工作思路。

2月23日，省政府办公厅以湘政办函〔2002〕27号下发《关于调整省老促会领导成员的通知》，省老促会由周伯华、庞道沐任名誉理事长，王克英任理事长，黄祖示、李定坤、章锐夫任副理事长，李定坤兼任秘书长，杨明波任副秘书长。

5月20日至23日，中国老促会和省老促会联合在桑植县举办了"兽医数值诊断法培训班"（后称全省老区第一期农村实用科学技术培训班），省老促会副理事长黄祖示、中国老促会医委会常务副主任施祥明、省民政厅副厅长兼省老促会副秘书长杨明波出席开学典礼。

6月12日至14日，在郴州召开全省市州老区办主任会议。

7月31日至8月2日，中国老促会在北京国际会议中心召开了"中国老区旅游扶贫论坛暨老区百县旅游资源推介会"。省老区办组织部分市州县老区办同志参加了会议。

8月16日至20日，省老区办在长沙举办了一期全省老区项目管理培训班。

11月7日，省民政厅以湘民发〔2002〕59号批准，同意登记（湘证字第110005号）成立湖南省革命老区经济技术咨询服务中心。

11月22日，省财政厅和省老促会以湘财农指〔2002〕81号联合发文，下拨老区扶贫项目资金30万元。

11月25日至30日，省老区办在长沙举办了以特种珍禽养殖为主要内容的全省老区第二期实用技术培训班。

12月11日下午，省委副书记、常务副省长、省老促会名誉理事长周伯华，省政协主席、省老促会理事长王克英等，在省民政厅专题听取了老区工作情况汇报。

2003 年

1月16日，省民政厅以湘民办发〔2003〕1号下发了《关于2002年度全省老区业务工作目标管理考核等有关情况的通报》，表彰了自治州、娄底市、郴州市、益阳市、岳阳市等老区办。

4月20日至24日，省老区办在永顺县召开了全省老区项目管理工作会议，总结交流了近年来老区项目管理工作经验。

6月27日，省民政厅以湘民管发〔2003〕08号批复，同意湖南省老区扶贫基金会更名为湖南省老区发展基金会。

7月18日，省委和省政府办公厅以湘办〔2003〕38号联合发文，重新调整省老促会领导成员，由代省长周伯华、省人大副主任庞道沐和副省长杨泰波同志任名誉理事长，省政协原主席王克英同志任理事长，省政府顾问罗桂求、省政协副主席章锐夫、省军区原副政委黄祖示、省民政厅厅长余长明、省财政厅厅长李友志等同志任副理事长，明确了 15 个部、办、委、厅、局为常务理事单位。

8 月 18 日，省人事厅下发湘人函〔2003〕04 号文，同意省革命老根据地经济开发促进会办公室纳入实施国家公务员制度管理范围。

8 月 26 日至 31 日，省老区办在安化县举办了以杜仲等药材种植技术为主要内容的全省老区第三期农村实用科学技术培训班。

10 月 15 日至 20 日，省老区办在石门县举办了以柑橘等水果种植技术为主要内容的全省老区第四期农村实用科学技术培训班。同时，召开全省老区宣传工作会议。

11 月 12 日至 16 日，中国老促会在上海召开"中国老区经济发展论坛暨老区百县资源（产品）推介会"。省老区办组团出席。

12 月 5 日，省老促会通过组织记者赴部分重点老区采访，与《湖南日报》合办一期"关注老区"的专版，分别刊载了王克英理事长《实践"三个代表"促进老区建设》文章和记者《让红土地焕发新春》长篇通讯报道。

12 月 24 日，省财政厅和省老促会以湘财农指〔2003〕81 号联合发文，增拨老区扶贫资金 100 万元。

12 月 31 日，省民政厅以湘民办函〔2003〕45 号下发了《关于 2003 年度全省老区业务目标管理考核情况的通报》，分别表彰了娄底市、衡阳市和株洲市老区办。

2004 年

2 月 13 日，省老促会在长沙召开了三届一次常务理事会议。会议由王克英理事长主持，周伯华、庞道沐、杨泰波等名誉理事长，罗桂求、章锐夫、黄祖示副理事长分别在会上作重要讲话。省政府办公厅于 4 月

1 日以湘政办函〔2004〕53 号文印发此次会议《纪要》；3 月 24 日在其《内部情况通报》第 8 期上刊载了周伯华、王克英、杨泰波的讲话。

3 月 4 日，《湖南日报》刊载了《在湘全国政协委员呼吁加大老区建设支持力度》的报道。

3 月，王克英理事长在全国政协会议上作了《大力开发红色旅游资源，积极促进老区小康进程》的发言，引起强烈反响。

4 月 19 日至 25 日，省老区办在桂阳县举办了以烤烟等种植技术为主要内容的全省老区第五期农村实用科学技术培训班。

6 月 13 日至 19 日，省老区办在茶陵县举办了以野猪等养殖技术为主要内容的全省老区第六期农村实用科学技术培训班。

7 月 28 日至 8 月 2 日，省老促会与湖南商学院组织大学生利用暑假赴桑植县和永顺县开展了一次以"走近红色沃土，追寻先辈足迹，弘扬老区精神，发掘红色旅游资源，开展社会实践，服务老区群众"为主题的"大学生老区行"活动。共收到调研报告和文章 10 余篇，其中《让湘西北红色旅游火起来》在《湖南日报》上发表；省老区办撰写的《湘西红色旅游资源的调查与思考》获 2004 年度全省民政优秀调研报告和论文二等奖；《桑植县红色旅游与绿色旅游协调发展思路研究》获省大学生暑期课题论文三等奖。

8 月 28 日，省老促会在长沙召开了三届二次常务理事会议，着重研究筹备召开全省老区工作会议等重要事项。

9 月 2 日，岳阳市革命老根据地经济开发促进会成立。陈志刚（岳阳市人大常委会原主任）任会长。

9 月 13 日至 17 日，省老区办在浏阳市永安镇举办了以花卉苗木等种植技术为主要内容的全省老区第七期农村实用科学技术培训班。

10 月中旬，省老区办分别派人赴平江、茶陵、宜章、浏阳、安化、新化等县（市），对部分老区特困乡村进行了一次较深入细致的贫困现状调查，撰写了《部分老区村贫困现状的调查报告》；并对全省重点老区县乡镇和老区扶贫开发工作重点村的基本情况进行了一次摸底统计。

10 月 29 日和 12 月 13 日，省财政厅和省老促会分别以湘财农指〔2004〕35 号、105 号联合发文，各下拨老区扶贫资金 100 万元。当年，全省老区项目资金增至 900 万元。

12 月 27 日，在长沙召开了全省老区工作电视电话会议，由王克英理事长主持，罗桂求副理事长宣读《省老促会、省民政厅关于表彰全省老区工作先进集体和先进工作者的决定》（湘老促发〔2004〕05 号）；许云昭副省长出席会议并作重要讲话；余长明厅长代表省老促会作《工作报告》；部分受表彰的先进集体在会上介绍了经验。

2005 年

春节前夕，省老促会和省福彩中心联合组织"2005 福彩慈善迎新春送温暖爱心献老区活动"，向平江县、桑植县、浏阳市、茶陵县、龙山县、安化县、新化县、炎陵县、桂东县、宜章县等老区群众发放了 6000 床、价值 70 万元的棉被等慰问物资。

2 月 25 日，省老区办印发《关于加强全省老区农村实用科学技术培训工作的意见》，全年先后在湘潭、保靖、汝城、祁阳和祁东等地举办了 5 期（第八至十二期）培训班，培训学员 400 余人次。同时，全省各级老区办共举办老区农村实用技术培训班 23 期，共培训学员近 2000 人次。

3 月至 4 月中旬，省老促会特邀《经济日报》驻湘记者站和《湖南日报》记者，深入 6 个老区县中 14 个乡镇的 40 多个老区基点村，对老区最边远贫困地区的乡村进行实地调查。《经济日报》在重要版面连载了 8 篇题为《脚板底下访老区》的专题报道，《湖南日报》发了 2 篇专题报道，并在《情况反映》《湖南内参》发表了 9 篇内参稿件，引起了中央和省有关领导对老区扶贫开发工作的进一步关注。

4 月下旬，省老促会配合中国老促会完成的桑植在乡红军后代生活情况的联合调查报告，通过新华社内参《国内动态清样》呈报中央高层领导，引起了中央领导和国家有关部门对此类问题的进一步重视。

5 月 5 日，湖南省老促会同志陪同中国老促会副会长兼秘书长任凤杰、农工委主任林仁惠，到贺龙元帅家乡桑植县调查在乡老红军及其后代的生活状况。调查报告刊登在新华社《国内动态清样》（2005 年 6 月 11 日第 1653 期）。

6 月，省老区办撰写《全省老区贫困乡村调查报告》，获得了全省 2005 年度优秀民政调研报告和论文一等奖。

7 月 29 日，中华爱国工程联合会秘书长李和平、顾问陈干群、方志敏烈士孙女方丽华等在长沙举行《可爱的中国》赠书仪式。

8 月 4 日，省财政厅和省老促会分别以湘财农指〔2005〕38 号联合发文，向 68 个老区县下拨老区扶贫项目资金 900 万元。

9 月 28 日，衡阳市革命老根据地经济开发促进会成立。谢青生（原市委副书记）为名誉会长，蒋勋功（原副市长）为会长。

11 月 16 日，省老促会在长沙召开了三届三次常务理事会议。会议由王克英理事长主持，庞道沐、杨泰波等名誉理事长，罗桂求、黄祖示副理事长分别在会上作重要讲话。余长明副理事长代表省老促会作《工作报告》。

12 月 6 日，湘西自治州革命老根据地经济开发促进会成立，王承荣（原州委副书记）为理事长。

2006 年

1月11日，省老促会与省委组织部、省委宣传部、省发改委、省财政厅、省人事厅、省卫生厅、省农业厅、省林业厅、省科技厅、省教育厅、省交通厅、省民政厅、省水利厅、省扶贫办、省科协等15个常务理事单位以湘老促字〔2006〕01号联合出台了《关于省老促会与常务理事单位建立支持革命老区开发建设工作联系制度的意见》，初步形成了部门支持老区建设的长效机制。当年，分别向10个常务理事单位提交了185个扶持的项目，全年共落实省直部门支持老区扶贫开发项目资金3600余万元。

1月27日，省民政厅以湘民办函〔2006〕5号下发了《关于表彰2005年度全省老区业务目标管理优秀单位的通报》，表彰了湘西自治州、衡阳市、株洲市、岳阳市、郴州市、湘潭市老区办。

春节前夕，省老促会继续开展了"新春向老区送温暖活动"，向18个老区县市的在乡老红军、老党员、老游击队员、老退伍军人和老村支书捐赠了7200床棉被和16000余件衣物等慰问物品。

2月14日，省老区办以湘老区办〔2006〕01号文下发了《关于进一步做好老区农技培训工作的通知》。3月至8月，省老区办先后在新化、华容、宜章、武冈、永顺举办了5期（第十三期至第十七期）农技培训班，培训老区群众470余人次；尝试开展了推介老区青年进城务工的工作，先后推介50余名来自平江、湘阴等老区县的青年到长沙宾馆等服务行业进行实习培训上岗。据不完全统计，全年省市县三级老区工作部门共举办各类培训班50余期，培训4000余人次，并向宾馆、建筑等行业推介老区进城务工人员500余人。

6月1日，省财政厅和省老促会分别以湘财农指〔2006〕19号联合发文，向 68 个老区县下拨老区扶贫项目资金 1000 万元。

12 月，省老区办编印由王克英理事长题写书名的《2006 年全省老区扶贫开发工作画册集锦》，收集整理了三湘老区新农村建设成果的图片资料 150 余张。

2007 年

春节前夕，省老促会开展了"新春向老区送温暖活动"，分别发给平江、桑植、龙山、保靖等 18 个贫困老区县价值 60 万元的棉被 5000 床和 20000 多件衣服。

2 月 5 日，省老促会在长沙召开三届四次常务理事会议。会议由王克英理事长主持。省政府顾问、副理事长罗桂求，省政协副主席、副理事长章锐夫，省军区原副政委、副理事长黄祖示，省民政厅厅长、副理事长兼秘书长余长明，以及 15 个常务理事单位的领导出席了会议。与会同志一致赞同尽快以省委、省政府的名义出台《关于加强老区建设工作的意见》，并通过省人大颁布《湖南省扶持革命老区发展条例》。

4 月 7 日，全省市州老区办主任会议在湘潭市召开。省民政厅副厅长兼省老促会副秘书长张成桂在会上讲话，省老区办主任吴跃进作《工作报告》。

4 月至 10 月，在湘潭、溆浦、永顺、临湘举办了 4 期（第十八至二十一期）全省老区农村实用科学技术培训班。

4 月，根据部分人大代表和政协委员的要求，省民政厅以湘民字〔2007〕17 号文报请省政府领导批准，重新启动了老区县（市、区）的审批工作。

5 月 19 日和 6 月 4 日，省老促会以湘老促字〔2007〕第 02 号文、省财政厅以湘财农指〔2007〕23 号文，向 68 个老区县下达 1000 万元的老区扶贫项目计划和资金指标。

6月5日，经报请省政府领导批准，省民政厅以湘民办发〔2007〕34号至39号文，分别认定屈原管理区、桃江县、西洞庭管理区、娄星区、桃江县、君山区为革命老根据地。

8月3日，省委、省政府以湘发〔2007〕16号文下发《关于加强老区建设工作的意见》，进一步明确了加强今后全省老区建设的指导思想、目标任务、工作重点、政策措施。

10月11日，省老区办以湘老区办字〔2007〕02号下发《关于印发〈湖南省革命老区开发项目管理办法〉（试行）的通知》，进一步规范了项目管理和申报等工作。

11月12日，省政府以湘政函〔2007〕234号向财政部提交《关于请中央财政增加老区转移支付资金的函》。

2008 年

春节前夕，省老促会开展了"新春向老区送温暖"活动，分别向桑植、石门、临湘、华容、宜章、汝城、永兴、湘潭等12个老区县（市）发放了4200床慰问棉被。

1月14日，经报请省政府领导批准，省民政厅以湘民办发〔2008〕4号至10号文，分别认定江华瑶族自治县、城步苗族自治县、洞口县、绥宁县、沅陵县、麻阳苗族自治县、通道侗族自治县为革命老根据地。

1月下旬，中国老促会向湖南遭受冰冻灾害老区捐款10万元，用于灾后重建。

1月30日，省老促会三届五次常务理事会议在长沙召开，王克英理事长主持会议。出席会议的有省老促会副理事长庞道沐、罗桂求、章锐夫、黄祖示，以及省委组织部、省委宣传部、省人事厅、省发改委、省财政厅、省交通厅、省教育厅、省民政厅、省农业厅、省林业厅、省科技厅、省劳动和社会保障厅、省建设厅、省扶贫办、省烟草专卖局、省科协等16个常务理事单位的领导或代表。省民政厅厅长、省老促会副理事长兼秘书长余长明代表省老促会作《工作报告》。

3月25日至4月4日，中国老促会第19批医疗队赴保靖县巡回义诊，慰问遭受严重雨雪冰冻灾害的群众，诊治患者3800多人次，作了2场学术报告。

4月8日至9日，在祁阳县召开了全省市州老区办主任会议。张成桂副厅长到会讲话。

4月至8月，为了加快老区立法进程，省老区办向省人大法制委进行了专题汇报；配合省政府法制办召开了专题座谈会；随省法制办赴湖北学习考察老区立法工作经验；配合省人大内司委赴平江、浏阳等重点老区开展立法调研。11月28日省人大通过《湖南省扶持革命老区发展条例》。

5月16日，经报请省政府领导批准，省民政厅以湘民办发〔2008〕54号至56号文，分别认定新宁县、古丈县、花垣县为革命老根据地。

6月24日，省老促会以湘老促字〔2008〕第02号文、省财政厅以湘财农指〔2008〕42号文，分别向74个老区县下达1000万元的老区扶贫项目计划和资金指标。

7月4日，经报请省政府领导批准，省民政厅以湘民办发〔2008〕66号至70号文，分别认定凤凰县、芷江侗族自治县、隆回县、道县、西湖管理区为革命老根据地。

2009 年

1月4日，省民政厅以湘民办发〔2009〕2、3、4、5号文，认定新邵县、新晃侗族自治县、新田县、宁远县为革命老根据地。

2月26日，省老促会三届六次常务理事会议在长沙召开，会议由理事长王克英主持，省民政厅厅长兼省老促会秘书长余长明作工作报告，省委常委、常务副省长兼省老促会名誉理事长于来山到会讲话。

6月25日，省老促会、省财政厅下达2009年度老区财政扶贫项目资金1200万元（湘老促字〔2009〕2号）。

10月13日，省财政厅、省老促会联合印发《关于革命老区专项转移支付资金管理有关事项的函》（湘财预函〔2009〕5号），对革命老区专项转移支付资金的使用范围、分配原则、项目管理、资金监管等提出了明确要求。

2010 年

1月5日，省老区发展基金会募集资金50万元，开展了老区"迎新春送温暖"走访慰问活动。

1月29日，省老促会三届七次常务理事会在长沙召开，王克英理事长主持会议，省民政厅厅长兼省老促会副理事长余长明作工作报告，省老促会名誉理事长于来山到会讲话。

4月28日，全省老区工作座谈会在桃源县召开，省民政厅纪检组长兼省老促会副秘书长赵强到会讲话。

6月4日，省老促会、省财政厅下达2010年度老区财政扶贫项目资金1200万元（湘老促字〔2010〕01号），后追加100万元（湘老促字〔2010〕02号）。

7月9日，省民政厅以湘民办发〔2010〕40、41、42、43、44、45、46号文，认定邵东县、资阳区、泸溪县、吉首市、辰溪县、会同县、靖州苗族自治县为革命老根据地。

7月22日，省党史研究室、省老区办派人赴北京，向中央党史研究室有关领导汇报湖南苏区县认定工作，呈请审阅《关于请求认定井冈山、湘赣、湘鄂赣、湘鄂西、湘鄂川黔革命根据地有关苏区县的报告》。

12月，省老促会、省民政厅、省委党史研究室编纂完成《湖南土地革命战争时期苏区历史研究报告》，分别向中央党史研究室、湖南省人民政府报告。

2011 年

1月1日，省老促会组织编写《湖南老区》一书正式出版发行，省委书记周强、省人民政府省长徐守盛共同为《湖南老区》一书作序。

4月20日，省老促会三届八次常务理事会议在长沙召开。王克英理事长主持会议，省民政厅厅长兼省老促会副理事长余长明作工作报告，省委常委、常务副省长兼省老促会名誉理事长于来山出席会议并讲话。

5月19日，全省老区工作座谈会在汉寿县召开，省民政厅纪检组长兼省老促会副秘书长赵强出席会议并讲话。

6月，省老促会、省财政厅下达2011年度老区财政扶贫项目资金1300万元（湘老促字〔2011〕01号）。

8月26日，省委下发《中共湖南省委办公厅关于开展全省苏区认定工作的通知》（湘办〔2011〕53号）文件，部署全省苏区县认定工作。同日，省委批准成立湖南省苏区县认定工作领导小组。王克英任顾问，杨泰波任组长，钟万民、余长明、陈克鑫、黄赤青、赵强、夏远生任副组长。领导小组办公室设省委党史研究室。

10月18日，全省苏区县认定工作会议在长沙召开，有关市州委秘书长、党史研究室主任，有关县市区委办主任、党史办主任或民政局局长，省直有关单位负责人参会。省委常委、秘书长杨泰波到会讲话。

11月1日，省人大内务司法委员会下发《关于调研〈湖南省扶持革命老区发展条例〉执行情况的通知》。省老促会联合有关部门通过调研后撰写了《关于〈湖南省扶持革命老区发展条例〉贯彻落实情况的报告》。

2012 年

2月14日，省老促会三届九次常务理事会在长沙召开，会议由王克英理事长主持，省民政厅厅长、省老促会副理事长余长明作工作报告，副省长兼省老促会名誉理事长于来山到会讲话。

4月19日，全省老区工作座谈会在韶山召开，省民政厅纪检组长兼省老促会副秘书长赵强出席会议并讲话。

7月22日，省政协信息专刊2012年第003期刊发《关于将湖南省原苏区县纳入比照赣南等原中央苏区振兴发展政策范围的建议》的文章。

8月27日，省民政厅向省委、省政府呈交《关于进一步争取中央加大对湖南老区支持力度的工作汇报》，提出结合"申苏"工作，把隶属原井冈山、湘赣、湘鄂赣等革命根据地的老苏区县作为工作重点，争取享受赣南中央苏区的同等优惠政策。省委书记周强批示"同意所提方案"。省委副书记梅克保批示"请省民政厅拿出具体方案，择时可专题研究一次"。

10月11日，省老促会、省财政厅下达2012年度老区财政扶贫项目资金1700万元（湘老促字〔2012〕01号）。

10月16日，省委副书记、省长徐守盛签发《湖南省人民政府关于将部分县市区纳入原中央苏区振兴发展规划范围的请示》（湘政〔2012〕41号），上报国务院。

2013 年

1 月 18 日，省老促会三届十次常务理事会在长沙召开，王克英理事长主持，省民政厅纪检组长兼省老促会副秘书长赵强作工作报告，副省长兼省老促会名誉理事长于来山到会讲话。

4 月 26 日，全省老区工作座谈会在沅陵县召开，省老促会副秘书长赵强出席会议并讲话。

6 月 4 日，省老促会、省财政厅下达 2013 年度老区财政扶贫项目资金 1980 万元（湘老促字〔2013〕01 号）。

9 月 29 日，张家界市革命老根据地经济开发促进会成立。许显辉（时任市委副书记、市人民政府市长）、刘群（时任市委常委、市委统战部部长）任名誉会长，陈美林（原市委特邀顾问、正厅级干部）任会长。2021 年 3 月 24 日，张家界市革命老根据地经济开发促进会更名为张家界市老区建设促进会。

2014 年

2 月 8 日，新华社内参第 486 期发表《湖南部分贫困老区发展乏力有待政策扶持》文章，引起中央高层领导重视。

2 月 24 日，民政部部长李立国在郴州汝城主持召开第 2 次罗霄山片区区域发展与扶贫攻坚工作会议，国务院扶贫办主任刘永富，湖南省委副书记、省长杜家毫出席会议并讲话。罗霄山集中连片特殊困难地区扶贫攻坚工作于 2013 年启动，片区横跨湖南、江西两省的 24 个县，属于原井冈山革命根据地和中央苏区范围，我省株洲市的炎陵县、茶陵县和郴州市的桂东县、汝城县、宜章县、安仁县纳入罗霄山片区扶贫攻坚试点。

2 月 26 日，省民政厅以湘民字〔2014〕12 号向省政府提交关于省老区办继续归口省民政厅管理的请示。

3月上旬，全国两会期间，驻湘全国政协委员联合提交《湖南部分老苏区县应同等享受国家有关优惠政策》提案，建议中央有关部门将湖南省相关老苏区县，纳入国家《关于支持赣南等原中央苏区振兴发展的若干意见》支持范围。

3月20日，国务院批准印发《赣闽粤原中央苏区振兴发展规划》，将湖南平江、浏阳、醴陵、攸县、茶陵、炎陵、安仁、永兴、资兴、桂东、汝城、北湖、苏仙、宜章、桂阳、嘉禾、耒阳、临武等18个县纳入联动发展。

6月12日，《湖南省人民政府办公厅关于调整部分议事协调机构组成人员的通知》（湘政办函〔2014〕55号）明确：省老促会，盛茂林同志任名誉理事长，王克英任理事长，庞道沐、罗桂求、蔡力峰、章锐夫、黄祖示、段林毅、郑建新同志任副理事长，办公室设在民政厅。

6月19日，省财政厅下达财政专项扶贫（老区发展）资金2000万元（湘财农指〔2014〕6号）。

6月23日，省财政厅、省扶贫办、省发展和改革委、省民政厅、省民委联合下发湘财绩〔2014〕20号关于开展2013年度省级财政专项扶贫资金重点绩效评价工作的通知，其中包括老区发展资金。

8月15日，省老促会四届一次常务理事会在长沙召开。会议由王克英理事长主持，省民政厅厅长兼省老促会秘书长段林毅作工作报告，副省长兼省老促会名誉理事长盛茂林出席会议并讲话。

8月26日，全省老区工作座谈会在长沙召开，省老促会副秘书长赵强出席会议并讲话。

10月23日，由湘鄂赣三省党史研究室联合主办的第三届湘鄂赣苏区论坛在平江县举行。主题是"弘扬苏区精神，促进区域发展"。

2015 年

1月9日，省民政厅以湘民函〔2015〕3号文件，认定武陵区为革命老根据地。

6月9日，省老促会、省财政厅下达2015年度财政专项扶贫（老区发展）资金2200万元（湘老促字〔2015〕01号）。

8月13日，省老促会四届二次常务理事会在长沙召开，王克英理事长主持，副省长兼省老促会名誉理事长蔡振红到会讲话，副理事长蔡力峰宣读《关于递补、增补省老促会组成人员的通知》，省民政厅厅长、省老促会副理事长兼秘书长段林毅作工作报告。

2016 年

1月14日，省民政厅以湘民函〔2016〕6号文，认定洪江市、洪江区、中方县、鹤城区为革命老根据地，以湘民函〔2016〕7号文认定双牌县、零陵区、冷水滩区、江永县、东安县和金洞管理区为革命老根据地。

5月23日—24日，"纪念红军长征胜利80周年、弘扬老区精神座谈会"在张家界市永定区召开。中国老促会会长王健作《铭记长征历史功绩，弘扬革命老区精神，为打赢老区脱贫攻坚战贡献力量》主题讲话，全面系统地阐述了老区精神，即"爱党信党、坚定不移的理想信念；舍生忘死、无私奉献的博大胸怀；不屈不挠、敢于胜利的英雄气概；自强不息、艰苦奋斗的顽强斗志；求真务实、开拓创新的科学态度；鱼水情深、生死相依的光荣传统。"

5月24日，省财政厅下达2016年财政专项扶贫（老区发展）资金2400万元（湘财农指〔2016〕33号）。至2019年每年均安排2400万元。

9月26日，省委办公厅、省政府办公厅印发《关于加大脱贫攻坚力度支持革命老区开发建设的实施意见》（湘办发〔2016〕38号）。

11月15日，全省老区工作座谈会在娄底市召开，省民政厅副厅长兼省老促会副秘书长李劲夫出席会议并讲话。

同年，《省政府办公厅关于调整撤并部分议事协调机构组成人员的通知》（湘政办函〔2016〕13号）明确：其中省老促会，蔡振红同志任名誉理事长，王克英任理事长，庞道沐、罗桂求、蔡力峰、章锐夫、黄祖示、段林毅、郑建新同志任副理事长，办公室设在省民政厅。

2017年

6月，中国老促会发出《关于编纂全国1599个革命老区县发展史的安排意见》（中老促字〔2017〕15号）通知，要求全国各老区县认真组织编纂《革命老区县发展史》，为建国70周年献礼。省老区办及时转发了相关通知，并印发《老区县发展史丛书（湖南卷）编审与出版技术规范》。

6月26日至28日，由张家界市承办召开湘鄂西、湘鄂川黔革命老区联席会议。会议的主题是：探讨如何争取落实好中央老区振兴发展政策，促进湘鄂西、湘鄂川黔老区的经济社会发展。中央文献研究室、中央党史研究室、中国老促会有关同志出席，省老促会常务理事、省委党史研究室研究员夏远生，省老区办主任吴跃进参会并讲话。张家界市、恩施州、常德市、荆州市、黔江区、娄底市、洪湖、沅陵等老促会的领导分别在会上作了发言。

9月26日至28日，省老促会、省党史研究室、省扶贫开发办公室、省党史学会和湘西自治州委、永顺县委联合举办了"湖南革命老区贡献与精准扶贫"学术研讨会。

2018 年

2 月 12 日，根据公益基金管理有关要求，经省民政厅批准省老区发展基金会撤销，结余资金 594.6777 万元捐赠给湖南省慈善总会。

7 月 16 日，省民政厅以湘民函〔2018〕31 号批复永州市回龙圩管理区享受革命老根据地政策待遇。

12 月上旬，中国老促会会长王健一行赴湘鄂西和湘鄂川（渝）黔革命老区开展振兴发展专题调研。在广泛听取湖南、湖北、贵州、重庆 4 省（市）老促会意见建议的基础上，中国老促会向国家发改委报送了《关于推进湘鄂西、湘鄂川（渝）黔革命老区振兴发展的调研报告》，建议国家尽早制定出台湘鄂西、湘鄂川（渝）黔革命老区振兴规划，加大该地区的基础设施建设投入和财政支持力度。

2019 年

2 月 1 日，省民政厅下发湘民准字〔2019〕15 号：同意注销登记湖南省革命老区经济技术咨询服务中心的行政许可决定书。

5 月 18 日至 20 日，中国老区建设促进会在湖北恩施召开"庆祝中华人民共和国成立 70 周年暨全国老区宣传工作会议"，省老区办主任王学强参会，省老区办荣获全国"老区宣传工作一等奖"。

7 月 19 日至 22 日，国务院扶贫办信息中心委托中国老区建设画报社在吉林延边组织开展老区贫困县信息采集加工服务项目信息采集培训，永顺、保靖、龙山县 3 人参加培训。

6 月 10 日，省民政厅印发《关于开展湘赣边区乡村振兴示范区创建工作实施方案》，在浏阳、醴陵、攸县、茶陵、炎陵、平江、安仁、宜章、汝城、桂东 10 县市各确定一个村开展重点创建，打造民政系统实施乡村振兴战略的样板区。

11月5日，全省老区工作座谈会在岳阳市召开。省民政厅副厅长兼省老促会秘书长张自银出席会议并讲话。

11月14日，根据财政部农业农村司《关于协助提供农村红色资源保护利用有关情况的函》（财农便〔2019〕357号）要求，省老区办对全省农村红色资源进行了统计。

2020 年

3月2日，省财政厅下达2020年省级财政专项扶贫资金2600万元（湘财预〔2020〕24号）。

3月11日，省发改委、省民政厅联合印发《关于开展湖南省革命老区振兴规划前期研究工作的通知》。6月，省发改委湘西处和省民政厅老区办组织3个组赴12个市州开展专题调研，形成《湖南省革命老区振兴发展规划》建议稿。

5月，朱忠明副省长、唐白玉厅长赴常德、张家界调研，听取2市老区工作情况汇报。

5月，全国两会期间，湖南代表团提交《关于支持湖南革命老区振兴发展的建议》，呼吁国家有关部门将湖南革命老区纳入国家"十四五"特殊类型地区振兴发展重点支持范围。

6月，省老区办围绕1953年省政府确定的376个老区重点建设乡开展调研，走访了浏阳、平江、攸县、石门等地11个重点乡村，了解重点老区基点乡的发展现状，检查扶贫项目落实情况，收集中央南方老根据地访问团慰问线索等。

9月，省老区办委托省国际工程咨询中心有限公司对湖南省落实《关于加大脱贫攻坚力度支持革命老区开发建设的指导意见》（中办发

〔2015〕64号）文件情况进行调研评估，形成调研报告呈送中国老促会。

10月，省老区办参与调研的课题"湖南境内湘鄂西、湘鄂渝黔革命老区脱贫攻坚和振兴发展研究"获得2020年度民政部课题研究三等奖。

10月，经市县推荐，省老促会审查上报，省老促会、张家界市、岳阳市、常德市、冷水江市、双峰县、鼎城区、南岳区等8家老促会单位，以及王克英、阳花萼、陈美林、刘春林、陈光萍、覃光明、梅馥保、肖剑华、蔡泽亮、向鑫海等10人入选"2010—2020全国老促会群英谱"。省老区办被中国老促会授予全国老区宣传工作单位一等奖。

12月16日，全省老区工作座谈会在张家界市召开，省民政厅副厅长兼省老促会秘书长张自银到会讲话。

2021年

3月21日，中国老区建设促进会郐万增（正军职）、徐国强（正师职）来湖南指导推动《革命老区发展史》丛书编纂工作，常德、张家界、娄底等5市老促会派人参加座谈会。在建党100周年之际，全省有66个老区县完成《革命老区发展史》编纂。

3月29日，省财政厅下达2021年省级财政专项扶贫资金2900万元（湘财预〔2021〕29号）。为推动红色资源的保护开发，带动红色旅游和产业发展，当年，省老区办在安排一般项目的同时，选择一批红色资源丰富、有一定基础的项目作重点项目扶持，每个项目安排资金40万元，打造老区乡村振兴亮点。

3月至7月，省民政厅参与《湖南省红色资源保护和利用条例》立法起草工作，配合省人大、省委宣传部等单位完成了《条例》的立项、起草、审议、颁布过程，使湖南在红色资源保护和利用方面走在了全国前列。

9月，为纪念中央人民政府南方老根据地访问团慰问湖南革命老区70周年，省民政厅、省老促会联合湖南经视制播了"重访根据地，起航新征程"5期新闻宣传片，对浏阳、石门、临湘、平江、茶陵进行宣传报道。《中国社会报》刊发《重访根据地，起航新征程——纪念中央人民政府南方老根据地访问团慰问湖南70周年》文章（王学强撰写）。《湖南日报》刊发《弘扬老区精神，赓续红色血脉——省民政厅开展"重访根据地，起航新征程"纪念宣传活动》报道。

10月16日，国家发改委印发《湘赣边区域合作示范区建设总体方案》（发改振兴〔2021〕1465号），提出将湘赣边革命老区打造成为全国革命老区振兴发展的先行区、省际交界地区协同发展的样板区、绿色发展和生态文明建设的引领区。范围包括湖南省的浏阳市、醴陵市、攸县、茶陵县、炎陵县、平江县、安仁县、宜章县、汝城县、桂东县等10个县市和江西省的14个县市。

12月21日，全省老区工作座谈会在常德市召开，省民政厅副厅长兼省老促会秘书长张自银到会讲话。会议对2021年重点项目完成情况进行通报，就用好老区项目资金提出了要求。

后　记

　　湖南是全国著名的革命老区省份，湖南老区在革命战争年代为中国革命的胜利付出了巨大牺牲；新中国成立后，为社会主义革命、建设、改革事业做出了重大贡献。因此，对湖南老区的革命斗争历史进行较为全面的梳理、总结，能够使我们进一步加深对老区的了解，增进对老区人民的感情，从而在党的领导下帮助老区人民走向富裕，实现社会主义现代化具有十分重要的意义。

　　湖南省革命老根据地经济开发促进会（简称省老促会）组织编纂的《湖南革命老区》是以县、市、区为单位独立成篇，反映老区新民主主义革命时期的光荣革命斗争历史（行文中，老区的面积和人口数据参考湖南省民政厅编著的《湖南省行政区划简册2022》）。

　　《湖南革命老区》在编著出版过程中，得到了中共湖南省委、湖南省人民政府领导，以及相关单位和有关专家、学者的关心支持，并且对本书给予了具体指导；省委党史研究院、省社会科学院历史研究所领导分别对书稿进行了反复的认真修改和审定；全省各老区县市区党史、民政、老区办等有关部门在组稿、收集史料、图片等方面做了大量工作，给予了鼎力支持，本书还借鉴了一些学者的研究成果，在此一并表示衷心感谢！

省委组织部、省委宣传部、省发改委、省财政厅、省人社厅、省卫健委、省农业厅、省科技厅、省教育厅、省交通厅、省民政厅、省水利厅、省住建厅、省林业局、省乡村振兴局、省委党史院、省科协、省烟草局等省老促会各常务理事单位，充分发挥本部门的职能作用，给予老区大力支持，为促进全省老区经济和社会又好又快发展作出了特殊贡献。借此出书机会，谨代表全省老区人民表示最诚挚的感谢！

本书涉及湖南老区光荣革命斗争史等方面的重要内容，年代已较久远，收集、整理、核实历史资料的难度相当大，加之编者水平有限，书稿中难免有疏漏、不妥、不正确之处，敬请广大读者批评指正。

编者

2023 年 7 月